无砟轨道施工技术

中铁十一局集团有限公司　编著

中国铁道出版社

2016年·北　京

内 容 简 介

本书较为全面地总结了我国无砟轨道施工技术和实践经验，详细介绍了各型板式无砟轨道、双块式无砟轨道和无砟道岔的施工工艺和质量控制技术。全书力求将技术原理融于具体工序之中，内容丰富、贴近现场、实用性强，可供无砟轨道施工技术人员、管理人员使用，也可供无砟轨道设计人员和高校本专科师生或研究人员参考。

图书在版编目(CIP)数据

无砟轨道施工技术/中铁十一局集团有限公司编著. —北京：中国铁道出版社，2016.3（2021.11 重印）

ISBN 978-7-113-21504-0

Ⅰ.①无… Ⅱ.①中… Ⅲ.①无砟轨道—工程施工 Ⅳ.①U213.2

中国版本图书馆 CIP 数据核字(2016)第 032539 号

书　　名：**无砟轨道施工技术**

作　　者：中铁十一局集团有限公司

责任编辑：许士杰　宋　薇　　**编辑部电话**：(010)51873204　　**电子信箱**：syxu99@163.com

封面设计：崔丽芳

责任校对：王　杰

责任印制：郭向伟

出版发行：中国铁道出版社（100054，北京市西城区右安门西街 8 号）

网　　址：http://www.tdpress.com

印　　刷：中国铁道出版社印刷厂

版　　次：2016 年 3 月第 1 版　2021 年 11 月第 5 次印刷

开　　本：787 mm×1 092 mm　1/16　印张：33　字数：789 千

印　　数：1～3000 册

书　　号：ISBN 978-7-113-21504-0

定　　价：100.00 元

编委会名单

主　编： 何义斌　张树海

副主编： 张丕界

编　委： 张旭东　刘国雄　袁定安　王　鹏　胡小银　唐达昆
施　建　王更峰　徐浩然　蔡　进　赵　强　杨　阳
罗国景　张　健　刘　伟　杨绍波　冯贵新　周承利
王兴鸿　张　亮　刘育鸿　冉丹丹　赵洪祥　雷智敏
彭　卿　汪　波　陈晓伟　周　剑　周特文

前言

无砟轨道与传统有砟轨道相比，具有更高的可靠性、平顺性、稳定性和耐久性，能够满足高速铁路对安全、舒适、使用年限内少维修的要求，已成为我国高速铁路主要的轨道结构形式。经过近年来的迅猛发展，我国已全面掌握了适用面广、具有自主知识产权的高速铁路无砟轨道施工技术。为了推广上述成果，更好地服务于我国《中长期铁路网规划》(2008 年调整)和“一带一路”国家战略，有必要全面梳理、总结现有的施工关键技术和成熟工艺。

本书结合编者多年的工程实践，从变形控制与测量、材料试验与制备、构件预制与安装、施工工艺与管控四个方面对无砟轨道施工关键技术进行了系统的介绍。在撰写过程中，本书以指导现场施工为目的，力求在内容上贴近现场实际，将技术原理融于具体工序之中。本书共分十一篇，由中铁十一局集团有限公司主编，中铁十一局第一至第六工程公司参编。

在本书的撰写过程中，得到了石家庄铁道大学杨继成、李向国、黄守刚的大力支持。中国铁道出版社石家庄铁道大学发行分部赵春虎、于超、杨晓燕对本书撰写也提出了宝贵意见。在此一并表示感谢。

限于编者水平，不妥之处，敬请读者批评指正！

目录

第三篇　无砟轨道试验检测

第四篇　无砟轨道板(枕)预制

第五篇　双块式无砟道床施工

第六篇　CRTSⅠ型板式无砟道床施工

第七篇　CRTS Ⅱ型板式无砟道床施工

第八篇　CRTSⅢ型板式无砟道床施工

第九篇　无砟道岔施工

第十篇　无缝线路铺设

第十一篇　城市轨道交通无砟轨道施工

绪　论

一、无砟轨道的结构特点

无砟轨道是一种采用刚性或半刚性的整体道床取代散粒碎石道床的轨道结构，在构造上具有明显的层状特点，从上至下主要由钢轨、扣件系统、道床板（轨道板）、底座或支承层组成，部分无砟轨道的道床板和底座板之间设有水泥乳化沥青砂浆或自密实混凝土填充层。

在受力原理上，无砟轨道延续了有砟轨道将列车荷载逐层传递和扩散的特点，但其结构连续性和刚度的均匀性更好，克服了有砟轨道道床易变形、粉化和板结的缺点，能较好地满足高速铁路对平顺性、可靠性和稳定性的要求；通过选用凸台、侧向挡块、销钉或锚梁限位和传递水平力，使得传力部件和路径也更为明确。但是，由于无砟轨道道床一般由钢筋混凝土制成，因而具有混凝土构件的固有优缺点，如刚度大、易成型，但是易因材料和环境因素导致开裂、维修或改造困难等。另外，由于无砟轨道取消了道砟层，轨道的弹性和精度从通过调整"扣件系统＋道床"实现，变成了仅通过调整"扣件系统"实现，这就使得用于无砟轨道的扣件系统必须具备较大的可调性。

按照受力情况、结构形式和施工工法的不同（轨道板是分单元还是连续、是否存在轨枕、道床板是预制还是现浇），我国目前使用的无砟轨道型式可大致划分为 CRTSⅠ、Ⅱ、Ⅲ型板式轨道，CRTSⅠ、Ⅱ型双块式轨道和长枕埋入式。前三种采用无轨枕的预制道床板、后三种采用轨枕埋入式的现浇道床。板式无砟轨道避免了轨枕与后浇道床间的薄弱连接和开裂，可实现快速的机械化施工，但其施工工序复杂，各工序技术标准要求更高。连续式结构与单元式结构相比，减少了自由边界造成的薄弱环节，结构整体性和均匀性更好，水平力的传递可依托其整体性解决，对道床板下支撑结构的要求较低，但由于轨道结构连成一体，局部损坏对轨道整体影响的范围更大，维修、更换的代价更高。单元式结构有利于避免长大混凝土结构因温度变化、自身收缩所引发的潜在影响，且局部损坏对轨道的整体性影响较小，利于维修或更换，更适用于轨道结构易发生病害或破损的地段，如软弱地基、地震高发区等，但因其水平力的传递需限制在单元内，使得相应的传力部件、自由边界数量和薄弱部位较多。

二、无砟轨道的发展历程

经过 50 多年的发展，无砟轨道已在多个国家的高速铁路上得到了广泛应用，型式也多种多样。目前具有代表性的无砟轨道结构形式有德国的 Rheda 无砟轨道（CRTSⅠ型双块式）、Züblin 无砟轨道（CRTSⅡ型双块式）、日本的板式轨道（CRTSⅠ型板）、Bögl 无砟轨道（CRTSⅡ型板）、英国的 PACT 型无砟轨道等，以及我国自行研发、具备自主知识产权的 CRTSⅢ型板式无砟轨道。

德国从上世纪 50 年代末开始研究、试铺无砟轨道，依托希尔塞德车站、雷达车站和慕尼黑试验段等工程，先后在土质路基、高架桥及隧道内试铺了10余种无砟轨道。到2015年，德国无砟轨道的总铺设长度已近700多km，主要采用的是Rheda双块式和Bögl板式无砟轨道。日本的无砟轨道研究始于20世纪60年代中期，但发展迅速，其应用占铺设铁路的比例，在20世纪70年代即达到60%以上，90年代达到80%，累计铺设里程已达到2700多km，其中新干线约1600多km。日本无砟轨道主要采用框架板式，这种型式能减小温度引起的轨道板翘曲、减少CA砂浆用量及无砟轨道自重，同时可降低维修工作量。另外，针对严寒环境和混凝土易开裂的问题，日本还研制了基于后张法的双向预应力无砟轨道板。英国自上世纪60年末开始研制基于现浇钢筋混凝土道床板的PACT型无砟轨道，其特点在于钢轨采用连续支撑，通过带状橡胶垫板铺设于道床板上，现场施工的精度要求高。此种结构型式的无砟轨道已在西班牙、加拿大、荷兰等国家的部分重载和高速铁路线上得到应用，总里程约80 km。

我国的无砟轨道研制始于20世纪60年代，初期主要试制过支承块式、短枕式和整体灌注式，但仅有支承块式在成昆、京原、南疆线的部分隧道内得到应用，累计约300 km。在20世纪80年代，我国试制过由沥青混凝土铺装层与宽枕组成的沥青混凝土整体道床无砟轨道、由沥青灌注的固化道床无砟轨道以及无枕结构的无砟轨道，但均未得到推广应用。在20世纪90年代，我国无砟轨道的发展速度逐渐加快，在板式、长轨埋入式和弹性支撑块式等代表性类型无砟轨道的研发和应用方面均取得了成功经验，如在秦沈客运专线的狗河特大桥、双河特大桥和赣龙线枫树排隧道试验段铺设了总长约2 km的板式无砟轨道；在渝怀线的部分隧道铺设了近12 km的长轨埋入式无砟轨道；在西康线的部分隧道铺设了近80 km的弹性支承块式无砟轨道。进入21世纪后，我国无砟轨道的发展迎来了崭新阶段，通过技术引进和自主创新相结合，研发了较为成熟的无砟轨道类型和成套工装，并实现了大规模的推广应用，取得了举世瞩目的成绩，如在遂渝线无砟轨道综合试验段上，通过针对双块式无砟轨道、轨枕埋入式无砟轨道、板式无砟轨道和纵连式无砟轨道的研究和试铺，较为全面的掌握了无砟轨道的施工原理和工艺，包括轨道精度和路基沉降控制、高精度测量控制网的建立、绝缘处理、ZPW－2000轨道电路传输、道岔区无砟轨道生产和铺设等，并研发了配套装备。在京津城际铁路上，通过开展桥梁上CRTSⅡ型板式无砟轨道及站后接口工程的技术攻关，形成了融轨道设计与制造、安装与运输、测量与精度控制、以及桥梁路基预留设施布置等为一体的无砟轨道铺设技术体系。随后，我国又在武广高速铁路、郑西客运专线及成灌快速铁路中系统应用了CRTSⅠ型板式和双块式、岔区板式、轨枕埋入式、CRTSⅡ型双块式及CRTSⅢ型板式无砟轨道，实现了对运行时速350 km/h的跨越。截止2015年底，我国无砟轨道高速铁路营业里程已接近1.8万km，并依托中老铁路、中泰铁路、匈塞铁路、俄罗斯莫斯科至喀山铁路等高铁项目，为我国的“高铁出海”和“一带一路”战略打下了坚实基础。

作为本手册的主编单位，中铁十一局集团有限公司具有铁路工程施工总承包特级资质，参加了我国高速铁路和客运专线骨架网的建设，是国内承建高速铁路最早、最多的企业之一。集团先后参建我国第一条客运专线——秦沈客专，建设了国内规模最大、功能最全的武汉动车段，最早在武广高铁试验段进行CA砂浆的试验和应用，并参与了京津城际、石太客专、甬台温铁路、武广客专、沪宁城际、沪杭客专、广珠城际、京沪高铁、汉宜高铁、石武高铁、哈大高铁、盘营客专、向莆铁路、厦深高铁、渝利铁路、大西客专、杭长高铁，合福高铁、湖北城际、兰新高铁等30多条铁路干线、大型枢纽及支线的施工。公司自主研发的长枕埋入式、双块式、CRTSⅡ型板式和CRTSⅢ型板式无砟轨道施工技术在京沪、武广、沪杭、沪宁等高速铁路工程中得到成功应用，并达到国际领先水平。

依托上述工程实践，中铁十一局集团有限公司主持编制了《高速铁路电力工程施工质量验收标准(TB 10757—2010)》、《板式无砟轨道门式铺摊机 TB－T/3290—2013》、《客运专线铁路无砟轨道支承层暂行技术条件(科技基〔2008〕74 号)》等相关标准 10 余项；拥有"轨道交通隧道内整体道床的施工方法(ZL200810197297.4)"、"板式无砟轨道Ⅰ型板扣件的定位装置及快速定位方法(ZL201110031178.9)"、"一种高速铁路接触网全补偿门型弹性链型悬挂施工方法(ZL200810048068.1)"和"板式无砟轨道水泥乳化沥青砂浆施工工法"、"轨枕埋入式无砟轨道施工工法"、"高原高寒地区连续长大下坡段铺架施工工法"等国家授权的发明专利和国家级工法 10 余项，成为我国无砟轨道建设领域内，集建设与研发、运营与维护和能实现"交钥匙"工程为一体的"铺架劲旅"。

三、无砟轨道的施工特点与方法

无砟轨道的施工除具有一般铁路工程施工的基本特点外，在施工原理、工序和内容上，均与有砟轨道的施工存在较大区别，施工中应对照上述差异和自身特点，采取针对性的措施。

在施工原理上，板式无砟轨道一般通过精确测设、调整轨道板的空间位置来保证轨道的空间位置，然后采用 CA 砂浆或自流平混凝土填充固定，而双块式无砟轨道和支撑块式无砟轨道(地铁)一般采用"工具轨法"确定营运轨道的空间位置，采用现浇混凝土固定轨枕。上述工法的区别主要在于测设轨道板的方法、固定轨道板或工具轨的方式和工装的不同。在工序上，与有砟轨道的大部分施工可平行作业相比，无砟轨道基础的沉降评估、控制点测设、填充层材料试制等技术准备工作需要纳入工序管理，保证施工中留有足够的工序时间。在内容上，无砟轨道施工可大体划分为线下构筑物沉降变形监测与评估、控制网和基准网的测设、试验检测(支承层及中间层的材料配制与质量控制)、无砟道床(道岔)施工和无缝线路铺设，以及贯穿于上述各个环节的精度控制和调整。

为满足高速铁路无砟轨道线下构筑物变形评估的需要，并确定无砟轨道的铺设时机，为运营养护、维修提供依据，应首先建立线下构筑物变形监测网，定期开展线下构筑物变形观测。通过对沉降观测数据进行综合分析评估，完善或调整设计方案，同时推算路基、桥涵、隧道的工后沉降，确定铺设无砟轨道的时机，确保线下工程达到规定的变形控制要求，避免因沉降不到位引起营运后轨道板底座开裂，列车舒适性、安全性降低，甚至是工程质量事故。

我国《高速铁路工程测量规范》对施工精度有着更严格的规定，其测量方法、测量精度与传统的铁路工程测量有很大区别，主要特点包括：精密工程控制网三网合一(勘测设计网 CPⅠ、施工控制网 CPⅡ、轨道控制网 CPⅢ)；平面控制网分级布设，点位逐级加密，点间相对精度逐级提高(CPⅢ控制网点位相对精度不超过±1 mm)；工程独立坐标系统要求边长投影变形值小于 10 mm/km，精度大大提高；轨道铺设测量定位采用绝对定位与相对定位测量相结合模式，绝对位置上确保与设计线形一致，相对位置定位确保短波平顺性，以此实现最大限度地保证轨道线形。另外 CPⅢ平面网测量采用自由测站边角交会法(布设密度纵向点间距为 50～60 m，横向点间距为 10～20 m)，自由测站间的间距为 120 m，观测值主要是测站至各 CPⅢ点的距离和方向观测值，其实质上就是基于 CPⅠ、CPⅡ平面网加密的自由测站边角交会网。

无砟轨道支承层是位于无砟轨道道床板和路基基床表层之间，用于支承混凝土道床板或轨道板的承载层，主要由骨料、水和水硬性胶结物等组合而成。支承层的主要功能是传递上部荷载，扩散应力、保护基床，提供应力释放条件，减少道床板混凝土开裂，同时也为其他工序提供作业面，减少施工过程中对路基表层的扰动。因此，支承层施工的重点是保证抗压和抗弯强度、徐变能力、合理的材料配制及与上部结构的适应性。

根据工艺和施工方式的不同，无砟轨道道床施工可划分为三大类：预制构件生产、轨排（道岔）组装施工、铺轨及轨道精调。相应的施工内容和操作要点如下：

（1）预制构件生产包括轨道板（道岔板）和轨枕的预制、装卸、运输、存放和吊装等。在此过程中，要重点从模具加工、台座设计、器具检测、专用工装选用等方面着手，控制预制构件的制作精度，使之满足无砟轨道结构的设计要求。同时，还需按照相应的技术要求，严格执行原材料进场检验制度，使其耐久性达到设计要求。另外，预制构件在装卸、运输、存放和吊装过程中，需根据构件类型采取不同的成品保护措施。

（2）轨排（道岔）的组装主要发生在双块式无砟轨道和枕式无砟轨道的施工过程中，包括利用工具轨组装、调整和固定双块式轨排或现场组装、调整及固定枕式无砟道岔等。施工要点包括：在轨枕布设、扣件组装、工具轨就位、螺丝紧固等环节中，实行标准化控制，保证轨排（道岔）的初始就位精度；充分利用粗调机、道岔组装平台、竖向和侧向支撑件等配套设备，保障轨排（道岔）的组装精度。

（3）铺轨及精调施工包括无缝线路铺设、轨道精确调整（分为静态调整和动态调整两个阶段）。静态调整方面，调整原则："先轨向、后轨距"、"先高低，后水平"，即曲线段以外轨为基准轨，直线段同前方曲线的基准轨，先调基准轨轨向和对向轨的高低，再调轨距和水平。调整依据：以 CPⅢ测控网为基准，借助全站仪自由设站，采用轨道几何状态测量仪量测轨排几何线型，计算得到调整量。调整方法：轨距、轨向调整（轨道平面调整），区间轨道通过更换轨距块实现；道岔通过更换偏心锥或缓冲调距块实现；高低、水平调整（轨面高程调整），通过更换轨底调高垫板来实现，板式轨道也可以采用充填式垫板进行调整。动态调整方面：通过分析动态检测数据，查找超限点；通过轨道几何状态测量仪、轨距尺、塞尺等工具，核对超限点，核查时遵循"先扣件、垫板，后轨道几何尺寸"的顺序，并注意根据超限点或几何状态的波峰、波谷，合理选择长波不平顺和短波不平顺的检查范围。

随着高速铁路的发展，无砟轨道的设计理念和结构形式还在不断发展之中，其施工技术也需不断完善。中铁十一局集团有限公司结合本单位的实践经验，针对国内当前具有代表性的无砟轨道型式，全面梳理了其施工原理、方法、工艺和操作要点，希望能为相关从业人员提供有益参考，促进我国无砟轨道施工技术的发展。

第一篇

沉降变形监测评估

第一章　沉降变形监测

沉降变形监测贯穿于高速铁路全生命周期内，施工期间需要监测线下工程沉降，满足无砟轨道铺设条件方可开展道床板施工；无砟轨道铺设期需要开展道床沉降监测作为运营监测提供基础性数据，确保沉降数据的连贯性；运营期间需要定期开展沉降监测，确保线路满足高速动车组行车舒适性、安全性需要。施工期线下沉降变形观测流程主要包括制定沉降变形观测方案，依据方案建立位移监测基准网，选取监测断面，确定观测频次，现场埋设点位，定期观测开展，观测数据收集整理、归档。

沉降监测数据的稳定、可靠、真实是反应结构物稳定性的基础资料，通过这些基础资料对结构物工后的沉降进行分析，采用科学的预测方法，确定是否采取设计加强措施，判断结构物铺设无砟轨道时机是施工期间沉降观测的最终目的。

第一节　沉降变形监测网建立及技术要求

高速铁路变形监测网分为水平位移变形监测网、垂直位移监测网两种类型。水平位移变形监测网主要监测路基高边坡位移、隧道收敛变形、桥梁结构物水平纵横向位移等；垂直位移监测网主要监测路基、桥涵、隧道沉降、上浮变形。目前我国高速铁路沉降观测变形以垂直位移监测为主，水平位移监测为辅，在数据评估分析时垂直位移监测以观测桩、沉降板数据作为无砟轨道铺设条件及时间确定依据，水平位移监测主要针对特殊条件下的特殊观测结构物开展。

一、沉降变形监测网建立

沉降变形监测网建网如图1—1—1所示，沉降变形测量网由基准点、工作基点和沉降变形观测点三部分组成。其布设遵循如下要求：每个独立的监测网应设置不少于3个稳固可靠的基准点。基准点应选设在沉降变形影响范围以外、点位稳定、便于长期保存的位置。工作基点布设在线路附近便于与观测点开展联测的位置。工作基点是基准点的进一步加密，合理的布设工作基点有利于现场观测的实施。对观测条件较好或观测项目较少的项目，可不设立工作基点，在基准点上直接测量沉降变形观测点。沉降变形观测点应设立在沉降变形体上能反映沉降变形特征的位置。

线下工程垂直位移监测一般按沉降变形等级三等的要求（国家二等水准测量）施测，根据沉降变形测量精度要求高的特点，以及标志的作用和要求不同，垂直位移监测网布设方法分为三级。

1. 基准点

基准点要求建立在沉降变形区以外的稳定地区，同大地测量点的比较，要求具有更高的稳

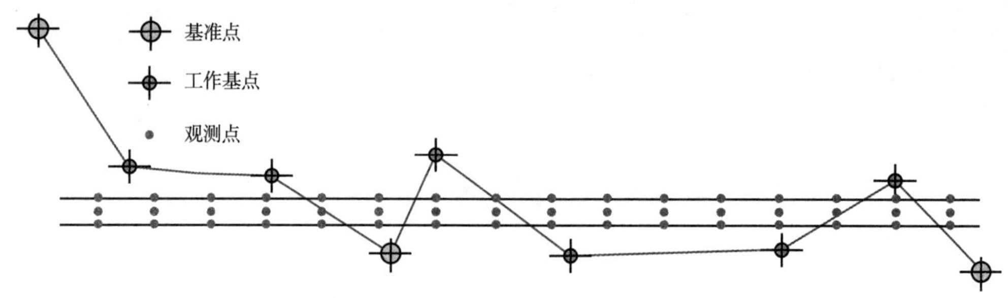

图 1—1—1 位移监测网建网示意图

定性，按国家二等水准测量的技术要求施测，每站高差中误差±0.3 mm，闭合差 $4\sqrt{L}$。

2. 工作基点

工作基点要求这些点在观测期间稳定不变，测定沉降变形点时作为高程和坐标的传递点，同基准点一样，其平面控制点应设有强制归心装置。工作点除使用普通水准点外，按照国家二等水准测量的技术要求进一步加密水准基点或设置工作基点至满足工点垂直位移监测需要。加密后的水准基点(含工作基点)间距 200 m 左右时，可基本保证线下工程垂直位移监测需要。

3. 沉降观测点

沉降观测点直接埋设在要测定的沉降变形体上。点位应设立在能反映沉降变形体沉降变形的特征部位，不但要求设置牢固，便于观测，还要求形式美观，结构合理，且不破坏沉降变形体的外观和使用。沉降变形点按路基、桥涵、隧道等各专业布点要求进行。

线下工程水平位移监测网一般按独立建网考虑，根据实际构筑物沉降变形测量等级及精度要求进行施测，并与施工平面控制网进行联测，引入施工测量坐标系统，实现水平位移监测网坐标与施工平面控制网坐标的相互转换。

监测网由于自然条件的变化，人为破坏等原因，不可避免的有个别点位会发生变化。为了验证监测网点的稳定性，应对其进行定期检测。一般情况下位移监测网的观测分为建网观测和施工过程中的定期复测，定期复测按每半年进行一次，并结合精测网复测进行。

二、监测网主要技术要求

垂直位移监测基准网可根据需要独立建网，按照沉降变形等级三等的要求、依照国家二等水准测量精度施测，高程应采用施工高程控制网系统。不能利用水准基点的监测基准网，在施工阶段至少应与一个施工高程控制点联测，使垂直位移监测网与施工高程控制网高程基准一致。全线二等水准贯通后，应将垂直位移监测基准网与二等水准基点联测，将垂直位移监测基准网高程基准归化到二等水准基点上。垂直位移监测网主要技术要求见表 1—1—1。

表 1—1—1 垂直位移监测网主要技术要求

等级	相邻基准点高差中误差(mm)	每站高差中误差(mm)	往返较差、附合或环线闭合差(mm)	检测已测高差较差(mm)	使用仪器、观测方法及要求
三等	1.0	0.3	$0.6\sqrt{n}$	$0.8\sqrt{n}$	DS05 或 DS1 型仪器，按《高速铁路工程测量规范》(TB 10601—2009)二等水准测量的技术要求施测

高速铁路无砟轨道水平位移监测网一般采用独立坐标系统按照三等平面监测网建立，对于软土地基等设计有特别技术要求的复杂工点，可根据需要按二等的规定执行，并一次布网完成，同时引入施工测量坐标体系实现两网互相转换，其建网主要技术要求按表1—1—2和表1—1—3执行。

表1—1—2　水平位移监测网主要技术要求

等级	相邻基准点的点位中误差(mm)	平均边长(m)	测角中误差(″)	最弱边相对中误差	作业要求
二等	±3.0	<300	±1.0	≤1/120 000	国家二等平面
		<150	±1.8	≤1/70 000	国家三等平面
三等	±6.0	<350	±1.8	≤1/70 000	国家三等平面
		<200	±2.5	≤1/40 000	国家四等平面

表1—1—3　客运专线变形测量等级及精度要求

变形测量等级	垂直位移测量		水平位移观测
	变形观测点的高程中误差(mm)	相邻变形观测点的高差中误差(mm)	变形观测点的点位中误差(mm)
三等	±1.0	±0.5	±6.0

第二节　观测网布置及观测频次要求

一、路基工程

路基沉降观测主要包含五个方面的内容：路基面沉降观测、路基基底沉降观测、过渡段沉降观测、路基边坡稳定性沉降监测。施工期间路基沉降观测断面及观测点的布置应根据地形地质条件、地基处理方法、路堤高度、地形地势的起伏情况、堆载预压等具体情况，结合沉降预测方法和工期要求具体确定，同时还应根据施工核对的地质、地形等情况调整或增设。根据观测内容不同埋设不同形式的观测元器件，形成系统的断面设置及元器件布置方案，如图1—1—2所示。

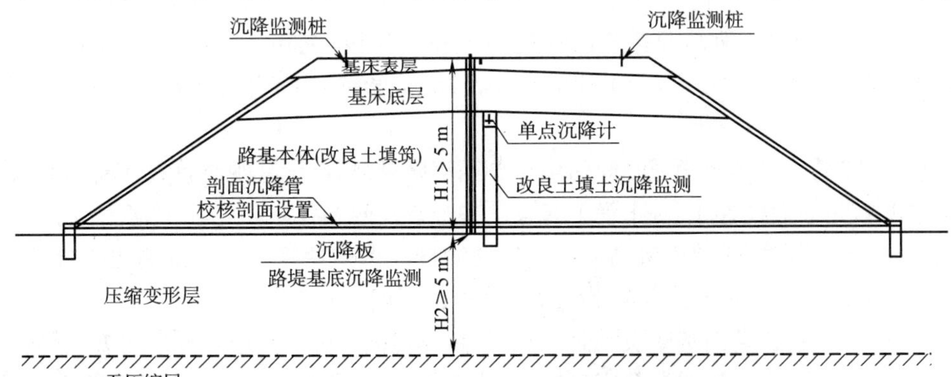

图1—1—2　元器件布置方案

路基沉降观测的主要任务是测定、分析路基基底沉降和路基面沉降。路基面沉降观测断面与路基基底沉降观测断面一般设在同一横断面上，以便于各观测数据的综合分析。路基完成填筑、堆载后的沉降观测时间一般不少于 6 个月。

1. 观测断面布置

路基沉降观测应以路基面沉降和地基沉降观测为主。断面的设置应满足设计要求，同时还应针对施工掌握的地质、地形等情况调整或增设。路基观测断面设置一般应遵循如下原则：

(1)监测断面的布设应先定好路基两端过渡段的监测断面，再根据相应原则布设非过渡段路基的监测断面。一般路基填筑至路基基床表层顶面后，在路基面设观测桩，进行路基面沉降观测，时间不少于 6 个月。观测断面沿线路方向的间距一般不大于 50 m；地势平坦、地基条件均匀良好的路堑、高度小于 5 m 的路堤、对于 CFG 桩加固至岩石的地段可放宽到 100 m。地形、地质条件变化较大地段应适当加密。

(2)对地形横向坡度大或地层横向厚度变化的地段应布设不少于 1 个横向观测断面。一个沉降观测单元(连续路基沉降观测区段为一单元)应不少于 2 个观测断面。路堤与不同结构物的连接处应设置沉降观测断面，每个路桥过渡段设置距离桥头 5～10 m、20～30 m、50 m 处分别设置一个沉降观测断面，每个横向结构物每侧各设置一个观测断面。

2. 观测点的布置

观测断面的设置及观测断面的观测内容、元件的布设应根据地形、地质条件、地基压缩层厚度、路堤高度、地基处理方法、堆载预压等具体情况，结合沉降预测方法和工期要求并参照表 1—1—4 进行确定。

表 1—1—4　观测点布置原则

序号	观测内容	观测元件	观测点数量	断面间距(m)	附　　注
1	路基面沉降	观测桩	3 个/断面	50	
2	路堤基底沉降	沉降板	1～3 个/断面	50～100	地基面横坡大于 1∶5 时，每个断面埋设 2 个
3	改良土填土沉降	单点沉降计	1 个/断面	100	根据改良土工点、土质等具体情况，且改良土路堤填高大于 5 m 时适当增设

(1)一般路堤地段观测断面包括沉降观测桩和沉降板，沉降观测桩每断面设置 3 个，布置于双线路基中心及左右线中心两侧各 2 m 处；沉降板每断面设置 1 个，布置于双线路基中心。

(2)软土、松软土路堤地段观测断面包括剖面沉降观测管、沉降观测桩、沉降板和位移观测桩，沉降观测桩每断面设置 3 个，布置于双线路基中心及两侧各 2 m 处，沉降板位于路堤中心，底板埋设于原始地面处，随填土增高而逐渐接高测杆及保护套管。位移观测边桩分别位于两侧坡角外 2 m、12 m 处，并与沉降观测桩及沉降板位于同一断面上。

(3)预压地段，预压期因基床表层尚未施工，路基顶面沉降观测应在预压土方底部(基床底层顶面)布置沉降元件进行，即在基床底层顶面临时布置沉降板，位移观测以及基底沉降观测布置与无预压段完全一致，预压土方卸除时临时沉降板随之拆除，基床表层施工后，于路基面上设置正式沉降观测桩。

(4)路堤与横向结构物过渡段，于横向结构物顶部沿横向结构物的对角线方向铺设剖面沉降管。横向结构物两侧边缘外设置一个观测断面，包括沉降观测桩、位移观测桩和沉降板。

(5)路堑地段观测断面分别于路基中心，左右中心线以外 2 m 的路基面处各设 1 根沉降观测桩，观测路基面的沉降。

(6)在深厚层地基地段进行分层沉降监测：深厚层第四系土层地段、软土地段的桥路过渡段及不同地层结构附近设置。采用机动钻孔(ϕ108 mm)引孔埋设 PVC 管(ϕ49 mm)和沉降磁环，利用电磁式深层沉降仪进行观测。分层设置，厚度大于 3 m 时，每 3 m 增设一组。

3. 观测元件埋设说明

沉降观测桩(图 1—1—3)：选择 ϕ20 mm 钢筋，顶部磨圆并刻画十字线，底部焊接弯钩，待基床表层级配碎石施工完成后，在观测断面通过测量埋置在设计位置，埋置深度不小于 0.3 m，桩周 0.15 m 用 C15 混凝土浇筑固定，完成埋设后测量桩顶标高作为初始读数。轨道板底座两侧或支挡等结构物上设置观测桩时，可采用不锈钢观测标。

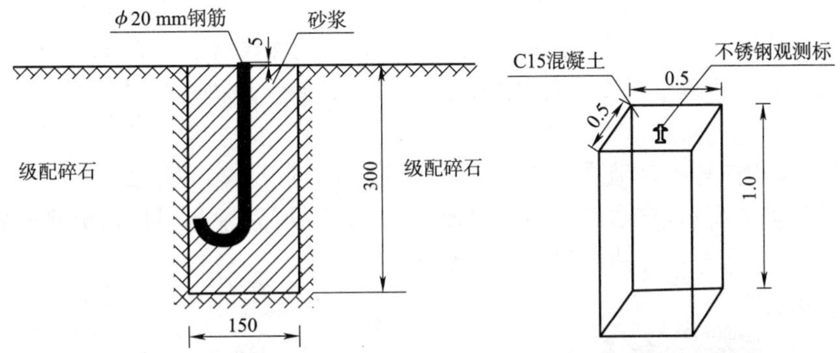

图 1—1—3　沉降观测桩设置参考图及现场布置图(单位：mm)

沉降板(图 1—1—4)：由底板、金属测杆(ϕ20 镀锌铁管)及保护套管(ϕ49 PVC 管)组成。一般采用钢底板尺寸为 30 cm×30 cm，厚 0.8 cm。

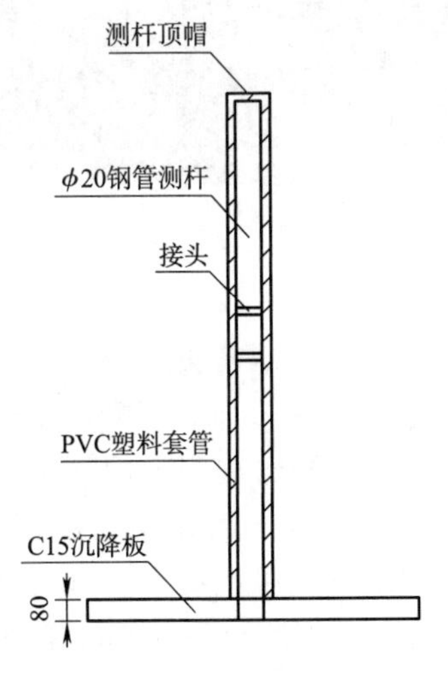

图 1—1—4　沉降板设置参考图及现场布置图(单位：mm)

(1)沉降板埋设位置应按设计测量确定，埋设位置处可垫 10 cm 砂垫层找平，埋设时确保测杆与地面垂直。

(2)放好沉降板后，回填一定厚度的垫层，再套上保护套管，保护套管略低于沉降板测杆，上口加盖封住管口，并在其周围填筑相应填料稳定套管，完成沉降板的埋设工作。

(3)测量埋设就位的沉降板测杆杆顶标高读数作为初始读数，随着路基填筑施工逐渐接高沉降板测杆和保护套管，每次接长高度以 0.5 m 为宜，接长前后测量杆顶标高变化量确定接高量。金属测杆用内接头连接，保护套管用 PVC 管外接头连接。

沉降板埋设后，制作相应的标示旗或保护架插在上方，凡沉降板附近 1 m 范围内土方应采用人工摊平及小型机具碾压，不得采用大型机械推土及碾压，并配备专人负责指导，以确保沉降板不受损坏。

(4)位移边桩：在两侧路堤坡脚外 2 m 及 12(或 10)m 处各设一个位移观测边桩。位移观测边桩采用 C15 钢筋混凝土预制，断面采用 15 cm×15 cm 正方形，长度不小于 1.1 m。并在桩顶预埋 ϕ20 mm 钢筋，顶部磨圆并刻画十字线。边桩埋置深度在地表以下不小于 1.0 m，桩顶露出地面不应大于 10 cm。埋置方法采用洛阳铲或开挖埋设，桩周以 C15 混凝土浇筑固定，确保边桩埋置稳定。完成埋设后采用经纬仪(或全站仪)测量边桩标高及距基桩的距离作为初始读数。

大型滑坡、堆积体等不良地质边坡和土质、软质岩路堑边坡高超过 25 m 时应进行深部位移变形监测。边坡成型后，在边坡平钻孔埋置、安装测斜管，采用测斜仪精确测量岩土层内部水平位移，图 1—1—5 所示为测斜仪及现场测量。

图 1—1—5 测斜仪及现场测量

(5)剖面沉降管：在地基加固施工完毕后，填土至 0.6 m 高度碾压密实后开槽埋设路基基底剖面沉降管(图 1—1—6 为剖面沉降管埋设现场)，开槽宽度 20～30 cm，开槽深度至地基加固表层顶面，槽底回填 0.2 m 厚的中粗砂，在槽内敷设沉降管(沉降管内穿入用于拉动测头的镀锌钢丝绳)，其上夯填中粗砂至与碾压面平齐。沉降管埋设位置挡土墙处应预留孔洞。沉降管敷设完成后，两头应砌筑观测坑(图 1—1—6)，并做好坑内及其周围的排水，并加设盖板，以方便观测及对孔口进行长期保护。并于一侧管口处设置观测桩，观测桩采用 C15 素混凝土灌注，断面采用 0.5 m×0.5 m。待上部一层填料压实稳定后，连续观测数日，取稳定读数作为初始读数。

图 1—1—6　剖面沉降管埋设及端头保护井现场图

(6)单点沉降计:单点沉降计是一种埋入式电感调频类智能型位移传感器,由电测位移传感器、测杆、锚头、锚板及金属软管和塑料波纹管等组成。单点沉降计埋设如图 1—1—7 所示,采用钻孔引孔埋设,钻孔孔径 ϕ108 或 ϕ127,钻孔应垂直,孔深应达到硬质稳定层(最好为基岩),并与沉降仪总长一致。孔口应平整密实。安装前先在孔底灌浆以便固定底端锚板,安装时锚杆朝下,法兰沉降板朝上,注意要用拉绳保护以防止元件自行掉落,采用合适方法将底端锚板压至设计深度。每个测试断面埋设完成后,位移计引出导线用钢丝波纹管进行保护,并挖槽集中从一侧引出路基,引入坡脚观测箱内。一般埋设完成后 3～5 天待缩孔完成后测试零点。观测路堑换填基底沉降或隆起变形埋设在换填基底面,表面应平整密实;观测路基本体变形按设计断面图埋设。

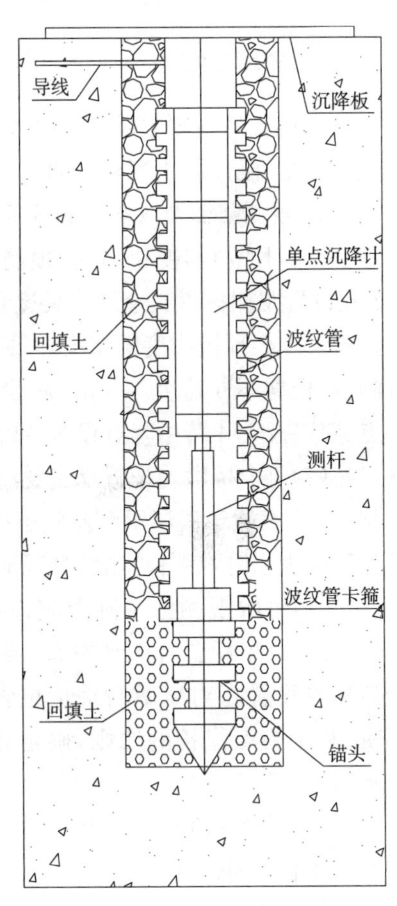

图 1—1—7　单点沉降计埋设示意图

4. 观测频次要求

沉降水准的测量精度为±1 mm,读数取位至 0.1 mm;剖面沉降的测量精度为 8 mm/30 m。路基沉降观测的频次不低于表 1—1—5 的规定。当环境条件发生变化或数据异常时,应及时观测。

路基沉降观测按照二等水准要求施测,测量路线起闭于工作基点,沿线路方向分段测量沉降观测桩、沉降板,现场作业往返测闭合差满足要求。且应固定施测人员、固定线路、固定测量仪器,尽量在相同环境条件下开展测量工作,确保多次测量误差影响值最小。

表 1—1—5　路基沉降观测频次

观测阶段	观测频次	
填筑或堆载	一般	1 次/天
	沉降量突变	2～3 次/天
	两次填筑间隔时间较长	1 次/3 天

续上表

观测阶段	观测频次	
堆载预压或路基施工完毕	第1个月	1次/周
	第2,3个月	1次/2周
	3个月以后	1次/月
无砟轨道铺设后	第1个月	1次/2周
	第2,3个月	1次/月
	3～12个月	1次/3月

二、桥涵工程

桥梁沉降观测主要包含梁体徐变观测、桥墩沉降观测、承台沉降观测；涵洞沉降观测包括涵洞自身、涵顶填土沉降观测。

1. 观测断面及观测点布置原则

(1)对原材料变化不大、预制工艺稳定、批量生产的预应力混凝土预制梁，每30孔选择1孔设置观测标。其余现浇梁逐孔设置观测标。移动模架施工的梁，对前三孔进行重点观测，以验证支架预设拱度的精度。每孔梁设置观测标6个，分别设置在支点、跨中；连续梁上的观测标，根据不同跨度，三孔一联设置18～28个观测标，四孔一联设置32个观测标，分别在支点、跨中及1/4跨中附近设置；特殊结构桥梁根据施工图纸规定设置观测标。

(2)每个桥墩均设置承台观测标、墩身观测标。承台观测标分为观测标—1、观测标—2，观测标—1设置于底层承台左侧小里程角上；观测标—2设置于底层承台右侧大里程角上。承台观测标为临时观测标，当墩身观测标正常使用后，承台观测标随基坑回填将不再使用。

(3)桥墩观测标原则上应设在墩身上，数量每墩不少于2处。桥墩标一般设置在墩底高出地面或水位1.0 m左右；当墩身较矮梁底距离地面净空较低不足4.0 m时，桥墩观测标可设置在对应墩身埋标位置的顶帽上埋设。特殊情况可按照确保观测精度、观测方便、利于测点保护的原则，确定相应的位置。桥墩上观测标的具体设置位置如图1—1—8所示。

(4)桥台观测标原则上应设置在台顶(台帽及背墙顶)，数量不少于4处，分别设在台帽两侧及背墙两侧(横桥向)。

(5)每座涵洞均要进行沉降观测，观测标原则上应设在涵洞两侧的边墙上，在涵洞进出口及涵洞中心分别设置，每座涵洞测点数量为6个。涵顶填土沉降观测参照路基地段沉降观测点布置方式，采用在涵顶线路中心位置埋设沉降板进行观测的方式。

2. 观测原件埋设

(1)桥台、涵顶、梁体沉降变形观测标。观测标采用ϕ20 mm的不锈钢棒，钢棒露出外面部分需要磨圆处理。如图1—1—9所示。

(2)墩身沉降变形观测标，采用ϕ14 mm不锈钢螺栓。如图1—1—10所示。

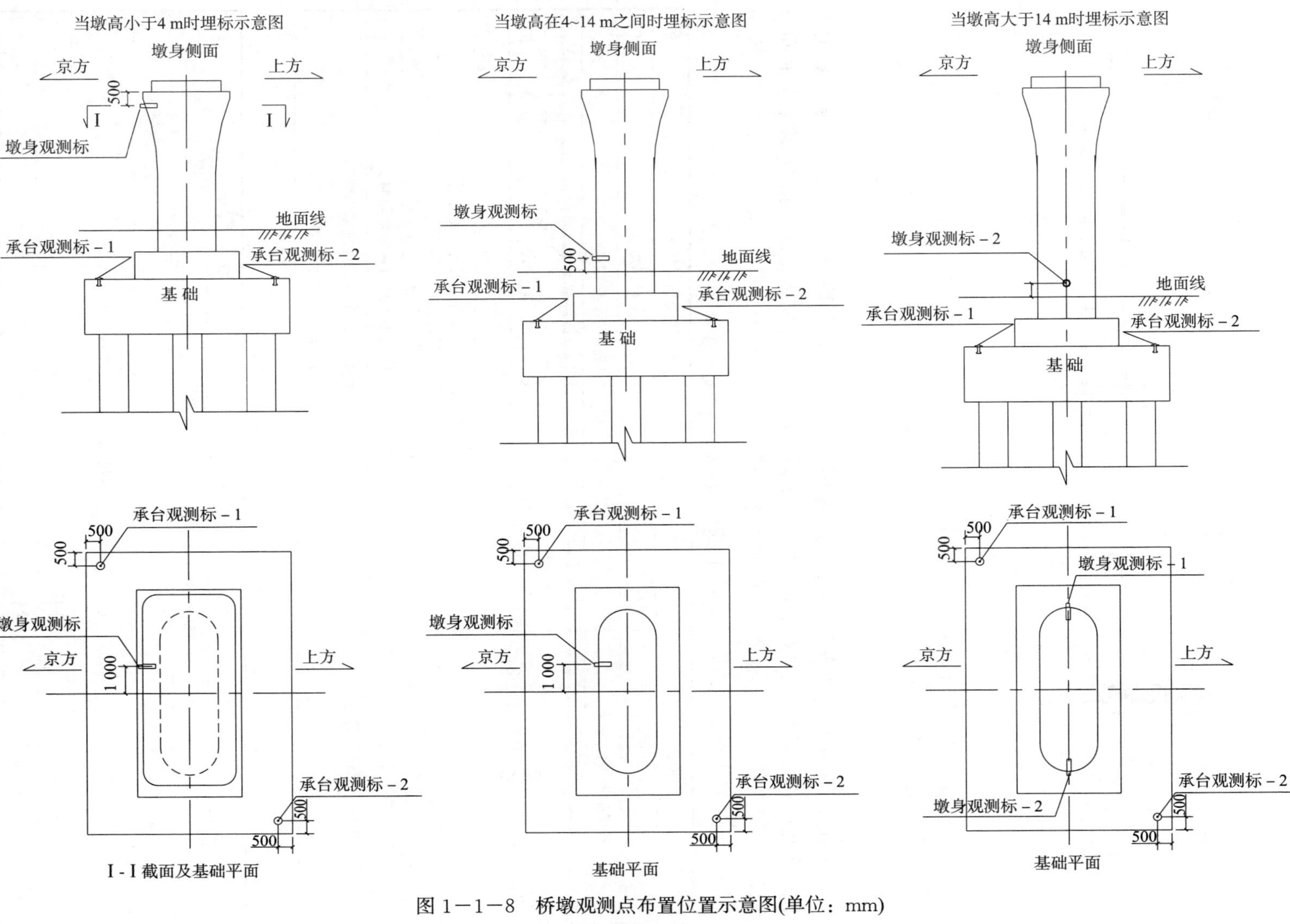

图 1－1－8　桥墩观测点布置位置示意图(单位：mm)

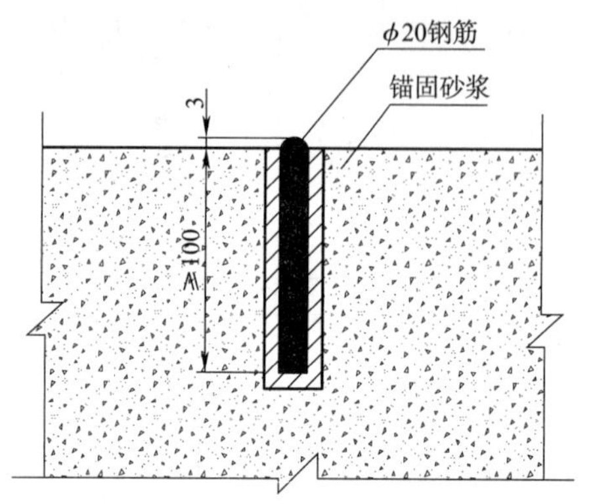

图 1—1—9　桥台、涵顶及梁体观测元器件埋设示意图（单位：mm）

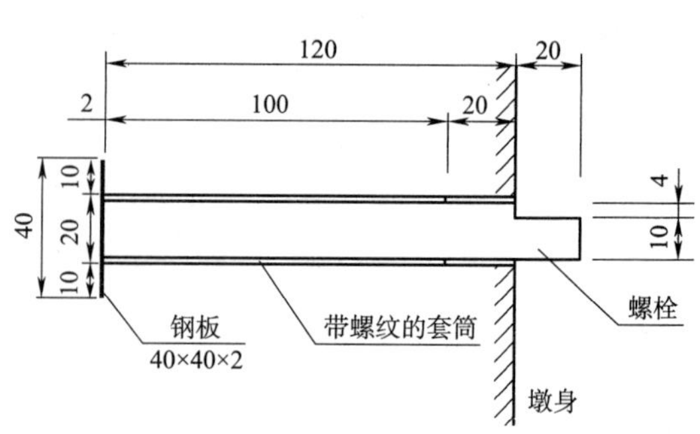

图 1—1—10　墩身沉降观测标埋设参考图（单位：mm）

3. 观测要求

桥涵基础沉降和梁体徐变变形的观测精度为±1 mm，读数取位至 0.1 mm。墩台基础施工完成至无砟轨道铺设前，应系统观测墩台沉降。梁体徐变、墩台沉降和涵洞沉降观测时间节点及频次宜按表 1—1—6～表 1—1—8 的规定进行。

表 1—1—6　梁体徐变观测频次要求

观测阶段	观测周期
预应力张拉期间	张拉前、后各 1 次
桥梁附属设施安装	安装前、后各 1 次
预应力张拉完成～无砟轨道铺设前	张拉完成后第 1 天
	张拉完成后第 3 天
	张拉完成后第 5 天
	张拉完成后 1～3 月，每 7 天为一测量周期
无砟轨道铺设期间	每天 1 次
无砟轨道铺设完成后	第 0～3 个月，每 1 个月为一测量周期
	第 4～12 个月，每 3 个月为一测量周期
	第 13～24 个月，每 3 个月为一测量周期

表 1—1—7　墩台沉降观测频次

观测阶段		观测频次		备　注
		观测期限	观测周期	
墩台基础施工完成		—	—	设置观测点
墩台混凝土施工		全程	荷载变化前后各 1 次或 1 次/周	承台回填时，测点应移至墩身或墩顶
预制梁桥	架梁前	全程	1 次/周	
	预制梁架设	全程	前后各 1 次	
	附属设施施工	全程	荷载变化前后各 1 次或 1 次/周	

续上表

观测阶段		观测频次			备　注
		观测期限		观测周期	
桥位施工桥梁	制梁前	全程		1 次/周	
	上部结构施工中	全程		荷载变化前后各 1 次或 1 次/周	
	附属设施施工	全程		荷载变化前后各 1 次或 1 次/周	
架桥机(运梁车)通过		全程		前后各 1 次	至少进行 2 次通过前后的观测
桥梁主体工程完工～无砟轨道铺设前		≥6 个月		1 次/周	岩石地基的桥梁，一般不宜少于 2 个月
无砟轨道铺设期间		全程		1 次/天	
无砟轨道铺设完成后		24 个月	0～3 个月	1 次/月	工后沉降长期观测
			4～12 个月	1 次/3 个月	
			13～24 个月	1 次/6 个月	

注：观测墩台沉降时，应同时记录结构荷载状态、环境温度及天气日照情况。

表 1—1—8　涵洞沉降观测频次

观测阶段	观测频次			备　注
	观测期限		观测周期	
涵洞基础施工完成				设置观测点
涵洞主体施工完成	全程		荷载变化前后各 1 次或 1 次/周	观测点移至边墙两侧
涵顶填土施工	全程			
架桥机(运梁车)通过	全程		前 2 次通过前后各 1 次，其后每 1 次/天，连续 2 次，其后 1 次/3 天，连续 3 次，以后 1 次/周	至少进行 2 次通过前后的观测
涵洞完工～无砟轨道铺设前	≥6 个月		1 次/周	岩石地基的涵洞，一般不宜少于 2 个月
无砟轨道铺设期间	≥6 个月		1 次/天	
无砟轨道铺设完成后	24 个月	0～3 个月	1 次/月	工后沉降长期观测
		4～12 个月	1 次/3 个月	
		13～24 个月	1 次/6 个月	

三、隧道工程

1. 观测断面布置原则

隧道沉降观测主要监测隧道基础的沉降与上浮情况，一般在隧道洞门结构范围内、隧道内围岩变化处设置断面，一般地段根据围岩级别确定，隧道洞口、明暗挖分界处和变形缝设置观测断面。

隧道内一般地段观测断面的布设应根据地质围岩级别确定，Ⅱ级围岩段原则上不设变形观测点，必要时每 800 m 设一处变形观测断面，Ⅲ级围岩每 400 m、Ⅳ级围岩每 300 m、Ⅴ级围岩每 200 m 布设一个观测断面，地应力较大、断层破碎带、膨胀土等不良和复杂地质区段应适当加密布设；隧道洞口至分界里程范围内应至少布设一个观测断面；隧底工程完成后，每个观测断面在相应于两侧边墙处设一对沉降观测点。

2. 观测原件埋设

隧道工程完成后，每个观测断面在两侧边墙处设一对沉降观测点，原则上设于高于水沟盖板 20 cm 处(图 1—1—11)。每个观测断面在仰拱填充面距离水沟电缆槽侧壁 10 cm 处埋设一对沉降观测点。

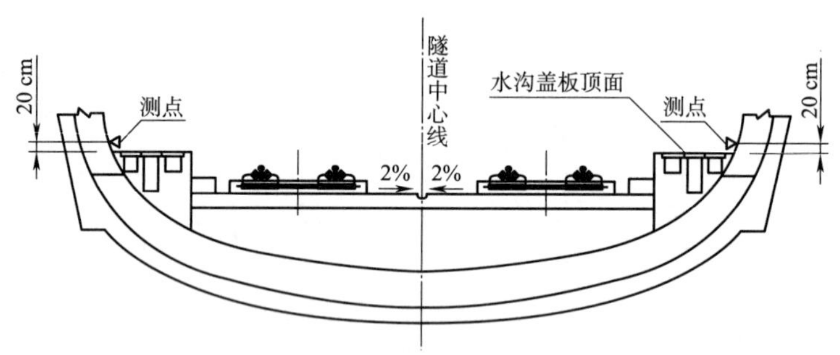

图 1—1—11　隧道内沉降观测点埋设位置图

3. 观测要求

沉降水准的测量精度为±1 mm，读数取位至 0.1 mm。隧道基础沉降观测的频次不低于表 1—1—9 的规定，沉降稳定后可不再进行观测。

表 1—1—9　隧道基础沉降观测频次

观测阶段	观测频次		
	观测期限		观测周期
隧底工程完成后	3 个月		1 次/周
无砟轨道铺设后	3 个月	0～1 个月	1 次/周
		1～3 个月	1 次/2 周

第三节　沉降观测要求及实施方法

无砟轨道垂直位移沉降变形观测点采用高精度水准仪进行观测，要求测量精度为 1 mm，读数取位至 0.1 mm，目前应用较为普遍的是徕卡 DNA03、天宝 DiNi03 两种型号的电子水准仪，实时电子记录存档，精度好、效率高。沉降观测应符合下列基本要求：

(1)采用的仪器应进行检定，并在检定有效期内。每周期观测前，对所使用的仪器和设备进行检验校正，并保留检验记录。

(2)每周期变形观测时，宜按下列规定执行：①采用相同的图形或观测路线和观测方法；②使用同一仪器和设备；③固定观测人员；④固定基准点和工作基点；⑤在基本相同的环境和观测条件下工作。

一、路　　基

路基沉降观测水准测量的精度为±1.0 mm，读数取位至 0.1 mm；剖面沉降观测的精度应不低于 4 mm/30 m。位移观测测距误差±3 mm;方向观测水平角误差为±2.5″。

路基基底沉降一般设置沉降板观测,沉降板观测采用水准测量,按测量精度要求和频次定期观测沉降板测杆顶面测点高程;沉降板观测时应在测杆头上套一个专用的测量帽;测量帽下部以刚好套入测杆为宜,测量帽上部以中心为一半球形的测点为宜;在沉降板测杆接高时应同时测量接高前后的测杆高程。

路基面沉降观测采用观测桩法进行。在基床底层或基床表层施工完成后,按照设计要求进行埋设,桩周围用级配碎石固定;当采用堆载预压进行路基处理时在卸载后埋设观测桩进行测量。

沉降观测桩采用水准线路测量方法,固定观测线路及观测方法,按测量精度要求和频次定期观测路肩观测标顶面测点高程,起闭于沉降观测工作基点。路基过渡段不均匀变形可以采用连续的路基面沉降观测桩,也可采用沿线路纵向布置剖面沉降仪进行观测。路基过渡段不均匀变形是否满足无砟轨道铺设技术要求,必须通过沿线路纵向的连续的沉降观测进行判断或评估。具体实施方法如图 1—1—12 所示。

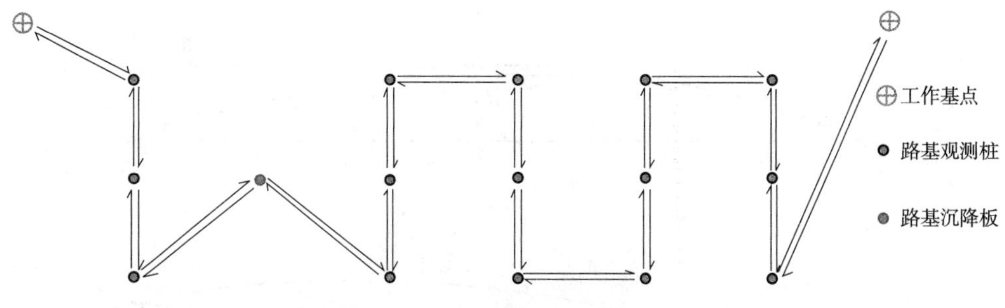

图 1—1—12　路基沉降观测水准路线示意图

横剖面沉降观测采用横剖仪和水准仪进行观测,观测时首先用水准仪测出横剖面管一侧的观测标顶高程,再把横剖仪放置于观测标顶测量初值,然后用横剖仪测量各测点,横剖仪观测应在无风或微风的天气下观测,测点间距根据设计要求和工程地质特点确定。

位移观测边桩观测采用水平位移观测方法,按测量精度要求和频次定期观测位移观测边桩水平位移。

二、桥　　涵

桥涵基础沉降和梁体徐变变形的观测精度为±1 mm,读数取位至 0.1 mm。下部结构的沉降变形观测按照固定的观测路线和观测方法进行,观测路线必须形成附合或闭合路线,使用固定的工作基点对应沉降变形观测点进行观测。对于梁体的变形观测,每孔梁支点之间的梁体变形应以两支点的连线为基准线进行观测计算,由于下部结构沉降变形的影响,该基准线的位置会发生变化,梁体观测点至该基准线的垂直距离利用几何方法计算取得,垂直距离差值就是梁体变形量。观测数据要求结合施工过程,详细记录各个施工节点前后的观测数据。如架梁时间、轨道板底座施工、铺板时间、轨道板精调时间以及铺轨时间。

桥墩沉降观测前应设计好固定的观测线路,观测方法一般选用支路线法或符合水准路线法(图 1—1—13)。当沉降观测点距引测的水准基点较近,且高差也相近时,采用支路线法,尽可能一次置镜测得沉降观测点与水准基点之间的高差;基准网距离沉降监测点较远或高差较大的可采用符合水准路线。

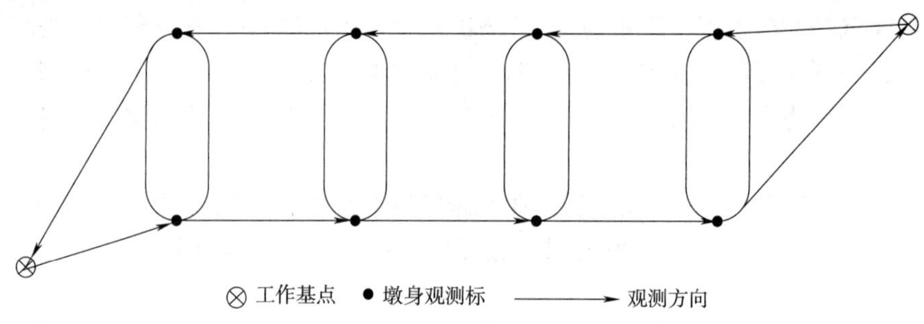

图 1—1—13　墩台观测符合水准路线示意图

对于梁体的徐变变形观测，如图 1—1—14 所示，每孔梁支点之间的梁体徐变变形应以两支点的连线为基准线进行观测计算，由于下部结构沉降变形的影响，该基准线的位置会发生变化，梁体观测点至该基准线的垂直距离利用几何方法计算取得，垂直距离差值就是梁体徐变变形量。

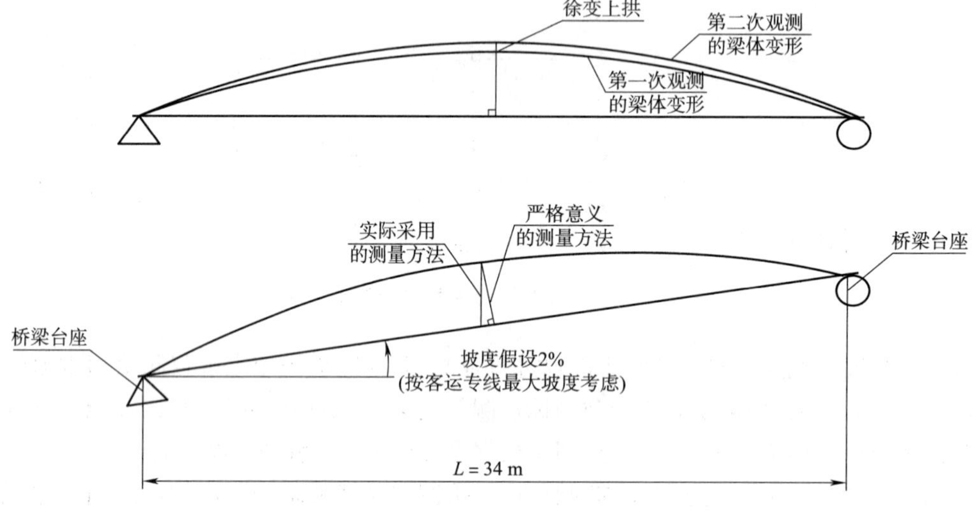

图 1—1—14　梁体徐变量测量的方法

桥梁梁体徐变水准路线观测按二等水准测量精度要求形成闭合水准路线，徐变观测点位布设及水准路线观测示意图如图 1—1—15 所示，在该观测方法中，跨中作为观测基点兼观测标，梁体四个角为观测标。其中测点 1、2、3、4、1 构成第一个闭合环，测点 1、6、5、2、1 构成第二个闭合环。

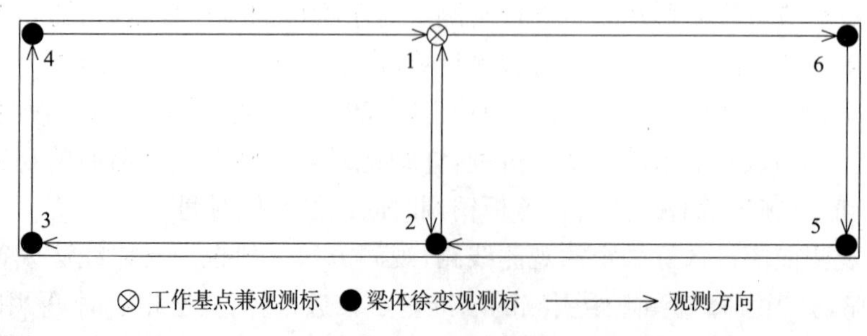

图 1—1—15　梁跨中作为工作基点徐变观测路线示意图

三、隧　　道

短隧道(长度 2 000 m 以下)的水准路线观测按二等水准测量精度要求形成附合水准路线，沉降观测点位布设于观测断面隧道内壁两侧，水准路线观测示意图如图 1—1—16 所示。长大隧道(2 000 m 以上)沉降观测路线在隧道中部形成闭合，两段闭合进行检核。长大隧道(4 000 m 以上设置有斜井)沉降观测路线在隧道斜井位置符合至斜井口水准点，并检核闭合水准差。

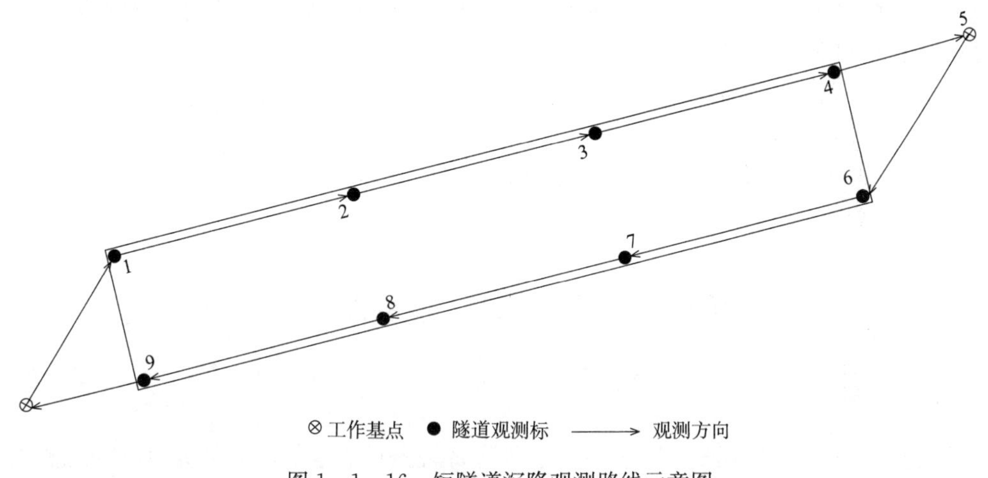

图 1—1—16　短隧道沉降观测路线示意图

第四节　观测数据质量控制

为了保证观测数据的质量，应注意以下事项：

(1)水准网的观测按照国家二等水准施测，采用单路线往返观测。每次观测均形成闭合检验条件。

(2)水准仪使用 DS05 或 DS1 型仪器，仪器及配套水准尺均应在有效合格检定期内。水准仪与水准尺在使用前及使用过程中，经常规检校合格，水准仪视准轴与水准管轴的夹角均不超过 15″。仪器各种项设置正确，其中有限差要求的项目按规范要求在仪器中进行设置，并在数据采集时自动控制，不满足要求的在现场进行提示并进行重测。

(3)外业测量一条路线的往返测使用同一类型仪器和转点尺垫，沿同一路线进行。观测成果的重测和取舍按《国家一、二等水准测量规范》(GB/T 12897—2006)有关要求执行。

(4)观测时，一般按后-前-前-后的顺序进行，对于有变换奇偶站功能的电子水准仪，按以下顺序进行：①往测：奇数站为“后—前—前—后”，偶数站为“前—后—后—前”。②返测：奇数站为“前—后—后—前”，偶数站为“后—前—前—后”。

(5)每一测段均为偶数测站。晴天观测时给仪器打伞，避免阳光直射；扶尺时借助尺撑，使标尺上的气泡居中，标尺垂直。

(6)观测前 30 min，将仪器置于露天阴影处，使仪器与外界气温趋于一致；对于数字式水准仪，进行不少于 20 次单次测量，达到仪器预热的目的。测量中避免望远镜直接对着太阳；避免视线被遮挡，遮挡不超过标尺在望远镜中截长的 20%。观测时用测伞遮蔽阳光，对于电子水准仪,施测时均装遮光罩。

(7)自动安平水准仪的圆水准器,严格置平。在连续各测站上安置水准仪时,使其中两脚螺旋与水准路线方向平行,第三脚螺旋轮换置于路线方向的左侧与右侧。除路线拐弯处外,每一测站上仪器与前后视标尺的三个位置,一般为接近一条直线。

(8)观测过程中为保证水准尺的稳定性,选用 2.5 kg 以上的尺垫,水准观测路线必须路面硬实,观测过程中尺垫踩实以避免尺垫下沉。同时观测过程中避免仪器安置在容易震动的地方,如果临时有震动,确认震动源造成的震动消失后,再激发测量键。水准尺均借助尺撑整平扶直,确保水准尺垂直。

(9)对于跨河、跨湖的沉降测量,按照《国家一、二等水准测量规范》(GB/T 12897—2006)跨河水准测量要求进行观测。

(10)数据处理时,闭合差、中误差等均满足要求后进行平差计算,主水准路线要进行严密平差,选用经鉴定合格的软件进行。

第五节　常见问题及案例分析

一、常见问题

沉降变形监测过程周期长,现场干扰大,外界环境条件影响等因素都会对沉降观测数据产生影响,因此要在沉降观测过程中做好各种突发情况的应急处理方案,确保沉降观测数据连续、稳定、可靠。下面对各种异常观测数据的分析处理方法做简要介绍。

1. 水准基点扰动引起的异常观测数据

水准基点破坏或发生较大扰动时,现场测量时可以被测量人员发现。发现后,应及时恢复水准基点并进行补充测量,然后才能进行变形观测。当平面基点、水准基点少量扰动时,现场测量不易发现,但通过对引用同一水准基点的多个观测标突然发生同一趋势较大量的异常变化分析,结合相邻水准基点的检核结果可以判定原因。当确认属于水准基点扰动时,应首先对水准基点进行补充测量,消除问题,然后再进行变形观测。

2. 观测标或观测元器件扰动引起的异常观测数据

当观测标或观测元器件破坏或发生较大扰动时,现场测量时可以发现。发现后,应及时恢复观测标或观测元器件,然后进行变形观测。当观测标或观测元器件少量扰动时,现场测量不易发现,但通过与相邻观测标或观测元器件变形差异分析,结合地形地质状况、施工加载情况对比分析可初步判定,然后通过后续的观测进一步验证。

观测标或观测元器件的破坏或扰动将引起变形观测的不连续,即上一次观测至本次观测的变形量无法准确测定,从而影响变形观测成果的质量,当观测标或观测元器件频繁破坏或扰动时,将会严重影响变形观测成果的质量。

对观测标或观测元器件扰动引起异常观测数据的情况,当两次观测之间时间较短时,可采取本期变形值归零的方式;当两次观测之间时间较长时,可采取按上期变形值线性变化的方式确定本期变形值。

3. 测量错误引起的异常观测数据

可以通过检查核对观测记录和计算数据发现这一类异常数据。当未发现时,可以通过补充观测进行查找。测量错误引起的异常观测数据只要及时发现和正确处理，不会对变形观测成果质量产生影响。

4. 观测点的转移引起前后数据衔接问题

因堆载预压、道床施工、路肩封闭等原因造成干扰，部分观测标被掩埋或遭到破坏，因此应定期开展观测桩检查，及时设置观测点进行替代，沉降观测检测的结果是两次差异沉降的相对沉降量，在高程换算时应及时开展避免出现数据沉降异常情况。

二、案例分析

下面列举几例，对线下工程沉降的若干处理方法进行简要介绍。

1. 车站路基沉降

某客运专线铁路建成后，在静态调整阶段进行静态轨道检测时，在某车站发现差异性沉降(图1—1—17)，后经查证车站位于池塘淤泥换填区，换填质量不能达到设计要求，出现了路基本体沉降。后经专家论证确定采用注浆处理加固地基方案，沉降得到有效控制。注浆完成后检测轨道几何参数，发现轨道出现横向位移达到8～10 mm，出现了注浆压力导致的路基横向偏移的问题，后对道床板进行返工处理，达到安全运营要求。

图1—1—17　高铁车站沉降

2. 密集地下水采集区域沉降

某客运专线道床板施工完成后标段间出现轨道调整衔接区段差异最大达到7 mm，后业主单位组织现场整体复测发现，区域内两标段出现了不同程度的区域沉降，区域内地下水分部呈现为两个大型漏斗区，沉降随漏斗区呈现规律性变化。经查区域沉降与当地农业灌溉大量采集地下水有关，为确保铁路运营安全，组织对铁路沿线的灌溉井进行了封闭，并对轨道板进行了揭板处理，重新灌注砂浆后开通运营。

3. 富水隧道仰拱变形

某铁路位于南方山区，每年7月份为雨季。无砟轨道于第一年冬季施工，完成施工后第二年6月份完成无砟轨道静态调整，7月份联调联试期间某800 m短隧道缓和曲线段无砟轨道出现反超高，轨顶标高上升的情况。经查施工期间沉降监测正常，施工及长轨精调数据正常，出现异常情况应属内力作用，经设计、咨询及相关专家讨论，采取钻孔取芯探测仰拱施工质量(布孔方案如图1—1—18所示)，钻孔50 cm发现大量涌水(图1—1—19)，经过近4小时排水后，再次检测轨定标高，发现轨道标高回复设计标高。而后全面停止隧道轨道精调，隧底钻眼压浆，开引槽排水，并在线间设置排水盲沟，促使隧内水压平衡。

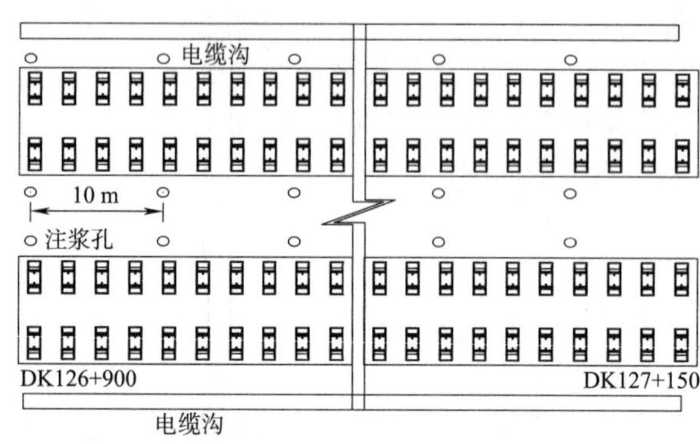

图 1—1—18　隧底布孔示意图

图 1—1—19　布孔后涌水情况

4. 高地应力隧道二衬开裂

某铁路隧道施工期间出现隧道仰拱开裂，经检测为岩体自身应力过大压裂所致，经换拱处理依然出现开裂现象，监测显示隧道变形异常，后经专家论证增加一层二衬后，开裂现象有所缓解。

以上案例表明，沉降观测关乎高速铁路建设的成败，沉降评估如果出现误判将会影响后期营运安全，同时会造成巨大的经济损失。因此搞好施工期间沉降监测是无砟轨道施工的第一前提。

第二章　沉降变形数据分析及评估预测

通过沉降观测数据分析，对沉降变形进行预测，据此确定铺设无砟轨道的时间点；当预测结果不能满足需要时，确定应采取的技术对策，预计运营开始的时间点；对特殊工点，继续预测无砟轨道运营后可能的沉降变形趋势，确定相应的维修预案。

第一节　无砟轨道铺设条件

工后沉降标准与设计速度、轨道类型、施工工期、轨道维修养护标准和维修周期、工程投资大小等因素有关，同时也与地质勘察试验手段和精度、沉降计算的方法和精度、沉降观测的方法和精度、工后沉降预测的方法和精度密切相关。

为避免运营期病害产生，高速铁路要求严格控制工后沉降。路基段无砟轨道铺设基本条件见表1—2—1，一般路基工后沉降变形量$S_R \leqslant 15$ mm，路桥、路隧过渡段差异沉降量<5 mm，路桥、路隧折角小于1‰。

表1—2—1　路基段无砟轨道铺设基本条件

	条　件	允 许 值
基本准则	一般路基	$S_R \leqslant 15$ mm（膨胀性地基：隆起量$\leqslant 10$ mm）
	路桥、路隧过渡段	差异沉降量小于5 mm，路桥、路隧折角小于1‰
允许调整准则	沉降均匀，路基长度大于20 mm	$S_R \leqslant 30$ mm，调整轨面高程后的圆顺竖曲线半径大于$0.4v_{max}^2$

自无砟轨道铺设桥梁墩台的均匀沉降量不应超过15 mm，相邻墩台的沉降量差不应超过5 mm。徐变上拱度：终张拉60 d后，跨度$L \leqslant 50$ m梁体跨中徐变上拱度不应大于10 mm；跨度$L > 50$ m梁体跨中徐变变形不应大于$L/5\ 000$或20 mm。

无砟轨道铺设后涵身整体工后沉降量与相邻段的路基相一致且不大于15 mm。涵节间的差异沉降差不得大于5 mm。涵路差异沉降要求涵身沉降与过渡段的沉降应基本一致，当不一致时，其形成的沉降差不得大于5 mm。

隧道基础工后沉降值不应大于15 mm，轨道基础与路基、桥涵等结构物间的工后差异沉降小于5 mm，折角不应大于1/1 000。

在满足上述条件下，进行线路系统沉降单元划分。路堑、路堤、涵洞、桥梁、隧道、过渡段等单元划分原则：依据路基结构与桥梁、隧道、涵洞等的关系确定，分为基本单元、组合单元和集成分析单元，见表1—2—2。

表 1—2—2 线路系统沉降单元划分

单元等级	单元工程名称
基本单元	路基(路堑、路堤)
	涵洞
	桥梁
	隧道
组合单元	路基＋桥梁＋路基＋涵洞
	路基＋涵洞＋路基＋隧道
	路基＋桥梁＋隧道
集成单元	路基＋桥、涵＋隧道＋路基＋……

第二节 变形量计算及修正

沉降变形量计算实际上是计算不同时间点观测点垂直及平面位移值,通过时间与沉降值曲线判断沉降是否趋于稳定,以及工后沉降的发展趋势。

一、变形量计算

现场观测获得各观测点的水准测量记录数据。根据相应的工作基点(相应水准路线上)高程结果,计算观测点的本期高程。用同一观测点的上一期次的高程减去本期高程,得到本期观测后该观测点的沉降增量。这样,"＋"表示下沉,"－"表示隆起。把到当前(各阶段提交资料时刻)为止的同一测点各期的沉降增量累加,即为该测点当前的累计沉降量。

二、梁体徐变上拱计算

梁体徐变由弹性上拱及徐变上拱两部分组成,弹性上拱是由于预应力混凝土梁在张拉过程由于张拉力而引起的上拱变形,梁的预应力张拉包括了 3 个阶段(预张拉,初张拉、终张拉),一般认为他们引起的弹性上拱是一瞬间完成的。徐变上拱是指预应力混凝土梁在应力不变的情况下,因应变增加而引起的梁体上拱现象。

在终张拉完成后,梁体任一时刻上拱变形量 Δ 由弹性上拱 Δ_e 和徐变上拱 Δ_c 两部分组成,如图 1—2—1 所示。其中,弹性上拱即为终张拉完成时刻的上拱变形。

对于预应力梁,任一截面均存在上拱变形,但工程实践中最关心的是最大上拱变形,即梁体跨中上拱量。该上拱变形量实测值计算方法如下:

$$\Delta = f_{跨中} - f_{端部} \tag{1—2—1}$$

式中 Δ——实测梁体跨中上拱变形量;

$f_{跨中}$——实测梁体跨中变形量(以向上为正);

$f_{端部}$——实测梁体端部(边端)变形量(以向上为正),注意取两端部的变形量的平均值。

这样,梁体在终张拉完成后任一时刻实测跨中徐变上拱量即为:

$$\Delta_c = f_{跨中} - f_{端部} - \Delta_e \tag{1—2—2}$$

其中弹性上拱量 Δ_e 即为终张拉完成时刻的实测跨中上拱变形值。

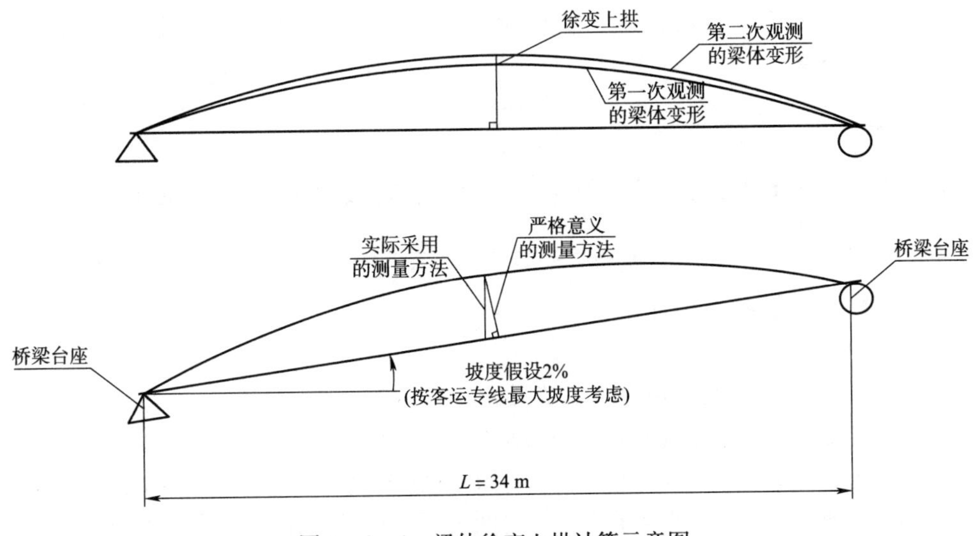

图 1—2—1 梁体徐变上拱计算示意图

三、沉降变形修正

对于因工程地质条件、气候条件等因素引起的工作基点高程变化的情况，需要把工作基点高程变化引入观测点的高程结果中。一般而言，可以通过基准点联测来获得工作基点的高程。但是，由于基准点联测不可能同观测点观测的频度一样，而且要远小于后者，所以，只有把定期的基准点的联测结果按一定的方法引入观测点的高程结果，即通过对工作基点的高程修正而达到对观测点的高程结果修正。

由于影响因素众多，工作基点的高程变化十分复杂，目前尚无统一的计算方法，考虑工程实际的简化操作，本篇给出近似的线性内插法进行某一时刻的工作基点高程的修正。对任一工作基点，其高程修正计算方法具体如下：

(1)在相邻两个时间间隔时刻 t_1、t_2(设 $t_1<t_2$)进行了基准点联测，根据测量结果计算出此工作基点 t_1时刻的高程 h_1，t_2时刻的高程 h_2。

(2)对于在 t_1至 t_2之间的任一时刻 t，此工作基点的高程 h 计算如下：

$$h=h_1+(h_2-h_1)\frac{t-t_1}{t_2-t_1} \tag{1—2—3}$$

在获得了各个工作基点的修正后的高程之后，就可对两个工作基点所限定的水准路线上的各个观测点进行高程计算，进而完成沉降计算。在修正过程中，需要注意以下两点：

(1)工作基点的高程修正是指时间上的修正，即修正不同时刻的变化情况；

(2)高程修正计算与观测时间段一一对应，即若某一时间段进行了工作基点修正，那么观测点的修正也只是针对这一时间段的数据，而对该观测点在本时间段以前的(已完成了修正)观测数据不予修正。

第三节 观测数据分析方法

根据客运专线路基及桥梁等建筑物沉降特点，评估过程中主要用到的方法有：双曲线法、三点法、Asaoka 法、指数曲线法、拓展双曲线法等。本文重点对应用最为广泛的双曲线法和拓展双曲线法进行介绍。

一、双曲线法

双曲线法假定沉降量 S_t 随时间 t 的发展过程符合双曲线方程，用下式表示

$$S_t=S_0+\frac{t-t_0}{\alpha+\beta(t-t_0)} \tag{1—2—4}$$

式中 S_0——初期沉降量($t=0$)；

S_t——t 时刻沉降量；

t_0——起点时间，一般取填方施工结束日；

α、β——实测数据经过曲线回归求得的系数。

由实测数据绘制$(t-t_0)/(S_t-S_0)$与 $t-t_0$ 的关系图(图 1—2—2)，拟合直线，求得直线的截距 α 和斜率 β(图 1—2—3)，即可求得任意时间的沉降量 S_t 和最终沉降量 S_∞

$$\frac{t-t_0}{S_t-S_0}=\alpha+\beta(t-t_0) \tag{1—2—5}$$

$$S_\infty=S_0+\frac{1}{\beta} \tag{1—2—6}$$

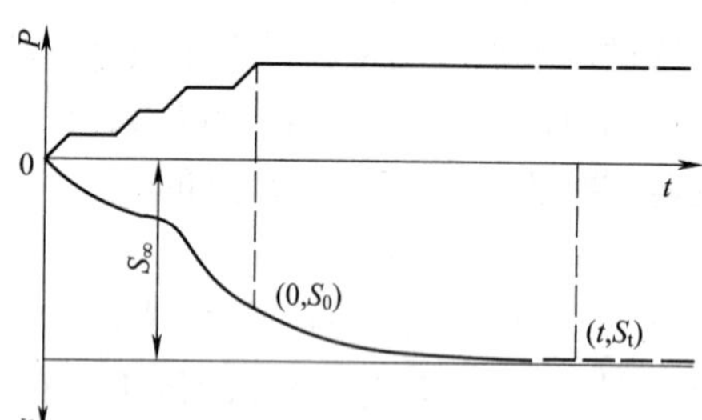

图 1—2—2 双曲线法推算沉降示意图

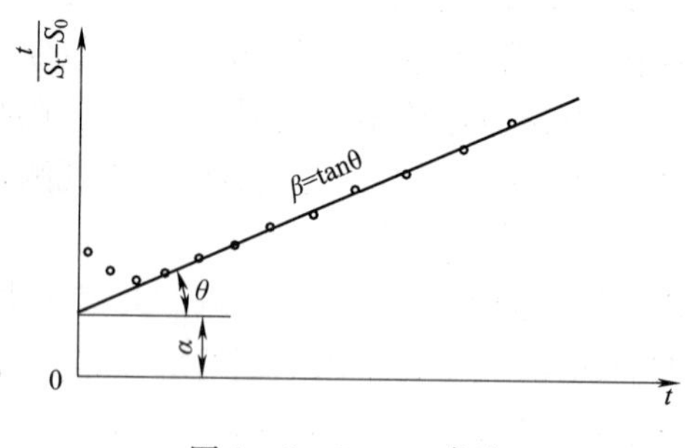

图 1—2—3 α,β 求法

二、拓展双曲线法

假设沉降时程曲线近似于双曲线，可以用以下方程式进行描述

$$S_t=\frac{t}{a+b\times t}\times\xi \tag{1—2—7}$$

式中 t——自土方工程开工以来时间(天)；

S_t——t 时刻的沉降(mm)；

σ——t 时刻的荷载(kPa)；

σ_{max}——设计最大荷载(kPa)；

ξ——σ 与 σ_{max} 之比，即 $\xi=\frac{\sigma}{\sigma_{max}}$。

可以利用直线的斜率计算出最终沉降 $S_{max}=1/b$。拓展双曲线法在常规双曲线法基础上引入了荷载系数的概念，在假定荷载增量、加载速率变化不大的情况下，沉降变形的增量与荷载增量成正比。该方法与传统方法的最大差别在于其将填筑期观测数据纳入分析时间段以

内。采用拓展双曲线法,可以计算在任意最大荷载下产生的沉降。

三、工后沉降计算方法

沉降拟合曲线满足《客运专线铁路无砟轨道铺设条件评估指南》(铁建设〔2006〕158号)的要求后,进行工后沉降计算。工后沉降 S_R(不包括交通荷载引起的附加沉降)由两部分组成,工后沉降的计算方法为

$$S_R=S_{(T_3-T_0)}+S_{st} \tag{1—2—8}$$

式中　T_0——预计铺设无砟轨道时间点;

T_3——预定运营完成的时间点($T_3=T_0+100$ 年);

$S_{(T_3-T_0)}$——路基在铺轨后至运营完成所发生的沉降,可根据上述方法预测求出;

S_{st}——铺设无砟轨道结构自重发生的沉降。

由于无砟轨道结构自重不大(结构层荷载取为 15 kPa),且在铺轨前路基已经过了一个趋于稳定的沉降变形期(要求最后观测沉降量达到最终沉降量的 75%以上),因此,相对于路基填筑期的沉降量而言,变形趋于稳定后所施加的结构荷载所引起的沉降量一般来说是十分有限的。

根据《客运专线铁路无砟轨道铺设条件评估指南》,对于多级加载的情况,在不考虑地基土的非线性特性条件下,荷载增量引起的最终沉降量与荷载大小成正比,即

$$S_k=C\Delta P_k \tag{1—2—9}$$

式中　S_k——第 k 级荷载增量引起的最终沉降量;

ΔP_k——第 k 级荷载增量。

应用上述原则,将轨道结构层看作为路基本体填筑完成后的一个荷载增量,其引起的沉降量与结构层荷载成正比,而沉降量 S_k 与 ΔP_k 的比例系数 C 可根据铺轨前沉降观测资料确定,即

$$C=S_\infty/\gamma h \tag{1—2—10}$$

$$S_{sk}=C\times\Delta P_k \tag{1—2—11}$$

式中　S_∞——利用铺轨前观测资料预测的最终沉降量;

γ——路基平均填土容重;

h——路基填土总高度。

则结构层引起的沉降量为

$$S_{sk}=C\times\Delta P_k=\Delta P_k\times S_\infty/\gamma h \tag{1—2—12}$$

式中　ΔP_k——轨道结构层荷载。

对于桥梁结构,同样采用上述的分析思路计算轨道结构层引起的沉降量。假定桥梁墩台及基础为弹性体,轨道结构层引起的最终沉降量与结构层荷载成正比,而沉降量 S_k 与 ΔP_k 的比例系数 C 可根据桥梁主体施工完成后的沉降观测资料确定,即

$$C=S_\infty/P_l$$

式中　S_∞——利用铺轨前观测资料预测的最终沉降量;

P_l——梁体自重。

则结构层引起的沉降量为

$$S_{sk}=C\times\Delta P_k=S_\infty\times p_{sk}\times L\times B/P_l \tag{1—2—13}$$

式中　p_{sk}——结构层荷载强度;

L——梁体长度；

B——梁面宽度。

另外，由于拓展双曲线法引入了荷载系数的概念，其荷载系数的计算过程中实际已考虑了结构荷载的影响。因此，在采用拓展双曲线法进行沉降预测分析时，其工后沉降量不能按照上述公式进行计算。按照德国相关轨道工程实际采用的方法，工后沉降 S_R 为预测出的最终沉降值与观测的当前沉降值之差

$$S_R = S_{max} - S_t \qquad (1—2—14)$$

四、过渡段折角计算方法

可采用下列公式计算过渡路基段相临结构物之间的折角

$$\alpha = 1\left(\frac{\Delta L}{\Delta S_R}\right) \qquad (1—2—15)$$

式中 ΔL——结构物与过渡路基段间的距离；

ΔS_R——结构物与过渡路基段间的工后沉降差。

第四节 结构物稳定性评定指标

线下结构物是否稳定，能否满足无砟轨道铺设条件，不仅需要满足无砟轨道铺设的基本条件，还需要对相关指标关联性、兼容性进行评定，确保观测数据满足评定条件，沉降变形量满足基本指标，数据相关性达标，结构物沉降趋于稳定，工后沉降不会对线路平顺造成影响等。对评定存在问题的段落要及时调整方案，或做好运营维修保养预案。路基沉降评估控制指标见表 1—2—3，桥梁墩台沉降评估控制指标见表 1—2—4，桥梁梁体徐变评估控制指标见表 1—2—5，涵洞沉降评估控制指标见表 1—2—6，隧道沉降评估控制指标见表 1—2—7，过渡段沉降评估控制指标见表 1—2—8。

表 1—2—3 路基沉降评估控制指标

指标类别	具体指标	说 明
核心指标	工后沉降	容许工后沉降量为 15 mm
	稳定性	后期沉降是否趋于稳定
	相关系数	相关系数≥0.92，预测认为是可靠的
控制性指标	观测期	观测期≥6 个月，是取得较为完整的沉降过程曲线，即足够观测数据的基本保证
	可靠性	间隔不少于 3 个月的两次预测最终沉降的差值小于 8 mm
	$S(t)/S(\infty)\geq 75\%$	对沉降预测时间的基本要求，说明主要沉降已经完成
	设计总沉降量和预测总沉降量的吻合性	二者的差值不宜大于 10 mm
一般指标	观测频次	主体工程完成后不同阶段的观测频次
	最终沉降量	主要用于考察 $S(t)/S(\infty)\geq 75\%$ 是否满足和地基处理的有效性
	观测数据的合理性	不同观测手段所反映的路基沉降变化趋势是否一致(单点沉降计、沉降板、路面观测桩等)，以及不同观测桩数据的

表 1—2—4　桥梁墩台沉降评估控制指标

指标类别	具体指标	说　明
核心指标	工后沉降	容许工后沉降量为 15 mm
	稳定性	后期沉降是否趋于稳定
	相关系数	相关系数≥0.92,预测认为是可靠的
控制性指标	观测期	摩擦桩观测期≥6 个月,嵌岩桩观测期≥2 个月,是取得较为完整的沉降过程曲线,即足够的可利用的观测数据的基本保证
	可靠性	摩擦桩时间间隔不少于 3 个月(嵌岩桩时间间隔不少于 1 个月)的两次预测最终沉降的差值小于 8 mm
	$S(t)/S(\infty)\geqslant 75\%$	对沉降预测时间的基本要求
	设计总沉降量和预测总沉降量的吻合性	二者的差值不宜大于 10 mm
一般指标	观测频次	主体工程完成后的不同阶段的观测频次
	最终沉降量	主要用于考察 $S(t)/S(\infty)\geqslant 75\%$是否满足
	观测数据的合理性	同一观测断面左右观测桩所反映桥梁沉降变化趋势是否一致

表 1—2—5　桥梁梁体徐变评估控制指标

指标类别	具体指标	说　明
核心指标	徐变变形量	扣除各项弹性变形、终张拉 60 d 后,$L<50$ m 梁体跨中后期徐变上拱值不应大于 7 mm;$L>50$ m 梁体跨中后期徐变上拱值不应大于 $L/7\ 000$ 或 14 mm;当不能满足上述要求时,按此式确定无砟轨道的最早铺设时间$[\Phi(\infty)-\Phi(t)]\cdot\Delta_e\leqslant\Delta_{允}$
	观测期	观测期≥2 个月,是取得较为完整的徐变变形过程曲线,即足够的可利用的观测数据的基本保证
控制性指标	相关系数	相关系数≥0.92,预测认为是可靠的
	设计总沉降量和预测总沉降量的吻合性	终张拉完成时,梁体跨中弹性变形不宜大于设计值的 1.05 倍
一般指标	观测频次	主体工程完成后不同阶段的观测频次
	观测数据的合理性	观测数据是否出现较大的跳跃或者直线发展趋势

表 1—2—6　涵洞沉降评估控制指标

指标类别	具体指标	说　明
核心指标	工后沉降	容许工后沉降量为 15 mm
	稳定性	后期沉降是否趋于稳定
	相关系数	相关系数≥0.92,预测认为是可靠的
控制性指标	观测期	观测期≥6 个月,是取得较为完整的沉降过程曲线,即足够的可利用观测数据的基本保证
	可靠性	间隔不少于 3 个月的两次预测最终沉降的差值小于 8 mm
	$S(t)/S(\infty)\geqslant 75\%$	对沉降预测时间的基本要求
	设计总沉降量和预测总沉降量的吻合性	二者的差值不宜大于 10 mm

续上表

指标类别	具体指标	说　明
一般指标	观测频次	主体工程完成后的不同阶段的观测频次
	最终沉降量	主要用于考察 $S(t)/S(\infty)\geqslant75\%$是否满足和地基处理的有效性
	观测数据的合理性	涵洞两侧观测桩的沉降规律是否一致

表 1—2—7　隧道沉降评估控制指标

指标类别	具体指标	说　明
核心指标	工后沉降	容许工后沉降量为 15 mm
	稳定性	后期沉降是否趋于稳定
	相关系数	相关系数≥0.92，预测认为是可靠的
控制性指标	观测期	观测期≥3 个月，是取得较为完整的沉降过程曲线，即足够的可利用的观测数据的基本保证
	可靠性	间隔不少于 1 个月的两次预测最终沉降的差值小于 8 mm
	$S(t)/S(\infty)\geqslant75\%$	对沉降预测时间的基本要求
	设计总沉降量和预测总沉降量的吻合性	二者的差值不宜大于 10 mm
一般指标	观测频次	主体工程完成后的不同阶段的观测频次
	最终沉降量	主要用于考察 $S(t)/S(\infty)\geqslant75\%$是否满足
	观测数据的合理性	同一观测断面左中右观测桩的沉降规律是否一致

表 1—2—8　过渡段沉降评估控制指标

指标类别	具体指标	说　明
核心指标	折角	预测沉降引起沿线路方向的折角不应大于 1/1 000
控制性指标	工后沉降	容许工后沉降差异值为 5 mm

第五节　常见问题及体会

沉降观测评估过程与相应的结构物施工过程紧密相连，存在工序交错的情况，因此难免会出现各种问题，从而影响到观测及评估的顺利开展。常见问题有：

(1)观测元器件和观测桩(标)埋设不够规范。现场观测元器件和观测桩保护措施不到位。因此，应在理念上认可沉降评估的重要性，强化元器件埋设及保护工作，做到基础工作牢固，保护工作得力，管理各级职责清晰。

(2)部分地区受地形、环境等条件限制难于全部做到按技术标准进行测量，缺乏测量闭合环节，影响观测精度。因此，对于特殊情况、特殊环境条件下的观测，要做好前期预案，确保沉降量量取科学、数据真实有效。

(3)“零观测”理念不强、观测数据不连续不利于沉降变形规律的分析，也影响预测沉降结果的可靠性，可能造成路基观测桩埋设后 6 个月观测期不够，而影响铺轨。因此，应树立结构物“零沉降”的科学理念，“零沉降”不是累计沉降量为零，而是沉降量满足工后无砟轨道沉降在调整件可调范围内，且满足轨道平顺性要求的沉降量。

(4)数据异常现象处理不及时,一些特殊荷载变化、天气、气温变化及特殊地段地下水的变化不能很好的记录,缺乏观测过程中的一些重要信息,不便于沉降分析预测中重要参考。因此,在沉降观测过程中应注意记录荷载的变化(如架梁、现浇梁前后、运梁车通过、附属设施施工完毕等)和特殊天气、气温变化及特殊地段地下水的变化,以便帮助分析结构变形变化和数据异常点情况。

随着我国高速铁路建设的稳步扎实推进,无砟轨道沉降变形观测及评估技术将日趋成熟,监测网布置也必将更加科学经济合理。在地质条件、施工状况类似的条件下,可以适当减少观测断面,选取一些有代表性的断面进行沉降变形观测,以减少现场观测工作量。随着沉降变形监测手段的进一步完善和观测设备的不断改进,沉降观测的精度也必将进一步提高。沉降板对施工干扰较大,且保护困难;因此,需要研究先进的观测设备和方法,减少与施工的相互干扰,保证观测的精度,提高观测效率。在沉降观测数据信息化方面,将在特殊结构自动监测、数据无线传输、数据库管理、自动化评估预测、实施预警方面大步迈进。

第二篇

无砟轨道控制网测量

第一章　CPⅢ控制网测量

第一节　CPⅢ控制网测量的特点

我国普速铁路设计速度目标值较低，对轨道平顺性的要求不高，铺设道砟后期可调整量较大。传统的铁路工程测量方法在勘测和施工中并未建立一套适应于勘测、施工、运营维护的完整的控制测量系统。各级控制网测量的精度指标主要是根据满足线下工程的施工控制要求而制定，没有考虑轨道施工和运营对测量控制网的精度要求。仅通过初测、定测、线下高程测量、铺轨测量完成整个系统建设，存在高斯投影变形值大、高斯投影边长变形、平面高程控制网系统性差、测量精度低、相对定位铺设轨道误差积累影响线形等问题。

客运专线铁路速度高，为了达到在高速行驶条件下旅客列车的安全性和舒适性，要求客运专线铁路必须具有非常高的平顺性和精确的几何参数，精度要保持在毫米级的范围以内。无砟轨道道床施工完成后施工误差、线路运营以及线下基础沉降所引起的轨道变形只能依靠扣件调整，当前扣件一般具备调整范围：轨距调整量为±8 mm，高低调整量－4～＋56 mm，兼顾后期运营调整，用于施工误差的调整量非常小。较原有砟轨道铁路规范，《高速铁路工程测量规范》对施工精度有着更严格的要求，施工测量的精度要求更高。其测量方法、测量精度与传统的铁路工程测量完全不同。

与传统的铁路测量技术相比，客运专线铁路精密工程测量技术具有以下特点：精密工程控制网三网合一（勘测设计控制网 CPⅡ、施工控制网 CPⅡ、运营维护控制网 CPⅢ）；平面控制网分级布设，点位逐级加密，点间相对精度逐级提高，CPⅢ控制网点位相对精度不超过±1 mm；工程独立坐标系统确保边长投影变形值小于 10 mm/km，精度大大提高；轨道铺设测量定位采用绝对定位与相对定位测量相结合模式，绝对位置上确保与设计线形一致，相对位置定位确保短波平顺性，轨道线形得以最大限度保证。

CPⅢ平面控制网为 CPⅠ、CPⅡ平面网的基础建立的轨道控制网。CPⅢ网网点的布设密度为：纵向点间距为 50～70 m，横向点间距 10～20 m 为宜；CPⅢ平面网测量的方法是自由测站边角交会法，自由测站间的平均间距大约为 120 m；CPⅢ平面网的观测值主要是测站至各 CPⅢ点的距离和方向观测值，因此 CPⅢ平面网实质上就是自由测站边角交会网，一般情况下 CPⅢ网形、控制基准和观测方法见图 2—1—1。

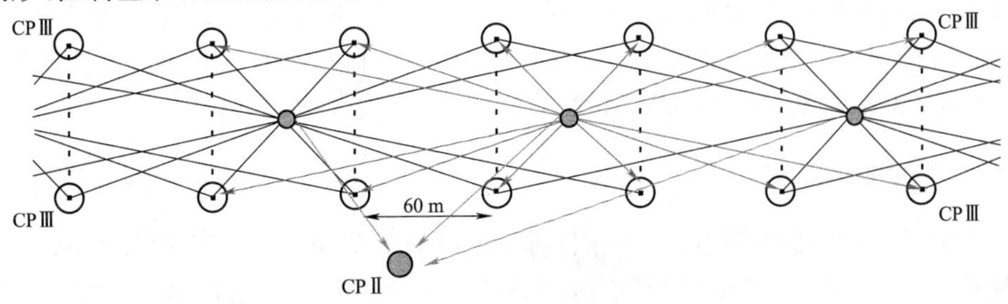

图 2—1—1　标准 CPⅢ网形与观测方法示意图

第二节　仪器设备选定及观测精度指标要求

一、测量仪器设备选定

CPⅢ测量包含CPⅡ加密、二等水准加密测量，CPⅢ平面测量、精密水准测量。为确保测量仪器设备满足规范要求，现场作业功效比高，成果稳定性好，所选定的测量仪器设备必须严格按照标准要求配置(可参照表2—1—1进行配置)，同时仪器设备及相关配件到场后要开展第三方检定及自检工作，确保仪器设备状态良好。

表2—1—1　CPⅢ测量仪器设备

用　途	测量等级	仪器设备名称	最低精度要求	其他要求	备　注
CPⅡ平面加密	三等GPS	GPS接收机	5 mm+1 ppm		GPS加密CPⅡ
	三等导线	自动全站仪	测角1″、测距1 mm+1 ppm	自动目标识别、对中、数据记录	洞内导线测量CPⅡ
水准加密	二等水准	电子水准仪(铟瓦尺)	DS1以上	i角≤1″	水准测量
	二等水准	自动全站仪	0.5″、1 mm+1 ppm	自动目标识别、对中、数据记录	光电测距三角高程
CPⅢ平面	CPⅢ	自动全站仪	测角±1″、测距1 mm+2 ppm、	自动目标搜索、照准、观测、记录功能	自由测站测量CPⅢ
CPⅢ高程	精密水准	电子水准仪(铟瓦尺)	DS1以上	i角≤1″	
通用设备	CPⅢ	标志棱镜组	误差X、Y、H均不大于0.3 mm	金属外框棱镜	重复性和间互换性安装
		强制对中基座	对中精度优于0.2 mm	变形小、对中高度低	
		温度气压计	温度读数精确至0.2℃，气压读数精确至0.5 hPa		测量环境气压、温度
		三脚架		变形小、稳定性好	建立测站

为了满足CPⅢ控制网的精度要求，使用的全站仪应具有自动目标搜索、自动照准、自动观测、自动记录功能，其标称精度应满足：方向测量中误差不大于±1″，测距中误差不大于±(1 mm+2 ppm)。

CPⅢ高程测量一般选用电子水准仪，电子水准仪每公里水准测量往返测高差中数测量的中误差不大于±1 mm/km，CPⅢ测量使用稳固木质脚架，水准测量使用的尺垫重量应不低于3 kg。

观测前须按要求对全站仪进行检校，作业期间仪器须在鉴定有效期内。边长观测应进行温度、气压等气象元素改正，温度读数精确至0.2℃，气压读数精确至0.5 hPa。

二、观测精度指标要求

GPS加密CPⅡ平面控制网时应使用标称精度不低于5 mm+1 ppm的双频GPS接收机，同步观测的GPS接收机不少于4台，观测时段不少于2时段。观测各项技术要求应符合表2—1—2的规定。

表 2—1—2　GPS 加密 CPⅡ观测技术要求

卫星截止高度角	数据采样间隔	同时观测有效卫星数	接收机类型	观测时段数	有效时段长度	PDOP 或 GDOP
≥15°	15～60 s	≥4	双频	1～2	≥60 min	≤8

注：同步观测时段长度是指同步环中的最短、连续观测时间跨度。

导线加密 CPⅡ平面控制网时应使用标称测角精度不低于 1″、测距精度不低于 2 mm＋2 ppm 的自动目标识别、对中、数据记录全站仪，前后视观测点采用强制对中方式布置观测棱镜，观测各项技术要求应符合表 2—1—3、表 2—1—4 的规定。导线测量的主要技术要求应符合表 2—1—5 的规定。

表 2—1—3　导线测量水平角观测技术要求

控制网等级	仪器等级	测回数	半测回归零差	2C 较差	同一方向各测回间较差
CPⅡ	DJ1	4	6″	9″	6″
	DJ2	6	8″	13″	9″

表 2—1—4　距离和竖直角观测限差

仪器精度等级	测距中误差（mm）	同一测回各次读数互差（mm）	测回间读数较差（mm）	往返测平距较差限值
Ⅰ	＜5	5	7	$2m_D$
Ⅱ	5～10	10	15	

注：$m_D=(a+b\times D)$，为仪器标称精度。

式中：a——仪器标称精度中的固定误差(mm)；

b——比例误差系数(mm/km)；

D——测距边长度(km)。

电磁波测距仪的测距精度划分标准为：测距长度为 1 km 时

Ⅰ级：$|m_D|\leqslant 5$ mm

Ⅱ级：5 mm $<|m_D|\leqslant 10$ mm

表 2—1—5　导线测量技术要求

等级	测角中误差（″）	测距相对中误差	方位角闭合差（″）	导线全长相对闭合差	测回数			
					0.5″级仪器	1″级仪器	2″级仪器	6″级仪器
二等	1.0	1/250 000	$\pm 2.0\sqrt{n}$	1/100 000	6	9	—	—
三等	1.8	1/150 000	$\pm 3.6\sqrt{n}$	1/55 000	4	6	10	—
四等	2.5	1/80 000	$\pm 5\sqrt{n}$	1/40 000	3	4	6	—

注：表中 n 为测站数。

当边长短于 500 m 时，二等边长中误差应小于 2.5 mm，三等边长中误差应小于 3.5 mm，四等、一级边长中误差应小于 5 mm，二级边长中误差应小于 7.5 mm。

水平角方向观测法的技术要求见表 2—1—6。

表 2—1—6　水平角方向观测法的技术要求

等　级	仪器等级	半测回归零差(″)	一测回内 2C 互差(″)	同一方向值各测回互差(″)
四等及以上	0.5″级仪器	4	8	4
	1″级仪器	6	9	6
	2″级仪器	8	13	9

注：当观测方向的垂直角超过±3°的范围时，该方向 2C 互差可按相邻测回同方向进行比较，其值应满足表中一测回内 2C 互差的限值。

边长测量应符合表 2—1—7 的规定。

表 2—1—7　边长测量技术要求

等级	使用测距仪精度等级	每边测回数		一测回读数较差限值（mm）	测回间较差限值（mm）	往返观测平距较差限值
		往测	返测			
二等	Ⅰ	4	4	2	3	$2\ m_D$
	Ⅱ			5	7	
三等	Ⅰ	2	2	2	3	$2m_D$
	Ⅱ	4	4	5	7	
四等	Ⅰ	2	2	2	3	$2m_D$
	Ⅱ			5	7	
	Ⅲ	4	4	10	15	

注：1. 一测回是全站仪盘左、盘右各测量一次的过程。

2. 测距仪精度等级如下（m_D为每千米测距标准偏差。即按测距仪出厂标称精度的绝对值，归算到 1 km 的测距标准偏差）：

Ⅰ级：$|m_D| \leqslant 2$ mm

Ⅱ级：2 mm$< |m_D| \leqslant 5$ mm

Ⅲ级：5 mm$< |m_D| \leqslant 10$ mm

Ⅳ级：10 mm$< |m_D| \leqslant 20$ mm

测距边的斜距应进行气象改正和仪器常数改正。气象改正应以观测时记录的气压、气温计算。气压、气温读数应符合表 2—1—8 的规定。三等及以上等级测量应在测站和反射镜站分别测记；四等及以下等级可在测站进行测记，当测边两端气象条件差异较大时，应在测站和反射镜站分别测记。

表 2—1—8　气压、气温读数取位要求

测量等级	干湿温度表（℃）	气压表（hPa）
二等	0.2	0.5
三等	0.2	0.5
四等	0.5	1
一级及以下	1	2

隧道洞内 CPⅡ控制网应在隧道贯通后，采用导线测量。洞内 CPⅡ导线测量应满足表 2—1—9 所列的主要技术要求。

表 2—1—9　洞内 CPⅡ导线测量主要技术要求

控制网级别	附合长度（km）	边长（m）	测距中误差（mm）	测角中误差（″）	相邻点位坐标中误差（mm）	导线全长相对闭合差限差	方位角闭合差限差（″）	对应导线等级	备　注
CPⅡ	$L \leqslant 2$	300～600	3	1.8	7.5	1/55 000	$\pm 3.6\sqrt{n}$	三等	单导线
CPⅡ	$2 < L \leqslant 7$	300～600	3	1.8	7.5	1/55 000	$\pm 3.6\sqrt{n}$	三等	导线网
CPⅡ	$L > 7$	300～600	3	1.3	5	1/100 000	$\pm 2.6\sqrt{n}$	隧道二等	导线网

第三节　CPⅡ加密控制网测设

为了满足 CPⅡ加密的技术要求，观测前对 CPⅡ加密网进行技术设计，必须保证 CPⅡ加密网构网边长不小于 400 m，且必须以边连或网连方式构网，并附合到两边相邻的既有 CPⅠ或 CPⅡ点上，测量前对现有 CPⅠ、CPⅡ控制网进行全面复测。CPⅡ加密观测与数据处理均与原测 CPⅡ相同。

一、CPⅡ加密点布设

桥梁部分 CPⅡ加密点需布设于梁上，并沿线路方向埋设于桥梁的固定支座顶端的防撞墙顶面(纵横向均固定)，图 2—1—2 是桥梁段防撞墙上 CPⅡ加密现场图；在路基部分，应在征地界范围栅栏内便于保护的部位设置 CPⅡ加密点，必须保证加密 CPⅡ点埋设稳定可靠，同时须满足必要的 GPS 观测条件，并保证 CPⅢ测量时其能与 2～3 个自由测站通视，图 2—1—3 是路基段立柱 CPⅡ加密现场图；CPⅡ加密点在隧道口附近时应考虑 GPS 观测条件及点的稳定性，并兼顾与洞内 CPⅡ测量的联测，以保证洞内外的顺接性；在站场范围内应避免埋设 CPⅡ加密点，必要时应据现场条件选定合适的位置。考虑到 CPⅢ网联测的需要，CPⅡ加密点间距应为 400～800 米(宜为 600 m 左右)。CPⅡ加密点基础埋设深度至少在冻土层下 50 cm。

桥梁地段 CPⅡ加密点建议采用强制对中标志，其他地段标石采用混凝土预制桩或埋设同 CPⅢ立柱的强制对中基标。

图 2—1—2　桥梁段防撞墙上 CPⅡ加密

图 2—1—3　路基段立柱 CPⅡ加密

为了保证线路水准基点的可靠性，在 CPⅢ高程测量之前，必须对梁下水准点进行贯通测量，对不满足二等水准要求的水准点成果进行调整。要求此段复测水准路线必须起讫于稳定的水准基点。根据高铁规范要求，CPⅢ水准路线附合长度不得大于 3 km。结合线路水准控制网的特点，其一般 2 km 左右有一个水准网基点，故一般要求 CPⅢ水准线路 2 km 左右附合一次。对不满足该间距或 CPⅢ水准路线附合长度大于 3 km 的地段需进行线路水准基点的加密。

加密线路水准基点埋设在线路附近稳定可靠且不易被破坏的地方，桥梁部分宜上桥埋设，埋设于桥梁固定支座正上方防撞墙顶，尽量保证在梁上下联测时不用再进行水准测量。

二、CPⅡ平面加密控制网测量

CPⅡ网应采用边联结方式构网，形成由三角形或大地四边形组成的带状网，并与CPⅠ联测构成附合网。目前CPⅡ加密主要有两种测量方法，一般在对空通视条件良好、卫星信号干扰较少的情况采用GPS静态接收机加密；当测量点位处于深谷、磁场干扰区、高压电线下等信号干扰较强或无卫星信号的隧道内时，一般采用导线方式加密。

1. GPS测量

CPⅡ加密采用GPS测量时按三等GPS观测技术指标实施，对相应里程范围内的稳定的CPⅠ、CPⅡ点全部进行联测。使用GPS方法加密CPⅡ网的网边长应不小于400米，观测时段不小于两个时段，每段观测时间不得小于1小时，每时段观测完毕后应关机重新架设仪器进行下一时段观测，且应严格按程序观测。

(1)观测

①路基及桥梁段加密CPⅡ点测量统一采用GPS测量方法。要求同一时段观测采用同一厂家、同一型号的大地测量型双频GPS仪器设备，GPS标称精度不低于5 mm+1 ppm×D(D为基线边长)，且架设仪器时必须采用经过检校的带管水准气泡的精密支架。

②在进行CPⅡ加密网观测前，精心进行时段设计，避开少于4颗卫星的时间窗口，选择最佳时段，CPⅡ加密按GPS三等测量的要求进行观测。

③观测前，要在GPS接收机上配置参数，参与作业的接收机配置的参数要相同。作业时天线严格置平对中，对中误差小于3 mm；每个时段观测前、测中、测后各量天线高一次，较差值小于2 mm，取均值作为最后成果。接收机开始记录数据后，要及时将测站名、测站号、时段号、天线高等信息输入接收设备。在测量过程中，作业员使用专用功能键和选择菜单查看测站信息、接收卫星数、卫星号、各通道信噪比、实时定位结果、存储器和电池余量等，并作必要记录。同时要注意仪器的警告信息，及时处理各种特殊情况。双时段观测时，时段间GPS接收机重新进行整置对中。观测时及时填写原始观测手簿。

④由于测区温差大，因此在每次观测前在仪器里及时更新气温和气压，并做好防风措施，提高测量精度，情况允许时，尽量采用强制对中测量提高测量精度。

(2)数据处理

为保证CPⅢ联测精度，平差时以相邻CPⅠ及CPⅡ为约束点进行局部分段平差，注意做好分段网间的衔接。在整体平差前应先对网中的CPⅠ和CPⅡ的稳定性进行分析。

数据处理过程中，GPS基线解算和网平差必须满足《高速铁路工程测量规范》中相应的技术指标和精度要求。各级平面控制网的主要技术要求应符合下列规定：

CP0、CPⅠ、CPⅡ控制网GPS测量的精度指标应符合表2—1—10的规定。

表2—1—10　CP0、CPⅠ、CPⅡ控制网GPS测量的精度指标

控制网级别	基线边方向中误差	最弱边相对中误差
CP0	—	1/2 000 000
CPⅠ	≤1.3″	1/180 000
CPⅡ	≤1.7″	1/100 000

CPⅡ控制网导线测量的主要技术要求应符合表 2—1—11 的规定。

表 2—1—11 导线测量技术要求

等级	测角中误差(″)	测距相对中误差	方位角闭合差(″)	导线全长相对闭合差	测回数			
					0.5″级仪器	1″级仪器	2″级仪器	6″级仪器
二等	1.0	1/250 000	$\pm2.0\sqrt{n}$	1/100 000	6	9	—	—
三等	1.8	1/150 000	$\pm3.6\sqrt{n}$	1/55 000	4	6	10	—
四等	2.5	1/80 000	$\pm5\sqrt{n}$	1/40 000	3	4	6	—

注：表中 n 为测站数。

当边长短于 500 m 时，二等边长中误差应小于 2.5 mm，三等边长中误差应小于 3.5 mm，四等、一级边长中误差应小于 5 mm，二级边长中误差应小于 7.5 mm。

2. 导线测量

CPⅡ加密采用导线测量时按三等导线观测技术指标(表 2—1—12)实施，导线符合长度 2 km 以上时，应采用导线网方式布网，导线边数以 4～6 条为宜。

CPⅡ控制点采用测角精度不低于 1″，测距精度不低于 1 mm+2 ppm 的全站仪施测。观测前应先将仪器开箱放置 20 min 左右，让仪器与现场温度基本一致。导线边观测时点间视距应离开障碍物 0.5 m 以上，并要求充分通风、现场无施工干扰。测距边的斜距应进行气象和仪器常数改正。气压、气温的读取应采用干湿温度计和空盒气压表，其中气压读数精确到 0.5 hPa，温度读数精确到 0.2℃。加密导线点的埋设要求同 CPⅡ点埋设要求。

表 2—1—12 三等导线观测技术指标

控制网级别	附合长度(km)	边长(m)	测距中误差(mm)	测角中误差(″)	相邻点位坐标中误差(mm)	导线全长相对闭合差限差	方位角闭合差限差(″)	对应导线等级
CPⅡ	≤5	400～800	5	1.8	10	1/55 000	$\pm3.6\sqrt{n}$	三等

三、线路水准基点的加密

线路水准基点的埋设要求同精测网中的水准点埋点要求。水准点加密应采用不低于 DS1 的水准仪，须经过检定，并处于检定有效期内。

1. 观测

高程控制网加密时，必须联测两个以上线路水准基点或深埋水准点。高程控制网加密按二等水准测量的技术要求执行，作业前及作业过程中检查 i 角均应不超过 15″；水准尺须采用辅助支撑进行安置，测量转点应安置尺垫，尺垫选择坚实的地方并踩实以防尺垫的下沉。水准线路采用往返观测，并沿同一路线进行。每一测段均采用偶数站结束，往返观测在一日的不同时间段进行。水准测量的仪器及水准尺类型应按测量等级的要求选择，宜优先采用相应等级的数字水准仪及其自动记录功能采集数据，观测数据采用仪器内置储存器记录，并转换成电子手簿。

2. 数据处理

(1)线路水准基点的加密应按照国家二等水准测量标准施测，以稳定的线路水准基点、深埋水准点或基岩水准点为起算点，进行整体严密平差计算，采用专业平差软件平差。高程成果保留到 0.1 mm。

(2)水准测量作业结束后,每条水准路线应按测段往返测高差不符值计算每千米水准测量偶然中误差 M_Δ;当水准网的环数超过 20 个时,还应按环线闭合差计算 M_W。M_Δ 和 M_W 应符合规定,否则应对较大闭合差的路线进行重测。M_Δ 和 M_W 应按下列公式计算:

$$M_W=\sqrt{\frac{1}{N}\left[\frac{WW}{L}\right]} \tag{2—1—1}$$

$$M_\Delta=\sqrt{\frac{1}{4n}\left[\frac{\Delta\Delta}{L}\right]} \tag{2—1—2}$$

3. 三角高程上桥

当桥面与地面高差大于 3 m 时,二等水准高程传递采用不量仪器高、棱镜高的三角高程中视测量方法,具体如下:在高程传递点附近分别在桥墩侧面和对应墩桥梁固定支座端挡砟墙埋设 CPⅢ专用标志,在桥墩侧面埋设处应绘制编号,并提交编号的棱镜中心高程成果。观测过程中用电子水准仪按精密水准作业要求将高差分别抄到挡砟墙和墩底 CPⅢ高程标志杆,再用全站仪进行挡砟墙和墩底 CPⅢ平面标志杆高差传递。CPⅢ平面及高程标志杆均为标准件,高程传递点 A、B 使用 CPⅢ平面、高程标志间高差相同。因此,A、B 两 CPⅢ高程标志间高差为全站仪观测的三角高程高差,不需量测全站仪和棱镜高。为保证三角高程传递的准确性,每一上桥处应构成闭合环上桥,即在相邻 200 m 处再有一处三角高程引上桥,桥上的两个 A、B 点用水准仪测出高差,与两段三角高程高差构成闭合环,环闭合差应满足 $4\sqrt{L}$ 的要求。三角高程测量技术要求见表 2—1—13。

表 2—1—13　三角高程测量技术要求

垂直角测量				距离测量				不同观测组高差较差(mm)
测回数	两次读数差(″)	测回间指标差互差(″)	测回差(″)	测回数	每测回读数次数	四次读数差(mm)	测回差(mm)	
4	5.0	5.0	5.0	4	4	2.0	2.0	≤1

第四节　CPⅢ控制网测设

一、CPⅢ控制网布设

CPⅢ控制点的布设应兼顾施工及运营维护,埋点应满足以下要求:CPⅢ控制点距离布置一般为 60 m 左右一对,且不应大于 80 m,相邻 CPⅢ控制点应大致等高,布设高度应尽可能与轨道面高度保持一致的高度间距。

(1)一般路基地段宜布置在接触网杆基座上,埋设立式基座,如图 2—1—4 所示。

浇筑接触网杆基础时按图 1 连同 CPⅢ点基础一起浇筑,以保证 CPⅢ点的稳定性。在接触网基础上浇筑一个直径 0.2 m、接触网基础以上 0.6 m 高的圆墩柱作为 CPⅢ点永久性安装平台,圆墩柱内应放置 10 mm 钢筋 4 根;

在隧道两侧边墙上成对开凿安装孔(孔径 25 mm,孔深 60 mm),开孔位置高于外轨轨顶面 60 cm,然后使用云石胶埋设横插基座轴套,相邻两对 CPⅢ点在里程上相距约 60 m,进行观测时,插入横插基座,并紧配合螺母,基本保证横插基座呈水平状即可,观测完后或者不用时需要拧上轴套保护盖。

图 2—1—4　路基上 CPⅢ点布设图(单位:cm)

(2)桥梁上一般布置在桥梁固定支座端上方防撞墙顶端,埋设立式基座,如图 2—1—5 所示。

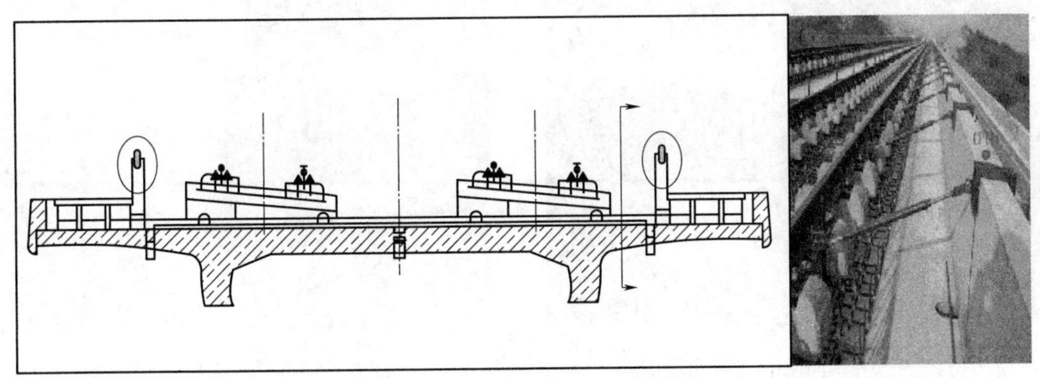

图 2—1—5　桥梁上 CPⅢ点布设图

直接在防撞墙顶面成对开凿铅垂方向的安装孔(孔径 30 mm,孔深 60 mm),然后使用云石胶埋设立式基座,相邻两对 CPⅢ点在里程上相距约 60 m,基座埋设完成后,基座外露部分不高于基桩顶面 2 mm。

(3)隧道内一般布置在电缆槽上方 30～50 cm 的隧道边墙上(埋设横插基座),见图 2—1—6。

(4)车站内贯通线一般埋设在站台廊檐上(埋设横插基座),见图 2—1—7。

CPⅢ控制点应设置在稳固、可靠、不易破坏和便于测量的地方。CPⅢ控制点编号应明显、清晰标在 CPⅢ控制点基桩上、桥梁防撞墙内侧或隧道边墙上,同一隧道点号标志高度应统一。点号标志字号应采用统一规格字模,字高 6 cm 正楷字体刻绘,并用白色油漆抹底,红色油漆喷写编号。点号铭牌白色抹底规格为 40 cm×30 cm,红色油漆应注明 CPⅢ编号,工程线名简称,施测单位名简称。图 2—1—8 是路基上 CPⅢ编号的实例。

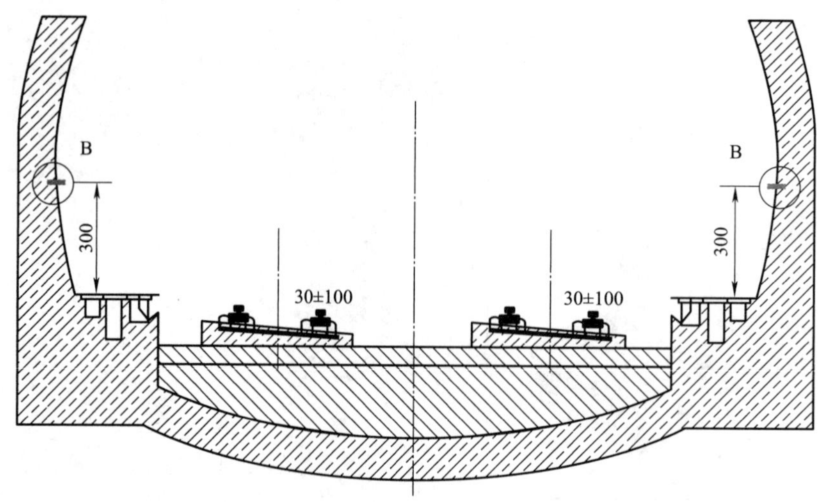

图 2—1—6　隧道内 CPⅢ点布设图(单位:mm)

图 2—1—7　车站内 CPⅢ布设图

图 2—1—8　路基上 CPⅢ编号

CPⅢ控制点编号定义如下:CPⅢ点按照公里数递增进行编号,其编号反映里程数。所有处于里程增大方向左侧的标记点,编号为奇数,处于里程增大方向右侧的标记点编号为偶数,在有长短链地段应注意编号不能重复。

表 2—1—14 列出了两个 CPⅢ控制点编号实例。

表 2—1—14　CPⅢ控制点编号实例

点编号	含　　义	数字代码	在里程内点的位置
036301	表示线路里程 DK36 范围内线路前进方向左侧的 CPⅢ第 1 号点,"3"代表"CPⅢ"	036301	(轨道左侧)奇数 1、3、5、7、9、11 等
136302	表示线路里程 DK136 范围内线路前进方向右侧的 CPⅢ第 1 号点,"3"代表"CPⅢ"	136302	(轨道右侧)偶数 2、4、6、8、10、12 等

CPⅢ控制点的标志铭牌样式见图 2—1—9。

××××铁路CPⅢ
0044310
××××集团

图 2—1—9　CPⅢ控制点的标志铭牌样式

说明：铭牌白色抹底规格为 40 cm×30 cm，“××××铁路 CPⅢ”和“××××集团”采用黑体字，点号采用 Arial 字体。路基放置在标志的下方 0.2 m，桥梁放置在标志防护墙顶面下 0.2 m 处。

二、CPⅢ控制网测量方法

CPⅢ平面控制网在观测中其观测环境要达到以下一些要求：气象稳定、避免阳光直射、避免雨雾天气、避免其他工序的施工干扰，以保证 CPⅢ建网的观测精度，建网时间应列入施工组织计划中。

1. 平面控制测量方法

CPⅢ控制网采用自由设站交会网的方法测量，自由测站的测量，从每个自由测站，将以 2×4个 CPⅢ点为测量目标，每次测量应保证每个点测量 3 次，每个 CPⅢ 控制点应有四个方向交会，构网形式见图 2—1—10。在自然环境条件恶劣的情况下，为确保测量精度，宜使用 8 点观测法。

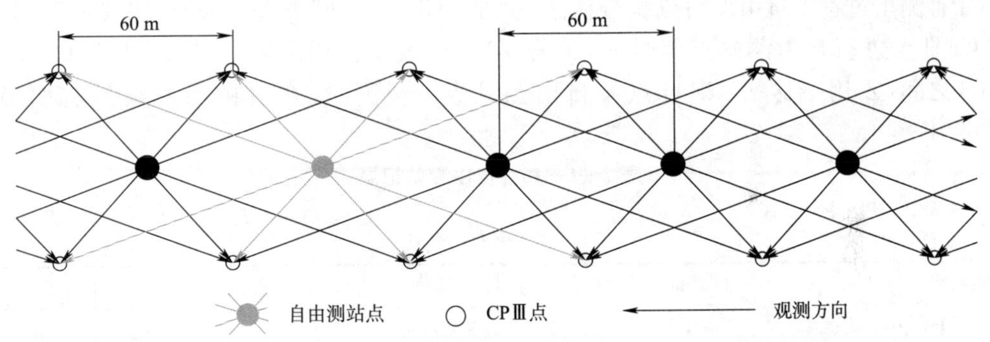

图 2—1—10　测站间距为 60 m 的 CPⅢ平面网构网形式

每次测量开始前在全站仪初始行中输入起始点信息并填写自由测站记录表，每一站测量至少 3 组完整的测回。水平角测量的精度应按如下要求进行：

①方向观测各项限差根据《高速铁路工程测量规范》(TB 10601—2009)的要求不应超过表 2—1—15 的规定，观测最后结果按等权进行测站平差。

表 2—1—15　方向测量法水平角测量精度表

仪器等级	测回数	半测回归零差	一测回内 2C 值互差	同一方向值各测回互差
DJ0.5	3	6″	9″	6″
DJ1	3	9″	9″	6″

②观测时边长必须进行温度、气压改正，温度量测精度应为 0.2℃，气压量测精度应为 0.5 hPa。

③距离的观测应与水平角观测同步进行，并由全站仪自动进行。

④平面测量可以根据测量需要分段测量，其测量范围内 500～700 m 应与 CPⅠ或 CPⅡ控制点联测。与上一级 CPⅠ、CPⅡ控制点联测时，应通过 2 个或 3 个线路上的自由测站进行联测，见图 2—1—11。

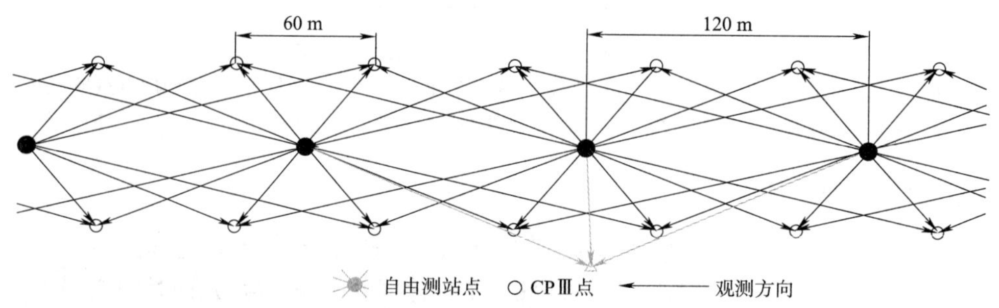

图 2—1—11 与已知点联测示意图

⑤为了使相邻重合测段能够满足 CPⅢ控制网的测量高均匀性和高精确度，每个重合测段至少重复观测 6 对 CPⅢ点(约 300 m)进行平差，每个测段一般为 4～8 km，最短不宜小于 3 km。

⑥每一 CPⅢ平差测段首尾必须封闭，且保证每个 CPⅢ点被相邻自由设站点观测三次。

⑦CPⅢ观测软件可采用手持式外部手簿或机载观测软件。

CPⅢ测量过程中自由设站点编号根据“字母＋CPⅢ点号”来进行编制，如按表 2—1—16 中的 CPⅢ点进行自由测站点编号时，编号 Z36301 表示自由测站位于 CPⅢ点 036301 与 036303 之间，Z 用于区分 CPⅢ点及自由测站点。补测时，在自由测站编号前加 B，如“BZ36301”。

表 2—1—16 自由测站记录

××铁路××段 标　　　　第 页 共 页

测量单位：　　　　天气：

<table>
<tr><td>自由测站编号</td><td></td><td>仪器高</td><td></td><td>温度</td><td></td><td>气压</td><td></td></tr>
<tr><td>测量点编号</td><td>棱镜高</td><td>备注</td><td colspan="3">测量点编号</td><td>棱镜高</td><td>备注</td></tr>
<tr><td></td><td></td><td></td><td colspan="3"></td><td></td><td></td></tr>
<tr><td></td><td></td><td></td><td colspan="3"></td><td></td><td></td></tr>
<tr><td></td><td></td><td></td><td colspan="3"></td><td></td><td></td></tr>
<tr><td colspan="8">测量点标记示意图
60 m
线路里程方向
说明：将自由测站编号、CPⅢ 轨道标记点编号应在该示意图上标记出来</td></tr>
</table>

司镜：　　　　记录：　　　　年 月 日

2. 水准控制测量方法

精密水准测量采用满足精度要求的电子水准仪（电子水准仪每千米水准测量高差中误差为±0.3 mm），配套因瓦尺。使用仪器设备必须在鉴定有效期内，每年必须对测量仪器精确度进行一次校准。水准观测第一周每天作业前应采用仪器自带的软件进行检验和校准，若检验指标满足要求并稳定，后续作业前可不进行该项检验，但应每月进行仪器指标检验。水准测量所使用的仪器及水准尺，应符合下列规定：

（1）水准仪视准轴与水准管轴的夹角，DS1 级不应超过 15″；

（2）水准尺上的米间隔平均长与名义长之差，对于因瓦水准尺，不应超过 0.15 mm；

（3）观测读数和记录的数字取位：使用 DS05 或 DS1 级仪器应读记至 0.05 mm 或 0.1 mm，使用数字水准仪应读记至 0.01 mm。

CPⅢ控制点高程测量起闭于二等水准基点。CPⅢ 高程控制水准测量应按《高速铁路工程测量规范》（TB 10601—2009）有关精密水准测量要求施测。CPⅢ精密水准观测如图 2—1—12 所示。

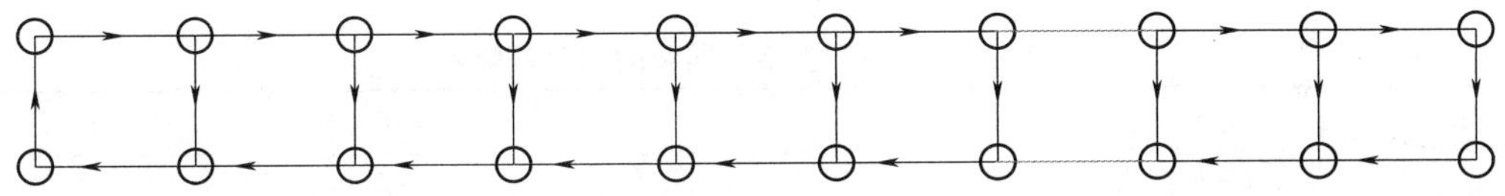

图 2—1—12　CPⅢ精密水准观测示意图

每一测段应至少与 3 个二等水准点进行联测，形成检核。每个水准环四个高差应进行独立观测，即每观测一个高差应重新变换仪器位置或高度。

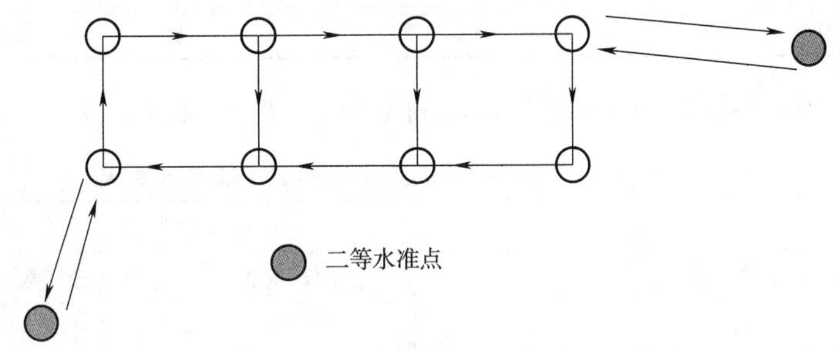

图 2—1—13　CPⅢ点与上一级水准点联测

三、数据处理

在自由设站 CPⅢ测量中，应采用能使全站仪自动照准、观测、记录的数据采集专用软件（数据格式应加密）。外业数据存储之前，必须对观测数据的质量进行检核。包括如下内容：仪器高、棱镜高；观测者、记录者、复核者签名；观测日期、天气等气象要素记录。

检核方法可以采用手工或程序检核。观测数据经检核不满足要求时，及时进行重测，经检核无误并满足要求时，进行数据存储，提交给数据计算、平差处理。在现场测量时必须记录各测站的实际情况，它是测量中的重要数据，在进行外业测量时，应用自由测站表填写。

1. 区段平差技术指标

CPⅢ平面控制网平差应采用铁道部认证的 CPⅢ专用平差软件，并进行 CPⅢ网平差精度检核。CPⅢ控制网精度指标如下：

①CPⅢ平面网的主要技术指标(见表2—1—17)

表2—1—17 CPⅢ平面网的主要技术指标

控制网名称	测量方法	方向观测中误差	距离观测中误差	相邻点的相对点位中误差	同精度复测坐标较差
CPⅢ平面网	自由测站边角交会	±1.8″	±1.0 mm	±1 mm	±3 mm

②CPⅢ平面网距离观测技术要求(见表2—1—18)

表2—1—18 CPⅢ平面网距离观测技术要求

控制网名称	测 回	半测回距离较差	测回间距离较差
CPⅢ平面网	3	±1 mm	±1 mm

注：距离测量一测回是全站仪盘左、盘右各测量一次的过程。

③CPⅢ平面网观测相邻测站间与任意一对CPⅢ控制点组成的闭合环的闭合差，应满足表2—1—19的规定。

表2—1—19 CPⅢ平面网环的闭合差限差

控制网名称	闭合差
CPⅢ平面网	1/4 000

④CPⅢ平面控制网无约束平差精度，应满足表2—1—20的规定。

表2—1—20 CPⅢ平面网无约束平差主要技术要求

控制网名称	方向改正数	距离改正数中误差
CPⅢ平面网	±3.0″	±1 mm

⑤CPⅢ平面控制网约束平差后的精度，应满足表2—1—21的规定。

表2—1—21 CPⅢ平面网约束平差后的主要技术要求

控制网名称	与CPⅠ、CPⅡ联测		与CPⅢ联测		距离中误差
	方向改正数	距离改正数	方向改正数	距离改正数	
CPⅢ平面网	4.0″	3 mm	3.0″	2 mm	1 mm

2. 区段接边处理

①测段之间衔接时，前后测段独立平差重叠点坐标差值应满足≤±3 mm。满足该条件后，后一测段CPⅢ网平差，应采用本测段联测的CPⅠ、CPⅡ控制点及重叠段前测段CPⅢ点坐标成果(不少于2～3对CPⅢ点)进行固定约束平差，平差后其余未约束平差的重叠CPⅢ点前后区段的坐标较差应≤±1 mm，则采用上一区段成果，未满足≤±1 mm条件的CPⅢ点应对其稳定性进行分析，确认点位变化后，坐标采用本次测量成果，并注明"坐标更新"。

②坐标换带处CPⅢ平面网计算时，应分别采用相邻两个投影带的CPⅠ、CPⅡ坐标进行约束平差，并分别提交相邻投影带两套CPⅢ平面网的坐标成果。两套坐标成果都应该满足CPⅢ相应精度要求，提供两套坐标的CPⅢ测段长度不应小于800 m。分带投影测段之间衔接时，前后测段独立平差重迭点，通过坐标转换成相同坐标系的坐标差值应满足≤±3 mm。满足该条件后，后一测段CPⅢ网平差，应采用本测段联测的CPⅠ、CPⅡ控制点及前测段所有

CPⅢ点转换坐标成果进行固定约束平差。

第五节　CPⅢ测设技术新应用

我国高速铁路穿越沙漠、戈壁、沟壑、河流，沿途经历严寒、高温、大风、冻融等恶劣环境条件，广大技术人员在原有测量技术的基础上，通过不断的探索、改进、创新，在精度提升、克服恶劣环境条件、新领域应用中不断开发新技术应用。

一、CPⅡ加密引入路基

《高速铁路工程测量规范》要求CPⅢ平面网符合于CPⅠ、CPⅡ控制点上，每600 m左右联测一个CPⅠ或CPⅡ控制点，自由测站距离CPⅠ、CPⅡ控制点的距离不大于300 m，当CPⅡ点位密度和位置不满足CPⅢ联测要求时，应按同精度内插方式增设CPⅡ控制点。

为高精度建立CPⅡ控制网，确保控制网点位密度及位置满足网形规则要求，石武客专、武咸城际等铁路项目将线下CPⅡ加密点引至线路两侧交替布置(桩位埋设示意如图2—1—14所示)，并设置于两接触网杆之间不影响行车安全、对空通视良好的墩状柱(离基础地面1.0 m以上，基础浇筑混泥土为0.7 m×0.7 m，深1.0 m，圆柱直径0.25 m，均应埋设钢筋骨架，主筋配置ϕ16 mm，绕筋配置ϕ8 mm，每30 cm配置一层，钢模浇筑)。路基加密点引入线上后，整个CPⅡ加密控制网呈现规则网形，精度优于原采用线下控制点，点间相对精度更高。

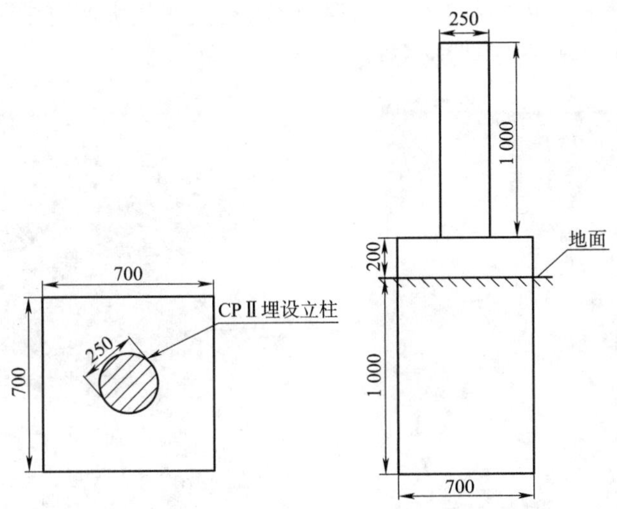

图2—1—14　路基段CPⅡ加密控制点引入线上桩位埋设示意图(单位:mm)

二、特殊地区CPⅢ测设

对于一些特殊地区的CPⅢ控制网测设，施工单位结合仪器设备性能，当地环境条件，研制了一系列确保测量数据成果质量的措施与方法。如兰新铁路地处沙漠戈壁地区，处于极端百米风区，测量过程受到风震、风沙影响，设站稳定性受到影响。兰新铁路施工单位在CPⅢ控制测量方面研发了脚架配重装置以及测量防风罩(图2—1—15)，有效解决了大风沙环境条件下的CPⅢ控制网测设。

图 2—1—15　测量仪器挂配重及使用防风罩示意图

三、强制对中技术

为提高 CPⅡ加密控制网精度，可采用具有强制对中预埋件、强制对中转接件、强制对中三脚架等一系列元器件，图 2—1—16、图 2—1—17 和图 2—1—18 分别是桥梁段强制对中三脚架、强制对中预埋件和隧道内强制对中盘的现场图。通过采用强制对中装置降低人为对中误差，降低测量对中杆件的高度，降低垂直倾斜偏差。

图 2—1—16　桥梁段强制对中三脚架

图 2—1—17　强制对中预埋件

四、地铁引入 CPⅢ控制网

随着高铁先进技术带来的乘车舒适性体验，CPⅢ控制测量技术逐步向地铁轨道铺设方面扩展，目前国内上海、武汉地铁均采用 CPⅢ控制网测设技术开展轨道铺设。图 2—1—19 为武汉地铁 3 号线采用 CPⅢ控制网测设技术的现场图。

图 2—1—18　隧道内强制对中盘

图 2—1—19　武汉地铁 CPⅢ控制网测设

第六节　CPⅢ控制网的维护

为了保证无砟轨道施工的精度，在施工过程中应根据无砟轨道板、轨道精调等施工阶段及施工组织计划安排对 CPⅢ网进行复测，CPⅢ网在竣工验收时必须进行一次复测。

CPⅢ平面网复测采用的观测方法、精度指标及联测上一级控制点 CPⅠ、CPⅡ的数量均应与原测相同。CPⅢ点复测与原测成果的坐标较差应≤3 mm，且相邻点的复测与原测坐标增量较差应≤2 mm。较差超限时应结合线下工程结构和沉降评估结论进行分析判断，并根据分析结论采取补测或重测措施。

由于 CPⅢ网布设于桥梁防撞墙和路肩接触网基础上，会受线下工程沉降及自然灾害的影响，为确保 CPⅢ点的准确、可靠，在使用 CPⅢ点时，每次都要与周围其他点进行校核，特别是要与地面上稳定的 CPⅠ、CPⅡ点进行校核，以便及时发现和处理问题；同时应加强对永久 CPⅢ点的维护，也为铁路建成后的养护维修提供控制基准。

高速铁路运营期间，为确保 CPⅢ控制网能够为铁路运营维护提供依据，CPⅢ控制网应至少每两年复测一次，并对破坏的控制桩补充埋设测量，确保控制网能够为轨道维护提供可靠精度。

随着测量仪器设备精度的进一步提高，竖角测量误差逐步减小，采用高精度全站仪同时测量平面及高程将逐步实现。高精度 CPⅢ控制网突现出来的轨道平顺性、乘坐舒适性也会进一步扩展其应用范围，今后 CPⅢ控制网应用于有砟轨道、地铁道床施工等领域将更加广泛。

第二章　轨道基准网测设技术

第一节　概　　述

轨道基准网是随着京津城际铁路建设，才逐渐引入我国的一种新型控制网。板式无砟轨道与其他轨道系统的重要区别之一就是在轨道控制网(CPⅢ)的基础上增加一级加密控制网(以下简称CPⅣ控制网，见图2—2—1)。轨道基准网布设于轨道轴线附近(轨道铺设锥和基准点的连线垂直于轨道轴线，分别向左和向右距离轨道轴线0.10 m，且基准点应设在较低的一边)，为满足轨道板铺设精调要求，布设于轨道板之间的板缝位置处，点间距离按轨道板长度(CRTSⅠ型板4.962 m，CRTSⅡ型板6.5 m)分布左右线路上。

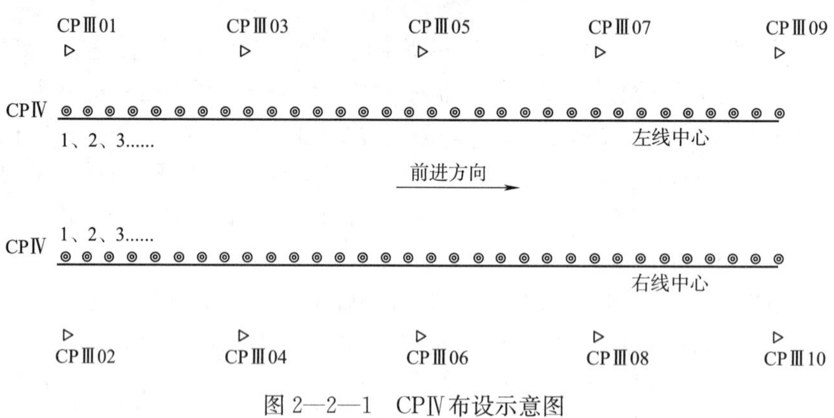

图2—2—1　CPⅣ布设示意图

CRTSⅠ、Ⅱ型板式无砟轨道结构的轨道高平顺性完全依赖于轨道板的精确安装(轨道板安装精度要求0.3 mm)，而轨道板安装精度取决于对轨道起直接控制作用的轨道基准网(两轨道板之间的轨道基准点)，其相邻点平面、高程相对精度分别为±0.2 mm、±0.1 mm。因此轨道基准网测量属于极为精密的测量范畴，其测量方法与数据处理方法将有别于常规测量方法。自京津铁路建设时期，我国就开始引入轨道基准网，随着沪宁、京沪、石武、沪杭等铁路建设的不断应用，轨道基准网测设技术方法也在逐步成熟。其测量方法从引入之初的双线测量法到国内创新的构网法，其应用范围也从轨道板高精度安装扩展到轨道精确调整。

我国轨道板发展历程不断发展，引入之初的Ⅰ、Ⅱ型板施工技术发展至CRTSⅢ型板技术，从最初使用CPⅣ控制网轨道板精调到目前的湖北城际使用CPⅢ控制轨道板精调，一方面满足施工精度需求，另一方面节省工序且降低了工程建设成本。

随着CPⅣ轨道基准控制网的应用实践的不断深入，更加适合于我国高速铁路的控制网测量技术方法、测绘仪器设备装置更新换代将在工效提高、精度提升方面取得更多的突破。

第二节　轨道基准控制网测设内容

CPⅣ控制网沿轨道轴线布设，近似直线导线，平面和高程分开测定，以提高高程的精度。测设内容主要涵盖：CPⅢ控制网检核、CPⅣ控制网放样埋设、CPⅣ控制网测量三部分内容。

一、CPⅢ控制网的检核

CPⅣ控制网建立前要对CPⅢ控制网进行检核，在确定CPⅢ准确无误的情况下，才能开始对轨道基准网GRP进行施测。CPⅢ平面网复测采用的网形和精度指标应与原测相同。CPⅢ点复测与原测成果的X、Y坐标较差应≤±3 mm，且相邻点的复测与原测坐标增量ΔX、ΔY较差应≤±2 mm。较差超限时应分析判断超限原因，确认复测成果无误后，应对超限的CPⅢ点采用同级扩展方式更新成果。CPⅢ高程网复测采用的精度指标、计算软件及联测上一级线路水准基点的方法和数量均应与原测相同。CPⅢ点复测与原测成果的高程较差应≤3 mm，且相邻点的复测与原测高程成果增量较差应≤2 mm。

二、轨道基准控制网的测设

CPⅣ控制网布设满足轨道板布设规律，为轨道板铺设提供基准控制网，CRTSⅠ、CRTSⅡ型板均需按照设计或现场结构物实际参数排板，且CPⅣ控制点位于轨道板间接缝或预留孔中心位置，为避免影响与铺板在位置上产生冲突，CPⅣ控制点应在铺板前精确定位埋设，埋设精度在5 mm以内。CRTSⅠ型板的CPⅣ控制点埋设于板间凸形挡台顶面圆心位置(图2—2—3)，CRTSⅡ型板的CPⅣ控制点埋设于板缝位置偏移线路中心10 cm处较低位置端。

图2—2—2　CRTSⅠ型板埋设实物图

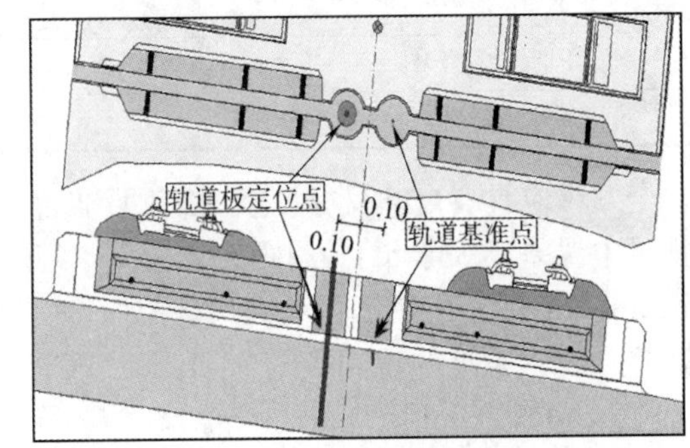

图2—2—3　CRTSⅡ型板轨道基准点及定位锥埋设示意图(单位：m)

三、轨道基准点平面和高程测量

CPⅣ网的起始网为轨道控制网(CPⅢ)，平面测量采用自由测站的方式，对CPⅢ点和CPⅣ点进行测量；轨道基准网的水准测量是采用测站往返观测的方法进行，中间设站，间视或中视逐次测量各基准点，闭合至另一水准点完成水准测量。

第三节 仪器设备配备及测设精度指标要求

一、仪器设备基本配备

平面测量设备见表 2—2—1，水准测量设备见表 2—2—2。

表 2—2—1 平面测量设备

设备类型	精度指标	精度	
全站仪	方向标称精度	方向标称精度	≤1″
		测距标称精度	≤1 mm+2 ppm
CPⅢ棱镜组件	精密棱镜	10 个/工作面	
	重复性与互换性安装精度	X 和 Y	≤0.4 mm
		H	≤0.2 mm
温度计	温度读取精度	≤0.5℃	
气压计	气压读取精度	≤0.5 hPa	
对中精密基座	1 个/工作面		
精密小棱镜	1 个/工作面		
木质脚架	1 个/工作面		

表 2—2—2 水准测量设备

设备类型	精度指标	精度要求
电子水准仪	M_{Δ}	≤0.5 mm/km
水准标尺	整体铟钢条码水准尺	
水准尺适配器	1 个/工作面	
CPⅢ高程连接杆	1 个/工作面	
木质脚架	1 个/工作面	

全站仪应具有自动目标搜索、自动照准、自动观测、自动记录功能，其标称精度应满足：方向测量中误差不大于±1″，测距中误差不大于±1 mm+2 ppm；电子水准仪的精度不应低于 0.5 mm/km，配套使用铟瓦水准尺（图 2—2—4）；距离测量标准偏差 5 mm/10 m、居中精度标准偏差 0.3″。常见的使用仪器有：Leica TCA 1800、TCA 2003、TCRA 1201＋，Trimble S8，Leica DNA03，Trimble Dini 03 等。图 2—2—5 所示为对中精密基座与精密棱镜，图 2—2—6 所示为适配器。

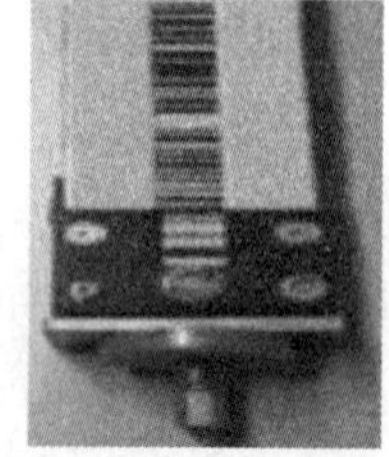

图 2—2—4 铟瓦水准尺

图 2—2—5 对中精密基座与精密棱镜

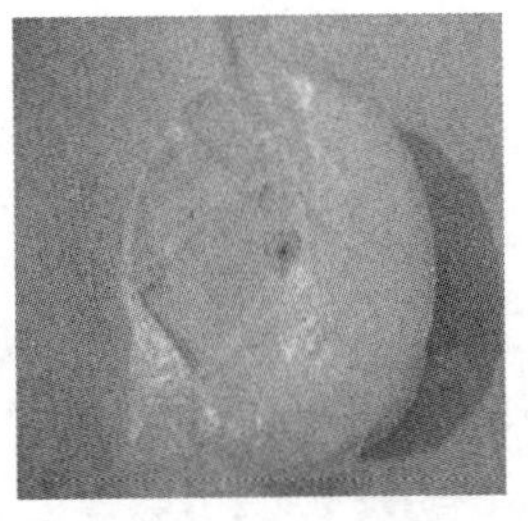

图 2—2—6 适配器

联测 CPⅢ时须采用统一的 CPⅢ标志，轨道基准点测钉，棱镜三脚座，水准尺适配器应相互匹配。温度计读数精确至 0.5℃，气压计读数精确至 0.5 hPa。全站仪、水准仪、水准尺须经过法定检定机构的检定，并处于检定证书的有效期内，在进行距离或坐标测量时，应进行温度气压改正。水准尺适配器参数应由厂家准确测定，具有相应的书面文件，施测前应进行检验。

二、测设精度指标要求

轨道基准网沿无砟轨道中线布设、用于指导无砟轨道施工的三维施工控制网，其精度要求极高，对基准网测量提出了见表 2—2—3 测量限差要求。

表 2—2—3 轨道基准网测量限差

序号	项目		允许偏差
1	平面测量	控制点 X/Y 坐标上的允许偏差	±2 mm
2		相对多次测量坐标平均值 X/Y 坐标允许偏差	0.4 mm
3		每基准点重迭区内的横向允许偏差	0.3 mm
4		每基准点重迭区内的纵向允许偏差	0.4 mm
5		任一测站上的最小附合点个数	4 个
6		相邻测站的最少重复点个数	3 个
7	高程测量	水准测量闭合差	$0.5+2\sqrt{s}$
8		相对多次高程测量平均值的允许偏差	0.3 mm
9		每个基准点重迭区内的高程允许偏差	0.3 mm
10		相邻组最小重迭点数	3 个

第四节 轨道基准控制网

一、轨道基准点布设

CRTSⅠ型板布置在轨道板间凸形挡台顶面中心位置，放样点的坐标成果，应以线路轴线为基准计算出，然后垂直于轨道上表面连线地投影到凸形挡台的表面上。CRTSⅡ型板布置在轨道板接缝、线路中心较低侧 10 cm 左右位置，轨道基准点埋设之前，首先需要利用线路设计参数、轨道板设计参数和轨道基准点的设计里程，计算直线段、圆曲线段和缓和曲线段上轨道基准点的设计坐标。图 2—2—7 为 CRTSⅠ型板 CPⅣ布置实物图。图 2—2—8 为 CRTSⅡ型板 CPⅣ布置实物图。

图 2—2—7 CRTSⅠ型板 CPⅣ布置实物图

图 2—2—8 CRTSⅡ型板 CPⅣ布置实物图

利用全站仪的自由设站功能，通过后方交会两对以上 CPⅢ点定出自由设站点位置，从而完成设站工作；然后再调出待放样点坐标数据，依次对各 CPⅣ点进行放样。基准点放样后应进行适当标志(用具有强制对中功能的标志钉进行标志，标志钉应使用速凝固结材料固定)，基准点放样精度应控制在 5 mm 之内。CRTSⅡ型板还需要在基准点放样的同时应对轨道铺设定位锥加以放样并标志。

CPⅣ点编号采用"整里程"＋"轨道基准代号"＋"线别代号"＋"点位序号"标识，前 4 位为里程号，第五位代表轨道基准，第六位代表左右线，其中 1 代表左线、2 代表右线，后三位代表在本段里程范围内的轨道基准点号。如 191141001 代表左线 1911 km 处的 1 号轨道基准点；191142001 代表右线 1911 km 处的 1 号轨道基准点。轨道基准点应埋设于混凝土底座或凸台顶面上，铺轨道板前埋设轨道基准控制点测钉，测钉的埋设要求牢固且不得高于顶表面，并尽可能的铅垂。

二、轨道基准点测量方法及要求

轨道基准网建网测量工作分为平面网建网与高程网建网两个步骤，其平面网建网测量应该在底座板竣工之后进行，其高程网测量原则上应该在轨道板初铺之后进行，以避免二期荷载对轨道基准点的高程造成影响。

1. 平面测量

轨道基准点的平面测量左右线路分别进行测量，在底座板施工结束后，粗铺轨道板之前进行，采用全站仪自由设站极坐标法进行观测，直接测量各点的坐标，外业采用自动记录方式，特别注意点号输入的正确性。自由设站点应尽量靠近左线或右线中线。轨道基准点的平面测量流程如图 2—2—9 所示。

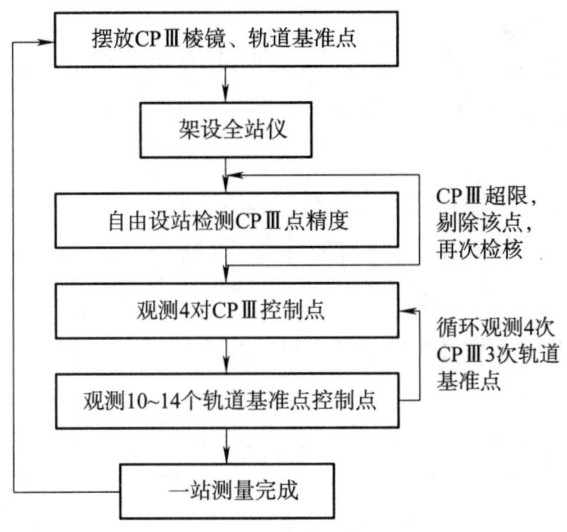

图 2—2—9　轨道基准平面测量流程图

自由设站测量采用局部独立坐标系。自由设站观测的 CPⅢ点不应少于 4 对，位于所联测 CPⅢ点的中间。CPⅢ点应采用与 CPⅢ网测量时一致的 CPⅢ标志。全站仪设在线路中线附近，更换测站后，相邻测站重叠观测的 CPⅢ点不应少于 2 对。

自由设站点精度一般应符合表 2—2—4 要求，连续梁、特殊孔跨桥自由设站点精度可放宽至 1.0 mm。

表 2—2—4　自由设站点精度要求

X	Y	H	定向精度
≤0.7 mm	≤0.7 mm	≤1 mm	≤2″

完成自由设站后，CPⅢ点的坐标不符值应满足表 2—2—5 的要求。当 CPⅢ点坐标不符值 X、Y 大于表 2—2—5 的规定时，该 CPⅢ点不应参与平差计算。每一测站参与平差计算的 CPⅢ点不应少于 6 个。

表 2—2—5　CPⅢ点坐标不符值限差要求

X	Y	H
≤2.0 mm	≤2.0 mm	≤2.0 mm

轨道基准控制网测量以全站仪采用自由建站，自由建站时观测的 CPⅢ控制点不少于 4 对，测量时必须采用 ATR 自动照准模式，避免测量人员观测误差，数据平差采用验后定权平差法。测站应尽量靠近待测点连线，以便利用全站仪的测角高精度性，所以对左右线的基准网应该分开测量。对基准点的测量应按组进行，对各组内的测量，全站仪不用倒镜，视线方向与测量运动方向相反。每组测量一般控制在 10～14 个点，视天气情况而定。各组至少要 3 个测回。

数据处理应采用布板软件进行处理，并进行复核。测量精度应满足下列要求：

(1)相邻点平面相对精度不大于 0.2 mm；即在一站内测定轨道基准点时，各轨道基准点是相对于测站本身的离散支点，视其均值为真值。各次重复测量值与其均值的最大横向偏差规定为 0.3 mm，即限差 0.3 mm。中误差取为 1/2 限差，即为 0.15 mm。本测站内相邻点间中误差为$\sqrt{2}\times 0.15=0.21$ mm。

(2)轨道基准点各半测回测量的坐标值与其平均值间的较差≤0.4 mm。

(3)重叠轨道基准点的平面位置允许偏差：横向≤0.3 mm，纵向≤0.4 mm。

2. 高程测量

高程测量应在轨道板摆放或粗铺之后进行，采用几何水准方法（图 2—2—10），按照附合水准方法和中视水准测量方法相结合进行施测，轨道基准点作为中视点。

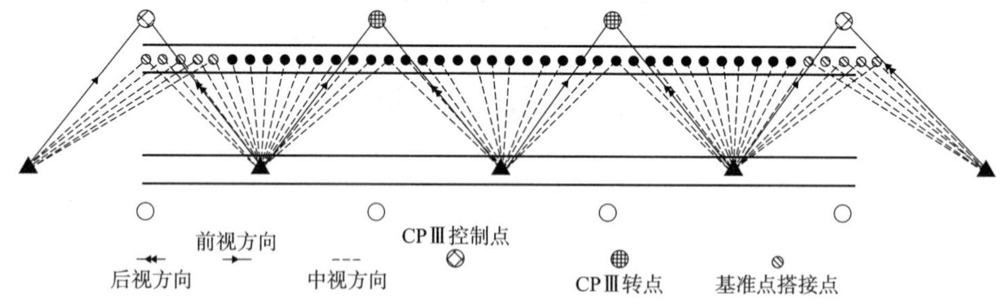

图 2—2—10　几何水准法测量高程

轨道基准高程测量流程见图 2—2—11。在轨道基准点上立尺时，水准尺须使用水准尺适配器，在 CPⅢ点立尺时，不使用水准尺适配器，须使用与 CPⅢ网测量时一致的水准测量杆。水准尺适配器常数需准确测定，同时保证水准尺适配器与轨道基准点测钉的匹配。在同一站内的所有轨道基准点高程测量时应采用同一把水准尺及其配套水准尺适配器。适配器每隔三天应使用游标卡尺检查其高程，并对适配器常数进行修正。高程测量精度指标满足以下要求：

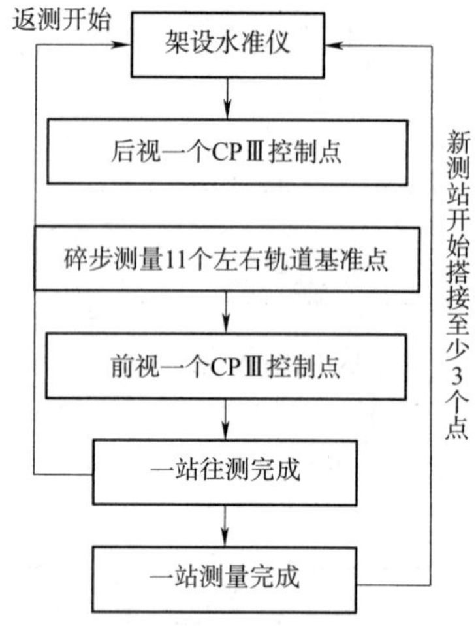

图 2—2—11　轨道基准高程测量流程图

(1)单程水准测量起闭于 CPⅢ点的闭合差限差应满足下式要求：$f_h=0.5+2\times\sqrt{S}$，式中，S 为单程水准测量线路长度，km。

(2)轨道基准点往返测高程值与其平均值间的较差不应大于 0.3 mm；

(3)重叠区内轨道基准点高程较差不应大于 0.3 mm；

(4)相邻轨道基准点间的高程相对精度不大于 0.1 mm。即在一站内，测量各水准点时，相邻基准点间高差的测量精度。各轨道基准在测量时是相对于测站本身的离散支点。目前大量使用的电子水准仪为 0.3 mm/km 级，重复测量结果表明，相邻基准点间高差的测量精度可以达到 0.1 mm，故规定轨道基准网高程精度为 0.1 mm。

三、数据处理

将相关的 CPⅢ点坐标文件和轨道基准网理论值文件直接导入布板软件的数据库。软件根据全站仪实测平面坐标的原始观测记录数据、电子水准仪实测高程原始记录数据进行处理。

平面数据处理采用本站联测的CPⅢ点和各轨道基准点坐标的均值(独立坐标)作为观测值,根据本站联测CPⅢ点的已知坐标,采用最小二乘平差的方法求解两套坐标的转换参数,然后根据转换参数对各轨道基准点的独立坐标均值进行转换,从而获得各轨道基准点的工程独立坐标系坐标。

根据求得的转换参数,对各CPⅢ点的坐标均值进行转换,如转换后的CPⅢ点的坐标与原CPⅢ点坐标的差值在2 mm以内,则本站测量合格,否则本站应该重新进行测量。坐标转换后,搭接的轨道基准点本站测量的坐标与上一站测量的轨道基准点的坐标X、Y方向较差均应小于0.4 mm。

高程数据处理是根据测量数据计算一站内任意两个相邻的CPⅢ之间高差是否超限,再计算各点往测与返测高程平均值,并计算与平均值之差。各项指标满足要求后,计算本站观测的各轨道基准点高程。

对于各项指标满足要求后,相邻测站间重复观测的轨道基准点的平面坐标和高程采用余弦函数加权平均的方法进行平滑搭接。非搭接区域及已完成搭接的搭接区域的轨道基准点成果可供轨道精调系统使用。

第五节　轨道基准控制网测设技术新应用

一、创新测量方法

1. 技术现状

京津、沪杭、石武等前期CRTSⅡ型板式无砟轨道引用德国轨道基准网测量技术(图2—2—12),德国轨道基准网平面网的数据处理,就是以CPⅢ控制点为公共点,采用在本测站任意站心坐标系中观测的各CPⅢ控制点坐标均值作为观测值,利用本测站联测的各CPⅢ控制点在铁路工程独立坐标系中的已知坐标作为转换基准,采用最小二乘的方法求解本测站站心坐标系和铁路工程独立坐标系间的坐标转换参数,再根据得到的坐标转换参数对各轨道基准点在本测站站心坐标系中的坐标均值进行坐标转换,从而得到本测站各基准点在铁路工程独立坐标系中的坐标。

德国轨道基准网高程网的数据处理,是在往、返测附合水准路线高差闭合差均满足要求后,先分开分别进行往、返测附合水准路线的平差计算,若各点往返测的高程较差满足要求后,再取往返测的高程均值作为采用高程。

德国轨道基准网平面网的数据处理,就是以CPⅢ控制点为公共点,采用在本测站任意站心坐标系中观测的各CPⅢ控制点坐标均值作为观测值,利用本测站联测的各CPⅢ控制点在铁路工程独立坐标系中的已知坐标作为转换基准,采用最小二乘的方法求解本测站站心坐标系和铁路工程独立坐标系间的坐标转换参数,再根据得到的坐标转换参数对各轨道基准点在本测站站心坐标系中的坐标均值进行坐标转换,从而得到本测站各基准点在铁路工程独立坐标系中的坐标。

往测附合水准路线平差计算时,先以两端CPⅢ点高程为起算点对中间作为转点的CPⅢ点进行平差计算,将该附合路线高差闭合差按距离成比例改正到各转点上,得到各转点处CPⅢ点的高程;然后对各测站的所有中视点进行高差改正,最后计算各中视点的高程。当往、返测各轨道基准点的高程较差小于0.6 mm后,取往、返测高程的均值,作为本段附合水准路线内

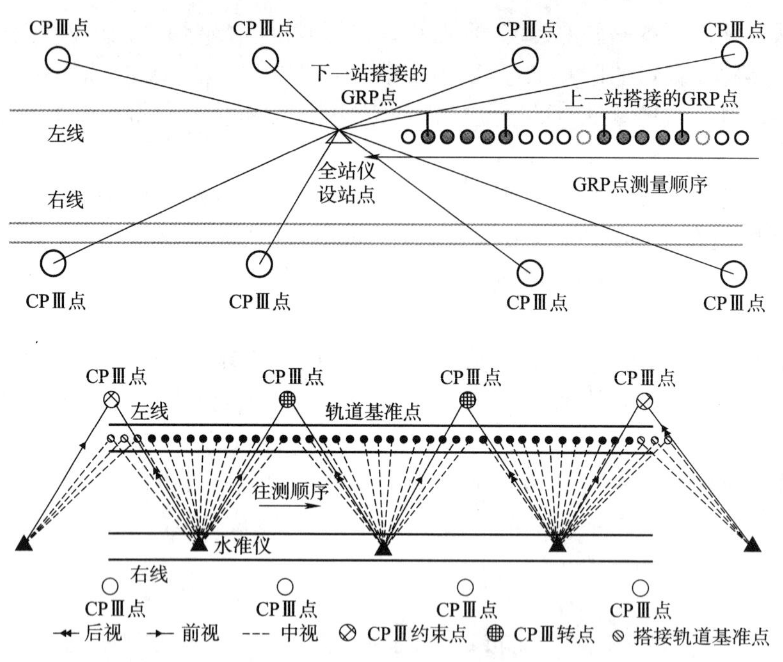

图 2—2—12 CPⅣ控制网德国技术测量方法

各轨道基准点的最终高程。

结合我国在应用德国铁路轨道基准控制网的实践经验，研究发现德国铁路测量方法存在这外业记录数据没有相应的观测控制指标，不能实时对观测数据质量进行检查和控制，同时单点仅测量一次，出现错误的几率大大增加；在一测站内，平面控制网的远近站端因距离产生的外业测量精度不均衡，影响站间搭接精度。轨道板的精调过程中应用的轨道基准点仅为原有的一半不到，且在轨道板精调后轨道基准控制网即被废弃，造成测量资源浪费。高程测量过程中各轨道基准点之间的高差无法形成闭合差检核，无法及时探测和发现高差测量的粗差，数据处理主要采用闭合差分配方法，这是一种近似平差方法，数据处理方法不严密。

2. 构网法测量新技术

轨道基准网平面网构网法的外业测量(图 2—2—13)，就是全站仪自由测站 z1～z5 设置于左、右线轨道中间，每测站全站仪盘左盘右三测回自动观测就近的 3 对 CPⅢ点和左、右线各 10 个轨道基准点(开始和结束测站为左、右线各 5 个轨道基准点)，观测方法为全圆方向和距离观测法。全站仪既可对左右侧的轨道基准点进行全自动的构网测量，也可仅对左侧或右侧的轨道基准点进行全自动的构网测量。

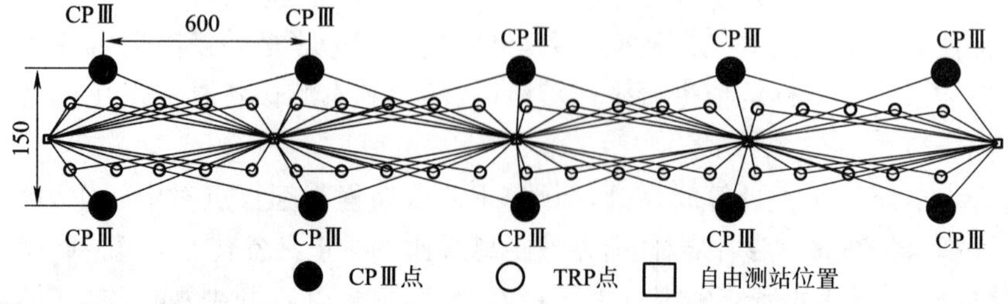

图 2—2—13 构网法测量新技术(单位：cm)

双线轨道基准点构网法同时测量时，需要 26 根棱镜杆和 26 个棱镜，单线轨道基准点构网法测量时，需要 16 根棱镜杆和 16 个棱镜。图 2—2—14 所示为 CPⅣ控制网测量预埋件及棱镜杆。

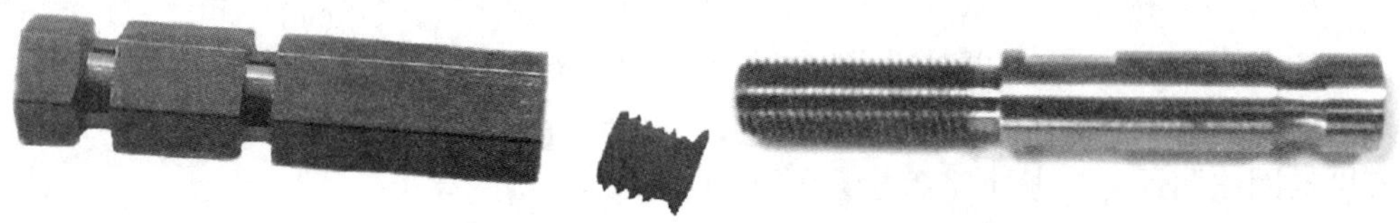

图 2—2—14　CPⅣ控制网测量预埋件及棱镜杆

每一测站的高差就形成了一个闭合环，可以进行闭合差检核以判断相邻轨道基准点间高差测量的精度。若干个水准测站的观测值构成一个轨道基准网高程网测量的附合路线，还可以进行附合路线的闭合差检核；然后以附合路线为单位进行后续的网平差，要求附合路线与附合路线之间至少搭接三个轨道基准点。高程网构网法外业测量时，需要一台电子水准仪、一把水准尺和至少两根高程杆。图 2—2—15 所示为 CPⅣ控制网测量高程杆及仪器杆实物图。

图 2—2—15　CPⅣ控制网测量高程杆及仪器杆

我国创新的构网法测量新技术与德国法轨道基准网相比，具有以下的优点。

(1)每隔两块轨道板布设一个轨道基准点，而不是德国法的每隔一块轨道板布设一个轨道基准点。这样布点的优势是既能够满足轨道板精调的需求，又能减少一倍轨道基准点的数量，既节省测量费用，又提高测量效率。

(2)德国法轨道基准网只用于轨道板精调，而轨道的精调依据 CPⅢ进行，因此而造成轨道板和轨道精调的基准不一致。德国法的基标钉无法强制对中无法自动观测和无法永久保存，因此也无法保证精度、无法提高测量效率和无法一网多用。针对此情况，轨道基准点的标志采用德国法的基标钉，也不布设在底座板顶面上，而是采用类似于 CPⅢ测量标志的强制对中标志，轨道基准点标志布设在与轨道板顶面等高的类似于凸形挡台的水泥柱面上，水泥柱面的基础在底座板上(图 2—2—16)。改进以后，其具有轨道基准点可永久保存，既可用于轨道板精调，又可用于轨道的精调，还可在运营期间的轨道维护中发挥作用的诸多优点。采用这样的轨道基准点标志，还可实现轨道基准网平面网外业测量的自动观测，保证轨道基准网平面网的精度。

图 2—2—16　CRTSⅡ型板接缝处埋设立柱用于测设 CPⅣ控制点

(3)轨道基准网平面网构网法外业采用与

CPⅢ 平面网类似的方法进行构网测量，内业采用边角网严密平差的方法进行数据处理。平面网构网测量和数据处理具有多余观测和能够严密平差的优势，继而还可实现精度评定。

(4)高程网构网法外业测量与德国法完全相同，与德国法不同之处是内业计算时根据相邻 CPⅢ 点间的高差和相邻轨道基准点点间的高差组成闭合水准路线，还根据起终点已知 CPⅢ 点的高程构成附合水准路线，再对这样构成的水准网进行严密平差。高程网构网数据处理的优势是具有多余观测，据此可计算闭合路线的闭合差以探测高程网测量中的粗差，还可实现轨道基准网构网法测量与数据处理新方法介绍。

二、大跨度桥梁 GRP 控制网测量

CRTSⅡ型板式无砟轨道轨道控制网分两级布设，一级 CPⅢ控制网主要作为下一级控制网约束点，同时作为长轨铺设后轨道静态调整测量基准网，CPⅢ控制网点间相对精度≤1 mm；二级 GRP 基准控制网主要作为轨道板铺设控制网，GRP 基准控制点间相对精度满足平面≤0.2 mm、高程≤0.1 mm。长大连续梁受风载、温度、日照等影响梁体在不断发生变化；另一方面在不同的施工阶段，梁体承受荷载不同，挠曲变形也会引起点位的变化。因此控制网测量需要选择在梁体稳定的时间段内开展，同时考虑施工荷载影响，及时开展成果更新。

大跨度连续梁两端简支梁固定支座端布置稳定的 CPⅢ控制点，88 m 跨连续梁墩顶支座位置、跨中布置 CPⅢ控制点。GRP 控制点按照标准规范要求每 6.5 m 布置一对 GRP 控制点。连续梁在轴向会发生收缩伸长变形，因此连续梁上所有控制点平面位置均视为不稳定，需要及时更新方可采用；连续梁竖向变形主要发生在梁跨的中部，支座位置高程随轴向变化可忽略不计，因此支座位置高程点视作相对稳定点。连续梁跨中位置 CPⅢ点高程视为与 GRP 控制网相对位置关系稳定点，可更新后作为 GRP 控制网平面、高程网平差约束点。

轨道控制网测量步骤：①CPⅢ控制网测量连续梁部分控制点需一次测量完成，对外业测量或内业平差计算超限的，需要重新对连续梁整体测量，在整网平差过程中连续梁上 CPⅢ点作为过渡点，不纳入现场使用；②底座板施工采用评估通过后的 CPⅢ控制网成果，现场测量时采用支座顶端 CPⅢ点作为高程放样基准，简支梁上 CPⅢ点作为平面放样控制点。③底座板施工完成后，布设 GRP 控制点，铺设轨道板，测量 GRP 与 CPⅢ控制网相对位置关系，平差计算后粗调轨道板。

第三篇

无砟轨道试验检测

第一章　无砟轨道支承层试验检测

第一节　概　　述

一、定义及相关术语

无砟轨道支承层是位于无砟轨道道床板和路基基床表层之间的中间过渡层，德国称之为水硬性支承层（HGT 或 HBL）。它是由骨料、水和水硬性胶结物等组合而成的（图 3—1—1），要求具有一定的强度和较小的收缩。HGT 的成分与碾压混凝土相类似，即是一种具有少量胶凝材料的土工材料。

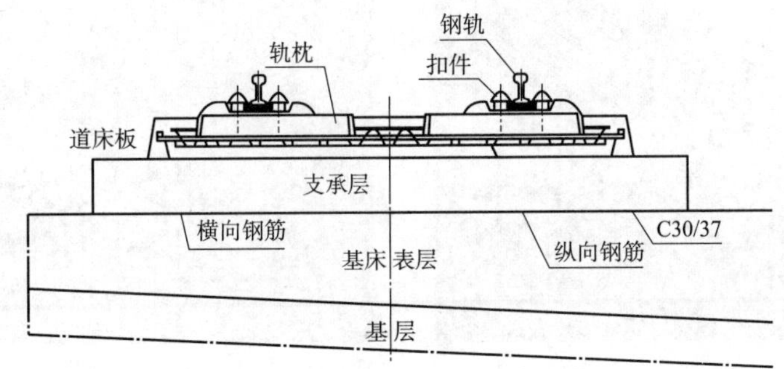

图 3—1—1　双块式无砟轨道结构图

支承层是指在铁路无砟轨道系统中，用于支承混凝土道床板或轨道板的承载层。

支承层材料是指用于建造支承层的原材料。根据施工方式不同，支承层材料可分为水硬性混合料和低塑性水泥混凝土。

水硬性混合料是指由细骨料、粗骨料、少量胶凝材料和少量水等配制，采用滑模摊铺或摊铺碾压工艺成型后具有 98％以上相对密实度的支承层材料。

低塑性水泥混凝土是指由细骨料、粗骨料、少量胶凝材料和少量水等配制，坍落度不大于 30 mm 的混凝土。

滑模摊铺是指由螺旋布料、机械振捣、滑动模板整平等工序组成的一体化机械施工模式。

立模浇筑是指由人工支立模板、机械（或人工）布料、小型机具振捣和整平等工序组成的一种施工模式。

二、国内外应用情况及试验段的经验

在国外，水硬性支承层结构主要应用于德系无砟轨道，1972 年德国开始进行无砟轨道试验研究时，就参照公路结构设计，在路基基床表层和道床板之间设置了水硬性支承层结构。随着无砟轨道的应用范围的拓展，其工艺方法也由当初的碾压成型发展到现在的滑模摊铺，其技

术条件自成体系。

2006年在我国遂渝线综合试验段进行了6 km双块式无砟轨道支承层施工;2007年在京津城际铁路上完成了14 km博格板无砟轨道支承层施工;同年年底在郑西客运专线凤凰岭隧道出口路基上实施了1 km旭普林无砟轨道支承层施工,在2007年以前,我国无砟轨道在京津城际铁路、武广、郑西、石太客运专线以及200 km/h客货共线长大隧道段的轨道结构均采用了无砟轨道这种结构形式,其支承层材料均采用混凝土材料。无砟轨道的应用在我国在建的客运专线的建设中得到全面推广。由于对支承层的认识不足,以上线路部分已经施工的支承层质量有待提高,主要表现在对比德国标准,存在以下几方面问题:①混凝土强度较高,个别地段支承层强度达到了28 MPa;②用水量较大,混凝土塌落度较大,有的在180 mm以上;③胶凝材料较多,从施工配合比看达到近300 kg。

以上情况可能使得支承层收缩量进一步扩大,加速了道床板的开裂。从对其上道床板的观测和检测情况来看,采用连续道床板结构的地段,均出现了大量的开裂情况。图3—1—2所示为郑西线轨枕边角裂纹现象。

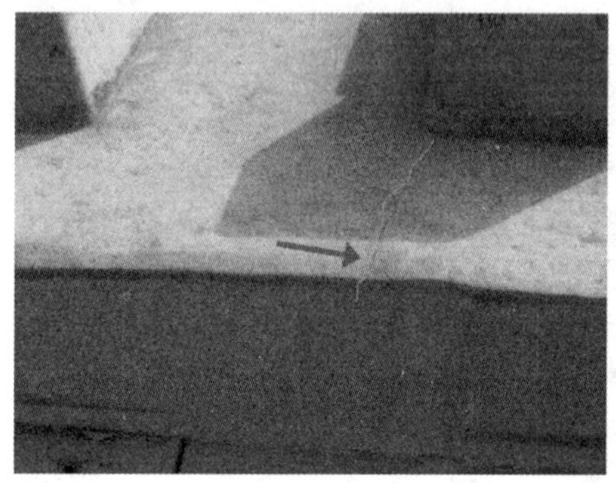

图3—1—2　郑西线轨枕边角裂纹

郑西线在道床板施工3～4个月后道床板裂缝一般在支承层切缝左右两轨枕范围,轨枕端部处出现,间距为5 m和10 m,裂缝宽度最大达0.7 mm。

遂渝线在交付运营一年后,连续的道床板在支承层未切缝段,裂缝间距已发展到1.5 m间距,裂缝宽度最大已超过1 mm,如图3—1—3所示。在间隔5 m切缝地段,裂缝间距平均为3 m,裂缝宽度也达1 mm。对比德国纽伦堡—英戈尔施塔特铁路Kinding车站隧道出口路基地段道床板开裂图片。

该线路在交付运营2年后,道床板开裂在50 m过渡段范围内共发现4处(图3—1—5),开裂频次低。对开裂问题,德国专家认为:①路基道床板的开裂,由于其是通长的混凝土结构,开裂不可避免。②早期德国铁路HGT层未采用切缝处理,其后裂缝间隔10 m出现一道,后5 m一道、后3 m、最后发展到1.5 m一道;后期采用5 m切缝处理,目前裂缝间距发展并趋于稳定在3 m范围内。德方专家建议我国HGT层采用间距4 m切缝。③道床板裂缝应控制在0.5 mm以内,出现裂缝应先进行观察,分析原因,其发展稳定后再进行处理。

为改善支承层的开裂状况,提高支承层的施工质量水平,原铁道部组织中铁十一局集团有限公司及中国铁道科学研究院开展支承层试验与研究。经武广客专大量的试验研究及相关数据分析,完成了支撑层质量控制技术指标体系,编制形成《客运专线铁路无砟轨道支承层暂行技术条件》,暂行技术条件于 2008 年正式在全路施行。

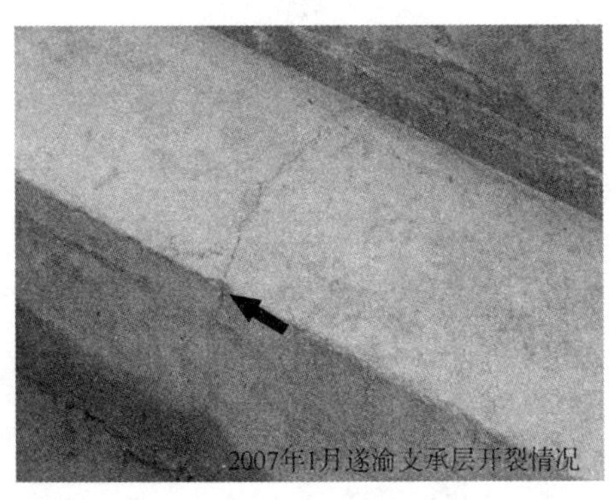

图 3—1—3　遂渝线板裂缝

图 3—1—4　德国纽伦堡—英戈尔施塔特铁路 Kinding 车站路基段道床开裂细部图

图 3—1—5　交付运营后道床开裂情况

三、结构功能要求及特点

1. 结构功能

支承层主要功能是传递上部荷载,扩散应力、保护基床,提供应力释放条件,减少道床板混凝土开裂趋势,同时为道床施工提供施工作业面,减少施工过程对路基表层的扰动。因此支承层要具有适当的抗压强度、抗弯强度、一定的徐变能力及完好的整体性。荷载作用原理如图3—1—6所示。

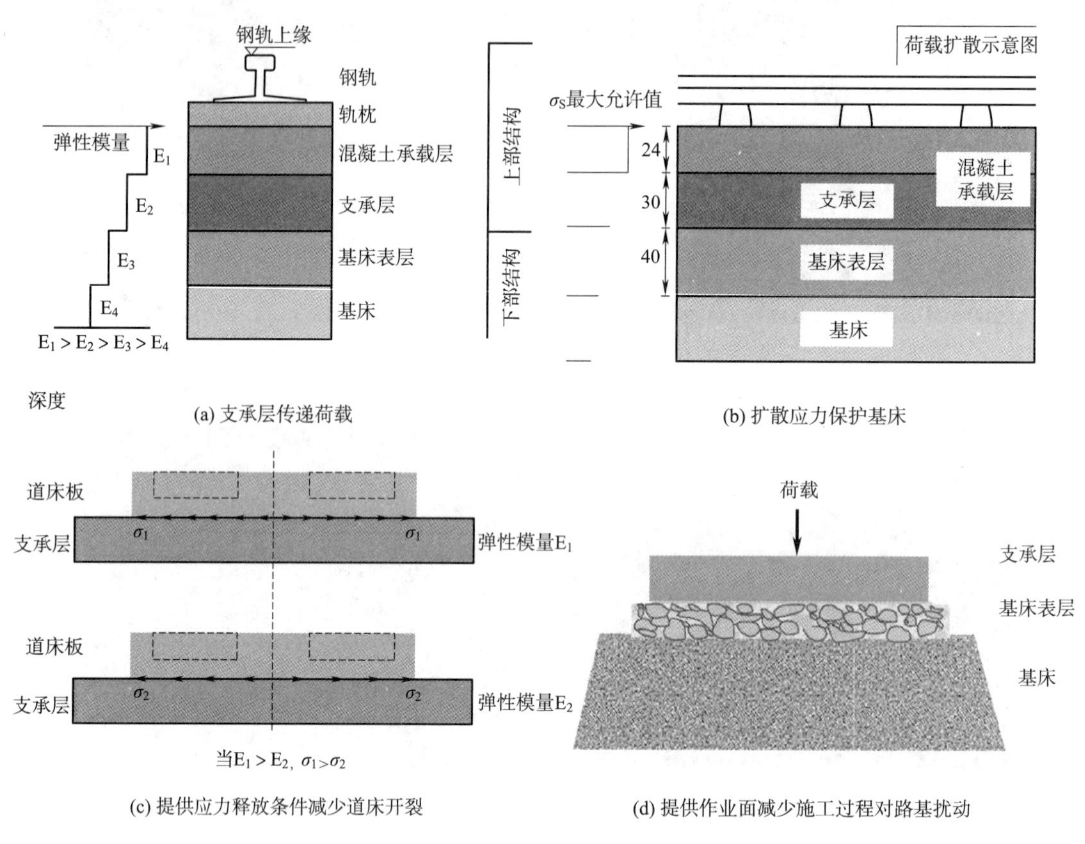

图3—1—6　荷载作用原理

2. 支承层材料性能要求

支承层材料分为水硬性混合料、低塑性混凝土两种配比材料。水硬性混合料一般采用混凝土摊铺机进行铺设，采用机械自带振动板进行压实，材料具备粗颗粒接触粘结，颗粒表面由浆体包裹，荷载通过"骨料—骨料"的方式传递，材料配比整体呈现疏体结构，具备一定的抗压强度、抗弯强度、弹性系数、可收缩性及外观整体性。

从传递上部荷载功能来看，支承层应具备适当的抗压强度，抗压强度的大小依据结构设计检算，其值应满足10 MPa；从扩散应力，保护路基结构功能来看，支承层应具备适当的抗弯强度，同样依据结构设计计算，其弯拉强度须满足2 MPa；上述两个方面指标为结构安全性指标，越大越好。但从提供应力释放条件，减少道床板混凝土开裂趋势方面来看，支承层应具备一定的徐变能力，也即是支承层刚度应在一个限值范围内，不能一味放大其安全性指标。

第二节　配合比选配

支承层材料从结构和功能要求角度来看，一般应采用一种水硬性的土工材料，其现场检测主要性能指标依据力学分析和参考德国标准应满足平均强度10 MPa和密实度98%

(室内采用普式击实)要求。特殊地段采用混凝土替代。由此,材料的研究分成水硬性材料和混凝土材料两种,施工前先进行室内试验,确定施工配合比。支承层的配合比应保证混合料的各项指标能达到设计要求,在大面积摊铺施工前,根据初选的参数进行工艺试验,确定工艺参数。

一、原材料选配的基本要求

1. 水泥

采用强度等级不低于42.5的硅酸盐水泥或普通硅酸盐水泥,比表面积不应大于350 m^2/kg,其他性能应符合表3—1—1的规定。不应使用早强水泥。

表3—1—1　水泥的技术要求

序　号	项　　目	技术要求
1	比表面积,m^2/kg	300～350
2	游离氧化钙含量,%	≤1.0
3	碱含量,%	≤0.6
4	熟料中的C3A含量,%	≤8.0
5	Cl^-含量,%	≤0.06
6	SO_3含量,%	≤3.5

2. 粉煤灰

采用性能符合表3—1—2规定的Ⅰ、Ⅱ或Ⅲ级粉煤灰的要求。

表3—1—2　粉煤灰的技术要求

序　号	项　　目		单　位	技术要求		
				Ⅰ	Ⅱ	Ⅲ
1	细度		%	≤12	≤25	≤45
2	需水量比		%	≤95	≤105	≤115
3	烧失量		%	≤5.0	≤8.0	≤15.0
4	含水率		%	≤1.0		
5	三氧化硫含量		%	≤3.0		
6	游离氧化钙	F类粉煤灰	%	≤1.0		
		C类粉煤灰	%	≤4.0		
7	安定性	C类粉煤灰	mm	≤5.0(雷氏夹沸煮后增加距离)		

3. 减水剂

减水剂的性能应满足表3—1—3的要求。

表3—1—3　减水剂的技术要求

序　号	项　　目	单　位	技术要求
1	减水率	%	≥25
2	常压泌水率比	%	≤20

续上表

序　号	项　　目		单　位	技术要求
3	抗压强度比	3d	%	≥130
		7d	%	≥125
		28d	%	≥120
4	收缩率比		%	≤110

4. 细骨料

采用级配合理、质地均匀坚固、吸水率低、空隙率小的洁净天然河砂或人工砂，其性能应符合表3—1—4的要求。

表3—1—4　细骨料的技术要求

序　号	项　　目		单　位	技术要求
1	级配		—	JGJ 52规定的Ⅰ、Ⅱ或Ⅲ区
2	细度模数		—	≥2.3
3	含泥量(天然砂)		%	≤3.0
4	泥块含量		%	≤1.0
5	石粉含量(人工砂)	MB<1.4(合格)	%	≤10.0
		MB≥1.4(不合格)	%	≤5.0
6	坚固性		%	≤10
7	总压碎值指标(人工砂)		%	<30
8	云母含量		%	≤2.0
9	轻物质含量		%	≤1.0
10	硫化物及硫酸盐含量		%	≤1.0
11	有机物含量		%	合格
12	碱活性	砂浆棒膨胀率	%	≤0.1
		抑制效能试验	—	合格(砂浆棒膨胀率处于0.1%～0.3%时)

5. 粗骨料

选用级配合理、粒形良好、质地均匀坚固、线胀系数小的洁净碎石，也可采用碎卵石或砾石，不宜采用砂岩碎石，最大公称粒径宜采用31.5 mm或40 mm，其他性能应满足表3—1—5的要求。

表3—1—5　粗骨料的技术要求

序　号	项　　目	单　位	技术要求
1	级配	—	JGJ 52规定的连续粒级
2	针、片状颗粒含量	%	≤15
3	含泥量	%	≤2.0
4	泥块含量	%	≤0.5
5	压碎指标值	%	≤16
6	坚固性	%	≤10

续上表

序　号	项　　目		单　位	技术要求
7	硫化物及硫酸盐含量		%	≤1.0
8	有机物含量(碎卵石或砾石)		%	合格
9	碱活性	膨胀率	%	≤0.1(砂浆棒或岩石柱)
		抑制效能试验	—	合格(砂浆棒膨胀率处于0.1%～0.3%时)

6. 水

应符合《混凝土用水标准》(JGJ 63—2006)的要求。

二、技术要求

支承层材料分水硬性混合料和低塑性水泥混凝土，其性能应满足表3—1—6的要求。

表3—1—6　支承层材料的技术要求

序　号	支承层材料类别	项　　目	技术要求		
			试验室检验	现场检验	支承层检验
1	水硬性混合料	28 d抗压强度，MPa	12～18	—	—
		28 d抗折(弯拉)强度，MPa	≥2	—	—
		28 d收缩率，10^{-4}	≤200	—	—
		相对密实度，%	—	≥98	—
		28 d单个芯样强度，MPa	—	—	≥6
		28 d单组芯样强度，MPa	—	—	≥8
2	低塑性水泥混凝土	增实因素，JC	宜大于1.2	JC±0.10	—
		28 d抗压强度，MPa	12～18	—	—
		28 d抗折(弯拉)强度，MPa	≥2	—	—
		28 d收缩率，10^{-4}	≤200	—	—
		28 d单个芯样强度，MPa	—	—	≥6
		28 d单组芯样强度，MPa	—	—	≥8

支承层材料分为水硬性混合料和低塑性水泥混凝土两种，施工中应优先采用滑膜摊铺机进行水硬性混合料施工，在滑膜摊铺机不能到达的狭小地段可采用低塑性水泥混凝土进行人工立模浇筑。客运专线无砟轨道支承层材料应优先采用水硬性混合料。

三、支承层配合比选配

1. 水硬性混合料配合比选配

水硬性混合料的级配范围见表3—1—7。

表3—1—7　水硬性混合料的级配范围

编号	通过下列筛孔尺寸(mm)的筛余百分率(%)								
	37.5	31.5	26.5	19.0	9.5	4.75	2.36	0.6	0.075
1	100	90～100		67～90	45～68	29～50	18～38	8～22	0～7
2	100	100	90～100	72～89	47～67	29～49	17～35	8～22	0～7

分别按4%、5%、6%、7%、8%的水泥含量配制混合料，对各种水泥含量的混合料进行轻型击实试验，确定最大干密度和最佳含水量，对各种水泥含量按98%的密实度和最佳含水量进行振动成型试件，试件数量不小于6个，用塑料袋包裹密封后移入养护室进行养护，至规定龄期28天后进行无侧限抗压试验，根据无侧限抗压强度，选择合适的配比用于施工。

2. 低塑性水泥混凝土配合比选配

低塑性水泥混凝土配合比选配，采用《普通混凝土拌合物性能试验方法标准》GB/T 50080的增实因数法方法进行。由于此法较为常用，在此不再赘述。应注意混凝土的坍落度不得大于3 cm。

第三节　质量检查与验收

质量检查验收包括施工前原材料、配合比、施工后原材料、现场支承层材料以及施工后质量验收及评定。

一、施工前原材料验收

水泥的检验项目和检验频率应符合表3—1—8的规定。

表3—1—8　水泥的检验要求

序号	检验项目	检验频率	
		进场检查	复　检
1	不溶物	更换料源或每批进货时核查供应商提供的报告	下列情况之一时，检验一次： ①任何新选货源。 ②使用同厂家、同品种水泥的时间达3个月时。 ③同厂家、同品种的水泥出厂时间超过3个月时
2	烧失量		
3	三氧化硫含量		
4	氧化镁含量		
5	氯离子含量		
6	碱含量		
7	凝结时间		
8	安定性		
9	强度		
10	细度		

粉煤灰的检验项目和检验频率应符合表3—1—9的规定。

表3—1—9　粉煤灰的检验要求

序号	检验项目	检验频率	
		进场检查	复　检
1	细度	更换料源或每批进货时核查供应商提供的报告	下列情况之一时，检验一次： ①任何新选货源。 ②使用同厂家、同品种粉煤灰的时间达3个月时
2	需水量比		
3	烧失量		
4	含水率		
5	三氧化硫含量		
6	游离氧化钙含量		
7	安定性		

减水剂的检验项目和检验频率应符合表 3—1—10 的规定。

表 3—1—10　减水剂的检验要求

序号	检验项目	检验频率	
		进场检查	复　检
1	减水率	更换料源或每批进货时核查供应商提供的报告	下列情况之一时，检验一次： ①任何新选货源。 ②使用同厂家、同批号、同品种减水剂的时间达 3 个月
2	常压泌水率比		
3	抗压强度比		
4	收缩率比		

细骨料的检验项目和检验频率应符合表 3—1—11 的规定。

表 3—1—11　细骨料的检验要求

序号	检验项目	检验频率	
		进场检查	复　检
1	级配	更换料源或每批进货时核查供应商提供的报告	下列任一情况为一批，每批检验一次： ①任何新选料源。 ②使用同厂家、同品种、同规格细骨料的时间达 1 年时
2	细度模数		
3	含泥量		
4	泥块含量		
5	石粉含量		
6	坚固性		
7	总压碎值指标		
8	云母含量		
9	轻物质含量		
10	硫化物及硫酸盐含量		
11	有机物含量		
12	碱活性		

粗骨料的检验质量和检验频率应符合表 3—1—12 的规定。

表 3—1—12　粗骨料的检验要求

序号	检验项目	检验频率	
		进场检查	复　检
1	级配	更换料源或每批进货时核查供应商提供的报告	下列任一情况为一批，每批检验一次： ①任何新选料源。 ②使用同厂家、同品种、同规格粗骨料的时间达 1 年时
2	针、片状颗粒含量		
3	含泥量		
4	泥块含量		
5	压碎指标值		
6	坚固性		
7	硫化物及硫酸盐含量		
8	有机物含量(卵石)		
9	碱活性		

水的检验项目和检验频率应符合表 3—1—13 的规定。

表 3—1—13　水的检验要求

序号	检验项目	检验频率
1	pH 值	任何新水源为一批，每批检验一次
2	不溶物含量	
3	可溶物含量	
4	氯化物含量	
5	硫酸盐含量	
6	碱含量	
7	凝结时间差	
8	抗压强度比	

二、配 合 比

支承层材料配合比的检验项目和检验频率应符合表 3—1—14 的规定。

表 3—1—14　支承层材料配合比的检验要求

序号	检验项目	检验频率
1	最大干密度和最优含水率(水硬性混合料)	下列任一情况为一批，每批检验一次： ①首次使用前。 ②更换主要原材料时
2	增实因素(低塑性水泥混凝土)	
3	抗压强度	
4	抗折(弯拉)强度	
5	收缩率	

三、施工过程原材料

水泥的检验项目和检验频率应符合表 3—1—15 的规定。

表 3—1—15　水泥的检验要求

序号	检验项目	检验频率
1	凝结时间	同厂家、同批号、同品种、同强度等级、同出厂日期且连续进场的散装水泥每 500 t(袋装水泥每 200 t)检验一次，不足上述数量时仍需检验一次
2	安定性	
3	强度	
4	细度	

粉煤灰的检验项目和检验频率应符合表 3—1—16 的规定。

表 3—1—16　粉煤灰的检验要求

序号	检验项目	检验频率
1	细度	同厂家、同批号、同品种、同出厂日期的粉煤灰每 120 t 检验一次，不足 120 t 时仍需检验一次
2	需水量比	
3	烧失量	

减水剂的检验项目和检验频率应符合表 3—1—17 的规定。

表 3—1—17　减水剂的检验要求

序号	检验项目	检验频率
1	减水率	同厂家、同编号、同品种、同出厂日期的减水剂每 50 t 检验一次，不足 50 t 时仍需检验一次
2	常压泌水率比	
3	抗压强度比	

细骨料的检验项目和检验频率应符合表 3—1—18 的规定。

表 3—1—18　细骨料的检验要求

序号	检验项目	检验频率
1	级配	连续供应同厂家、同规格的细骨料 400 m^3（或 600 t）检验一次，不足 400 m^3（或 600 t）时仍需检验一次
2	细度模数	
3	含泥量	
4	泥块含量	
5	云母含量	
6	轻物质含量	
7	有机物含量	

粗骨料的检验质量和检验频率应符合表 3—1—19 的规定。

表 3—1—19　粗骨料的检验要求

序号	检验项目	检验频率
1	级配	连续供应同厂家、同规格的粗骨料 400 m^3（或 600 t）检验一次，不足 400 m^3（或 600 t）时仍需检验一次
2	针、片状颗粒含量	
3	含泥量	
4	泥块含量	
5	压碎指标值	

水的检验项目和检验频率应符合表 3—1—20 的规定。

表 3—1—20　水的检验要求

序号	检验项目	检验频率
1	pH 值	同一水源的水使用达一年时检验一次
2	不溶物含量	
3	可溶物含量	
4	氯化物含量	
5	硫酸盐含量	
6	碱含量	
7	凝结时间差	
8	抗压强度比	

现场支承层材料的检验项目和检验频率应符合表 3—1—21 的规定。

表 3—1—21 现场支承层材料的检验要求

序号	检验项目	检验频率
1	相对密实度(水硬性混合料)	每 500 延长米检验一次
2	增实因素(低塑性水泥混凝土)	每 50 m^3或每工作班检验一次

施工后支承层的检验项目、检验频率和检验结果应符合表 3—1—22 的规定。

表 3—1—22 支承层的检验要求

序号	检验项目	检验频率	质量要求
1	抗压强度	每 500 延长米检验一次(三个试件)	应满足 4.2 的要求
2	中线位置	滑模摊铺每 50 m、立模浇筑每 20 m 检测一次	应满足不大于 10 mm 的偏差要求
3	厚度	滑模摊铺每 50 m、立模浇筑每 20 m 检测一次	应满足(＋20 mm,－20 mm)的偏差要求
4	宽度	滑模摊铺每 50 m、立模浇筑每 20 m 检测一次	应满足(＋15 mm,0 mm)的偏差要求
5	顶面高程	滑模摊铺每 50 m、立模浇筑每 20 m 检测一次	应满足(＋5 mm,－15 mm)的偏差要求
6	表面平整度	滑模摊铺每 50 m、立模浇筑每 20 m 检测一次	3 m 内平整度不得超过 10 mm
7	切缝	全检	切缝应贯通竖直,缝深应符合设计要求
8	拉毛	每 50 m 检测一次	拉毛纹路应清晰、整齐
9	表面质量	全检	表面应平整、颜色均匀,不得有疏松及缺棱掉角等缺陷

支承层可根据便于控制施工质量的原则,按工作班、施工缝或施工阶段划分为若干检验批。

四、支承层成品质量验收

支承层的检验应符合下列规定:主控项目的质量全部合格,一般项目的质量全部合格,有允许偏差的抽查点,80%及以上的抽查点应控制在规定的允许偏差内,最大偏差不得大于规定允许偏差的 1.5 倍。具有完整的施工操作依据,质量检查记录,检验批全部合格可评定支承层质量为合格。

(1)主控项目

依据德国标准,室内试件强度指标应大于 15 MPa,为有效控制用水量,对混合料,由于其较干硬,塌落度检测不宜实施,参考轨枕生产的干硬性混凝土指标,提出增实因素指标进行控制。同时为有效把握材料的弹性模量 E,建议参考德国经验数值和力学分析结果,取 10 000～20 000 MPa 范围控制。

参考德国标准,现场对成品能够实施的检测标准为密实度和强度两项,密实度取 98%,考虑重型击实和现场滑模摊铺施工对混合料的密实功率不相匹配,套用铁路轻型击实替代普氏击实,取值仍维持 98%。

强度指标采用取芯检测，德国标准考虑了离散情况，单个芯样规定应大于 6 MPa，9 个及以上芯样平均应大于 10 MPa，此取值方案和我们现场试验情况十分吻合，建议照搬德国标准。

(2)一般项目

①搅拌站及现场检测的低塑性水泥混凝土增实因素应符合规定。

②支承层表面应平整、颜色均匀，不得有疏松及缺棱掉角等缺陷。

③支承层中线位置、厚度、宽度、顶面高程、表面平整度、切缝及拉毛质量应符合规定。

图 3—1—7 为支承层表面修整现场图。

图 3—1—7　支承层表面修整

五、支承层裂纹控制

支承层产生开裂以及由于支承层的开裂导致道床板产生反射裂纹的现象是不可避免的，但通过控制混合料或混凝土的水泥用量和用水量能尽可能地减少裂纹的产生。

施工单位往往以施工普通混凝土的思路来施工支承层，有的甚至用泵送混凝土来施工支承层，这种想法是与支承层的设计原理相悖的。

支承层施工完毕后应及时锯缝(图 3—1—8)，锯缝间距宜为 4 m，深度在 2/4～3/4 结构层厚度为宜。由于水硬性混合料是用自卸车来运输的，拌和站的用水量宜较最佳含水量多 1%～2%。

图 3—1—8　支承层锯缝

第二章　乳化沥青砂浆试验检测

第一节　概　　述

一、基本概念

水泥乳化沥青砂浆是我国板式无砟轨道技术再创新及自主创新的具有完全自主知识产权的新型材料，其组成成份复杂，对环境敏感性强，施工环境要求高，为了确保工程质量，便于质量管理及性能检验，需要建设标准化实验室。

CA 砂浆是指在轨道板精调后，在轨道板和底座板/水硬性支承层之间有一个 2～4 cm 的空间所填充的一种特殊的沥青水泥砂浆(BZM)。

理论配合比是指经试配得到的水泥乳化沥青砂浆的所有性能指标都能满足现行各种技术条件要求的配合比，一般由乳化沥青厂家或干粉料厂家提供。

初始配合比是指实验室根据理论配合比在室内和不同的干粉料(乳化沥青)进行试拌，对理论配合比进行微调，得出的水泥乳化沥青砂浆各种性能指标都能满足暂行技术条件要求的配合比。

基准配合比是指因现场砂浆搅拌车与室内搅拌机的功率、容积、转速等有较大差异，而要在砂浆搅拌车上做搅拌试验以对初始配合比进行调整，从而得出各项指标满足要求的水泥乳化沥青砂浆，再进行灌揭板试验，最后通过揭板观察验证确认水泥乳化沥青砂浆垫层满足质量要求的配合比。

施工配合比是指正式进行灌板作业前，在满足质量要求的前提下，根据不同的作业环境对基准配合比进行微调，从而得出的配合比。

二、结构功能及砂浆性能要求

1. 结构功能特点

为确保轨道的平顺性、结构耐久性、乘车舒适性，同时避免轨道板开裂，水泥乳化沥青砂浆必须具有以下四个方面的功能：

①支撑调整：保证轨道的平顺性：砂浆垫层厚度一般为 50 mm 左右，砂浆太薄对耐久性有影响，过厚则不经济，所以厚度限制在 40～100 mm 之间。

②缓冲协调(弹性、延展性)：保证轨道结构的耐久性和乘车的舒适性。砂浆的弹性由砂浆的弹性模量表征，弹性模量高低影响其缓冲效果，延展性标志砂浆的变形性能，影响砂浆垫层的变形协调能力。因此，应同时关注垫层砂浆的弹性模量和延展性。

③阻断裂纹(弹模、延展性)：混凝土底座板允许开裂而轨道板不允许开裂，CRTSⅠ型板式无砟轨道结构中用低弹模水泥乳化沥青砂浆，有一定的阻断裂纹向上反射的功能。

④提供(有限)弹性：水泥乳化沥青砂浆垫层提供的弹性对轨道整体弹性十分有限，扣件弹性比砂浆大得多，而且，砂浆弹性对轨道总体弹性的影响也较小。

2. 砂浆性能要求

鉴于以上砂浆垫层的四个方面功能特点，需要砂浆层具备以下四个方面的性能：

(1)施工性能：流动性、稳定性、匀质性、可工作时间等；

(2)物理性能：单位体积质量、含气量、膨胀率等；

(3)力学性能：抗压强度、弹性模量等；

(4)耐久性能：抗冻性、抗疲劳性等。

这些性能是相互关联的、相互影响的，砂浆垫层的力学性能与耐久性能不但取决于水泥乳化沥青砂浆的组成与配比，而且在很大程度上取决与施工性能与现场施工质量控制。水泥乳化沥青砂浆技术性能指标要求如表 3—2—1 所示。

表 3—2—1　水泥乳化沥青砂浆技术性能指标

序号	项　目		单位	性能指标
1	拌和物温度		℃	5～35
2	扩展度(1)		/	D_5≥280 mm 和 t_{280}≤16 s　D_{30}≥280 mm 和 t_{280}≤22 s
3	流动度		s	80～120
4	分离度		%	≤3.0
5	含气量		%	≤10.0
6	单位容积质量		kg/m³	≥1 800
7	膨胀率		%	0～2.0
8	抗折强度	1 d	MPa	≥1.0
		7 d		≥2.0
		28 d		≥3.0
9	抗压强度	1 d	MPa	≥2.0
		7 d		≥10.0
		28 d		≥15.0
10	弹性模量(28 d)		MPa	7 000～10 000
11	抗冻性(28 d)		/	外观无异常，剥落量≤2 000 g/m²，相对动弹模量≥60%
12	抗疲劳(28 d)		/	10 000 次不断裂

注：D_5表示砂浆出机扩展度；D_{30}表示砂浆出机 30 min 时的扩展度；t_{280}表示砂浆扩展度达 280 mm 时所需的时间。

第二节　实验室建设

施工单位建设水泥乳化沥青砂浆标准化实验室的目标是为施工单位控制乳化沥青砂浆施工质量提供服务。主要功能是在Ⅱ级实验室提供的基本配合比的基础上，综合考虑原材料性能、施工条件论证、设备安装、作业环境等因素，通过实验，确定初始配合比。采用初始配合比进行工艺性试验，通过对水泥乳化沥青砂浆性能检测和揭板试验检查，在水泥乳化沥青砂浆满足要求后，提出基本配合比提交建设单位Ⅱ级实验室进行形式检验验证。确定(批复)基本配合比。(基本配合比中水灰比是给定一个范围)水泥乳化沥青砂浆需要实验室根据实际施工情况及当地环境气候制定出室内配合比，然后依据施工作业面设备、材料情况为每台搅拌灌注车提供作业配合比；在施工前还要对每台搅拌灌注车搅拌的砂浆进行灌板、揭板试验，调整出搅拌灌注车的配合比以及对搅拌的速度、搅拌工艺进行确定，对施工作业面负责过程控制的技术人员进行指导和监督；进行乳化沥青及其他原材料的进场检验；进行水泥乳化沥青砂浆的常规性能检验。工地实验室在建设完成，取得相关资质后方可开展工作，主要做好以下几点：

1. 实验室建设依据

按照《板式无砟轨道水泥乳化沥青砂浆标准实验室建设方案》(工管技〔2009〕13 号)的规定，施工单位实验室按照方案要求Ⅲ级标准建设，充分利用线下实验室已有的资源，每一施工标段建立相应规模实验室。实验室应具有固定的工作场所，具备正确进行检测所需要的并且能够独立调配使用的固定、临时和可移动的检测设备设施。实验室环境条件应满足相关标准要求。

2. 实验室硬件设施

(1)砂浆搅拌室：负责水泥乳化沥青砂浆的室内搅拌，以及拌合物温度、砂浆扩展度、砂浆流动度、砂浆含气量、分离度、单位容积质量、膨胀率等相关试验。温度要求为(20±2℃)。

(2)乳化沥青室：负责乳化沥青的进场检验，根据乳化沥青试验对环境的要求在本室配备一台空调，应安装通风设备。

(3)干料室：负责干料筛分、扩展度、膨胀率等试验，干料室配备空调一台。

(4)胶凝材料室：负责水泥与乳化沥青的适应性试验等试验，由于对室内环境的要求，本室配备空调一台。

(5)力学室：负责水泥乳化沥青砂浆的力学性能试验，由于对于试验温度的要求，本室配备一台空调。

(6)样品室：负责所有试样的留样。所有样品应按照检验状态及不同样品种分类放置，应有专门放置化学药品等易燃易爆的铁皮柜。

(7)标准养护室：负责水泥乳化沥青砂浆试件 1 天至 7 天的养护，养护室的温度为 20℃±1℃、湿度<95%。

(8)砂浆养护室：负责水泥乳化沥青砂浆试件 7 天至 28 天的养护，养护室的温度为 20℃±2℃、湿度 60%±5%。

(9)办公室：根据工作的需要，配足办公设备，办公用电脑不少于两台，应配有打印机、复印机(传真)，并配置网络。

3. 实验室人员及设备配备

(1)实验室人员配备

实验室应有与其从事检测活动相适应的专业技术人员和管理人员。实验室应使用正式人员或合同制人员。使用合同制人员及其他的技术人员，实验室应确保这些人员胜任工作且受到监督。

对所有从事抽样、检测、签发检测报告以及操作设备等工作的人员，应按要求根据相应的教育、培训、经验和可证明的技能进行资格确认并持证上岗。实验室应确定培训需求，建立并保持人员培训程序和计划。实验室人员应经过与其承担的任务相适应的教育、培训，并有相应的技术知识和经验。实验室应保存人员的资格、培训、技能和经历等档案。

实验室技术主管、授权签字人应具有工程师以上(含工程师)技术职称，熟悉业务，经考核合格。

根据对实验室人员的要求，实验室配备主任兼技术负责人 1 名，试验工程师 2 名，各检测室人员配备标准如下表，检测员根据现场工作面安排每车 2 人。具体人员分工见表 3—2—2。

表 3—2—2　人员分工

试验项目	人员数量	主要职责
乳化沥青试验	1 人	负责乳化沥青的进场检验，并出具试验报告
干料试验	1 人	负责干料的进场检验，并出具试验报告
力学试验	1 人	负责水泥乳化沥青砂浆的力学性能试验，并出具试验报告
水泥乳化沥青砂浆试验(室内)	3 人	负责水泥乳化沥青砂浆的室内试拌，及各种性能指标检测
胶凝材料试验	1 人	负责外加剂的进场检验，并出具试验报告
现场试验	每车 2 人	负责水泥乳化沥青砂浆的现场检测和现场的各种试验记录

(2)设备配备

实验室应具备正确进行检测所需要的并且能够独立调配使用的固定、临时和可移动的检测设备。表 3—2—3 列出了某施工单位配备的试验仪器设备。

表 3—2—3　仪器设备一览表

仪器名称	规格型号	数量	试验项目	备　注
微机控制电子万能材料试验机	CMT6104	1 台	砂浆抗压	
微机控制电子万能材料试验机	CMT5504	1 台	砂浆抗压	
300 kN 抗折抗压机	YAW-300C	1 台	砂浆抗折	
2 000 kN 压力试验机	NYL-200	1 台	弹性模量用	
烘箱	X101-2	2 台	干料乳化沥青	
砂浆搅拌机	CAJ-30B	1 台	砂浆配合比	
电子天平	1/10 000	1 台	砂浆配合比	
静水电子天平	1 000 g/0.1 g	1 台	砂浆分层度	
电子秤	100 kg	1 台	现场施工	
电子秤	30 kg/1 g	5 台	现场施工	
养护室养护设备	WSM-Ⅲ	2 套	养护室	
电子游标卡尺	/	1 把	砂浆膨胀率	室内
深度游标卡尺	/	3 把	砂浆膨胀率	现场
标准恒温水浴	CF-C	1 台	水泥适应性	
砂子筛	/	1 套	干料筛分	
玻璃温度计	0℃～100℃	30 支	砂浆温度	易碎品
流动度筒	/	3 个	砂浆流动度	
机械秒表	DM1-107	3 个	砂浆流动度	
量筒	250 mL	200 个	砂浆膨胀率	一次性
含气量测定仪	B2030	3 台	砂浆含气量	1 L
自动振筛机	ZBSX-92A	1 台	干料筛分	
跳桌	NLD-3	1 台	适应性	
锯弓	/	3 把	砂浆分离度	
玻璃棒	/	20 支	溶液搅拌	易碎品
扩展度筒	内 50±1 mm 高 190±2 mm	5 个	砂浆扩展度	

续上表

仪器名称	规格型号	数量	试验项目	备　注
乳化沥青存储稳定试验器	/	1 台	贮存稳定性	
乳化沥青微粒子电荷	/	1 台	颗粒极性	
1.18 mm 筛		4 只	筛上剩余物	
马歇尔试模	/	6 个	砂浆疲劳性	
试模	₵50×50	30 个	砂浆分离度	
试模	40 mm×40 mm×160 mm	30 条	抗压抗折	
试模	100 mm×100 mm×300 mm	12 条	弹性模量	
试模	150 mm×150 mm×150 mm	15 个	抗动融	
玻璃板	500±2 mm	20 块	扩展度	易碎品
烧杯	1 000 mL	30 个	单位体积重	易碎品
PH 值测试仪	Delta320 台式	1 台	pH 值测试	
乳化沥青水泥适应性搅拌机	RSJ-5L	1 台	乳化沥青与水泥适应性	

主要试验仪器设备如图 3—2—1～图 3—2—10 所示。

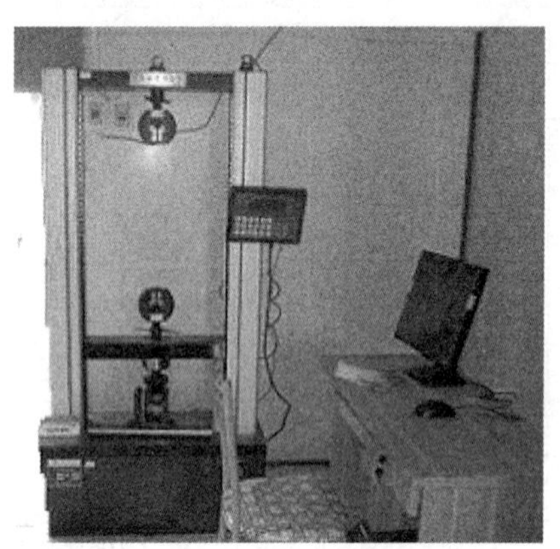

图 3—2—1　50 kN 微机控制电子万能材料试验机

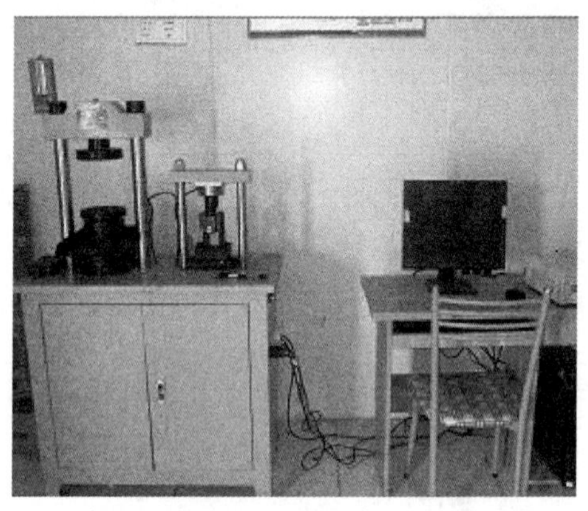

图 3—2—2　300 kN 抗折抗压机

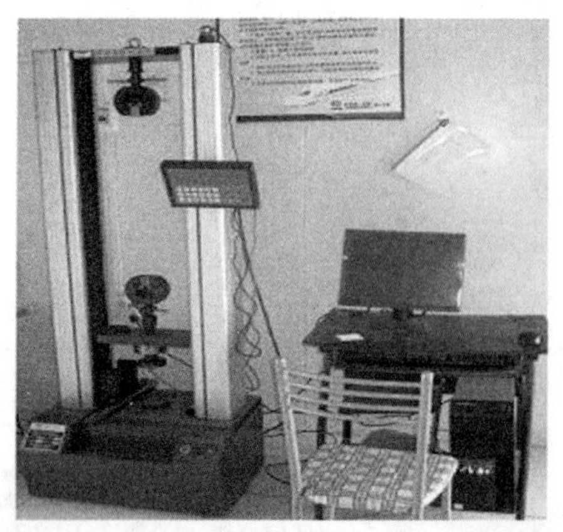

图 3—2—3　10 kN 微机控制电子万能材料试验机

图 3—2—4　标准恒温水浴

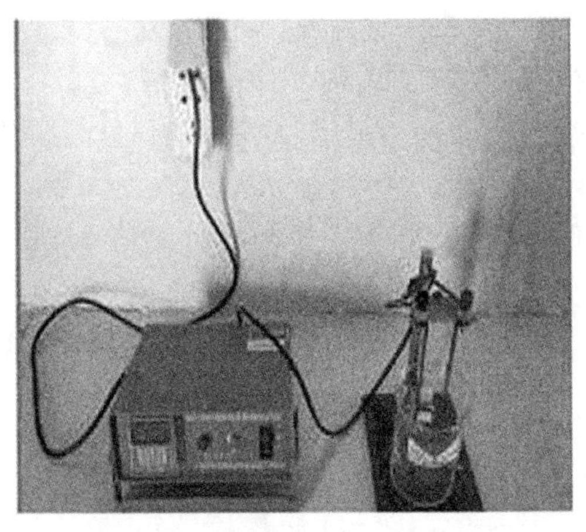

图 3—2—5　乳化沥青微粒子电荷

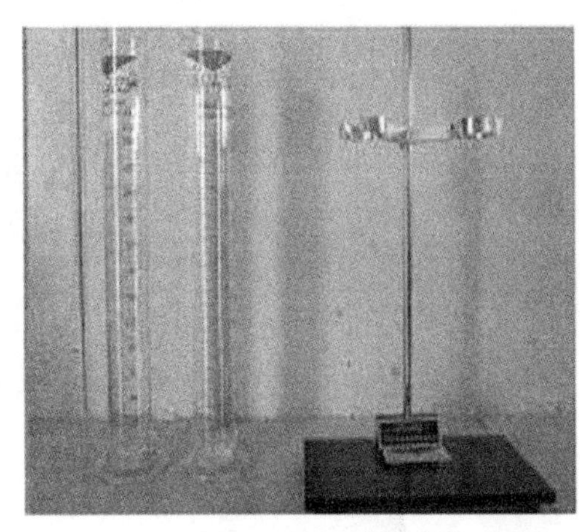

图 3—2—6　乳化沥青存储稳定性试验器

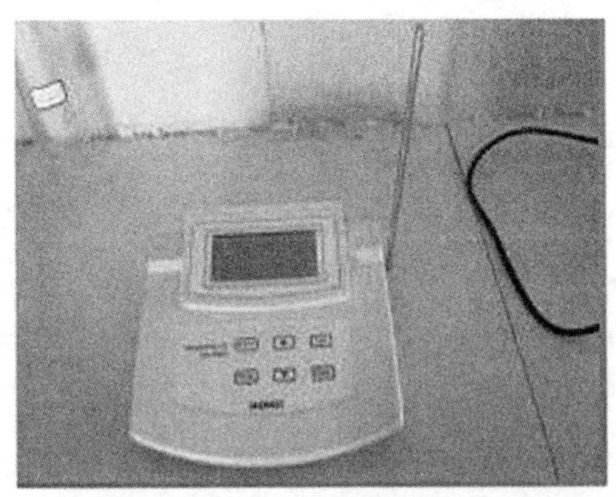

图 3—2—7　pH 测试仪

图 3—2—8　1 L 含气量测定仪

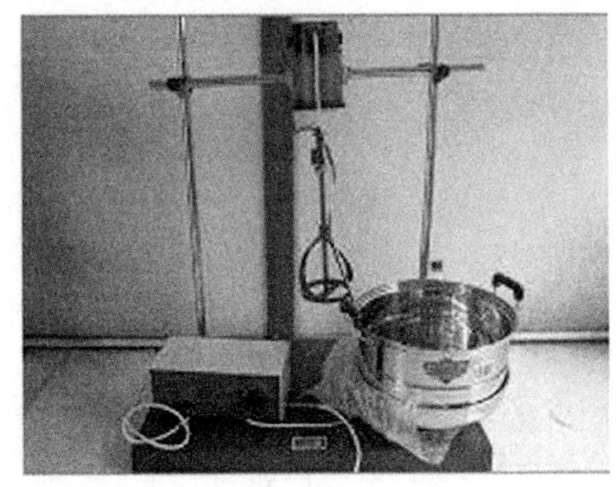

图 3—2—9　小型砂浆搅拌机

图 3—2—10　中型砂浆搅拌机

(3)制度建立

实验室应明确其组织和管理机构、在母体组织中的地位，以及质量管理、技术运作和支持服务之间的关系。建立并保持文件编制、审核、批准、标识、发放、保管、修订和废止等的控制程序，确保文件现行有效。

实验室应有适合自身具体情况并复核现行管理体系的记录制度。实验室质量记录的编制、填写、更改、识别、收集、索引、存档、维护和清理等应按照适当的程序规范进行。

所有的工作应当时予以记录。对电子存储的记录采取有效措施,避免原始信息或数据丢失或改动。

所有质量记录和原始观测记录、计算和导出数据、记录、以及证书等技术记录均应归档并按适当的期限保存。

第三节　水泥乳化沥青砂浆的配制

一、配合比设计原则

(1)水泥用量不小于 400 kg/m^3。

(2)乳化沥青与水泥的比值宜不小于 0.35。

(3)水灰比(水灰比计算包含乳化沥青中所含的水量)宜不大于 0.58。

(4)配合比设计时应考虑施工环境温度条件变化对砂浆拌和性能的影响。

(5)水泥乳化沥青砂浆的配合比应通过适当选取原材料、计算、试配、调整等步骤选定。当乳化沥青、干料的生产原材料、生产配合比等发生变化时,应重新选定配合比。

二、配合比设计步骤

水泥乳化沥青砂浆的配合比应根据原材料的品质、施工工艺对工作性的要求强度、耐久性,通过适当选取原材料、计算、试配、调整等步骤选定。配制的水泥乳化沥青砂浆的工作性能、力学性能、耐久性要能满足暂行技术条件要求。

(1)理论计算

计算理论配合比:根据以上原则初步计算材料用量。

(2)混合料拌制

采用实验室小型水泥沥青搅拌机。其加料顺序及搅拌速度:先加入乳化沥青和水,低速搅拌 20 s,再加入减水剂和消泡剂,再加入干料并中速搅拌,干料在 1 min 内加完,随后快速搅拌 2 min～3 min,再慢速搅拌 1 min。

(3)性能检测及配合比调整

待砂浆搅拌完成后,测试水泥乳化沥青砂浆的拌合物温度、扩展度、流动度、含气量和单位容积质量。根据测试结果对配合比进行微调。在水泥乳化沥青砂浆的拌合物性能满足要求的情况下,测试其 1 d 强度、膨胀率、分层度,并根据试验结果进行配合比微调,确定基准配合比,改变基准配合比的水胶比、外加剂掺量等参数,调配出拌合物性能满足要求的与基准配合比接近的配合比 3～5 个。进行室内拌合试验时,实验室温度很关键,必须保证在 20±2℃,要保证基准试验基本条件是一致的。根据施工环境温度的不同,宜进行不同温度下的试拌合试验。

根据选定的 3～5 个配合比,成型强度和弹性模量试件,并养护至规定龄期时进行试验。并从中选取强度,弹性模量满足要求的一个或多个配合比成型抗冻性能和抗疲劳性能试件,养护至规定龄期时进行试验。

(4)初始配合比确定

根据拌合物的性能和试件力学指标,找出最接近标准要求的配合比,通过分析接近标准要求配方的材料用量，再调节材料的比例（主要是干料的比例）。在分析时要结合强度和弹性模量指标，强度低，可增加干料中的水泥及水灰比调节；弹性模量高，可增加乳化沥青的用量调节。这样通过渐进逼近法找出砂浆工作性好、不离析、不分层、各种指标都达到要求的配合比，即为初始配合比。

（5）基准配合比确定

根据初始配合比，在现场进行灌板试验，确定基准配合比。现场搅拌设备的搅拌工艺应与实验室搅拌工艺相吻合，但因搅拌车和实验室搅拌设备存在差异，应对初始配合比进行微调，主要调节的参数为用水量和消泡剂。每盘拌制的砂浆均应进行流动度、扩展度、含气量和单位容积质量等拌合物检测项目的试验。在以上指标合格后，可在每块板所需要的砂浆进行混合后，立即进行其他检测项目的成型试件并进行养护。在全部指标符合要求后，揭板后外观是无气泡和内部无分层等缺陷，即可作为基准配合比。

第四节　试验检测技术

水泥乳化沥青砂浆是由乳化沥青、水泥、细骨料、水和外加剂经特定工艺搅拌制得的具有特定性能的砂浆。其主要组成材料有乳化沥青、干料、水、减水剂、消泡剂。乳化沥青砂浆检测包含原材料进场检验和混合料检测，两者的检测内容及方法不同。

一、原材料技术要求

（1）干粉料

干粉料是为了简化现场施工程序、使砂浆中固体材料充分混合均匀，预先将砂浆中干料在厂里按一定比例机械混合而成。其组成材料为水泥、砂、膨胀剂（以铝粉最为普遍但铝粉的用量及细度要把握好）及其他掺和材料。干料的性能指标要求见表 3—2—4。

表 3—2—4　干料的性能指标

序号	项　目		单位	性能指标要求	试验方法
1	级配	筛孔尺寸（mm）	%	通过率	JTJ 52—2006
		1.18		100	
		0.6		90～100	
		0.3		55～70	
		0.15		45～55	
		0.075		35～45	
2	扩展度		mm	水灰比≤0.58 D_5≥160；D_{30}≥150	科技基〔2008〕74 号
3	膨胀率		%	0～3	科技基〔2008〕74 号
4	抗压强度	1 d	MPa	≥12	
		7 d		≥30	
		28 d		≥35	

注：①D_5 表示出机扩展度；D_{30}表示 30 min 扩展度。

②当干料膨胀率不满足要求而水泥乳化沥青砂浆膨胀率满足要求时，可对此值不作要求。

(2)乳化沥青

乳化沥青是选用(B级以上)沥青或改性沥青与水在乳化剂、稳定剂等的作用下通过机械剪切作用,使不溶于水的热融状沥青或改性沥青以细小微滴状态分散于含有乳化剂的水溶液之中,形成水包油(O/W)型的沥青乳状液,主要由沥青或改性沥青、乳化剂、稳定剂、助剂、水等组成。其中沥青是分散相,水是分散介质。乳化沥青属于粗分散系统。乳化沥青的材料组成及存在状态,对砂浆的拌合物性能、硬化后的柔韧性以及耐久性能等有重要的影响。乳化沥青性能指标要求见表3—2—5。

表3—2—5　乳化沥青性能指标

序号	项　　目	单位	指标要求	试验方法
1	粒径	μm	平均粒径≤7;模数粒径≤5	GB/T 19627—2005
2	筛上剩余量(1.18 mm)	%	<0.1	JTJ 052—2000
3	储存稳定性(1 d,25℃)	%	<1.0	
4	储存稳定性(5 d,25℃)	%	<5.0	
5	水泥适应性	/	20 s内至少流出70 mL样	科技基〔2008〕74号
6	残留物含量	%	≤60	JTJ 052—2000
7	颗粒极性	/	阴	JTJ 052—2000

(3)减水剂

减水剂是水泥乳化沥青砂浆的又一组成部分。减水剂能改善整个水泥乳化沥青砂浆的状态和性能,使砂浆获得更好的流动性并保持良好的工作性能,但是注意要去掉引气组合,并与水泥具有良好的相溶性。减水剂主要性能应符合表3—2—6的规定。

表3—2—6　聚羧酸系高性能减水剂匀质性指标

序号	试验项目	指　　标
1	固体含量①	对液体聚羧酸系高性能减水剂:$S \geqslant 20\%$时,$0.95S \leqslant X < 1.05S$ $S < 20\%$时,$0.90S \leqslant X < 1.10S$
2	含水率②	对固体聚羧酸系高性能减水剂:$W \geqslant 5\%$时,$0.90W \leqslant Y < 1.10W$ $W < 5\%$时,$0.80W \leqslant Y < 1.20W$
3	细度	对固体聚羧酸系高性能减水剂,其0.3 mm筛筛余应小于15%
4	pH值	应在生产厂控制值的±1.0之内
5	密度	对液体聚羧酸系高性能减水剂,密度测试值波动范围应控制在±0.01 g/mL
6	水泥净浆流动度③	不应小于生产厂控制值的95%
7	砂浆减水率④	不应小于生产厂控制值的95%

①S是生产厂提供的固体含量(质量分数),X是测试的固体含量(质量分数)。
②W是生产厂提供的含水率(质量分数),Y是测试的含水率(质量分数)。
③水泥净浆流动度和砂浆减水率选做其中的一项

(4)消泡剂

消泡剂是用于消除砂浆在搅拌过程中生成的各种气泡,同时不破坏整个砂浆的稳定性。一般采用有机硅消泡剂,但在使用前要进行消泡验证试验。

(5)拌和水

拌和水是用于调节水泥乳化沥青砂浆工作性能并满足水泥水化硬化需要,水的PH值及所含的矿物离子可能会加速乳化沥青的破乳速度,给水泥乳化沥青带来不利影响。

拌合用水的质量应符合表3—2—7规定,且性能稳定。

表 3—2—7　混凝土拌合用水水质要求

项　　目	预应力混凝土	钢筋混凝土	素混凝土
pH 值	≥5.0	≥4.5	≥4.5
不溶物(mg/L)	≤2 000	≤2 000	≤5 000
可溶物(Z mg/L)	≤2 000	≤5 000	≤10 000
Cl^-(mg/L)	≤500	≤1 000	≤3 500
SO_4^{2-}(mg/L)	≤600	≤2 000	≤2 700
碱含量(mg/L)	≤1 500	≤1 500	≤1 500

注:碱含量按 $Na_2O+0.658K_{20}$ 计算值来表示。采用非碱活性骨料时,可不检验碱含量。

二、原材料检测流程及方法

原材料检测流程如图 3—2—11 所示。

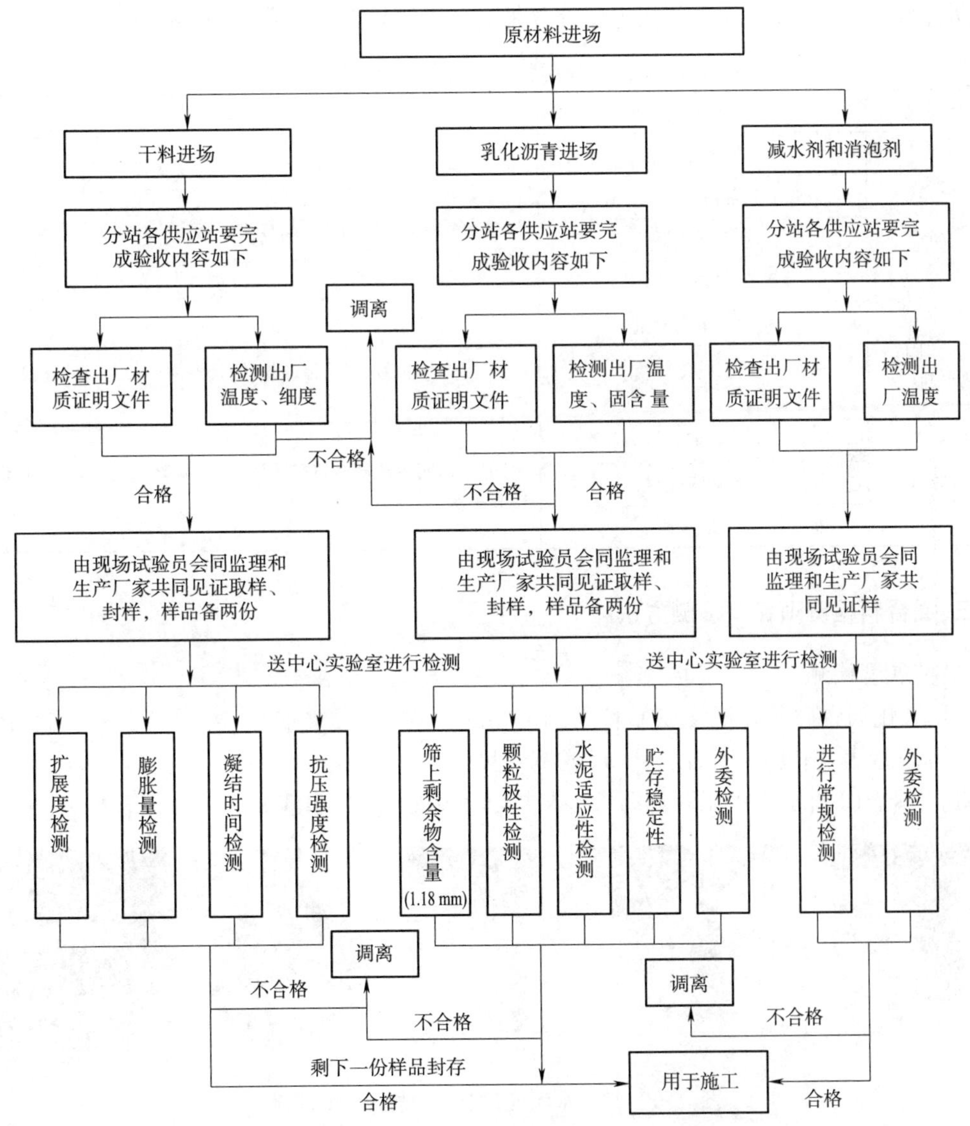

图 3—2—11　原材料检测流程图

(1)型式检验

型式检验:配合比选定时和首批材料进场时,应对乳化沥青、干料、水泥、细骨料、减水剂、水及水泥乳化沥青砂浆性能进行型式检验。每施工 5 000 m^3 水泥乳化沥青砂浆时,应对乳化沥青、干料、水泥、细骨料、减水剂、水及水泥乳化沥青砂浆性能进行型式检验。选用材料发生变化时,应对变化的原材料进行型式检验,对水泥乳化沥青砂浆性能进行型式检验。

(2)砂浆稳定性检验

检测结果形成"水泥乳化沥青砂浆体系稳定性检测报告",并报监理和咨询各一份。凡砂浆稳定性检验不合格的,该批原材料和配合比配制的水泥乳化沥青砂浆不得用于灌注。

(3)日常检验

依据现行《客运专线铁路CRTSⅡ型板式无砟轨道水泥乳化沥青砂浆暂行技术条件》(科技基〔2008〕74 号)"7-3.2 表"的规定,进行水泥乳化沥青砂浆的日常检验,检验结果形成"水泥乳化沥青日常检验报告"。水泥乳化沥青砂浆的各种原材料检验项目及频率见表 3—2—8。

表 3—2—8　原材料日常检验项目及抽检频率

原材料名称	检验项目	抽检频率
乳化沥青	温度	同厂家同生产日期的产品每 200 t 检验一次,不足 200 t 也需要检验一次
	筛上剩余物(1.18 mm)	
	水泥适应性	
	贮存稳定性(1 d)	
	蒸发残留物含量	
减水剂	减水率	同厂家,同批号、同品种、同出厂日期的产品每 50 t 检验一次,不足 50 t 也需检验一次
干料	温度	同厂家,同生产日期的产品每 500 t 检验一次,不足 500 t 也需检验一次
	颗粒级配	
	强度	

三、混合料检测项目及检测方法

(1)扩展度检测

水泥乳化沥青砂浆扩展度试验仪器:400 mm×400 mm 玻璃板;内 50±1 mm,高 190±2 mm 管筒;秒表,精度 0.1 s;游标卡尺或钢直尺。

图 3—2—12 所示为水泥乳化沥青砂浆扩展度试验方法,步骤如下。

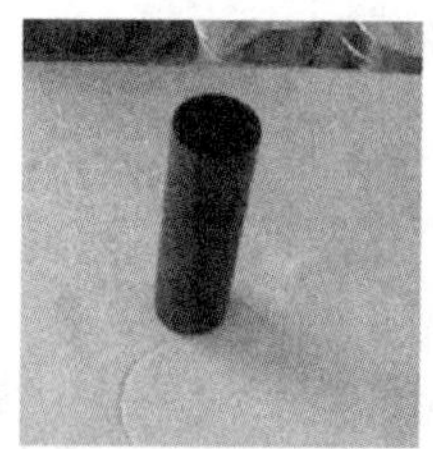
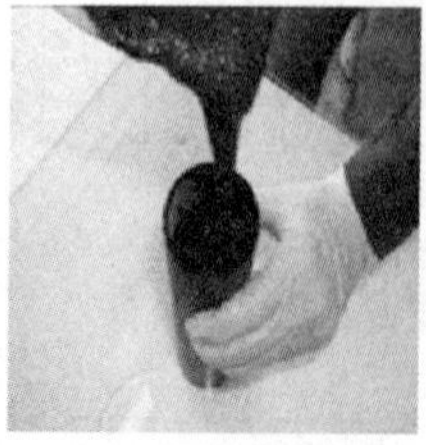
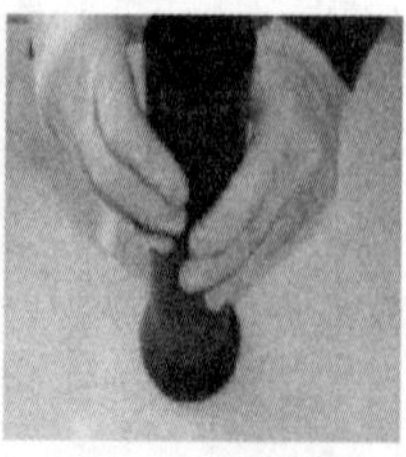
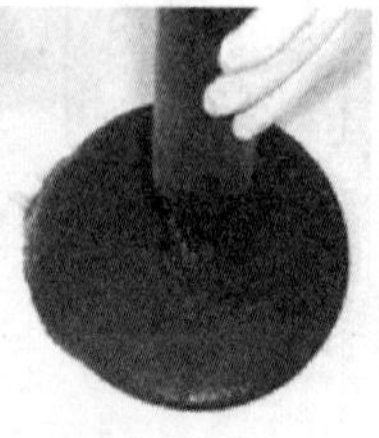

图 3—2—12　水泥乳化沥青砂浆扩展度试验

①将玻璃板水平放置。

②将玻璃板表面和扩展度筒内湿润。

③将扩展度筒竖立在玻璃板中间，将拌制好的水泥乳化沥青砂浆填入筒内，直至筒的上缘。如果不慎有砂浆洒落在玻璃板上应及时擦拭干净，并保持玻璃板湿润。

④将筒迅速地垂直提高 15 cm±2 cm，并保持 10 s，同时按下秒表，记录水泥乳化沥青砂浆扩展度达到 280 mm 的时间。

⑤待水泥乳化沥青砂浆停止流动后测量其互相垂直的两个方向的扩展直径。

⑥试验结果以两个垂直直径的平均值(精确到 5 mm)及扩展度达到 280 mm 时的时间(精确到 1 s)表示。

(2)流动度检测

流动度检测采用如图 3—2—13 所示的仪器。暂行技术条件规定流动度为 80～120 s。在实际施工中，如能保证板底砂浆饱满，可允许放宽对水泥乳化沥青砂浆流动度的要求。

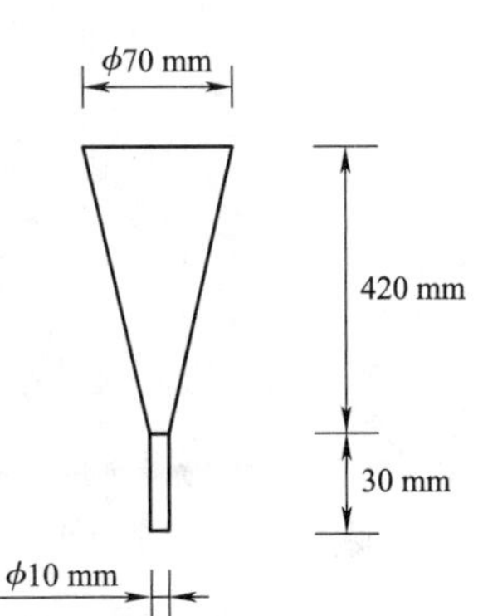

图 3—2—13　水泥乳化沥青砂浆流动度试验仪器

注：流动度筒—1.5 L 容量筒(容量为 1.75 L±10%)，秒表—精度 0.1 s

图 3—2—14 所示为水泥乳化沥青砂浆流动度试验，具体的试验方法为：

图 3—2—14　水泥乳化沥青砂浆流动度试验

①将漏斗润湿后放置在漏斗架上,漏斗的轴线垂直地面。将容器桶放于漏斗下方,用手指堵住漏斗。

②将 1 L 水泥乳化沥青砂浆缓慢而均匀地倒入漏斗。松开手指,同时启动秒表,测量漏斗中水泥乳化沥青砂浆流完后所需的时间。

③试验结果精确至 1 s。

④试验过程中应使漏斗保持垂直,避免颤动,避免拌和物中有结块混入漏斗,避免在日光照射下进行试验。

(3)分离度检测

图 3—2—15 所示为水泥乳化沥青砂浆分离度试验试验仪器。为了保证灌注施工后的砂浆垫层是均匀的,要求物相均匀分布在新拌水泥浆体中,即新拌砂浆应具有很好的匀质性。

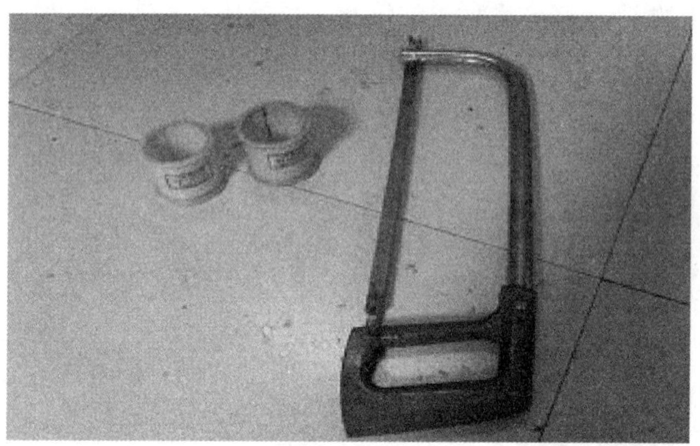

图 3—2—15　水泥乳化沥青砂浆分离度试验仪器

注:ϕ50 mm×ϕ50 mm 试模;天平:分度值 0.1 g;锯弓

图 3—2—16 所示为水泥乳化沥青砂浆分离度试验,其试验的具体方法为:

图 3—2—16　水泥乳化沥青砂浆分离度试验

①将水泥乳化沥青砂浆注入 ϕ50 mm×50 mm 试模,刮平。用薄膜覆盖试件表面,将试件移入标准养护室养护,1 d 后脱模,继续在标养室养护至 7 d,然后移入温度(20±2)℃,湿度 60%±5%养护室养护至 28 d。

②在砂浆龄期至 28 d，用钢锯将其分成上、下两等分，用静水天平测其单位容积质量。

③以三个试件分离度的算术平均值作为该试样的分离度，精确至 0.1。

(4)含气量检测

图 3—2—17 所示为水泥乳化沥青砂浆含气量试验试验仪器。检测时，采用消泡剂对水泥乳化沥青砂浆进行消泡处理。暂行技术条件规定，砂浆的含气量应小于 10%，而实验室实际是按 5%～7%来进行控制。

图 3—2—17　水泥乳化沥青砂浆含气量试验仪器

注：含气量测定仪(1L)，洗瓶，刮刀，塑料杯

砂浆含气量的测试原理与混凝土一样，不同的是砂浆含气量仪的容积为 1 L。

图 3—2—18 所示为水泥乳化沥青砂浆含气量试验，其具体的试验方法为：

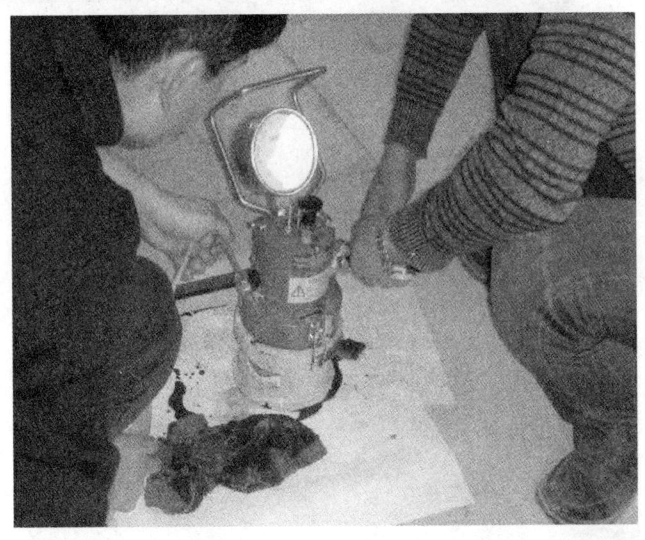

图 3—2—18　水泥乳化沥青砂浆含气量试验

①将含气量桶的内侧擦拭干净并使之微润湿，注入水泥乳化沥青砂浆，用刮平尺刮平，盖上容器盖。

②打开加水阀和排水阀，通过加水阀向容器内注水。当排水阀流出的水流不含气泡时，关

闭加水阀和排水阀。注水时可将容器稍微倾斜,有利于空气排除。

③通过加气阀向气室加气,使指针指向红线位置,打开操作阀,待示值仪示值稳定后,读取含气量。

④以两次试验的平均值作为测试结果,精确至 0.1%。若两次测量的误差大于其平均值的 10%,则需重新试验。

⑤在盖上盖时,必须保证容器上边缘的干净,否则密封不住。

(5)膨胀率检测

图 3—2—19 所示为水泥乳化沥青砂浆膨胀率试验试验仪器。为了使砂浆在轨道板与底座板间灌注饱满充盈,砂浆应具有一定的体积膨胀率。因此,必须通过添加膨胀组分来弥补收缩,并用 24 小时的膨胀率指标评价。

图 3—2—20 所示为水泥乳化沥青砂浆膨胀率试验,其具体的试验方法为:

①将量筒竖立在一个无冲击和无震动的水平面上。

②将砂浆装入量筒中约 250 mL 处,用游标卡尺测量装入样品的实际高度(h_1),将量筒密封、水平静置,24 h 后测量水泥乳化沥青砂浆的高度(h_2)

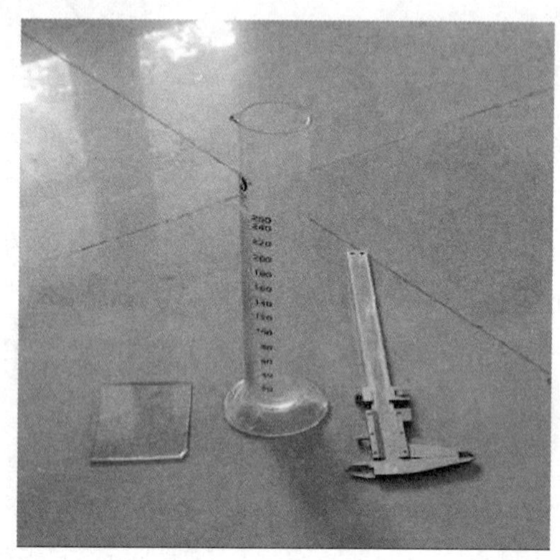

图 3—2—19 水泥乳化沥青砂浆膨胀率试验仪器

注:250 mL 量筒,游标卡尺(分度值 0.02 mm)

图 3—2—20 水泥乳化沥青砂浆膨胀率试验

③按下式计算水泥乳化沥青砂浆膨胀率，试验结果精确至0.1%。

$$膨胀率=(h_2-h_1/h_1)\times100\%$$

(6)单位容积质量(密度)检测

砂浆的容积质量越小，砂浆的含气量越大，弹性模量越低。图3—2—21所示为水泥乳化沥青砂浆单位容积质量(密度)试验试验仪器。图3—2—22所示为水泥乳化沥青砂浆单位容积质量(密度)试验。

图3—2—21　水泥乳化沥青砂浆单位容积质量(密度)试验仪器

注：1 000 mL烧杯，天平分度值0.1

图3—2—22　水泥乳化沥青砂浆单位容积质量(密度)试验

(7)力学性能检测

图3—2—23和图3—2—24所示分别为1 t和5 t的抗压抗折强度机。力学性能检测由于水泥乳化沥青砂浆的强度较底，因此其加载速度与水泥胶砂不一样。水泥乳化沥青砂浆的抗压强度加荷速度50～500 N/s，以保证试件在30～90 s断裂进行控制。砂浆的弹性模量试验方法与混凝土的一样。

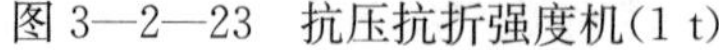

图 3—2—23　抗压抗折强度机(1 t)

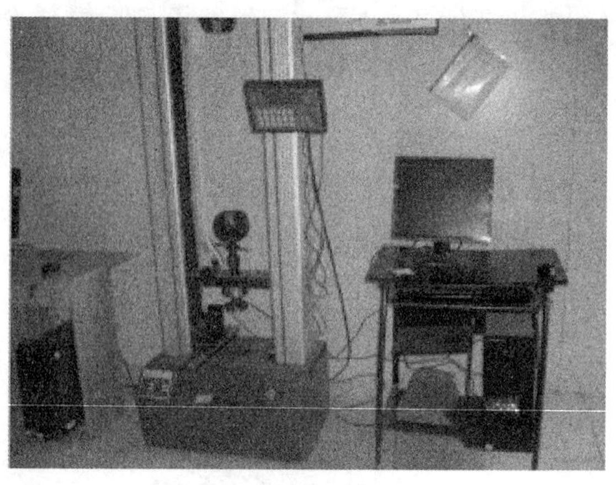

图 3—2—24　抗压抗折强度机(5 t)

当采用改性乳化沥青进行水泥乳化沥青砂浆拌制时，由于生产改性乳化沥青时的乳化剂，稳定剂等的用量相对较多及沥青性能的影响等原因，会对水泥乳化沥青砂浆的 1 天强度产生一定的影响，此时可允许适当放宽对水泥乳化沥青砂浆 1 天的强度要求，但不得影响水泥乳化沥青砂浆的后期强度及其他性能。

图 3—2—25 所示为水泥乳化沥青砂浆抗折抗压试验，其具体的试验方法为：

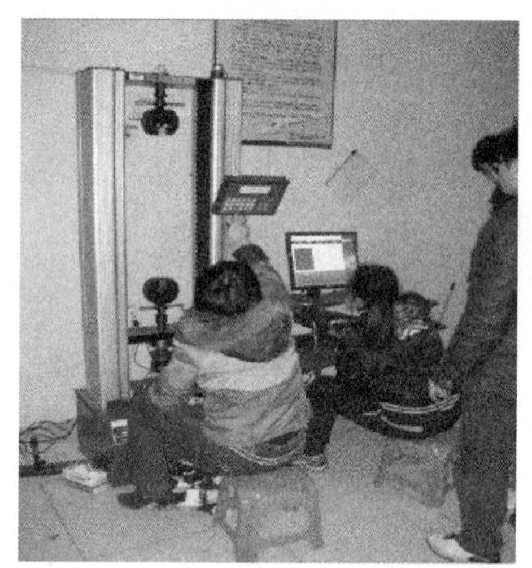

图 3—2—25　水泥乳化沥青砂浆抗折抗压试验

①将水泥乳化沥青砂浆注入试模内，用刮平尺刮平。试块主要形式为圆柱体，直径为 150 mm 或 200 mm，高约 300 mm。在特殊情况下也可采用直径 100 mm，150 mm 或 200 mm，其高宽比须满足 $2 \leqslant h/d \leqslant 4$。对于棱柱体试块，当其断面边长为 100 mm，150 mm 或 200 mm 时，其高宽比须满足 $3 \leqslant h/d \leqslant 4$。

②薄膜覆盖试件表面，将试件移入标准养护室养护，1 d 后脱模，继续在标养室养护至 7 d，然后移入温度(20±2)℃，湿度 60%±5%养护室养护至 28 d。

③水泥乳化沥青砂浆的强度试验按 GB/T 17671 相关规定执行。抗压强度加荷速度 50～

500 N/s，以保证试件在 30～90 s 断裂进行控制。

④水泥乳化沥青砂浆的弹性模量试验按 GB/T 50081 的相关规定执行。

(8)现场检验项目及频率

现场检验项目及频率见表 3—2—9。

表 3—2—9　现场检验项目及频率

序　　号	检验项目	检验频率
1	砂浆温度	首盘：1 次/10 盘
2	流动度	首盘：1 次/10 盘
3	扩展度	首盘：1 次/10 盘
4	含气量	首盘：1 次/10 盘
5	单位容积质量	首盘：1 次/10 盘
6	膨胀率	1 次/工班
7	分离度	1 次/工班
8	抗折强度	1 次/工班
9	抗压强度	1 次/工班

第五节　试验检测常见问题及原因

水泥乳化沥青砂浆是一种多组分、多物相的复合材料，其质量的好坏不仅与原材料和砂浆自身的性能有关，而且与施工现场的准备情况、施工工艺以及施工质量控制有很大的关系。

由于施工工艺控制不当，砂浆可能会出现工作性损失过大、砂浆充盈不饱满、砂浆表面大气泡过多、砂浆表面黑色及白色析出物、夹层、砂浆产生空洞、砂浆与轨道板离缝、贯穿气孔、表面沥青颗粒过多及封边带侵入板底过深等质量缺陷。

砂浆工作性能损失较快指砂浆出机后快速变稠，流平性能变差，流动度增大，扩展度减小(图 3—2—26)。一般而言，砂浆工作性能损失大主要体现在三个方面：① 砂浆 30 min 扩展度不足 280 mm；② 砂浆损失超过初始扩展度的 15%以上；③ 砂浆出机后直接失去流动性。

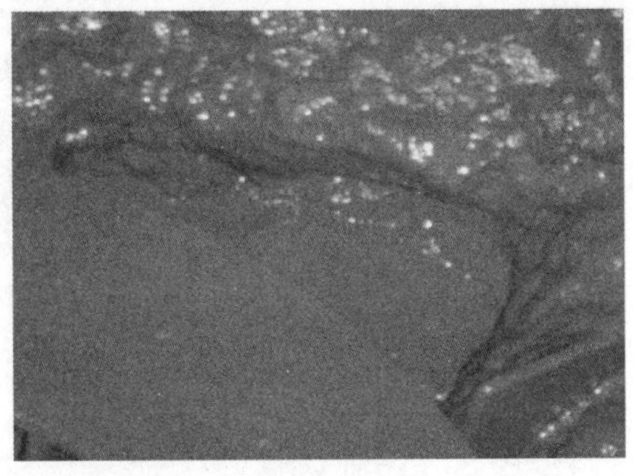

图 3—2—26　砂浆工作性损失过大造成砂浆迅速变稠

在底座板施工时，混凝土捣固质量对乳化沥青砂浆气泡控制有着至关重要的作用，如果捣固不密实，表层会产生大量气泡，在乳化沥青砂浆施工中会产生大量气泡及产生贯穿孔。所以砂浆中的气泡控制，在底座板施工时就应该考虑下步乳化沥青砂浆的施工。

由于底座板的高程控制误差，每块板的板腔厚度存在差异。砂浆灌注量也有不同，为确保轨道板的一次灌注性，在灌板之前要对板腔厚度进行两测，计算出每块板的灌注方量，便于生产和一次性灌注。

灌板前应测量环境温度、板腔温度和砂浆温度，并做好记录，当符合技术条件要求后才能进行灌板作业。

水泥乳化沥青砂浆的灌注应一次完成，且灌注时应持续对砂浆进行低速搅拌；水泥乳化沥青砂浆灌注时浆体应顺着孔壁注入，否则灌注时易带入很多气泡，揭板后砂浆表面有多大气孔(图 3—2—27)，砂浆灌注不饱满。灌注时，砂浆自由倾落高度不宜大于 1.5 m，以避免水泥乳化沥青砂浆产生分层离析。

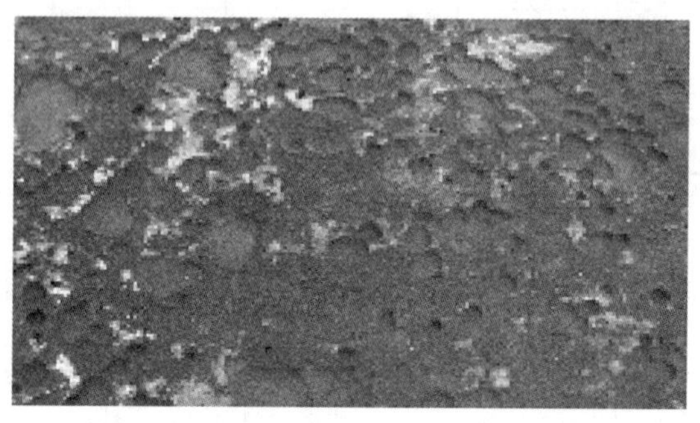

图 3—2—27　水泥乳化沥青砂浆表面的大气泡

砂浆灌注速度不宜太快也不宜太慢。灌注一块板宜用 4 min～6 min。灌注速度过快易在硬化砂浆表面形成大气泡，影响砂浆的表面状态。灌注速度过慢易在砂浆中形成夹层。砂浆灌注时宜先快、中慢、后快，待观察孔中砂浆快接近板底时降低灌注速度，以便排气完全，从而有利于板底的饱满。图 3—2—28 和图 3—2—29 所示为砂浆板底不饱满和砂浆不饱满的实物图。

图 3—2—28　砂浆板底不饱满

图 3—2—29　砂浆不饱满

砂浆搅拌完后，应在半小时内完成灌注，不允许将砂浆多次倒运，以免产生更多的气泡。砂浆从搅拌车成品仓转入中转漏斗时，落差不应大于 30 cm，以免产生很多气泡。灌注时，除灌浆操作手外，不允许行人上板行走，并应设立显著标志，有专人负责检查。

水泥乳化沥青砂浆灌注时，排气孔封堵时间不宜太早，应待板底的空气充分排除后再封堵。过早的封堵排气孔会导致板底砂浆因排气不充分而在砂浆表面形成大孔或空洞。图3—2—30所示为砂浆表面有大量气泡的实物图。

图3—2—30　砂浆表面有大量的气泡

当气温高于40℃或低于5℃时，不允许进行砂浆灌注施工。当天最底气温低于－5℃时，全天不许进行砂浆灌注。雨天不得进行水泥乳化沥青砂浆施工，并应对灌注后未硬化的水泥乳化沥青砂浆进行覆盖，防止雨水进入轨道板底。砂浆出机温度应控制在35℃以下，高于35℃不得进行砂浆施工。灌注时，还应检查轨道板底温度，当温度超过35℃时，不许进行砂浆灌注。

第三章　CRTSⅢ型板式无砟轨道自密实混凝土试验检测

第一节　自密实混凝土特点

自密实混凝土(Self Compacting Concrete 或 Self-Consolidating Concrete 简称 SCC)是指在自身重力作用下,能够流动、密实,即使存在致密钢筋也能完全填充模板,同时获得很好均质性,并且不需要附加振动的混凝土,通常具有高的自流平性能、高的抗离析性能、高的间隙通过能力、超长距离流动能力,高的体积稳定性,优越的耐久性能等。随着我国高速铁路建设技术的发展,自密实混凝土在高速铁路的应用进一步深入,尤其是具有我国自主知识产权的无砟轨道结构体系——CRTSⅢ型板的开发及应用,为自密实混凝土在高速铁路无砟轨道的运用提供了十分广阔的空间。

鉴于无砟轨道板和支撑层之间充填层厚度只有 8 ~ 10 cm,钢筋较密,断面狭小,无振捣等特点,灌注的自密实混凝土必须具有很高的流动性,通过自流平充满充填层,并且不泌水、不离析、充填后质量均匀,不出现充盈度不足、浮浆层等质量缺陷,并在测量精调的基础上不产生浮板等任何不良影响,从而对自密实混凝土性能的要求比较高。

第二节　自密实混凝土配合比选配

一、配合比设计基本规定与指标要求

自密实混凝土配合比应根据无砟轨道充填层的结构条件、施工条件以及环境条件所要求的自密实性能进行设计,在强度、耐久性和其他必要性能要求的基础上,提出试验配合比。自密实混凝土配合比设计宜采用绝对体积法。自密实混凝土宜选用优质高效减水剂,必要时加入改性剂,改善浆体的黏性、流动性及均匀性。自密实混凝土自密实性能及硬化混凝土性能指标要求见表 3—3—1 和表 3—3—2。

表 3—3—1　自密实混凝土性能指标

项　　目	性能要求
坍落扩展度,mm	700±50
T_{50},s	2～6
B_J,mm	<18
泌水率	0
L 型仪,H_2/H_1	≥0.9
T_{700L}	10～18

续上表

项　　目	性能要求
含气量,%	2～5
塑性膨胀率,%	0～1

表 3—3—2　硬化混凝土性能指标

项　　目	指标要求
56 d 抗压强度,MPa	≥40
56 d 电通量,C	≤1 000
56 d 抗冻性能	F300
56 d 干燥收缩值,$\times 10^{-6}$	≤400

二、主要材料技术指标和性能参数

使用材料应根据结构物的结构条件、施工条件以及环境条件所需的新拌制混凝土性能和硬化混凝土性能选定,外加剂及改性剂应在其适宜的掺量范围内,并对硬化混凝土性能无负面影响。

1. 水泥

水泥宜选用硅酸盐水泥或普通硅酸盐水泥,混合材宜为矿渣或粉煤灰。不宜使用早强水泥。水泥的技术要求除应满足国家标准的规定外,还应满足表 3—3—3 的规定。

表 3—3—3　水泥的技术要求

序　　号	项　　目	技术要求
1	比表面积,m^2/kg	300～350
2	游离氧化钙含量,%	≤1.0
3	碱含量,%	≤0.6
4	熟料中的 C3A 含量,%	≤8.0
5	Cl^- 含量,%	≤0.06
6	SO_3 含量,%	≤3.5

注:当骨料具有碱-硅酸反应活性时,水泥的碱含量不应超过 0.6%。

2. 矿物掺和料

矿物掺和料应选用品质稳定的产品。矿物掺和料可选用粉煤灰、矿渣粉、硅灰等。粉煤灰的技术要求应满足表 3—3—4 的规定。矿渣粉的技术要求应满足表 3—3—5 的规定。为改善自密实混凝土工作性能所添加的其他矿物掺和料,如石灰石粉、硅质微粉、偏高岭土等,其性能应经过试验验证。

表 3—3—4　粉煤灰的技术要求

序　　号	名　　称	技术要求
1	细度,%	≤12
2	Cl^- 含量,%	≤0.02

续上表

序　　号	名　　称	技术要求
3	需水量比,%	≤95
4	烧失量,%	≤3.0
5	含水率,%	≤1.0
6	SO_3 含量,%	≤3.0
7	游离 CaO 含量,%	≤1.0

表 3—3—5　矿渣粉的技术要求

序　　号	名　　称	技术要求
1	密度,g/cm^3	≥2.8
2	MgO 含量,%	≤14
3	SO_3 含量,%	≤4.0
4	烧失量,%	≤3.0
5	Cl^- 含量,%	≤0.06
6	比表面积,m^2/kg	350～500
7	流动度比	≥95
8	含水率,%	≤1.0
9	28 d 活性指数,%	≥95

3. 细骨料

细骨料宜优先选用级配合理、质地均匀坚固、吸水率低、空隙率小的洁净天然中粗河砂,也可选用专门机组生产的人工砂。不宜使用山沙。不得使用海沙。细骨料的颗粒级配(累计筛余百分数)应满足 GB/T 14684 的规定,宜优先选用Ⅱ区砂,其他性能指标应满足表 3—3—6 的规定。细骨料的碱活性采用砂浆棒法进行检验,且细骨料的砂浆棒膨胀率应小于 0.10 %,否则应采取抑制碱骨料反应的技术措施。当采用以专门机组生产的人工或混合砂配制混凝土时,人工砂及混合砂的压碎指标值应小于 25%;经亚甲蓝试验判定后,人工砂及混合砂的石粉含量应符合表 3—3—7 的规定。

表 3—3—6　细骨料的技术要求

序　　号	项　　目	技术要求
1	含泥量(天然砂),%	≤2.0
2	泥块含量,%	≤0.5
3	坚固性,%	≤8
4	吸水率,%	≤2
5	云母含量,%	≤0.5
6	轻物质含量,%	≤0.5
7	Cl^- 含量,%	<0.02
8	硫化物及硫酸盐含量,%	≤0.5
9	有机物含量	浅于标准色

表 3—3—7　人工砂及混合砂中石粉含量限值

项　　目		质量指标
石粉含量(%)	MB<1.4	≤7
	MB≥1.4	≤3

4. 粗骨料

粗骨料应选用级配合理、粒形良好、质地均匀坚固、线胀系数小的洁净碎石或卵石，也可采用碎卵石，不宜采用砂岩碎石。粗骨料宜采用连续级配，颗粒级配应符合 GB/T 14684 的规定，最大公称粒径不应大于 10 mm。当粗骨料为碎石时，碎石的强度用岩石抗压强度表示，且岩石抗压强度与混凝土强度等级之比不应小于 1.5。施工过程中碎石的强度可用压碎指标值进行控制。若粗骨料为碎卵石，碎卵石的强度用压碎指标值表示，且应符合表 3—3—8 的规定。粗骨料的砂浆膨胀率应小于 0.10%；当砂浆棒膨胀率为 0.10%～0.30%时，应采取抑制碱-骨料反应的技术措施，并经试验验证抑制有效；当砂浆棒膨胀率大于 0.30%时，应更换材料。不得使用具有碱-碳酸盐反应活性的骨料。

表 3—3—8　粗骨料的技术要求(%)

序号	检验项目	技术要求
1	针片状颗粒总含量，%	≤10
2	含泥量，%	≤1
3	泥块含量，%	≤0.25
4	压碎指标，%	≤12
5	吸水率，%	<1
6	紧密空隙率，%	<40
7	坚固性，%	≤8
8	硫化物及硫酸盐含量，%	≤0.5
9	Cl^- 含量，%	≤0.02

5. 外加剂

外加剂与胶凝材料之间应有良好的相容性，且能明显改善混凝土的性能。外加剂必须经铁道部产品质量监督检验中心检验合格。外加剂的匀质性应满足国家标准《混凝土外加剂》(GB 8076)的有关要求。外加剂应采用减水率高、坍落度损失小、适量引气、能明显提高混凝土耐久性且质量稳定的产品。外加剂性能要求应满足表 3—3—9 的要求。根据需要可选用膨胀剂、引气剂等外加剂。膨胀剂性能应符合《混凝土膨胀剂》(GB 23439—2009)的规定，引气剂性能应符合《混凝土外加剂》(GB 8076—2008)的规定。当性能指标不满足要求时，可掺入粘度改性材料等掺合料。粘度改性材料应选用能够提高自密实混凝土粘度、改善抗离析性、且不降低自密实混凝土力学性能和耐久性的材料，其性能应满足表 3—3—10 的规定。

表 3—3—9　外加剂的性能

序号	项　　目	指　　标	备　　注
1	减水率，%	≥25	
2	含气量，%	≥3.0	

续上表

<table>
<tr><th>序号</th><th colspan="2">项　目</th><th>指　标</th><th>备　注</th></tr>
<tr><td>3</td><td colspan="2">常压泌水率比，%</td><td>≤20</td><td></td></tr>
<tr><td>4</td><td colspan="2">压力泌水率比，%</td><td>≤90</td><td></td></tr>
<tr><td rowspan="3">5</td><td rowspan="3">抗压强度比，%</td><td>3 d</td><td>≥160</td><td></td></tr>
<tr><td>7 d</td><td>≥150</td><td></td></tr>
<tr><td>28 d</td><td>≥140</td><td></td></tr>
<tr><td>6</td><td>坍落度保留值，mm</td><td>60 min</td><td>≥150</td><td></td></tr>
<tr><td>7</td><td colspan="2">硫酸钠含量(按折固含量计)，%</td><td>≤15.0</td><td></td></tr>
<tr><td>8</td><td colspan="2">Cl⁻含量(按折固含量计)，%</td><td>≤0.2</td><td></td></tr>
<tr><td>9</td><td colspan="2">碱含量(按折固含量计)，%</td><td>≤10</td><td></td></tr>
<tr><td>10</td><td colspan="2">收缩率比，%</td><td>≤135</td><td></td></tr>
<tr><td>11</td><td colspan="2">对钢筋锈蚀作用</td><td>无锈蚀</td><td></td></tr>
<tr><td>12</td><td colspan="2">相对耐久性指标，%，200 次</td><td>≥80</td><td></td></tr>
</table>

表 3—3—10　粘度改性剂的性能

<table>
<tr><th>序号</th><th colspan="2">项　目</th><th>技术要求</th><th>检测方法</th></tr>
<tr><td>1</td><td colspan="2">Cl⁻含量(按折固含量计)，%</td><td>≤0.6</td><td>GB/T 8077</td></tr>
<tr><td>2</td><td colspan="2">碱含量(按折固含量计)，%</td><td>≤1.0</td><td>GB/T 8077</td></tr>
<tr><td>3</td><td colspan="2">粘度比，%</td><td>≥150</td><td></td></tr>
<tr><td>4</td><td colspan="2">扩展度之差，mm</td><td>≤50</td><td>GB/T 50080</td></tr>
<tr><td>5</td><td colspan="2">常压泌水率比，%</td><td>≤50</td><td>GB/T 50080</td></tr>
<tr><td rowspan="2">6</td><td rowspan="2">凝结时间差，min</td><td>初凝</td><td rowspan="2">−90～120</td><td rowspan="2">GB/T 50080</td></tr>
<tr><td>终凝</td></tr>
<tr><td>7</td><td rowspan="2">抗压强度比，%</td><td>3 d</td><td>≥90</td><td rowspan="2">GB/T 50081</td></tr>
<tr><td>8</td><td>28 d</td><td>≥100</td></tr>
<tr><td>9</td><td colspan="2">28 d 收缩率比，%</td><td>≤110</td><td>GB/T 50082</td></tr>
</table>

6. 拌合用水

拌制自密实混凝土可采用饮用水。当采用其他水源时，水质应符合《混凝土用水标准》(JGJ 63—2006)的规定。

用拌合用水和蒸馏水(或符合国家标准的生活用水)进行水泥净浆试验所得的水泥初凝时间差及终凝时间差均不得大于 30 min，其初凝和终凝时间尚应符合水泥国家标准的规定。用拌合用水配制的水泥砂浆或混凝土的 28d 抗压强度不得低于用蒸馏水(或符合国家标准的生活用水)拌制的对应砂浆或混凝土的抗压强度的 90%。

当混凝土处于氯盐环境时，拌合水氯离子含量应不大于 200 mg/L。对于使用钢丝或经热处理钢筋的预应力混凝土，拌合水氯离子含量不得超过 350 mg/L。

养护用水除不溶物、可溶物可不作要求外，其他性能要求与拌合用水相同。养护用水不得采用海水。

三、自密实混凝土配合比设计

1. 配合比设计应符合下列要求：

(1)粗骨料的最大粒径不宜大于 15 mm。

(2)单位体积用水量宜为 155～180 kg。

(3)水胶比按体积比宜取 0.8～1.15。

(4)根据单位体积用水量和水粉比计算得到单位体积粉体量，单位体积粉体量宜为 0.16～0.23 m^3。

(5)自密实混凝土单位体积浆体量宜为 0.32～0.40 m^3。

(6)含气量宜为 2.0%～4.0%，有抗冻要求时应根据自 CRTSⅢ型板式无砟轨道所处的环境条件确定混凝土含气量。

(7)单位体积细集料量由单位体积粉体量、骨料中粉体含量、单位体积粗骨料量、单位体积用水量和含气量确定。

(8)单位体积胶凝材料体积用量可由单位体积粉体量减去惰性粉体掺合料体积量以及骨料中小于 0.075 mm 的粉体颗粒体积量确定。

(9)水胶比应根据单位体积用水量、实际单位体积粉体用量计算。

(10)外加剂掺量应根据所需的自密实混凝土性能经过试配确定。

(11)自密实混凝土氯离子总含量应不大于胶凝材料总量的 0.10%。

(12)自密实混凝土的碱含量应不大于 3.0 kg/m^3。

(13)自密实混凝土的三氧化硫含量不应超过胶凝材料总量的 4.0%。

2. 配合比调整与确定

(1)验证新拌混凝土质量

对新设计的配合比进行试拌，按表 3—3—1 验证是否满足新拌混凝土的性能要求。

(2)根据新拌混凝土性能进行配合比调整，基本方法如下：

①如静置气泡过多，应对外加剂掺量进行调整，适当下调掺量。

②扩展度损失过，主要原因是外加剂与水泥不相容。应将外加剂配方进行调整，或变更水泥。

③静置后混凝土表面泛浆，表明外加剂掺量或用水量偏大，适当降低外加剂掺量或用水量，具体调整何种应视扩展度损失大小确定。

④混凝土 T_{50}小，表明流动性较好，但黏性不够强，通常要注意扩展度损失问题，混凝土 T_{50}大，一般混凝土比较黏稠，扩展度损失较小，但施工不方便，在外加剂中适当增加引气剂掺量以提高流动性。

⑤混凝土 BJ 试验结果超过 18 mm，应注意混凝土的均匀性，如加强搅拌无明显效果，则应添加改性剂进行均匀性调整。

⑥混凝土离析主要是外加剂掺量大或单位用水量偏大，适当降低外加剂掺量或单位用水量。

(3)验证硬化混凝土质量

新拌混凝土性能满足要求后，应成型各种试件，验证硬化后混凝土性能是否满足设计要求，当不符合要求时，应对原材料和配合比调整后，重新验证和确认。

第三节　质量控制

自密实混凝土的质量检验包括原材料检验、拌合物性能检验、硬化混凝土性能检验和现场工艺性揭板试验等。

一、原材料检验

施工过程中应对自密实混凝土用主要原材料(包括水泥、掺合料、细集料、粗集料、外加剂、拌合水)的品质按相关规定进行型式检验和日常检验，检验频率、数量和方法应符合有关规范要求。

二、拌合物性能检验

施工过程中自密实混凝土拌合物工作性能的检验频次应符合表 3—3—11 的规定。

表 3—3—11　自密实混凝土性能检验频次

序　号	检验项目	检验频次
1	坍落扩展度	1. 在配合比试验时检验 1 次 2. 搅拌站首盘混凝土 3. 每罐车取样检验 1 次
2	T_{50}	
3	泌水率	
4	含气量	1. 在配合比试验时检验 1 次 2. 搅拌站首盘混凝土 3. 每 50 m^3 至少检验 1 次
5	BJ 高差	在配合比试验时检验 1 次
6	H_2/H_1	
7	竖向膨胀率	
8	56 d 抗压强度	1. 在配合比试验时检验 1 次 2. 每班次至少取样检验 1 次 3. 每 100 m^3 混凝土至少取样检验 1 次
9	56 d 抗折强度	在配合比试验时检验 1 次
10	56 d 弹性模量	
11	56 d 电通量	
12	56 d 28 次冻融循环剥落量	
13	56 d 干燥收缩率	

三、硬化混凝土检验

力学性能、收缩性能与耐久性能进行检验，检验结果应满足表 3—3—12 的规定。

表 3—3—12　自密实混凝土硬化性能检验频次

序号	检验项目	检验频次
1	56 d 抗折强度	在配合比试验时检验 1 次
2	56 d 弹性模量	
3	56 d 电通量	
4	56 d 28 次冻融循环剥落量	
5	56 d 干燥收缩率	

四、自密实混凝土揭板性能检验

施工前应进行自密实混凝土现场工艺性揭板试验，工艺性试验验收满足要求后才能进行施工，自密实混凝土工艺性揭板试验应符合表 3—3—13 的规定。自密实混凝土工艺性揭板试验的频次应满足以下要求：不同标段或同一标段内不同的施工作业队至少进行一次；自密实混凝土配合比发生改变时应进行一次。

表 3—3—13　自密实混凝土揭板试验验收指标与检测方法

序号	检验项目	验收指标	检测方法
1	表面发泡层	表面无松软发泡层	目测或锤击
2	表面密实度	表面密实、平整，无离析、露石、漏筋以及蜂窝麻面等现象	目测或切开断面锤击
3	表面气泡	无大于面积 50 cm^2 以上的气泡，面积 6 cm^2 及以上气泡的面积之和不宜超过板底面积的 2%	采用钢尺或百格网板量测
4	充盈度	自密实混凝土与轨道板和底座四周接触良好，充盈饱满	目测
5	断面均匀度	切开断面上骨料分布均匀，无骨料堆积、浆骨分离、上下贯通气孔、蜂窝现象	轨道板四角切 2 个断面、宽长方向切 1 个断面，目测
6	泌水性	灌注口、轨道板的四周无泌水现象	目测
7	裂纹	无可见裂纹	目测
8	流水痕迹	充填层表面无明显流水痕迹	目测

第四节　常见问题处理措施与施工注意事项

一、常见问题处理措施

(一)充盈度不足与防治措施

1. 原因分析

充盈度是决定自密实混凝土灌注成功与否的关键，也是判断充填层质量合格与否的关键性指标之一，通常在自密实混凝土灌注时通过无砟轨道板的两个观测孔和四角的排气孔，就可以判断充填层充盈度合格程度。灌注中出现充盈度不足，主要原因为：

(1)自密实高性能混凝土入模扩展度小

入模扩展度是自密实混凝土的主要性能指标之一，根据技术规范，自密实混凝土扩展度范围为 650～750 mm，当灌注施工时，扩展度小于合适范围，会严重影响自密实混凝土的流动性，在同样的压力下，混凝土流动慢且距离近，相应灌注的时间长且很难到达四角，导致灌注失败。

(2)环境温度过高

自密实混凝土的扩展度处于合适范围，但也存在灌注无法到位的情况，此类问题造成的充填层充盈度不足，主要是外界环境温度过高，据实地测量当气温为 30 度左右，充填层腔内温度高达 42℃左右时，一般 700 mm 扩展度的自密实混凝土自进入高温的充填层腔内，水分急剧蒸发，流动性顿时丧失，混凝土易在较短时间内干硬，无法到边到角。

2. 主要防治措施

(1)合理选择适当的入模扩展度

所谓适当的入模扩展度是指与当时气温相匹配的扩展度，气温低自密实混凝土灌注所要求的扩展度低，反之则大。一般来说最合理的扩展度为在当时气温下，能成功灌注的最小扩展度，如小于此扩展度则被认为入模扩展度偏小，正常情况按照规范不要小于 650 mm 为基准，气温增高则增大。

(2)避开高温时段灌注施工

夏季无砟轨道自密实混凝土灌注，应尽量避开每日高温时段，尽量安排在下午 5:00～次日上午 9:00 之间施工。其余季节，气温异常偏高时，也应谨慎施工。

(二)浮浆层形成原因分析及防治措施

1. 原因分析

浮浆层也指发泡层，是指具有一定厚度的松软层，位于充填层表层，与无砟轨道板相接，影响两者的连接力，是质量验收中不合格控制主要指标之一。充填层产生浮浆层原因主要是自密实混凝土离析，内部均匀性失调，碎石与浆体分离，碎石下沉，浆体上浮所致。

2. 主要防治措施

(1)适当掺入改性剂

改性剂有增稠剂、流平剂、黏度改性剂、密实剂等综合功能，所起作用主要是防止自密实混凝土泌水离析，确保混凝土内部质地均匀，增强粘聚性。

(2)改善外加剂性能

如自密实混凝土粘性较差，很容易气泡富集，浆体上浮，导致充填层表层出现浮浆层。遇到混凝土粘性差的情况，应该及时调整外加剂性能，增加保塑成分，使自密实混凝土的粘性提上来，极有益于控制充填层表面浮浆层的出现。

(三)气泡富集原因与防治措施

1. 原因分析

由于充填层四周基本封闭，接近于封闭体系，自密实混凝土在进入充填层空腔后，气泡不断上浮，受到致密的无砟轨道板底阻挡，从而形成大量的气泡富集，无法像开放体系条件下一样破孔，浆体重新封闭气孔，使得混凝土表面气泡孔很少。这里所说的气泡富集不是指由于工艺灌注过快带入的 10 mm 以上的大气泡，而是指 0.5～5 mm 之间的小气泡，产生气泡富集的主要原因为：

(1)当自密实混凝土扩展度不大于 720 mm，表面出现气泡过多，主要是自密实混凝土粘性较差的缘故。

(2)灌注时扩展度大，一般扩展度超过 750 mm 以上，自密实混凝土表面气泡会急剧增多，造成揭板后表面气泡过多。

(3)灌注前充填层腔内洒水过多积水或无砟轨道板底太湿，自密实混凝土遇水变稀，易产生离析，表面水泡气泡将会更多更大。

(4)无砟轨道板底脏，如粘有混凝土、泥土等杂质，在揭板时充填层容易出现粘板，造成充填层表层破损，气泡外露增多。

2. 主要防治措施

(1)当扩展度合适时，自密实混凝土表面在静止时出现大量气泡上浮，最为有效的办法是增加外加剂的掺量，加大改性剂掺量中增稠成份，通过对自密实混凝土的增粘抑制气泡上浮，直到气泡很少外冒为最优掺量。

(2)自密实混凝土最主要的特性之一是随着扩展度的不断增大，出现气泡的几率也不断增大，呈愈大愈多的趋势，从而现场灌注要严防扩展度过大。

(3)当气温较低时，适当降低外加剂的保坍成分，通过室内试拌证明自密实混凝土的扩展度从出机一直在变小，没有增大的情况，防止自密实混凝土在一段时间后出现扩展度返大的情况，导致施工过程中气泡逐渐增多。

(四)浮板原因与防治措施

1. 原因分析

由于高速铁路需要保持轨道的高度平顺，自密实混凝土灌注后，造成轨道板表面超过标高规定的范围，都为浮板。通常无砟轨道板浮板的形式根据严重程度主要分为局部边角上浮和整体上浮，一旦上浮高度超过容许高度，则造成灌注失败。通常自密实混凝土造成浮板主要原因有：

(1)自密实混凝土扩展度小

扩展度小容易使自密实混凝土流动不畅，易产生局部压力，造成轨道板上浮。

(2)灌注时相对气温偏高

一般来说在气温适宜季节灌注自密实混凝土，浮板出现的时间以中午时段为多，晚间相对较少，这主要是一天的中午时段气温相对较高，影响了自密实混凝土的性能，造成浮板几率增大。

2. 主要防治措施

(1)防止自密实混凝土扩展度过小

在正式灌注之前应对自密实混凝土进行检测，如扩展度过小，则应使用高效减水剂进行现场调整，使之在合理灌注的范围。

(2)尽量避开气温相对偏高的中午时段

中午时段为一天中相对气温偏高时段，自密实混凝土性能受气温影响大，施工时要高度关注自密实混凝土受气温影响剧烈这一特性，防止不应有的返工。

二、施工注意事项

自密实混凝土施工过程中，应特别注意如下事项。

(1)随着扩展度的增大，自密实高性能混凝土表面气泡也会逐渐变多，并成群出现，极易形成浮浆层，因此，确保充填层表面气泡少及无浮浆层的关键，在于灌注前一定要控制好扩展度，遵循“自密实高性能混凝土静止时表面不起浆少起泡”这一原则。一般情况下灌注时的扩展度应尽量控制在 700 mm 以内，杜绝为了保证充盈度合格而随意放大扩展度导致其他质量问题的做法。

(2)自密实混凝土的黏性是判断整个性能可靠的关键指标之一。若 T_{50} 的时间过短，则自密实混凝土黏性差，容易离析，因此 T_{50} 的时间应适当长一点，根据施工经验取 3～5 s 为宜。

(3)离缝是自密实混凝土灌注失败的主要判别依据之一。在灌注过程中如模板边出现流水流稀浆的现象，说明自密实混凝土处于接近离析的状态，如灌注则出现板底与充填层离缝的可能性较大，此时应及时调整自密实混凝土性能达到良好状态后再进行灌注。如周围流出的浆体比较干稠，则灌注效果较好，出现离缝的几率也较小。

(4)自密实高性能混凝土充填层表面气泡局部富集易判为浮浆层。由于在较封闭的空间内灌注自密实混凝土，所有气泡无从排出充填层，局部表面气泡多而密集在一定程度上很难解决的。在揭板试验过程中，很容易在气泡密集和浮浆层判断上出现混淆和困扰，对揭板效果产生误判，最终影响对充填层灌注质量的评定。为了便于区分及施工技术人员掌握，建议以充填层边缘是否与无砟轨道板底部离缝作为判别两者的主要依据之一：若出现了离缝，则可认为出现了浮浆层；若未出现离缝但充填层表面气泡局部富集，则可根据气泡缺陷类型和根据相关规范来判定灌注质量。

第四篇

无砟轨道板（枕）预制

第一章　双块式轨枕预制生产

双块式轨枕预制生产主要是以流水线作业为主，多采用较为先进的自动化控制系统，大部分工作均由机械设备完成，依赖机械设备程度比较高，机械设备正常运转是生产能力的保障。下面以某制枕场为例，简要介绍铁路 CRTSⅠ型双块式无砟轨道轨枕预制厂的选址、生产线组成、工艺流程。

第一节　双块式轨枕预制场选址设计

一、选址原则

双块式轨枕预制场的选址应遵循以下原则：

(1)制枕场选址前先根据工期、产量及生产工艺确定枕场大致所需面积。

(2)尽量选在所供标段的中部，根据铺架速度、工期、运距、轨枕运输方式和当地的地址状况等进行选址。一般选在铁路沿线周边，交通枢纽段，交通便利。

(3)所选场址附近水、电供应方便，最好有高压输电干线，防止频繁停电对制枕的影响。

(4)地质状况好，尽量减少枕场主要结构物的地基处理费用。制枕场的位置应尽量选在地质条件好的地方，减少土石方工程和基础加固工程量，降低工程费用。

(5)征地拆迁少，复耕量少。在满足制枕场工期和存枕的前提下，制枕场应选在占用耕地少、拆迁量少的地方。

(6)考虑防洪排涝，确保雨季施工安全。

二、总体平面布置

制枕场从功能上分为 3 个区，分别是：生产区、存枕区和办公生活区；预制场占地大小，主要是取决于根据需要临时存放双块式轨枕数量确定。制枕场总体布置要根据已选场址合理调整，保证经济与适用性的平衡。双块式制枕场具有生产量大、标准高、工艺新等特点，因此，合理进行枕场工装和设备的配备，对于降低工程成本，确保工程质量、安全和进度均大有裨益。

1. 生产区

生产区分为钢结构车间(钢筋加工车间和轨枕预制车间)、搅拌站和砂石料场、试验室、锅炉房、配电室等。

(1)钢结构车间共有两个，两个车间并排布置：一个车间是钢筋加工车间，在车间内安装冷轧生产线、桁架生产线、弯箍机、等设备，用于加工轨枕所用的桁架钢筋、箍筋等钢筋，设计尺寸为 84 m×21 m；另一个是双块式轨枕预制车间，用于安装双块式轨枕预制生产线，设计尺寸为 84 m×21 m；轨枕生产线由钢模型、模型输送辊道、钢模运输车、布料机、振动台、养护池、缓冲辊道、翻模机、多功能运输车、链式输送机、轨枕码垛机等组成。其中钢模型一般采用 4×1 联短模型式。图 4—1—1 所示为生产场区布置图。

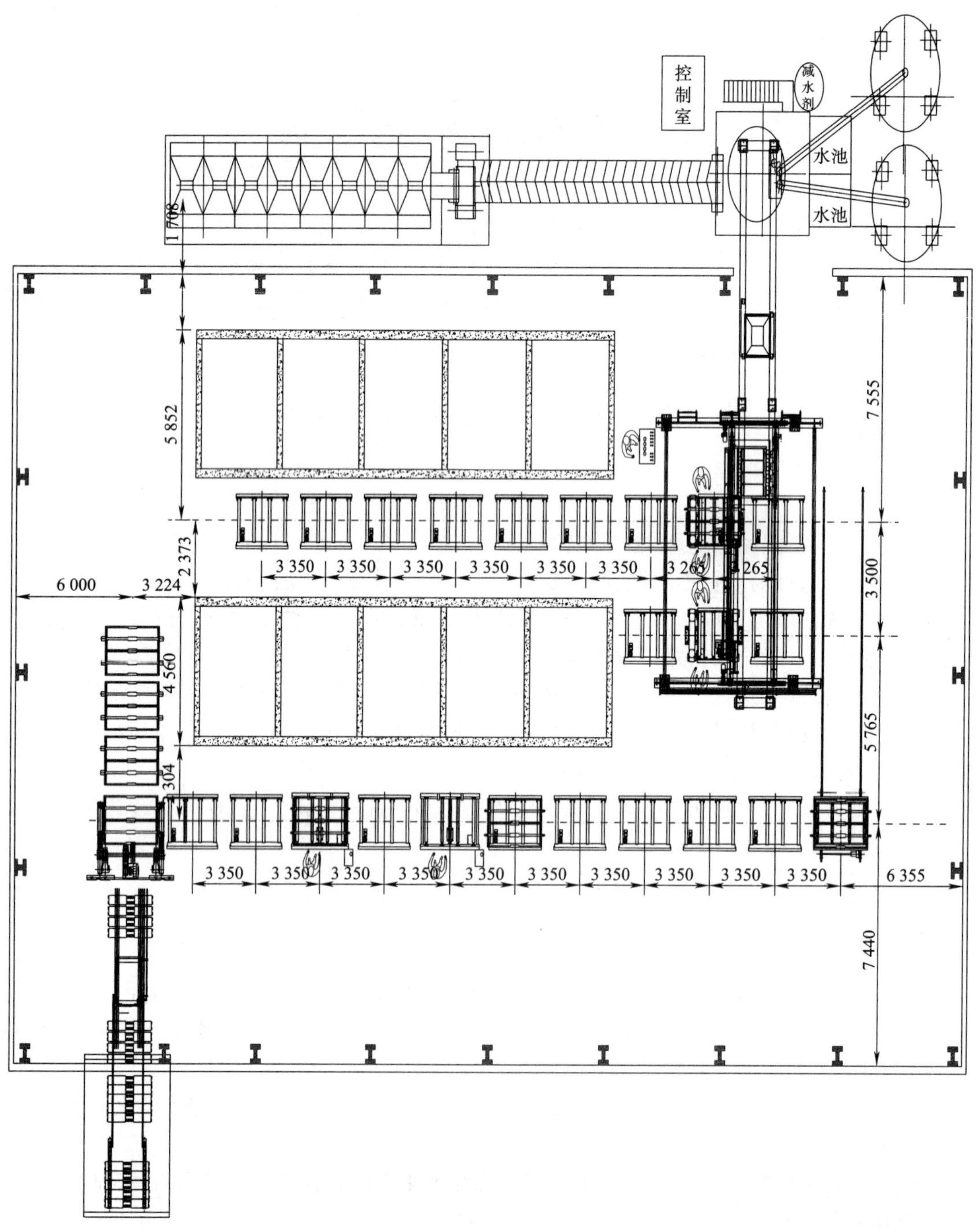

图 4—1—1　生产场区布置图(单位:cm)

(2)搅拌站紧贴生产厂房布置,皮带上料,通过运料小车将拌合好的混凝土运进厂房,这样可以减少整个厂区的面积,厂房内布置紧凑、合理。搅拌站混凝土制备能力为 30 m^3/h,配备 2 个 100 t 散装水泥仓和 2 个 100 t 掺合料仓。

双块式轨枕所用高性能混凝土有粗骨料和细骨料，粗骨料分 5～10 mm、10～20 mm 两种，按照每种骨料配备一个合格料仓，一个待检料仓，共需 6 个料仓。

(3)试验室采用保温隔热板房结构，占地面积约 100 m^2。分为力学室、材料室、混凝土室、标准养护室和办公室，试验内容包括：混凝土的物理力学性能检验；砂、石的常规性能检验；混凝土试件的标准养护等。

(4)制枕场设锅炉房 1 座，占地面积约 55 m^2，内设置 1 台 2 t 锅炉，提供轨枕养护用蒸汽，蒸汽管道主管道采用 ϕ80 mm，支管采用 ϕ50 mm 的保温管线。

(5)配电室占地面积 20 m^2，放置变压器、高压配电屏、低压配电屏等。

2. 存枕区

(1)根据铺架进度、运距和工期确定成品库的大小，双块式轨枕最高堆放 12 层。

(2)为了避免存枕区发生扭曲变形和地面下陷，存枕区场地需要硬化。考虑到存枕区比较大，采用条形基础，完全可以满足功能要求，节约大笔建场费用。

(3)根据地形条件，存枕区可适当放坡，既可以减少土方施工投入，又可以减少排水系统的投入。

3. 办公生活区

(1)生活区要远离锅炉房、发电房等重大危险源区以及搅拌站等重大灰尘和噪音污染源区。

(2)如果有条件，土方施工时办公生活区可以单独施工，无须和生产区处于同一高程。办公生活区可以适当放坡，减少排水系统的投入。

(3)生活区所有房屋基础必须高出路面 10～20 cm，防止雨水倒灌。

(4)办公生活区布置时必须要考虑消防因素，房屋距离不宜过近，且消防用水能覆盖整个办公生活区。

(5)生活区布置前，先要确定生活区房屋数量，由枕场人员定额确定。

三、工装设备配备

1. 控制系统

控制系统是整条轨枕生产线的核心部分，包括：中央控制系统、翻模系统、模具返回系统、浇筑振动系统。控制系统有调整、手动、自动共三种操作模式。传感器全部采用光电传感器，保证设备运行可靠。

2. 搅拌供料系统

无砟轨道双块式轨枕的生产工艺要求使用干硬性混凝土，经振动密实成型，强度要求达到 C60。高品质的搅拌物料是生产高品质制品的基本保证，物料的搅拌由搅拌供料系统负责完成。搅拌站选用立式行星强制搅拌机，可手动也可通过微机自动完成配料称量。骨料称单独计量，保证精度。

布料机由前后行走机构、左右行走机构和布料机三部分组成。布料机下出料口由四个螺旋给料器组成，可实现四个布料器同时布料，保证下灰速度。

振动台带有气动升降功能，可实现变频振动。设计双振动台位，完成混凝土的排气、密实和成型。配合布料机进行交叉布料、振动连续生产模式，提高生产效率。

3. 养护系统

养护系统由蒸汽锅炉、自动温控系统、养护池等组成。锅炉为 2T 蒸汽锅炉，可满足轨枕供汽和生产车间供暖需要。养护池采用 2×5 并联结构，养护温控系统可以实现独立供汽，节约能源，养护效果好。养护制度为 2—2—6.5—1.5(静停 2 h，升温 2 h，恒温 6.5 h，降温 1.5 h)。

4. 翻模系统

翻模系统由翻模机、气垫、缓存输送辊道等几部分组成。翻模机采用普通轨枕翻模机改进而来，根据钢模设计翻臂，大大提高生产节奏。翻模完成后，采用气动式进行脱模，由 8 个传感器同时控制，减少对轨枕的磕损。缓存输送辊道采用柔性非金属材料，避免轨枕表面的磕损。

5. 模具返回系统

模具返回系统由多组输送辊道(根据实际情况确定)和运输小车组成，其中两组输送辊道具有倾斜功能，主要完成模具清理、喷涂脱模剂工作。输送辊道前几组主要完成钢模清理；后几组主要完成预埋套管、箍筋、钢筋桁架、箍筋固定件、燕尾板及挡浆夹的安装。

6. 成品输送系统

成品输送系统的主要设备是链式输送机，其功能为在此工位对脱模完成的轨枕进行质量检验，将检测合格的产品输送到成品包装工位进行打包。

7. 钢模选择

双块式轨枕钢模，设计采用 4×1 联结构，钢模应具有足够的强度、刚度和稳定性。应能保证双块式轨枕各部形状、尺寸及预埋件的准确性。在模板的制作上允许公差为双块式轨枕成品的 1/2。

8. 钢筋加工设备

钢筋加工设备应选择性能比较稳定，加工钢筋尺寸精度较高的厂家设备。

双块式混凝土轨枕预制采用封闭环形流水线生产工艺，生产线设备组成情况见表 4—1—1。

表 4—1—1　双块式轨枕生产线设备组成

序号	设备名称	单位	数量	备　注
1	钢模	套	200	
2	模型输送辊道	套	8	根据实际情况确定
3	翻转脱模机	套	1	
4	缓存输送辊道	套	1	
5	模型专用吊具	台	2	
6	横向运输小车	台	2	
7	多功能小车	台	2	
8	混凝土搅拌站	台	1	
9	供料小车	台	1	
10	布料机	台	1	
11	振动台	台	2	
12	倾斜辊道	个	2	
13	蒸汽锅炉及供汽系统	套	1	
14	电子汽车衡	套	1	

续上表

序号	设备名称	单位	数量	备　注
15	轨枕专用吊具	套	1	
16	链式输送机	台	1	
17	冷轧生产线	台	1	
18	桁架生产线	台	1	
19	螺旋筋绕制机	台	1	
20	双梁起重机	台	3	
21	自动养护系统	套	1	
22	龙门吊	台	1	
23	弯箍机	台	1	

第二节　双块式轨枕预制生产

一、作业准备

轨枕预制作业准备，包括对技术、场地、材料、人员和机械的要求。

1. 技术准备

双块式无砟轨道混凝土轨枕预制要按正式批准的设计图纸和技术条件制造。

2. 厂房配套准备

厂房配套设施一般包括安全，消防与环保设施、施工用电与用水设施。

(1)安全，消防和环保设施

制枕场周围采用栅栏全围护，确保场内生产生活相对封闭，保护财产、物资安全。

在生产区设立足够的、醒目的交通和特殊作业区域警示标志，提醒行人注意厂区交通安全和作业安全。在生产线设置合格的安全通道。新建生产线投产前必须进行危险源辩识和风险评估，并落实防范措施。

场内重点部位如锅炉房、配电室、仓库、油品使用及储存地等区域分别配备合适型号及数量的灭火器、消防带、沙袋等消防器材，并定期检查。

做好场内排水系统设施，设排水暗沟，污水沉淀池。生活污水和施工废水，经沉淀处理，达到排污标准后进行排放。按环境保护要求设生产、生活垃圾存放场一处，集中分类堆放垃圾，定期分别进行掩埋或运至指定地点处理。

(2)施工用电与用水

场内架设低压线路 1 km，铺设电缆 0.6 km，安装两台 630 kVA 变压器，制枕场地设备用电总功率约 1 200 kW，主线路使用$(3\times150+1\times90)\,mm^2$的电缆，地沟铺设，过路处预埋 DN100 线管敷设。

在制枕场内设置一座提水井，设 100 m^3 蓄水池一座，通过铺设 ϕ100 mm 供水主管路和 ϕ50 mm、ϕ30 mm 支管路引进各用水区，并设置一座 10 m^3 水塔提供生活用水。

3. 材料准备

双块式混凝土轨枕预制主要材料有：钢筋、水泥、掺合料、粗骨料、细骨料、水、外加剂、预埋套管等。

(1)钢筋:轨枕用钢筋采用桁架结构,桁架钢筋采用 Q235 高速线材冷轧加工而成。由于存在钢筋的二次加工成焊网作业,加工前的进场检验标准采用 GB/T 701—2008《低碳钢热轧圆盘条》,中间过程检验标准采用 GB 13788—2000《冷轧带肋钢筋》标准,其中上下弦架、斜架和箍筋钢筋采用 CRB 550。螺旋筋采用符合 GB/T 343—1994《一般用途低碳钢丝》的冷拔钢丝制作。

(2)水泥:采用品质稳定、强度等级为 52.5 级的普通硅酸盐水泥,其品质指标应符合《通用硅酸盐水泥》(GB 175—2007)中的相关规定,符合《客运专线高性能混凝土暂行技术条件》(科技基〔2005〕101 号)的相关规定。

(3)掺和料:指标要求见表 4—1—2。

表 4—1—2　增强型复合掺合料的技术要求

序号	项　目		技术要求
1	氯离子含量,%		≤0.02
2	烧失量,%		≤4.0
3	SO_3含量,%		≤3.0
4	含水率,%		≤1.0
5	需水量比,%		≤105
6	活性指数,%	1 d	≥125
		28 d	≥110

(4)粗骨料:采用级配合理、坚硬、洁净的二级(石 1:5～10 mm、石 2:10～20 mm)级配碎石,最大粒径为 20 mm,应分级储存、分级运输、分级计量,两者比例根据空隙率试验和新拌混凝土和易性好坏确定。除含泥量按重量计不大于 0.50%,含氯量不大于 0.02%外,其技术要求应符合 TB 10210 的规定。为满足粗骨料含泥量要求,枕场需采用专用清洗设备对骨料进行多次清洗直到符合要求为止。

(5)细骨料:采用硬质洁净的天然中粗河砂,细度模数范围为 2.6～3.0,除含泥量按重量计不大于 1.5%,含氯量不大于 0.02%外,其技术要求应符合铁路混凝土与砌体工程施工规范 TB 10210—2001 的规定。不应使用具有碱-碳酸盐反应活性或砂浆棒膨胀率大于 0.20%的碱—硅酸盐反应活性的骨料;当骨料的砂浆棒膨胀率为 0.10%～0.20%时,混凝土碱含量应不超过 3 kg/m³。在轨枕投产前、每一年以及骨料来源改变时,应根据铁路混凝土用骨料碱活性试验方法 TB/T 2922.1—1998 和铁路混凝土工程预防碱－骨料反应技术条件 TB/T 3054—2002 的规定对骨料的碱活性进行试验和评价,由国家认可的检验单位提出报告。

(6)水:采用自来水。

(7) 减水剂:采用通过质检部门检测合格的国内生产的减水剂。

(8)预埋套管:轨枕内预埋塑料套管应满足无砟轨道扣件技术条件的相关要求。

4. 机械设备准备

(1)搅拌站:对于 4×1 联双块式轨枕生产,可采用生产能力为 30 m³/h 的混凝土搅拌站和立式行星式搅拌主机,为确保混凝土质量,搅拌主机设置温度和稠度传感器,并考虑冬季和夏季生产时升降温设施;搅拌站向轨枕车间供料的方式可采用皮带机输送或高架运灰小车的方式。无论采取何种方式，均需考虑皮带机输送或高架运灰小车的清洗问题。

(2)钢筋加工设备：考虑到轨枕生产节奏和钢筋桁架加工要求较高，一般采用自动化的生产线来生产轨枕钢筋桁架产品。

(3)动力设施：轨枕采用蒸汽养护制度，一般采用 2 t/h 工业锅炉。考虑到钢筋加工设备的因素，一般采用 1 260 kVA 以上的变压器。

二、施工工艺流程

双块式轨枕施工工艺流程是一个非常严格和复杂的过程，从配件安装、混凝土灌注以及成品出厂都需层层把关，其工艺流程见图 4—1—2。图 4—1—3 所示为钢筋桁架加工工艺流程图。

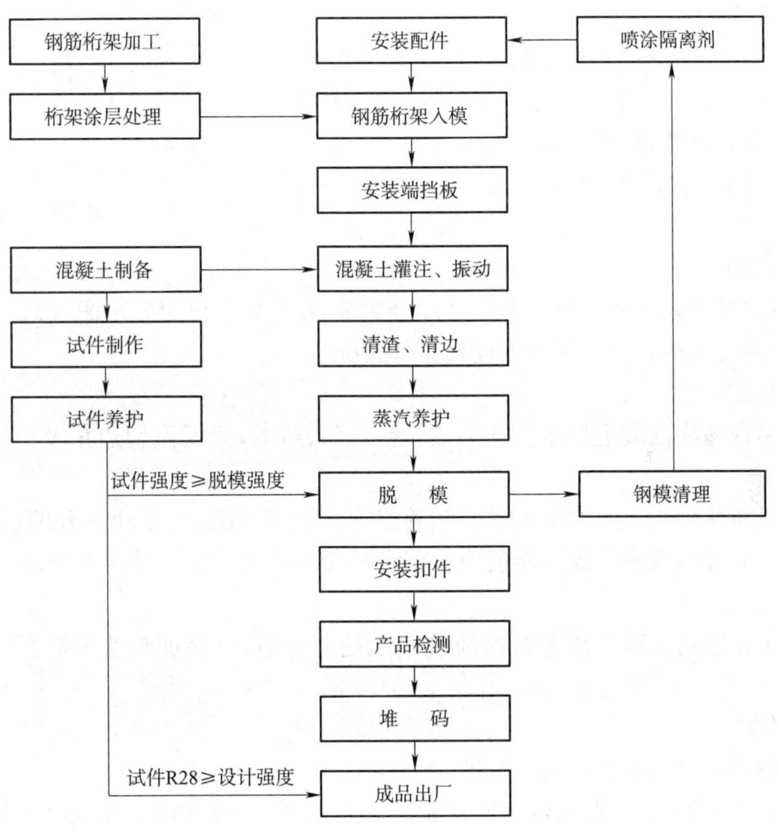

图 4—1—2　双块式轨枕生产工艺流程图

1. 钢筋桁架加工

(1)钢筋切断

下料槽钢切口加横挡板，固定于台架上控制下料长度，切断机下料。钢筋下料尺寸准确，钢筋不得有马蹄形切口、重皮、油污或弯起现象。下料好的钢筋应分类堆方整齐。

(2)钢筋弯曲

钢筋弯曲严格按图纸控制成型质量，成型钢筋外观无污染，无翘曲不平现象并堆放整齐。钢筋桁架的尺寸允许偏差应符合规范要求。

2. 模型清理、喷涂脱模剂

(1)模型壳体端部及模型壳体两侧面上的混凝土渣要清理干净。

(2)脱模剂要喷洒均匀、适量,严禁滴状或线状进入模型,防止粉肩,不得漏喷。

(3)发现模型标志牌损坏时,应及时进行修理。标牌不全的模型不得投入使用。

3. 安装预埋套管

把拧紧在预埋套管上,然后将预埋套管固定在模型的定位锥上。

4. 桁架钢筋入模

(1)桁架钢筋应准确放入模型端部预留槽口,两端伸出槽口外长度应一致,并将其固定。如发现桁架钢筋有偏斜、扭曲,应进行调整,焊点脱落的桁架不允许使用。

(2)桁架钢筋入模后,应把燕尾板压好,并插入好挡浆夹。

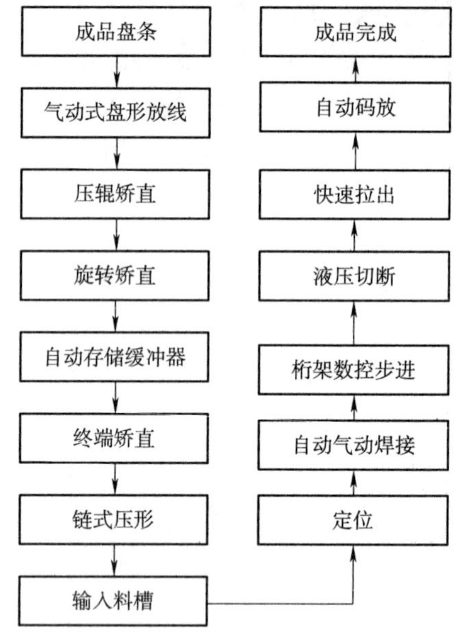

图 4—1—3　钢筋桁架加工工艺流程图

5. 混凝土配制

混凝土搅拌操作人员开工前依据施工配合比单,在设备上设定好水泥、掺合料、骨料、外加剂、水的计量用料值,确定无误后再启动设备开始配料。

6. 混凝土灌注

(1)向模型内灌注混凝土尽量使各部位的料均匀、适量,确保模型边角及预埋件周边的混凝土密实。

(2)双块式轨枕采用边灌注边振动成型的工艺。混凝土灌注、振动时分两层连续进行,分层灌注分层振动,各层混凝土灌注厚度应根据设计要求确定。振动时间不少于 3 分钟,确保混凝土振捣密实。

(3)混凝土在振动过程中注意观察轨枕厚度是否合适,以保证轨枕各断面厚度满足公差要求。

7. 蒸汽养护

(1)轨枕可采用自然养护或蒸汽养护。

(2)采用自然养护时,应在混凝土灌筑完成后立即进行,应直接覆盖混凝土保湿膜。枕芯混凝土温度与轨枕表面混凝土温度之差不应大于 20℃。开始养护的环境温度不应大于 30℃。

(3)采用蒸汽养护时,分为静置、升温、恒温、降温四个阶段。混凝土灌筑后在 5℃～30℃的环境中静置 2 h 以上方可升温,升温速度应不大于 15℃/h;枕芯混凝土温度不应超过 55℃;降温速度应不大于 15℃/h,蒸养结束时,轨枕表面与环境温差应不大于 15℃。

8. 脱模

(1)脱模时的混凝土强度应达到 40 MPa 以上。

(2)脱模由翻模机把模型翻转 180°将轨枕脱出,翻模时应注意不要损坏轨枕。

9. 轨枕的储存和堆放

(1)双块式轨枕应按型号和批次分别存放,不合格的应单独存放。双块式轨枕的存放场地应坚固平整。

(2)轨枕采用平放堆码方式，须堆放整齐，每层码放轨枕 4 根，堆放层不宜超过 12 层。两层之间承轨槽外侧部位必须放置支承隔木(厚度不小于 40 mm)1 根，且上下支承位置一致。轨枕堆放基础坚固、平整。在每层轨枕侧面须标明生产日期和班次。

10. 产品装车

轨枕运输水平放置，每两层间用两根垫木分开放置，垫木应上、下对齐，支点位置在轨下正中。装车时利用轨枕桁架钢筋两端水平起吊，每次吊运不超过五层。轨枕在装卸和运输过程中严禁碰、撞、摔，严禁将吊点设在轨枕中部。

第二章　CRTSⅠ型轨道板预制生产

下面以某客运专线铁路CRTSⅠ型轨道板预制场为例，简要介绍轨道板（含预应力混凝土轨道板、预应力混凝土框架板，以下简称轨道板）预制场的规划设计与轨道板预制施工技术。

第一节　CRTSⅠ型轨道板场选址设计

一、选址原则

轨道板预制场的选址应遵循以下原则：

(1)板场选址前先根据工期、产量及生产工艺确定板场大致所需面积及平面布局。

(2)尽量在交通发达，运输必须能满足施工车辆及大型制板设备运输车辆的通行，减少运输成本。

(3)所选场址附近水、电供应方便，防止频繁停水停电对生产的影响。

(4)地质状况好，尽量减少板场主要结构物的地基处理费用。

(5)征地拆迁少，复耕量少。在满足制板工期和存板的前提下，制板场应选在占用耕地少、拆迁量少以及工程完工后复垦量少的地方。

二、总体平面布置

板场从功能上主要分为5个区：生产区，钢筋加工、存放区，搅拌站区，存板区，办公生活区。

1. 生产区

(1)生产台座数量即模型的数量的确定

生产台座的数量由制板量确定，其计算公式如下：每月产量＝轨道板总数/(总工期－建场工期)

确定出每月产量后，根据模型周转周期确定制模型数量。模型周转率受轨道板的养护制度、轨道板型号的不同等影响。同时还应考虑到板场、检查、工期提前等对生产的影响，留有一定富余时间。

(2)模型布局确定

模型的布局影响轨道板的制作工艺，生产效率，本着对称分布的原则，在保证混凝土运输距离最短的前提下设计轨道板模型的布局。

模型的间距对模型的分布也有重要影响，应充分考虑模型穿插预应力钢棒所需要的距离。

2. 钢筋存放、加工区

(1)钢筋编扎胎膜的数量根据每日生产的轨道板数量要确定。

(2)钢筋编扎胎膜的分布本着操作方便、安全、美观的原则分布。

(3)钢筋存放、加工区应便于钢筋笼的运输,运距少,减少占用桁车的时间

(4)钢筋存放区面积由每日产量决定,一般要求存料能满足 15 d 的原材料消耗。

(5)钢筋加工区面积由日产量决定,要求主要钢筋存放能力满足 2 日生产所需。

3. 搅拌站区

(1)轨道板所用高性能混凝土有 3 种骨料,按照每种骨料配备一个合格仓,一个备料仓的要求,共需 6 个料仓。料仓的面积根据月产量来定,一般要求存料能满足半个月原材料消耗。

(2)料仓内混凝土地面应高出其他区域混凝土地面 5～10 cm,防止雨水倒灌。同时料仓内地面应适当放坡,使雨水能迅速排出,防止雨水聚集。

(3)料仓口必须开挖足够深度的排水沟。

(4)搅拌站应尽量靠近生产区,减少混凝土的运输距离。

(5)搅拌站必须要有足够的生产能力,满足每天生产轨道板的需要。

(6)搅拌站料仓、主机基础要比混凝土地面高出 10～20 cm,防止雨水浸泡对支腿的腐蚀作用。

(7)搅拌站上料料斗上必须焊接雨棚,防止下雨时砂石含水率变化对混凝土质量的影响。

4. 存板区设计

(1)根据地形条件,存板区与生产区可有适当的高差,但电瓶车轨道板必须在同一标高上,重要既可以减少土方施工投入,又可以满足工艺的需要。

(2)根据板场位置,确定存板区的存板方向。

(3)存板区要便于板的运输,要预留运输通道。

5. 办公生活区

(1)生活区布置前,先要确定生活区房屋数量,由板场工期及产量确定。

(2)生活区要远离锅炉房、发电房等重大危险源区以及搅拌站等重大灰尘和噪音污染源区。

(3)如果有条件,土方施工时生活区可以单独施工,无须和生产区处于同一高程。生活区可以适当放坡,减少排水系统的投入。

(4)生活区所有房屋基础必须高出路面 10～20 cm,防止雨水倒灌。

(5)生活区布置时必须要考虑消防因素,房屋距离不宜过近,且消防用水能覆盖整个生活区。

三、工装设备配备

板场所需设备工装见表 4—2—1。

表 4—2—1　主要生产设备及工装清单

序号	设备名称	型号规格	单位	数量	备注
1	混凝土搅拌楼	MSO2250/1500	套	1	
2	电动油泵	ZB4-500	台	18	
3	预应力钢棒用张拉千斤顶	YGB180-100	台	20	
4	高速铁路大板自动养护系统	GDYH20	套	1	

续上表

序号	设备名称	型号规格	单位	数量	备注
5	水养池	23780×16558×2700	套	1	
6	地磅	100T	台	1	
7	混凝土运输车	轻型农用车	台	3	
8	混凝土下料斗	1M3	个	2	
9	装载机		台	2	
10	数控立式钢筋弯曲中心	G2W-32	台	1	
11	高频快装外部式振动器	ZKF15-D3	台	142	
12	电动单梁起重机	LD10-14.92 A3	台	6	
13	电动葫芦门式起重机	MH10-32 A3	台	4	
14	无砟轨道板模具	P4962、P4856、P3685、P4856A、P3060	台	80	
15	钢筋绑扎胎卡具		台	12	
16	发电机		台	1	
17	低压电容器柜	PGJ1-2	台	1	
18	低压配电柜	PGL2-04/PGL1-29/PGL1/28	台	3	
19	动力配电箱	XL-21(G)	台	3	

第二节　CRTSⅠ型轨道板预制生产

一、作业准备

无砟轨道CRTSⅠ型轨道板预制作业准备，包括对材料、场地、人员和设备的要求。

1. 技术准备

首先对进场施工作业人员进行岗前培训。每道工序施工前，进行详细的技术交底，明确技术标准，强调施工注意事项，提出质量、安全、环保技术措施。

2. 厂房配套准备

(1)供电准备

板场的用电从附近的高压线路接入；搅拌系统、灌注系统、重要办公用电等按2级用电负荷设计，其他用电按3级负荷考虑。当主供电回路停电时，能立即启动自备发电机，确保2级负荷的正常供电。

根据用电功率计算，选用两台500 kVA变压器和一台500 kW柴油发电机组，保证建场和正式生产轨道板的电力供应。

(2)给水准备

①在进行供水设计前，先根据每日轨道板产量确定生产用水和生活用水量。

②供水水源选择首选为地下水，其次河水，再次自来水。

③搅拌站必须设计储水箱，防止突然断水对制板的影响。

④给水管道全部采用预埋，并保证足够的预埋深度。

(3)排水设计

①在进行排水设计前，要对整个板场地形进行考察，根据地形合理放坡，减少排水系统的投入。

②在进行排水沟设计前应先了解当地近几年降雨量，防止因水沟过小造成的排水困难。

③尽可能利用当地现有水脉进行排水。

④化粪池大小由板场人数确定。化粪池排污最好使用涵管，且不得与其他排水系统相连。

⑤排水沟转折点及交点设置检查井，防止堵塞。

3. 材料准备

水泥、钢材、外加剂、钢丝、预埋件等原材料需要提前按照计划储备到位，进厂时应有出厂质量证明书或试验报告单。

水泥、钢材、外加剂及预埋件应有出厂质量证明书或试验报告单，选择砂、石供应单位时，须有供应单位砂、石全面检查合格的资料。选用的外加剂必须是经国家、部委或省、市、自治区、直辖市级有关部门鉴定批准生产的产品，并经铁道部质量技术监督部门认可的生产厂家。扣件用预埋套管按照设计图纸要求采用合格的厂家生产的产品和用户指定产品，使用的预埋套管应有合格证明书，套管的外形尺寸应有入厂复检报告单，并对供货单位进行合同评审。

轨道板所用原材料进场后必须经过复验，复验时原材料的分批、取样、复验项目、检验方法、合格品的判定和处理按《原材料检验制度》执行，合格的原材料才能投入使用。

4. 机械设备准备

机械设备是确保生产任务完成的必要条件，板场从生产进度计划出发，合理配置机械设备、工装模型，制定切实可行的设备维护保养制度，对每台设备指定专职维护保养人员，挂牌保养，并由专职设备工程师监督执行。

二、施工工艺流程

双向预应力混凝土轨道板预制施工工艺流程如图 4—2—1 所示。

1. 钢筋加工、绑扎、吊装入模

(1)钢筋堆放

①钢筋的堆放场地硬化处理、平整、干燥，做到上遮下垫，避免锈蚀或油污。

②加工好的钢筋摆放做到分类堆放，标识清楚，易于识别，不产生混淆。

③环氧涂层钢筋在运输及下料过程中不得损坏涂层。弯曲时应在弯曲机心轴和挡板处铺以橡胶垫层。

(2)钢筋的切断

①钢筋切断的时候钢筋端头要顶到活动挡板，将钢筋落入切断机切断，为防止差错，应先试断一根，检查合格后，再成批切断。

②钢筋切断后的切头要涂抹环氧树脂涂料，涂抹要均匀，要达到涂层钢筋的技术标准。

③切断时注意事项：一次切断钢筋根数严禁超过机械性能规定范围。当机械运转时，任何情况下不得触及运转部分，特别不要将手放在刀片剪切位置，钢筋切断时在钢筋的摆动范围内非操作人员不准停留，严禁超机械负载能力切断。

(3)钢筋定位

①纵向钢筋定位：在编架台纵向方木上按轨道板钢筋图纵向钢筋的间距、数量刻成宽 14 mm、深 10 mm 的小槽，编架时横向钢筋落入槽内以便定位。

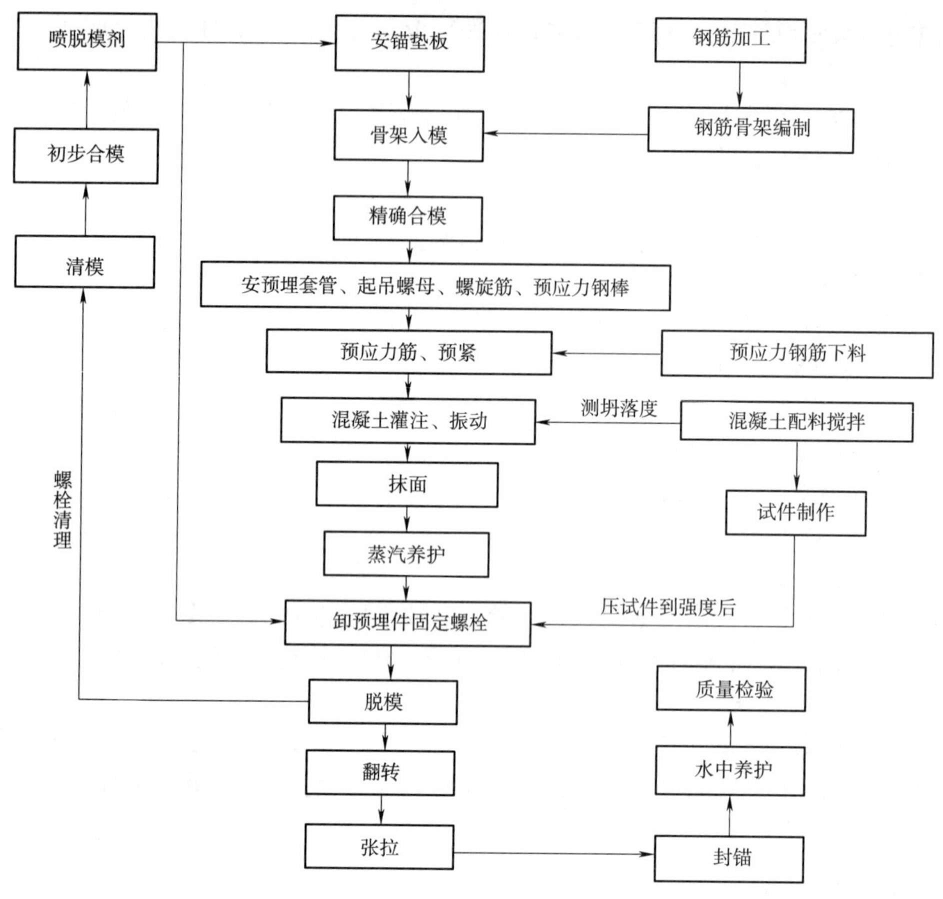

图 4—2—1　双向预应力混凝土轨道板预制施工工艺流程图

②横向筋定位按轨道板钢筋图要求，在编架台两侧纵向方木上按轨道板钢筋图纵向钢筋的间距、数量刻成宽 14 mm、深 10 mm 的小槽，编架时纵向钢筋落入槽内以便定位。

③在四边角钢上标明纵横向张拉成孔孔位。

(4)钢筋绑扎质量指标

①钢筋骨架应在专用台架上进行制作，并按规定检查台座。

②钢筋绑扎严格按照图纸规定进行加工、成型(特别注意 PF3685 钢筋的位置，PF3685 普通钢筋(9)号与(12)号、(10)号与(13)号长度不同，绑扎时注意区分)。

③钢筋节点处都要绑扎。且钢筋节点处都要垫绝缘垫层，绝缘垫层的位置要求放在节点的正中并绑扎牢固，以防其脱落。

④上下层纵向普通钢筋弯钩处应做绝缘处理，采用在下层纵向钢筋弯钩处加塑料护套的方案从而避免与上层钢筋弯钩接触。

⑤轨道板内钢筋不得与预埋件相碰。要求上层钢筋彼此间都绝缘，上层钢筋与下层钢筋绝缘。

⑥钢筋编扎铁丝应采用绝缘皮包裹专用扎丝，编扎后应无破皮现象。

⑦所有钢筋编扎完成后扎丝头不应过长，且上下层钢筋扎丝尾端应朝向板体内部。

⑧钢筋绑扎顺序：下层横向环氧树脂涂层钢筋→下层纵向普通钢筋→下层边口加强筋→架力筋→上层边口加强筋→上层纵向普通钢筋→上层横向环氧树脂涂层钢筋。

⑨所有钢筋位置按设计图纸定位，钢筋和预留孔有冲突部位以预留孔定位为准，钢筋位置可适当调整。

⑩钢筋位置偏差(偏离设计位置)±5 mm。

⑪箍筋间距及位置偏差±10 mm。

⑫钢筋保护层与设计尺寸偏差 0～+5 mm，钢筋按 30 mm 保护层控制(上层 15 号钢筋按 18 mm 保护层控制)。

⑬钢筋绑扎松动率小于 10%。

⑭钢筋保护层垫块梅花形交错布置，且绑扎在最外部钢筋表面，垫块要分布均匀，绑扎牢固。

⑮轨道板纵向单侧预埋两个接地端子，接地端子尾部圆钢应与布置图中所示最外侧上层纵向钢筋焊连(PF3685 因两侧的半圆直径不同，PF3685 型轨道板制造时应保证接地端子布置在板左、右两侧的板的数量相同，以满足同一孔梁两端轨道板接地端子同侧布置的要求)。

(5)钢筋骨架吊装

①钢筋骨架在钢筋绑扎台位上绑扎成型后，应全面检查其绝缘性能，发现不合格立即查找原因并从新绑扎。

②钢筋骨架在钢筋绑扎台位上绑扎成型后，全面检查钢筋的尺寸垫块的绑扎情况和混凝土保护层厚度尺寸，确保其符合相关要求。

③轨道板钢筋骨架吊运使用桁车通过专用钢筋吊架吊装完成，钢筋骨架吊运过程中应保证吊运过程平缓。专用钢筋吊架具有足够的强度和刚度，以保证钢筋骨架在吊运过程中不会发生变形及扭曲，同时要保证环氧树脂钢筋在吊运过程中不受到损坏。

④钢筋骨架吊钩长短要一致以保证起吊水平，吊钩吊点必须钩在普通钢筋上。

⑤吊运过程中，桁车严禁急速升降和快速行走制动，以避免钢筋骨架扭曲变形，钢筋骨架吊入制板台位及绑扎完毕后应对钢筋位置尺寸进行检查修复。

(6)钢筋骨架保护层厚度控制

钢筋保护层应符合下发的轨道板施工图纸的要求，垫块呈梅花型布置，保证垫块安装间距，加强受力效果。所有垫块必须安装在轨道板钢筋骨架最外层箍筋上，以保证钢筋骨架刚度和保护层的厚度尺寸，垫块数量不应少于 4 个/m^2。

(7) 骨架绑扎质量要求

①绑扎铁线应优先采用绝缘型铁线其线尾应扭向骨架内，绑扎点间绝缘电阻不得小于 2 MΩ，骨架不得有油污及扭曲。

②混凝土垫块设置位置见图：净保护层厚度应大于 30 mm，并小于 35 mm。设置位置为侧面和底部。

③轨道板钢筋绑扎尺寸位置偏差应符合表 4—2—2 要求。

表 4—2—2 混凝土轨道板内钢筋位置允许偏差

序号	项 目	要求	检查方法
1	普通钢筋	±5 mm	用钢卷尺测量
2	箍筋间距	±10 mm	
3	螺旋筋	±5 mm	
4	钢筋保护层	+5 mm	量垫块
5	纵、横向钢筋弯曲度	2 mm	拉线

(8)轨道板骨架安装

①安装程序:校正钢筋骨架→钢筋骨架入模→安装绝缘预埋套管和预应力钢棒→安装预应力钢筋→安装起吊螺母及螺旋筋→测试骨架绝缘性→校正。

②吊入骨架:骨架放入模板时,应注意避开绝缘预埋套管。若钢筋骨架影响预埋件位置和预应力钢棒位置,可适当移动普通钢筋位置,但移动后必须重新绑扎牢靠。将骨架放于底模上,骨架如有偏斜、扭曲,应进行调整。现场采用平板靠尺,担置在两边侧模上,用钢尺检查靠尺边缘至钢筋边缘距离,对钢筋骨架在轨道板厚度方向的位置进行调整。对环氧涂层钢筋不得损坏表面涂层。

③安装预埋套管并拧紧,混凝土灌注前需检测预埋套管是否到位。

④安装预埋套管螺旋筋并固定。

⑤安放预应力钢筋:预应力钢筋安装前必须检查包裹层是否完好,对于包裹层微小损坏的地方,可采用塑料胶带封裹。严禁采用包裹层损坏严重的预应力钢筋。合模时,人工抬起预应力钢筋,穿入相应锚穴成孔器,并安装张拉端予紧装置。保证预应力钢筋的平直,以钢绞线张紧为准。

⑥钢筋和预埋件的检查和验收

钢筋和预埋件安装全部完成后,按照设计图纸对所有项目进行检查,填写钢筋检查记录表和预埋件检查记录表。

2. 轨道板预制生产

(1)轨道板模型

①模板应采用足够强度、刚度和稳定性的钢模。模板应能保证轨道板各种形状、尺寸及预埋件的准确位置。

②模板的制造允许公差以轨道板成品允许公差的 1/2 为准。

③模板应实行入场检测和日常检查、定期检查,检查结果应记录在模型检查表中。入场检测应在模型进场前进行,内容包括:长度、宽度等。日期检查应在每天作业前进行,内容包括:外形、平整度:定期检查每月进行一次,内容包括:长度、宽度、厚度和平面度。

④对安装震动器部位的钢模板和震动器应经常检查有无裂纹及松动,保持其安装的牢固性和可靠性。

⑤对暂时停用的轨道板模型应涂油遮盖防止生锈和变型。

⑥模板使用前必须清除灰渣和污物,尤其在锚穴成孔器处,预埋件位置和模板结合部,清扫干净。清理灰渣和污物时,严禁锤击和硬物直接敲打,以免造成凹坑和局部变形,应使用专用铲具进行清理。清理人员必须穿专用的雨靴,模型清理干净后由检查员进行检查,检查合格后方能均匀涂刷脱模剂。

⑦在模板表面均匀涂刷脱模剂,尤其注意锚穴成孔器处,预埋件位置和模板结合部脱模剂的涂刷应到位。模板表面防止漏涂脱模剂。脱模剂不应涂刷过多,表面不能见明显的油渍,当表面喷涂脱模剂过多时,应用海棉把模板表面脱模剂堆积处擦净。

(2)混凝土运输

①混凝土运输使用下料斗运输,运输前须检查卸料部分是否运转正常。

②混凝土运输车应按照事先拟定的线路走行,走行路线需保证畅通无阻。

③在冬天,当环境温度低于－5℃时,在运输过程中要用保温材料(要用防雨塑料布包裹防

雨)外加篷布包裹罐体进行保温;在夏天,当气温高于 35℃时,要用湿棉被包裹罐体进行散热。

④在运输混凝土过程中严禁加水;运输允许延续时间不超 20 min。

(3)混凝土的灌注

①在预埋件安装之前检测模型是否清洁干净。

②装预应力钢棒之前检查预应力钢棒的尺寸、质量等,将不合格的钢棒放在不合格品区,预应力钢棒按规定安装,钢棒的橡皮套不能过长,橡皮套距离两边的距离要一致。

③预埋套管的安装要到位,预埋套管不能与模型底面有间隙。起吊套管也要安装到位。

④螺旋筋要按照要求来安装,螺旋筋不能与任何预埋件相碰。

⑤灌注前要检查预埋套管、锚垫板、起吊套管等预埋件是否全部安放齐全牢固和准确(所有预埋件必须与固定位置的钢模表面密贴,不允许有缝隙存在),同时检查箍筋、螺旋筋安放是否正确。确认接地端子、接地钢筋的位置和焊接质量(钢筋间的连接采用搭接焊工艺,焊缝长度为单面焊接长度不小于 100 mm,双面焊接长度不小于 55 mm)满足设计要求。模板温度宜在 5℃～35℃,混凝土拌合物入模温度应控制在 5℃～30℃。检查两侧振动器是否完好。并作好记录,检查人员签字认可后方可进入下道工序。

⑥混凝土灌注时每套钢模配置 6 台附着式振动器,灌注采取一端向另一端延伸的办法。混凝土浇筑分两层连续进行,第一层 100 mm 厚,第二层 90 mm 厚。灌注时灌注的地点应该以起吊套管、锚穴处优先,严禁浇筑间隔超过初凝时间的混凝土。

⑦浇筑温度必须进行严格控制。在夏季的浇筑温度宜控制在 30℃以内,骨料、拌合水应进行遮盖,避免长时间日照。冬季浇筑温度应控制在 10℃～20℃,应做好骨料、水泥和水的保温工作,并用蒸汽对模板进行预热。

⑧混凝土灌注,下灰时下料人员注意控制下料斗摆动,以确保下灰均匀,并保证安全。下灰量要适度,以振动后混凝土平齐钢模顶面为准。

⑨布料过程中,随混凝土的灌注,开启振动器振捣,第一次下料完成,振动 2～3 min,之后进行第二次下料,下料完成,进行第二次振动振动时间 5～7 min,直至表面没有气泡溢出、没用翻浆为止。振动过程中,铲平表面多余混凝土,不够地方添补混凝土注意填边填角,保证混凝土表面与模型平齐,确保低面平整度和轨道板厚度。

⑩用抹子抹平混凝土表面,用毛刷在混凝土表面刷毛。在夏季抹完面后应及时将混凝土表面进行覆盖,避免使混凝土快速失水造成干裂。冬季静停温度应控制在 10℃～20℃,应做好骨料、水泥和水的保温工作,并通入少量蒸汽保证轨道板的温度。

⑪发生停电或设备故障影响混凝土灌注时,应马上启动发电机组或备用机具,保证混凝土灌注的连续性。若无法在混凝土初凝前继续灌注时,则应彻底清除模型内混凝土,混凝土灌注完成覆盖养护棚静停 3 h 以上开始蒸汽养护。

(4)混凝土的蒸汽养护

①板体混凝土蒸气养护分静停、升温、恒温、降温四个阶段。

②静停期间应保持棚内温度不低于 5℃,灌注完静停 3 h 后开始升温,升温 2 h,升温速度不应大于 15℃/h,恒温时蒸汽温度宜在 30℃～45℃,板内芯部混凝土温度不超过 55℃,最高温度的持续时间不超过 6 h。降温速度不大于 15℃/h,脱模时道板表面与环境温差不应大于 15℃。

③静停时,如环境气温低于 5℃,适当通入蒸汽保持养护罩内温度为 10℃～15℃。

④蒸汽温度测点布置:在棚内中部设置一个测量点,并悬空放置。

⑤蒸养期间及撤除保温设施时,板体混凝土芯部与表层、表层与环境温差不超过 15℃。

⑥蒸汽养护时,每 10 min 测温记录一次。

⑦脱模后,如不到早期张拉强度,必须进行第二次蒸汽养护,执行标准跟第一次蒸汽养护相同。

⑧养护过程中若出现停气的情况,应相应延长养护时间。若升温阶段停气,供气后应按养护制度重新升温、恒温、降温。若恒温阶段停气,供气后应按养护制度重新升温、恒温,但其恒温时间可相应缩短。

(5)试件制作

①每同一条件下浇筑、同一条件养护的 10 块板做为一组,每组轨道板生产用于检查张拉强度、脱模强度试件制作 2 组(150 mm×150 mm×150 mm),每工班轨道板生产用于 28 天强度试件制作 1 组(150 mm×150 mm×150 mm)。

②每组轨道板(10 块)按要求制作 150 mm×150 mm×30 cm 试件 1 组(12 条),测量混凝土弹性模量。每工班轨道板生产用于 28 天弹性模量试件 1 组(15 mm×15 mm×300 cm)。

③制作试件的混凝土应从开灌后的第三罐之后取用,试件用振动台振动后与产品一起养护,养护条件与产品相同。试件养护位置放在最后完成混凝土浇筑的板处和该板蒸汽最薄弱的地方,根据生产线蒸汽管道设置情况,生产试件放在轨道板钢模侧模或端模上。

④试件制作好以后应及时编号,再进行养护,不允许脱模后再编号。

⑤混凝土轨道板脱模强度不低于 40 MPa。

⑥按规定的养护制度养护完成后,取出一组试件送试验室做脱模强度检验,混凝土强度不得小于规定的脱模强度,强度合格,由试验室签发强度通知单,班组方可停气缓慢降温,待降温温度达到规定要求方可揭篷布脱模。

(6)轨道板脱模

①轨道板场得到试验室签发的脱模通知单后方可停止养护并少量揭篷布降温。待降温达到要求后(即棚内与室内温差不超过 15℃),再全部揭开篷布。

②脱模前依次拆除锚垫板固定螺栓、板体各预埋件锁紧螺栓。起吊前检查并确认所有的锁紧螺栓已全部拆除。

③拆除端模、侧模的连接螺栓及挡块、预应力钢棒予紧装置。利用拆模装置依次拆除侧模和端模。模板拆除过程中,应同步协调,防止损伤边角和锚穴位置混凝土。

④拆模完成后用四个千斤顶顶在吊耳的位置,四个千斤顶同时顶轨道板,将轨道板顶起至少 100 mm,再采用天车起吊。

⑤轨道板起吊采用专用的起吊架进行吊装作业。充分拧紧起吊螺栓,轨道板起吊时应保持水平起吊,缓慢进行,保证预应力筋从端、侧模缓慢缓慢脱出。吊装过程中必须有操作人员扶稳板体,防止轨道板摇摆受到振动和撞击。

3. 张拉封锚

(1)张拉前准备

①张拉用千斤顶在使用前应与油压表配套标定,千斤顶的校正系数不得大于 1.05。千斤顶标定的有效期不得超过一个月或张拉 300 块板,油压表不得超过一周。

②张拉用的设备需专人保管使用,避免有关部件损坏或生锈,以保证使用时具有良好的性

能。张拉工作结束时，应将油压表卸下装盒，专人保管。

③开工前，必须仔细检查张拉设备运转是否正常，锚具是否完好。

(2)预应力张拉

①在轨道板混凝土达到设计强度80%以上(C60)，可进行张拉。

②将千斤顶、油泵、油压表连接好，并进行两次以上的空运行，排除油路系统中的空气，保证张拉作业的正常进行。

③安放张拉螺母前必须清除锚穴内的灰渣，保证张拉螺母与锚垫板的垂直。

④轨道板横向预应力筋单根张拉控制力为127 kN，纵向预应力筋单根张拉控制力为122 kN，采用YGB型预应力钢棒用张拉千斤顶，ZB4-500高压油泵配套作业。张拉顺序应左右对称同时进行，先横向，后纵向，横向间隔一根逐次对称张拉并由外往内，纵向为两端同时张拉并由内往外。应采用规定的张拉记录表，对每一根预应力筋按顺序编号，记录张拉力和实测伸长值。每张拉一根应作出标记。采用油表读数为主，伸长值作复核的双控张拉作业原则。

⑤采用二次张拉和紧母工艺，其张拉程序如下：

安装千斤顶→旋转套与钢棒螺母正确对位→千斤顶进油0→10%设计张拉应力值持荷、测量、记录→张拉控制应力100%σ_k(持荷、测量、记录)→锁紧钢棒螺母→千斤顶回油至零→取下承压螺母→完成张拉过程。

⑥张拉时严格按照张拉力计算出的油压表读数控制张拉力。伸长值应在规定范围内，否则应查明原因进行处理并向主管技术人员汇报。

⑦张拉人员应做好张拉记录，包括张拉油表读数、张拉伸长值、千斤顶号、轨道板编号及断、滑丝处理情况。

⑧在张拉作业全过程要有专职的检验人员旁站，随时记录、检查。

⑨张拉区禁止非工作人员进入张拉场地，张拉前应安装好防护装置，在张拉过程中张拉人员禁止站立或经过张拉装置或锚固装置的后方。

(3)封锚

①张拉后的锚穴用42.5级水泥、筛除5 mm以上颗粒的细骨料，并用能提高砂浆韧性的聚醋酸乙烯类聚合物乳液等配制的封锚砂浆进行封锚，封锚前应对锚穴进行清理，不得有油污、浮浆(尘)、杂物和积水，并均匀喷涂能够提高粘结强度的界面剂。

②封锚砂浆采用强制式搅拌机拌制，搅拌机转速不宜小于180 r/min。

③封锚砂浆填压前，应采用所选用水泥、骨料、掺合料、聚合物等原材料制作砂浆抗渗性能、收缩性能试件各一组进行性能检测，并确保由不同原材料带入砂浆内的氯离子含量符合《客运专线铁路CRTSⅠ型板式无砟轨道混凝土轨道板暂行技术条件》。

④封锚砂浆应分层填压。采用空气锤对砂浆进行振捣，频率不小于1 000 Hz，振捣力不小于6 kg，振捣次数不得少于3次，每次不少于20 s。

⑤封锚砂浆填压过程中，可对砂浆进行二次搅拌，但严禁二次加水。

⑥封锚砂浆填压时的环境温度宜为5℃～35℃，当昼夜平均气温低于5℃或最低气温低于－3℃时，应采取保温措施，保温时间不少于24 h。避免在阳光直射、雨、雪和大风环境下进行封锚作业。

⑦封锚砂浆填压过程中，应随机取样制作1 d、7 d和28 d的抗压强度试件，试件应采用与封锚砂浆相同的成型条件，时间脱模后应进行标准养护。

⑧封锚砂浆填压完毕后应立即在砂浆表面喷涂养护剂。

4. 水养

轨道板封锚完成 2 h 后将其调入水养池进行水中养护,水中养护时间不能少于 3 d。水养温度不能低于 5℃。

5. 轨道板存放

(1)轨道板成品应按型号和批次分别存放,不合格的轨道板应单独存放。

(2)轨道板的存放场地应坚固平整。

(3)轨道板的存放以垂直立放为原则,并采取防倾倒措施。相邻轨道板用木块或橡胶垫块隔离。临时(不大于 7 d)平放时,堆放层数不超过 4 层,层间净空不小于 20 mm,并保证承垫物上下对齐,承垫物的位置符合设计图的要求。

(4)轨道板在存放和运输时,应在预埋套管和起吊套管等处安装相应的防护装置。

(5)轨道板装卸时应利用轨道板上的起吊装置水平吊起,使四角的起吊螺母均匀受力,严禁碰、撞、摔。

(6)轨道板宜采用铁路或公路运输,运输时应采取防止轨道板倾倒和三点支承的相应措施,并保证轨道板不受过大的冲击。

第三章　CRTS Ⅱ 型轨道板预制生产

CRTSⅡ型轨道板在生产厂房内集中预制，实行工厂化管理，生产工艺先进，较大程度地使用机械化、程序化、数控化、自动化作业控制，包括混凝土生产浇筑养护、预应力筋制作张拉、成品板打磨等环节，以确保轨道板质量的可控性。

本章以某CRTSⅡ型无砟轨道轨道板场为例，介绍CRTSⅡ型无砟轨道轨道板场选址设计与轨道板预制技术。

第一节　CRTSⅡ型轨道板场选址设计

一、选址原则

轨道板预制场的选址应遵循以下原则：

(1)板场选址前先根据工期、产量及生产工艺确定板场大致所需面积。

(2)制板原材料及大型设备运输必须通畅方便。制板场的位置应尽量与既有公路或施工便道相连，利于大型制板设备和大量制板材料运输进场；道路沿线一些既有的车辆通行咽喉控制设施如涵洞、桥梁必须能满足大型施工车辆尤其是大型制板设备运输车辆的通行。

(3)所选场址附近水、电供应方便，最好有10 kV高压输电干线，防止频繁停电对制板的影响。

(4)地质状况好，尽量减少板场主要结构物的地基处理费用。Ⅱ型轨道板对厂房基础、生产线张拉台座、存板台座等承载能力和不均匀沉降均提出了很高的要求，因此制板场的位置应尽量选在地质条件好的地方，减少土石方工程和基础加固工程量，降低工程费用。

(5)征地拆迁少，复耕量少。在满足制板工期和存板的前提下，制板场应选在占用耕地少、拆迁量少的地方。因此应尽量利用车站、红线以内区域设置板场，在可能的情况下尽量永临结合。

(6)考虑防洪排涝，确保雨季施工安全。

二、总体平面布置

板场按照功能设计一般分为生产区，生产辅助区，存板区，生活区。

1. 生产区设计

(1)钢筋加工区：钢筋加工区设钢筋加工胎具，分上层钢筋网片胎具和下层钢筋网片胎具，另设成品网片存放台。钢筋网片在胎具上编制，组装成型后放置在存放台位上备用。钢筋加工车间另设热缩管加工区、钢筋存放区、钢筋切断区。钢筋加工区采用单班制作业。

(2)毛坯板生产线：毛胚板生产线采用长线台座法直列式布置，每条生产线设置若干组钢模。采用三班制作业。

(3)轨道板打磨生产线:轨道板打磨生产线设计若干个工位,打磨装配检测完毕后的成品板横向出库。打磨生产线采用三班制作业。

2. 生产辅助区设计

(1)板场生产辅助区共分制板区,辅助工区,混凝土搅拌区,砂石存放区四个区。

(2)辅助工区设计包括:试验室、发电机房、空压机房、维修间等。

(3)毛坯板存板区设计存板能力应至少大于一个月的产量,砂石存放区分为露天存放场和暖棚存放两种,暖棚为冬季施工准备。

(4)搅拌站区域设计

①料场设计:客运专线预制Ⅱ型轨道板所用高性能混凝土有3种骨料,按照每种骨料配备一个合格仓,一个备料仓的要求,共需6个料仓。料仓的面积根据月产量来定,一般要求存料能满足半个月原材料消耗。料仓内混凝土地面应高出其他区域混凝土地面5～10 cm,防止雨水倒灌。同时料仓内地面应适当放坡,使雨水能迅速排出,防止雨水聚集。料仓周围必须开挖足够深度的排水沟。当板场处于北方寒冷地区时,合格仓必须用活动板房包围起来,并接入蒸汽管道,以满足冬季施工的要求。

②搅拌站设计:搅拌站必须要有足够的生产能力,满足3小时内能灌注完24块轨道板。搅拌站基础高程设计要满足两个条件,一是满足装载车上料要求,最好不需要通过修筑上料斜坡上料;二是要满足搅拌车接料要求,搅拌站下灰口略高于搅拌车接料口。太高混凝土容易洒出,太低需要额外开挖斜坡,造成运输设备燃料额外浪费。搅拌站料仓、主机基础要比混凝土地面高出10～20 cm,防止雨水浸泡对支腿的腐蚀作用。搅拌站料仓必须做好防雷接地。搅拌站上料料斗隔板应加高,防止混料。料斗上必须焊接雨棚,防止下雨时砂石含水率变化对混凝土质量的影响。搅拌站用水在条件允许情况下,可直接在搅拌站区域内开挖深井,减少管道输送造成的水头损失。所用水箱应设计成双层箱壁结构,以适应冬季施工对搅拌用水的加热保温要求。

3. 存板区设计

(1)存板台座的设计取决于板场存板方案。

(2)存板区存板能力要考虑铺板情况,如铺板工期等。

(3)根据地形条件,存板区可适当放坡,既可以减少土方施工投入,又可以减少排水系统的投入。

(4)存板区按照制板工艺分为毛坯板存放区和成品板存放区,两个存放区要求能够互联互通,以便毛坯板和成品板的倒运。

4. 生活区设计

(1)生活区布置前,先要确定生活区房屋数量,由板场产量确定。

(2)生活区要远离锅炉房、发电房等重大危险源区以及搅拌站等重大灰尘和噪声污染源区。

(3)如果有条件,土方施工时生活区可以单独施工,无须和生产区处于同一高程。生活区可以适当放坡,减少排水系统的投入。

(4)生活区所有房屋基础必须高出路面10～20 cm,防止雨水倒灌。

(5)生活区布置时必须要考虑消防因素,房屋距离不宜过近,且消防用水能覆盖整个生活区。

三、工装设备配备

为满足板场生产需要，板场配备设备见表 4—3—1。

表 4—3—1 CRTS Ⅱ型轨道板场设备配备

序号	设备名称	规 格	功率(kW)	数量
1	洗石机	非标	20	1
2	混凝土搅拌站	HZS150	232	1
3	混凝土斗运输车(带卷扬机)	非标	4	1
4	龙门吊	5 t	15	2
5	切断机(用于精扎螺纹钢筋)	GQ60	7.5	2
6	钢筋定长切割装置(推送器)		7.5	1
7	预应力工装(含张拉台、卡具、液压泵)	LYJL	22	3
8	吸尘器		4	1
9	大功率吸尘器	GS1100	13	1
10	双梁桥式吊车	LH16t—19.5 m	34.3	3
11	双梁桥式吊车	LH(8+8)t—19.5 m	34.3	1
12	混凝土布料机	非标	16	1
13	振捣装置和控制设备	GZF150A	37	1
14	刷毛装置	非标	3	1
15	多功能运输车(盖篷布)	非标	6	1
16	大板养护温度自动控制		3	1
17	热交换系统	BWG400-1.0-14-1500/19-QS-L-2	27	1
18	预应力钢筋切割小车	非标	12.5	3
19	真空吊具	GDB-VG-K25T/4	7.5	2
20	空压机	C-1.5/8	32	1
21	空压机	OGFD-6.31/10B	45	1
22	轨行式电瓶运输车	JX03	3	2
23	轨行式电轨运输车	JXDG03	3	1
24	轨道板翻转机	FZJ	28	1
25	装配车间的滑轮线	非标	27	1
26	切除钢筋余头的盘踞	非标	4	2
27	混凝土打磨机		230	1
28	油脂定量加注机	非标	4	1
29	高压清洗机	HD10/25	3	3
30	轨道板横向运输车	非标	4	2
31	污水处理系统	非标	30	1
32	试验		15	1
33	电焊机	BXI-315	27	1

续上表

序号	设备名称	规　　格	功率(kW)	数量
34	电焊机	BXI-400	29	1
35	二氧化碳保护焊机	NBC-500	17	2
36	传感器	RC-10t	0.005	4
37	台式钻床	2512B	0.37	1
38	高压无气喷涂机	1800i	0.3	1
39	龙门吊	16 t	35	3

第二节　CRTSⅡ型轨道板预制生产

一、作业准备

CRTSⅡ型板预制制作业准备，包括技术准备，材料准备，机械设备准备等等。

(一)技术准备

CRTSⅡ型轨道板预制要按正式批准的设计图纸和技术条件制造。所有原材料应有合格证明书和复验报告单，不合格者不得使用。

(二)厂房配套准备

1. 供电设施

(1)变电站

①板场的用电从附近的高压线路接入，板场的搅拌系统、灌注系统、重要办公用电等按 2 级用电负荷设计。当主供电回路停电时，能立即启动自备发电机，确保 2 级负荷的正常供电。其他用电按 3 级负荷考虑。

②主要用电设备分组见表 4—3—2。

表 4—3—2　主要用电设备

序号	用电设备组	设备组额定容量 Pe(kW)	需要系数 (K_d)	$\cos\phi$	$\tan\phi$	$P_j=K_d \cdot P_e$ (kW)	$Q_j=P_j \cdot \tan\phi$ (kvar)
1	轨道板运输起重设备	351.1	0.5	0.65	1.17	175.60	205.45
2	钢筋加工设备	30.5	0.3	0.75	0.88	9.15	8.05
3	轨道板打磨装配设备	243	0.5	0.75	0.88	121.50	106.92
4	混凝土搅拌系统	264	0.7	0.75	0.88	184.80	162.62
5	电气焊设备	90	0.3	0.75	0.88	27.00	23.76
6	试验室设备	15	0.5	0.75	0.88	7.50	6.60
7	混凝土浇筑设备	102.5	0.5	0.75	0.88	51.25	45.10
8	吸尘设备	17	0.3	0.75	0.88	5.1	4.49
9	污水处理系统	30	0.5	0.75	0.88	15	13.20
10	空压机及真空吊具	92	0.5	0.75	0.88	46	11.62
11	作业区照明	20	0.7	0.8	0.75	14.00	10.50

续上表

序号	用电设备组	设备组额定容量 Pe(kW)	需要系数(K_d)	$\cos\phi$	$\tan\phi$	$P_j=K_d \cdot P_e$ (kW)	$Q_j=P_j \cdot \tan\phi$ (kvar)
12	生活区用电	100	0.7	0.8	0.75	70.00	52.50
13	其他用电综合	90.69	0.3	0.65	1.17	27.20	31.83
	合　计	1448.79				754.10	682.64

③变压器容量选择

考虑后期增容及采用电蒸汽发生器的可能，选用两台 630 kVA 变压器，能够满足生产需要。

④发电机容量选择

发电机作为备用电源主要用于停电时供应搅拌站、振动器、布料机等设备用电，以保证轨道板灌注的连续性；总额定功率约为 500 kW，考虑设备使用的不同步性及实际使用功率等因素，所需要的发电容量为 425 kW，我们选用 1 台 500 kW 柴油发电机组，其输出功率为 550 kW，备用输出功率为 605 kW，完全能满足需要。

(2)供电线路设计需注意的问题

①生产区、生活区、生产辅助区要分区供电，当一个区出现电力故障，其他区域可以正常用电。

②生产区内电缆布置通常采用地下埋设形式，直接引至配电房。

③生活区通常采用明线电缆布线。

④搅拌站采通常采用地下电缆从配电房直接供电。

⑤龙门吊供电通常采用滑线供电。

⑥电力的铺设要有合理的组织，在场地硬化前完成，同时注意埋设深度，防止该处基础开挖造成的返工。

2. 供暖设计

轨道板预制工艺将采用蒸汽养生，提高早期强度，加快制板速度。轨道板生产能力为 72 块/天，蒸养时间为 16 h，根据蒸汽能力的计算，1 台 4 t 锅炉能够满足每天 72 块板的蒸汽养生需要。

3. 给排水设计

(1)给水设计

①在进行供水设计前，先根据每日轨道板产量确定生产用水和生活用水量。

②供水水源选择为地下水。

③搅拌站必须设计储水池，防止突然断水对制板的影响。

④给水管道全部采用预埋，并保证足够的预埋深度。

(2)排水设计

①在进行排水设计前，要对整个板场地形进行考察，根据地形合理放坡，减少排水系统的投入。

②在进行排水沟设计前应先了解当地近几年降雨量，防止因水沟过小造成的排水困难。

③尽可能利用当地现有水脉进行排水。

④充分考虑由于地势影响而预留的边坡对整个板场排水的影响。

⑤化粪池大小由板场人数确定。化粪池排污最好使用涵管，且不得与其他排水系统相连。

⑥排水沟转折点及交点设置检查井，防止堵塞。

(三)材料准备

在生产前需要对原材料进行型式检验，包括混凝土原材料及热轧带肋钢筋、精轧螺纹钢筋、预应力钢筋、环氧树脂钢筋等及预埋件的检验。

(四)机械设备准备

机械设备是确保生产任务完成的必要条件，板场从生产进度计划出发，合理配置机械设备、工装模型，制定切实可行的设备维护保养制度，对每台设备指定专职维护保养人员，挂牌保养，并由专职设备工程师监督执行。

二、施工工艺流程

轨道板预制工艺流程是一个非常严格和复杂的过程，从配件安装、混凝土灌注以及成品出厂都需层层把关，精细化加工，其工艺流程见图 4—3—1。

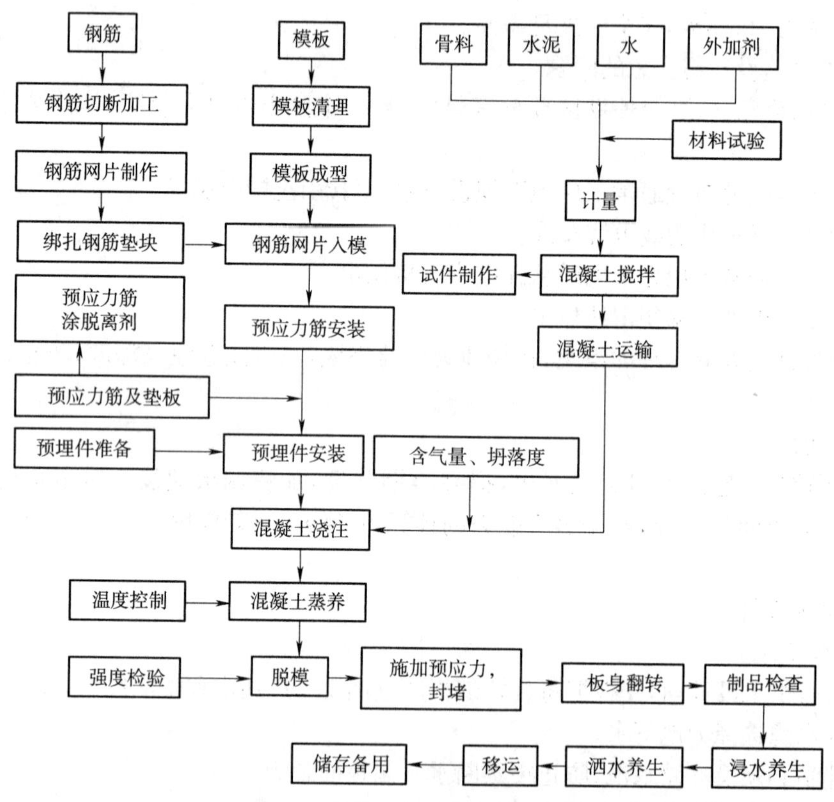

图 4—3—1　CRTS Ⅱ型轨道板预制工艺流程图

(一)原材料、产品配件入库及管理

依据原材料检验和试验规定、进厂检验制度、相应图纸和标准，原材料、产品配件进场后，对品种、规格、数量、外观及质量证明书等进行核查确认，并进行取样和复验。水泥、减水剂、砂石料、钢材的入库储存须符合有关规定，确保其不影响轨道板成品质量。

(二)混凝土制备

1. 准备工作

依据当天生产计划、轨道板施工图、材料消耗定额、检验报告等，检查核实库存的砂、石、水泥、掺合料及减水剂数量、规格及种类是否满足生产要求，是否通过检验，严禁使用未经检验和检验不合格原材料。

检查搅拌机、上料装置、加热装置、混凝土料斗、电子称、控制系统及湿度、温度、稠度传感器工作状态是否正常，并在投料前清洗搅拌机和混凝土料斗，进行无负荷试运转，确认一切正常后开始搅拌混凝土。

检查生产所需的各种检测仪器工作状态是否正常，是否在检定的有效期内；检测工具数量是否满足生产要求，是否在检定的有效期内；严禁使用未经检验和检验不合格检测仪器和工具。

2. 混凝土制备

轨道板用混凝土强度等级为C55。做好配料计量、混凝土搅拌、坍落度检测等工作。在寒冷季节搅拌混凝土，根据实际情况需向搅拌机内通入蒸汽，保证出料温度在30℃左右。

3. 检查验收

在每个工作班，专职检验员对混凝土制备各个环节进行监督检查，其中关键环节作工序检验记录，严把质量关，坚决杜绝不合格混凝土进入生产线。

(三)钢筋加工及钢筋网片编制

1. 钢筋下料

轨道板内普通钢筋由ϕ16 mm接地钢筋、ϕ8 mm网片钢筋(包括环氧涂层钢筋)、ϕ20 mm精扎螺纹钢筋组成。钢筋间纵横节点用绝缘片隔离，或用热缩管隔离(ϕ20 mm精扎螺纹钢筋与预应力丝间)。普通钢筋下料长度允许偏差应符合规范要求。

2. 绝缘安装

钢筋车间内设三个热缩管安装台，负责热缩管的定位安装加工；4个下层钢筋网片加工胎架，用于下层钢筋网片的安装和接地装置的焊接安装；6个上层钢筋网片加工胎架，用于上层钢筋网片及纵向连接钢筋的安装。

3. 热缩管安装工艺

热缩管的安装是在自行加工的专用胎架上进行的。加工时人工将切割好的钢筋抬放到加工胎架上。手工将热缩套管套在螺纹钢筋上，并调整到设计位置。比照标准定位件，精确调整热缩管的位置。然后用喷火枪开始热缩加工。燃气喷火枪点火后，手持喷火枪，沿要热缩的套管上(或下)反复、快速移动，直至热缩管处能看到钢筋螺纹，热缩工序即告完成。喷火热缩时，枪口与热缩管保持10～15 cm距离，防止热力过于集中，使绝缘性能降低或消失。

4. 钢筋网片编制

(1)下层钢筋网片编制

下层钢筋网片由一纵一横两层钢筋组成。上部为横向40根ϕ8环氧涂层钢筋，在灌浆孔处为6根短筋。下部为纵向8根ϕ8结构钢筋和4根ϕ16接地钢筋。环氧涂层钢筋采用定尺料，ϕ8材质为HRB500，ϕ16接地钢筋材质为HRB335，结构钢筋与接地钢筋用钢筋切割机进行切断。先将纵向钢筋按照胎架上预留定位口的位置放置，后将横向环氧涂层钢筋按照定位口位置放置在纵向钢筋上。每个交叉点均要设置绝缘垫片同时用绝缘扎丝进行绑扎。绑扎结束后应将过长的绝缘扎丝截除，绑扎过程做到快速、牢固、符合要求。如绑扎过程中发现环氧涂层钢筋有破损现象发生应立即予以更换，接地端子及扁铁进行电焊作业要做到牢固不变形。

(2)上层钢筋网片编制

上层钢筋网片由二纵一横三层钢筋组成。上部纵向 14 根 $\phi8$ 结构钢筋。中部为横向 46 根 $\phi8$ 环氧涂层钢筋，在灌浆孔处为 6 根短筋。下层为 6 根精轧螺纹钢。先按照定位口位置放置纵向六根 $\phi20$ mm 精扎螺纹钢筋，后放置横向环氧涂层钢筋，最后再放置纵向 $\phi8$ mm 钢筋，进行绑扎，与下层钢筋网片同样需要设置绝缘片，且绑扎方法一致。上下层钢筋网片绑扎完成后均需使用 500 V 兆欧表对钢筋网的绝缘性进行检测，要求电阻值不小于 2 MΩ。

(3)绑扎成型的钢筋网片按上下层钢筋分别堆放。制作专用钢筋网片吊具，吊运时采用 6 点吊，吊点须位于纵向普通钢筋上，不得掉在涂层钢筋上。钢筋骨架统一堆放在专用托盘上，每层钢筋网片间设 4 处搁置点。

(四)预应力钢丝下料

1. CRTSⅡ型轨道板内预应力钢筋由 6 根 $\phi5$ 预应力钢丝和 60 根 $\phi10$ 预应力钢丝组成。

2. 预应力钢筋加工在常温下进行，按照设计检查尺寸，采用机械定长切断，不应使用电焊切割。

3. 加工预应力钢筋时，首先将整捆预应力筋吊放到特制放线架里，人工将钢筋头从中抽出，装入定长切断机推送器的推送槽中，开启电源，定长切断机将按既定长度自动下料，并将成品置于切断机的一侧。

4. $\phi10$ 预应力钢丝下料长度为 63.43 m，$\phi5$ 预应力钢丝下料长度为 63.05 m，允许偏差 10 mm。

5. 预应力钢筋在切断和移运过程中保持顺直，防止变形、碰伤、污染。

6. 钢筋切割满一条台座线所用后用桥吊存放于台座边，两种规格分开存放。

(五)预埋件加工及安装

1. 调高预埋件

采用 Q235 制成，表面做铬酸钝化处理，数量为四块，分别位于轨道板的四角底面，在轨道板拉毛结束后安放，用于轨道板安装精确定位用，调高预埋件钢板面应与混凝土表面齐平，高差允许偏差 0/－3 mm。

2. 接地预埋件(接地桥)

根据客运专线综合接地系统设计要求，轨道板内设置 4 根纵向接地钢筋(直径 16 mm，HRB335)，接地钢筋在板端通过扁钢(50 mm×4 mm)横向连接，接地端子焊接在直径 16 mm 接地钢筋上，接地端子设置在线路外侧，通过连接导线与综合接地系统相连。

3. 预埋套管(扣件预安装)

(1)采用与 WJ-8C 扣件相匹配的预埋套管，材质为玻纤增强聚酰胺 66。

(2)制作轨道板时，应严格保证预埋套管的预埋位置，预埋套管顶面距轨道板承轨面距离应小于 2 mm，但不得高于轨道板承轨面。该部件预先埋设于轨道板中。预埋套管埋设后，应加盖塑料(或其他材料)盖以防雨水和泥污进入。

(六)模板安装调试

1. 模板安装前的布局

先根据张拉横梁上张拉块的高度确定张拉中线的高度，进而确定模型的整体高度。

2. 首块模板安装

(1)粗调模板高程：先吊出模板将其放置在支撑钢板上，按照模板边沿高程比张拉槽口高程平均值高 1.5～2.0 mm 的原则将模板粗调平。

(2)纵向槽口定位：采用张拉钢丝法或经纬仪定位法，以两端张拉台座上的 ϕ5 钢筋张拉槽口中心为基准线，移动模具，使模板 V 型槽口中线与之对齐，其精度要求达到±1 mm。

(3)精调模板高程：用数字水准仪通过测量模板中 1、4、7、10、11、14、17、20 号承轨台的高程，调节地脚螺母使其高程在同一水平面上，误差范围±0.3 mm。

3. 非首块模板的安装

(1)支撑钢板的调整：调节地脚螺母使支撑钢板与前一个已安装模板的支撑钢板基本处于同一水平面。

吊入已制作好的合格模板，安置于 8 个支撑钢板上。

(2)纵向槽口定位：采用张拉钢丝法或经纬仪定位法，以两端张拉台座上的 ϕ5 钢筋张拉槽口中心为基准线，移动模具，使模板 V 型槽口中心线与之对齐，其精度要求达到±1 mm，并使模板长方向棱边与相邻已安装的模板边平行，并调整模板的位置，使相邻模板距离控制在 50 mm。

(3)高程定位：用数字水准仪通过测量模板中 1、4、7、10 号承轨台的高程，调节地脚螺母使其与已安装的模板在同一水平面上，误差范围小于 1.0 mm，同一模板内部承轨台达到同一平面，其高程精度要求达到±0.3 mm。

(七)钢筋入模

钢筋入模程序程序如下：

(1)清理模板，利用工业吸尘器等工具彻底清理模板。

(2)喷涂脱模剂并安装预埋套管，用空压喷枪对模板均匀喷涂脱模剂。

(3)将 6 根 ϕ5 mm 预应力钢筋放入槽口内。

(4)利用专用吊具将下层钢筋网片放入模板内，并注意控制四周保护层厚度。

(5)将 60 根 ϕ10 mm 预应力丝放入槽口内。

(6)将 ϕ10 mm、ϕ5 mm 两种预应力钢筋初张拉至设计值的 20%。

(7)安装纵向隔模。

(8)将 ϕ10 mm、ϕ5 mm 两种预应力钢筋张拉至设计值的 100%。

(9)利用专用吊具将上层钢筋网片放入模板内，并注意控制四周保护层厚度。

(10)全部钢筋入模完毕后再次利用 500 V 兆欧表对各层钢筋的绝缘性进行检测，确认电阻不小于 2 MΩ。

(11)钢筋入模完毕后，注意检查预埋套管的位置是否出现偏差或松动，确保混凝土浇筑前预埋套管的紧固和角度。

(八)预应力钢筋张拉、放张

1. 预应力张拉控制工艺

CRTSⅡ型轨道板设计总张拉力为 4 367 kN，对应每个油缸张拉力为 2 183.5 kN，采用整体张拉方式，且在台座两端同步进行。即在张拉时，通过安装在台座两端的各两个千斤顶同时张拉，将两个相对的锚固有预应力钢筋的横梁向外推开。在张拉过程中，PC 控制机上将显示每个千斤顶的活塞位移量、张拉力数值。

(1)初张拉：启动自动张拉系统，千斤顶按事先设定好的位移量(50 mm)顶出，即将预应力钢筋张拉至约设计值的20%,放入支撑垫圈,用环形螺母锁紧。安装侧隔板后进行终张拉。

(2)终张拉:将预应力钢筋从设计值的20%张拉至100%,放入支撑垫板,用环形螺母锁紧锚固,自动张拉系统回油、卸载。要求千斤顶活塞伸长值间偏差:同端千斤顶不大于2 mm、异端千斤顶不大于4 mm。

(3)在张拉过程中,台座上4个千斤顶的活塞位移量、张拉力值自动存储在PC控制机内,PC控制机将对这些数值进行计算处理,得出预应力钢筋总张拉力、伸长值及与设计值偏差。要求不大于5%。

(4)每隔2周用拉力传感器检测张拉台座中4根预应力钢筋的单根张拉力。要求与设计值偏差不大于15%。

2. 预应力筋放张、切割

(1)当轨道板混凝土经过养护,同温水池试块经试验室检测强度达48 MPa以上时,开始张拉钢丝消除应力。放张操作时先接通设备,将钢丝"过度"张拉到可以松开环形螺母的时候为止。然后取出支撑板,油缸重新缩回,缩回的过程要进行得相当慢(控制在约40～60 s),以便逐渐减低张力,防止加力速度过快造成对板的损伤。

(2)预应力筋切割采用特制的切割小车进行,为避免有害粉尘散入空气中,影响人体健康,配置有专用工业吸尘器即时除尘。切割顺序安排为:第一个切口安排在张拉台座的中间,第二个切口在张拉台座的3/4处,第三个切口在台座的1/4处,之后,根据出板顺序逐个切割板间预应力筋。

(九)混凝土浇筑

1. 灌注混凝土采用布料机均匀布料,可将混凝土定量投入模板,同时也保证了混凝土浇筑的均匀性和底板面平整度及轨道板厚度的可控性。采用模具下安装的附着式振捣器振进行振捣。混凝土浇筑前模板温度要在10℃～30℃。混凝土入模温度在5℃～30℃。

2. 机械准备:将布料机运行到灌注混凝土的模具上方;双梁行车、拌和站、运输小车、料斗等开始运行并检查。

3. 布料入模:拌合好的混凝土,由拌合站卸入储料罐,用卷扬机拉动运输小车运至车间内,再由行车吊运至布料机,卸入布料斗内,在布料斗装够一块板的混凝土后,开启排料阀门,同时横向走行布料斗,将混凝土均匀倒入模具内。注意根据实际情况选择混凝土布料速度。

4. 布料方法:混凝土采取两次布料,在第一次从一端至另一端,均匀注入75%的混凝土;第二次返回布料时,将模型布满,如经过捣实后发现混凝土太少,可再进行补料。同时应掌握每块板的浇筑时间不宜超过20 min。

5. 混凝土振捣:第一次布料完成时,启动模具下附着式振动器,对混凝土进行振捣,振捣至密实为止。密实以混凝土表面泛浆,无气泡或少量气泡冒出为准。

6. 刮平:放下整平板并启动整平板振动器,进行辅助振捣。同时,向前运行布料机,将混凝土表面刮平,并把多余混凝土刮到相邻模具内。

7. 放置预埋钢板:混凝土灌注完毕后,应及时将调高钢板压入混凝土,其位置和深度符合施工图纸要求。重复以上作业,直至整个台座的24块板混凝土灌注完毕。

8. 拉毛:用轨行式拉毛机作业,其行驶速度在15～30 m/min。在混凝土刮平后,间隔20～30分钟进行拉毛作业。拉毛过程中应注意控制拉毛深度在1～2 mm的范围内。

（十）混凝土养护

1. 在轨道板浇筑完毕混凝土初凝并起出侧模板后，应及时在混凝土表面覆盖棚布养护。覆盖棚布用多功能车运送覆膜机实现。

2. 在养护过程中应密切注意混凝土芯部温度，不得超过 55℃，如发现有温度超标的迹象应立即采取措施，如降低散热管温度等。

3. 在灌注混凝土 1.5～2 h 后，取出轨道板之间的挡板，在浇筑最后一块时，同时制作两组同条件养护试件，并放置在由数控温控装置控制的与轨道板混凝土温度能同步变化的水池中。

4. 在混凝土灌注完成后 16 h，试件强度达到 48 MPa 以上时，即可撤掉棚布，进行预应力放张及切割预应力筋，开始轨道板脱模作业。

5. 毛坯板脱模后放置到一侧的临时存板台上，每垛 3 块，应视情况及时覆盖棚布静放 24 小时，防止轨道板因与环境温差太大而产生裂缝。

6. 毛坯板存放 24 小时后用电瓶车运至存板场，堆放到存板场后，采取自然养护措施。

（十一）轨道板脱模

1. 毛坯板脱模采取桥式吊车配合真空吊具，压缩空气辅助的方法。

2. 脱模时，启动双梁桥式起重机至真空吊具放置地点，将吊钩与真空吊具挂好后，移动起重机至脱模地点。

3. 用行车将真空吊具横梁轻放至出模毛坯板上，其 4 个吸盘自然落在毛坯板上；开启液压油缸，将油缸以低压力伸出，使真空吊具横梁自行校平。

4. 控制油缸到较高压力，以制造真空，使吸盘牢固地吸在毛坯板上，待四块吸盘的指示灯变为绿灯时，即可开始脱模作业。

5. 脱模作业需设置在模具下面的压缩空气（6 bar）装置配合。打开压缩空气阀门，同时启动油缸提升功能，待将毛坯板提出模具约 30 cm 距离后，脱模作业即告完成。

（十二）测量

1. 模具承轨台方向与平整度的检测与调整

（1）承轨台质量精度保证是轨道板打磨质量和保证线路质量与加快打磨速度的必要条件。

（2）承轨台的方向利用制作模具时预留的承轨台定位孔和定位销来调整。模具制作时定位孔的直线度误差要求为 0.2 mm，安装模具时用与定位孔相同直径的定位销垂直插入，使承轨台方向与定位孔方向一致。图 4—3—2 所示为承轨台定位孔的位置。

（3）承轨台的平整度是通过调节模具下的可调支撑钢板（图 4—3—3）实现的，安装过程现场用高精度电子水准仪测量控制，模具通过上下拧调支撑钢板的调高螺母来调节板面承轨台的标高，直至 20 个承轨台高程误差在±0.3 mm 以内。

2. 模具的周期性检测与调整

模型前 5 次每次使用后和每使用一个月后，均应对模板进行检验，如不符合要求，应及时调整。模板可通过打磨机床对轨道板几何尺寸进行复核，进而验证模板的变形情况，用高精度数显全站仪对毛坯板进行检测。

（1）全站仪的检测方案如下：

检测仪器：电子精密视距仪及配套棱镜和遥控装置；该仪器在最大测量范围为 20 m 情况下的精度要求达到：横向误差±0.1 mm；

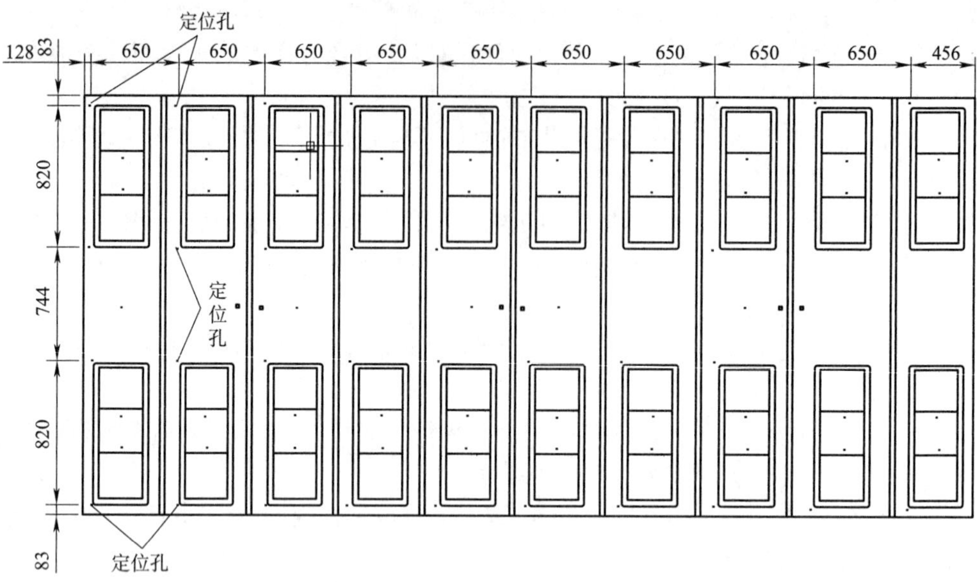

图 4—3—2　承轨台定位孔位置(单位:cm)

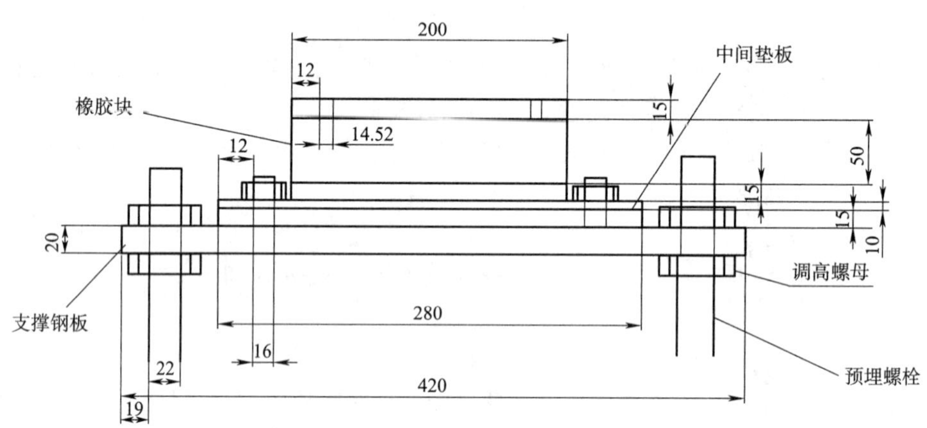

图 4—3—3　模具下的可调支撑钢板(单位:cm)

站仪检测,高度误差±0.1 mm。

(2)测量设备布置

将测量仪器架设在专用支架上,并强制对准Ⅱ型板一端中线。

(3)测点编号采用四位数,前两位代表模板编号,后两位代表承轨台编号,编号 1～10＃为左侧承轨台,11～20＃为右侧承轨台。

(4)将轨道板放在专用测量平台上。

(5)用测量平台上的螺杆将起点、中间、末端的荷载分配比例调整为 13.5％、22.5％、13.5％。

(6)测量每个承轨台的平面和高度数据,并形成记录。

(7)分析、评价承轨台测量数据,作为模具符合标准的证明或对模具进行修正的依据。调整依据是对毛坯板的检测数据结果。例如:距离测量点的右侧第 6 个承轨台测量数据显示,承轨台需要向内侧调整 1.7 mm，调整时，首先测量承轨台位置的原始数据，然后去掉定位销，松开固定承轨台的螺栓，插入合适的定位销，调整承轨台向内侧偏移 1.7±0.3 mm，上紧承轨台固定螺栓并再次复核调整后的承轨台位置直至符合要求。

（十三）毛坯板检验、入库

1. 在轨道板脱模后入库前，由专职检验人员依据轨道板检验细则进行检验验收，并填写毛坯板检查验收记录，经检验合格后才可办理入库手续。

2. 毛坯板标识：依据轨道板检验细则，毛坯板判定为三类：合格品、返工品、废品。合格品可直接入库，废品标识后单独码放并做好隔离。返工品标识后进行返工处理，经重新验收合格后，按照合格品处理，否则按照废品处理，并做好返修品修补和检验记录。

3. 毛坯板修补

为了保证轨道板的外观质量同时增强板体结构的耐久性，对混凝土表面的气孔、蜂窝、掉角、磕损等可修复的缺陷，采用塑性改良的水泥砂浆进行修补。

修补步骤如下：

(1)清除混凝土表面松散部分、灰尘、脏物、脱模剂的残渣等，用高压水清洗干净。

(2)充分湿润混凝土表面。

(3)材料准备：①108 胶、轨道板用水泥、白水泥；②水泥、砂、水、108 胶等组份按规定配合比人工搅拌均匀，拌和物稠度要适宜，随用随拌，防止放置时间太长硬化失效。

(4)修补：清理干净修补补位→用清水润湿→ 抹砂浆→抹平压光。为保证修补质量，每层铺设砂浆厚度不宜太厚，必要时分层作业。

(5)养护：为了使修补部位砂浆强度快速增长，修补完成后，立即用养护薄膜覆盖进行养护，养护期间经常洒水，保持修补部位表面湿润，养护时间不少于 7 d。

（十四）毛坯板存放

1. 准备工作

检查电动平车、龙门吊、专用吊具及配套设施等工作状态是否正常，各种工具、配件是否备齐，做好日常维护和保养。

2. 毛坯板运输

在厂房内的养生工序完成后，用电动平车把轨道板从厂房内运到毛坯板库，然后用龙门吊把板吊运到库内的存放位置码放整齐。

(1)电动平车

在电动平车上，配置 4 个带千斤顶升降支撑平台，可从养生区的存放座上直接把轨道板运走。借助安装在车上的感应器及地面的限位装置，电动平车可每次准确地进入养生区的工作位置，保证轨道板在运输过程中支点位置的精度，支点位置详见轨道板运输和存放图；养生区内设置一个充电站，可对电动平车的蓄电池进行快速充电。

电动平车运输时要平稳防止散垛发生。

(2)专用吊具

专用吊具通过 4 条铁链挂在龙门吊的吊钩上并用自锁装置锁好，在毛坯库内吊运轨道板，具体操作流程如下：

①把吊具挂在吊车上锁好；

②用吊车将吊具移到轨道板上方，调整位置对准吊点；

③拉动链条锁紧吊具上的挂钩；

④目查吊具上所有的挂钩是否都已到位、挂牢；

⑤平稳地吊运轨道板；

⑥小心地放下轨道板；

⑦拉动链条松开挂钩。

3. 毛坯板存放

轨道板在厂房内养护完成后，运到毛坯板库存放，存放时间取决于混凝土徐变、收缩进程和环境条件，一般为1个月左右，待板体混凝土收缩和徐变基本完成后并且混凝土龄期达到一个月便可转入下道工序，进行承轨台打磨加工。

(1)在毛坯板库内，每12块轨道板为1垛放置在预制的3个混凝土基座上，基座上安放垫块并标出支点的位置。

(2)每层板之间以及板与基座之间安放4个垫块，分别支承在板的第二个预裂缝和第八个预裂缝处，垫块要上下对齐，防止板内产生附加应力引起变形。

(3)垫块的规格为175 mm×175 mm×120 mm，高度误差±2 mm，承重面应平行，误差控制在2 mm以内。

(十五)打磨

1. 准备工作

(1)毛坯板存放、养护

轨道板制做完成后在毛坯板库存放、养生，待板体混凝土收缩和徐变基本完成后，进入打磨厂房进行承轨台打磨加工，存放周期约为30 d。

(2)设备、工具

检查数控磨床及污水处理设备等配套设施、滚轮输送线、翻转机、电动平车、切割锯、油脂定量加注机、龙门吊等设备工作状态是否正常，龙门吊专用吊具、气动扭矩扳手、吸水器等各种工具是否备齐，做好日常维护和保养。

2. 轨道板打磨

轨道板在翻转机、切割锯、磨床，装配轨道扣件台位及横向运输车等工作面之间的移动全部通过滚轮输送线来完成。滚轮输送线由托滚架、带侧面导轮的托滚架及摩擦轮驱动装置组成。

(1)轨道板翻转

用龙门吊车将轨道板从毛坯库存放区吊运到翻转机上，翻转机将轨道板旋转180°，正面向上放置在滚轮托线架上，然后通过滚轮输送线进入打磨厂房。

翻转机详细工作流程如下：

①启动液压系统。

②翻转架平台下降，松开闭锁装置。

③用将轨道板吊运到翻转架平台上。

④松开专用吊具的锁紧装置，开动龙门吊，使专用吊具远离翻转机的工作区域。

⑤用闭锁装置锁紧轨道板，肉眼检查确保板体与翻转架平台锁固好。

⑥翻转架平台上升，旋转180°。

⑦翻转架平台下降到初始位置，将轨道板正面向上放置在滚轮托线架上，松开闭锁装置。

⑧通过辊式运输线将轨道板输送到下一个工位。

⑨从①项开始重复工作。

⑩当翻转机闲置时，把翻转架平台旋转 180°放置。

(2)切除轨道板两侧突出的预应力钢筋

①切割锯对称布置、固定在辊式运输线两侧，每侧一台。

②在轨道板缓慢地从翻转机到数控磨床移动的过程中，切割锯自动启动，切除轨道板两侧面突出的预应力钢筋，与混凝土表面平齐，切割完成后自动停机。

③切割锯主要由机架、机身、锯片等组成，锯的工作通过安装在滚轮输送线上的限位器实现自动控制。锯片直径 600 mm，转速约 2 800 r/min。

(3)打磨

依据各铺设工作面进度安排，制定合理的轨道板打磨计划，并组织落实。

毛坯板翻转 180°、切除突出侧面的预应力钢筋后，通过滚轮输送线运到数控磨床的加工工位，进行打磨加工，具体工作流程如下：

①定位

将毛坯板运到加工工位

启动磨床上的液压系统，加工工位下部的 4 个油缸将板顶起调平、侧面的 6 个油缸顶出将板夹紧固定。

在定位固定的过程中，安装在每个油缸上的压力传感器随时向磨床的自控系统反馈信息，依据预先设定值，控制系统自动调节作用在每个油缸上的压力，使板中不产生附加应力。

②毛坯板检测

在检验测量前，启动磨床上清洗系统，将板清洗干净。

利用激光扫描装置，对毛坯板关键控制点进行测量，并保存原始数据。

自控系统比较毛坯板原始测量数据和成品板标准数据(每块板 20 个承轨台预先给定的参数)，确定打磨加工量，并借助于线路控制数据(每个台面的 Y，Z 坐标和倾斜角的数据)自动生成每块板打磨加工的数控子程序。

③打磨加工

依据磨床自控系统生成的打磨加工数控子程序，对承轨台进行打磨加工。

对承轨台打磨加工分为粗磨和精磨两个阶段：依据打磨加工实际工况，粗磨可能需分多次进行，精磨通常一次完成。

磨轮的每个横向进给需要两个行程，在板两端时旋转 180°。

打磨加工周期在很大程度上取决于毛坯板的精度(磨削厚度)，同时也与磨床加工效率和磨轮磨损情况等有关。如果按磨床工作时间的有效利用率为 90%，平均每块板打磨加工周期约为 13 min(指一次粗磨和一次精磨的加工周期)计算，在通常情况下，每天可打磨加工 80～100 轨道板。

④成品板检测

在检验测量前，启动磨床上清洗系统，将板清洗干净。

利用激光扫描装置，对成品板进行测量，保存测量数据，并自动生成成品板检验测量记录。

自控系统比较处理成品板的测量数据和预先设定标准数据。若所有测量数据都控制在允许的误差内，打磨工序结束可转入下道工序；若测量数据部分或全部超出允许的误差，又分为两种情况：a. 继续打磨加工直至满足要求，b. 若偏差超出打磨加工的范围，按废品处理。

⑤成品板编号

成品板经检验合格后，依据磨床自控系统指令，铣刀将自动在轨道板表面铣刻标记，标记由 7 位数组成，表示轨道板的安装地点和位置。

编号位于轨道板的左侧，按顺序增加，防止造成铺设时混乱；第一个字母是 L 或 R，表示安装地点为左侧或右侧轨道，第 2 到第 7 位是 000001 到 999999 之间的顺序号码。

成品板标识完成后，松开夹紧、固定装置，通过辊式运输线转移到下道工序。

⑥磨床及配套辅助设备

磨床主要由结构框架(梁架、横向和垂直刀架等)、传动装置、金刚砂轮、工作平台、测量系统(激光扫描装置)、自控系统、润滑系统、水循环及压缩空气系统等构成。

a. 梁架为焊接结构，封闭箱式断面，刚度大，工作时震动很小不损伤刀具。

b. 梁架、横向和垂直刀架采用无级调速的 Ganty-伺服-传动系统，即通过齿条和主动小齿轮(经淬火硬化和磨光)和间隙极小的锥齿(行星)轮传动，具有寿命长，刚度大和精密度持久等特点。

c. 金刚砂轮直径 550 mm。

d. 工作平台用于在测量和打磨前轨道板的定位，主要包括钢结构平台、6 个液压油缸、力传感器、夹紧装置及控制软件等。

e. 自控系统主要实现与外部数据交换及内部控制等功能。

f. 关于打磨污水。

打磨所产生的污水经循环水处理系统进行处理，重复使用。

(十六)轨道扣件的安装

1. 装备区设备组成：①一台柱式旋臂吊车，车上装配有管线及吸水嘴，50 N · m 气动转矩扳手。②定量油脂定量加注机。③工业用高功率的吸油吸脂机。

2. 在轨道扣件装配工作流程

①打磨后轨道板通过辊式运输线运到装配区；

②吸出塑料套管内的水；

③将油脂注入到塑料套管内，用量约 14 g/个；

④安装轨道扣件。

(十七)成品板检验、入库

1. 成品板检验。在轨道板打磨完成后入库前，由专职检验人员依据轨道板检验细则进行检验验收，并填写成品板检查验收记录，经检验合格后才可办理入库手续。

2. 成品板标识。依据轨道板检验细则，成品板判定为三类：合格品、返工品、废品。(1)合格品可直接入库并标识；(2)废品标识后单独码放并做好隔离；(3)返工标识后进行返工处理，经重新验收合格后，按照合格品处理，否则按照废品处理，并做好成品板修补和检验记录。

3. 成品板修补：同毛坯板修补。

4. 成品板入库。成品板入库前主要准备好以下资料：(1)各种原材料、产品配件合格证及检验报告；(2)各种施工记录；(3)磨床自动生成的成品板检验记录；(4)毛坯、成品板抽检验记录；(5)毛坯、成品板修补和检验记录；(6)成品板存放图；(7)轨道板制造技术证明书。

（十八）成品板存放

1. 准备工作。检查电动横向运输车、龙门吊、专用吊具及配套设施等工作状态是否正常，各种工具、配件是否备齐，做好日常维护和保养。

2. 运输。轨道扣件安装完成后，通过厂房内的横向运输车将成品板运到成品库，然后用龙门吊把板吊运到库内的存放位置码放整齐。(1)横向运输车：横向运输车配置 4 个带千斤顶升降支撑平台，可从滚轮输送线上直接把轨道板运走；运输时要保证轨道板在运输过程中支点位置的精度。(2)专用吊具与毛坯板存放所用吊具相同。

3. 存放。依据各铺设工作面进度安排，制定合理的轨道板存放计划，绘制存放图，并组织落实。

(1)在成品板库内，每 9 块轨道板为 1 垛放置在条形基座上，基座上安放垫块并标出支点的位置。

(2)每层板之间以及板与基座之间安放 4 个垫块，分别支承在板的第二个预裂缝和第八个预裂缝处，垫块要上下对齐，防止板内产生附加应力引起变形。

(3)垫块的规格为 175 mm×175 mm×200 mm，高度误差±2 mm，承重面应平行，误差控制在 2 mm 以内。

(4)轨道板入库后，定期检测混凝土基座变形，发现问题及时反馈并处理解决，同时做好记录。

（十九）成品板出场

1. 依据各铺设工作面进度安排，制定合理的轨道板运输计划，并组织落实。

2. 在成品库内，按照事先排好的顺序，用龙门吊将轨道板装上载重汽车，通过公路运往工地。

3. 载重汽车为 3 轴的牵引车或 2 轴的挂车，载重量 30 t 以上，每辆车装载 3 块轨道板。

4. 装车技术要求：

(1)将最下层的垫块用螺栓固定在载重汽车上(3 个固定点)，板之间设置 3 个支撑点保持一定的距离，防止损坏承轨台。

(2)垫块规格为 175 mm×175 mm×200 mm(高度误差±2 mm)，上下均有防滑橡胶垫，防止轨道板运输的过程中滑动。

(3)在载重汽车四周设置立柱，并用条纹带将立柱拉紧。

第四章　CRTSⅢ型轨道板预制生产

CRTSⅢ型轨道板是一种带挡肩的新型无砟轨道板；具有其独特的结构形式与工艺特点。CRTSⅢ型轨道板采用双向后张的预应力结构；通过无粘结预应力钢棒体系对预制混凝土轨道板预施压应力，轨道板上下层配置普通钢筋并形成钢筋骨架，纵向钢筋采用环氧树脂涂层钢筋以保证轨道板的绝缘性能。轨道板两端各设置一个接地端子，并与板内接地钢筋焊接实现轨道结构的综合接地，轨道板底面预留“门”型钢筋与自密实混凝土联接。

CRTSⅢ型无砟轨道板制造技术，与引进的CRTSⅠ型和CRTSⅡ型无砟轨道板相比，具有工艺相对简单、投资相对较少、方便后期无砟轨道施工的突出优势。

第一节　CRTSⅢ型轨道板场选址设计

一、选址原则

CRTSⅢ型轨道板场选址应遵循如下原则：

(1)板场的位置应全线考虑，统筹安排；

(2)单场建设时间约为3个月，另需1～2个月的设备调试与试生产期；

(3)板场选在拟供应范围的中点附近，挑选平坦开阔的地段，宜靠近国省道，并与施工便道相连；

(4)条件许可，板场可利用废弃厂矿，预制构件场或预制梁场，取土场，以减少土石方作业，节约用地，节省投资；

(5)进出场道路应满足40 t载重货车通行条件；

(6)应充分利用地方资源，如水，电供应等；

(7)板场一般只考虑1～2个月产量的成品板存放场地。

二、功能设计

1. 轨道板场应按照生产工艺，运输，存放条件要求划分厂房内，外两大部分。

2. 钢筋加工区，轨道板预制生产区，成品检验区应布置在厂房内。

3. 材料存放区。混凝土制备区，轨道板存放区和辅助生产区可在厂房外设置。

4. 厂房内外各功能区应配置必要的运输车辆，起重机械，轨道和滚轮运输线等物流设施，并尽量减少交叉影响，保证生产物流通畅。

5. 钢筋加工区和混凝土制备区应紧邻轨道板预制生产区，材料存放区应紧邻混凝土搅拌站，使砂石料供应及时。

6. 供电系统，供热系统，供气系统，供水系统及水循环系统等配套辅助设施应统筹考虑，配备一定的应急设施。

7. 生产区与办公生活区应分开设置。

三、总体平面布置

Ⅲ型板场由预制生产区，钢筋加工区，养护区，混凝土制备区，材料存放区，轨道板存放区，辅助生产区八部分组成，应根据现场地形，因地制宜，力求紧凑，满足板生产工艺和施工工期要求，做到工序衔接合理，物流顺畅，生产规模适度预留余量。

1. 预制生产区。是整个板场的核心，其他所有区域的布置都必须以满足板生产的要求为准。在此车间进行预应力张拉，混凝土浇筑，预应力放张，轨道板脱模，临时存放等工作。

2. 钢筋加工区为钢筋网片加工车间，内部又分为钢筋存放区，钢筋加工区，钢筋网片制作区等。具体钢筋加工胎具数量可根据实际情况进行调整。

3. 养护区。包括水养池等部分，水养池要与板生产功效相匹配，配置又水养池温控设备。考虑当地常年气候条件，水养池布置于预制车间内。

4. 混凝土制备区。混凝土制备区负责提供预制板所需要的混凝土。配备水泥筒仓，骨料仓，计量设备和控制室等，以及必要的试验仪器和试件存放仓库。

5. 材料存放区。材料存放场地的规模与布置，应据轨道板生产计划，材料运距等情况统筹考虑确定。材料存放数量，一般应保证轨道板生产日进度的十倍左右。厂内材料的堆放，应周密考虑，合理安排，尽量减少倒装，搬运，以节省劳力和资金。

6. 轨道板存放区。包括轨道板存放台座及运输通道等，成品板采用立放，存放数量根据具体施工情况确定。

7. 辅助生产区。除上述设施区域外，还应设置配电房，锅炉房，废水处理池等辅助设施。同时确保各功能区道路畅通。

8. 办公生活区。为管理和生产人员办公生活场所，可适当远离生产区，应配备办公室，停车场，职工宿舍和食堂等设施。

四、工装设备配备

板场所需设备工装见表4—4—1。

表4—4—1　CRTSⅢ型板场所需设备工装

序　号	名　　称	单　　位	数　　量
1	千斤顶	台	4
2	桁吊	台	6
3	钢筋剪切生产线	套	2
4	钢筋切断机	套	8
5	钢筋焊接胎具	套	8
6	电焊机	台	8
7	钢筋绑扎胎具	套	36

续上表

序　号	名　　称	单　　位	数　　量
8	运输小车	台	4
9	搅拌机	台	1
10	洗石机	台	1
11	转载机	台	1
12	蒸汽锅炉	台	1
13	高频振动器	台	8
14	控制柜	个	1
15	混凝土运输车	台	1
16	料斗	个	1
17	封锚强制搅拌机	台	1
18	电子秤	台	2
19	空气压缩机	台	1

第二节　CRTSⅢ型轨道板预制生产

一、作业准备

1. 技术准备

开工前组织技术人员认真学习实施性施工组织设计，阅读、审核施工图纸，澄清有关技术问题，熟悉规范和技术标准，制定施工安全保证措施。对施工人员进行技术交底，对参加施工人员进行上岗前技术培训。

2. 厂房配套准备

厂房除了在生产车间外配备了完善的供电系统，蒸汽水养系统，给排水系统，确保厂房能在各种突发事故下能安全的生产。

3. 材料准备

在生产前需要对原材料进行型式检验，包括混凝土原材料(水泥、骨料、外加剂、掺合料等)及钢筋、预应力钢筋和预埋件的检验。

4. 机械设备准备

(1)模板工程：各种配套工具 4 套，千斤顶 4 台(3 t 以上)，桁吊 1 台，专用吊具 2 个。

(2)钢筋工程：见表 4—4—2。

表 4—4—2　钢筋工程机具配置

设备名称	钢筋剪切生产线	钢筋切断机、弯曲机配套系统	钢筋焊接胎具	电焊机	钢筋绑扎胎具	桁　吊	半成品钢筋运输小车
数量	2 套	8 套	8 套	8 台	36 套	4 套	4 台

(3)混凝土工程：混凝土施工主要机具设备见表 4—4—3。

表 4—4—3　主要机具设备

序　号	名　　称	单　　位	数　　量
1	搅拌机	台	1
2	洗石机	台	1
3	转载机	台	1
4	蒸汽锅炉	台	1
5	桁吊	台	1
6	高频振动器	台	8
7	控制柜	个	1
8	混凝土运输车	台	1
9	料斗	个	1

(4)预应力张拉工程

轨道板预应力张拉所需的主要机具设备为自动张拉设备；若进行手动张拉，则主要机具设备见表 4—4—4。

表 4—4—4　轨道板张拉所需主要机具设备(手动张拉设备)

序　号	名　　称	单　　位	数　　量
1	2YBZ2-80 型高压油泵	台	1
2	YQC180-100 千斤顶	台	2
3	耐振精密压力表	个	2
4	活动扳手(型号 300)	把	3

(5)封锚工程：见表 4—4—5。

表 4—4—5　轨道板封锚所需主要机具设备

序　号	名　　称	单　　位	数　　量
1	封锚强制搅拌机	台	1
2	电子秤	台	2
3	空气压缩机	台	1
4	空气锤	台	1
5	贮料仓	个	1
6	加料器		
7	界面剂喷壶		

二、施工工艺流程

CRTS Ⅲ型轨道板的预制工艺流程见图 4—4—1。

(一)模板施工

1. 模板清理

(1)将模板端侧模完全打开后，用平刮刀等不带尖锐棱角的工具清除模板表面、侧面及边

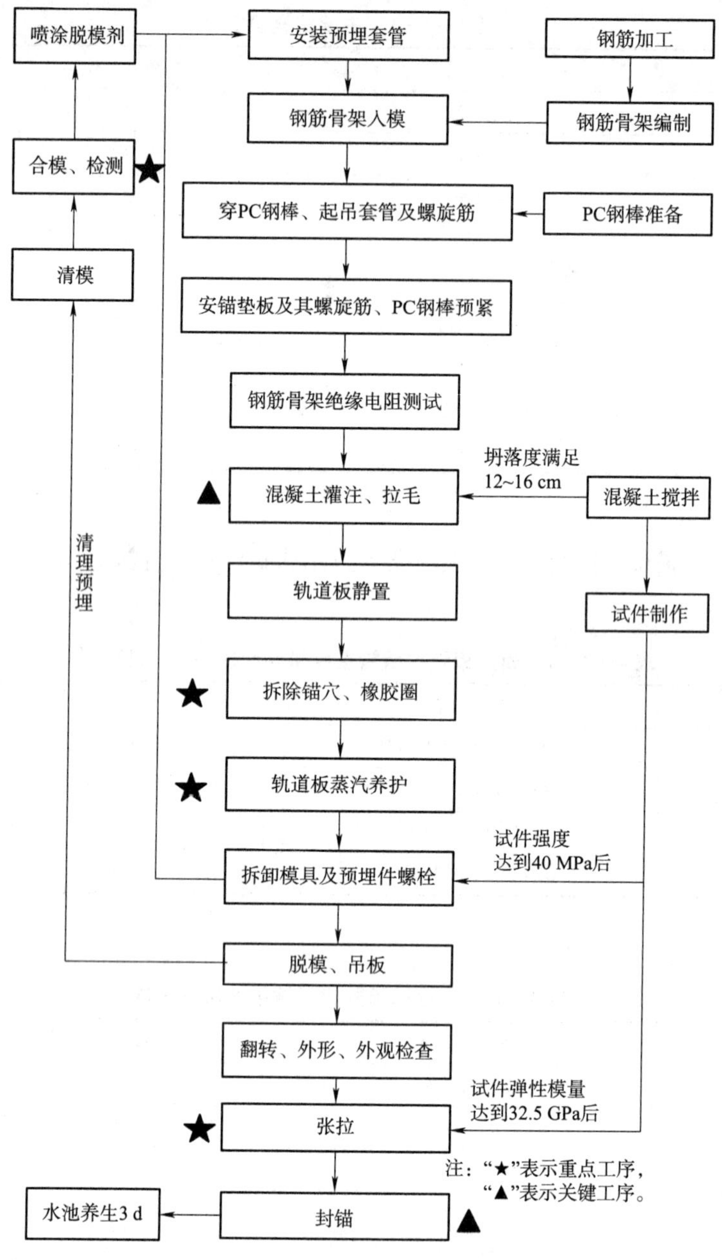

图 4—4—1　CRTS Ⅲ型轨道板的预制工艺流程图

角残余的水泥浆，然后用软质钢丝球将残留在模板表面混凝土痕迹擦拭干净，最后用抹布或毛巾将模板表面擦干净。

(2)模板清渣过程中必须将模板表面任何角落清除干净，不得有遗漏，特别是锚穴定位销、端侧模接触处、锚穴四周及锚穴端面等容易遗漏地方必须仔细清理。清渣过程中产生的混凝土块或浮尘不得从定位销预留孔中排除。

(3)清理过程中必须检查模板密封圈，如有损坏或老化，必须及时更换。清理干净预埋套管的定位装置。

(4)模板清理完后,必须检查模板密封圈与模板的密封情况。

(5)模板清渣以徒手擦拭无明显污染为度。

(6)对模板敲落的混凝土残渣,应及时进行清除;对液压装置渗出的油及时进行清理、掩埋。

(7)模板清理项目及要求见表 4—4—6。

表 4—4—6　模板清理项目及要求

项　目	清理工具	清理要求
底面、侧面、锚穴	刮刀、棉布、绞磨机	表面光滑,无灰痕、麻点
边角接缝	刮刀、棉布	无灰渣、锈迹
密封胶垫	刮刀	无灰渣、无翘起现象
螺栓	钢丝刷	无灰渣

2. 喷涂脱模剂

(1)模板清理合格后即可喷涂脱模剂。脱模剂喷涂要均匀,不得有聚集、漏涂现象。(脱模剂的具体调配比例应根据现场情况而定)

(2)脱模剂涂刷分两次进行,首先将脱模剂均匀涂敷在模板表面,涂刷时不得有漏涂现象出现,然后用干净抹布将脱模剂均匀涂刷在模板表面。涂刷完成后的模板表面不得有明显的擦拭痕迹,不得漏涂。

(3)喷涂好的脱模剂成膜后方可进行预埋件的安装,清理好的模板如果不能及时进行下道工序施工,要及时用彩条布进行遮盖,防止灰尘落入模板。

(4)在涂刷脱模剂的过程中,严禁脱模剂遗洒。

3. 安装前检查

(1)模板安装前应检查模板承轨台水平度,模板基础完好程度。

(2)应检查模板板面是否平整、光洁、并清除模板上的灰碴;检查振动器支架及模板焊缝处是否有开裂破损,如有应及时补焊。凡有振动器支架补焊,须重新检查模板四角水平。

(3)应检查模板预埋件是否安装齐备,定位销是否松动,定位销与模板面板间隙是否在允许范围内,模板接缝是否严密。

(4)检查模板上紧固件、模板定位销槽是否齐全、完好,脱模、顶升装置是否就位,标识标牌安装是否正确无误。

4. 模板合模

模板合模时应先合侧模再合端模。模板合模后,应仔细检查所有紧固螺栓是否拧紧,模板合缝是否严密。

5. 模板脱模

(1)轨道板脱模流程

模板脱模流程为:①拆除起吊套筒及接地端子固定螺栓。②拆除端侧模连接螺栓,端侧模自身紧固螺栓。③先拉开端模再拉开侧模。

(2)轨道板脱模技术要求

①轨道板蒸养完成后,混凝土强度达到 40 MPa 以上,轨道板表面与环境温差不大于15℃,即可进行脱模(轨道板混凝土脱模通知单见表 4—4—7)。

表 4—4—7　轨道板混凝土脱模通知单

序号	轨道板编号	钢模编号	脱模强度 (MPa)	达设计强度 (%)	弹性模量	浇筑起止时间	表层与环境温差	达到脱模条件时间
脱模意见			□ 同意脱模　□ 不同意脱模					

②拆除端侧模与底模的连接螺栓、端侧模连接螺栓、接地端子及起吊套筒预紧螺栓。当确定所有螺栓全部松动到位后，即可进行端侧模的拆除。利用水平丝杆依次拆除侧模和端模。模板拆除过程中，应同步协调，模板平行外移，防止损伤边角和锚穴位置混凝土。

③端侧模拆除后，在起吊位置处安装上吊耳、起吊螺栓，采用 3T 以上千斤顶利用模板的起板装置将轨道板顶起，然后采用桁吊起吊轨道板。起吊时充分拧紧起吊螺栓，轨道板保持水平起吊，缓慢进行。吊装过程中必须有操作人员扶稳板体，防止轨道板摇摆受到振动和撞击。

④轨道板脱模后将轨道板运输至翻板检查区进行检查。

⑤轨道板脱模后，用工具将底模、侧模上的混凝土残渣清除干净，更换损坏的密封胶条，不得敲击模板。

(二)钢筋加工

1. 钢筋下料前须检查钢筋外观，确保普通钢筋无锈蚀、污染和变形，环氧涂层钢筋无绝缘层损伤。钢筋加工弯制前须调直、清除表面的油渍、漆渍、水锈和铁锈等，钢筋表面不能有削弱钢筋截面的伤痕。

2. 钢筋加工在常温下以不损害其材质的方式进行，并按照图纸尺寸进行加工。钢筋弯折一次成型，不得进行反复操作。

3. 涂层钢筋在弯曲时应在弯曲部位加塑料套管或在弯曲轴上加尼绒套等措施进防护，以免损坏涂层。

4. 钢筋在常温状态下加工。弯制钢筋应从中部开始，逐步弯向两端，弯钩须一次成型。弯曲部位应平顺，其曲率半径不能小于钢筋直径的 2.5 倍。

5. 钢筋在下料和弯曲成型前，应熟悉钢筋的规格、形状和尺寸，以确定相应的机具。涂层钢筋弯制应注意以下要点：

(1)为使涂层钢筋表面不受损伤，在接触的部位加装橡胶耐磨件。

(2)弯曲机的弯曲轴与中心轴加橡胶外套。

(3)涂层钢筋在弯制、运输过程中严禁随意抛掷，存放时需垫方木防止划伤。

(三)钢筋绑扎与安装

1. 钢筋的焊接

(1)“L”型接地钢筋的连接采用单面焊，焊缝长度不小于 100 mm；接地端子尾部圆钢与纵向接地钢筋焊接采用单面焊，焊缝长度不小于 100 mm。

(2)焊接过程中要及时清除焊碴，焊缝表面光滑平整。焊缝表面须平顺、无缺口、无裂纹和焊瘤。

(3)焊缝高度 $h \geqslant 0.3\,d$，并不得小于 4 mm，焊缝宽度 $b \geqslant 0.7\,d$，并不得小于 8 mm。

(4)焊工必须经过培训，取得相应资格后方可上岗作业。

(5)焊条采用 E50 系列焊条。

2. 钢筋骨架绑扎

(1)钢筋绑扎前须先核对成品钢筋的型号、直径、形状、尺寸和数量是否与料单或设计图纸、交底相符。钢筋骨架制作应在胎具上进行;为防止踩踏钢筋骨架,中间位置采用可移动木板作为作业平台。

(2)钢筋在绑扎的过程中要注意轻拿轻放,防止划伤涂层钢筋。

(3)钢筋定位:在钢筋绑扎胎具上按轨道板钢筋图位置、数量刻出定位槽,绑扎时纵横向钢筋落入槽内以便定位。

(4)绑扎铁线采用绝缘型扎丝,绑扎时其线尾须扭向骨架内。注意绝缘铁线尾部不要与普通钢筋接触。

(5)在钢筋交叉点处,按逐点改变绕丝方向(八字形)交错绑扎,或按双对角线(十字形)方式绑扎。

(6)支撑环氧涂层钢筋的垫块和绑扎环氧涂层钢筋的扎丝应采用性能合格的绝缘材料包裹,绑扎时 2 根钢筋的绑扎点采用 33 cm 的扎丝,3 根钢筋的绑扎点采用 35 cm 的扎丝绑扎,绑钩至少扭转 2 圈半,扎丝端头弯向板内。

(7)环氧涂层钢筋与普通钢筋搭接处全部采用 0.7 mm 厚绝缘垫片隔开,绝缘垫片沿普通钢筋包裹放置。

(8)环氧涂层钢筋绑就位后,不得踩踏,以免破坏钢筋骨架绝缘性能。浇筑混凝土前必须将上下搭接的纵向主筋用垫片隔开,尤其是端头处的绝缘涂层,如有损伤应及时修补,待修补材料固化后,方可进行下道工序的施工。

(9)骨架不得有油污及扭曲。钢筋绑扎完成后采用 500 V 兆欧表初次测量确认钢筋骨架的绝缘性能,电阻值满足不小于 2 MΩ 的要求。

(10)PC 钢棒处螺旋筋安装前须焊接在锚垫板上,焊接时须保证螺旋筋轴线与锚垫板垂直,两者中心轴线基本重合。

(11)在钢筋骨架下方绑扎 C60 细石混凝土垫块,确保保护层厚度。

垫块呈梅花形布置,并尽量靠近钢筋交叉点处,板体侧面和底面的垫块数量不少于 4 个/m^2,垫块布置避开承轨台位置。绑扎时横向分布筋卡入垫块凹槽,扎紧扎丝,使垫块不可随意串动。所有垫块都在钢筋骨架安装就位前绑扎。绑扎垫块扎丝头必须弯向钢筋骨架内,扎丝头不得伸入混凝土保护层内。

(12)钢筋骨架绑扎完后,必须经班组自检、互检,合格后,经专职质检员验收合格后报监理检验,合格后方可进入下一道工序。轨道板钢筋安装允许偏差见表 4—4—8。

表 4—4—8　轨道板钢筋安装允许偏差

序　号	项　目	允许偏差(mm)
1	预应力筋	±1
2	普通钢筋	±5
3	门型筋外露部分	垂向:0,5　纵横向:±10
4	锚垫板螺旋筋	±2
5	扣件预埋套管及起吊套管螺旋筋	±5
6	箍筋间距	±10
7	钢筋保护层	0,+5

3. 钢筋骨架入模

(1)板体钢筋骨架在胎具上绑扎成形后,用桁吊及吊具吊装至钢筋运输车上,运输至混凝土浇筑区,再吊装就位,吊装就位前须注意对准接地端子的位置,减少钢筋骨架调整幅度,在调整过程中,保护板体钢筋绝缘性能不受破坏。

(2)板体钢筋骨架采用专用吊具吊装,吊具起吊时要保证钢筋骨架平衡起落,吊钩要套胶垫防止破坏钢筋骨架的绝缘性能。为防止起吊点处扎丝脱落、钢筋变形,须对吊点附近的钢筋绑扎点进行加强。

(3)钢筋骨架的起吊由专人进行吊装,防止损伤钢筋骨架或降低其绝缘性能。

(4)骨架放入模板时,注意避开预埋件位置。严禁钢筋与预埋件相碰;若钢筋骨架与预埋件位置发生冲突时,可适当移动普通钢筋位置;移动后必须重新绑扎牢靠。工艺成熟后,在绑扎胎具中绑扎钢筋时将钢筋间距调整好。将骨架放于底模上,骨架如有偏斜、扭曲,须进行调整。用钢尺检查端、侧模内侧至钢筋边缘距离,对钢筋骨架在轨道板厚度方向的位置进行调整。调整时不得损坏环氧涂层钢筋表面涂层。

(5)钢筋骨架入模后需经过绝缘检测,合格后方能进入下道工序,并做好绝缘测试记录。

(6)钢筋骨架临时存放时须叠放于指定位置,存放处地面平整无杂物,第一层与地面、层与层之间采用方木支垫,端面对齐,堆放层数不得超过四层。

(四)预埋件的安装与施工

一块轨道板内预埋件包含预埋套管及螺旋筋、接地端子、起吊套管、钢棒组装件、锚垫板及螺旋筋,具体数量见表 4—4—9。

表 4—4—9　轨道板预埋件数量

序号	预埋件名称	单　位	数　　量	
			P5350Q	P4856CQ
1	预埋套管及螺旋筋	个	32	32
2	预应力 PC 钢棒	根	20	18
3	锚垫板及螺旋筋	套	40	36
4	起吊套管及螺旋筋	套	8	8
5	接地端子	个	2	2

模板清理组装完成并涂上脱模剂、钢筋骨架吊入模板后,即可进行各种预埋件的安装(预埋套管在钢筋骨架入模前进行安装)。

1. 预埋套管安装

(1)预埋套管安装,在底模上的套管固定器上安装预埋套管;安装预埋套筒时,必须保证预埋套筒的垂直度;同时使用橡胶锤将其打紧,其与底模间不得有 0.25 mm 以上缝隙,不能存在松动现象。安装前必须将定位销表面清除干净,将套筒与定位销拧紧,当预埋绝缘套筒安装困难或感觉明显松动时需更换套筒或定位销,不符合要求的定位销或套筒需及时予以更换并追踪套管和定位销质量。(预埋套管安装完成后采用 0.25 mm 塞尺检查套管与底模间是否存在缝隙,如存在缝隙超标需重新安装)

(2)预埋套管处螺旋筋安装,将预埋套管封口端旋进螺旋筋直径小的一端。安装完毕后检查螺旋筋是否与钢筋骨架有碰触,若有碰触可适当旋转螺旋筋,避免与钢筋骨架相碰。

2. 预应力钢棒组装件安装

(1)预应力钢棒安装,从模板外侧通过锚穴预留孔穿入钢棒。钢棒安装时丝扣必须与模板锚穴相对应,丝扣长的一端放在锚穴长的一端,丝扣短的一端放在锚穴短的一端。

(2)将螺旋筋及锚垫板固定后,穿入钢棒,然后紧固钢棒固定螺母。

(3)锚垫板通过锚穴成孔器(或PC钢棒预紧螺栓)上的磁力吸引,与锚穴成孔器密贴。

(4)钢筋骨架入模后,将锚垫板和螺旋筋的一端进行焊接。并采用绝缘扎丝将螺旋筋另一端牢固绑扎在纵向环氧树脂钢筋上,确保螺旋筋水平。严禁上下层螺旋筋接触,以免影响轨道板绝缘性能。采用绝缘扎丝将锚垫板上螺旋筋拉紧到钢筋骨架上,但不得接触,确保振捣过程中锚垫板位置不至于因螺旋筋下坠而偏离漏浆。

3. 起吊套管安装

(1)起吊套管安装时,首先将起吊套管孔道与模板预留孔道相对应,然后在模板外侧穿入起吊套管固定螺栓并预紧。

(2)螺旋筋安装,将螺旋筋上下直钩插入起吊套管固定孔中,并将其固定。

4. 接地端子安装

(1)接地端子安装:在轨道板同侧预埋两个接地端子,首先将接地端子预留孔与模板内侧预留孔道相对应,在模板外侧穿入螺栓预紧(螺栓要事先涂抹黄油)。

(2)预埋件安装完成后对钢筋笼、模板及预埋件进行检查,轨道板内钢筋不得与预埋件相碰,如有位置相冲突的地方,可以适当调整钢筋位置,但必须重新绑扎牢固。

(3)接地端子尾部圆钢与轨道板ϕ16接地钢筋焊接,采用单面焊接,焊接长度不小于100 mm,焊接操作在专用焊接胎具上进行。

(五)混凝土施工

1. 施工配合比

混凝土拌制前,先测定砂、石的含水率,准确测定因天气变化而引起的粗、细骨料含水量变化,及时调整施工配合比,将选定的理论配合比换算成施工配合比,计算每盘混凝土实际需要的各种材料量,并下达《施工配料通知单》送交拌合站进行混凝土的拌制。

混凝土配料必须根据下达的《施工配料通知单》进行,配料采用全自动计量系统计量,并在微机上做好记录。一般情况下,含水量每班抽测两次,雨天随时抽测,并按测定结果及时调整混凝土施工配合比。

混凝土开盘前,模板安装、钢筋安装的检查、签证手续应完备齐全,如没有签证或签证手续不齐全不允许开盘。

2. 混凝土技术要求

(1)在配制混凝土拌合物时,混凝土原材料严格按照施工配合比要求进行准确称量,水、胶凝材料、外加剂的用量误差允许范围为±1%;砂、石料的用量误差允许范围为±2%;

(2)混凝土胶凝材料用量应不超过500 kg/m^3,水胶比不应大于0.35,混凝土拌和物的入模含气量应为2%~4%。

(3)混凝土拌制过程中,须对混凝土拌和物的坍落度进行测定,坍落度须满足120~160 mm要求。

(4)混凝土浇筑时模板温度须为5℃~35℃,当温度过低或过高时,应对模板采取升、降温措施。混凝土拌合物入模温度须为5℃~30℃,当昼夜平均气温低于5℃或最低气温低于

－3℃时，应采取保温措施，并按冬季施工处理。

(5)混凝土的耐久性能应满足以下要求：电通量应小于1 000 C，总碱含量不大于3.0 kg/m^3，氯离子含量不大于胶凝材料总量的0.06%，抗冻性应满足F300的要求。

(6)搅拌时，先向搅拌机投入细骨料、水泥、掺和料和外加剂，搅拌均匀后，再加入所需用水量的80%，待砂浆充分搅拌后再投入粗骨料并加入剩余用水量，总搅拌时间为2～3 min。

(7)混凝土内总碱含量不应超过3.5 kg/m^3，当骨料具有潜在碱活性时，总碱含量不应超过3.0 kg/m^3。混凝土中氯离子总含量不应超过胶凝材料总量的0.06%。混凝土中SO_3总含量不应超过胶凝材料总量的4%。

3. 混凝土的运输

混凝土在运输过程中不能发生离析、漏浆、严重泌水及坍落度损失过大等现象。在冬季施工时，运输的料斗须采取防寒保温措施。混凝土运输采用汽车拉吊斗运输混凝土，用吊斗浇筑混凝土时，吊斗出口到承接面间的高度不得超过1 m。吊斗底部的卸料活门要开启方便，并不得漏浆。

4. 混凝土浇筑

混凝土必须快运快灌，禁止搅拌后的混凝土过长时间停留，以免坍落度损失过大。轨道板混凝土灌注时，保证混凝土入模温度在5℃～30℃，模板温度在5℃～35℃。混凝土分两层进行布料，由一端向另一端逐步进行，第一层布料轨道板厚度的1/2～2/3，第二层补满，且需高出模具端侧模0～3 mm，严禁混凝土盖过灌浆孔，若混凝土盖过灌注孔时应及时清理。混凝土布料时应注意优先将模具四角、锚穴及起吊螺栓位置处的混凝土布满。为保证混凝土能优先布满上述位置，可边布料边使用铁锹直接在吊斗口处接混凝土填充。布料要尽量均匀，不均匀时必须使用铁锹摊铺均匀，铁锹严禁碰触钢筋骨架，尤其要注意避免碰触门型筋。单块轨道板混凝土浇筑一般控制在15分钟以内，特殊情况下不超过30分钟，夏季不超过25分钟，以保证浇筑在混凝土坍落度降至60 mm前完成。

5. 混凝土振捣

混凝土振捣采用侧振方式；振动器振动频率应调至100～110 Hz。混凝土振捣时间应根据混凝土坍落度及振捣情况做相应调整，一般第一次振捣时间为100～140 s，振至表面有明显浮浆为宜；第二次振捣时间为60～100 s，振至混凝土表面呈水平不再显著下沉，不再出现大气泡，表面出现浮浆为宜。振捣过程中若出现大气泡可采用铁丝或钢筋将其刺破。严禁过振，避免混凝土表面出现水波纹。

混凝土浇筑时，须安排专人监视振动器的运转及使用情况，如有故障应迅速组织抢修、更换。以避免因振动不及时而导致混凝土出现空洞或蜂窝麻面现象。同时还须安排专人监视模板，如联结螺栓松动、模板走形或漏浆，应及时采取措施予以处理。

6. 混凝土收面、刷毛

振捣完成3 min后，方可对混凝土表面进行抹面，并注意填边填角。混凝土坍落度较大时，在纵向锚穴及起吊套管处撒布干净的直径为10～20 mm的碎石，并抹平在混凝土内。混凝土抹平后，须对混凝土表面进行刷毛，刷毛深度为2～3 mm，间距5～8 mm，并不得有浮浆，终凝前严禁踩踏。

混凝土振捣完成5 min后，将预应力钢棒紧固螺栓松至可直接用手旋动状态。

混凝土振捣完成20～30 min后，在混凝土表面加盖用水湿润过的土工布、篷布，并洒水防止混凝土水分散失过快。

7. 混凝土试件制作

(1)试生产前应采用所选用的水泥、骨料、掺和料、外加剂等原材料制作抗冻性、电通量试件各一组，进行耐久性试验，并确保由不同原材料带入混凝土内的总碱含量和总氯离子含量符合《武汉城市圈城际铁路CRTSⅢ型无砟轨道混凝土轨道板暂行技术条件》的规定。

(2)浇筑混凝土过程中，应随机取样制作混凝土强度、弹性模量试件，试件应与轨道板相同条件下振动成型和养护，28d试验应在脱模后进行标准养护，试件制作、养护应符合GB/T 50081的规定。

(3)轨道板混凝土检验频率和取样数量见表4—4—10。

表4—4—10　轨道板混凝土检验频率和取样数量

检查工序项目		养护方式	试件数量(组)	试件尺寸(mm)
拆模强度	抗压强度	蒸气养护	2(每12块板)	150×150×150
28天抗压强度		标准养护	1	150×150×150
28天弹性模量		标准养护	1	150×150×300
同条件抗压强度(600℃)		同条件养护	1	150×150×150
每20 000 m^3，制取56天耐久性试件	抗冻性	标准养护	1	100×100×400
	电通量	标准养护	1	150×150×150
每5 000 m^3，制取28天抗渗性试件	抗渗性	标准养护	1	ϕ185×ϕ175×150
说明：1. 强度、电通量、弹性模量、抗冻试件3块/组；抗渗试件6块/组； 2. 试生产期间(前500块板)，混凝土28 d强度试件先采用TB 10425—1994标准未知法。正式生产后，每批板28 d强度试件再采用TB 10425—1994标准已知法； 3. 取样时须均匀分布整个部位浇筑的过程随机抽取，同一组试件须同一次取样完成				

(六)轨道板的蒸汽养护

轨道板混凝土浇筑完成后，采用蒸汽养生，养生分为静置、升温、恒温、降温四个阶段，如图4—4—2所示。混凝土浇筑完成后，须静停2.5～3.5 h(根据混凝土坍落度情况而定)；静停完成后拆除锚穴及灌注孔，并开始蒸养升温。升温速度不大于15℃/h，恒温时蒸汽温度不超过45℃，板内芯部混凝土温度不超过55℃，最高温度的持续时间不超过6 h；降温速度不大于15℃/h，脱模时，轨道板表面与环境温差不大于15℃。

1. 测温部位

在养护过程中须定时测温，并做好记录。并采用计算机自动测温系统测量养护棚内温度和板体中心混凝土芯部温度。以P5350Q型轨道板为例，板体测温探头布置如图4—4—3所示。

2. 测温次数

自动测温系统每5 min采集一次温度值，报表生成为60 min一次。

(七)预应力钢棒张拉工艺

1. 千斤顶与油表标定、校正

轨道板张拉应采用自动张拉设备进行张拉，其相关参数由设备自行控制。进行张拉力控制的测力传感器示值误差不得大于±0.5%F.S，其有效期不得超过一个月；相应位移传感器

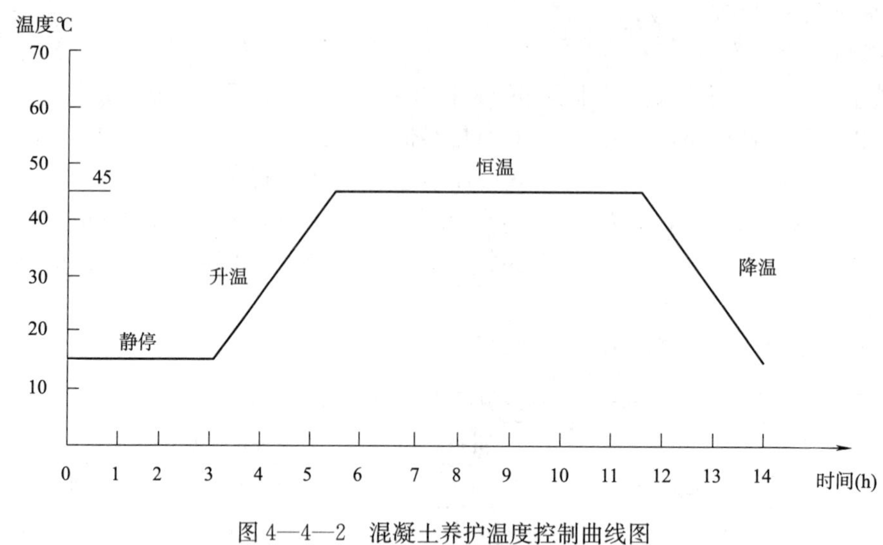

图 4—4—2　混凝土养护温度控制曲线图

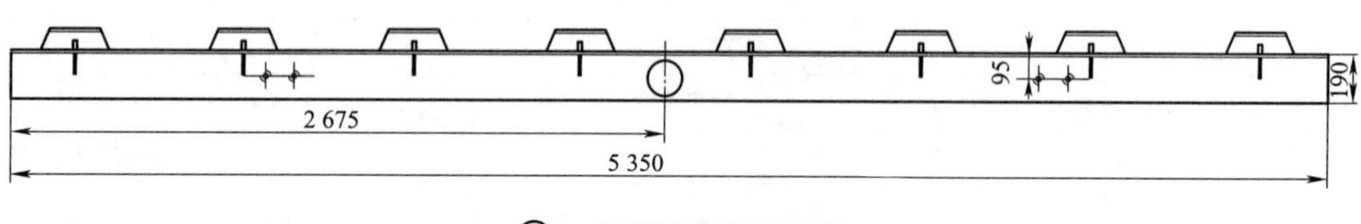

图 4—4—3　P5350Q 型轨道板板体测温探头布置示意图(单位:mm)

示值误差不得大于±0.1 mm,其标定有效期不得超过一周。使用前,张拉千斤顶应与油压表配套标定,千斤顶的校正系数不得大于 1.05,油压表的精度不得低于 0.4 级,千斤顶标定的有效期不得超过一个月,油压表不得超过一周。预应力施加应按照设计要求进行;张拉记录应由张拉设备自动生成,要求完整、准确。

以手动 YQC180-100 型带自锁装置的穿心式千斤顶为例,张拉千斤顶在预施应力前必须经过校正。

(1)张拉千斤顶在下列情况下必须重新进行校验:①超过 300 块板张拉作业。②张拉千斤顶校正期限已达一个月。③拆换、更换配件的张拉千斤顶。

(2)油压表的选用与标定:①精度为 0.4 级。②最大表盘读数为 60 MPa;最小刻度读数 0.2 MPa。③防振型。④油压表有效期为 7 天,超过 7 天需重新标定,超过允许误差或发生故障时必须重新校正。

2. 预应力张拉步骤

(1)横向预应力张拉

①油泵灌油:每次作业前,油泵操作手须先检查油箱的油量、油质情况。油箱正常灌油的油量大小应控制好。

②安装油压表:油泵操作手将标定好的油压表正确安装在油泵上。

③连接油管:油泵操作手用高压油管将油泵送油接口(回油接口)与千斤顶送油嘴(回油嘴)牢固连接。

④空转油泵：油泵操作手启动油泵，确定张拉设备处于正常运转状态。

⑤锚穴清理：千斤顶操作手将锚穴清理干净，对 PC 钢棒丝扣进行清理，确保锚垫板与锚固螺母接触面无水泥浆或护套过长现象，以免影响正常张拉。

⑥安装预应力钢棒锚固螺母：千斤顶操作手分别拧紧 PC 钢棒两端的锚固螺母。张拉前对 PC 钢棒进行调整。调整后外露钢棒的螺纹与设计长度误差不得大于 2 mm。固定端预应力钢棒螺纹外露控制在 8～10 mm，纵向预应力钢棒两端螺纹外露量基本一致；以保证 PC 钢棒保护层厚度不小于 25 mm。在调整 PC 钢棒的过程中，应先将锚固螺母拧上，再用锤子轻敲方木进行调整。

⑦安装张拉工具螺母、张拉杆：由千斤顶操作手将工具螺母安装在张拉杆上，然后顺时针旋转锚固螺母，使之整体安装在预应力钢棒上。让张拉杆前端的工作螺母的内牙拧紧在预应力 PC 钢棒上，螺纹拧进深度不小于 25 mm。

⑧安装千斤顶：千斤顶操作手将张拉千斤顶安装在张拉杆上，将锚固螺母拧紧机构前端的棘轮套套在锚具螺母上，承压板贴紧轨道板的端面。

⑨安装张拉螺母：千斤顶操作手将张拉螺母安装在张拉杆上，使张拉螺母贴近活塞端头，即可进行张拉。纵向两端应同时进行张拉，张拉后钢棒端头混凝土保护层不低于 25 mm。横向张拉一端先行锚固（PC 钢棒端头距锚穴端面 25 mm），在另一端张拉，张拉后钢棒端头混凝土保护层不低于 25 mm。先张拉横向，再张拉纵向，横纵向张拉时不允许 2 根以上同时张拉。

⑩加压至 20%σ_k对应的油表读数。

⑪持荷、记录油缸伸长量：当张拉到 20%σ_k时，油泵操作手告知现场千斤顶操作手及记录人员，然后由千斤顶操作手读数并向记录人员报数，现场记录人员记录油缸伸长值，记录完毕后告知油泵操作手。

⑫油泵操作手继续加压至 100%σ_k对应的油表读数。

⑬持荷、记录油缸伸长量：油泵操作手张拉到 100%σ_k时，现场指挥人员开启秒表，持荷 1 min，同时告知千斤顶操作手读数，由千斤顶操作手向记录人员报数，记录人员记录伸长值。

⑭核对实测伸长量与理论伸长量之差

现场技术人员通过 100%σ_k油缸伸长值 B 和 20%σ_k油缸伸长值 A 计算预应力钢棒伸长值（轨道板预施应力施工记录）。如果实测伸长值与理论伸长值偏差在 1 mm 内，进入下一步操作。如果超差应进行卸荷并查找原因，处理完毕后重新进行张拉。

预应力钢棒理论伸长值按下式计算

$$\Delta L = NL/(EA)$$

式中　N——张拉控制应力（N）；

L——横向为张拉端工具锚与固定端工作锚之间的预应力钢棒长度，纵向为工具锚之间的预应力钢棒长度（mm）；

E——预应力钢棒的弹性模量（N/ mm^2），试验确定；

A——预应力钢棒截面积（mm^2），取 132.73 mm^2。

⑮锁紧锚固螺母

秒表显示持荷时间达到 1 min 时，现场指挥人员告知千斤顶操作手，由千斤顶操作手反复转动手柄，将锚固螺母锁紧在锚垫板端面，锁紧完毕后告知油泵操作手。

⑯卸荷：油泵操作手接到所有千斤顶操作手锁紧完毕的通知后，按下停止按钮，进行卸荷。

⑰标记:轨道板横向预应力钢棒逐根张拉完成后应由相应位置的千斤顶操作手在张拉端的锚穴孔侧面涂盖直径 40 mm 的"张拉完成"油墨圆章,整块板预应力钢棒张拉完成后在两端对称涂盖 100 mm×70 mm"张拉完成"油墨方章。

(2)张拉顺序及预应力控制

预应力张拉应按先横向后纵向的顺序,横向预应力钢棒采用单端张拉,纵向预应力钢棒采用两端对称张拉,并控制两端预应力钢棒螺纹外露量基本一致,张拉顺序具体如图 4—4—4(以接地端子侧端部深锚穴为①号)和图 4—4—5 所示。

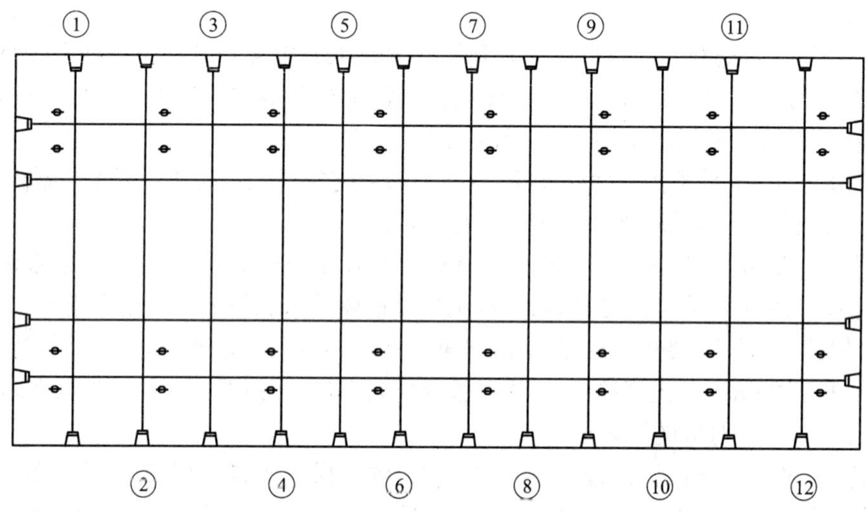

图 4—4—4 预应力张拉顺序图(横向)

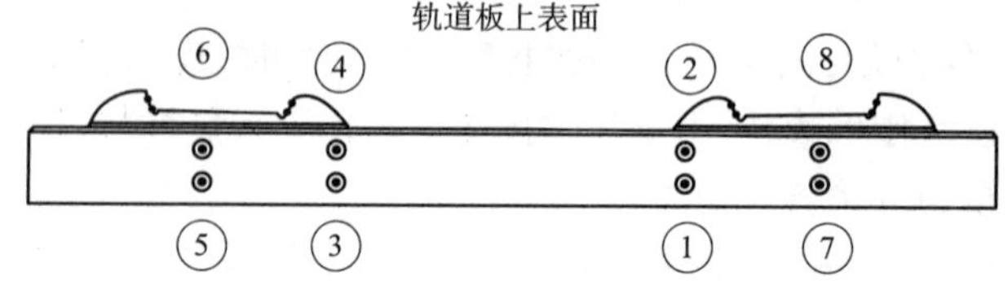

图 4—4—5 预应力张拉顺序(纵向)

轨道板横向预应力钢棒单根张拉力为 127 kN,纵向预应力钢棒单根张拉力为 122 kN。

3. 张拉技术要求

(1)拆模后检查锚垫板附近情况,若有蜂窝及其他缺陷立即采取补救措施,待混凝土强度达到设计强度后方可张拉。

(2)检查锚垫板与管道轴线是否垂直,若有偏差应进行校正,否则会使钢棒局部应力过大产生断丝现象。锚垫板安装后的垂直度控制在 1°以内。

(3)张拉千斤顶、油压表共同进行标定工作。

(4)油泵及输油管。

油泵采用 2YBZ2-80 型高压油泵,电动油泵有稳压设备,油管采用高压油管,油管长度 8 m 左右。

油液注入油泵时必须过滤,保证无铁屑、微砂等有害杂质混入油液中,并经常保持千斤顶、油泵、油管及接头部分的清洁，以确保张拉机械的长期正常使用。

(5)在对轨道板纵向预应力钢棒进行张拉时两端操作人员必须密切配合，力求两端伸长值一致。

(6)浇筑混凝土前，对钢棒进行预紧，以钢棒平直为度，使之灌注混凝土时不发生下垂。

(7)当板体混凝土强度不低于40 MPa，弹性模量不低于3.25×10^4 MPa时，经翻板检查合格后方可进行张拉；张拉实行双控，即预应力值以油压表读数为主，以PC钢棒伸长值作校核。

(8)在张拉至100%控制应力后，实测伸长值在允许范围内，方可进行下一道工序。

(9)预应力施加应均匀，加载速率不应大于6 kN/s，至设计张拉力时应持荷1 min。严禁超张拉。

(10)张拉锚固后，严禁采用电弧或气割切断预应力钢棒。

(八)封锚工艺施工

1. 称料

按照封锚砂浆施工配合比(干料：水=1：0.095)的要求进行配制搅拌。材料的计量误差应符合表4—4—11的要求。

表4—4—11　配料计量允许误差

序　号	原材料名称	允许误差(%)
1	封锚砂浆干料	±1
2	水	±1

2. 搅拌

采用强制式搅拌机搅拌；搅拌时间不能少于3 min；搅拌方式为加水低速(73 r/min)慢搅60 s，再高速(216 r/min)快搅120 s。须注意搅拌均匀，封锚砂浆搅拌完成后须在30 min以内使用完毕，使用过程中如果配制的砂浆超过30 min未使用，可以进行二次搅拌，但严禁二次加水。若配制的砂浆发生明显干燥、硬化时废弃处理。

拌合好的封锚砂浆理想状态为用手轻握可成团，轻抖成分散状态。如图4—4—6所示。配制的封锚砂浆应能满足现场施工要求，保持在30 min内不发生明显干燥、硬化。

图4—4—6　封锚砂浆状态

3. 封锚施工

①锚穴成槽：锚穴后期成形法，轨道板预制生产前，在锚穴钢模外面套一橡胶套，脱模后将橡胶套剔除。

②清孔:采用高压气清孔,须保证锚穴内无油污、浮浆、杂物和积水等,以免影响锚块与锚穴的粘结。

③喷涂界面剂

填料封锚前,须向锚穴内均匀喷涂可提高砂浆粘结强度的界面剂,并用棉纱或海绵等吸水材料吸取锚穴凹陷处的多余界面剂。

④装料

采用硬质塑料加料器,盛装适量砂浆,将加料器前端下边缘紧贴轨道板锚穴下边缘,然后用空气锤将料顶入锚穴内。

⑤压实成型

封锚砂浆进行分层填压。采用空气锤及配套捣固棒对砂浆进行振捣,频率不小于 1 000 Hz,振捣力不小于 3 kg,振捣次数不少于 3 次,每次不少于 20 s。

为保证轨道板施工质量,本场共采用四种型号捣固棒,如图 4—4—7 所示。其中:Ⅰ型、Ⅱ型、Ⅲ型组合用于横向圆锚穴封锚施工;Ⅰ型、Ⅱ型、Ⅲ型组合用于纵向椭圆锚穴施工。

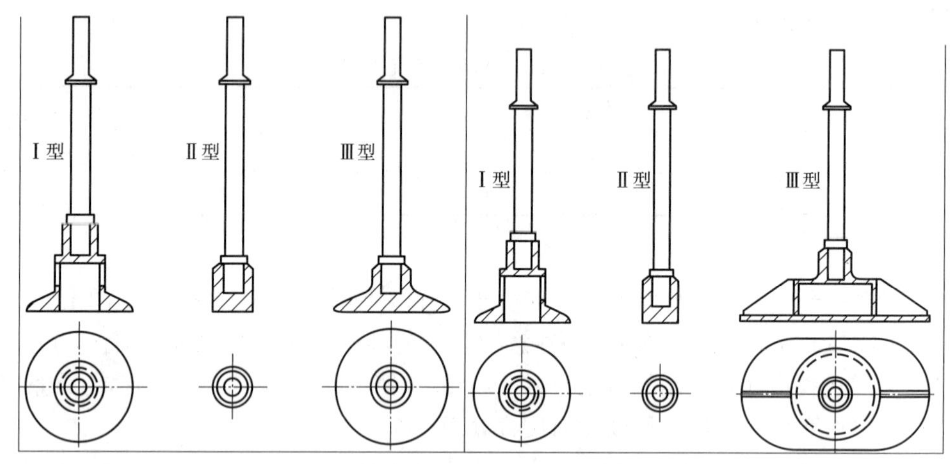

图 4—4—7　封锚施工捣固棒型号

封锚压实顺序:(横向圆锚穴封锚如图 4—4—8 所示)。

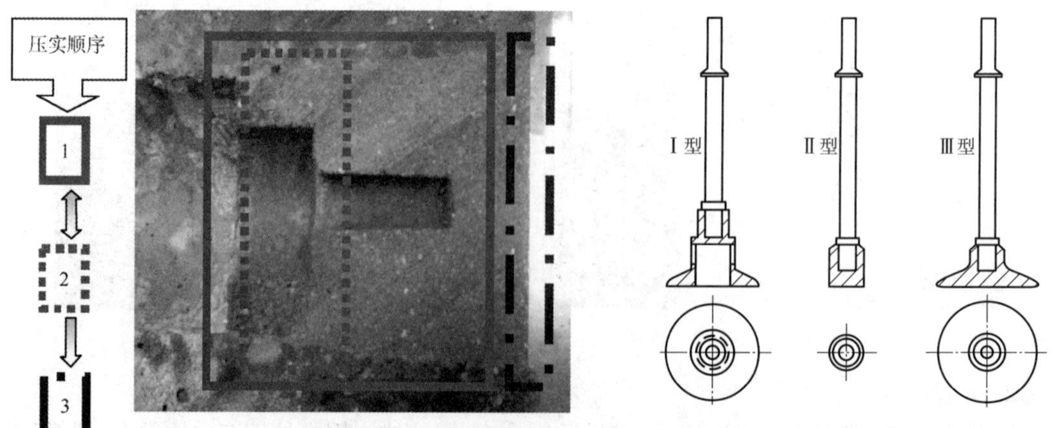

图 4—4—8　封锚施工压实成型示意图(横向)

第一步:采用Ⅰ型捣固棒对1#区域进行填料和压实。

第二步:采用Ⅱ型捣固棒对2#区域(钢棒和螺母周围)进行压实。

第三步:循环上述第一步和第二步操作,至少一次。

第四步:采用Ⅲ型捣固棒对3#区域进行填料和压实。直至表面光滑、平整,下凹深度满足要求。

封锚压实顺序:(纵向椭圆锚穴封锚如图4—4—9所示)

第一步:采用Ⅰ型捣固棒对1#区域进行填料和压实,采用由下至上的顺序。

第二步:采用Ⅱ型捣固棒对2#区域(钢棒和螺母周围)进行压实,采用由下至上的顺序。

第三步:循环上述第一步和第二步操作,至少一次。

第四步:采用Ⅲ型捣固棒对3#区域进行填料和压实。直至表面光滑、平整,下凹深度满足要求。

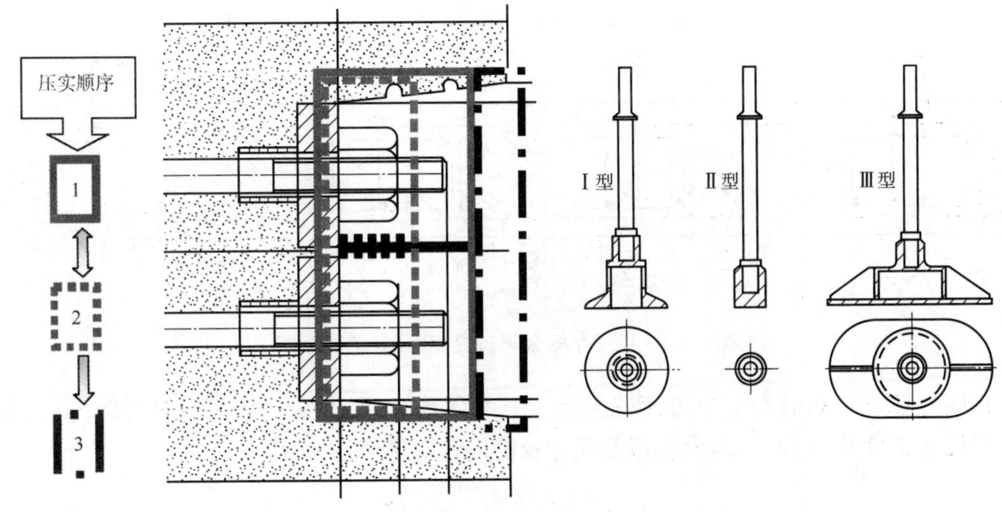

图4—4—9　封锚施工压实成型示意图(纵向)

锚穴孔上部砂浆不易填满,须注意多装料;须保证锚固螺栓周围砂浆的充分压实;在采用Ⅲ型或Ⅳ型捣固棒进行锚穴最外侧表面压实处理时宜一次压实成型,这样可保证封锚表面的平整度和光洁度,有利于提高外观质量。封锚完成后,须确保锚体四周与锚穴紧密结合、无可见缝隙存在。

4. 技术要求

(1)封锚砂浆填压需在室内进行,填压时的环境温度须为5℃~35℃,封锚砂浆温度应控制在5℃~30℃,当昼夜平均气温低于5℃或最低气温低于−3℃时,须采取保温措施。

(2)封锚砂浆填压过程中,随机取样制作1 d、7 d、28 d的抗压强度试件各1组,每组试件各3块。试件应采用与封锚砂浆相同的成型条件,试件脱模后进行标准养护。

(3)外观检查

①封锚成型密实,指压无明显变化。

②封锚成型表面平整、光洁,无明显坑洞缺陷。

③封锚锚体须与锚穴四周紧密结合,无可见裂缝。

④封锚成型表面凹入轨道板锚穴表面深度2~4 mm。

(4)涂养护剂

①封锚施工完成后,表面及时喷涂养护剂;

②封锚施工完成后保证防风和保湿。

(5)水池养护

封锚砂浆填压完毕至轨道板水养的时间间隔应根据封锚材料进行工艺性试验,一般不宜小于2小时。

(九)轨道板的存放

1. 存板台座技术要求

(1)轨道板根据铺设方式、铺设工期和铺设进度等要求进行存放。轨道板的存放场地应平整坚固,避免轨道板存放后产生不均匀沉降。场地四周设置排水沟,存板场地内设置排水坡,存板场内严禁积水浸泡。存板台座断面如图4—4—10所示。

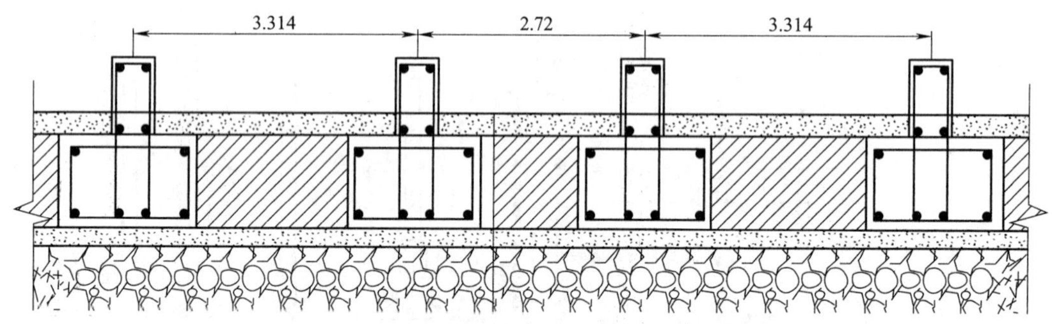

图4—4—10　存板台座布置截面图(单位:m)

台座为C30钢筋混凝土结构,截面设计为倒"T"形,并在存板台座端头设置防倒架,防倾倒台架尺寸详见图4—4—11,台座截面尺寸及配筋详见图4—4—12。

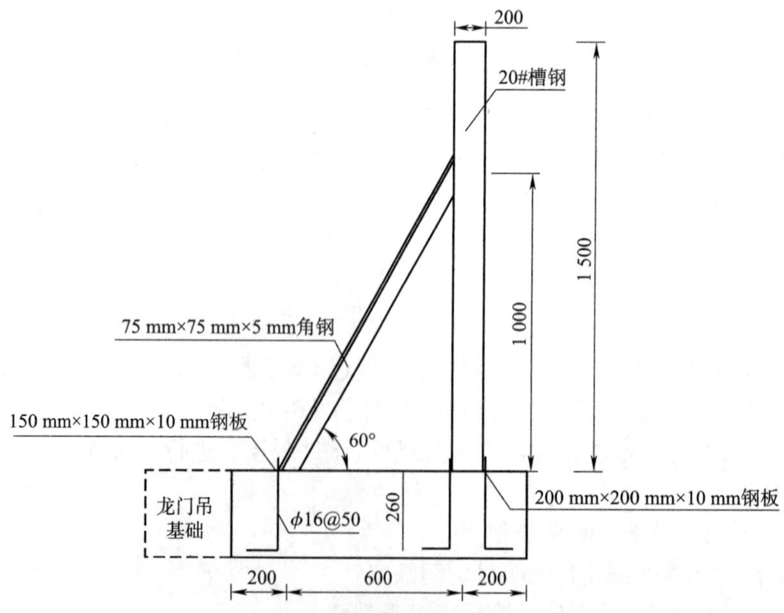

图4—4—11　防倾倒台架尺寸详图(单位:mm)

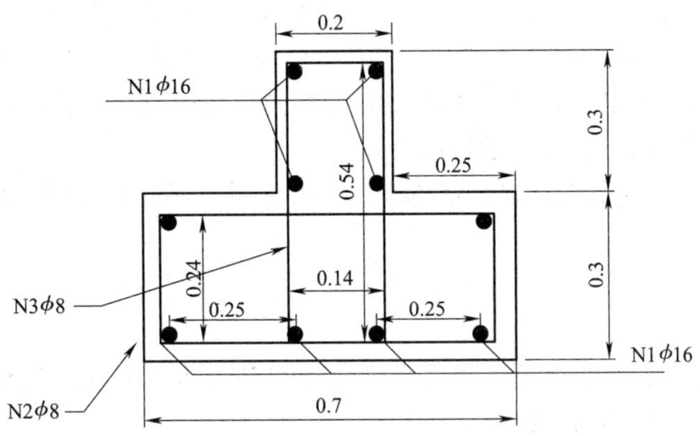

图 4—4—12　台座截面尺寸及配筋详图(单位:m)

(2)轨道板的存放以垂直立放为原则,并采取防倾倒措施。存板台座要求标高一致,坚固、平整,上铺 20 mm 厚橡胶垫保证轨道板存放时边角不受损伤。图 4—4—13 所示为存板台座和轨道板立放现场图。

图 4—4—13　存板台座及轨道板立放

(3)存放点须设置承载力满足要求的存板台座,不能产生不均匀沉降。

2. 轨道板平放

(1)轨道板平放(临时存放不大于 7 d)时,堆放层数不超过 4 层,且层与层之间采用垫木进行支垫,支撑点位置分别位于起吊套筒处,四块板与垫木的位置保持在同一投影位置,存放轨道板基础要求坚固、平整,严禁出现三点支撑现象。

(2)轨道板存放时为避免碰撞承轨台,板与板之间必须垫上 15 cm 以上厚度的方木,且支撑点位置分别位于轨道板的预埋起吊套筒处(P5350Q、P4856CQ 型轨道板支点中心距分别为 3 134 mm、2 756 mm)。

3. 轨道板立放

(1)轨道板存放以垂直立放为原则,并采取防倾倒措施。

(2)存放点须设置承载力满足要求的存板台座,不能产生不均匀沉降。

(3)为防止在轨道板两侧倾倒,相邻轨道板间采用专用连接装置(连接螺栓、U 型卡等)连接。

(4)轨道板存放时,不同型号的轨道板应采用不同的支点位置进行存放,支点位置均为轨道板的起吊位置(P5350Q、P4856CQ 型轨道板支点中心距分别为 3 134 mm、2 756 mm)。

(5)轨道板在吊放入水池或存板区时,为防止轨道板碰撞,损坏轨道板,轨道板之间必须塞上 15 cm 厚方木,方木严禁放置在承轨槽部位。

(6)在夏季时,为避免日光直射使板体表面产生龟裂纹,采用覆盖复合土工膜等作为防护措施。

(十)轨道板的养护

1. 洒水养护

拆模后至轨道板入水前,须进行洒水养护,并保证轨道板表面处于湿润状态。同时应保证养护水不浸入锚穴,以免影响封锚施工。

2. 轨道板水池养护

轨道板封锚完成 2 h 后,方可入水养护,养护时间保持在三天以上,养护水温不低于＋10℃。冬季水温不能满足设计要求时,应通入蒸汽进行升温处理,确保水温保持在＋10℃以上。水养时必须满足如下要求:

(1)轨道板采用立放,轨道板之间、轨道板与水养池竖墙之间采用方木进行隔离。

(2)保持水体干净、清洁。每月对水养池进行一次清洗。

(3)保持水面漫过轨道板,不得使轨道板露出水面。

3. 轨道板喷淋养护

水养结束,轨道板运输至存板区后,应对轨道板进行喷淋养护。在平均气温高于＋10℃的自然条件下,用篷布对混凝土表面加以覆盖并浇水,并应满足以下要求。

(1)存板后,对轨道板进行喷淋养护,保证轨道板累计养护时间不少于 7 d,覆盖洒水频率以确保混凝土养护期间一直处于潮湿环境为准。

(2)在任意养护时间,若淋注于混凝土表面的养护水温度低于混凝土表面温度,两者温差不得大于 15℃。

(3)当环境平均温度低于 5℃时,在车间内设置临时存板台座。轨道板出水后,将轨道板存放在车间内临时存板台座上,待板体表面附着水风干后,在轨道板表面喷涂养护剂,养护期间应采取一定的保温措施;禁止对混凝土洒水。

第五篇

双块式无砟道床施工

第一章 概 述

双块式无砟道床分为两大类：CRTS Ⅰ型双块式无砟道床和 CRTS Ⅱ型双块式无砟道床。就目前的技术发展来看，前者将继续推广，而后者在新建铁路中不宜再继续使用。本篇均以前者为对象，介绍其结构及施工技术。

CRTS Ⅰ型双块式无砟轨道是将预制的双块式轨枕组装成轨排，以现场浇筑混凝土方式将通过精确调整定位后的轨枕浇入均匀连续的钢筋混凝土道床内，从而一次性成型的轨道结构。

根据路、桥、隧线下结构物的不同，CRTS Ⅰ型双块式无砟轨道又可分为三种轨道形式。

第一节 双块式无砟轨道的特点

双块式无砟轨道作为一种稳定性高、轨道刚度均匀、具有较强的结构耐久性、容易维护、可降低桥梁二期恒载、减少隧道净空开挖、综合效益高的轨道结构形式，目前已在国内外高铁建设中得到广泛应用。

CRTS Ⅰ型双块式无砟轨道具有如下结构特点：

(1)结构整体性及横向稳定性强，结构整体平顺性较好；

(2)分层设计，受力明确；

(3)施工灵活，适应性强；

(4)双块式轨枕采用桁架钢筋连接，工厂化生产，精度高；

(5)轨道结构刚度从上至下逐层递减；

(6)轨道结构整体性强；

(7)桥上双块式无砟轨道，道床板为单元分块结构，道床板与底座间设置中间隔离层，并采用凹槽限位；

(8)无砟轨道结构只包含道床板与底座/支承层二层，造价相对较低。

与普速铁路有砟轨道相比，高速铁路双块式无砟轨道系统的施工工艺更为复杂，技术含量更高，其难点主要体现在以下几个方面：

(1)轨道基础地基沉降变形规律难以控制。无砟轨道整体形态是通过扣件系统进行维持，因此必须采取技术、经济合理的处理措施保证轨道地基的稳定性，线下工程的设计和施工，以满足无砟轨道系统设计的技术要求。

(2)精密测量技术。传统的测量技术已经无法满足高速铁路无砟轨道系统的施工建设需求，需要采用高精度的现代工程测量方法来保证无砟轨道线路平顺性。

(3)轨道平顺性控制。双块式无砟轨道需要一次性建成可靠、稳固的轨道基础工程和高平顺性的轨道结构。轨道的高平顺性是实现列车高速运行的最基本条件。实现和保持高精度的轨道内外部几何状态是高速铁路建设的关键技术，是最重要的基础性技术工作。

我国双块式无砟轨道已经运用于多条轨道线路，研究和攻克了不少重大难题，取得了大量的施工经验，为我国的高速铁路综合技术走向世界提供了技术支撑。

第二节 CRTS Ⅰ型双块式无砟轨道结构

一、路基地段 CRTS Ⅰ型双块式无砟轨道结构

路基地段 CRTS Ⅰ型双块式无砟轨道结构如图 5—1—1 所示，它由钢轨、弹性扣件、双块式轨枕、无砟道床、支承层等组成。

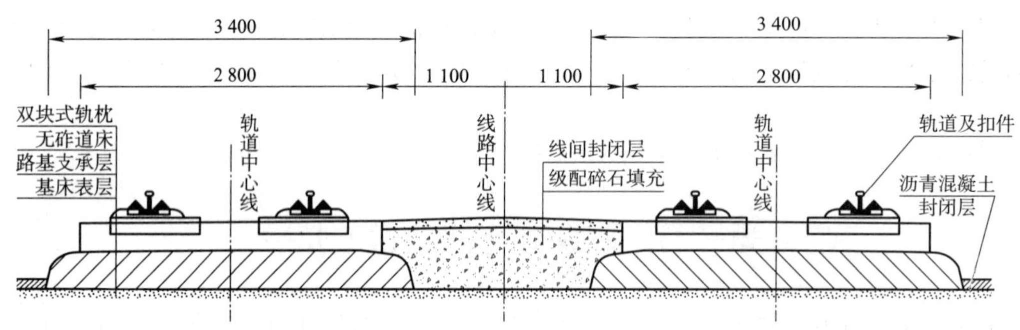

图 5—1—1 路基直线地段轨道结构示意图(单位:mm)

支承层设置在路基基床表面，顶面宽度为 3 200 mm，底面宽度为 3 400 mm，厚度为 300 mm。沿线路纵向每隔不超过 5 m 设一横向预裂缝，缝深为厚度的 1/3。无砟道床为纵向连续的钢筋混凝土结构，在支承层上构筑。无砟道床宽度为 2 800 mm，厚度为 260 mm。线路两侧及线间路基面进行防水处理。

二、桥梁地段 CRTS Ⅰ型双块式无砟轨道结构

桥梁地段 CRTS Ⅰ型双块式无砟轨道分为凸台结构和凹槽结构两种。凸台结构由钢轨、弹性扣件、双块式轨枕、无砟道床、梁面保护层与凸台等组成(图 5—1—2)。凹槽结构由钢轨、弹性扣件、双块式轨枕、无砟道床、底座与凹槽等组成(图 5—1—3)。两者的区别在于:前者道床以下为梁面保护层和凸台，后者道床以下为底座与凹槽。两者的施工工艺基本相同，本书以凸台结构进行介绍。

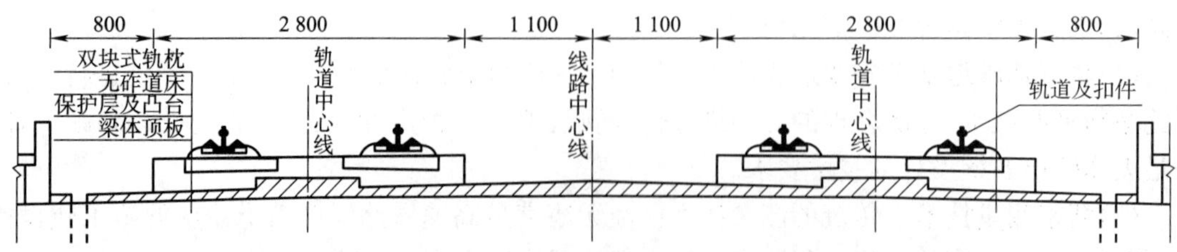

图 5—1—2 桥梁直线地段轨道结构示意图(凸台结构)(单位:mm)

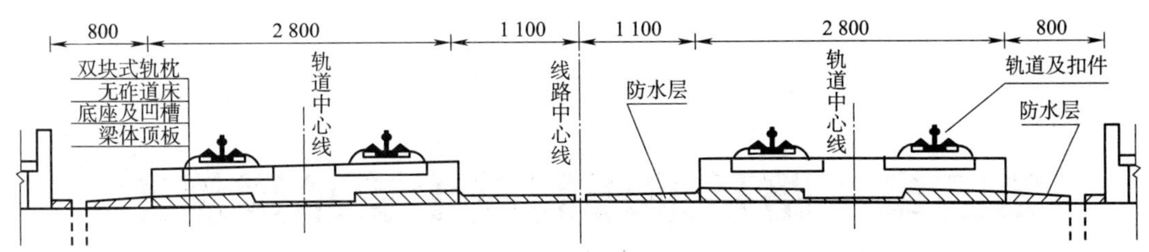

图 5—1—3 桥梁直线地段轨道结构示意图(凹槽结构)(单位:mm)

无砟道床、底座沿线路纵向在梁面分块构筑,分块长度为 5～7 m,相邻无砟道床及底座的间隔缝为 100 mm。无砟道床宽度为 2 800 mm,厚度为 260 mm,直线段无砟道床顶面设置 0.7%的单面排水坡。有底座时,底座宽度与无砟道床宽度相同为 2 800 mm,直线地段底座厚度不小于 210 mm,曲线地段底座内侧厚度不小于 100 mm。

保护层或底座通过梁体预埋套筒植筋或预埋钢筋与桥梁顶板连接。底座轨道中心线 2.6 m 范围内的梁面进行拉毛处理。

保护层或底座顶面设置隔离层,隔离层为 4 mm 厚聚丙烯土工布。对应每块无砟道床,底座设置限位凸台或凹槽。凸台或凹槽侧面设弹性泡沫板垫层。底座范围内,梁面不设防水层。

三、隧道地段 CRTS Ⅰ型双块式无砟轨道结构

隧道地段 CRTS Ⅰ型双块式无砟轨道结构如图 5—1—4 所示,由钢轨、弹性扣件、双块式轨枕、无砟道床、底座或垫层等组成。

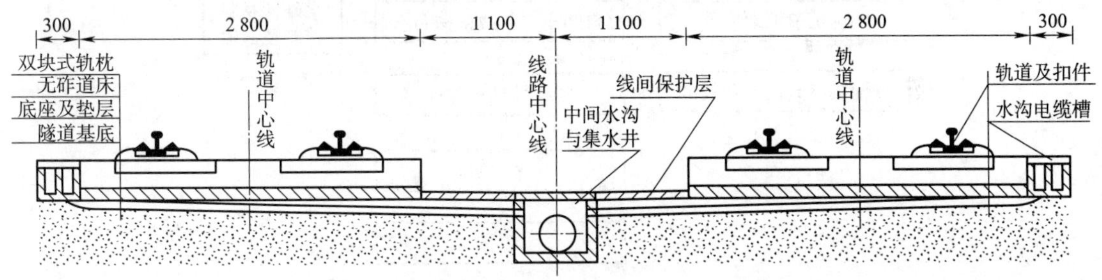

图 5—1—4 隧道直线地段轨道结构示意图(单位:mm)

无砟道床为纵向连接的钢筋混凝土结构,构筑在底座或垫层之上,彼此有预埋钢筋相连。一般情况下,有仰拱隧道设计在填充层上施作道床;无仰拱隧道则设计有钢筋混凝土底座板,底座板与道床等宽,无砟道床设置在底座上。道床板宽度为 2 800 mm,厚度为 260 mm。具体结构应根据设计图施工。

第二章　路基地段混凝土支承层施工

支承层施工，一般情况下采用滑模摊铺机进行。对于长度较短、外形不规则或有大量预埋件、不便于机械化施工的地段，则采用模筑法施工。

第一节　滑模摊铺机施工

一、基本施工工艺流程

滑模摊铺机施工基本工艺流程见图 5—2—1。

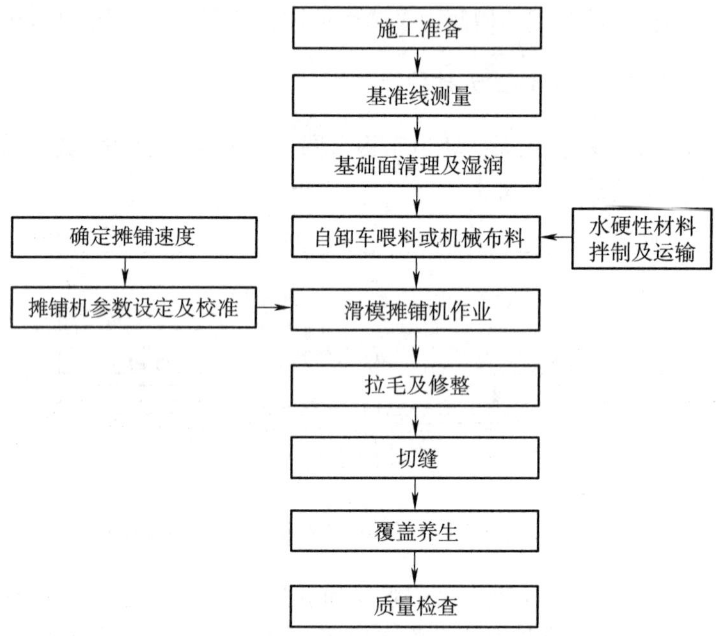

图 5—2—1　滑模摊铺机施工基本工艺流程图

二、施工技术要点

滑模摊铺机施工如图 5—2—2 所示。

采用滑模摊铺机进行支承层施工的技术要点如下。

(1)混凝土材料采用水泥胶结混合料，试验室样本的 28 d 平均抗压强度应不低于 18 MPa，弹性模量应控制在 10 000 ～20 000 MPa 范围内，其他性能应满足相关技术条件要求。

图 5—2—2　滑模摊铺机施工

(2)滑模摊铺机施工前，先通过 CPⅠ或 CPⅡ控制网测设混凝土支承层中线，进而设置两侧的引导线。引导线到线路中线的距离为 3.5 m，引导线距设计路基面 60 cm，引导线桩纵向间距10 m，平、竖曲线路段视曲线半径大小。加密布置，最小值为 2.5 m；引导线桩定位限差，高程为 ±5 mm，中线为±2 mm。引导线的最大长度不宜大于 500 m，以利质量控制及方便卸料。引导线接头不得大于 1 cm。每 100 m 引导线不得多于 2 个接头。

(3)施工时，混合料采用自卸车运输，采用滑模摊铺机进行摊铺，在摊铺前应对基床表面进行洒水湿润。

(4)摊铺机就位，并采用导线法校准摊铺机四角点高程和侧模行进方向，检查机械操作性能无误后方可进行作业。在起初摊铺的 5 m 内，必须对所摊铺出的支承层高程、边缘厚度、中线、横坡度等技术参数进行复核测量，确定最佳振捣频率、最佳摊铺走行速度和捣固棒最佳插入深度。

(5)采用人工或挖掘机进行布料，在摊铺宽度范围内要布料均匀。纵向布料超过 5 m 后，启动摊铺机开始摊铺。支承层摊铺完成后，要保证表面粗糙，从而达到支承层和道床板更好的粘接。路基支承层成型后，其两侧边缘各 35 cm 的区域应进行修边处理，使其表面光滑，同时对表面及边角有缺陷的部分及时进行修补。

(6)支承层 300 mm 厚的混凝土要一次摊铺完成，布料时要在摊铺范围内保证其均匀，支承层摊铺完成后要保证表面粗糙。

(7)在支承层摊铺完成后 12 h 内，设置纵向间距不大于 5 m、深度约 105 mm 的横向假缝。当气温高于 20℃时，应每隔 2.5～5 m 进行切缝，缝宽不大于 5 mm。切缝完成后，要及时进行覆盖和洒水养护，必要时在施工完成后每隔 500 m 用灌沙法测混凝土拌和料的密实度，每 500 m 进行钻芯取样，以进行抗压测试，其钻芯直径为 150 mm。待强度达到要求后，按设计要求进行两线间级配碎石的回填。

(8)第二天的连接摊铺，应先检查滑模摊铺机挤压底板 4 个角点的位置，再将滑模摊铺机后退到前一天做了侧向收口工作缝的支承层内，到挤压底板前对齐工作缝端部，开始摊铺。

第二节　模筑法施工

一、施工基本工艺流程

模筑法施工基本工艺流程见图 5—2—3。

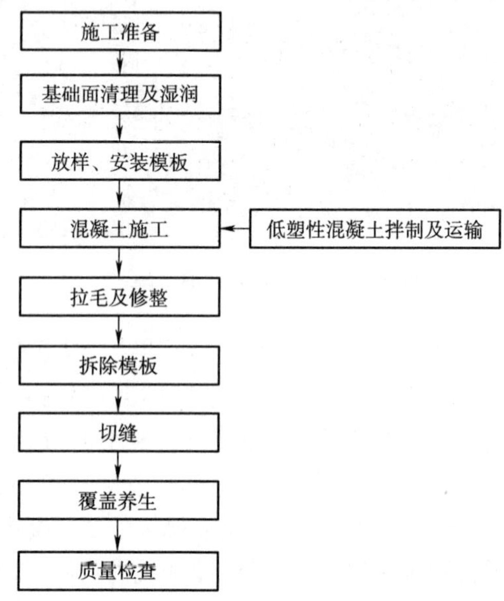

图 5—2—3　模筑法施工基本工艺流程图

二、施工技术要点

采用模筑法进行支承层施工的技术要点如下。

(1)施工前通过 CPⅢ控制网测设出两侧模板边线，待安装模板完成后在模板内侧做好支承层高程控制标记，以保证支承层的顶面高程符合设计要求。

(2)C15 混凝土用混凝土罐车运输至工地，必要时现场做坍落度试验，其数据符合要求后才能进行施工。

(3)施工过程中要保证每个区域都捣固到位，同时后面的人要及时进行表面修整。除支承层两侧各 35 cm 区域内要求表面光滑外，其余表面均要求粗糙。

(4)支承层尽量做到连续施工。因外界因素而中断后，应设施工缝。施工缝处要设端模板，留直茬，但表面一定要粗糙。在下次浇筑混凝土前对接缝表面进行凿毛，并进行湿润，清理干净浮渣，以保证新老混凝土能更好地粘结。

(5)支承层混凝土达到初凝状态后，要及时复测支承层的各项几何尺寸是否满足相关设计要求。

(6)在支承层施工完成后，及时进行横向假缝施工。切缝应在支承层硬化前进行，具体时间根据温度情况确定。施工完成后应及时进行洒水养护，同时要注意对混凝土强度进行不定期(3 d、7 d、14 d 等)试验，其混凝土强度达到设计强度的 70％后方可进行后续工程施工。双线混凝土支承层施工完毕，强度达到要求后，按设计要求进行双线间级配碎石的回填和封闭层施工。

第三节　质量标准与控制要点

一、质量标准

对于模筑法施工支承层，模板安装时用全站仪、水准仪、直尺分别检验模板的中线位置、顶面高程、内侧宽度是否在允许偏差范围内，模板安装允许偏差及检验方法见表 5—2—1。

表 5—2—1　模板安装允许偏差及检验方法

序　　号	检查项目	允许偏差(mm)	检验方法
1	中线位置	10	全站仪
2	顶面高程	$^{+2}_{-5}$	水准仪
3	内侧宽度	$^{+10}_{0}$	尺量

用全站仪、水准仪、直尺分别检验完成的混凝土支承层的厚度、中线位置、宽度、顶面高程、平整度是否在允许偏差范围内。支承层施工标准见表 5—2—2。

表 5—2—2　混凝土支承层外形尺寸允许偏差及检验方法

序　　号	检查项目	允许偏差(mm)	检验方法
1	厚 度	±20	尺测
2	中线位置	10	全站仪
3	宽度	$^{+15}_{0}$	尺测
4	顶面高程	$^{+5}_{-15}$	水准仪
5	平整度	10	3 m 靠尺

二、质量控制要点

(1)支承层施工中一定要控制好混凝土的质量，其坍落度、水胶比等指标应符合配合比报告。

(2)支承层施工前，路基表层的高程要符合规范要求，以确保支承层的实际厚度满足设计要求。

(3)支承层施工前，应清扫路基表面杂物，并洒水保湿约 2 h。

(4)施工过程中要控制好支承层的方向、宽度及高程，以保证无砟道床底层钢筋与支承层顶面有一定的保护层。

(5)支承层铺设时，表面要平整，其表面平整度应达到不大于 15 mm/4 m 的要求，高程允许误差为+5，−15 mm。

(6)支承层在施工完成后 12 h 内，应沿线路方向每隔 5 m 设置一条约 105 mm 深的横向假缝，但在气温高于 20℃条件施工时，每隔 2.5 ～5 m 进行切割，缝宽不大于 5 mm。

(7)养护要及时，一般养护不少于 7 d。

(8)气温低于 5℃或遇雨雪天气时，不宜进行支承层施工。

第三章　桥梁地段保护层及凸台混凝土施工

第一节　施工技术要点

一、基本施工工艺流程

桥梁地段保护层及凸台混凝土基本施工工艺流程如图5—3—1所示。

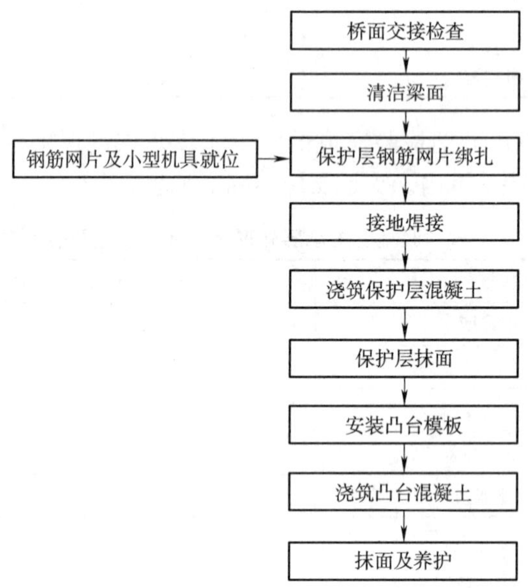

图5—3—1　保护层及凸台施工工艺流程图

二、施工技术要点

(1)桥梁保护层、凸台施工前,应对桥面进行验收。桥面应满足铺设无砟轨道的要求,其顶面平整,高程允许偏差为±10 mm,并对桥梁表面进行清洁。施工时,首先按设计图纸布置保护层钢筋网及凸台钢筋网并绑扎,然后对纵向接地钢筋的交叉点和搭接点按相关要求进行焊接,最后将保护层接地钢筋与防撞墙预留接地钢筋焊接起来。

(2)桥梁保护层、凸台采用C40混凝土。施工时,首先将加工好的钢筋运输到施工现场,并提前按照设计要求在桥面防水层上放线定位出纵横向钢筋的位置,然后将钢筋铺放在画线位置处,钢筋绑扎完成后在钢筋网下安装混凝土垫块。抗剪凸台钢筋绑扎时,应先将凸台中心位置点放样到梁面上,然后按照设计要求绑扎好凸台钢筋。混凝土浇筑前2 h应洒水湿润,桥面不得有明水。施工用混凝土采用泵送法或混凝土罐车直接运抵浇筑点分段浇筑,同时按要求设置横向排水坡。保护层混凝土连续均匀浇筑。混凝土保护层抹面时,要求光滑、平顺。同时应严格按设计要求进行高程控制，待保护层达到设计强度的70%以后才能进行凸台混凝土的施工作业。

(3)凸台混凝土浇筑前，要对凸台范围内混凝土表面进行清洁，并预先湿润，之后根据测量放出的模板边线立好凸台模板。浇筑凸台混凝土时，应防止对模板的撞击，当达到设计强度的70%以后才能进行下一道工序作业。

(4)混凝土采用覆盖洒水养生，保持表面充分潮湿，养护时间不少于7 d。冬期施工应采取防护措施。

第二节　质量标准与控制要点

一、质量标准

钢筋绑扎、模板安装、凸台外形尺寸技术标准及检验方法见表5—3—1、表5—3—2和表5—3—3。

表5—3—1　钢筋的绑扎安装允许偏差

序　号	项　目	允许偏差(mm)	检验方法
1	钢筋间距	±20	尺量
2	钢筋保护层厚度	$^{+10}_{-5}$	尺量

表5—3—2　凸台(保护层)模板安装允许偏差

序　号	项　目	允许偏差(mm)
1	顶面高程	±5
2	宽 度	±5
3	中线位置	2
4	凸台的位置及长、宽、高程	±3

表5—3—3　保护层及凸台外形尺寸允许偏差

序　号	项　目	允许偏差值(mm)
1	顶面高程	±10
2	宽 度	± 10
3	中线位置	3
4	平整度	10/3 m
5	中线位置	3
6	凸台中心间距	±3
7	横向宽度	±5
8	纵向宽度	±5

二、质量控制要点

(1)桥面保护层钢筋的绑扎、焊接及绝缘的相关接口要达到相关要求。

(2)保护层施工中一定要控制好混凝土的质量，其坍落度、水胶比等指标应符合配合比报告要求。

(3)控制好保护层的高程和平整度。

(4)施工中还应严格保证凸台的结构尺寸、高度、高程及间距按设计要求进行施工，同时保护层和凸台的表面一定要保证光滑(这一点与支承层表面要求不同，应引起重视)。

(5)气温低于5℃或遇雨雪天气时，不宜进行保护层施工。

第四章　混凝土道床板施工

第一节　混凝土道床板简易工装法施工

一、施工工艺流程

施工工艺流程如图 5—4—1 所示。

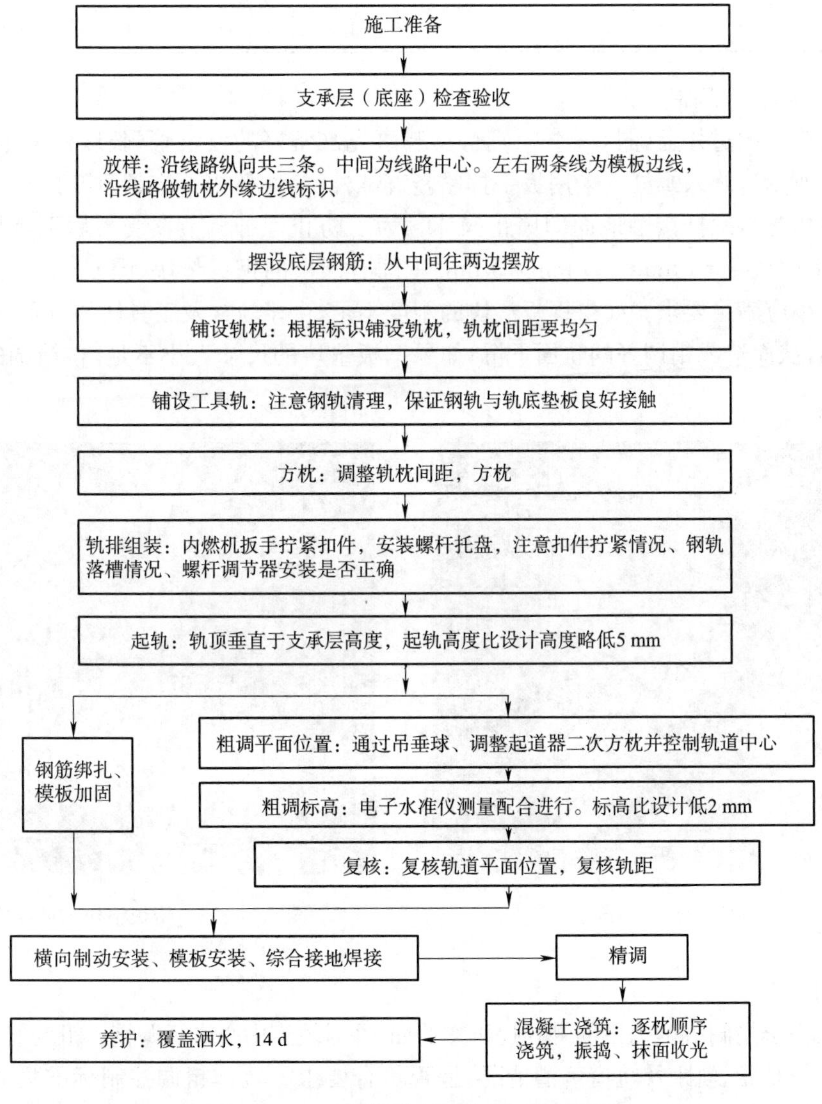

图 5—4—1　简装道床板施工工艺流程图

二、施工工艺要点

1. 支承层(底座)验收

用铁锹、扫把对支承层(底座)进行清理,对有油污的位置采用洗衣粉进行清洗,然后采用风力灭火机或高压水枪清除表面尘土,确保支承层表面清洁。

2. 方枕、轨排组装

质量控制标准见表 5—4—1。

表 5—4—1　轨排组装控制标准

序　号	检查项目	检验标准	检测方法
1	轨 缝	15～30 mm	尺量
2	螺栓拧紧扭矩	扣件安装技术条件	扭矩扳手
3	轨 距	－1.5 mm,＋1 mm	轨检尺

3. 安装螺杆调节器

在螺杆旋出超过托盘(图 5—4—2)后,安装事先准备好的波纹管(长度根据不同超高定,图 5—4—3 所示),旋入螺杆。采用扳手拧紧竖直螺杆,最大扭矩不应超过 5 N·m(与手动拧紧力量大致相当),螺杆接触地面即停止操作。为了防止螺杆调节器受力后下沉导致轨排变形,在螺杆下面放置 50 mm×50 mm×5 mm 中间有凹槽的钢板垫块(图 5—4—3),钢板垫块的刚度及大小应满足要求。如果钢板垫块的刚度不足,由于轨枕及工具轨的自重,钢板垫块容易产生变形,从而造成精调好的轨面下沉;如果钢板垫块的尺寸大小不足,在精调的过程中容易旋出。

图 5—4—2　托盘

图 5—4—3　钢板垫块与波纹管

4. 粗调

将组装好的轨排抬起,为钢筋绑扎提供作业面,并对轨道中心进行调整。粗调前对轨排进行检查,主要检查枕距、轨距及轨道落槽情况,是否符合要求。轨排粗调控制标准见表 5—4—2。图 5—4—4 所示为轨排粗调作业现场。

表 5—4—2　轨排粗调控制标准

序　号	检查项目	检验标准	检测方法
1	轨排轨顶标高	−3～0 mm	检查记录
2	轨道至设计中线位置	±3 mm	检查记录

图 5—4—4　轨排粗调作业现场

5. 定位装置安装

为防止轨道在精调后因外力干扰造成滑移，尤其是在曲线超高地段，在轨道一侧设置定位装置，锁死轨道，同时在精调中还可以起到调整轨道中心的作用。

(1)路基、隧道地段定位锚具安装。

路基、隧道地段采用特制的定位锚具进行轨道定位，不管是直线地段还是曲线地段定位锚具的位置都应该与螺杆调节器位置相对应，并且要靠近螺杆调节器安装，工具轨接头处左、右各安装 1 个，共 4 个。曲线超高地段设置在超高侧。

定位锚具长度 29 cm，埋设深度 21～23 cm，钻孔直径 60 mm，与轨枕钢筋焊接要牢固，套筒两侧预留 2 cm 的调节长度。定位锚具采用锚固剂锚固，孔钻好后用泡好的锚固剂塞满，然后再垂直插入定位锚具。精调完成后必须要把套筒两侧螺帽锁死。图 5—4—5 所示为定位锚具安装现场。

图 5—4—5　定位锚具安装

(2)桥梁地段侧向支撑安装。

桥梁地段采用侧向支撑进行轨道定位,确认轨道状态到达控制标准后,锁定桥梁侧向支撑,使轨排处于固定状态,如图 5—4—6 所示。

图 5—4—6　桥梁地段侧向支撑

6. 模板安装

(1)模板安装不能扰动已粗调完的轨排。

(2)模板安装质量检查项目:纵向模板干净(无混凝土污染);脱模剂应涂刷均匀;损坏或弯折的模板不得使用;混凝土保护层最小厚度;目测纵向模板与下部结构顶面保持垂直;模板安装后,检查下部结构表面清洁。

(3)道床模板安装允许偏差应符合表 5—4—3 的规定。

表 5—4—3　道床板模板安装标准

序　号	项　目	允许偏差(mm)	备　注
1	顶面高程	±5	均为模板内侧面的允许偏差
2	宽度	±5	
3	中线位置	2	

7. 轨道精调

轨道精调是无砟轨道道床板混凝土浇筑前的最后一道控制措施,也是控制道床板施工成败的关键措施,要求精度非常高。

(1)全站仪设站

全站仪观测 4 对连续的 CPⅢ点,自动平差、计算确定设站位置,观测 CPⅢ点顺序应严格遵循仪器厂商提供的观测顺序,设站点每次应保证在作业面的同一端和线路的同一侧。如设站误差大于 1 mm 时,应重新设站。改变测站位置后,必须至少交叉观测后方利用过的 4 个控制点,并复测至少已完成精调的一组轨排,如偏差大于 2 mm 时,应重新设站。

(2)接头联测顺接控制

在前次已浇筑混凝土地段,预先上紧一根轨排扣件,采用调校好的精调小车对浇筑地段至少 8 根轨枕进行复测,在允许偏差范围内,采用补偿功能进行调整。

未浇筑地段,由于设站(全站仪搬站)误差导致前后两段连接精度存在偏差,偏差≤2 mm,采用手动或自动补偿功能对偏差予以调整。

各作业面接头必须联测,先浇筑混凝土地段,由现场精调人员采用标定尺、轨检仪及精调小车准确测定轨道偏差后，交由后续联测段精调人员。当后续段混凝土施工距先施工地段距离 100 m 时，要求接头处双方必须对已浇筑段进行联测，采用精调小车复核已浇筑段至少 8 根轨枕（提前上紧扣件），在允许偏差范围内，采用手动或自动补偿功能进行调整。

(3)精调后轨道几何状态允许偏差

精调后轨道几何状态允许偏差应符合下列规定：

(1)轨顶高程与设计高程允许偏差：＋4/－6 mm；

(2)轨道中线与设计中线允许偏差为 10 mm；

(3)无砟轨道精调阶段平顺度标准应尽量符合表 5—4—4 规定。

表 5—4—4　无砟轨道精调阶段平顺度控制标准

幅值(mm) 项目 / 设计速度	高低	轨向	水平	轨距
350 km/h≥v>200 km/h	1	1	1	+1.0 −1.0
弦长	30 m			

同时重点控制轨距、基本轨的轨向和基本轨的高低，且变化率均不得大于 0.65‰。

8. 混凝土浇筑

(1)准备工作：开始前，浇筑机先采用喷雾器喷水水湿润滑槽及轨道下部结构、轨枕表面。轨枕块侧面、底部洒水湿润。用防护罩覆盖轨枕、扣件及支撑螺杆。

(2)混凝土难以到达浇筑位置时，采用地泵浇筑，泵管沿模板方向铺设，但注意泵管不能靠在模板或轨道上，随着浇筑的进行，拆除泵管。图 5—4—7 所示为混凝土浇筑现场。

图 5—4—7　混凝土浇筑现场

(3)浇筑时应逐格浇筑，必须待混凝土完全漫过下一个轨枕底边缘时，方可移动料槽进行下一格浇筑，防止轨枕底部有汽泡形成空洞，形成质量隐患。

(4)振捣采用 50 振动棒插入式振捣，振捣前先人工将料摊平，严禁采用振动棒拖料。

(5)振捣时，应尽量避免振动棒触碰钢筋，严禁振动棒触碰轨枕和钢轨。

(6)振捣过程中，施工人员应尽量不要站到轨道中间，无法避免时每节轨枕最多只能站一人。

(7)收尾：人工整平、抹面，清刷钢轨、轨枕。采用自制整平模架收平。收抹面分三道：第一道人工整平，第二道精平，第三道压光。抹面时应特别注意轨枕四周、钢轨底部、螺杆调节器托盘底及轨距撑杆托盘底的收平抹面，需采用自制的加长抹子。图 5—4—8 所示为人工收平作业。

图 5—4—8　人工收平作业

9. 轨道状态的维护

(1)专人在混凝土浇筑过程中，在每个轨排钢轨顶面用石笔记录该轨排浇筑完成时间和轨温值，为下一步解除轨排约束提供时间、确定轨排稳定状态提供依据；

(2)结合现场环境温度，依据试验数据，在混凝土初凝前，螺杆放松 1/2 圈，降低 1 mm，螺杆调节器的放松须始终沿逆时针方向。同时松开钢轨接头处的鱼尾板。

(3)混凝土初凝后(指压无明显压痕)，松开全部扣件和横向约束，释放轨道在施工过程中由温度和徐变引起的变形。操作时注意不要扰动轨排。

三、资源配置

资源配置包括人员配置和机具设备配置，视现场环境特点、工期要求等而有所不同。以平均每天需完成无砟轨道道床板施工 120～150 m 为例，可参照表 5—4—5 进行人员配置，参照表 5—4—6 进行施工设备工具配置。

表 5—4—5　简装无砟轨道施工各道工序施工人员配备

序　号	工　序	人　数	备　注
1	支承层清理	6	
2	放样、弹线		
3	底层钢筋摆设		
4	散枕、工具轨安装	30	钢轨清理，安装绝缘垫块，内燃机扳手施拧
5	方枕	6	轨枕间距误差 5 mm，轨道中线+2 mm
6	轨距调整	3	轨距误差±1 mm

续上表

序号	工序		人数	备注
7	安装螺旋调节器		8	先安装调节器托盘，等内燃机扳手施拧完成后，才能安装螺杆
8	粗调		7	
9	螺旋调节器包扎		2	
10	钢筋绑扎		28	
11	定位装置安装		2	
12	模板安装		16	包括接茬剪力棒钻眼、安装、端模安装
13	精调		4	
14	冲洗、电工		2	
15	混凝土施工	放料、散料、移动平台	4	
16		振捣	3	
17		抹面收光	18	
18		养护	4	
19	看守		2	
合计			145	

表 5—4—6　简装无砟轨道施工设备工具统计

序号	类别	名称	型号	单位	数量	备注
1	周转类工具	工具轨	60 型，12.5 m 长	m	1 500	
2		钢模板	30 槽钢	m	600	
3		螺杆调节器		个	500	
4		轨道中心调节杆		个	6	带套筒、压杆、加力杆
5		轨距撑杆		个	30	
6		起道机	精度 2 mm，起重 5 000 kg	个	10	
7		保护罩		套	400	混凝土施工过程中防扣件污染
8		高压水枪		台	1	
9	测量工具	风力灭火机		台	1	
10		竹扫帚		把	10	
11		铁锹		把	10	
12		钢刷		把	20	刷模板、钢轨用
13		抹布	手巾	条	20	
14		小刮铲	类似油漆刮	把	10	
15		凿子	扁口	把	10	
16		轨检尺		把	2	
17	施拧工具	方尺		把	3	
18		钢卷尺	测量专用，30 m	把	1	
19		钢卷尺	5 m	把	10	

续上表

序号	类 别	名 称	型 号	单位	数量	备 注
20	施拧工具	直钢尺		把	2	起轨用
21		轨温计		个	2	测量轨温用
22		塞尺		把	4	检查钢轨是否密贴用
23		弦线		个	2	坚持轨道状态用
24		钢轨检查设备		套	1	检查钢轨是否变形
25		水平仪	徕卡 DNA03	台	1	
26		全站仪	Trimble S6	台	1	
27		精调设备	GODO CE	套	1	
28		挂线		m	200	
29		墨斗		个	2	配墨汁 1 瓶
30		垂球		个	10	
31		内燃机双头扳手	扭矩大于 200 kN·m	台	1	
32	钢筋、模板工具	快速扳手	ϕ36	把	10	扣件螺栓
33		开口扳手	与螺杆调节器匹配	把	10	
34		梅花扳手	ϕ12 螺杆匹配	把	6	
35		梅花扳手	ϕ16 螺杆匹配	把	6	
36		扭矩扳手	ϕ36	把	1	
37		交流电焊机		台	3	
38	混凝土施工工具	钢筋切割机		台	1	
39		钢筋弯曲机		台	1	
40		电锤	小型号	把	3	配 ϕ12，ϕ18 钻头各 10 根
41		电锤	大型号	把	1	配 ϕ32 钻头 2 根
42		手锯		把	2	配锯条若干
43		钳子		把	4	
44		斧子		把	2	
45		工具刀		把	10	配刀片若干
46		剪刀		把	6	
47		铁锤	小号	把	10	
48		混凝土泵车	47 m 臂	台	1	
49	养护工具	起重机	8 t	台	1	
50		拖式混凝土泵		台	1	配泵管 200 m
51		滑槽	自制	个	1	可调高度和坡度
52		振捣棒	ϕ50	个	4	
53		混凝土收面整平架	自制	个	2	
54		木抹子	自制	个	20	10 个加长型

续上表

序号	类别	名称	型号	单位	数量	备注
55	养护工具	钢抹子	自制	个	20	10个加长型
56		潜水泵	30 m扬程	台	4	
57	照明、电力	水管	与水泵配套	m	800	
58		存水桶		个	10	
59		黑心棉		m^2	2 000	
60		彩条布	6 m宽	m	200	
61		碘钨灯	1 kW	盏	30	配灯座、灯架，灯管若干
62	其他工具	电缆	8 mm^2	m	3 000	据现场情况定
63		配电箱		个	4	据现场情况定
64		电工工具		套	2	
65		定位装置	自制	个	1 600	
66	耗材	砂轮磨光机		个	4	配砂轮片若干
67		拉线器	小号	个	50	桥上横向制动用
68		顶托	60 cm长	个	50	桥上横向制动用
69		钢管	ϕ40，单根长1 m	m	200	
70		钢轨夹		个	20	
71		抬杠	承重200 kg	根	30	
72		麻绳	ϕ20	m	200	
73		撬棍		根	10	
74		绝缘电阻测试仪	兆欧表，量程500 MΩ	台	1	
75		简易遮阳棚	自制	m	100	遮阳、遮雨
76		双面胶		箱	4	
77	劳保用品	胶带	包装封口胶带	箱	2	
78		黄油		桶	4	
79		机油		桶	5	脱模剂用
80		膨胀螺栓	ϕ12，7 cm长	个	1 000	
81		水泥		t	2	
82		膨胀剂	按配合比报告种类	kg	100	无收缩砂浆封孔用
83		砂	中砂	m^2	6	
84		塑料袋	中型，1次性	个	2 000	混凝土施工过程中防螺杆污染
85		钢钉	各种型号	盒	5	
86		记号笔	各种颜色	支	20	
87		滑石笔		盒	5	
88		竹胶板	1 cm厚	m^2	100	横模
89		方木	8 cm厚	m	50	
90		方木	3 cm厚	m	50	

续上表

序号	类　别	名　称	型　号	单位	数量	备　注
91	劳保用品	契木	三角	个	100	
92		钢垫片	(40×40×4)mm	个	2 000	螺杆调节器底部
93		丝杆	ϕ12	m	320	
94		螺帽、垫片	ϕ12 配套	个	4 000	
95		灌缝剂		m^3	3	横向制动
96		混凝土保护层垫块	(2×3×4)cm	个	若干	按设计数量
97		绝缘卡	按设计种类	个	若干	按设计数量
98		电焊条	502	箱	5	
99		雨衣	各种型号	件	160	据现场情况确定
100		雨靴	各种型号	双	160	
101		手电		把	20	
102		草帽		顶	160	
103		安全帽		顶	160	
104		帐篷		顶	2	

第二节　混凝土道床板轨排框架法施工

一、施工工艺流程

施工工艺流程如图 5—4—9 所示。

轨排框架法施工 CRTSⅠ型双块式无砟道床具有方便管理精度控制、简化工序、节省人员配置、加快工程进度等特点。其成套工装设备主要有：轨排支撑架，吊装设备，吊具等。在工厂精确加工轨排框架，轨道调整、固定由排架螺杆和轨向调节器完成，螺杆调整轨道排架高低、水平，轨向调节器调整轨道排架横向和固定，配属吊装设备吊铺排架，粗调测量系统控制粗调、轨道检测小车控制精调精度，泵送或斗送混凝土入模。轨排框架效果如图 5—4—10 所示。

二、施工工艺要点

1. 施工放样

根据 CPⅢ控制点，直线地段每隔 10 m、曲线地段每隔 5 m 测设并标记一个轨道中心控制点，边线控制点按照直线地段每隔 19.5 m、曲线地段每隔 10 m 测设道床板边线并标注点位准确里程。

注意事项：

(1)控制测量精度，为防止里程错误，测设点位标明施工里程；

(2)技术人员应检查施工弹线是否精确，满足施工精度。

2. 钢筋加工与安装、接地钢筋焊接

(1)钢筋加工

在钢筋加工场，按道床板(分路基、桥梁、隧道)钢筋的规格和型号，集中加工半成品，分类

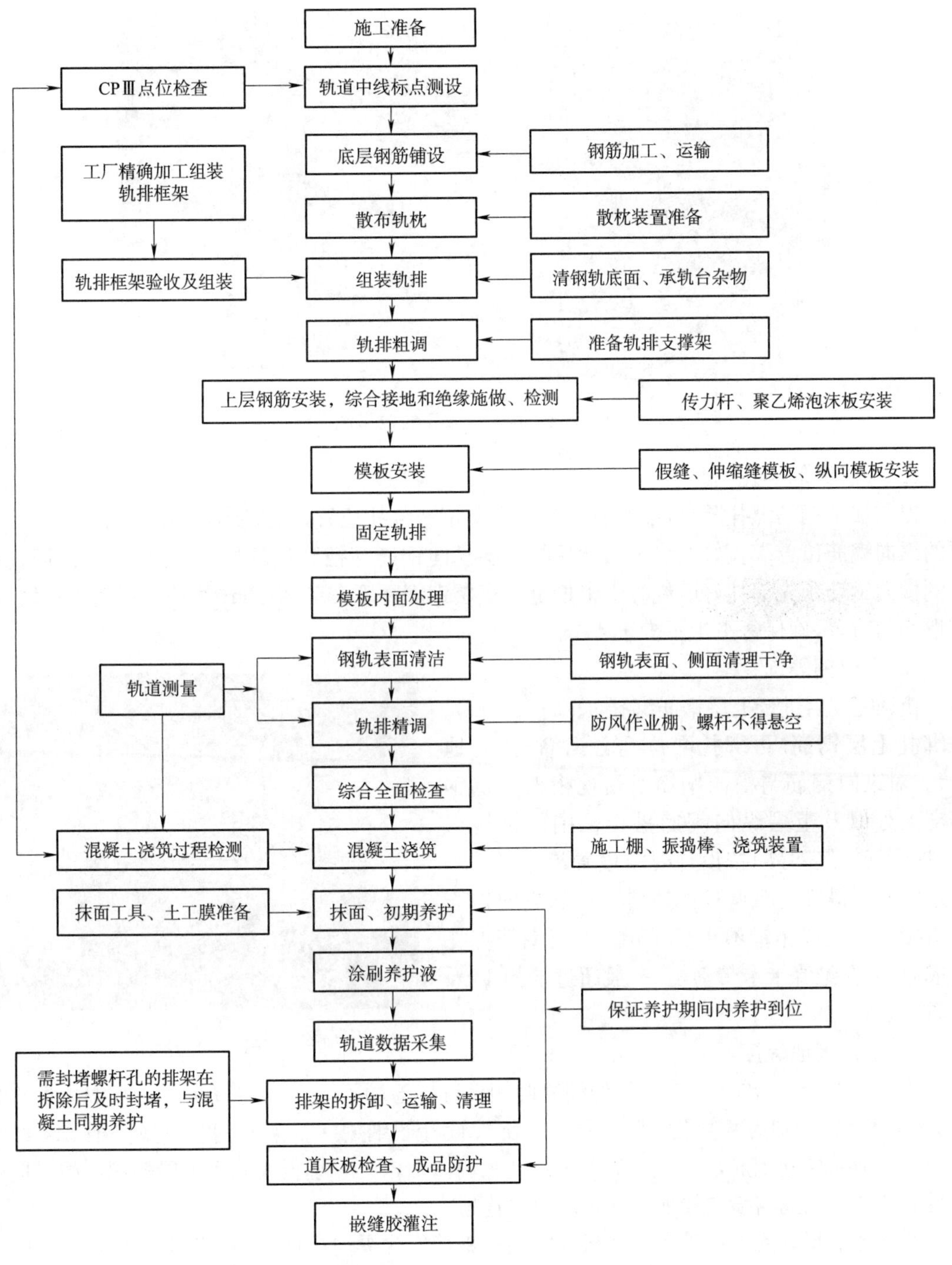

图 5—4—9 施工工艺流程图

存放,挂牌标识。

路基与桥梁横向钢筋弯钩加工时应注意弯钩角度。

注意事项:路基与桥梁横向钢筋弯钩加工时若在弯钩角度不准,导致绝缘卡绑扎不牢固,钢筋容易接触,影响绝缘效果不好。

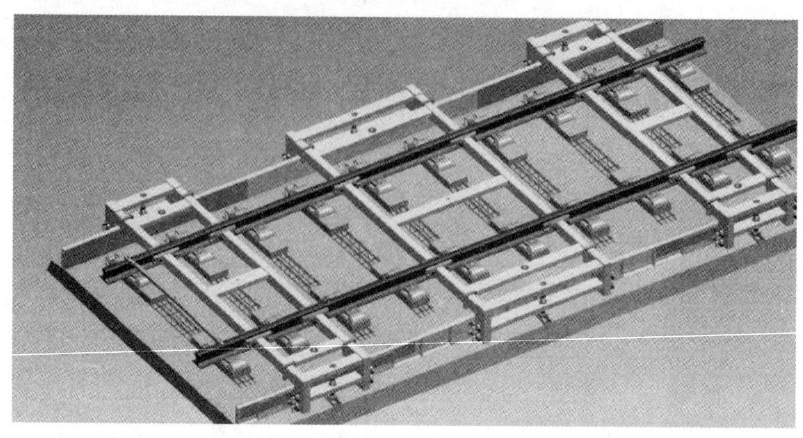

图 5—4—10　排架工装效果图

(2)底层钢筋绑扎

提前加工钢筋绑扎胎具，在胎具上标明纵向钢筋绑扎位置，利用胎具在横向钢筋上按照标明的纵向钢筋位置绑扎好绝缘卡。然后将底层横向钢筋穿插到设计位置，再将纵向钢筋提起卡到横向钢筋预先绑扎好的绝缘卡卡槽上。底层钢筋网下安装 35 mm 厚 C40 混凝土垫块，梅花形均匀布置，确保每平米不少于 4 个。

(3)上层钢筋绑扎

粗调完成后进行上层钢筋绑扎(图 5—4—11)。先绑扎上层钢筋，再绑扎限位凸台钢筋(桥梁地段)。对纵向钢筋与横向钢筋及轨枕桁架上层钢筋交叉处以及上层纵向钢筋搭接范围的搭接点(接地钢筋焊接除外)按设计要求设置绝缘卡。绑扎过程中不得扰动粗调过的轨排。相邻纵向钢筋的搭接接头位置相错不小于 1 m。上层钢筋绑扎完成后，将在绝缘卡卡带剪短，一般超过卡扣 1 cm 左右。

图 5—4—11　上层钢筋绑扎

(4)综合接地焊接

路基上 19.5 m 单元式道床板伸缩缝两侧设置接地端子，3.9 m 小单元内上层纵向取 3 根 ϕ16 结构钢筋，分别为两侧及中间。每 3.9 m 按设计图纸用一根 ϕ16 钢筋更换一根 ϕ14 结构钢筋作为横向接地钢筋，每 19.5 m 道床板范围内 5 个 3.9 m 小板块利用下层外侧一根纵向焊接贯通的结构钢筋与横向接地钢筋进行焊接连通。

桥梁地段每单元上层纵向取 3 根 ϕ20 结构钢筋作为纵向接地钢筋，分别为两侧及中间，在单元板中部取一根 ϕ16 的结构钢筋作为横向接地钢筋，横纵接地钢筋采用 L 型焊接。

图 5—4—12 所示为焊接安装的接地钢筋。

纵向接地钢筋单面焊接长度不小于 100 mm，双面焊不小于 55 mm，焊接厚度至少 4 mm；横向接地钢筋连接纵向接地钢筋时采用 L 型焊接。接地端子在模板加固完成后焊接，按设计图纸设置接地单元。接地端子距伸缩缝模板 12.5 cm，焊接长度不小于 20 cm，用钢筋头顶在对应的轨枕上作为加固，并在接地端子与模板贴面处涂刷红油漆作为标记；在每 100 m 道床

图 5—4—12　接地钢筋焊接与安装

板范围内靠近接触网基础的小里程侧增设一个接地端子，接地端子与接地钢筋进行可靠焊接。

(5)绝缘性测试

接地系统连接完成后，进行绝缘和接地性能测试，非接地钢筋检测后，两根钢筋电阻值不小于 2 MΩ。

注意事项：①综合接地焊接钢筋焊接人员必须有较好的焊接水平，技术人员更应及时纠正不合格焊接。②端子距离偏大偏小，影响连接钢缆连接。接地端子与模板不接触，混凝土浇筑后不外露(端子必须配置保护套或保护膜)。

3. 轨排组装

(1)散枕

散枕前检查散枕装置的间距尺寸，达到使用要求。利用散枕装置沿着轨道铺设轨枕，散枕装置从轨枕垛一次抓取一组 5 根轨枕、旋转、调整，比照标记将轨枕均匀散布到设计位置并控制相邻两组轨排的间距，以减少轨枕调整工作量；在铺枕过程中避免轨枕混凝土破损或钢筋变形，受损轨枕予以更换。

路基段每散布 2 组(10 根)，桥梁段每散布 1 个单元，与现场标示的里程控制点核对一次，控制散布轨枕的累计纵向误差，做出相应的调整。梁缝处也要校核枕间距。

技术要求：①轨枕在路基段标准间距 650 mm，与结构物接头调整处间距 600～650 mm；6 730 mm 长桥台处间距 620 mm，32m 梁 6 825 mm 单元间距 630 mm，6 400 mm、5 750 mm 单元间距 650 mm；②轨枕间距误差不大于±5 mm，左右偏差不大于±10 mm；③散布后的轨枕线型平顺，与轨道中线基本垂直。

注意事项：

①轨枕进场时，不仅需对数量进行验收，而且要进行质量验收程序，现场轨枕是否存在个别轨枕裂纹、掉角、桁架钢筋变形、螺杆孔少油等。

②轨枕存放时，物资人员要认真按照《轨枕数量及间距表》规定施工距离严格存枕，避免现场出现长距离倒运轨枕。

③装卸轨枕要认真小心，防止损坏桁架钢筋。

④轨枕存放方木，在散枕后要安排专人及时回收，防止随意破坏，造成严重浪费，物资与工队工班之间应严格履行接收管理手续。

⑤散枕机施工时，必须将抓枕器对正轨枕，防止对轨枕表面个别损伤。

⑥散枕时，必须首先保证支承层每道切缝两侧轨枕间距对称，及时消除累计误差，将调整长度均匀分散至每根轨枕间距。

⑦排架或钢轨与轨枕连接后，应严格按照划线位置调正轨枕，使用方尺校正。

(2)检验轨枕间距

检查轨枕间距误差、左右偏差，路基地段每散布 4 个单元板轨枕、桥梁段每散布 1 孔梁上单元板的轨枕，必须与现场标示的里程控制点核对一次，控制散布轨枕的累计纵向误差，及时做出相应的调整。检查调整轨枕块位置，并弹线将一侧的螺栓孔布成一条线。

(3)组装轨排(图 5—4—13)

轨排框架初次使用前必须进行检测，施工过程中，定期进行复测，复测周期不得大于 1 个月。

图 5—4—13　轨排组装

对轨枕承轨台、扣件逐一清理，清理钢轨时注意将钢轨轨顶、轨腰及轨底附着的混凝土清理干净，防止施工时影响轨道精调精度。人工配合吊车通过专用排架吊具将排架平稳、缓慢地放置于轨枕上，使用扭矩扳手将扣件定位，使钢轨与垫板贴合，弹条两端下沿必须压在轨脚上，保证扭矩符合 250 N · m 要求，将轨道排架和轨枕组成轨排。桥梁地段浇筑底座板前使用大阻力扣件，施工完成后更换为小阻力扣件。排架下落时要缓慢下放，注意对排架及轨枕进行保护。排架吊装完成后，用钢尺按轨枕间距进行检查，用方尺对轨枕进行方正，间距偏差不应大于 5 mm。

注意事项：

①安装前检查螺栓孔内是否有杂物，螺栓螺纹上是否有砂粒等，并在螺栓螺纹上涂抹专用油脂；

②将螺栓旋入螺栓孔内，用手试拧螺栓，看是否能顺利旋进，若出现卡住现象，则调整后重新对准、旋入；

③使用专用扳手按照 250 N · m 扭矩要求上紧螺栓，轨枕与钢垫板、钢垫板与橡胶垫板必须密贴，弹条前端三点要与轨距块密贴。

(4)安装轨向调节器

桥梁地段因底座板宽度比路基支承层小，采用双梁型排架时轨向调节器无法安装。在底座板上测算好螺杆位置，在螺杆位置处加设专用预制混凝土垫块（与底座板密贴）以增加底座宽度，排架螺杆坐落于混凝土垫块上，再用轨排锁定器夹紧。

路基地段采用双梁型排架轨向调节器调整排架时，与支承层接触位置必须紧贴，调节器调整量要满足轨向调整需求；采用单梁型排架轨向调节器螺栓与支承层角度有偏差时，可使用特制的槽钢三角垫块进行角度调整；螺栓调整量无法满足轨向调整时，可在螺栓处支垫高强度混凝土垫块，以满足施工需要。

4. 轨排粗调（图 5—4—14）

采用水准仪设站，利用手摇起道机进行轨排高程控制，每榀排架配备两侧对称 4 个起道机同时起道，达到设计高度后利用轨道排架横向、竖向调整机构，按照先中线后水平的顺序循环进行。

利用 4 个起道机顶在轨底（严禁直接顶在轨头或轨腰），且在两个横梁之间，同时提升轨排向左或向右移动调整中线，沿支承层中线吊锤球，反复调整直至排架中线与线路中线误差调至 3 mm，然后使用开口扳手调节左右横向调整器，调整轨道排架中线到线路中线处。

图 5—4—14 轨排粗调

用普通六角螺帽扳手，旋转竖向螺杆，调整轨道水平、超高。粗调后顶面标高应略低于设计顶面标高。调整后用手检查螺杆是否受力，如未受力则拧紧调整附近的螺杆。曲线段落应注意超高横坡方向。

注意事项：起道时应注意同步，先中线后水平的顺序进行。粗调后轨顶高程应略低于设计高程，曲线段落应注意超高横坡方向。粗调后用手检查螺杆是否受力，如未受力则拧紧调整。

5. 伸缩缝安装（图 5—4—15）

路基区段（含单孔箱型桥）道床单元板之间设置伸缩缝，缝宽 30 mm，缝底安放聚乙烯泡沫板，中间设 7 根 760 mm 的板缝传力杆，传力杆与双块式轨枕桁架钢筋绑扎固定，保证传力杆空间位置准确。

传力杆安装时注意滑动端与非滑动端交错放置，且施工时传力杆两端塑料套及滑动套管不得脱落、损坏。

注意事项：检查安装是否牢固，传力杆滑动端与非滑动端是否按图纸交错放置，传力杆两端塑料套及滑动套管是否完好。

图 5—4—15　伸缩缝安装

6. 模板安装

模板安装前应先检查模板平整度、模板清洗情况、脱模剂涂刷情况并及时更换损坏或弯折的模板。

(1)纵向模板安装

纵向模板采用小型组合式模板，假缝、伸缩缝模板采用定型模板，人工进行安装。用冲击钻在弹出的支承层模板边线上打孔，用锤子将特制三角支撑敲进，紧靠模板。检查模板垂直度，拧紧模板加固螺栓。检查模板垂直度，保证模板与弹出的边线重合。

(2)假缝模板安装

单元板缝位置必须与支承层横向假缝对齐。假缝采用 1 cm 厚钢板焊上 4×4 方钢，方钢的作用是保证钢板顺直不变形，且容易用撬杠取出。横向假缝模板上端通过点焊与纵向模板连接固定，在安装前调整假缝模板与支承层假缝位置重合，保证假缝尺寸满足要求，同时确保假缝模板垂直度。固定时利用纵向模板，与纵向模板形成横纵固定体系，在浇筑混凝土时不移位。

(3)伸缩缝模板安装

道床板伸缩缝位置模板的安装是整个模板安装的重点，伸缩缝处必须采用特制钢模板，施做时先将传力杆以下部分的条形聚乙烯泡沫板位置固定并定位准确，然后插入特制的锯齿形钢模板，锯齿形钢模板穿过传力杆两边夹住条形聚乙烯泡沫板，浇筑道床板的过程中一次成型。锯齿形钢模板锯齿位置与传力杆位置向对应，模板长度 2.8 m，同时除了混凝土接触的外表面要涂刷脱模剂外，与条形聚乙烯泡沫板接触的内表面也要涂刷脱模剂。伸缩缝模板在固定前务必保证模板垂直度，确保伸缩缝上下垂直，与支承层假缝重合。图 5—4—16 所示为伸缩缝横断面详图。

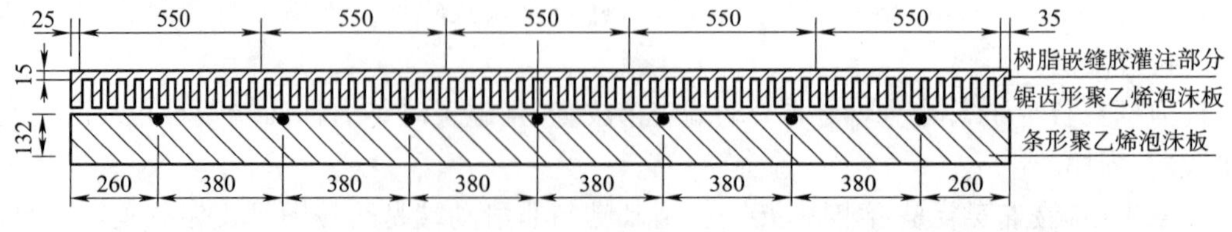

图 5—4—16　伸缩缝断面详图(单位:mm)

(4)模板处理措施

纵向模板安装时为保证严密、不漏浆，在纵向模板底部设 1～2 cm 砂浆垫层。相邻的两块模板用螺栓连接，螺栓连接时一定要保证相邻两块模板之间不出现错台，并在两模板连接面处贴双面胶或胶条，以防止模板间出现缝隙漏浆。

为便于拆模，横向模板可先涂抹少量黄油。

注意事项：模板安装牢固，纵向模板底部设砂浆垫层防止漏浆。假缝、伸缩缝与支承层重合。

7. 轨排精调

图 5—4—17 所示为轨排精调现场图。

图 5—4—17　轨排精调

(1)仪器检查

精调仪器使用前进行自检、自校，以电子道尺、轨道精调小车配合全站仪对轨道中线、高程、超高进行检核，同时检核精调小车，并通过测温、测气压仪器，设定全站仪内温度和气压值，所有仪器应在现场组装完毕后放置一段时间，待仪器适应环境温度后进行精调工作。具体做法：

精调开始前全站仪适应环境温度并经过温度和气压改正后，再次精平全站仪并打开 ATR 功能盘左盘右观测 100 m 远处棱镜，水平角与竖直角偏差需在 3″，测距偏差在 1 mm 以内。否则需对全站仪进行组合校准至要求偏差内。

轨道精调小车在到达工地即安装到位并置于排架上适应环境温度，待全站仪校准完成后配合轨距尺对小车轨距与超高进行校准。

(2)设站

全站仪设站在精调专用防风棚内进行，采用后方交会定位，通过观测 4 对连续的 CPⅢ点，自动平差、计算确定设站位置。设站完成后查看全站仪设站精度，如设站偏差大于 0.7 mm 时，查看单个点精度，剔除偏差超过 2 mm 的点，最少保留 6 个点后重新计算测站精度，直至设站坐标偏差在 0.7 mm 以内。改变测站位置后，必须至少搭接观测上一站观测过的 4 个控制点，前一站调整完成后，下一站调整时需重叠 20 m(3 榀排架)上一站已调整段落，与上一站已精调过钢轨搭接偏差大于 2 mm 时，应重新设站。

(3)测量轨道数据

全站仪观测测量小车棱镜，小车自动测量轨距、超高位置。小车接收观测数据，通过配套软件，计算轨道平面位置、高程、超高、轨距等数据，偏差值将迅速反馈到测量小车的电脑显示屏幕上，指导轨道调整。

当测量数据跳动超过 0.5 mm 时，将小车向全站仪推进直至数据跳动小于 0.5 mm，然后将小车退回搭接区域，并根据数据稳定时小车与全站仪的距离，搬运全站仪重新进行设站。

(4)调整中线

采用专用开口扳手调节左右轨向锁定器，调整轨道中线，一次调整 2 组，左右各配 2 人同时作业。

(5)调整高程

用套筒扳手，旋转竖向螺柱，调整轨道水平、超高，竖向螺柱调整标高时要注意从下往上施拧。粗调后顶面标高应略低于设计顶面标高。调整螺柱时要缓慢进行，调整后用手检查螺柱是否受力，如未受力则拧紧调整附近的螺柱。

(6)安装鱼尾板

轨排第一遍精调完成轨道偏差在 1 mm 后，相邻轨排用鱼尾板进行连接，夹板处扣件必须要安装到位。轨缝宜控制在 10～30 mm，钢轨接头处应平顺，不得有错牙或错台。

(7)绝对偏差复核及数据采集

在 CPⅢ点精度、设站精度、全站仪精度、测量小车精度符合规范要求的情况下，两设站点测量同测点的绝对偏差值中线不大于 0.5 mm、高程不大于 0.5 mm；若偏差大于以上数据，则需要查找分析原因保证精度。设站误差的数据补偿应从顺接段后的第一个轨排架开始。

注意事项：

①所有测量仪器必须按相关标准实行定期检定。

②测量区域停止其他施工作业。

③轨排精调后应采取防护措施，严禁踩踏和撞击。

④轨排精调后应尽早浇筑混凝土，如果轨排受到外部扰动，或放置时间过长(超过 6 h)，或环境温度变化超过 15℃时，必须重新检查确认合格后，方能浇筑混凝土。

⑤在温度较低时轨道变形小，且白天多数有风，故无砟轨道精调宜在温度较低时进行；加工精调防风棚，全站仪在其内设站，尽量消除风力对全站仪影响。

8. 混凝土浇筑

(1)混凝土浇筑方法

①施工准备

浇筑前清理浇筑面上的杂物，对每根枕木的扣件系统再次进行检查，确保三点密贴，然后洒水润湿底座及支承层，表面不得有积水。为保障轨枕与新浇混凝土的结合良好，需在浇筑前 6 h 内对轨枕表面洒水 3～4 次。用防护罩覆盖轨枕、扣件。检查轨排上各调整螺杆是否出现悬空。检查接地端子是否与模板密贴。

②检查和确认轨排复测结果

浇筑混凝土前，进行轨道几何参数的复核，超过允许偏差应重新调整。

③混凝土运输

利用混凝土运输车将混凝土运至施工现场后，每车混凝土场均应检测坍落度、含气量及温度指标，合格后方可卸料。

④浇筑方法

严格按混凝土顺序浇筑原则，即混凝土保持从起始端一个轨枕的浇筑口浇筑，当混凝土从轨枕下流至下一轨枕后，移至下一个轨枕浇筑口。图 5—4—18 所示为混凝土浇筑现场图。

图 5—4—18　混凝土浇筑

采用插入式高频率振捣棒进行振捣，作业时分前后两区间隔 2 m 捣固。振捣时避免振捣棒触碰轨排与支撑架，插点布置应均匀，不漏振。同时安排专人注意轨排几何状态的变化和绝缘卡有无脱落，保证轨排、模板、支撑架的稳定牢固和钢筋绝缘效果，如有变位，立即停止浇筑和振捣，并在混凝土初凝前完成调整工作。振捣过程中要加强对托梁下方、轨枕底部及其周围混凝土的振捣，确保混凝土密实。

混凝土浇筑完成，及时将浇筑完成的混凝土覆盖，并包裹严实，防止因大风、环境干燥等引起混凝土表面迅速失水。

(2)不同天气施工措施

混凝土在不同浇筑是采取的措施不同，根据不同月份统计见表 5—4—7。

表 5—4—7　混凝土浇筑时间

月　　份	环境温度℃	浇筑时机	浇筑采取措施
7 月	15～30	16:00～次日 10:00	介质洒水降温
8 月	14～28	16:00～次日 10:00	介质洒水降温
9 月	4～23	8:00～18:00	介质洒水降温
10 月	−4～20	9:00～17:00	介质不洒水，覆盖保温

注意事项：

①开盘之前，应根据当日施工气温、施工里程提醒试验室对混凝土出机塌落度进行控制，根据运输距离及浇筑单车时间提醒拌合站发料间隔时间。

②混凝土浇筑应连续进行。当间歇时间超过混凝土初凝时间时，按浇筑中断处理，同时应留置施工缝。

③浇筑混凝土期间，应设专人检查轨排、模板、钢筋和预埋件等的稳固情况，当发现有松动、变形、移位时，应及时处理。

④混凝土浇筑量、振捣时间应合理匹配，保证浇筑时枕底密实。

⑤及时清洁轨枕、扣件、钢轨。

(3)混凝土压光收面

为防止由于阳光直射和大风影响，混凝土表面水分散失过快，造成混凝土压光收面中开裂，收面在施工棚(图 5—4—19)中进行，且收面后收一段用土工膜覆盖一段。

图 5—4—19　施工棚

在混凝土振捣完成后，及时清刷钢轨、轨枕和扣件，清刷时用铲刀刮除粘附在轨枕表面的混凝土，然后用拧干的湿布擦除残留的水泥浆。用标高控制器控制表面标高，混凝土入模后(0.5 h)内用木抹粗平混凝土裸露面，粗平后及时跟进施工作业棚，在棚内进行修整，施工作业棚的数量要足够，最好能将粗平后至养护液喷涂前的施工作业面全部覆盖。由于风力较大，作业棚移动后缆风绳要及时系紧以防倾覆。木抹平整混凝土 1～2 h 后，再用钢抹抹平至少 2 遍，在这一过程中尤其要注意假缝、伸缩缝两侧混凝土面标高是否一致，如不一致及时处理以免产生错台。为防止混凝土表面失水产生细小裂纹，在混凝土入模 3～4 h 后进行压光收面，收面时严禁洒水润面。抹面过程中要注意加强对工具轨、托梁下方、轨枕四周等部位的施工，避免产生质量问题。

注意事项：

①木抹平整混凝土时，严格参照标高控制器。

②木抹子整平时，应用力揉搓、拍打轨枕四周混凝土，使之与轨枕粘结紧密。

③钢抹子最后一遍收面压光混凝土表面平整无抹痕。

④抹面过程应从浇筑完成开始至抹面结束全过程覆盖土工膜，并在作业棚内完成抹面施工。土工膜随抹面施工掀开作业面，完毕后及时覆盖。

9. 混凝土养护

(1)初期养护

初期养护尤为重要，在混凝土浇筑抹面后，立即将抹面的混凝土用土工膜覆盖并防风。此时混凝土未涂刷养护液，若长期暴露于外界环境下，混凝土表面将迅速失水引起开裂，因此必须进行初期养护。

(2)喷洒养护液

图 5—4—20 所示为喷洒养护剂作业现场图。

养护液在混凝土初凝后采用喷雾器喷洒，喷洒时不得污染扣件，喷刷养护液时用量控制在 0.3～0.4 kg/m^2。

图 5—4—20 喷洒养护剂作业现场

喷洒重点注意轨枕周边,假缝、伸缩缝、模板周边要涂刷到位,未到位部位利用滚筒涂刷均匀,尤其是纵向模板拆除后道床板两侧立面要及时涂刷养护液,养护液涂刷后立即覆盖土工膜并注意防风。养护时间不少于 28 d。

混凝土强度未达到设计强度的 75%之前,严禁在道床板上行车或碰撞轨道部件。

(3)不同天气养护措施

混凝土在不同时段采取的养护措施不同,根据不同月份统计见表 5—4—8。

表 5—4—8 混凝土养护措施

月 份	环境温度℃	养护采取措施
7 月份	15～30	喷涂养护液,在作业棚内进行,土工膜覆盖防晒、防风
8 月份	14～28	喷涂养护液,在作业棚内进行,土工膜覆盖防晒、防风
9 月份	4～23	喷涂养护液,在作业棚内进行,土工膜覆盖防晒、防风
10 月份	−4～20	喷涂养护液,土工膜覆盖＋双层棉被覆盖保温、防风,增加作业棚

注意事项:养护液要涂刷均匀,尤其是轨枕四周必须涂刷到位。在养护剂成膜前不得洒水。

10. 应力放散

混凝土浇筑 4 h 左右提松假缝及伸缩缝模板;混凝土初凝后,手指无压痕,立即拧松扣件、鱼尾夹板,释放轨排应力。

11. 数据采集

混凝土浇筑后 24～48 h 内,在无太阳直射和温度变化不大的环境下,利用精调小车完成每一个轨枕处的数据采集。

12. 模板及框架的拆除、场内运输

(1)在道床板混凝土抗压强度达到 10 MPa 以上后,先将纵横向模板的连接松开,然后人工配合龙门吊或吊车进行模板的拆除。拆除按施工方向从后向前依次逐块拆除、清洗、涂油。将各型模板、垫块、固定钢条等分类存放,小件储存在周转箱中,放置在两线间待转运。

(2)拆除后的纵横向模板及配件利用汽车吊倒运至前方施工作业面。

(3)在混凝土终凝且完成道床板轨道数据采集后,按先拆除框架调节器螺杆后拆除扣件的顺序进行框架排架的拆除。拆除按施工方向从后向前依次逐块进行，人工配合龙门吊或吊车实施。轨道排架拆除后，及时检查轨排的几何尺寸，清除轨底及轨面上附着混凝土或其他污染物。

(4)拆除后的轨道排架利用平板车倒运至前方施工作业面。

13. 板缝灌注

(1)施工准备

①道床板假缝、伸缩缝表面及缝内必须清理干净不得有虚渣、浮砂等杂物。用砂轮机沿缝壁内侧打磨，清理缝内油污及脱模剂。再用鼓风机将缝内灰尘、虚渣清理干净。

②伸缩缝、假缝清理干净后，开始安装聚乙烯泡沫板(图 5—4—21)，安装时需注意泡沫板要到缝的底部，不得留有空隙，并且固定，防止灌注嵌缝胶时泡沫板上浮。

图 5—4—21　安装聚乙烯泡沫板

③伸缩缝、假缝两侧的封堵至关重要，封堵不好，灌注嵌缝胶时容易泄漏，可用万能胶粘贴泡沫板下脚料的方法进行封堵。粘贴时，万能胶要涂抹均匀，晾 5～10 s 后进行粘贴。

④树脂嵌缝胶使用前必须搅拌均匀，按 A 组料∶B 组料＝5∶1 比例进行拌合。

(2)灌注

图 5—4—22 所示为板缝灌注施工现场图。

图 5—4—22　板缝灌注施工

嵌缝胶灌注前，伸缩缝、假缝两侧缝边缘处必须采用宽胶带（不小于 5 cm）粘贴牢固，以防止灌注时嵌缝胶污染两侧道床板；道床板伸缩缝、假缝两侧（横向）缺口必须封堵牢固，防止灌注过程中嵌缝胶外漏。将锯齿形泡沫板平整顺直放入伸缩缝中，齿面朝上。

施工时灌注树脂至道床板伸缩缝上端位置时（低于道床板 2～3 mm），停止灌注，且在施工作业中断时必须及时对搅拌器、搅拌容器、灌注工具等进行清洗。

注意事项：

①施工人员操作时，要待橡胶手套等防护工具。

②树脂嵌缝材料使用时必须特别注意防火，作业时严禁抽烟。

③树脂嵌缝材料在搅拌时混入水分，所有容器等必须排除水后方可进行作业使用。

④搅拌好的树脂材料必须当天使用完成。

⑤树脂嵌缝材料施工温度为－5℃～40℃，雨雪天气严禁施工。

三、资源配置

资源配置包括人员配置和机具设备配置，视现场环境特点、工期要求等而有所不同。以平均每天需完成无砟轨道道床板施工 120～150 m 为例，可参照表 5—4—9 进行人员配备，参照表 5—4—10 进行施工设备工具配置。

表 5—4—9　各道工序施工人员配备

序　号	工　序		人　数	备　注
1	支承层清理		6	
2	放样、弹线			
3	底层钢筋摆设			
4	散枕、工具轨安装		30	钢轨清理，安装绝缘垫块，内燃机扳手施拧
5	起轨		6	起轨轨面高度与设计轨面标高一致
6	方枕		6	轨枕间距误差 5 mm，轨道中线＋2 mm
7	轨距调整		3	轨距误差 1 mm
8	组装轨排		8	
9	轨排粗调		7	
10	上层钢筋安装		28	
11	综合接地和绝缘施做、检测		2	
12	假缝、伸缩缝模板、纵向模板安装		2	
13	模板安装		16	包括接茬剪力棒钻眼、安装、端模安装
14	精调		4	
15	冲洗、电工		2	
16	混凝土施工	放料、散料、移动平台	4	
17		振捣	3	
18		抹面收光	18	
19		养护	4	
20	看守		2	
合计			151	

表 5—4—10 施工设备工具配置

序号	类别	名称	型号	单位	数量	备注
1	周转类工具	工具轨	60 型,12.5 m 长	m	1500	
2		钢模板	30 槽钢	m	600	
3		螺杆调节器		个	500	
4		轨道中心调节杆		个	6	带套筒、压杆、加力杆
5		轨距撑杆		个	30	
6		起道机	精度 2 mm,起重 5 000 kg	个	10	
7		保护罩		套	400	混凝土施工过程中防扣件污染
8		高压水枪		台	1	
9		风力灭火机		台	1	
10		竹扫帚		把	10	
11		铁锹		把	10	
12		钢刷		把	20	刷模板、钢轨用
13		抹布	手巾	条	20	
14		小刮铲	类似油漆刮	把	10	
15		凿子	扁口	把	10	
16	测量工具	轨检尺		把	2	
17		方尺		把	3	
18		钢卷尺	测量专用,30 m	把	1	
19		钢卷尺	5 m	把	10	
20		直钢尺		把	2	起轨用
21		轨温计		个	2	测量轨温用
22		塞尺		把	4	检查钢轨是否密贴用
23		弦线		个	2	坚持轨道状态用
24		钢轨检查设备		套	1	检查钢轨是否变形
25		水平仪	徕卡 DNA03	台	1	
26		全站仪	Trimble S6	台	1	
27		精调设备	GODO CE	套	1	
28		挂线		m	200	
29		墨斗		个	2	配墨汁 1 瓶
30		垂球		个	10	
31	施拧工具	内燃机双头扳手	扭矩大于 200 kN·m	台	1	
32		快速扳手	$\phi36$	把	10	扣件螺栓
33		开口扳手	与螺杆调节器匹配	把	10	
34		梅花扳手	$\phi12$ 螺杆匹配	把	6	
35		梅花扳手	$\phi16$ 螺杆匹配	把	6	
36		扭矩扳手	$\phi36$	把	1	

续上表

序号	类别	名　称	型　号	单位	数量	备　注
37	钢筋、模板工具	交流电焊机		台	3	
38		钢筋切割机		台	1	
39		钢筋弯曲机		台	1	
40		电锤	小型号	把	3	配 ϕ12,ϕ18 钻头各 10 根
41		电锤	大型号	把	1	配 ϕ32 钻头 2 根
42		手锯		把	2	配锯条若干
43		钳子		把	4	
44		斧子		把	2	
45		工具刀		把	10	配刀片若干
46		剪刀		把	6	
47		铁锤	小号	把	10	
48	混凝土施工工具	混凝土泵车	47 m 臂	台	1	
49		起重机	8 t	台	1	
50		拖式混凝土泵		台	1	配泵管 200 m
51		滑槽	自制	个	1	可调高度和坡度
52		振捣棒	ϕ50	个	4	
53		混凝土收面整平架	自制	个	2	
54		木抹子	自制	个	20	10 个加长型
55		钢抹子	自制	个	20	10 个加长型
56	养护工具	潜水泵	30 m 扬程	台	4	
57		水管	与水泵配套	m	800	
58		存水桶		个	10	
59		黑心棉		m^2	2000	
60		彩条布	6 m 宽	m	200	
61	照明、电力	碘钨灯	1 kW	盏	30	配灯座、灯架，灯管若干
62		电缆	8 mm^2	m	3000	据现场情况定
63		配电箱		个	4	据现场情况定
64		电工工具		套	2	
65	其他工具	定位装置	自制	个	1600	
66		砂轮磨光机		个	4	配砂轮片若干
67		拉线器	小号	个	50	桥上横向制动用
68		顶托	60 cm 长	个	50	桥上横向制动用
69		钢管	ϕ40，单根长 1 m	m	200	
70		钢轨夹		个	20	
71		抬杠	承重 200 kg	根	30	
72		麻绳	ϕ20	m	200	

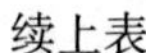

续上表

序号	类别	名　称	型　号	单位	数量	备　注
73	其他工具	撬棍		根	10	
74		绝缘电阻测试仪	兆欧表,量程 500 MΩ	台	1	
75		简易遮阳棚	自制	m	100	遮阳、遮雨
76	耗材	双面胶		箱	4	
77		胶带	包装封口胶带	箱	2	
78		黄油		桶	4	
79		机油		桶	5	脱模剂用
80		膨胀螺栓	ϕ12,7 cm 长	个	1000	
81		水泥		t	2	
82		膨胀剂	按配合比报告种类	kg	100	无收缩砂浆封孔用
83		砂	中砂	m^2	6	
84		塑料袋	中型,1 次性	个	2000	混凝土施工过程中防螺杆污染
85		钢钉	各种型号	盒	5	
86		记号笔	各种颜色	支	20	
87		滑石笔		盒	5	
88		竹胶板	1 cm 厚	m^2	100	横模
89		方木	8 cm 厚	m	50	
90		方木	3 cm 厚	m	50	
91		契木	三角	个	100	
92		钢垫片	40 mm×40 mm×4 mm	个	2000	螺杆调节器底部
93		丝杆	ϕ12	m	320	
94		螺帽、垫片	ϕ12 配套	个	4000	
95		灌缝剂		m^3	3	横向制动
96		混凝土保护层垫块	2 cm×3 cm×4 cm	个	若干	按设计数量
97		绝缘卡	按设计种类	个	若干	按设计数量
98		电焊条	502	箱	5	
99	劳保用品	雨衣	各种型号	件	160	据现场情况确定
100		雨靴	各种型号	双	160	

第五章 混凝土道床板施工质量控制

一、轨排框架及轨枕验收

轨枕进场后应组织技术人员对排架钢轨间距、轨底坡、钢轨外观、轨枕的外观、几何尺寸、桁架钢筋位置、扣件系统等进行检查验收，尤其应注意桁架钢筋有无变形、轨枕有无断裂、轨枕挡肩有无破损，扣件规格是否标准完整。每层间支垫牢靠、垫平，顺线路方向存放。上下层方木位于同一轴线上，防止桁架钢筋变形。

二、支承层清理及测量放样

道床板施工前清除支承层表面松散石渣，油污等，确保支承层表面密实、洁净。为便于现场施工及人工散枕、初步确定轨枕位置、高度等。

三、钢筋加工与安装

1. 钢筋加工

为便于质量控制，钢筋加工采用厂内集中加工，按照钢筋的规格和型号，先在作业平台上放大样，再集中加工半成品，分类存放，挂牌标识。

路基与桥梁横向钢筋弯钩加工时若在弯钩角度不准，导致绝缘卡绑扎不牢固，钢筋容易接触，影响绝缘效果不好。

2. 道床板钢筋安装及接地钢筋焊接

(1)钢筋绑扎

在支承层端部先画出钢筋摆放位置，中间利用定制胎具标明的横向钢筋位置绑扎好绝缘卡。然后将底层横向钢筋穿插到设计位置，卡到预先绑扎好的绝缘卡卡槽上。除接地钢筋焊接外、所有纵横向钢筋搭接位置(含轨枕桁架)按设计要求设置绝缘卡。绑扎过程中不得扰动粗调过的轨排。相邻纵向钢筋的搭接接头位置相错不小于1 m。搭接长度不小于55 cm，岔间直线不小于42 cm。

(2)综合接地焊接及综合接地电阻测试

纵向接地钢筋单面焊接长度不小于100 mm，双面焊不小于55 mm，焊接厚度至少4 mm；横向接地钢筋连接纵向接地钢筋时采用L型焊接。接地端子在模板加固完成后焊接，焊接前先将橡胶塞取出，防止受热焦化影响使用。待焊接完成温度降低后重新盖严在接地端子与模板贴面处涂刷红油漆作为标记，模板拆除后及时找出。

四、散　　枕

散枕前检查散枕器的间距尺寸，达到使用要求，电脑单元参数设置准确。散枕时，及时消除累计误差，将调整长度均匀分散至每根轨枕间距；

五、轨排组装

1. 轨排组装

对轨枕承轨台、扣件逐一清理，清理钢轨时注意将钢轨轨顶、轨腰及轨底附着的混凝土清理干净，防止施工时影响轨道精调精度。使用专用扳手按照 250 N·m 扭矩要求上紧螺栓，轨枕与钢垫板、钢垫板与橡胶垫板必须密贴，弹条前端三点要与轨距块密贴。

相邻轨排用鱼尾板进行连接，夹板处扣件必须要安装到位。轨缝宜控制在 10～30 mm，钢轨接头处应平顺，不得有错牙或错台。

2. 安装轨向调节器

路基地段轨向锁定器调整轨向时，与支承层接触位置垫设钢垫片、槽钢等，防止支承接层损坏及影响精调效果必须紧贴。

六、轨排粗调

采用全站仪设站，利用手摇起道机进行轨排高程调节，每榀排架配备两侧对称 4 个起道机顶在轨底(严禁直接顶在轨头或轨腰)，同时起道，达到设计高度后利用轨道排架横向、竖向调整机构，按照先中线后水平的顺序循环进行。

七、模板安装

模板安装前应先检查模板有无变形、破损，变形并及时处理，模板应平整、干净、无混凝土残渣、铁锈。

支承层施工时切缝位置存在偏差，真、假缝等与支承层切缝上下对应，误差不大于 3 cm，竖直，横向模板不得抵住横梁。

八、轨排精调

精调仪器需定期检测、每次使用前进行自检、自校。同时检核精调小车，并通过测温、测气压仪器，设定全站仪内温度和气压值，所有仪器应在现场组装完毕后放置一段时间，待仪器适应环境温度后进行精调工作。

全站仪与精调小车的距离要保持在 10～70 m 之间，通过前后各 4 对连续 CPⅢ基标上的棱镜(条件不允许时可取 6 个 CPⅢ点)，如偏差大于 1 mm 时，应重新设站。改变测站位置后，必须至少交叉观测后方利用过的 4 个控制点，并复测至少已完成精调的一组轨排，如偏差大于 2 mm 时，应重新设站。

九、混凝土浇筑

1. 洒水润湿底座或支承层，表面不得有明水

为保障轨枕与新浇混凝土的结合良好，需在浇筑前 6 h 内对轨枕表面洒水 3～4 次。

2. 拌合机混凝土运输

混凝土采用拌合站集中拌合，拌合时间不得少于 120 s，每车混凝土检测出机坍落度、含气量及温度指标，运至现场后使用前进一步检查坍落度。

3. 浇筑方法

严格按 Z 字形顺序浇筑混凝土，保持一格浇筑满并从轨枕下流至下一轨枕后，移至下一格。严禁采用振捣棒拖料，赶料等。布料过程中严禁泵管、料斗等冲撞排架。

4. 混凝土振捣

采用插入式高频率振捣棒进行振捣，左、右各一人。振捣时避免振捣棒触碰轨排与支撑架，插点按梅花形布置，并应振捣均匀，不漏振。振捣过程中要加强对托梁下方、轨枕底部及其周围混凝土的振捣，确保混凝土密实。

5. 混凝土压光收面

为防止由于阳光直射和大风影响，混凝土表面水分散失过快，造成混凝土压光收面中开裂，收面在施工棚中进行，且收面后收一段用土工膜覆盖一段。采用粗平架检查混凝土面高度，每次施工前需检查粗评架左中右高度及有无变形，确保道床混凝土面标高，钢轨底部采用1m 靠尺找平。严禁采用板刷带水清洗轨枕及带水收面，改变表层混凝土水灰比。

十、养　　护

1. 初期养护

混凝土抹面完成，用两布一膜覆盖压实防风。待此时混凝土未涂刷养护液，避免长期暴露于外界环境下，混凝土表面将迅速失水引起开裂。

2. 养护液涂刷

用手指轻按混凝土面，无混凝土浆沾手、无手指印时进一步压光混凝土面，特别是钢轨底部、模板边及轨枕周围，即喷涂养护剂。

喷洒重点注意轨枕周边，假缝、伸缩缝、模板周边要涂刷到位，未到位部位利用滚筒涂刷均匀，避免混凝土水分散失。

混凝土强度未达到设计强度的 75%之前，严禁在道床板上行车或碰撞轨道部件。

十一、松轨道锁定系统、松伸缩缝、假缝模板

混凝土浇筑 4 h 左右所有敲动、提松假缝及伸缩缝模板；混凝土初凝后，手指无压痕，立即拧松鱼尾夹板螺栓，扣件、释放轨排应力，待混凝土终凝后松开轨向锁定器。

十二、模板及框架的拆除及转运

在道床板混凝土抗压强度达到 10 MPa 以上后，先将纵横向模板的连接松开，撬起横向模板并采用方木等支垫。纵横向模板拆除及时，轻轻敲动模板，避免采用撬棍，防止造成道床板缺棱掉角。

第六章　双块式无砟轨道施工创新

第一节　轨排框架法施工新技术

一、轨排框架法施工技术简介

轨排框架法施工双块式无砟道床具有方便管理精度控制和加快工程进度的特点。其成套工装设备主要有:双梁型组合轨道排架(或单梁型组合轨道排架),龙门吊,移动式组装平台,轨排架吊具等。在工厂精确加工轨排框架,轨道调整、固定由排架螺柱支腿和轨向锁定器完成,螺柱支腿调整轨道排架高低、水平,轨向锁定器调整轨道排架横向和固定,配属专用制式吊具的龙门吊吊铺排架,粗调测量系统控制粗调、轨道检测小车控制精调和固定轨道,泵送(或斗送)混凝土入模。

采用轨排框架将工具轨、轨枕、扣件系统连接成整体,能有效的控制轨排的稳定性、可靠度,利用框架自带的高程调节螺杆和轨向调节螺杆来调整轨道的几何形态,易于调节且精度较高。施工过程中可以使用高效率的粗调测量系统进行轨排框架粗调,然后用轨检小车测量工艺进行精调和复测,提高了施工过程中轨道调整速度和控制精度。将轨排框架作为工具用于现场组装轨排,集成化性能好;排架及其支撑系统使轨距、中线、水平、轨面高低、三角坑均可精确控制;轨排组装、吊运、定位机械化,混凝土运输灌注等全作业过程为平行流水式,施工程序容易掌握、各工序衔接紧凑有序,环境污染小,安全性好,利于工序质量控制和现场施工管理规范。

二、轨排框架法施工工艺原理

1. 根据偏差逐步消除的原则,轨排框架调整分为准确就位、粗调和精调三个工步;准确就位目的是减少粗调工作量、提高整体施工效率和减少排架的变形;粗调目的是使轨道分级逐步接近设计位置,精调目的是使轨道结构达到精确的三维定位、整体趋于均匀和平顺。

2. 轨道排架主要部件有:托梁、工具轨(60 kg/m 钢轨线上一级轨)、楔形夹板、中心标、螺柱支腿和轨向锁定器等。螺柱支腿进行轨道排架的高低、水平的调整;轨向锁定器进行轨道排架的横向调整和固定。配属专用制式吊具的龙门吊吊铺排架,粗调测量系统控制粗调、轨道检测小车控制精调和固定轨道,泵送(或斗送)混凝土入模,道床板施工采取多次抹面收光、分阶段养护等综合措施来提高混凝土的密实性和减少表面裂纹。

3. 综合直线地段的长度、曲线半径大小、轨道排架加工精度、就位操作难易,以及所计算的曲线段矢工艺流程量差值、相邻轨枕间距的内外侧弧形差值、枕内外侧弧形累计差值来选择每榀轨排架长度和排架的类型。

三、轨排框架法施工技术要点

1. 隔离层施工(仅桥梁上有)

(1)在混凝土底座顶面设置隔离层,隔离层采用 4 mm 厚聚丙烯土工布。

(2)土工布接缝与轨道方向垂直,采用对接方式用胶带粘贴,不得出现折叠和重叠。

(3)利用 CPⅢ网,确定并弹出轨枕边线、轨道中线的 3 道墨线。

(4)道床板尺寸、钢筋位置及保护层厚度按验标的要求据此墨线控制。摆放钢筋时纵向搭接长度应满足设计要求。

2. 安装弹性垫板(仅桥梁上有)

(1)根据设计在限位凹槽周围安装橡胶垫板和泡沫板。

(2)垫板边条:采用泡沫板加工而成。

(3)安装时使其与凹槽周边的混凝土密贴,不得有鼓泡、脱离现象、并用胶带封闭所有间隙。

3. 道床板底层钢筋安装

根据全站仪放样点,在底板顶面上用钢卷尺量出底层钢筋间距,并标记;按梅花型布置预制好的混凝土垫块,每平方米 4 个;布置纵、横向钢筋,安装绝缘卡,并用绝缘卡固定。

4. 散枕

由吊车将轨枕吊装至工作面,人工或散枕器按设计要求散布轨枕。保证轨枕间距符合要求。

5. 轨排框架就位

采用 60 kg/m 钢轨夹板和 TB 螺栓纵向连接,多榀排架连接后形成标准轨道模式。

将每榀轨道排架扣件螺栓孔位置与轨枕上螺栓孔位置对齐,平稳、缓慢地将排架放置于轨枕上。

将轨枕组装至框架前要对扣件进行清理(轨枕上安装扣件时也必须对轨枕承轨台和扣件的组成部分逐一清理)

轨排框架就位组装,安装支架螺栓。将框架和轨枕进行连接,使用内燃机扳手,按照设计要求的扣件扭矩 150～170 N·m,将轨枕和框架进行组装。

6. 轨排粗调

使用测量仪器对轨排进行粗调。

轨排轨排利用轨道排架横向、竖向调整机构完成轨排的粗调工作,按照先中线后水平的顺序循环进行。

粗调工作必须重视,粗调到位能大大提高精调时的效率,其要达到的标准见表 5—6—1。

表 5—6—1　轨排粗调检控制标准

序　　号	检查项目	检验标准	检测方法
1	轨排轨顶标高	－3～0 mm	检查记录
2	轨道至设计中线位置	±3 mm	检查记录

7. 上层钢筋安装

(1)轨道粗调工序完成后,进行道床板上层纵横向、架立钢筋及接地钢筋安装。

(2)钢筋节点间采用绝缘卡绑扎固定;绑扎完成后将多余部分进行剪除。

8. 电阻测试

(1)非接地钢筋中,任意两根钢筋的电阻值不小于 2 MΩ。

(2)按照施工图,进行接地钢筋、接地端子的焊接,焊接接地端子时保证平直以及紧贴模板。

9. 模板安装

(1)道床板模板分横向模板、纵向模板。横向模板设计总长度为 2.8 m,纵向模板长度分 3.25 m 一节。

(2)道床板伸缩缝位置模板的安装是整个模板安装的重点,根据设计要求,每 19.5 m 一节单元板,分段浇筑成形。伸缩缝处必须采用特制钢模板,施做时先将传力杆以下部分的条形聚乙烯泡沫板位置固定并定位准确,然后插入特制的锯齿形钢模板,锯齿形钢模板穿过传力杆两边夹住条形聚乙烯泡沫板,浇筑道床板的过程中一次成型。

锯齿形钢模板锯齿位置与传力杆位置向对应,模板长度 2.8 m,同时除了混凝土接触的外表面要涂刷脱模挤外,与条形聚乙烯泡沫板接触的内表面也要涂刷脱模挤。混凝土初凝后需适当的松动钢模板,以便于后期拆模。

(3)相邻的两块模板用螺栓连接,螺栓连接时一定要保证相邻两块模板之间不出现错台,并在两模板连接面处贴双面胶或胶条,以防止模板间出现缝隙漏浆。

10. 轨排框架的固定

轨排框架的轨向锁定器,锁定在两侧支承层侧边,精调时还要利用轨向调节螺杆进行轨道中线调整。

11. 轨道精调

(1)用轨检小车和全站仪逐一检测每根轨枕处的轨顶高程、轨道中线位置、钢轨间距、方向、水平等几何形态,并进行调整。

(2)用两侧的轨向锁定器进行轨道中线的调整,用螺柱支腿进行轨道标高的调整。

(3)轨道调整定位合格后,检查轨排固定装置,防止混凝土浇筑时轨排移位。

(4)轨道精调后,轨道几何形位允许偏差见表:

轨道几何尺寸允许偏差表

序号	项　　目		允许偏差	备　　注
1	轨距		±1	相对于标准轨距 1 435 mm
			1/1 500	变化率
2	轨向		2 mm	弦长 10 m
			2 mm/测点间距 8a(m)	基线长 48a(m)
3	高低		2 mm	弦长 10 m
			2 mm/测点间距 8a(m)	基线长 48a(m)
4	水平		2 mm	不包含曲线、缓和曲线上的超高值
5	扭曲		2 mm	包含缓和曲线上由于超高顺坡所造成的扭曲量
6	轨面高程	一般情况	±2 mm	/
		靠近站台	0～(+2)mm	/
7	轨道中线		2 mm	/
8	线间距		0～(+5)mm	/

注:a 为轨枕间距。

12. 混凝土浇筑

(1)浇筑前对沉降缝及假缝模板进行涂油处理,洒水润湿底板及轨枕表面。使用防护罩保护钢轨、扣件及轨枕不被混凝土污染。

(2)浇筑混凝土前,首先检查和确认精调结果,如果轨道放置时间过长(超过 6 h),或环境温度变化超过 15℃,或受到外部条件影响,必须重新精调。

(3)混凝土振捣使用插入式振捣棒,振捣时避免捣固棒触碰轨排与支撑架,插点布置应均匀,不得漏振。混凝土振捣完成后,及时修整收面,收抹面分四道:第一道人工整平,第二道精平,第三道压光,第四道局部压光。收面时应特别注意轨枕四周及框架底部,需采用自制的长抹刀进行收面。

(4)对框架轨排易损易污染部件(钢轨、扣件、框架、螺杆调节器、丝杠)进行保护。

13. 混凝土养护

混凝土养护是防止混凝土开裂的重要的一环,根据地区自然环境选用养护方式,养护时间不少于 28 d。

14. 约束释放

道床混凝土浇筑达到初凝后,用 2 kg 钢球测其强度,以钢球自重在道床面上的压痕为准:压痕直径 30～33 mm 即可松动螺杆调节器 90°(或混凝土初凝后用手指压混凝土没有凹陷有点硬度时,两侧同时松转螺杆 90°)。

然后在约 1.5 h 后可根据混凝土强度扣件松动,并松开鱼尾板夹板螺栓,以防框架温度应力拉裂混凝土。

15. 道床板数据采集

在浇筑混凝土后框架拆除前,并且无太阳直射和温度变化不大的环境条件下,按要求扭矩上紧扣件,然后精调小车采集每一个轨枕处的数据。不论结果是否超标都必须采集每一个轨枕处的数据,对不合格点,及时做好标记,为以后更扣件提供可靠数据。采集完数据后及时松开扣件、适时拆除框架。

16. 框架、模板的拆除运输和配件清理

(1)道床板混凝土抗压强度达到 5 MPa 后,先将纵横向模板连接和横向模板连接以及与地面的连接松开,然后人工配合吊车进行模板的拆除,依次逐块拆除、将各种型号模板等分别归类、集中。

(2)模板拆除后,应及时找出接地端子。

(3)安排专人负责对拆卸的模板、排架及配件等用毛刷进行清洁处理,配件集中储存在集装筐中,以备下次使用。

(4)先拆除螺杆后拆除扣件,可避免螺杆和液压扳手之间的相互影响。

第二节　简易工装轨道定位新技术

简易工装法与轨排框架法主要的区别在于轨枕固定和调节的方法不同,简易工装通过工具轨将轨枕、扣件系统连接成整体,锚固销钉固定,利用与销钉相连的横向调节器进行方向调节,与托盘相连的高程调节螺杆进行高程调节,利用轨距撑杆进行轨距调节,简单方便,可以全部采用人工操作,在大型机械不容易到位的地方适合使用。

简易工装法施工定位技术要点如下:

1. 组装工具轨轨排

(1)主要工序为:铺设钢轨→固定钢轨→轨排检查。在钢轨放到轨枕上之前,承轨槽表面要洁净。

(2)组装工具轨轨排时在每铺设50余m轨枕后,用跨线龙门吊或人工安装12.5 m工具轨,工具轨应采用与正线轨型相同的钢轨。

(3)方正轨枕,使轨枕与工具轨垂直,检查轨枕间距是否符合设计要求。检查轨枕是否变形,变形轨枕必须更换。

(4)采用双向同步电动扭力扳手紧固扣件组装轨排。按设计安装弹跳扣件,现场检查除抽查扣件扭力外,主要还是检查弹条中部下颚是否与塑料轨距挡板密贴。

(5)轨排组装时垫板应居中,扣件扭矩应符合设计要求。轨排组装后要及时检查轨枕间距、方正及轨距等是否满足设计要求。

2. 锚固钢销钉

(1)路隧、路桥过渡段及两次浇筑混凝土超过24 h的施工缝两侧要按规定设置一定数量的销钉。钢销钉位置按当天计划施工长度提前确定,并按照设计要求进行钻孔和植筋胶锚固,确保钢销钉的位置、锚固力和垂直度符合设计要求。

(2)当铺设调整好轨枕后,钻孔并安装钢销钉。埋设销钉时应绝对保证销钉孔钻在轨枕与钢筋网格之间,且中心要垂直于支承层表面,并用植筋胶进行封锚。

3. 安装螺杆调整器底板

轨排组装完成后,在每隔3根(曲线地段2根、工具轨接头处)轨枕之间的钢轨上各放置一对螺杆调整器。螺杆调整器安装位置要正确,螺杆必须始终竖直地位于轨道外侧,通过竖向螺杆调整轨排高低,通过水平调整螺栓对轨排方向进行调整。

4. 粗调轨排、安装调节器螺杆

(1)粗调轨排使用全站仪和人工配合起道机,利用道尺、方尺、垂球和3 m小钢尺对轨排进行初步调整,实现轨排方向和标高处于正确位置,中线和标高均控制在5 mm之内。

(2)调整原则为先高程后中线。高程误差宁低勿高,中线误差越小越好。

(3)每5 m根据设计轨面高程减去实测地面高程算出该点的差值(起道量)作为高程控制的依据。

(4)在每5 m点的位置将道尺一端放在基本轨的轨面上,另一端紧贴在垂直树立的3 m小钢尺上,并随时保持道尺处于水平状态(水准泡的气泡居中),在12.5 m轨排范围内均匀布置4对起道机,将轨排依次均匀顶起,当3m小钢尺上读数接近起道量时(一般低3～5 mm为宜)停止起道,然后将道尺放在轨排上,利用水平关系调整另一股钢轨到位。

(5)此时安装好调节器螺杆,拧紧螺杆使之受力后拆除起道机。

(6)最后,利用轨距(1 435 mm)将方尺分中,并将垂球一端固定在分中处,另一端自由下垂找线路投影中心点,将起道机安装在轨腰侧面顶推轨道,当垂球中心与线路投影中心重合时重新调整螺杆并使之受力,然后拆除起道机。

(7)为确定轨排位置,必须给出轨排支承螺杆调节器处每一横断面的里程。使用水准仪测量轨面高程,起落竖直调整装置,使轨顶标高满足设计值。

5. 精调轨排

轨排精调是关键工序,对轨道的几何尺寸最终位置能否达到设计及验标的要求起着决定性作用。调整方法主要使用螺杆调节器及GEDO轨道几何状态测量仪进行轨道精确调整。根据电脑显示数据(可显示到0.1 mm),调整螺杆调节器。通过转动螺杆调节器竖向螺杆,垂直调整轨道高程，通过转动螺杆调节器水平螺杆，实现水平调整。在曲线地段，调整时可能产生水平位置和高度的冲突，因此必须在垂直及水平双方向同时进行调整。水平调整通过螺旋调整器进行。水平调整螺栓的旋转使用特殊丝杠同时进行。最终保证各项轨道参数的偏差值在允许范围内，并且越小越好。

轨道调整定位合格后，为保证轨道精度，在第一遍轨道精确完成后，还要对轨道进行加固处理，防止混凝土浇筑时轨排横向移位及上浮。路基地段在支承层上每个 4 根枕木设置销钉，并与轨枕桁架焊接以固定轨排；隧道、桥梁地段在边墙上设置斜拉杆固定轨排。同时用鱼尾板将工具轨连接起来，保证接头的平顺性。

第三节　风沙干旱地区道床板防开裂新技术

在风沙干旱地区，无砟轨道道床板混凝土施工受大风沙、大温差、炎热干燥等恶劣的自然环境的影响，很容易产生开裂。风沙干旱地区道床板防开裂新技术对干旱地区气候、环境特点的研究分析，创新适合于干旱地区混凝土制备技术、提高了混凝土品质、改进混凝土灌注施工工艺及养护施工工艺，降低道床板的开裂风险，确保了施工质量。

一、风沙干旱地区道床板混凝土防开裂施工原理

1. 混凝土配合比优选

混凝土裂纹主要因为戈壁地区水分蒸发快，昼夜温差大的气候特点引起的收缩裂纹和温差裂纹。收缩裂缝主要影响因素是混凝土中的用水量和水泥用量，混凝土中的用水量和水泥用量越高，混凝土的收缩就越大。选用水泥品种的不同，干缩、收缩的量也不同。收缩量较小的水泥为中低热水泥和粉煤灰水泥。温差裂缝的主要影响因素是水泥水化热引起的混凝土内部和混凝土表面的温差过大。施工前根据当地气候特征进行室内实验和现场试验研究，解决干旱、干燥、高温差戈壁地区高性能混凝土原材料的选择、材料组成配合比设计以及高性能混凝土道床板混凝土浇筑工艺。

2. 混凝土浇筑工艺

通过对混凝土硬化理论结合气候特点的分析，进行对比试验，从混凝土入模时间、混凝土浇筑方式、振动方式等工艺入手，研究合理的混凝土浇筑方法。首先，用 0.8～1 m^3 的漏斗，从起始端第一个轨枕的浇筑口开始浇筑，人工逐格均匀放料，再用高频振捣棒在轨枕两侧同步振捣，保证轨枕底部填充密实。最后，利用可移动遮阳棚，通过 1～4 遍不同时段的抹面收光，提高混凝土表面粘结性，减少开裂现象。

3. 混凝土养护

根据现场自然环境特点，通过可移动遮阳棚遮阳收面、土工膜覆盖保水、涂刷养护剂锁水三大养护措施，确保施工养护效果、减少开裂现象。

二、风沙干旱地区道床板混凝土施工关键技术

(一)防开裂混凝土制备技术

采用“低胶材、低用水量、低坍落度、高含气量”(三低一高)的干旱地区道床板混凝土，其配制要点为：

1. 胶凝材料用量不宜大于 380 kg/m^3；

2. 用水量不宜大于 150 kg/m^3；

3. 混凝土坍落度不应大于 140 mm；

4. 采用减水剂和引气剂双掺的方式配制，入模含气量不小于 4%；

5. 单位体积浆体的量不宜大于 0.30 m^3；

6. 掺内养护材料。

(二)混凝土浇筑技术

1. 浇筑。采用容量为 0.8～1 m^3 的漏斗，从起始端第一个轨枕的浇筑口开始浇筑，人工逐格均匀放料，必须待混凝土完全漫过下一个轨枕底边缘时，方可进行下一格浇筑，防止轨枕底部有气泡形成空洞，形成质量隐患。

2. 振捣。根据轨排框架结构特点，采用两个插入式高频振捣棒从轨枕左右对称进行振捣，每个轨枕底部加强振捣，采用"行列式"，避免采用"交错式"出现漏振情况。

3. 收面。收面至少 4 次，先木抹平整混凝土，1～2 h 后再用钢抹抹平(至少 2 遍)，在混凝土入模 3～4 h 后用钢抹进行压光收面。在混凝土初凝后对其进行抹面压光，可以把原来处于裸露状态下出现的一些表面裂缝抹掉；并可以封堵毛细孔，减小水分的蒸发速度。

(三)混凝土养护技术

混凝土浇筑完成，遮阳棚及时跟进，将尚未收面混凝土罩住，防止光照、大风和环境干燥等引起混凝土表面迅速失水，造成混凝土压光收面过程中开裂。完成收面后用土工膜覆盖，此时混凝土未涂刷养护剂，若长期暴露于外界环境下，混凝土表面将迅速失水引起开裂，因此必须进行初期养护。最后，采用喷雾器喷洒养护剂进行养护，喷洒时不得污染扣件，喷刷养护剂时用量控制在 0.3～0.4 kg/m^2。

第六篇

CRTS Ⅰ 型板式无砟道床施工

第一章　CRTS Ⅰ型板式无砟轨道结构概述

CRTS Ⅰ型板式无砟轨道由钢轨、弹性分开式扣件、充填式垫板、轨道板、水泥乳化沥青砂浆调整层、混凝土底座、凸形挡台及其周围填充树脂等组成。

一、桥梁上 CRTS Ⅰ型板轨道结构

桥梁上轨道结构高度(内轨轨顶面至底座底面)为 658 mm;水泥乳化沥青砂浆调整层设计厚度为 50 mm,减振型轨道板下砂浆层设计厚度为 40 mm;轨道板根据梁跨长度进行配板,如 32 m 梁采用 5×P4962+2×P3685(梁端)、24m 梁采用 3×P4856+2×P4856A(梁端);底座板高度直线地段为 200 mm,曲线底座板高度根据超高值设置;混凝土底座直接在梁面构筑、分段设置,对应每块轨道板长度设置 20 mm 伸缩缝,且与板缝间隔对齐;底座宽度范围内桥面不设防水层和保护层;底座 2.6 m 范围内的梁面在梁场预制时进行拉毛处理,在底座板施工之前再凿出新基面;在梁面预埋套筒上植筋,使梁面与底座连接;曲线超高在混凝土底座上设置,内轨侧底座厚度应不小于 100 mm。底座范围外的梁面防水层、保护层及排水设计在桥梁设计图中明确。桥梁上直线段横断面结构如图 6—1—1 所示。

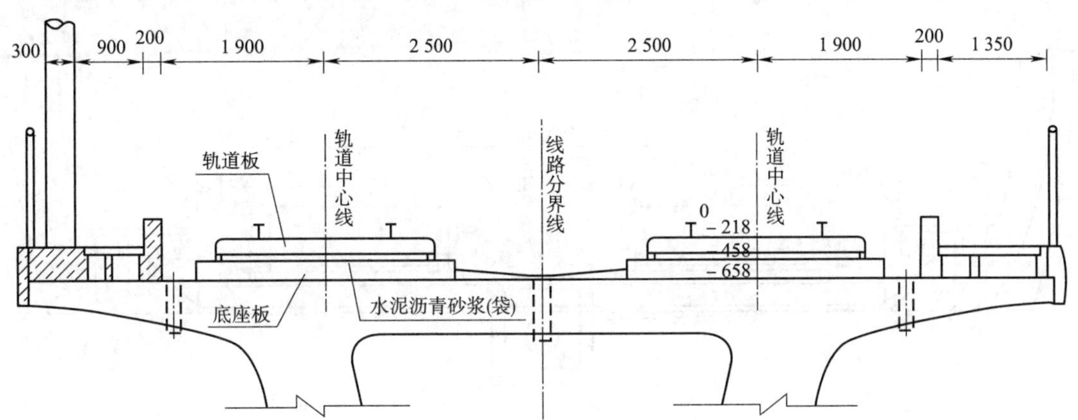

图 6—1—1　桥梁上 CRTS Ⅰ型板式无砟轨道结构示意图(直线段)(单位:mm)

二、路基上 CRTS Ⅰ型板轨道结构

路基上轨道结构高度(内轨轨顶面至底座底面)为 757 mm;水泥乳化沥青砂浆设计厚度为 50 mm;轨道板全部采用 P4962 型;底座板高度直线地段为 300 mm,曲线底座板高度根据超高值设置;底座在基床表层上分段设置,每 3 块轨道板长度设置 20 mm 伸缩缝且绕过凸形挡台,同时伸缩缝在行车方向前进侧设置;线间排水利用线路纵坡、桥涵、集水井等实现;线路两侧及线间路基表面用沥青混凝土封闭;曲线超高在混凝土支承层(底座)上设置,内轨侧底座

厚度应不小于 250 mm。路基上直线地段的横断面结构如图 6—1—2 所示。

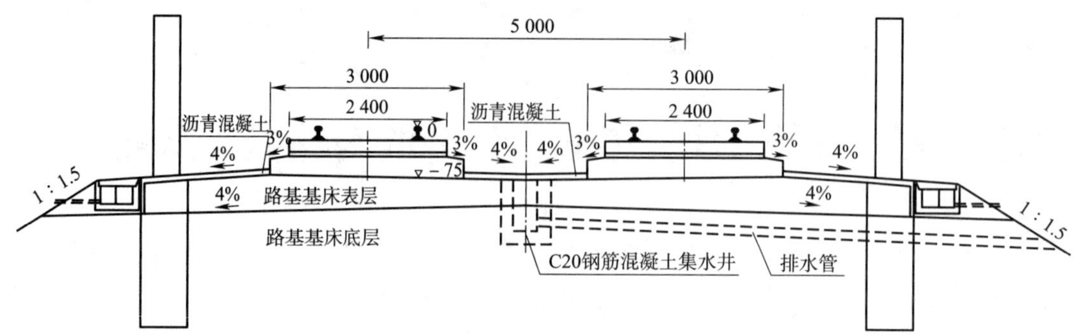

图 6—1—2　路基上 CRTS Ⅰ型板式无砟轨道结构示意图(直线段)(单位:mm)

三、隧道内 CRTS Ⅰ型板轨道结构

隧道内轨道结构高度(内轨轨顶面至底座底面)为 657 mm;水泥乳化沥青砂浆设计厚度为 50 mm;轨道板全部采用 P4962 型;底座板高度直线地段为 200 mm,曲线底座板高度根据超高值设置;隧道基底表面在铺设底座板前应作拉毛或凿毛处理、隧道洞口 100 m 范围内的底座与隧道基底间设置连接钢筋,同时在底座上设置假缝,假缝间隔约 5 m;隧道洞口底座伸缩缝与下部基础对应;底座在基底上分段设置,每 3 块轨道板长度设置 20 mm 伸缩缝且绕过凸形挡台,伸缩缝位于凸形挡台的行车方向前进侧;线间及线路两侧设排水沟,排水利用线路纵坡、集水井等实现。隧道内直线地段(无仰拱)轨道结构横断面如图 6—1—3 所示。

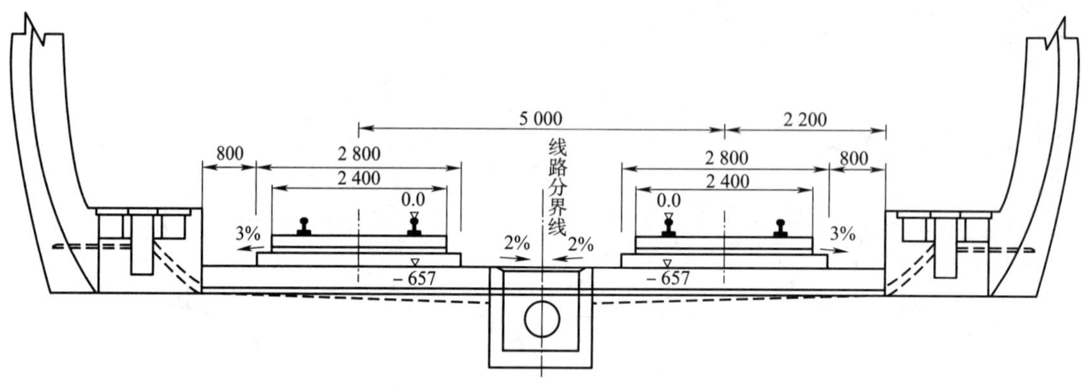

图 6—1—3　隧道内 CRTS Ⅰ型板式无砟轨道结构示意图(直线段,无仰拱)(单位:mm)

四、路基上Ⅰ型与Ⅱ型板式轨道系统过渡设计

CRTS Ⅰ型板式无砟轨道系统由钢轨、弹性分开式扣件、轨道板、水泥乳化沥青砂浆调整层、混凝土底座、凸形挡台及其周围填充树脂等组成。

CRTS Ⅱ型板式无砟轨道系统在路基上由钢轨、弹性分开式扣件、轨道板、水泥乳化沥青砂浆调整层、支承层等组成。

Ⅰ型轨道与Ⅱ型轨道在路基上过渡时,Ⅰ型轨道板及其下部结构没有任何变化,但要求Ⅰ型板钢筋混凝土底座板向Ⅱ型板轨道下连续并延伸 4 m,即Ⅱ型轨道板最后一块板下的支承层有 4 m 为钢筋混凝土底座板。Ⅱ 型轨道板最后一块板为特殊板，其长度为 6 365 mm(比标准板长度短 135 mm)，与Ⅰ型轨道板相邻一端确认没有预留连接用精轧螺纹钢筋，且与Ⅰ型轨道板端保留 110 mm 施工缝，同时在Ⅱ型轨道板 8 个承轨台内侧植筋。

五、桥梁上Ⅰ型板式无砟轨道与有砟轨道系统过渡设计

桥梁上的Ⅰ型板式无砟与有砟轨道过渡段的设计原则是：二者在相邻梁跨的端部过渡。其中，无砟侧 5 块板采用橡胶垫减振型轨道板，是在标准Ⅰ型轨道板下粘贴微孔橡胶垫板后改造而成的，微孔橡胶垫板厚度为 20 mm，在轨道板下两侧各 900 mm 范围粘贴。

在Ⅰ型板式无砟轨道与有砟轨道衔接处安装“L”形钢制挡砟板。钢制挡砟板高度为 600 mm，水平宽度为 250 mm，单侧长度为 4 700 mm。施工时，首先在无砟轨道底座板端部沿纵向预埋 3 根(左右线共 6 根)M20 的螺杆，安装钢制挡砟板时，其立面紧贴在无砟轨道侧的梁端和底座板端面上，并通过 M20 螺栓进行定位连接。安装后的挡砟板上缘略高于道砟且与有砟轨道桥面的横坡相一致(向外 2%)。

六、CRTS Ⅰ型板式无砟轨道施工工艺流程

CRTS Ⅰ板式无砟轨道施工工艺流程如图 6—1—4 所示。

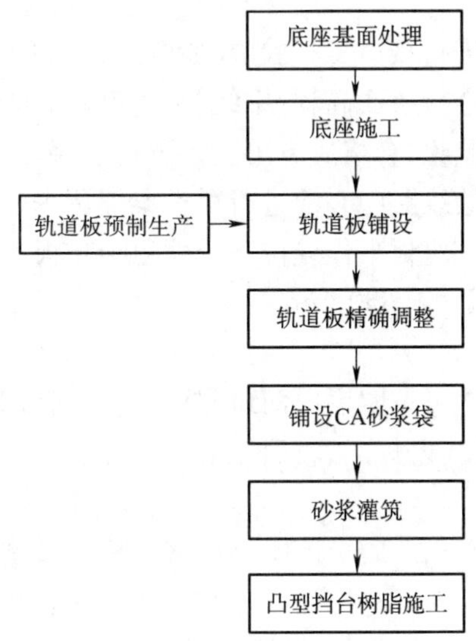

图 6—1—4　CRTS Ⅰ板式无砟轨道施工工艺流程图

第二章　底座与凸形挡台施工

第一节　作 业 准 备

无砟轨道 CRTSⅠ型轨道底座板及凸台作业上场必须对人员、场地、材料、模板和机具设备进行准备。

一、现场准备

1. 人员培训和技术交底

首先对进场施工作业人员进行岗前培训。每道工序施工前，进行详细的技术交底，明确技术标准，强调施工注意事项，提出质量、安全、环保技术措施。

2. 场地准备

(1)桥梁施工完成首先要进行接口工程验收，验收时采用 CPⅢ网点对线路中线进行放样，并用墨线弹出，以此为基准再进行桥面高程、中线、平整度、相邻梁端高差、梁面拉毛质量、预埋件质量、排水坡等项目的检查验收，合格后方可进入下道工序。

(2)利用接口验收时放样的线路中心线进行梁长梁缝调查，用钢卷尺沿着墨线测量梁长及梁缝值，在此基础上逐孔确定底座板工作缝位置及轨道板布板方案，布板设计总的原则是确保相邻轨道板上钢轨扣件间距不大于 650 mm。

3. 人力准备

根据施工情况和工期要求，可按照黑白两班作业，每个工作班组人员应配备工班长、钢筋工、模板工、混凝土振捣工、杂工、电焊工、收面工人、技术人员。

4. 材料准备

(1)水泥、钢材、外加剂应有出厂质量证明书或试验报告单，选择砂、石供应单位时，须有供应单位砂、石全面检查合格的资料。选用的外加剂必须是经国家、部委或省、市、自治区、直辖市级有关部门鉴定批准生产的产品，并经铁路总公司质量技术监督部门认可的生产厂家。

(2)底座板所用原材料进场后必须经过复验，复验时原材料的分批、取样、复验项目、检验方法、合格品的判定和处理按《原材料检验制度》执行，合格的原材料才能投入使用。

(3)钢筋进场必须做拉伸、弯曲、接头性能等试验，技术要求应符合现行《钢筋混凝土用热轧带肋钢筋》的规定。

(4)混凝土(每立方混凝土中胶凝材料用量不得超过 500 kg)。水泥、细骨料、细骨料、水、外加剂、掺合料等应符合现行《铁路混凝土工程施工质量验收标准》的有关规定

二、设备准备

为了满足施工流水作业，一个工作面必须按 3 孔配置设备，可参考表 6—2—1 进行配置。

表 6—2—1　机具设备(每个工作面按 3 孔模板配置)

序　号	名　称	单　位	数　量	备　注
1	混凝土运输车	辆	2	
2	混凝土泵车	台	1	
3	振动梁	台	1	
4	底座板模板	孔	3	
5	插入式振动棒	台	4	
6	电焊机	台	4	
7	凸台模板	套	14	
8	伸缩缝板固定装置	套	12	
9	大号抹子	把	8	收面
10	基床清扫器	台	1	
11	毛刷	把	4	混凝土表面拉毛
12	刮尺	把	2	

三、接口验收

下面以桥面接口验收为例进行介绍。

(1)桥面高程:允许偏差 0,−20 mm。梁面高程控制应坚持宜低不宜高的原则。

(2)桥面中心线:与设计中线偏差小于 10 mm。

(3)桥面平整度:纵向平整度 5 mm/1 m(按 4 条检查线,底座板中线两侧各 0.8 m 左右处)。非底座板范围桥面必须保持平整光滑,无修补空鼓问题存在。图 6—2—1 所示为桥面平整度检查现场图。

(4)相邻梁端高差:不大于 10 mm,如梁端高差超出要求,应对梁体较高的一侧采用打磨方式进行处理,处理时应按照顺桥向 2 m 范围进行顺坡,不得仅对梁端头进行处理。图 6—2—2 所示为相邻梁端高差检查现场图。

图 6—2—1　桥面平整度检查

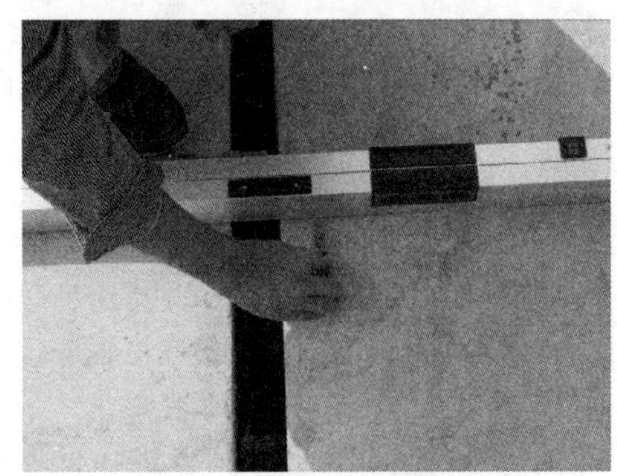

图 6—2—2　相邻梁端高差检查

(5)底座板范围桥面拉毛:拉毛范围准确,均在 2.6 m 底座板范围内(不允许超出底座板)。拉毛质量均匀,无空白拉毛处。拉毛痕迹深度一般应在 3 mm 左右,如桥面存在浮浆应在底座板施工前进行凿出。

(6)防护墙外几何状态(与线路中线的对应状态):应符合设计要求,任何情况下不得超限。

(7)桥面预埋件:要求预埋件平面、高程位置要准确,可工作状态满足设计要求。其中,底座板连接钢筋预埋套筒应垂直状态,高程误差满足+2 mm,−5 mm 要求;平面误差满足 20 mm 要求。每个预埋套筒的连接螺栓可拧入深度必须满足设计要求。

(8)桥面清洁度:基本要求是桥面不能有油渍污染,否则应在底座板施工前清洗干净。

(9)桥面排水坡及泄水孔:桥面排水坡构成应符合设计要求。桥面直排泄水孔篦子安装完成,曲排管泄水孔口篦子上方加设临时固定封盖(应预留排水能力),全部泄水管道畅通。

第二节 底座基础处理

一、梁面处理

底座 2.6 m 范围内的梁面在底座板施工之前进行凿毛处理,要求梁面凿出新鲜基面达到 50%以上;梁面超高范围进行铣刨处理;梁面平整度要求为:底座板范围 5 mm/1 m、防水层范围 3 mm/1 m;清理出剪力筋套筒,数量不足、位置偏斜和高程偏差过大的,必须重新植筋并补齐。

整修符合要求并通过验收后,即可进行底座板施工。

二、路基面施工验交

路基上的底座板施工前,需完成与之相关的排水、沟槽等基础工程施工。路基部分左、右两侧设置电缆槽。当基床表层填筑完成后,采用专用机械开槽或人工开槽,砌筑预制电缆槽及路肩预制件。

完成路基段 50 m 间距的 C20 钢筋混凝土排水井,施工前疏通井下 ϕ50 mm 的横向 PVC 排水管。

通过沉降观测及 CPⅢ评估,并对路基顶面平整度、高程进行复测验收,若均满足要求,可进行路基底座板施工。

三、质量控制

底座板施工前,沉降观测及 CPⅢ通过评估。梁面质量评估的内容包括:对梁面高程、几何尺寸、平整度、剪力筋套筒的数量和位置进行复测和检查。路基面质量评估的内容包括:高程复测情况、密实度、平整度、排水坡度等。

梁面处理时,在每一孔梁需要整修和处理的部位进行现场标示,并形成“评估整改通知书”,该“通知书”下发至作业班组。

底座基础处理时,以设计高程为主要控制依据。对高程不足部分的处理应保证与原有基面良好地结合,尤其是对梁面部分的修补。

第三节 桥梁上底座板及凸形挡台施工

一、工艺原理

底座板和凸形挡台分别施工。先浇筑底座板，预留凸形挡台接茬钢筋，在底座新浇筑混凝土达到一定强度后再施工凸形挡台。底座板的施工可采用对称跳槽法(也可以梁跨为单位连续施工)，即分段设置，段间设置 20 mm 的伸缩缝，伸缩缝对应凸形挡台中心并绕过凸形挡台，伸缩缝的设置与行车方向有关，曲线外轨超高在底座上实现，底座进行填空施工时再安装底座板之间的泡沫板伸缩缝。

二、底座板和凸台施工工艺

底座板、挡台施工工艺流程见图 6—2—3。

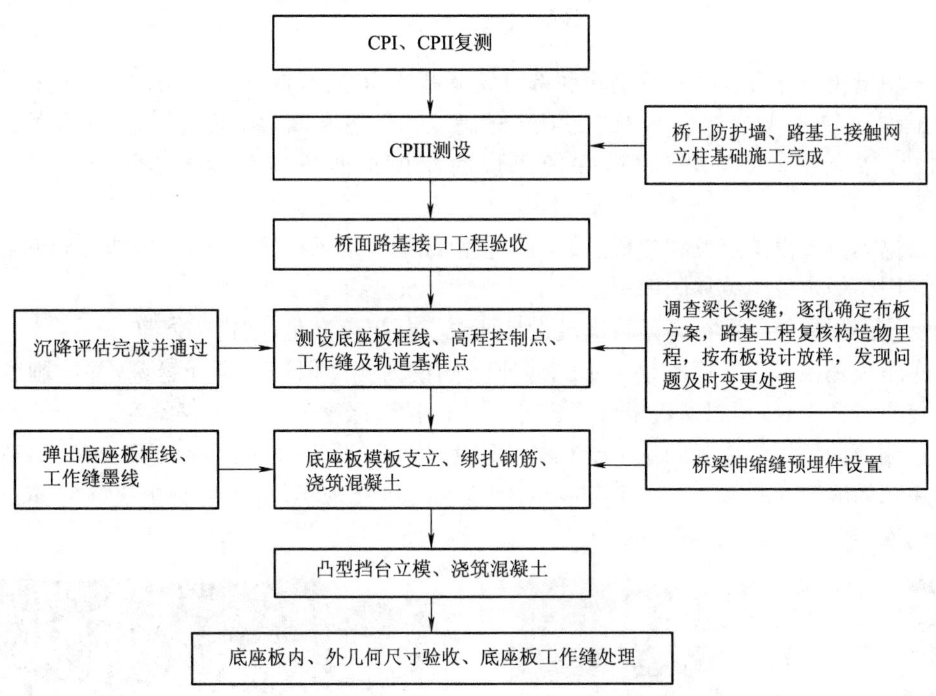

图 6—2—3 CRTSⅠ型无砟轨道底座板和凸台施工工艺流程图

采用 CPⅢ测量定位模板位置和标高，混凝土泵送入模后，人工摊铺均匀，经插入式振捣棒捣固后人工收面整平，最后采用铝合金刮尺刮平，从而确保顶面施工精度。

三、底座板施工

1. 测量放样

按照布板设计方案，通过 CPⅢ网点及全站仪和水准仪进行底座板四周边线及伸缩缝位置放样，直线地段底座板边线可成段多孔一次放样，曲线地段折线布置，并弹设模板施工墨线，每一块底座板的四角用水准仪进行高程放样。然后再按照保护层厚度对凸台和底座钢筋安装位置弹画墨线。

2. 模板架立(图 6—2—4)

图 6—2—4　模板架立

①采用槽钢制作钢模。在钢模板底部设置调高的脚螺栓,调高范围 0～4 cm 左右。

②根据每块底座板四角放样的点位标高,计算立模高度,通过模板自带的调脚螺栓,使模板按立模高度安装到位,并使每块底座模板四角顶部四个点的标高达到设计标高。

③根据测量放设的点位和模板边线将模板沿纵横向现场拼接成型,然后挂线调整直顺,边调整边利用模板定位工装加固模板。

④复核模板的位置和标高是否满足设计要求。如果不满足,则进行调整。

⑤底座板侧模采用螺栓支垫调平。底座板侧模内侧须保证光滑无锈迹,并涂刷脱模剂。模板安装要线条平顺,相邻模板错台不超过 1 mm,接缝严密。

⑥在侧模内侧用强力胶固定 1 m 长"L"型附加模板(图 6—2—5 所示为 2 mm 薄钢板),封堵侧模底部的缝隙(图 6—2—6),局部采用砂浆塞缝填充密实,防止混凝土浇筑时漏浆,出现"烂根"现象。

图 6—2—5　"L"型附加模板

图 6—2—6　侧模底部缝隙的封堵

⑦底座板 20 mm 宽伸缩缝采用低密度高强压缩板作为伸缩缝材料，伸缩缝板上部设置扣压固定装置，确保伸缩缝顺直，避免混凝土浇筑时跑位。

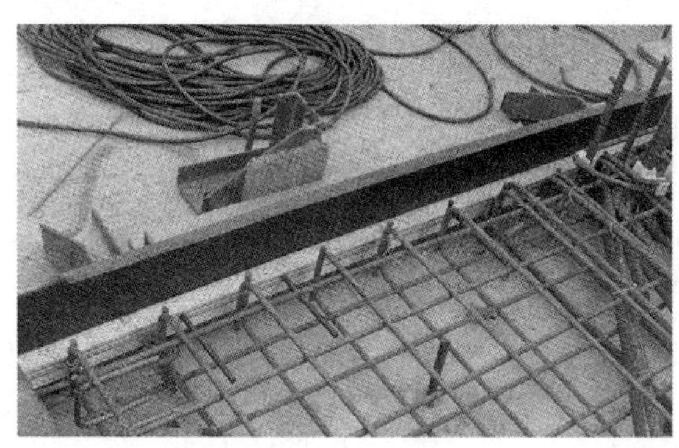

图 6—2—7　底座板伸缩缝材料

⑧桥面伸缩缝耐候型钢在梁端的底座板内分段埋设，型钢顶面与梁端挡水台顶面标高平齐。耐候型钢上的锚固钢筋与底座板的钢筋网片焊接并定位牢固。对伸缩缝耐候型钢型腔内采用泡沫条充填密封，以防止混凝土填塞型腔。待混凝土达到设计强度的 80%以上时清理型腔，嵌装止水橡胶带。

3. 钢筋绑扎及安装

底座板钢筋骨架采用厂制钢筋网片进行组装，底座钢筋主要由上下两层 CRB550 级冷轧带肋钢筋焊接网组成，两侧设置构造和架立钢筋。底座板钢筋不需要绝缘处理，凸台竖向筋与环向筋交叉处按设计要求采用塑料卡绝缘。

钢筋组装时先在梁面找出预埋套筒，清理干净，再植入钢筋，对于不能满足套筒连接要求的，按照设计要求采用喜力得植筋胶植筋处理。

底座凸形挡台位置内凹时将多余网片剪掉，外凸圆形挡台处附加直径 14 mm 的 HRB335 钢筋绑扎。

曲线超高地段根据不同的超高值调整两侧的构造架立钢筋尺寸。

钢筋安装时，采用墨斗按照设计位置在地面弹出钢筋位置，然后铺设钢筋，依次按照间距进行绑扎。绑扎完成后根据设计保护层厚度安装保护层垫块，满足底座外侧及凸形挡台最外层钢筋的净保护层厚度为 40 mm，底座底部钢筋净保护层为 30 mm 的设计要求。

底座板配筋根据各种板长及凸形挡台布置进行分类。

4. 混凝土浇筑

施工前并进行冲洗梁面，施工提前 2 小时进行预湿。

混凝土采用拌和站集中生产，用罐车将混凝土运输至作业现场，用输送泵泵送入模。

混凝土入模后，前方混凝土振捣采用人工插入式振捣器捣固，后方采用混凝土振捣梁摊铺并整平混凝土面。人工插入式振捣时采用 50 捣固棒，插入间距不大于 50 cm，振动棒的作用范围必须交叉重叠，振动棒不能碰撞模板。振捣时间宜为 15～30 s。振捣时人工随时补料，使混凝土面高出侧模顶面 20～30 mm。

混凝土灌注工序衔接要紧密，混凝土振捣及整平与混凝土灌注工序间不可拉开过长时间，如处于炎热夏季施工，两工序必须前、后紧跟，防止混凝土表层假凝后再进行振捣及整平施工。

混凝土表面平整度必须在施工过程中检查、控制，此工序紧跟于混凝土整平之后，用水平尺检查。在检查合格基础上，采用特制刮尺在底座板两侧做出 20 cm、−5%的横向排水坡(对超高地带，仅超高一侧设置)，人工抹面压光。最后进行表面拉毛处理。

5. 混凝土养护、拆模

混凝土的养护紧跟底座板施工，在风天或炎热天气条件下，当底座板施工时间较长时，混凝土养护工作不应等施工结束后再进行，而应在混凝土表面初凝(包括假凝)后随即进行薄膜覆盖养生(防止干裂)，施工段混凝土完成后再正式进行薄膜上覆盖土工布洒水保湿养护，时间至少 7 d。养护期间薄膜土工布必须严密包住混凝土的表面，设专人养护。

混凝土强度达到 5 MPa 后拆模，模板转运至立模区直接立模。

四、凸形挡台施工

严格按照图纸中的尺寸进行施工，凸形挡台的直径均为 520 mm。

1. 基础面凿毛

用打毛机将底座板表面浮浆全部凿掉，露出新鲜混凝土面。凿毛验收合格后再用扫帚、吹风机将凿毛产生的浮碴、灰尘清扫干净，以便进行凸台测量放线。

2. 测量放线

利用全站仪通过 CPⅢ网点放出凸台底面中心点，要求凸台底面中心线和底座中心线重合一致，放样合格后用红色记号笔标记出凸台中心。并向外侧引出模板外缘的四个安装点(线)。

3. 钢筋绑扎(图 6—2—8)

预先检查凸台预埋钢筋尺寸长度是否在允许偏差范围内，若钢筋过短则在相应预埋钢筋根进行搭接双面焊，焊缝长度为 5 位钢筋直径，确保外露长度为 220 mm，每焊接 200 个接头必须进行一次试验。预埋钢筋检测合格后，方可开始焊接圆形箍筋，箍筋间距为 60 mm，凸台箍筋(特别是半圆形箍筋)必须按要求加工，安装时全圆箍筋搭接处要朝向来车方向，半圆箍筋搭接处要朝放板的方向。凸台预埋钢筋立筋须与底座板上下层钢筋焊接连接并与圆形或半圆形箍筋焊接。

图 6—2—8　凸台钢筋

4. 标高放样

直线段和曲线段圆型凸台需计算同一个面上四个点位的标高，半圆形挡台应放出圆心和纵横向 3 个以上的边缘点，圆形挡台应放出圆心和纵横向 4 个边缘点，以确保模型底面确保位置准确，肋处的相对标高准确。在曲线段还必须放出模型顶面中心点向下的投影点，在底面对位后采用铅锤再认真调整模型超高倾角，确保凸台模型安装对位准确。由测量人员给出交底书，施工人员按交底书的数据来精调到设计高程。

5. 模板安装、调平及加固

圆形凸台模板采用 6 mm 厚钢板加工成两个半圆，半圆间采用螺栓连接，半圆形凸台模板采用 6 mm 厚钢板加工成一个半圆和一块挡板，挡板与半圆采用螺栓连接。安装模板之前检查模板是否变形，同时检查模板在拼装过程中是否出现错台现象，剔除不合格模板，对合格的模板须打磨干净并涂刷脱模剂。安装时采用铅锤和 680 mm 长的角钢对顶面点来调试对中，先在角钢上找出中点并做上标记，并将铅锤绑在角钢中点，角钢两端分别卡在模板两端上，用铅锤的顶点来调试凸台的顶面中心点在凸台底的投影点，直到两点重合为止。

模板定位对中完成后，利用水平尺对模板进行调试，模板顶面须水平，调平后用直角尺确保与底板面垂直。在调平过程中模板底部如需垫高，则用木楔及与混凝土相同标号的砂浆封堵住底边缝。

模板安装调平后，即对模板加固，并量出模型四条肋与底面的高度用于施工中复核。凸台施工均采用“三角形”内顶的加固方式进行加固。采用直径为 ϕ14 mm 长为 150 mm 的钢筋分不同方向，相同间距分别一端顶到模板上另一端点焊到预埋钢筋上。

模板固定后，在模板外缘弹出墨线，并在墨线外弹出控制线，以便打混凝土时检查模板是否移位。凸台混凝土浇筑前须再次检查挡台平面位置及顶面用直角尺确保与底板面垂直。高程确保其符合设计要求。

6. 混凝土浇筑

在浇筑之前应与拌合站交接对混凝土的坍落度根据现场需要进行调整，直线段的凸台浇筑坍落度一般控制在 150～160 mm 之间，曲线段由于顶面是有一定的坡度，坍落度因控制在 140～150 mm 之间，这样便于混凝土浇筑成型。浇筑时采用吊车和料斗相结合使用。在浇筑过程中采用 ϕ30 微型振捣棒振捣，振捣时应避免与模板接触。振捣必须达到规定时间，一般为 20～30 s。靠近模板边缘更是要振捣合格，以防拆模后出现气泡、麻面等现象。

混凝土浇筑完成后，混凝土收面至少二次。第一次收面用砂板先将表面抹平，并按设计标高调试混凝土面，完成第一次收面后必须达到混凝土表面不能出现石子外露的现象；第二次收面采用抹刀对表面进行精细的抹面。

7. 凸台养护

抹光完成后指派专人用喷雾器不间断进行洒水喷淋，直至混凝土初凝。这样不仅能降低接触面和周围空气的温度，还能增加空气的相对湿度，从而减缓混凝土表面温度升高，也使得浇筑后混凝土水分的蒸发最少。混凝土初凝后将其表面覆盖土工布并洒水。洒水次数以保持混凝土表面湿润状态为准，养护期不少于 7 天。环境温度特别高时，浇筑混凝土前，模板、钢筋及基础面用凉水喷淋，将浇筑混凝土的时间改在早晚或夜间，这些措施可以很经济地减小混凝土的温度收缩和开裂。当环境温度低于 5℃时，不得洒水养护，须喷涂养护剂进行养护，养护剂必须保证每点不漏喷(纵横向喷涂)，并用薄膜及棉被覆盖保温。

凸形挡台施工完成后要注意防止撞击，并做好保湿养护工作。待凸形挡台达到设计强度的 70%后方可进行轨道板的铺设。

五、质量控制

底座板和凸台是起着整个道床的承重和限位作用，在施工中应该严格控制施工误差，对保证上部砂浆层和凸台沥青层的设计厚度起着关键的作用；质量的控制决定了道床的使用寿命。

底座模板检查方法及要求见表 6—2—2。

表 6—2—2　底座模板安装允许偏差及检验频率

序　号	项　目	允许偏差(mm)	检验频率
1	顶面高程	0，−5	每 5 m 检查 1 处
2	宽度	±5	每 5 m 检查 3 处
3	中线位置	2	每 5 m 检查 3 处
4	伸缩缝位置	5	每条伸缩缝检查一次

凸形挡台模板安装允许偏差见表 6—2—3。

表 6—2—3　模板安装允许偏差

序　号	项　目	允许偏差(mm)
1	圆形挡台模板的直径	±3
2	半圆形挡台模板的半径	±2
3	中线位置	2
4	挡台中心间距	±2
5	顶面高程	+4.0

钢筋原材料质量、加工、连接等符合设计和相关规范规定。混凝土底座及凸形挡台钢筋安装标准见表 6—2—4。

表 6—2—4　混凝土底座及凸形挡台钢筋安装标准

序　号	检验项目	标准要求	检验方法
1	钢筋骨架绑扎和安装	缺扣、松扣的数量不得 5%	观察、尺量和手扳检验
2	钢筋间距	±20	观察、尺量
3	保护层厚度	+10，−5	观察、尺量

混凝土的浇筑、捣实、整平与养护符合规范要求。接缝的位置、规格、尺寸和钢筋的布设等符合图纸和规范要求。混凝土底座及凸形挡台混凝土施工质量标准见表 6—2—5。

表 6—2—5　混凝土底座及凸形挡台混凝土施工质量标准

序号	检验项目	允许偏差		检验方法
1	底座外形尺寸	顶面高程	(+3，−10)mm	每项每 5 m 测 1 处
2		宽度	±10 mm	
3		中线位置	3 mm	
4		平整度	10 mm/3 m	
5	凸形挡台外形尺寸	圆形挡台直径	±3 mm	每个凸台检查 1 次
6		半圆形挡台半径	±2 mm	
7		中线位置	3 mm	
8		挡台中心间距	±5 mm	
9		顶面高程	0，+5 mm	

加强测量管理控制，凸台位置用CPⅢ点精确定位。从钢筋骨架绑扎标高控制，保证凸台不偏位。浇筑混凝土时先浇筑凸台周围。底座的高度及标高，利用水准仪操平，CPⅢ点控制标高。确保底座和调板标高在同一标高体系控制。

外观鉴定：混凝土结构表面密实、平整、颜色均匀，不得有露筋、蜂窝、孔洞、疏松、麻面和缺棱掉角等缺陷。

第四节　路基上底座板及凸形挡台施工

路基上底座板及凸形挡台施工工艺与桥上大部分相同，下面对路基上底座板及凸形挡台施工的特殊性进行介绍。

一、施工要求

(1)路基上的底座板和凸形挡台施工前，路基上与底座板相关的附属工程(如线间集水井的开挖与施工)全部完成。

(2)路基段沉降评估通过验收、CPⅢ完成建网并通过评估验收、路基基床表层高程及平整度满足技术要求并通过验收。

二、钢筋与模板施工

(1)底座板和凸形挡台钢筋在钢筋场内集中下料，用汽车运至路基工作面。

(2)钢筋绑扎前，先在路基面上用石灰放出立模边线、底座内的凸形挡台位置。

(3)底座板钢筋绑扎直接在安装位上进行，每3块轨道板为一个浇筑单元，钢筋须连续绑扎。为保证钢筋间距及高度符合要求，可利用型钢定位胎具绑扎，并按要求放好钢筋保护层垫块。

(4)钢筋绑扎时，将底座板结构钢筋与凸形挡台连接钢筋相连。钢筋制作安装允许偏差应符合有关规范的规定。

(5)路基上的立模方法与桥面相似，可以在路基上打入支撑钢筋替代防护墙。立模时，根据底座板混凝土的浇筑工艺——跳槽法或连续浇筑施工，在已经完成钢筋绑扎的底座板处立模，模板高度与底座板混凝土顶面齐平，控制、加固方法与桥面相同。

(6)立模时，每3块轨道板长度设置20 mm伸缩缝且绕过凸形挡台，伸缩缝位于凸形挡台的行车方向前进侧，注意左右两线模板凸台的朝向。

图6—2—9所示为处于养护期的混凝土。

图6—2—9　处于养护期的混凝土底座板

三、混凝土浇筑与养护

路基上底座板混凝土可左、右幅同时浇

筑，可采用混凝土输送车分左、右线直接浇筑入模。在底座混凝土浇筑完成24小时后，开始支立凸形挡台模板，再分别浇筑成型。左、右两线可同时施工，混凝土可由混凝土输送车运输至某一位置后再用胶轮车倒运。施工顺序、允许偏差、混凝土养护要求与桥上相同。

四、质量控制

路基上底座板混凝土浇筑前，应提前在底座板基面洒水，浇筑时基面潮湿，但不能有积水。混凝土收面完成后，及时覆盖养生。冬期施工时，必须按照《铁路混凝土工程施工技术指南》中冬期作业的要求进行施工。

第五节 隧道内底座板及凸形挡台施工

隧道内底座板及凸形挡台施工工艺与桥上大部分相同，下面对隧道内底座板及凸形挡台施工的特殊性进行介绍。

一、施工要求

(1)隧道内的底座板和凸形挡台施工前，与底座板相关的附属工程已全部完成。

(2)隧道段沉降评估通过验收、CPⅢ完成建网并通过评估验收、隧道基底高程及平整度满足技术要求并通过验收。

(3)隧道基底表面在铺设底座板前进行凿毛处理，隧道洞口100 m范围内的底座板与隧道基底间设置连接钢筋。检查凿毛情况和连接筋数量、竖直状态，并通过验收。

二、钢筋与模板施工

(1)底座板和凸形挡台钢筋在钢筋场内集中下料，用汽车运至隧道内工作面。

(2)钢筋绑扎前，先在隧道基底面上用墨线弹出立模边线、底座内的凸形挡台位置，并在两侧电缆槽立面上弹出底座板高度控制点。

(3)底座板钢筋绑扎直接在安装位上进行，每3块轨道板为一个浇筑单元。为保证钢筋间距及高度符合要求，可利用型钢定位胎具绑扎，并按要求放好钢筋保护层垫块。

(4)钢筋绑扎时，将底座板结构钢筋与凸形挡台连接钢筋相连，洞口100 m范围内还应与基底内的连接钢筋相连。

(5)隧道内的立模方法与桥面相似，以两侧电缆槽的侧面替代防护墙。立模时，根据底座板混凝土的浇筑工艺——跳槽法或连续浇筑施工，在已经完成钢筋绑扎的底座板处立模，模板高度与底座板混凝土顶面齐平，控制、加固方法与桥面相同。

(6)立模时，每3块轨道板长度设置20 mm伸缩缝且绕过凸形挡台，伸缩缝位于凸形挡台的行车方向前进侧，注意左右两线模板凸台的朝向。

三、混凝土浇筑与养护

隧道内底座板宜单幅浇筑，利用混凝土输送车出料滑槽直接浇筑入模。在底座混凝土浇筑完成24 h后，开始支立凸形挡台模板，再分别浇筑成型。施工顺序、允许偏差、混凝土养护要求与桥上相同。

四、质量控制

隧道基底表面凿毛处理应满足要求，隧道洞口 100 m 范围内底座板与隧道基底间的连接钢筋数量与埋设质量应满足设计要求。混凝土收面完成后，及时覆盖养生。冬期施工时，必须按照《铁路混凝土工程施工技术指南》中冬期作业的要求进行施工。

第三章　轨道板铺设作业

本章以桥上铺设轨道板为例。

第一节　轨道板粗铺与精调

一、轨道板粗铺

1. 施工准备及轨道板出厂检查

(1)桥面CPⅢ精调前通过二次评估,线下桥墩台通过二次沉降观测。

(2)对底座板标高及平面位置进行复核,对底座板表面平整度、底座板结构尺寸进行检查;对凸形挡台标高及平面位置、凸形挡台中心间距进行检查。

(3)2 cm底座板伸缩缝采用聚氨酯材料灌注,深度为3～4 cm,灌注应饱满均匀,应避免污染周围结构物。

(4)安装桥梁伸缩缝,对已施工底座板预埋耐候钢进行检查,安装伸缩缝橡胶条。安装时,应注意整体平顺性和耐候钢下混凝土是否密实。

(5)轨道板出场前,对成品轨道板厚度、顶面平整度、外观质量、中线偏差、预埋件位置、数量等进行检查。

2. 轨道板运输

轨道板运输时,必须采用三角支架侧立运输,三角支架两侧须装载相同数量的轨道板。短途运输(如≤5 km)、施工现场道路条件良好时,可采用轨道板平放运输,但每垛不应超过3块。

利用平板运输车将轨道板运至铺板作业区域桥下方后,由悬臂龙门吊将轨道板吊至铺板作业面。

3. 轨道板粗铺

(1)轨道板吊装采用专用龙门吊。轨道板吊装时首先将龙门吊移至相应墩位,然后用龙门吊将桥下轨道板运输车上的轨道板用专用吊具吊起。

(2)轨道板起吊至铺板位置后,施工人员扶稳轨道板缓慢下落,把轨道板放在预先对称放置的支撑垫木上,支撑塾木尺寸50 mm×100 mm ×300 mm。用专用撬棍在轨道板放下时辅助调整轨道板位置,使轨道板两侧与混凝土底座上的纵向墨线位置大致重合,量测凸台保护层是否大于30 mm,可利用多向精调爪进行纵向微调,使凸台两侧保护层均匀。为了使凸形挡台成品不受损坏,铺板前在凸形挡台上套上2.5 cm厚橡胶垫做成的防护橡胶套,对凸台成品起到很好的保护作用,还可保证凸台与轨道板有适当间距。

4. 粗铺作业要点

(1)底座板清理:在轨道板铺设前,对轨道板进行彻底清理,清除表面杂物、粉尘、尖锐碎石等,防止水泥乳化沥青砂浆灌注时扎破灌注袋。

(2)凸台保护层及相邻板缝间距:轨道板铺设时应尺量轨道板圆弧与凸台间隙,最小不能小于 2 cm,同时应满足相邻轨道板第一排预埋套管中心间距,即扣件间距最大值不得大于 650 mm,最小不得小于 620 mm。其他异型轨道板板缝应满足+20 mm,-10 mm 的误差设计要求。

(3)轨道板铺板位置:轨道板上桥铺设时,应核对板型是否对应,接地端子是否朝向线路外侧。现场技术人员或工班长每天下午应将第二天的板型计划报轨道板场,轨道板场根据计划供应相应轨道板,同时在预制生产时组织好线路左、右两侧具有相同规格的轨道板其接地端子反向的板型和数量。

二、轨道板精调

1. 精调前的准备

轨道板粗铺到位后,在安装精调支座(精调爪)前应对精调爪外形质量进行检验,精调爪与轨道板密贴面不得出现毛刺,带毛刺的精调爪必须处理后再使用。同时还要检查防上浮预埋螺杆位置及抗拔力是否满足标准要求。技术人员应该对轨道板的粗铺进行检查,包括凸台与轨道板间间距、板与板的纵向平顺性等。

压板装置标准:在施工前对预埋拉杆进行抗拉强度试验,单根拉杆抗拉强度应大于 25 kN。直线压板拉杆类型及锚固螺栓分为两种:第一种为膨胀螺栓,第二种为敲击式锚栓锚固,打眼深度 70 mm,采用 ϕ20 mm 钻头,用吹风机对锚固孔进行清理,锚固深度为 65 mm,膨胀后螺口深度不小于 32 mm,膨胀螺栓外露长度不小于 35 mm,敲击式锚栓顶面与混凝土顶面齐平,膨胀螺栓外套筒与混凝土面齐平。

2. 安装精调支座

安装精调支座(简称"精调爪")时,先检查预埋支座套管内有无杂物、碎屑。若有,须予以清理。拧紧支座螺栓时,扭紧力应大小合适,并保证支座侧面与轨道板侧面密贴。每一块板安装四个精调支座,安装妥当之后转动竖向调节螺杆,使轨道板慢慢升起,取出粗放轨道板时安放的垫木条,并确认轨道板下无任何杂物、颗粒。

3. 轨道板精确测量与调整

(1)精调设站:通过后方交会法设站,照准 8 个 CPⅢ后视棱镜,建站精度为 0.7 mm,精调前利用标准标架对精调 1、2、3 标架进行检校,满足 1 mm 精度要求。

(2)精调作业:设站完成后应对上一块轨道板进行搭接符合测量,误差满足 2 mm,即可精调下一块轨道板。先调整高程,后调整横向位置,操作人员根据 PDA 数据 或精调员喊口号等方式进行轨道板调整,一般调整 2～3 次即可到位。相邻两板高程误差应满足±1 mm,板平面轴线误差 2 mm,安装 L 型压板装置,最终完整测量。

精调过程中,应采用水平靠尺对已完成精调的轨道板进行复核,测量板端间隙,高差小于 1 mm 为合格,可进行下一块轨道板精调。

精调后,在轨道板上放置"禁止踩踏"等警示牌,必要时拉上警示线,应尽量减小踩踏、碰撞对精调结果的影响。

(3)操作要领:精调应做到"一靠二测三同步"。一靠:即利用 1 m 靠尺靠在已经精调完成的两块轨道板上,看是否超过允许高差;二测:测轨道板是否低于凸台 1 cm,测轨道板与底座板之间的厚度是否满足设计要求;三同步:精调中,高程同步调整,平面位置左、右两侧同步调整,精调后压板装置同步安装。这样不仅可以提高精调效率,而且也可以降低压板过程对精调成果的影响。

为确保精调仪器保持良好精度状态,测量人员必须爱护测量仪器,作业时应采用遮阳篷(伞)遮挡,仪器三脚架支腿应在凸形挡台的圆台上安放稳固,移动精调标架时必须轻拿轻放;收工时,及时将仪器、标架按照取出时的箱子编号放好,临时存放在作业现场时,必须有遮阳、遮雨棚(布),并有专人看管。

4. 灌注砂浆前的压板作业

轨道板在精确调整后,后道工序开始安装压板装置,直线地段采用倒“L”形压紧装置,曲线地段采用“门” 形压紧装置,“门”形压杆可有效预防轨道板在灌注砂浆时浮动侧滑。压板装置安装在精调支座的外侧,且紧挨精调支座。

三、装备配置

轨道板铺设、精调时,一个作业面需要的机具设备可参考表 6—3—1(实例)进行配置。

表 6—3—1 CRTSⅠ型轨道板铺设装备配置表

序　号	名　称	规格型号	单　位	数　量
1	悬臂龙门吊	101	台	1
2	轨道板运输车	201	辆	3
3	精调设备		套	1
4	压板装置		套	280
5	汽油发电机	3 kW	台	1

四、质量控制

必须加强对成品板的保护。运距不大于 5 km 且道路条件较好时,轨道板可平装,要求轨道板上下对齐,支垫方木位于吊装孔位置且上下对正。其他情况下的轨道板运输必须采用三角支架。每天精调作业前,必须按规定对测量仪器、精调标架进行校核。精调作业后妥善保管测量仪器、精调标架,避免偶然误差影响精调精度。轨道板经精调后,禁止人员踩踏,并尽量在 24 h 内完成砂浆灌注。

第二节　水泥乳化沥青砂浆灌注

一、水泥乳化沥青砂浆灌注流程

水泥乳化沥青砂浆灌注流程见图 6—3—1。

二、灌注前的施工准备

(1)清理底座板表面。人工使用高压吹风机对轨道板底面和底座板表面进行清理,防止刺破或挂破灌注袋。

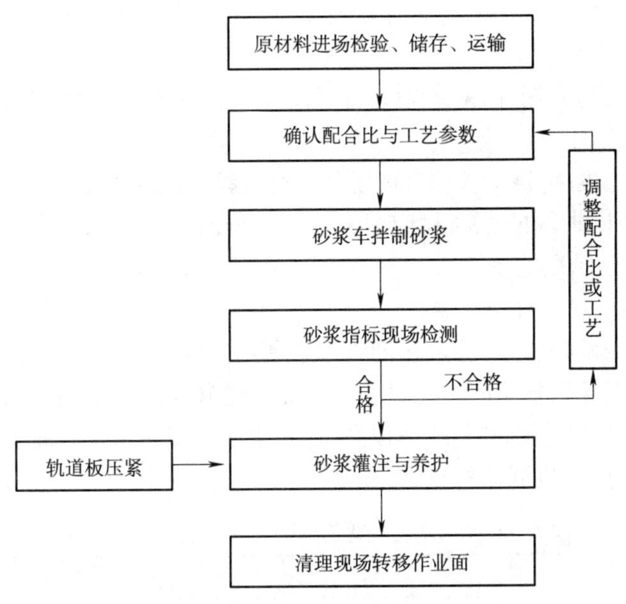

图 6—3—1　水泥乳化沥青砂浆灌注流程图

(2)灌注袋选用与检查。灌注袋使用前,应按照 CRTS Ⅰ型无轨道结构设计文件和配板图确定铺板类型、水泥乳化沥青砂浆灌注厚度,选择对应规格的灌注袋(表 6—3—2)。应做好灌注袋的进场检验,检查产品质量证明文件,并按照规定质量检验批次、取样数量进行强度试验。运输过程中尽量平放、减少堆码,避免折叠起皱和外力拉挂。所选用的灌注袋必须完好,无明显折叠起皱,用卷尺检查灌注袋长度和宽度。

表 6—3—2　灌注袋的配置与选用表

铺设地段类型	灌注袋类型	备　注
路基地段	4 962,49 620	(1)特殊梁跨按指定施工图配板; (2)砂浆灌注厚度大于 6 cm 时,须选用加厚灌注袋
桥梁(32 m 梁)	4 962,3 685	
桥梁(24 m 梁)	4 856,4 856 A	

(3)灌注袋铺设。测量轨道板下间隙是否在 4~6 cm 范围,安放前检查轨道板下杂物,并用吹风机进行清理。目视检查注入袋是否完好无损,检查合格后进行正式铺设。将灌注袋卷叠成三打 S 型,在袋边缘多余处,穿入细铁丝,然后两侧各两个人缓缓将袋子送入轨道板下,四人四角缓缓将袋子铺设到位,避免褶皱,量测四角外露砂浆袋尺寸,均等后采用单边三道楔形方木打紧。

三、水泥乳化沥青砂浆制备及运输

1. 原材料储存

(1)乳化沥青应采用专用罐储存,贮罐应配备温控、搅拌、装卸等装置。乳化沥青的温度必须严格控制在 5℃~35℃,定期搅拌,每天不少于 1 次,每次不少于 10 min,禁止采用回流方式代替搅拌。向搅拌车加料前应搅拌一次,乳化沥青的储存时间不宜大于 3 个月。

(2)乳化沥青、聚合物乳液等液态料装卸宜采用污水泵、隔膜泵。

(3)干料储存基地应具有保温隔热等装置，应防潮、防雨、防水，温度应控制在5℃～35℃，储存期不宜超过一个半月。

(4)聚合物乳液要遮光储存，避免阳光直射，防潮、防雨淋、防包装破裂，保存温度在5℃～35℃，开封后应尽快使用。

(5)引气剂存储温度为5℃～25℃，现场存放可放置在低温水中。

(6)不同厂家、不同批次的原材料应分开存放，并在标示牌上注明。使用时，先进库先使用，并遵循仓库管理的有关规定。

2. 水泥乳化沥青砂浆制备、运输

(1)无砟轨道施工前，确定水泥乳化沥青砂浆基本配合比，并进行工艺性试验，形成工艺总结，接受Ⅱ级试验室现场揭板验收。泥乳化沥青砂浆由砂浆搅拌车制备，悬臂龙门吊或汽车吊提升上桥。上桥后的中转仓通过龙门吊提升，将砂浆加入灌注仓。灌注仓安装在叉车上，由叉车转运至灌注工位。砂浆检测指标见表6—3—3。

表6—3—3　水泥乳化沥青砂浆各项性能检测指标

序　号	项　目		单　位	指标要求
1	砂浆温度		℃	5～40
2	流动度		8	18～26
3	可工作时间		min	≥30
4	含气量		%	8～12
5	表观密度		kg/m³	>1 300
6	抗压强度	1 d	MPa	>0.10
		7 d		>0.70
		28 d		>1.80
7	弹性模量(28天)		MPa	100～300
8	材料分离度		%	<0.1
9	膨胀率		%	1.0～3.0
10	泛浆率		%	0
11	抗冻性		300次冻融循环试验后，相对动弹模量不得小于60%，质量损失率不得大于5%	
12	耐候性		无剥落、无开裂，相对抗压强度不低于70%	

(2)投料顺序及搅拌工艺：启动搅拌主机，低速(30 r/min)搅拌，依次加入乳化沥青、P乳剂、水、消泡剂，改为中速(60 r/min)搅拌60 s，之后加入干料，加完后中速(60 r/min)搅拌30 s，加入引气剂，中速(60 r/min)搅拌30 s后，改为高速(110 r/min)搅拌2.5 min，再改为低速(30 r/min)，取样进行砂浆温度、流动度、含气量测试。如果指标合适，慢搅3 min即可灌注。如果指标不合适，可进行适当的工艺调整。

①砂浆流动度过低时为废料。流动度通过外加剂和用水量进行调整。

②砂浆中有少量未分散开的粉料颗粒，可以通过提高中速搅拌速度或高速搅拌速度的方法解决，速度调整范围中速为50～90 r/min、高速为90～150 r/min。

③砂浆含气量过低，可以通过增加高速搅拌时间、适当增加引气剂、适当减少消泡剂的方

法解决，高速时间不得超过 10 min，引气剂用量的调整范围为 0.36～7.2 kg/m³，消泡剂用量的调整范围为 0.018～0.72 kg/m³。

四、水泥乳化沥青砂浆灌注

1. 砂浆灌注主要技术要求

水泥乳化沥青砂浆施工环境温度应在 5℃～35 ℃范围内，对使用的材料进行管理，以确保灌注时水泥乳化沥青砂浆的温度处于 5℃～40 ℃范围内。

灌注高差：板顶面以上至灌注仓出料口约 25 cm。

采用百分表监控轨道板灌注上浮量，相邻两轨道板之间采用 1m 水平靠尺复核平顺性。

轨道板灌注时间与环镜温度有关，一般而言，夏季比冬季约少用 2 min。以冬季为例，直线地段为 5～8 min，曲线地段为 8～11 min。水泥乳化沥青砂浆灌注时，要求一次性连续灌注完成，不得进行二次灌注。

流速采取"慢一快一慢"的控制方式。在纵坡及曲线地段灌注砂浆时，应从较低一侧灌注口灌注砂浆。

2. 施工过程

(1)灌注前，应确认精调后的轨道板是否发生偏移、板底有无杂物，检查灌注袋的位置，并用塑料布或彩条布覆盖在轨道板表面，以避免轨道板表面被砂浆污染。再在轨道板前后两端安放四把 1 m 水平靠尺，在轨道板一侧中部放置百分表 1 个，用于监测轨道板上浮情况。

(2)灌注时，以时长 6 min 为例：先慢速 100 s，再快速 160 s，最后慢速 100 s。观察远角百分表读数在 0.3～0.45 mm 范围；出浆口砂浆上升高度超出轨道板 10 cm；观察四角饱满程度，用 1 mm 厚度板尺轻塞，以不超过 3 cm 为宜；结束灌注，将灌注袋的灌注口绑扎牢固，并用约 45°的支撑装置支撑灌注口。

曲线地段超高过大时，由专人在轨道板四角进行监控，防止轨道板受力漂移，并监测轨道板顶面标高。出现漂移时，必须立即停止灌注并加固处理，不能马上解决时，该轨道板须重新精调，重新加固后再次单独灌注砂浆。

(3)灌注后的补浆作业。为了保证灌注后砂浆饱满、无离缝，需要安排"挤浆"作业。挤浆分两次进行，为灌注完成后 40 min 第一次挤浆，再间隔 50 min 进行第二次挤浆。观察四角饱满程度，采用 1 mm 厚度板尺轻塞，以不大于 3 cm 为合格。如检测值偏大，应继续补浆。

补浆作业由灌注班固定专人进行，分白班和夜班，每班 2 人，挤浆人员名单报技术室及安质部备案，做好挤浆交接班记录。记录主要内容有挤浆时间、挤浆人员姓名、挤浆梁跨位置等。

(4)灌注袋灌浆口处理。水泥乳化沥青施工完成后，应及时对灌注袋口进行切除、封边。根据砂浆填充层厚度选择合适封条，确保封口严密。用热吹风机对切除后灌浆口袋口及封条进行加热，完成后对灌浆口进行封堵。

封口条粘贴作业标准：灌注底座板后 24 h 应安排人员切除挤浆口；封口条分为 6 cm、8 cm 宽度，根据实际砂浆层厚度选择封口条宽度，多出部分可切除；粘贴时，封口条印有标签一面为正面，封口条与切口密贴，使用橡胶锤敲击挤浆口砂浆，使其形成圆弧状，四周以溢出沥青视为粘贴密切。粘贴好的封口不宜过高，以封口条外露板面＜3 cm 为宜，粘贴后应无尖角、空鼓现象。

3. 水泥乳化沥青砂浆养护

灌注水泥乳化沥青砂浆除应满足温度条件外，还应尽量避免在雨天灌注。施工过程中若遇下雨，应采取遮雨措施。暂停灌注时，要及时清洗搅拌机。

灌注完成后，水泥乳化沥青砂浆采用自然养生。环境温度高于 35 ℃或低于 5 ℃时，应覆盖养护。当强度达到 0.1 MPa 后，可拆除轨道板精调爪，以减少轨道板与水泥沥青砂浆间出现离缝现象。养生期间不得在轨道板上加载。

4. 资源配置

砂浆灌注一个作业面的机具设备可参考表 6—4—4(实例)进行配置。

表 6—4—4　CRTS Ⅰ型板砂浆灌注装备配置

序　号	名　称	规格型号	单　位	数　量
1	水泥乳化沥青砂浆车	VII-5-L/6-680	辆	1
2	悬臂小门吊	3 t	台	1
3	吊 车	QY20	台	1
4	叉 车	3 t	台	2
5	汽油发电机	5.5 kW	台	3
6	中转仓		个	2
7	灌注仓		个	1

五、质量控制

灌注袋规格必须齐全，铺设位置应准确，铺设时须展平。砂浆灌注时注意观察轨道板“上浮”情况，尤其是曲线超高地段。出现明显上浮或位移时，必须对压板装置进行检查，必要时加固。每一块轨道板下应连续灌注，设专人负责挤浆，确保轨道板和砂浆密贴，必要时可增加挤浆次数。准备防雨篷布或薄膜，下雨前对还未凝固的砂浆进行覆盖，坚持雨天不施工；施工后做必要的养护覆盖工作。

第四章　凸形挡台树脂施工

凸台树脂的施工工序包括：树脂配置、清理灌注位置、安装灌注袋、搅拌、灌注、养护等环节。

一、树脂配制

填充树脂在现场配制。树脂材料的配合比和性能指标应符合设计要求。根据树脂材料的可工作时间，确定树脂材料一次的拌和量。根据试验配合比确定材料比例，严格控制投料量。

凸台树脂灌注应尽量安排在气温适当的时间（如夏季的早晨和傍晚，冬季的中午时分）进行。应加强搅拌时间控制，A 组分的开启上盖，搅拌时由底部缓慢向上搅拌，充分搅匀沉淀物，搅拌过程要尽量避免产生大的旋涡，防止由于搅拌带进气泡。搅拌时间 4 min。搅拌时，使用手摇或电动搅拌器在专用特殊混合容器内将材料搅拌均匀。当室外施工环境温度低于 10 ℃时，需将树脂的液体温度调整到 20℃以上混合。

二、清理灌注位置

（1）清扫凸形挡台的灌注部位，如垃圾、沙子、浮尘、混凝土沥青砂浆等。

（2）确保灌注部位干燥，用棉纱擦拭，必要时采用热风机烘干。

三、安装灌注袋

（1）将泡沫聚乙烯衬垫塞入灌注袋底部衬孔内，然后将灌注袋塞入底座混凝土。

（2）用手抻紧灌注袋的两个侧面，使其完全展开铺平。

（3）分别在轨道板凹面和凸形挡台侧面刷涂粘合剂，充分展开袋子，将袋子的两侧面分别与轨道板凹面和凸形挡台侧面粘接，粘接时要避免出现褶皱。

（4）切除灌注袋自轨道板倒角下端至上面露出的部分，如图 6—4—1 所示。

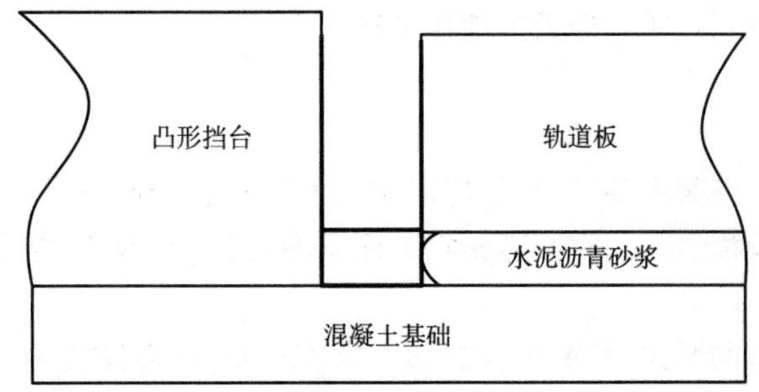

图 6—4—1　灌注袋安装示意图（图中加粗线部分为灌注袋）

（5）将侧面泡沫聚乙烯垫塞入轨道板中间，如图 6—4—2 所示。

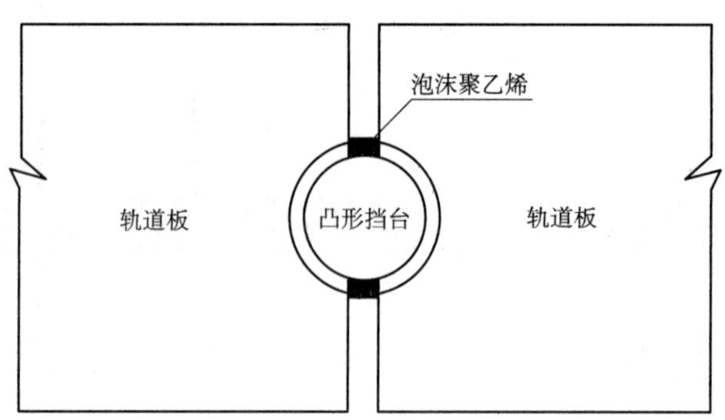

图 6—4—2　侧面泡沫聚乙烯板插入位置

(6)在凸台四周采用苫布保护，如图 6—4—3 所示，图中阴影部分为工业苫布，四周用胶带粘接。工业苫布可重复使用。

图 6—4—3　防护措施

四、搅　　拌

(1)采用开罐器将 A 组分的桶盖去掉，上下左右充分搅拌，将桶底的沉淀物全部搅起，尤其注意桶底边角的沉淀。

(2)将 A 组分和 B 组分按照配比要求倒入搅拌桶内，上下左右充分搅拌。

搅拌好的混合液，分装到灌注容器内，由灌注容器进行灌注施工。

(3)树脂材料开罐后，必须在当天内使用完毕。

五、灌　　注

灌注树脂应在板下砂浆灌注 24 h 并清洁、整理完毕后进行。树脂材料灌注前，应将凸形挡台周边填充间隙的垃圾、尘土、浮浆等异物处理干净，擦去水、油类物质，须保证施工面干燥、清洁。

采用人工或平板车的形式，将灌注容器移至灌注地点，向灌注袋内灌注树脂，注意在操作时不要遗洒。

首先在凸形挡台周围安放树脂灌注专用袋，并用布制橡胶带或粘合剂固定，以防止树脂泄漏。

凸形挡台周围填充树脂材料的高度宜低于轨道板顶面 10 mm。树脂灌注施工应避开明火，隔离热源。凸形挡台树脂灌注前，用木条在板壁和凸形挡台壁上刮平灌注袋，消除灌注袋的褶皱和间隙，保证树脂灌注袋和板壁及凸形挡台壁密贴。树脂应缓慢连续注入，尽量保持低位进行灌注作业，防止带入空气。

灌注树脂到轨道板倒角下端位置，停止灌注。

树脂灌注后，用光滑的细木条沿板壁和凸形挡台壁搅动几下，排除粘在侧壁上的气泡。灌注袋粘贴好和树脂灌注完后，采用薄膜覆盖。

搅拌后的树脂材料必须在混合后 20 min 内注入。树脂宜在 10℃～30℃温度条件下灌注。一个凸形挡台周围填充树脂必须一次灌注完成。

灌注完毕后，使用细木棒等工具深入到树脂内部，贴近轨道板或凸台侧面刮贴几下，防止灌注袋产生褶皱扭曲及空气滞留现象。

树脂灌注作业中断时，应及时对搅拌器、搅拌容器、灌注容器等用具进行清洗，废罐、废液应作为工业废弃物进行处理。

曲线超高地段，树脂宜一次灌注到位。特殊情况下需进行二次灌注或多次灌注时，最好在上次树脂未固化前进行。已经固化的树脂可采用插入螺钉(长度 40 mm，以 10 mm 间隔插入 25 mm 以上)或打磨的方式(用研磨机等对表面进行全面打磨)增加粘结力。

六、养护处理

(1)凸台树脂施工完毕后，若遇到恶劣天气，应对树脂部分采取封盖等防护措施，防止雨水或杂质落入树脂内。

(2)凸台树脂表干后揭掉工业苫布，清除凸台周围洒落的树脂。

七、质量控制

凸台树脂在搅拌作业中不得混入水分，所用的容器、机具均要排除水分后才能进行作业。雨、雪天气应停止施工。

A、B 组分开罐后要防止水、垃圾、异物等进入，需密封保管，开封后只能当日使用。A、B 组分应置于室内阴凉、通风、干燥处贮藏，避免日光直射和淋雨，远离热源。

搅拌过程中，在搅拌容器上面加装防水盖子。严格按照产品使用说明及相关施工规范进行施工，同时要确保树脂组织成分 A 料搅拌均匀后再倒入组织成分 B 料进行搅拌，从而避免树脂灌注后不固化或部分固化的情况发生。

凸台树脂的施工温度应在 5℃～40℃之间，雨雪天禁止作业。

搅拌好的树脂应在可工作时间内进行灌注，超过可工作时间的树脂不能使用。

八、安全注意事项

(1)施工人员操作时，要戴橡胶手套、防护眼镜等防护工具。

(2)凸台树脂使用时应特别注意防火，作业时严禁吸烟。

第七篇

CRTS Ⅱ型板式无砟道床施工

第一章　轨道结构概述与特点

我国系统引进了德国博格板式无砟轨道设计、制造、施工、养护维修及工装、工艺等成套技术。在原铁道部“引进、消化、吸收、再创新”的战略部署下，通过京津城际铁路的工程实践，无砟轨道系统技术总结、系统技术再创新工作，已经形成了我国 CRTSⅡ型板式无砟轨道系统成套技术。

第一节　轨道结构概述

一、桥梁上 CRTSⅡ型板式轨道道床结构

桥梁上的 CRTSⅡ型板式无砟轨道的道床主要由五个结构部分组成。自上至下的结构为(以直线段为例)：20 cm 厚混凝土轨道板、3 cm 厚沥青砂浆垫层、20 cm 厚混凝土底座板、“两布一膜”滑动层、侧向挡块。图 7—1—1、图 7—1—2 所示分别为直线段和曲线段桥上 CRTSⅡ型板式无砟轨道结构示意。

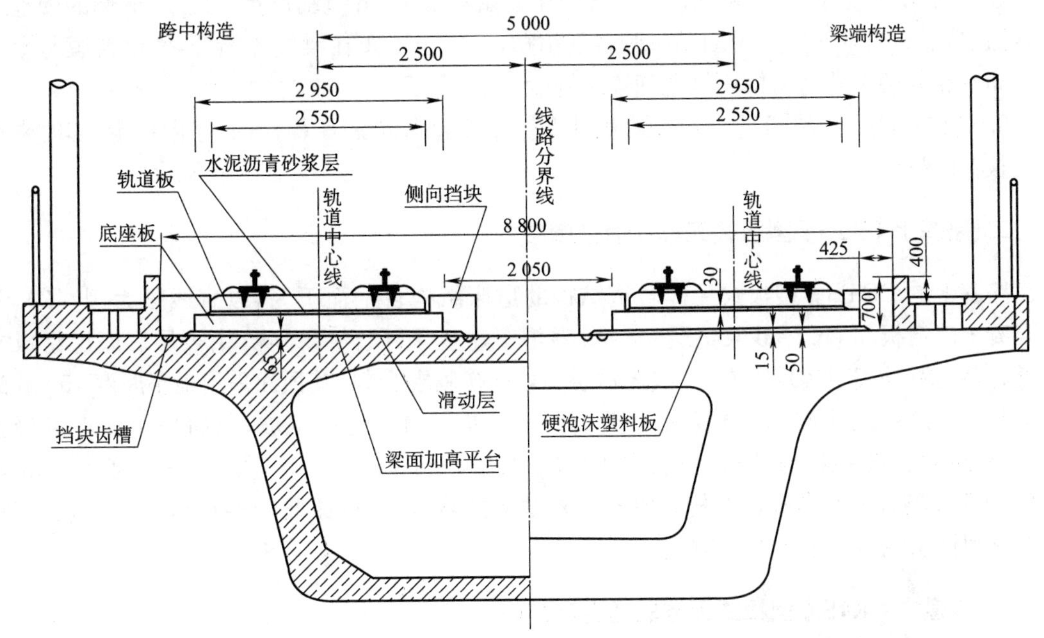

图 7—1—1　桥上 CRTS Ⅱ型板式无砟轨道结构示意图(直线段)(单位：mm)

1. 成品轨道板。标准轨道板长 6.45 m，宽 2.55 m，横向设预应力，纵向每 65 cm 设预裂凹槽，槽深 4 cm。纵向预留精轧螺纹钢筋，用于相邻轨道板间的纵向连接，在轨道板精调和灌

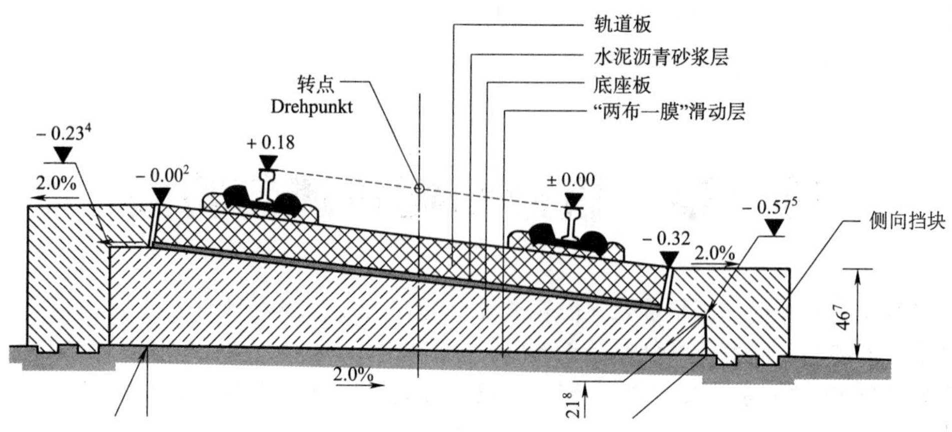

图 7—1—2　桥上 CRTS Ⅱ型板式无砟轨道结构示意图(曲线段)(单位:mm)

注砂浆之后,全部通过精轧螺纹钢筋连接使之纵向成为整体。

2. 混凝土底座板。(特)大桥两端桥台后设置固定端刺,底座板纵向跨梁缝连续。底座板在施工过程中被划分为若干个施工单元,每个施工单元的长度一般在 1 980～5 000 m 之间。每个施工单元均包含有临时端刺区和常规区,施工单元内按规则设置后浇带。施工单元纵向张拉连接后,最终与桥台后固定端刺连接在一起。

3. 水泥乳化沥青砂浆垫层。为固定轨道板的精调成果——轨道板的空间几何状态,同时使轨道板与底座板相粘接,设置标准厚度为 3 cm 的砂浆垫层,使轨道板与底座板共同作用。

4. 底座板下设"两布一膜"滑动层,其中在梁端各 1.45 m 范围设置一层 5 cm 厚的硬泡沫塑料板(挤塑板),泡沫板与桥面通过胶合剂粘贴,下层土工布在梁缝处断开,滑动薄膜与上层土工布在相邻两个剪力齿槽内缘之间连续铺设。

5. 侧向挡块。挡块通过齿槽和梁面预埋套筒相连,保证底座板横向、竖向稳定,同时限制轨道板横向移动。

二、路基上 CRTSⅡ型板式无砟轨道道床结构

路基上的 CRTSⅡ型板式无砟轨道结构的道床结构自上而下为(以直线段为例):20 cm 厚混凝土轨道板、3 cm 厚砂浆垫层、30 cm 厚混凝土支承层、路基基床(由表层和底层组成)。轨道超高由路基表层实现。左、右线支承层间填筑矿物混合料,其顶面采用最小厚度 15 cm 的 C25 混凝土封闭。两侧支承层边缘至路肩范围为向外 4%的排水坡,表面采用沥青混凝土(10 cm)封闭。路基段 CRTSⅡ型板式无砟轨道结构见图 7—1—3。图 7—1—4 所示为路基上 CRTS Ⅱ型板式无砟轨道结构效果图。路基上的轨道板、砂浆垫层结构与桥梁一致,支承层为低塑性水泥混凝土(C15,不配筋)。

三、隧道内 CRTSⅡ型板式无砟轨道道床结构

隧道内轨道结构高度(内轨轨顶面至底座底面)为 779 mm;水泥乳化沥青砂浆设计厚度为 30 mm;轨道板全部采用长度 6 450 mm、宽度 2 550 mm 的标准轨道板,且连续铺设;支承层结构与路基相同,直线地段厚度为 300 mm,曲线地段高度根据超高值设置;支承层上设置假缝(伸缩缝),假缝间隔约 5 m。线间及线路两侧设排水沟,排水利用线路纵坡、集水井等实现。

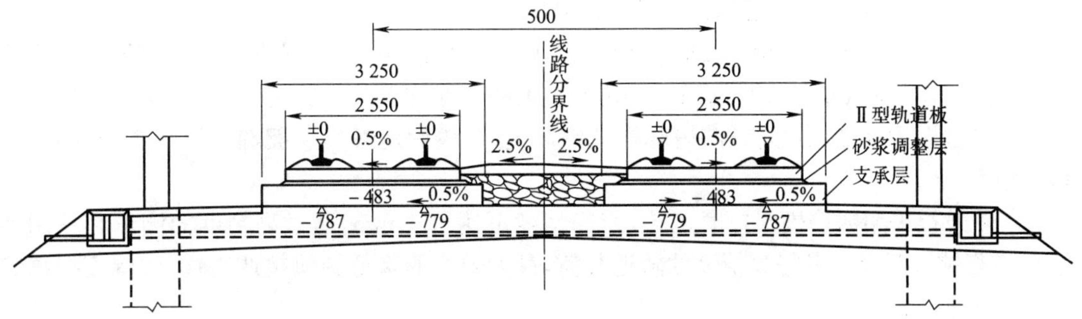

图 7—1—3　路基上 CRTS Ⅱ型板式无砟轨道结构示意图(单位:mm)

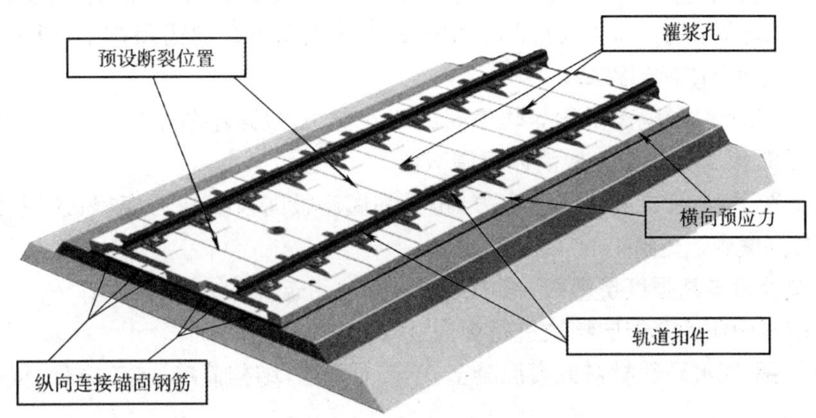

图 7—1—4　路基上 CRTS Ⅱ型板式无砟轨道标准结构效果图

隧道内直线地段(无仰拱)轨道结构如图 7—1—5 所示。

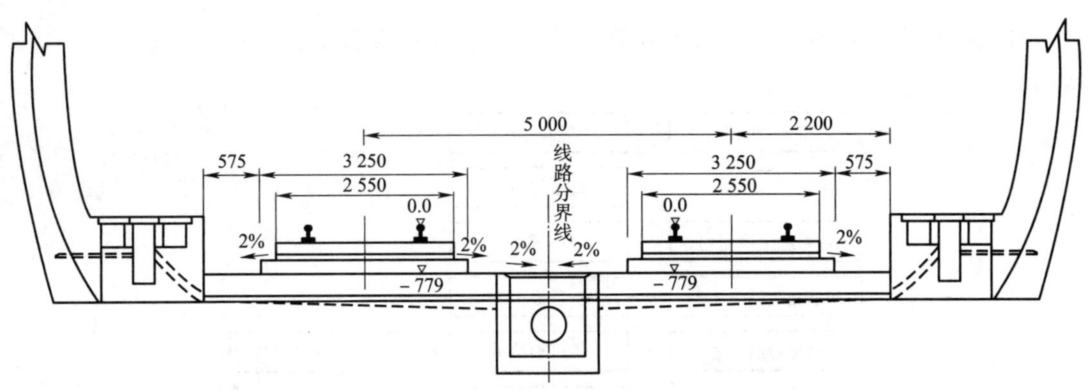

图 7—1—5　隧道内 CRTS Ⅱ型板式无砟轨道结构示意图(直线段,无仰拱)(单位:mm)

第二节　结构特点与施工特点

CRTSⅡ型板式无砟轨道与其他类型无砟轨道的明显区别在于全线轨道板和桥上底座板均为纵向连续结构,这是 CRTSⅡ型板式无砟轨道系统的基本特点。

CRTSⅡ型板式无砟轨道结构的其他主要特点如下：

1. 轨道板采用工厂化预制，通过布板软件计算出轨道板布设、制作、打磨、铺设等工序所需的全部轨道几何数据，实现了设计、制造和施工的数据共享。

2. 轨道板相互之间通过纵向精轧螺纹钢筋连接，较好地解决了板端变形问题，提高了行车舒适度。

3. 轨道板采用数控机床打磨工艺，打磨精度可达 0.1 mm，通过高精度的测量和精调系统，轨道板铺设后即可获得高精度的轨道几何，最大限度的降低铺轨精调工作，大幅度提高综合施工进度。

4. 桥上底座板不受桥跨的限制，为跨越梁缝的纵向连续结构，桥上的轨道板与路基、隧道内的一致，均为标准轨道板，利于工厂化、标准化生产，便于质量控制，同时简化轨道板的安装和铺设。

5. 摩擦板、端刺结构是桥上 CRTSⅡ型板式无砟轨道系统的锚固体系，通过摩擦板和端刺将温度力和制动力传递到路基。

6. 梁面设置滑动层，隔离桥梁与轨道间的相互作用，以减小桥梁伸缩引起的钢轨和板内纵向附加力，实现大跨连续梁上取消伸缩调节器。

7. 一般情况下，在桥梁固定支座上方，桥梁和底座板间设置剪力齿槽、预埋件，将制动力和温度力及时向墩台上传递；

8. 在梁缝处设置高强度挤塑板，减小梁端转角对无砟轨道结构的影响；

9. 在底座板两侧设置侧向挡块进行横向、竖向限位；

10. 支承层采用水硬性材料或素混凝土，不需要配筋，结构简单，施工方便，同时可减少工程投资。

第三节　施工工艺基本流程

桥上路基上 CRTSⅡ型板式无砟轨道施工工艺基本流程如图 7—1—6 和图 7—1—7 所示。

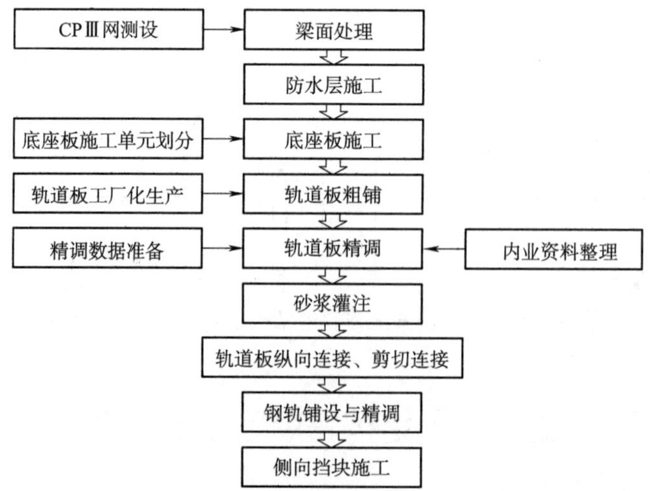

图7—1—6　桥上 CRTSⅡ型板式无砟轨道施工工艺基本流程图

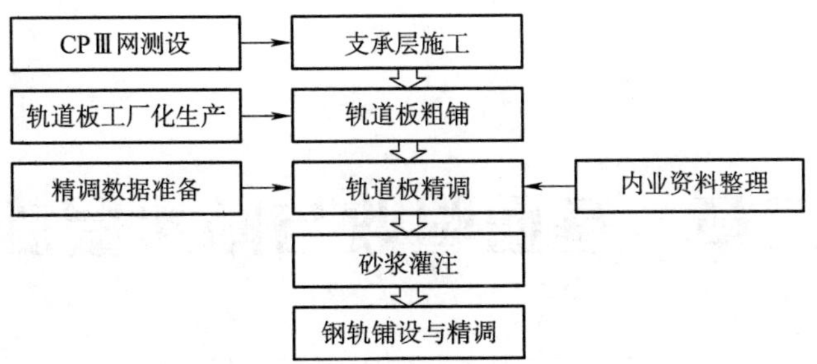

图 7—1—7　路基上 CRTSⅡ型板式无砟轨道施工工艺基本流程图

第二章　基面验收与防水层施工

第一节　基面处理与验收

一、梁面处理与验收

梁面处理与验收主要包括桥梁平面位置、桥面高程、桥面平整度、相邻梁端高差及梁端平整度、防水层质量、桥面预埋件（如梁端剪力齿槽、侧向挡块齿槽）、齿槽几何尺寸、桥面清洁度、桥面排水坡等项目。

1. 主要技术要求及检验方法

（1）桥面高程：梁端 1.45 m 以外部分的桥面高程允许误差为±7 mm，梁端 1.45 m 范围内不允许出现正误差。

（2）桥面平整度：3 mm/4 m。使用 4 m 尺测量（每次重叠 1 m），每桥面分四条线（每底座板中心左右各 0.5 m 处）测量检查。对不能满 3 mm/4 m 要求，但在 8 mm/4 m 范围内的，可用 1 m 尺复测检查，应满足 2 mm/1 m 的要求。

（3）相邻梁端高差：不大于 10 mm。

（4）梁端 1.5 m 范围的梁面平整度：要求为 2 mm/1 m。不能满足要求时，打磨、修补处理，直至符合要求。

（5）桥面预埋件几何状态：要求预埋件平面、高程位置准确。齿槽按设计尺寸修整并清理干净。桥面排水坡构成应符合设计要求。伸缩缝安装到位且牢靠。

2. 梁面验收工具及仪器

桥面验收时需配备如下主要工具及仪器：铁锤，铁链（约 2 m，链节约 5 mm），4 m 标尺，1 m 水平尺，测量楔块，粉笔，刀片。

二、路基面及隧道基底施工验交

完成并通过沉降观测及 CPⅢ评估，并对路基顶面、隧道基底表面平整度、高程进行复测验收，满足要求后可进行支承层施工。

路基上和隧道内的支承层施工前，除路基基床表层、隧道基底表面满足支承层施工要求外，还需完成与之相关的排水、沟槽及其他下穿等基础工程施工。路基部分左右两侧设置电缆槽，当基床表层填筑完成后，采用专用机械开槽或人工开槽，砌筑预制电缆槽及路肩预制件。隧道内除两侧设置的电缆槽、排水沟施工外，还有线间及线路外侧的集水井和纵向明沟施工。

三、质量控制

对梁面存在的疏松、起砂、起壳、蜂窝等缺陷应充分清理，修补时凿毛。修补选用合适的材料，应注意作业温度和修补后的养护。

梁面处理过程中，严格控制其各道工序的处理方法，基本原则是“少补多磨、留有原体”。

路基上和隧道内的支承层施工前，复核基底标高、平整度等，对于不能满足规范要求的区段，必须及时处理。

第二节　防水层构造与工艺流程

一、防水层系统构造

CRTSⅡ型板式无砟轨道结构的桥面防水采用全桥面防水方式，防水体系设计为：防护墙内侧轨道板底座下喷涂 2.0 mm 厚聚脲防水涂料，底座板以外喷涂 1.8 mm 厚聚脲防水涂料加 0.2 mm 厚脂肪族聚氨酯面层，桥面防水层总厚度不得小于 2.0 mm，如图 7—2—1 所示。

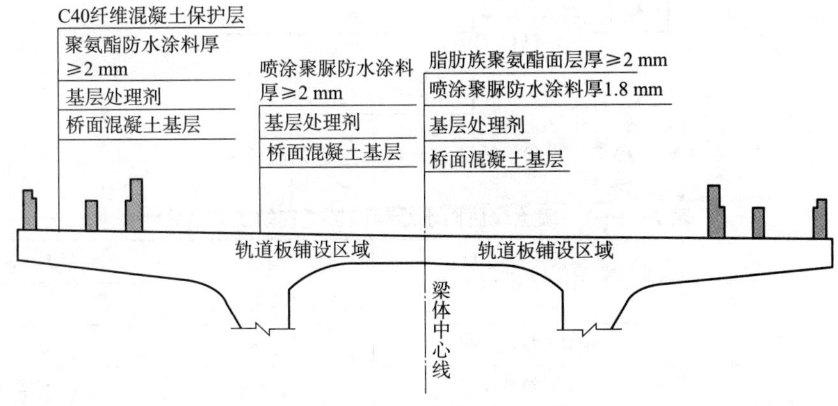

图 7—2—1　防水层结构示意图

喷涂聚脲防水涂料(俗称纯聚脲)是一种新型的防水层材料。聚脲弹性体防水层弹性好，耐磨性好，耐低温，性能可调节范围广，抗腐蚀性能好，并且施工时固化快，10 分钟就能达到步行强度。它相比聚氨酯(脲)防水层有着更优越的性能。

二、施工程序与工艺流程

为避免后续施工对聚脲防水层造成破坏，防水层分两次施工：第一次施工轨道板底座下(包含施工搭接 15～20 cm)共约 3.4 m 宽范围；待铺板完成后，对底座板以外部位至防护墙之间梁面进行第二次喷涂施工，并在其表面涂装脂肪族面层。防水层施工工艺流程如图 7—2—2 所示。

三、喷涂施工要求的工艺条件

喷涂聚脲防水涂料施工适宜的工艺条件见表 7—2—1。

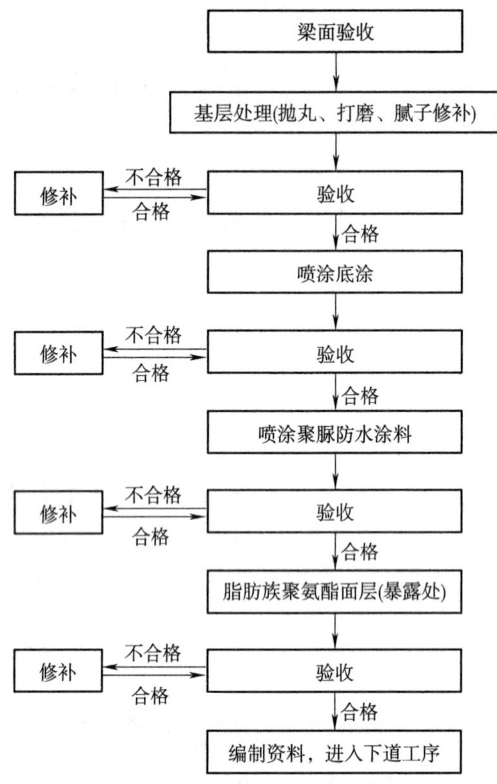

图 7—2—2 桥面防水层施工工艺流程图

表 7—2—1 喷涂聚脲防水涂料施工适宜的工艺条件

环境条件	天气	雨天不得施工	风力	四级以上不得施工
	基面温度	高于露点温度 3℃		
	湿 度	相对湿度≤75%	环境温度	10℃～35℃
喷涂情况	喷涂温度	主加热 70℃	A 料状态	无结晶
		A:65 ℃,B:65℃	B 料状态	无沉淀
	静压	2 500 psi	喷枪雾化	良好
	喷涂压力	A:2 500 psi,B:2 500 psi		
	压差	<500 psi	底涂时间	≤6 h
	底材温度	≥5 ℃	底漆用量	≥0.4 kg/m^2
	分层喷涂	2 层	行走速度	1.9 m/min
	材料用量	A∶B = 1∶1(体积比),每平方米使用材料约 2.7 kg		

第三节 防水层施工关键技术

防水层施工设备主要包括喷涂主机、自动喷涂车、冷冻式油水分离器、保温施工车、B 料蓝色三口桶、硅胶空气干燥过滤器、空压机、发电机等。其中，喷涂设备必须保证物料输送平稳、计量精确、混合均匀、雾化良好、清洁方便。

梁面验收合格后，开始对梁面进行基层处理。基层处理包括如下工序：抛丸打磨→腻子修补→喷涂底漆。

一、基层处理

1. 梁面抛丸、打磨

(1)抛丸工艺流程

抛丸工艺流程如图 7—2—3 所示。

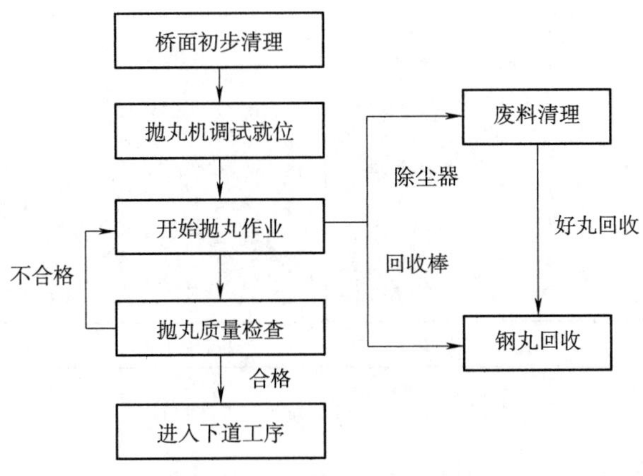

图 7—2—3　抛丸工艺流程图

(2)抛丸作业过程

1)基层检查

清理大的表面遗留物，如螺栓、石块等。首先用人工检查排除大的杂物，然后再用风机进行吹扫，彻底清理干净。

2)试抛

先进行试抛，并确认以下抛丸工艺数据：

① 最佳丸料规格：采用 S330 或 S390；

② 丸料流量即最佳电机负载；

③ 抛丸设备行走速度；

3)正式进行抛丸作业

根据调试后确定的三个参数，正式进行桥面的抛丸作业，并及时回收抛丸机抛头处溢出的钢丸，抛丸清理顺序如图 7—2—4 所示。

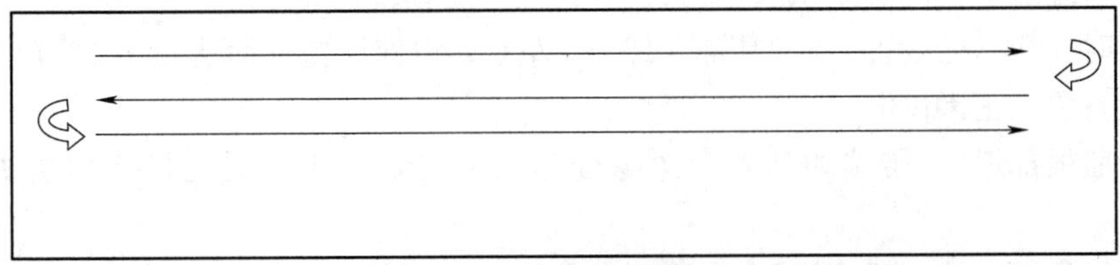

图 7—2—4　抛丸清理顺序示意图

4)抛丸质量检查

因为基层表面处理质量直接影响后续施工质量,且为隐蔽工程,无法进行无损检测,故在进行后续施工前,应按照自检—互检—专职检验的流程进行质量检查。

在桥面抛丸处理中,要控制好抛丸机行进速度,用肉眼观察、手感度等方法来判断抛丸效果,是否完会清除表面浮浆和起砂情况,由专职质检员全程进行跟踪观测,确保达到施工要求。

在抛丸处理后,防水基层的粗糙度符合《京沪高速铁路桥梁混凝土桥面喷涂聚脲防水层暂行技术条件》要求。采用CSP板(图7—2—5)进行对比,以轻度或中度抛丸为宜。抛丸清理不到的区域,应使用角磨机清理,应注意不得产生打磨沟痕。

SP2 研磨	SP3 轻度抛丸	SP4 中度抛丸	SP5 轻度铣刨

图7—2—5　粗糙度CSP对照板

抛丸作业后的检验项目、标准、检验仪器、检测频率见表7—2—2。

表7—2—2　抛丸作业检测标准

项　目	技术标准	检测仪器	检测频率
表面强度	符合制梁规范	回弹仪	相关标准
平整度	用4 m长靠尺检查,空隙只允许平缓变化,且不大于3 mm	4 m长靠尺	相关标准
清洁度	彻底清除油脂、灰尘、污物、脱模剂、浮浆和松散的表层,不得有空鼓、松动、蜂窝麻面、浮渣、浮土和油污。	目测	相关标准
粗糙度	有效创面大于95%,粗糙度SP3～SP4	CSP对照版	每梁间隔5 m
表面缺陷	不得有裂纹、空洞、空鼓	目测	相关标准

5)抛丸作业注意事项

抛丸作业过程中需注意下列几点:

①为达到最佳抛丸效果,梁面应保持干燥状态。需要冲洗的梁面应提前冲洗并晾干后进行抛丸作业。

②及时清理除尘器内灰斗积灰,每天检查易损件磨损情况。

③抛丸时在接缝处设置一定的搭接(10 cm左右),以保证抛丸面达到100%覆盖为宜。

④按设备要求正常供电。

⑤防护墙根部斜坡、梁端加高平台边缘处等细部应采用小型抛丸机或角磨机进行补充处理。

⑥在抛丸处理工结束后,混凝土表面不宜外露时间过长,应使后续工序与其紧密衔接,防止二次污染。

二、基层缺陷修补(环氧砂浆或腻子修补)

抛丸处理后,梁面原有缺陷完全暴露,其缺陷主要有孔洞、裂缝、细微裂纹及气孔,必须进行修补。基层修补材料采用两种,一种砂浆型环氧树脂修补材料,处理大的孔洞、裂缝及泄水口、阴角细部缺陷;一种是采腻子型聚氨酯修补材料,用于密封细微气孔。基层修补主要针对细微缺陷,采用人工操作。下面以 DYW1220 喷涂聚脲专用修补腻子为例进行说明。

1. 腻子涂布梁表面要求

腻子必须涂覆在无尘土、无油脂以及无其他污染物的混泥土表面上。抛丸处理后的混凝土面要注意保护,使在刮涂腻子之前保持清洁。

2. 产品配制

DYW1220 喷涂聚脲专用修补腻子是双组分产品,每种组分含有确定比例的各种成分。腻子使用时首先把 A 组分基料搅拌均匀,之后精确称量 B 组分固化剂,并在使用电动搅拌工具连续搅拌的条件下徐徐加到基料中,搅拌均匀后静置 3～5 分钟再进行施工。配方如下:A 组分∶B 组分=1∶2(质比)。

3. 产品施工

腻子采用刮涂,在孔隙较多的地方腻子在同一方向来回施工一遍后再在垂直的方向施工一遍后可以达到填补孔隙的效果。

4. 腻子修补质量检查

基层修补完毕,必须仔细目测检查,检查均匀程度、有无漏涂和明显缺陷,做到基层表面无肉眼可见的缺陷。孔洞、裂缝以及泄水口周围混凝土等缺陷应修补平整,修补后的基层应符合设计要求。基层表面的凹陷、洞穴和裂缝都用 DYW1220 修补腻子填平,待 DYW1220 修补腻子固化后,才能进行下一工序施工。

利用 DYW1220 修补腻子进行基层处理后应进行粘结强度测验,基层处理关键是强度和结构相一致,经过抛丸处理后梁面,DYW1220 修补腻子与梁混凝土基层的粘结强度应满足≥3 MPa 要求。

三、底涂施工

底涂是用来粘结混凝土基层与聚脲涂层,应有良好的渗透力能够封闭混凝土基层的水分、气孔以及修正基层表面的微小缺陷;同时能够与混凝土基层及聚脲涂层有很好的粘结作用。底涂可采用专用环氧树脂基底漆(用于干燥基层)或聚氨酯基底漆(用于潮湿基层)。要求涂布均匀,无漏涂、无堆积。现场作业时,应做好经处理并验收合格基层的保护,防止二次污染,并尽量在最短的时间内进行聚脲涂料的喷涂作业。下面以喷涂 DWY1110 聚脲专用环氧快干底漆为例进行底涂施工说明。

1. DWY1110 底漆喷涂前腻子涂层表面要求

DWY1110 底漆施工前用含水率测试仪测试基层含水率,并根据桥梁结构所处的环境气温选择底涂的类型。底涂宜应在基层含水率＜7%的条件下施工。另外底漆刷涂前要确保腻子涂层表面明水、灰尘、油污等污染物。

2. DWY1110 底漆产品配制

DWY1110 底漆使用时首先把基料搅拌到光滑均匀的情况,之后,把固化剂在连续搅拌的条件下徐徐加到基料中，搅拌均匀后静置 5 min 再进行施工。

3. DWY1110 底漆产品施工

DWY1110 底漆底漆可采用辊涂和喷涂，施工厚度以来回施工一遍为宜。

(1)该底漆搅拌混合后升温放热快，与混凝土迅速产生化学反应，适用期较短。故建议每次混合的量不要太多，以免造成浪费。

(2)配漆和涂装过程中，产品严禁与水、酸、碱、醇、油、胺类物质接触，配漆后固化剂包装桶必修盖严，避免胶冻造成浪费。

(3)基料和固化剂应严格按照配比要求进行称量。按照要求搅拌混合在一起。

(4)配漆和涂装过程中环境温度应在 5℃～50℃范围内，较高的温度会缩短混料的活性期从而影响施工，较低的温度会使干燥时间延长从而影响施工进程。

(5)为了施工人员的安全和正确使用本产品，施工区各部分的要保证良好的通风。

4. 底涂喷涂质量验收

底漆应与基层及聚脲涂层粘接力强、对混凝土基层渗透率高、封闭性能好、固化时间短(≤4 h)，可在 0～50℃固化。梁面基层的粘接强度要满足≥2.5 MPa 要求。

底涂施工完毕进行目测检测，检查均匀程度、有无漏涂和缺陷。如有缺陷，基层表面的剩余的少量针眼用 DYW1220 修补腻子人工补平，待 DYW1220 修补腻子固化后，才能进行下一道工序施工。底涂验收合格后，方可进行聚脲喷涂作业。

四、喷涂聚脲弹性体防水涂料

底座板范围喷涂厚度设计≥2 mm，其他部位≥1.8 mm。聚脲防水涂料由甲组(A 组)和乙组(B 组)两种组份组成。喷涂作业时，采用双组份枪头撞击混合喷射系统的喷涂设备。喷涂聚脲防水涂料的施工，以机械喷涂为主，人工喷涂为辅，聚脲施工前应保证基层温度高于露点温度 3℃，先使用机械设备对桥面平整部分进行喷涂，对机械喷涂达不到的特殊部位进行人工喷涂，施工前需将 B 料搅拌 15 min 以上，并使之均匀，施工过程中应保持连续搅拌。

1. 施工条件

(1)为了达到最佳的涂层效果现场要求通风，环境温度不能低于 5℃，空气湿度小于 80%。

(2)材料温度不能低于 15℃，温度过低可对原料进行预热或保温。

(3)混凝土底材表面温度要高于露点温度 3℃以上。

(4)第一遍与第二遍间隔不能超过 3 h。

2. 机械喷涂

先将空压机、干燥器打开，运行 15～20 min，待运行正常后，对 B 组分涂料进行搅拌约 20～30 min，B 组分应搅拌到颜色均匀一致，无浮色、无发花、无死沉淀为止，同时对主机及枪管进行加热，达到 65℃方可喷涂。喷涂前首先在非工作面进行试喷，观察涂层固化及 A、B 组分混合是否正常，然后在塑料布进行试喷，并测量试喷后的聚脲层厚度，设定喷涂车的行走速度和自动喷枪的运行速度，使喷涂聚脲达到设计的厚度，最后在进行大面积的机械喷涂。

机械喷涂分多次进行，直到达到设计厚度 2 mm。一般需要喷涂 2 次以上。

3. 人工喷涂

人工喷涂，对机械喷涂达不到的地方或局部需要修补的地方，采用人工喷涂进行补充。

每个工作日正式喷涂作业前，应现行试喷涂一块 500 mm×500 mm、厚度不小于 1.5 mm 的样片，由施工技术主管进行质量评价。当试喷涂的涂层质量达到要求，确定工艺参数后，方可进行正式喷涂施工

人工喷涂喷涂作业时，手持喷枪应垂直于待喷基层，距离适中，移动速度均匀；喷涂顺序为先难后易、先上后下，宜连续作业，一次多遍、纵横交叉喷涂至设计要求的厚度，一般人工喷涂 2～3 遍能达到 2 mm 厚。

喷涂作业时，如发现异常情况，应立即停止作业，检查并排除故障后方可继续施工。

4. 喷涂作业要点

(1)第二枪要覆盖第一枪的 70%；

(2)喷枪距桥面板 60～80 cm；

(3)喷枪与桥面板要垂直；

(4)喷涂前，仔细检查基层质量及喷涂设备工况、供电情况，防止不必要的停机，以保证涂层质量。

5. 喷涂作业结束对剩料处理及设备维护

喷涂作业完毕后，应做好如下后续工作：

(1)桶内涂料每次应尽量用完，如喷涂作业结束后桶内尚有余料，且下次喷涂间隔超过 24 h 时，应向 A 料桶内充入氮气或干燥空气对其保护。

(2)设备连续操作中的短暂停顿(1h 以内)不需要清洗喷枪，较长时间的停顿(如每日下班等)，则需要用清洗罐或喷壶等清洗，必要时应将混合室、喷嘴、枪滤网等拆下，进行彻底清洗。

(3)设备短时间停用，只要将喷枪彻底清洗，将设备和管道带压密封即可。设备停用 3 天以上，或环境特别潮湿停用 2 半天以上时，应用邻苯二甲酸辛酯(DOP)和喷枪清洗剂对设备彻底清洗，然后灌入 DOP 并密封。

在喷涂完成的聚脲涂层表面直接进行明火烘烤、热熔沥青材料、电焊作业等施工时会将其破坏。在不得已的情况下，应事先设置隔离层。

6. 做好现场施工记录

施工现场应做好施工记录，内容包括：

(1)施工时间、地点、工程部位；

(2)环境温度、湿度、露点；

(3)打开包装时 A、B 两组份物料的状态；

(4)喷涂作业时 A、B 两组份物料的温度；

(5)喷涂作业时 A、B 两组份物料的压力；

(6)材料及施工的异常状况；

(7)施工完成的面积；

(8)各项材料使用量。

7. 成品保护

应在喷涂结束后以及后续的底座板施工等工序中，应加强对施工完毕的防水层的保护。要求如下：

(1)喷涂结束 24 h 内应避免重物碾压。

(2)严禁重型车辆调头，急刹车。

(3)严禁钻眼，打孔。

(4)严禁用撬棍在防水层表面撬动重物。

五、桥面防水层施工特殊部位处理

1. 防护墙、侧向挡块的封边处理

防护墙的侧面应先使用角磨砂轮机打磨混凝土表面、清除浮浆和毛边。防护墙、侧向挡块根部混凝土浇筑时应设置 30 mm×30 mm 倒角，防水层施工前用环氧砂浆进行修补，之后再做底涂处理。

2. 泄水孔的处理

泄水管内刷涂底涂约 10 cm 深，然后手工向孔内壁喷涂聚脲防水材料。

3. 混凝土面裂缝或其他残缺的处理

如桥面有明显裂缝或其他残缺，则应先对残缺进行修补，然后进行底涂施工、满刮腻子和聚脲防水材料。

4. 防水层修边处理

在桥面混凝土喷涂聚脲防水材料应连续施工，在梁端应施作收边处理，使用角磨机将聚脲喷涂层边缘修平。

六、搭接施工

桥面喷涂聚脲防水涂层两次施工间隔在 6 h 以上，需要采取搭接措施连成一体。具体方法如下：

(1)第一次施工应预留出 15～20 cm 的操作面，以便同后续防水层进行可靠的搭接。

(2)施工后续防水层前，对已施工的防水层边缘 20 cm 宽度内的涂层表面进行清洁处理，保证原有防水层表面清洁、干燥、无油污及其他污染物。

(3)采用专用粘结处理剂对原有防水层表面 15 cm 范围内做预处理，在 4～24 h 之内喷涂后续防水层，后续防水层与原有防水层搭接宽度至少 10 cm。

七、脂肪族聚氨酯面层施工

对于左右线底座板之间部分，以及防护墙根部与底座板之间部分，为防止变色，按设计要求在其上罩一层脂肪族聚氨酯面漆。采用人工涂刷，喷涂厚度 200 μm。

(1)脂肪族聚氨酯面层宜在聚脲防水层施工完毕后 6 h 内完成，保证面层和聚脲防水层之间良好的粘结。

(2)脂肪族聚氨酯面层施工前，应对相应区域聚脲防水层表面进行清洁处理，保证聚脲防水层表面干燥、无灰尘、油污和其他污染物；与聚脲防水层施工间隔时间超出规定时，应采用专用搭接粘结剂做预处理或现场做粘结拉拔试验后确定。

(3)脂肪族聚氨酯面层施工可采用辊涂或喷涂工艺，边角沟槽辅以刷涂施工。

八、涂层修补

防水层喷涂施工完毕，对存在的针孔、鼓包以及喷涂不到位的地方应及时修补。

(1)针孔应逐个用涂层修补材料修补。先用电钻在针眼部位打直径为 3 mm 的孔，然后用刮涂聚脲修补找平。

(2)对于小于 250 cm² 的鼓包，剔除鼓包后直接用刮涂聚脲修补至设计厚度的。

(3)对于大于 250 cm² 的鼓包，应剔除到混凝土桥面基层，重新涂聚氨酯底涂、满刮腻子、第二遍底涂、按设计要求厚度喷涂聚脲涂层，喷涂聚脲涂层之前应采用专用粘结处理剂对原有防水层表面进行处理。

(4)重新喷涂的时间间隔如超过厂家规定的复涂时间，应将原涂层表面进行打磨或涂刷层间粘合剂等方法，防止重新喷涂的涂层与原聚脲涂层界面粘结不牢而产生分层。

第四节　材料与设备

一、材　　料

1. 主要施工材料

采用的主要材料可参考表 7—2—3。

表 7—2—3　施工材料

序号	材料名称	规格型号	单位	用　　量	用　　途
1	修补砂浆	环氧砂浆	kg/m²	/	修补较大的缺陷
2	修补腻子	环氧类或聚氨酯类	kg/m²	0.2	修补抛丸产生的针孔等
3	底漆	环氧类或聚氨酯类	kg/m²	0.4	增强防水层与梁面粘接
4	聚脲	纯聚脲	kg/m²	2.30/2.07	防水层弹性体主材
5	搭接胶	聚氨酯类	kg/m²	/	超过 6 小时，搭接用
6	脂肪族面漆	聚氨酯类	kg/m²	0.4	防水层外露面保护层

说明：表中的材料除主材(聚脲和脂肪族面漆)外，其他材料可根据施工工艺、施工环境进行合理选择。另外聚脲的单位面积使用量分别是指喷涂厚度在 2 mm、1.8 mm 时的推荐用量(考虑了 1.03 的损耗系数)。

2. 材料检验

喷涂聚脲防水涂料、底涂、脂肪族聚氨酯面层、搭接专用粘接剂的检验项目和检验频次按表 7—2—4 的要求执行。

表 7—2—4　喷涂聚脲弹性防水涂料、基层处理底涂检验项目和检验频次

<table>
<tr><th>序号</th><th colspan="2">项　　目</th><th colspan="2">进场检验项目频次</th><th colspan="2">型式检验项目</th></tr>
<tr><td rowspan="8">1</td><td rowspan="8">喷涂聚脲防水涂料</td><td>(1)固体含量</td><td>√</td><td rowspan="8">每批不大于 40 t，同厂家、同品种、同批号喷涂聚脲防水涂料，来料进行试喷制成试件</td><td>√</td><td rowspan="8">任何新选厂家；转厂生产、生产材料和工艺有变化、用户对产品质量有疑问或有要求时</td></tr>
<tr><td>(2)凝胶时间</td><td>√</td><td>√</td></tr>
<tr><td>(3)表干时间</td><td>√</td><td>√</td></tr>
<tr><td>(4)拉伸强度</td><td>√</td><td>√</td></tr>
<tr><td>(5)断裂伸长率</td><td>√</td><td>√</td></tr>
<tr><td>(6)撕裂强度</td><td>√</td><td>√</td></tr>
<tr><td>(7)低温弯折性</td><td>√</td><td>√</td></tr>
<tr><td>(8)不透水性</td><td>√</td><td>√</td></tr>
</table>

续上表

序号	项目			进场检验项目频次		型式检验项目	
1	喷涂聚脲防水涂料	(9)加热伸缩率			每批不大于 40 t，同厂家、同品种、同批号喷涂聚脲防水涂料，来料进行试喷制成试件	√	任何新选厂家；转厂生产、生产材料和工艺有变化、用户对产品质量有疑问或有要求时
		(10)与基层粘结强度	干燥基层	√		√	
			潮湿基层	√		√	
		(11)与基层剥离强度				√	
		(12)吸水率				√	
		(13)硬度		√		√	
		(14)耐磨性				√	
		(15)耐冲击性		√		√	
		(16)	拉伸强度保持率			√	
			断裂伸长率保持率			√	
			低温弯折性			√	
		(17)耐酸、碱、盐、油侵蚀	拉伸强度保持率			√	
			断裂伸长率保持率			√	
			低温弯折性			√	
		(18)耐荧光紫外处理	拉伸强度保持率			√	
			断裂伸长率保持率			√	
			低温弯折性			√	
		(19)耐碱性				√	
2	底涂	(20)外观质量		√	每批不大于 6 t 检验一次	√	
		(21)表干时间 (h)		√		√	
		(22)粘接强度(MPa)		√		√	
3	脂肪族聚氨酯面层	(23)涂层颜色及外观		√	每批不大于 3 t 检验一次	√	任何新选厂家；转厂生产、生产材料和工艺有变化、用户对产品质量有疑问或有要求时
		(24)不挥发物含量(%)				√	
		(25)细度(μm)		√		√	
		(26)干燥时间(h)	表干	√		√	
			实干	√			
		(27)弯曲性能 −30℃ ϕ10 mm		√		√	
		(28)耐冲击性落锤高度 100 cm		√		√	
		(29)附着力(拉开法)(MPa)				√	
		(30)耐水性 48 h		√		√	
		(31)耐碱性 NaOH5%240 h				√	
		(32)耐酸性 $H_2SO_4$5% 240 h				√	
		(33)耐盐性 3%NaCl 240 h				√	
		(34)耐油性机油 240 h				√	
		(35)耐人工气候加速试验				√	

续上表

序号	项　目		进场检验项目频次		型式检验项目	
3	脂肪族聚氨酯面层	(36)拉伸强度(MPa)	√	每批不大于 3t 检验一次	√	任何新选厂家；转厂生产、生产材料和工艺有变化、用户对产品质量有疑问或有要求时
		(37)断裂伸长率(%)	√		√	
4	搭接剂	(38)耐磨性(750 g/500 r)mg		每批不大于 1 t 检验一次	√	
		(39)外观质量	√		√	
		(40)表干时间(h)	√		√	
		(41)间隔 25 天聚脲涂层间粘结剥离强度(N/mm)	√		√	

二、设　备

主要设备可参考表 7—2—5(实例)进行配置。

表 7—2—5　主要机具设备

序号	设备名称	设备型号	单位	数量	用　途
1	抛丸机	S600(欧派克)	台	1	基层抛丸处理
2	工业吸尘机	854DC	台	1	基层除尘
3	角磨机	DW803	台	10	基层局部处理
4	高压自动喷涂装置	H20/35(固瑞克)	台	2	喷涂聚脲
5	人工喷枪	AP 枪(固瑞克)	台	4	局部喷涂聚脲
6	空压机	W-0.9/0.8	台	1	辅助施工
7	油水分离器	LW-10AC	台	1	辅助施工
8	搅拌器	AM410	台	1	辅助施工
9	清渣机	/	台	1	基层清灰
10	高压吹尘机	/	台	2	基层除尘
11	小型工具	/	台	1	辅助施工
12	起重机	/	台	1	辅助施工

注：表中的设备为一个工作面的建议设备配制，实际施工过程中根据实际情况进行适当调整。

第五节　质量检验与控制

一、外观验收

聚脲防水层表面须平整、均匀，确认无流淌、无针孔、无起泡、无空鼓、无开裂、无异物混入现象，收头部位须粘结牢固。

二、试验检测

用相关试验仪器测定聚脲防水层的厚度、粘结强度和不透水性，确认性能指标满足相关规范和技术条件的要求。

聚脲喷涂完成后用超声波测厚仪对聚脲防水层厚度进行检测，要求聚脲防水层厚度不小于 2 mm；喷涂完成 7 d 后，使用专用拉拔仪对聚脲防水层进行拉拔强度检测，要求拉拔强度不小于 2.5 MPa。

三、质量控制

喷涂聚脲具有现场成膜的特性，其中材料、设备、人员、现场环境是有机整体，共同影响防水层成膜质量，有“三分材料，七分施工”的说法。喷涂聚脲防水层施工主要从以下几个方面保证施工质量。

(1)严把材料的进场检验关，选用合格的材料进行施工，严禁不合格的材料于工程中。

(2)大力采用机械化进行施工，尽量减少人工喷涂，人工喷涂只作为辅助施工方法。另外要经常对设备进行保养维修。

(3)施工人员专业化。所有施工人员必须经过培训并经考核取得合格证后持证上岗。

(4)雨天和三级以上大风天气不能进行喷涂聚脲防水层施工。

(5)喷涂防水层，宜在环境温度 10℃～35℃且相对湿度 75%以下，基层温度大于露点温度 3℃方可施工。温度低于 10℃以采取保温措施，如采用搭棚子，对梁面使用暖风炮加热等措施提供环境温度和梁面温度。

(6)对聚脲层拉拔及厚度检测试验不合格的范围予以铲除，再重新喷涂作业。对边缘分层等进行修整。

(7)针对重复出现的问题(如抗拔力不够等)，应采取诸如更换原材料、改善作业环境条件等措施，使之满足作业条件要求，或重新组织试喷以调整工艺等。

第三章　桥梁上底座板施工

第一节　施工单元划分与施工准备

一、简要阐述

无砟轨道施工前应根据施工管段的具体情况进行底座板划分设计。划分设计方案依据总工期计划、桥面验收移交进展情况、施工管段划分及资源配置等因素确定。主要内容包括底座板施工单元段划分、临时端刺设置、常规区和后浇带位置确定，以及各灌注段先后施工顺序的确定。

底座板施工单元划分应统一筹划设计，每个施工单元至少 1 880 m(780＋320＋780)，一般 4～5 km 为宜。桥梁底座板施工段划分如图 7—3—1 所示。

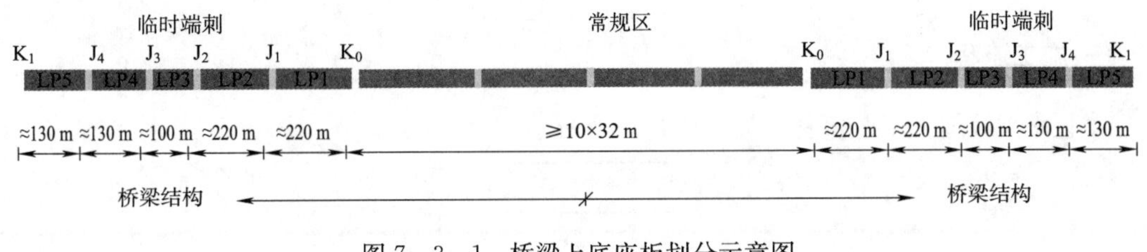

图 7—3—1　桥梁上底座板划分示意图

施工单元要根据作业面布置情况事先统一规划，确定相邻作业面张拉顺序和分工责任：常规区两个相邻后浇带之间距离不大于 150 m；临时端刺不能设置在连续梁上，且距连续梁至少两孔梁；左右线临时端刺布置要错开两孔梁；钢板连接器与剪力齿槽间距≤75 m；未与梁剪切连接的长度≤150 m；钢板连接器距高强挤塑板间距≥5 m。

施工单元划分完成后，一定要在桥梁上显著位置进行标识各后浇带位置、名称、类型，方便今后张拉时识别。

二、常规区与临时断刺

常规区为长度不限，但至少 10 跨梁，常规区分段长度不大于 150 m，每段之间在跨中采用钢板连接器连接，浇筑时预留 50 cm 宽后浇带，称为钢板连接器后浇带(BL1)。根据分段长度不同，常规区后浇段分为两种型式：当分段长度大于两跨梁时，底座板与梁端齿槽只进行钢筋连接，浇筑时预留 66 cm 宽后浇带，称之为剪力齿槽后浇带(BL2)；当分段长度为一跨时，底座板在梁端齿槽处一次浇筑。

临时端刺≥780 m，为一与桥面临时无剪切连接的底座板结构，对称分布于常规区前后两侧，临时端刺分五段，从靠近常规区一侧起依次为～220 m，～220 m，～100 m，～130 m，～130 m，各段之间逢跨中采用钢板连接器连接，在临时端刺中依次命名为 K_0，J_1，J_2，J_3，J_4，K_1。临时端刺在梁端齿槽设剪力齿槽后浇带。

三、施工准备

1. 现场准备

作业指导手册编制后，应在开工前组织技术人员认真学习实施性施工组织设计，阅读、审核施工图纸，澄清有关技术问题，熟悉规范和技术标准。制定施工安全保证措施，提出应急预案。对施工人员进行技术交底，对参加施工人员进行上岗前技术培训，考核合格后持证上岗。编制详细的施工组织设计，对底座板端刺段落的划分，设备物资、劳动力作出详细的计划安排，并作出详细的施工进度计划安排。

2. 工装准备

(1)测量准备，CPⅢ网建网完成，保证桥面底座板位置测设。

(2)选择合适的底座板钢筋加工场，钢筋在钢筋场集中预制完毕并存放就位。

(3)底座板模板验收合格，模板线型、支撑符合要求。

(4)各种工装设备准备就位。

第二节 底座板施工

一、施工流程

桥上底座板施工工艺流程如图 7—3—2 所示。

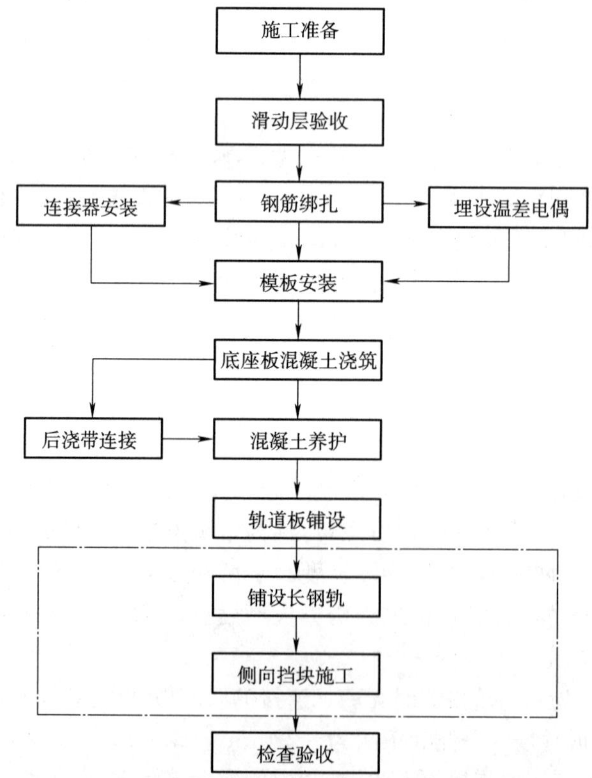

图 7—3—2 CRTSⅡ型板式轨道施工工序流程图

二、施工工序步骤

1. 测量放样

无砟轨道底座板施工前必须对所有CPⅢ网进行复测。以每5 m一个断面4个点标记(底座板左线左侧、左线右侧、右线左侧、有线右侧边沿线)，并对每个断面点进行高程测量，以底座板顶沿绝对高程计算每个点模型顶调高值，用墨线将断面点纵向连成线(底座板边沿线)，同时将已测设好的点向底座板外侧移15 cm，作为恢复段面点用。

2. 两布一膜施工

滑动层自下至上由土工布+塑料薄膜+土工布组成，简称为“两布一膜”。每孔箱梁上滑动层的铺设范围为桥梁固定端的剪力齿槽边缘至桥梁活动端(即相邻两个固定端剪力齿槽间为一个铺设长度)，在梁缝处配合高强挤塑板的安装局部调整滑动层的铺设。

3. 高强挤塑板施工(图7—3—3)

高强挤塑板设于桥梁接缝处，高强挤塑板规格尺寸按桥面拼接需要确定，高强挤塑板只可纵向分块拼接，采用具有可塑性的粘接剂与防水层全面粘接保证，所用的粘接剂保证与梁面防水层和高强挤塑板之间的相容性。

图7—3—3　高强挤塑板施工图

铺设高强挤塑板时以及后继施工时必须注意，不能使高强挤塑板因点荷载作用而受损。原则上，在铺设高强挤塑板时，必须细心注意不使其受损。一旦有高强挤塑板受损，则必须将其整块更换。

高强挤塑板顶面与梁面加高平台顶面间允许高差为±2 mm，实际上此项标准很难达到，根据京沪的经验高强挤塑板粘贴成型后不得低于梁面加高平台。

另外受梁段1.45 m范围内的平整度影响，为保证挤塑板与梁面紧密粘贴，实际上用胶量要大于理论用胶量，粘贴后采用配重压紧挤塑板，待胶干后撤除。

4. 钢筋加工

钢筋进货时要检验钢筋出厂合格证和材质证明书等，同时物资部门应按批量取样，送中心试验室检验。材料经检验合格，方可用于本工程施工。

钢筋的加工采用在加工场加工成半成品，半成品采用12 m平板车运至工地，吊车垂直提升到工作面，钢筋分类对应堆码在相应需用区域靠近便道一侧的翼缘板上。在底座板位置组装成型。钢筋绑扎顺序每两个后浇带之间作为一个加工区域，绑扎顺序从下层到上层。

钢筋半成品加工时，在加工场根据钢筋设计图纸，放出大样，根据加工大样进行钢筋半成品的加工，钢筋加工时应严格按照施工大样及设计图纸进行加工。半成品加工好后，应分类放置，并经技术、质检检查合格后挂牌标识，并将其覆盖好，不得裸露，防止生锈。

5. 钢板连接器的安装(图 7—3—4)

两布一膜和梁缝硬泡沫塑料板铺设结束后布置后浇带。提前测量精确定位后浇带位置，底座后浇带的钢筋连接器在钢筋铺设前布置，钢板的一边钢筋穿过钢板的预留孔与钢板焊接部分在钢筋加工场内完成，整体吊装上桥；另一边的钢筋通过钢板的预留洞穿过钢板，用分置于钢板两边的螺母与钢板连接部分在后浇带位置安装完成，在其施工完后铺设底座板钢筋。

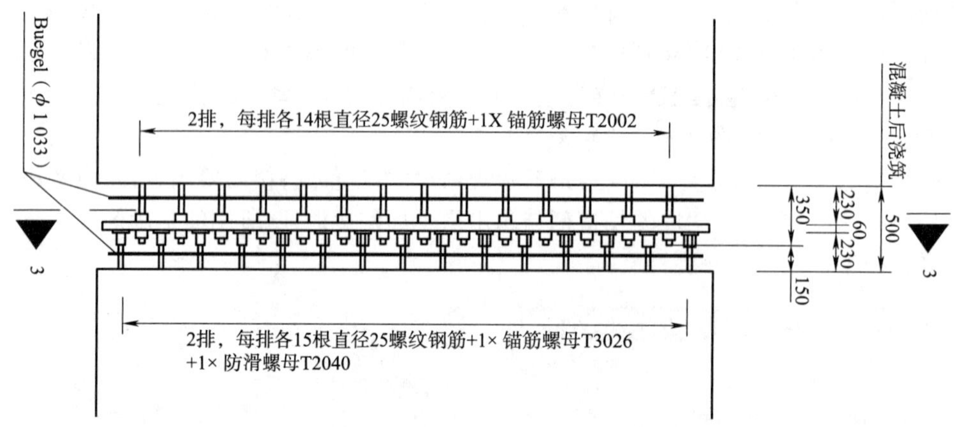

图 7—3—4　钢板连接器平面图(单位：mm)

6. 温差电偶埋设

底座板混凝土浇筑前，在每个浇筑段距离后浇带约 1/3 浇筑段长位置处，在横断面的轨道板放置边缘埋没温差电偶(镍-铬-镍)。如图 7—3—5 所示。用于测量混凝土的芯部温度变化。温差电偶的预埋按照以下原则进行：

(1)常规区每两个后浇带之间埋设 1 根；

(2)临时端刺内在 220 m 段内埋设 5～4 根，100 m 及 130 m 段内埋设 2～3 根。

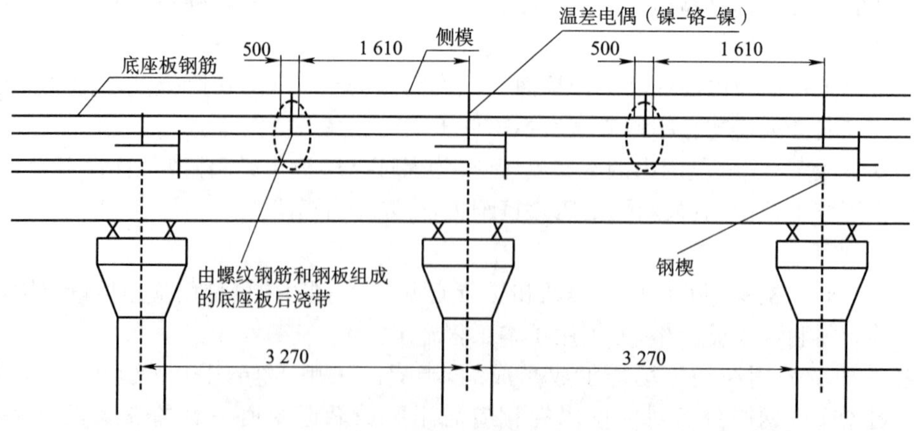

图 7—3—5　温差电偶埋设位置图(单位：cm)

7. 模板安装(图 7—3—6)

混凝土底座板模板采用槽钢及角钢组合可调式专用钢模,并满足普通地段和曲线超高地段的模板拼装需要,模板采用组合高度宜略低于底座板设计厚度(一般 20 mm 左右),以适应线路曲线超高变坡和梁面平整度情况。

图 7—3—6　模板安装

底座板模板的加固采用丝杆进行加固,在桥梁防护墙一侧,模型支顶在防护墙上;两线之间模型采用剪刀撑型式的支杆进行支顶。

恢复每 5 m 一个断面 4 个点标记(底座板左线左侧、左线右侧、右线左侧、有线右侧边沿线),并对每个断面点重新进行高程测量,以底座板顶沿绝对高程计算每个点模型顶调高值,用墨线将断面点纵向连成线(底座板边沿线),压线并挂线立模,精度为平面±10 mm,高程±2 mm。模型采用螺栓支垫调平,模板与梁面间的缝隙采用 C10 砂浆封堵,砂浆不得侵入底座板界限。

支立侧模必须保证模板靠混凝土面光滑无锈迹,并涂刷脱模剂,模板安装要线条平顺,相邻模板错台不超过 1 mm,接缝严密。

底座板模板虽然较为简单,但实际施工过程中由于模板加固、封边等造成的外观质量问题,在施工过程中较为普遍,应该引起重视,必须从以下几个方面来加以解决:

(1)模板须采用可调式模板,在模板制作过程中,应特别强调可调整的范围,控制的错台必须控制在 1 mm 以内,否则浇筑出的混凝土存在较大的错台,影响侧面的外观质量;

(2)模板调整采用可调件调整完毕后,必须采取措施将模板侧面垫平,一般可采用有一定刚度的白铁皮敷面,但必须保证白铁皮的平整度,防止出现褶皱等表面病害,在安装白铁皮的过程中要控制不得与模板间有缝隙,防止漏浆;

(3)模板底部内防止漏浆措施:即在立模时要采取一定措施,防止由于梁面平整度不足引起的底部漏浆而造成的混凝土局部质量缺陷,一般在模板内侧安装白铁皮,同时模板底部与滑动层土工布密贴,确保不漏浆;

(4)模板顶面标高控制,一般采取布板软件计算模板立模标高,从而进行控制,原因在于在底座板浇筑前,轨道板、底座板混凝土和乳化沥青砂浆等二期恒载对桥梁作用下会使得桥梁发生变形,从而影响各部位的标高,在立模时采用布板软件可以预先将这部分变形考虑在内,从而增加立模标高的准确性,防止出现不必要的误差;

(5)模板加固要保证模板在混凝土浇筑过程中模板不发生跑模等现象,一般采用支撑的加固模式,同时采用的支撑应上下错开加固,防止模板在浇筑混凝土时发生转动变形;

(6)模板标高的控制,根据经验一般采用负误差,即比设计标高低 2～3 mm,理由是在轨道板预制过程中，底座板一般存在正误差，控制在 0～10 mm 间，如底座板出现正误差，最终结果可能导致乳化沥青砂浆满足不了 2～3 cm 的要求，影响下一道工序的施工。

8. 混凝土施工

(1)浇筑前的准备工作

底座板混凝土浇筑前采用吹风机清洁模板内的杂物、灰尘，并对钢筋笼、剪力筋及保护层厚度等进行检查，满足要求方可浇筑混凝土；同时检查混凝土浇筑的人员、机械、电路等的准备是否充分；特别注意所有钢筋连接器后浇带螺母是否为松开状态(松开距离不少于 3 cm)。

(2)混凝土的生产、运输及提升

桥上底座混凝土施工采用双线同步施工。底座板混凝土按选定的施工配合比配制，混凝土施工前所使用的原材料砂、石、水泥、拌合水、外掺料、外加剂等按有关规定严格控制，经检验合格方可用于施工中。底座板混凝土采用搅拌站集中拌制，用混凝土罐车由桥下贯通便道提供物料运输。再由混凝土输送泵车直接泵入桥面底座板模型中。为保证混凝土在模型中定型和便于输送泵车输送，混凝土的坍落度控制在 160 mm 左右。

当桥下有施工便道时，可利用施工便道进行混凝土的运输和泵送(图 7—3—7)。

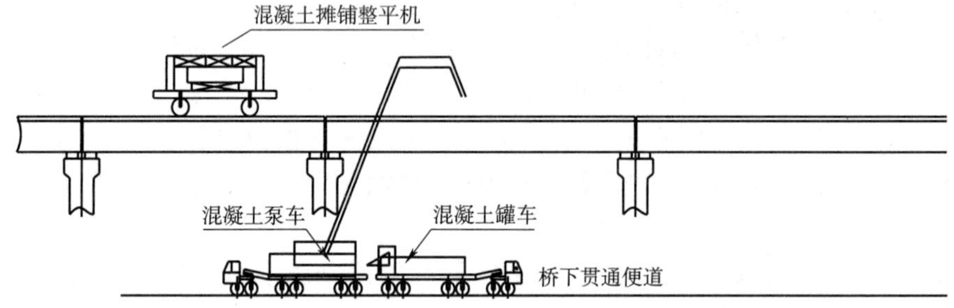

图 7—3—7　底座混凝土施工方案

将整平机采用吊车或人工摆放至模型上，调整好位置并调试正常。

混凝土由拌和站按选定的配合比集中拌和，混凝土运输车运至工地，采用 47 m 泵车泵送混凝土入模。

(3)混凝土的浇筑与振捣(图 7—3—8)

浇筑顺序：常规区底座板混凝土浇筑段长度约 160 m，混凝土浇筑段中部的剪力齿槽和底座板一起浇筑，其余剪力齿槽设立齿槽后浇带(BL2)，待张拉连接后底座板应力均匀后二次浇筑完成。临时端刺总长约 800 m，包括 5 个混凝土浇筑段。依次以 LP1 到 LP5 表示，浇筑段长度和常规区不同，两个 220 m 段(LP1 及 LP2)、两个 130 m 段(LP4 及 LP5)、一个 100 m 段(LP3)，共设 J_1、J_2、J_3、J_4 共 4 个 BL1 后浇带，并在每孔梁上设置齿槽后浇带。与常规区不同，在临时端刺底座板浇筑时，所有的

图 7—3—8　混凝土的浇筑

齿槽后浇带全部留空，不浇筑。

底座板混凝土采用直径 50 mm 的插入式捣固器振捣，如图“采用插入式捣固器振捣”，梁端钢筋搭接密集区采用直径 30 mm 捣固棒振捣，移动间距不应超过振动器作用半径的 1.5 倍，与侧模应保持 50～100 mm 的距离。混凝土捣固时，必须从钢筋的间隙插入，尽量避免碰触钢筋、模板、滑动层及预埋件。用整平机整平混凝土面。混凝土在一般情况下应振捣到没有气泡冒出和表面泛浆为止，然后将振动棒慢慢的沿垂直方向从混凝土中拔出，其插入孔必须自己封闭。采用 50 捣固棒，插入间距不大于 50 cm(必须从钢筋的间隙插入，不得碰触钢筋和绝缘卡)，振动棒的作用范围必须交叉重叠。振动棒不能碰动模板，也不得碰触梁面滑动层。浇筑过程中安排人工对布料不均匀处进行整平。

混凝土捣固时，捣固棒要垂直插入，快插慢拔。对每一振动部位，必须振动到该部位混凝土密实为止。密实的标志是混凝土停止下沉，不再冒出气泡，表面呈现平坦、泛浆。为了防止底座板拆模后出现烂根现象，可采用自制铁铲对模板边缘部位进行人工插捣。

混凝土的浇筑应连续进行，如因故必须间断时，其间断时间应小于混凝土的初凝时间或能重塑的时间。为确保混凝土浇筑振捣在初凝前完成，每个工作面应使用不少于 4 台捣固棒对混凝土进行捣固密实，并留两台备用。

三、底座板后浇带施工

底座板连接时混凝土强度必须达到 20 MPa，连接操作是围绕并确保板内 20℃时零应力状态而进行的连接筋张拉施工。所有类型单元段底座板的连接施工均须在温差较小的 24 h 内完成。根据施工情况底座板连接可分为两种情况。

(一)新建临时端刺＋常规区＋新建临时端刺

桥上底座连接施工大致可以分为三步：测量各浇筑段长度和温度、钢筋的张拉与连接及后浇带的浇筑。

常规区两端及两临时端刺区后浇带按单元段中心对称原则和顺序进行连接施工，其工艺、工序如下。

1. 测量各浇筑段板温和长度，计算张拉值

(1)临时端刺 LP1～LP5 的基准测量

基准测量时间尽可能安排在与底座连接时间靠近时(即连接温度尽可能与测量时的温度接近)进行。首先进行长度测量：测量 LP1～LP5 段的长度，准确记录各分段长度值；其次进行温度测量，使用预埋在混凝土底座中的测温电偶测量。一般在中午时分进行。各段长度与对应温度测量于底座连接前进行一次，测量结果应准确记录并保存(以备邻段底座连接时使用)。此项测量直接关系到后续底座连接筋张拉距离的确定，非常重要。各测量值见表 7—3—1。

表 7—3—1　临时端刺 LP1～LP5 的基准测量各测量值

临时端刺混凝土浇筑段	第一次测量长度/mm	第一次测量温度/℃
LP1	$L_{1,LP1}$	$T_{1,LP1}$
LP2	$L_{1,LP2}$	$T_{1,LP2}$
LP3	$L_{1,LP3}$	$T_{1,LP3}$
LP4	$L_{1,LP4}$	$T_{1,LP4}$
LP5	$L_{1,LP5}$	$T_{1,LP5}$

(2)常规区板温测量

与临时端刺区板温测量同时进行,并据此计算连接筋张拉值。

(3)张拉量的计算

根据温差电偶测量所得的底座混凝土浇筑段温度,利用下列公式计算各 BL1 后浇带的张拉长度,即:

$$W_i = \alpha_T \times \Delta T \times L$$

式中 α_T——混凝土温度伸长系数,为 1×10^{-5}/K;

ΔT——底座混凝土浇筑段相对于锁定温度的温度变化幅度;

L——钢筋连接器后浇带影响长度;

①常规区 BL1 后浇带张拉距计算公式为:

$$W_c=(T_s-T_c)\times\alpha_T\times L_c$$

式中,L_c 为常规区两相临混凝土浇筑段中已浇筑的 BL2 后浇带之间的距离。T_s 为底座板锁定温度。

②新建临时端刺区

后浇带 K0 张拉距计算公式为:

$$W_{K0}=(T_s-T_{1,K0})\times\alpha_T\times(L+L_{1,LP1}/2)$$

式中,L 为 K_0到常规区第一个浇筑完成的剪力齿槽的距离;$L_{1,LP}$为临时端刺区 LP1 浇筑段第一次测量的数据。

后浇带 J1 张拉距计算公式为:

$$W_{J1}=(T_s-T_{1,J1})\times\alpha_T\times(L_{1,LP1}+L_{1,LP2})/2$$

式中,$L_{1,LP1}$和 $L_{1,LP2}$分别是临时端刺区 LP1 浇筑段和 LP2 浇筑段第一次测量的数据。

后浇带 J2 张拉距计算公式为:

$$W_{J2}=(T_s-T_{1,J2})\times\alpha_T\times(L_{1,LP2}+L_{1,LP3})/2$$

式中 $L_{1,LP2}$和 $L_{1,LP3}$分别是临时端刺区 LP2 浇筑段和 LP3 浇筑段第一次测量的数据。

后浇带 J3 张拉距计算公式为:$W_{J3}=\dfrac{W_{J2}}{3}$

2. 底座钢筋的张拉与连接

底座钢筋连接在板温 30℃(T_s=20℃为底座板锁定温度)以下的条件进行,张拉连接时按照规定顺序操作,先部分连接,再完成全部连接。连接要求用手拧紧与用扳手拧紧有着重大区别,施工时必须严格控制掌握。

(1)临时端刺中 BL1 后浇带的预连接:即从临时端刺自由端开始,按 J4→J3→J2→J1 的顺序,用手拧紧钢筋连接器螺母,K_0和常规区后浇带保持松开状态(临时端刺开始能够承载时进行),连接完后临时端刺便具备了初步的承载能力;

(2)首批连接施工。先连接与临时端刺接壤(K_0处)的前 2 个常规区后浇带钢筋,后依次连接 K0、J1、J2、J3 后浇带钢筋(J4 后浇带钢筋于相邻单元段底座连接时张拉,同时 J2、J3 需进行张拉调整)。连接分 3 种情况进行。

当板温为 $T<T_s$℃时,通过计算确定连接钢筋的张拉距离。(J3 范围内钢筋张拉距离按 J2 的 1/3 计,其余直接按计算结果采用)。此时的拧紧操作应是先用手拧紧,在此基础上,钢筋连接器中的非拧紧端螺母松开预留张拉距离(按计算结果),再用扳手拧紧(张拉)。另外,当

温差较大在 5 K 到 15 K 之间时，钢筋连接器后浇带不能通过一次纵连张拉缩短到计算值。必须每隔 24 h 重复张拉一次，直到达到最终的宽度。每次张拉都要对每个钢筋连接器后浇带的张拉量和总的张拉量以及实际需要达到的张拉量进行记录。根据不同的张拉范围，需要纵连张拉的最少次数和时间间隔见表 7—3—2。

表 7—3—2　纵连张拉最少次数及时间间隔

纵连过程中底座板的温度范围(℃)	最少的纵连张拉次数	间隔天数(d)
$+5\leqslant T\leqslant+10$	3	2
$+10\leqslant T\leqslant+15$	2	2
$+15\leqslant T\leqslant+20$	2	
$+20\leqslant T\leqslant+30$	不张拉，宽度无变化	

当板温为 20℃$\leqslant T\leqslant$30℃时，钢筋连接器螺母用手拧紧螺母即可，即张拉距离为 0。

当板温为 $T>$30℃时，不允许拧紧螺母，且底座应采取降温措施。待板温降到 30℃以下时再连接。

(3)补充连接施工。连接常规区其余后浇带连接筋，此工序可在 K0 张拉完后与 J1、J2 的张拉同时进行。

3. 后浇带混凝土施工

(1)BL1 后浇带混凝土施工。

后浇带钢筋连接完成后应随即浇筑后浇带混凝土，浇筑范围应包括常规区所有后浇带及两临时端刺中的 K0、J1 后浇带。此工序与后浇带连接应接续施工，不出现间隔施工。J2、J3、J4 后浇带于相邻单元段底座连接后再施工。

(2)BL2 后浇带混凝上施工。

临时端刺区 BL2 后浇带分为早期固定连接和后期固定连接，早期固定连接在单元段底座钢筋连接完成 3～5 d 后(底座内的应力调整期)进行，位置在 LP2 范围内与 LP3 相邻的两个固定连接后浇带(左右线要错开两个梁段位置)，两临时端刺后浇带对称施工。后期 BL2 后浇带混凝土在相邻单元段底座连接后再施工。

底座板纵连后，常规区 BL2 后浇带通常也应该尽可能快的进行浇筑。但是当纵连是在底座板温度小于锁定温度的情况下进行时，必须待混凝土浇筑段内应力均衡后才能浇筑。其等待时间见表 7—3—3。

表 7—3—3　纵连等待时间

纵连时底座板温度 T 所处的空间(℃)	纵连后，在后浇带浇筑前需等待的时间(d)
$+5\leqslant T\leqslant+10$	5
$+10\leqslant T\leqslant+15$	3
$+15\leqslant T\leqslant+20$	1
$+20\leqslant T\leqslant+30$	不需要等待

(二)既有临时断刺＋常规区＋新建临时断刺

该模式中常规区与新设临时端刺区的连接与“新建临时端刺＋常规区＋新建临时端刺”模式中相关要求相同。但是既有临时端刺与常规区的连接有其独特的要求，两类临时端刺与常规区的连接要对应施工，同步完成。

1. 测量各浇筑段板温和长度，计算张拉值

(1)既有临时端刺后浇带(J4、J3、J2)张拉值的确定。

此工作在既有临时端刺LP3～LP5段首次“基准测量”的基础上进行。需要再次测量既有临时端刺LP3～LP5基段长度及板体温度，并于底座连接之前进行尽量与连接时间靠近)。根据LP3～LP5段第二次测量结果(温度及长度)，对比该临时端刺的首次“基准测量”数据，计算LP3～LP5各段温度荷载下的变形值，以此确定J4后浇带连接钢筋张拉值并修正J3、J2后浇带钢筋张拉值。各测量值见表7—3—4。

表7—3—4　后浇带各测量值

临时端刺混凝土浇筑段	第一次测量长度/mm	第一次测量温度/℃	第二次测量长度/mm	第二次测量温度/℃
LP1	$L_{1,LP1}$	$T_{1,LP1}$		
LP2	$L_{1,LP2}$	$T_{1,LP2}$		
LP3	$L_{1,LP3}$	$T_{1,LP3}$	$L_{2,LP3}$	$T_{2,LP3}$
LP4	$L_{1,LP4}$	$T_{1,LP4}$	$L_{2,LP4}$	$T_{2,LP4}$
LP5	$L_{1,LP5}$	$T_{1,LP5}$	$L_{2,LP5}$	$T_{2,LP5}$

(2)常规区底座温度测量。

与“新建临时端刺＋常规区＋新建临时端刺”相同。

(3)新建临时端刺区板温和长度的测量

与“新建临时端刺＋常规区＋新建临时端刺”相同。

(4)张拉量的计算

根据温差电偶测量所得的底座混凝土浇筑段温度，利用下列公式计算各BL1后浇带的张拉长度，即：

$$W_i = \alpha_T \times \Delta T \times L$$

式中　α_T——混凝土温度伸长系数，为1×10^{-5}，1/K；

ΔT——底座混凝土浇筑段相对于锁定温度的温度变化幅度；

L——钢筋连接器后浇带影响长度；

①常规区BL1后浇带张拉距计算公式为：

$$W_c = (T_s - T_c) \times \alpha_T \times L_c$$

式中，L_c为常规区两相临混凝土浇筑段中已浇筑的BL2后浇带之间的距离。T_s为底座板锁定温度。

②新建临时端刺区后浇带张拉距计算公式为：

后浇带K0张拉距计算公式为：

$$W_{K0} = (T_s - T_{1,K0}) \times \alpha_T \times (L + L_{1,LP1}/2)$$

式中，L为K0到常规区第一个已经浇筑的剪力齿槽的距离；$L_{1,LP1}$为临时端刺区LP1浇筑段第一次测量的数据。

后浇带J1张拉距计算公式为：

$$W_{J1} = (T_s - T_{1,J1}) \times \alpha_T \times (L_{1,LP1} + L_{1,LP2})/2$$

式中，$L_{1,LP1}$和$L_{1,LP2}$分别是临时端刺区LP1浇筑段和LP2浇筑段第一次测量的数据。后

浇带 J2 张拉距计算公式为：

$$W_{J2}=(T_s-T_{1,J2})\times\alpha_T\times(L_{1,LP2}+L_{1,LP3})/2$$

式中，$L_{1,LP2}$和 $L_{1,LP3}$分别是临时端刺区 LP2 浇筑段和 LP3 浇筑段第一次测量的数据。

后浇带 J3 张拉距计算公式为：$W_{J3}=\frac{W_{J2}}{3}$

③既有临时端刺区后浇带张拉距计算公式为：

后浇带 K1 张拉距计算公式为：

$$W_{K1}=(T_s-T_{2,LP5})\times\alpha_T\times(L+L_{2,LP5/2})-U_{K1}$$

$$U_{K1}=[(L_{2,LP5}-L_{1,LP5})-(T_{2,LP5}-T_{1,LP5})\times\alpha_T\times L_{1,LP5}]/2$$

式中，L 为 K1 到常规区第一个已经浇筑的剪力齿槽(BL2)的距离。

后浇带 J4 张拉距计算公式为：

$$W_{J4}=(T_s-T_{2,LP4})\times\alpha_T\times(L_{2,LP4}+L_{2,LP5})/2-U_{J4}$$

$$U_{J4}=[(L_{2,LP5}-L_{1,LP5})-(T_{2,LP5}-T_{1,LP5})\times\alpha_T\times L_{1,LP5}]/2+[(L_{2,LP4}-L_{1,LP4})-(T_{2,LP4}-T_{1,LP4})\times\alpha_T\times L_{1,LP4}]/2$$

后浇带 J_3 张拉距计算公式为：

$$W_{J3}=(T_s-T_{2,LP3})\times\alpha_T\times(L_{2,LP4}+L_{2,LP3})/2-U_{J3}$$

$$U_{J3}=[(L_{2,LP4}-L_{1,LP4})-(T_{2,LP4}-T_{1,LP4})\times\alpha_T\times L_{1,LP4}]/2+[(L_{2,LP3}-L_{1,LP3})-(T_{2,LP3}-T_{1,LP3})\times\alpha_T\times L_{1,LP3}]/2$$

后浇带 J2 张拉距计算公式为：

$$W_{J2}=(T_s-T_{2,LP2})\times\alpha_T\times(L_{2,2}+L_{2,LP3})/2-U_{J2}$$

$$U_{J2}=[(L_{2,LP3}-L_{1,LP3})-(T_{2,LP3}-T_{1,LP3})\times\alpha_T\times L_{1,LP3}]/2+[(L_{2,2}-L_{1,1})-(T_{2,LP2}-T_{1,LP2})\times\alpha_T\times L_{1,2}]/2$$

式中，$L_{1,2}$与 $L_{2,2}$为 J2 到 J1 方向的第一个已固定的剪力齿槽(BL2)距离。

2. 底座连接钢筋的连接与张拉

此阶段所有工序分两个区域进行，即既有临时端刺和常规区连接区域与新建临时端刺和常规区连接区域。两类临时端刺与常规区的连接施工要对应施工，同步完成。连接张拉应该选择底座板温度尽可能接近锁定温度下进行。

(1)连接钢筋张拉预连接施工

新建临时端刺和常规区连接施工：顺序完成 J4、J3、J2、J1 的钢筋预连接，其连接器螺母用手拧紧。

(2)首批连接施工

既有临时端刺和常规区连接施工：连接范围为邻靠 K1 的 2 个(至少)常规区 BL1 后浇带。张拉连接方式及张拉距离根据底座温度确定，即按 $T<20℃$、$20℃\leqslant T\leqslant30℃$、$T>30℃$三种情况区分。各类情况下的连接工艺类同“新设临时端刺＋常规区＋新设临时端刺”相关要求。

新建临时端刺和常规区连接施工：连接与新建临时端刺接壤(K0 处)的前 2 个常规区后浇带钢筋。张拉连接原则及方式同“新设临时端刺＋常规区＋新设临时端刺”相关部分。

(3)补充连接施工

既有临时端刺和常规区连接施工：张拉连接范围为 K1 及常规区所有剩 BL1 后浇带。具体工序要求同“首批连接施工”。新建临时端刺和常规区连接施工：顺序完成 K0、J1、J2、J3 的钢筋连接。其后配合既有临时端刺与常规区的连接施工，一同完成剩余常规区后浇带的钢筋连接。张拉连接原则及方式同“新设临时端刺＋常规区＋新设临时端刺”相关部分。

(4)既有临时端刺 J4、J3、J2 的调整张拉

按计算确定的调整张拉值以 J4→J3→J2 顺序进行张拉连接。张拉施工应在连接器螺母原有紧固基础上单端调整螺母(即不破坏板内已产生的应力状态，以防造成临时端刺失效并破坏下部结构)并张拉，不可解开重张。(该工序仅适用于既有临时端刺和常规区的连接施工)

3. 后浇带混凝土施工

(1)BL1 后浇带混凝土施工

“既有临时端刺＋常规区＋新设临时端刺”模式完成钢筋连接施工后，立即进行既有临时端刺中的 J2、J3、J4、常规区所有 BLI 后浇带(包括 K1)、以及新建临时端刺中的 K0、J1 后浇带混凝土灌注施工。连接与混凝土灌注工序不出现间隔时间。新设临时端刺中的 J2、J3、J4 待与后续施工单元段连接(包括调整张拉)施工后再灌注混凝土。

(2)BL2 后浇带混凝土施工

新设临时端刺中部的两个固定连接后浇带(BL2)施工类同“新设临时端刺＋常规区＋新设临时端刺”有关要求；既有临时端刺中的剩余固定连接后浇带(BL2)混凝土应于钢筋连接完成 10 天后进行。

底座板纵连后，常规区 BL2 后浇带通常也应该尽可能快的进行浇筑。但是当纵连是在底座板温度小于锁定温度的情况下进行时，必须待混凝土浇筑段内应力均衡后才能浇筑。其等待时间见表 7—3—4。

注意事项：

(1)左右线临时端刺起点应错开两孔梁以上。临时端刺区应避开连续梁及两边与之相邻的各两孔简支梁。

(2)如果临时端刺位于曲线上，则必须采用适当措施防止其产生横向位移。

(3)轨道板铺设前必须所有的轨道基准点都已经放样，并测定其平面位置，基准点的高程测量在轨道板的粗铺后才进行。

(4)混凝土养护混凝土的养护须紧跟底座板施工，整段混凝土浇筑完成后初凝之前及时进行覆盖土工布和塑料薄膜保湿养护(图 7—3—9)，湿润养护时间不少于 7 d。

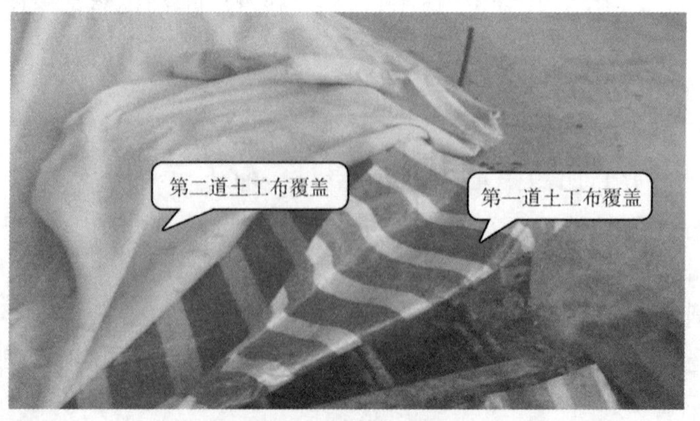

图 7—3—9 底座板混凝土养护采用彩条布、土工布覆盖

四、桥头路基支承层施工

(一)固定端刺施工

1. 工艺步骤和方法

(1)测量放样

施工放样出端刺边线,用白灰标示出端刺及摩擦板下的锯齿部分开挖边线。

(2)基础开挖

端刺采用小型挖机从路基顶面开挖至比设计底面高约 20 cm 处,然后人工清理至设计底面标高;摩擦板下的锯齿部分施工时,直接从路基顶面按照设计要求和放样结果开挖至设计标高。

(3)端刺施工

①先在端刺底座板范围施工 10 cm 混凝土垫层,垫层混凝土达到一定强度后在其上绑扎端刺底板钢筋,模板为土模,然后浇筑大端刺底板混凝土,并埋设端刺竖墙纵向钢筋,如图 7—3—10 所示。

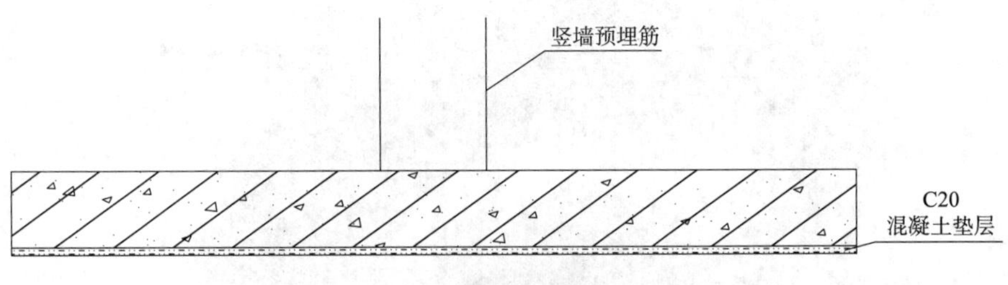

图 7—3—10　端刺基础施工示意图

②端刺底板浇筑完成并达到一定强度后施工端刺竖墙。施工过程中注意二次浇筑混凝土接面凿毛处理,清理干净,并在浇筑前洒水润湿,确保混凝土施工质量;注意端刺的钢筋后期与摩擦板钢筋相连,所以竖墙预埋钢筋的标高应严格控制,考虑路基沉降,应略高于设计标高。模板采用竹胶板带木结构,以 PVC 管穿钢筋做为拉杆,保持模板体系的稳定;端刺竖墙立模如图 7—3—11 所示。

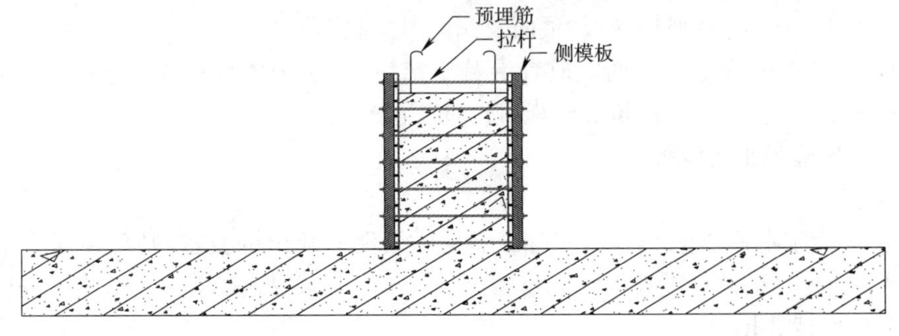

图 7—3—11　端刺竖墙施工示意图

③竖墙混凝土拆模并达到一定强度后,采用小型冲击夯分层填筑路基至摩擦板底标高,对预留外露钢筋需用塑料薄膜包裹,防止氧化生锈。

（二）摩擦板施工

摩擦板下的锯齿部分开挖至设计标高，然后绑扎钢筋。为防水和保证土模表面平整，土模底部及两侧用水泥砂浆压实抹光，砂浆层厚度约为 2 cm。

摩擦板下的锯齿部分钢筋绑扎完成后，直接绑扎摩擦板其余部分的钢筋，同时将侧向挡块、泄水管等预埋件准确安装就位。

安装模板，检查验收合格后，一次浇筑摩擦板所有混凝土。摩擦板混凝土一次浇筑完成，不留施工缝。浇筑混凝土时，先浇筑摩擦板下的锯齿部分，再浇筑端刺板部分。整个浇筑过程需分层振捣密实。表面用抹平器抹平，找出表面四面坡。混凝土浇筑完毕后及时进行洒水覆盖养护。摩擦板锯齿钢筋绑扎如图 7—3—12 所示。

图 7—3—12　端刺竖墙施工示意图

在摩擦板和路基顶面测放出底座板边线和过渡板边线。在摩擦板上涂抹粘合剂铺设两层土工布，涂抹区域同桥梁顶面底座板滑动层一致。

在过渡板范围的级配碎石顶面上，用 C15 混凝土施工台阶状垫层，保证高强挤塑板与底面接触严密。从距端刺竖墙边 50 cm 位置向路基方向依次铺放三块长 1.5m，厚度分别为 1.5 cm、3 cm 和 5 cm 的高强挤塑板，顶面及侧面以薄膜覆盖。

立模板后，在摩擦板土工布面上放置混凝土垫块，吊装由钢筋加工场预制的底座板钢筋笼，对模板、钢筋检查签证后，浇筑底座板、过渡段混凝土。

（三）支承层施工工艺流程

1. 准备工作

支承层施工前对基础进行验收，基础应满足铺设无砟轨道的要求，基础顶面应平整，其表面平整度 10 mm/3 m，高程误差为＋5 mm，－15 mm。支承层施工前对路基表面进行清洁，洒水湿润。至少保持 2 h。

2. 清理及放样

施工放样出支承层边线，每隔 10 m 打上钢钎，并在钢钎上用红油漆标上支承层顶面高程位置。

3. 安装钢模板（图 7—3—13）

模板安装要稳定牢固，相邻模板间平面及高低错缝不得大于 1 mm。模板安装每隔 5 m

必须标出高程控制点。

图 7—3—13　立模

4. 混凝土灌注施工

混凝土采用自卸车运输至施工地点进行布料(图 7—3—14)。混合料入模后，首先用振动棒振捣(图 7—3—15)，然后用平板振动器提浆整平(图 7—3—16)，人工抹出 4%的排水坡，混合料初凝前，应拉毛处理。

图 7—3—14　混凝土布料

图 7—3—15　混凝土振捣

图 7—3—16 混凝土整平

5. 切缝

混凝土浇筑完 12 h 以内应进行切缝施工(图 7—3—17),释放表面应力。切缝深度不小于厚度的 35%,宽度控制在 5~8 mm,气温低于 20℃时,每 5 m 左右一道;气温大于 20℃时,每 4 m 左右切一道。横向切缝不得与板缝重叠。

图 7—3—17 混凝土切缝

6. 养护及拆模

支承层铺设后,应及时覆盖洒水养护(图 7—3—18),洒水量应保证支承层表面始终处于湿润状态,拆模时间不小于 3 d,养护时间不少于 7 d,湿度较小或气温较低时增加养护时间。

7. 表面清洁和完工测量

清除支承层表面、接缝、结构伸缩缝的端点、排水管和电缆管道处杂物,不留任何碎片,以免妨碍下一道工序施工。对支承层表面平整度、中线和高程进行测量。

图 7—3—18　养护与拆模

第三节　质量控制要点

1. 施工前应对侧向挡块范围的梁面进行凿毛处理，清理干净，混凝土浇筑前要湿润其表面，做好新老混凝土的结合。

2. 连接部件与预埋套筒连接前，应对预埋套筒进行清洁处理，确保预埋套筒内无杂物。连接部件拧入预埋套筒的长度不小于 1.5 d_s（d_s 为钢筋直径）

3. 钢筋使用前要将钢筋的油污、漆污、浮皮、铁锈等清除干净。

4. 模板安装后要加固牢靠，避免混凝土浇筑时出现下沉或胀模现象。

5. 浇筑混凝土前应检查硬泡沫材料间、硬泡沫板与限位板间均以用胶带密封，确保侧向挡块混凝土与轨道板、底座板间完全隔离后方可进行混凝土浇筑。

6. 混凝土浇筑时要用插入式振捣棒进行振捣，振捣时遵循快插慢拔的原则，做到不过振，不漏振，振捣密实。

7. 侧向挡块混凝土浇筑完成后要及时覆盖土工布，包裹塑料薄膜进行保湿养护，养护时间不少于 14 d。

8. 底座与侧向挡块间应铺设整块薄膜进行隔离，其上设置挤塑板、限位板，挤塑板与限位板应采用胶带等进行牢固粘贴。确保侧向挡块混凝土与底座混凝土完全隔离。

9. 隔离材料采用抗压强度 300 kPa、符合国标要求的挤塑板，暴露在外的表面应用耐紫外线材料进行封闭处理。

10. 侧向挡块与混凝土梁面应紧密结合，其范围内的梁面防水层等应仔细清理干净。在确保侧向挡块力学性能的前提下，应采取适宜的措施避免裂纹。

第四章　路基和隧道支承层施工

第一节　路基和隧道支承层施工工艺流程

路基和隧道支承层设计相同，均为宽度 3 250 mm、厚度 300 mm 的矩形断面，采用 C15 低塑性混凝土浇筑，因此可立模施工。两侧模板按设计断面支立，侧模用 300 mm 高的钢模，每 2～3 m一节，便于施工倒用。为保证混凝土质量，模板顶部设振捣梁。

路基和隧道支承层施工工艺流程如图 7—4—1 所示。

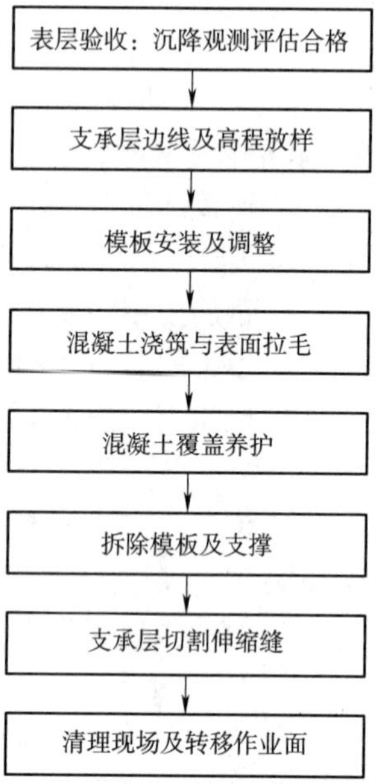

表层验收：沉降观测评估合格 → 支承层边线及高程放样 → 模板安装及调整 → 混凝土浇筑与表面拉毛 → 混凝土覆盖养护 → 拆除模板及支撑 → 支承层切割伸缩缝 → 清理现场及转移作业面

图 7—4—1　低塑性混凝土支承层施工工艺流程图

1. 支承层测量放样

根据原线路坐标及 CPⅢ的布置，由测量人员按施工精度要求放出支承层边线，路基上每隔 6～10 m 打上钢钎，并在钢钎上用红油漆标上支承层顶面高程位置；隧道内则在电缆沟槽内侧间隔 6～10 m 用红油漆标上支承层顶面高程位置，再由施工技术人员用墨斗弹出边线，用来指导模板安装定位。

2. 支承层模板

根据放线位置进行支承层模板的安设，保证模板支撑牢固，在浇筑混凝土时模板不变形，模板顶标高与设计值一致。

3. 混凝土拌制及运输

混凝土按施工配合比由拌和站集中拌和，用混凝土运输车输送至现场。

4. 混凝土浇筑

浇筑前检查混凝土坍落度、温度等指标，满足要求后方可浇筑并制作标养及同条件养护试件。混凝土入模后首先用振动棒振捣混凝土，然后用振动梁振动表面，提浆整平。

5. 支承层养护及拆模

混凝土浇筑完成及时进行湿润养护，浇筑一段、养护一段。养护采用覆盖潮湿的粗麻布、无纺布等方式进行，也可采用塑料布封闭保湿，养护时间不少于 7 d。冬期施工按冬期施工方案进行保温养护。

模板在混凝土强度达到 2.5 MPa 以上，且其表面及棱角不因拆模而受损时拆除。

第二节　支承层表面施工

一、顶面排水坡

混凝土初凝之前抹出两侧 3% 排水坡（直线段两侧、曲线段外侧），范围为轨道板边缘内

5 cm 至支承层边缘。

二、支承层顶拉毛

在混凝土初凝后至终凝前，采用长柄塑料拉毛器（也可采用毛刷）横向或纵向拉毛，深度达到 1.8～2.2 mm。拉毛范围为轨道板 245 cm 范围，两侧剩余部分进行压光处理。

三、支承层横向切缝

支承层在混凝土凝固后进行切缝（伸缩缝），最迟不得超过混凝土浇筑后 24 h，间距为 2～5 m，切缝深度为支承层厚度的三分之一，约为 10 cm，切缝位置宜与施工缝对应。

四、施工缝处理

施工段落之间的施工缝宜设在切缝处。施工缝必须做成直立面，并且垂直于轨道轴线。混凝土浇筑完成后，拆除端模，及时进行人工修整凿毛；当混凝土浇筑停顿时间超过混凝土初凝时间时，应中断浇筑，留作施工缝，再次浇筑时，将施工缝处的松散骨料剔除，将杂物清理干净，并用水将接触面湿润。

第三节　路基上固定端刺和摩擦板施工

一、端刺和摩擦板施工

1. 工艺流程

桥台后路基上的固定端刺和摩擦板施工内容包括端刺倒“T”形结构施工和摩擦板及齿部施工。端刺、摩擦板施工工艺流程如图 7—4—2 所示。

2. 测量放样

(1)用全站仪在路基表层测设端刺及齿部开挖纵横边线，撒白灰线作标记。

(2)开挖时，严格控制标高，随时测定开挖深度，以确定端刺及摩擦板齿部底面高程。

3. 摩擦板齿部及端刺开挖

(1)摩擦板齿部二次开挖待填筑的水泥级配碎石终凝后进行。摩擦板齿部开挖时由于水泥级配碎石已有较高强度，需采用液压破碎锤配合液压反铲开挖。开挖过程中要确保齿部轮廓线以外水泥级配碎石不被机械破坏和扰动，开挖开口线控制在白灰线以内，剩余部分采用人工修整。开挖弃土运至指定地点。

(2)根据端刺基础开挖边线沿端刺纵向按 1∶2 坡度下挖，采用坡度尺控制边坡坡度，全站仪检查。端刺基础开挖量较大，采用液压反铲进行开挖，人工修坡。开挖至端刺设计标高以上 20 cm，剩余部分采用人工挖除，以保证底部原填筑土不被扰动破坏。挖方运至指定地点。

4. 水泥级配碎石填筑施工

固定端刺及过渡板底部填筑为 A 区和 C 区的水泥级配碎石。其中 A 区为过渡板底部高程以下至端刺底板高程以下 50 cm 范围；C 区为摩擦板底部高程以下 1 m 范围。摩擦板细部结构如图 7—4—3 所示。

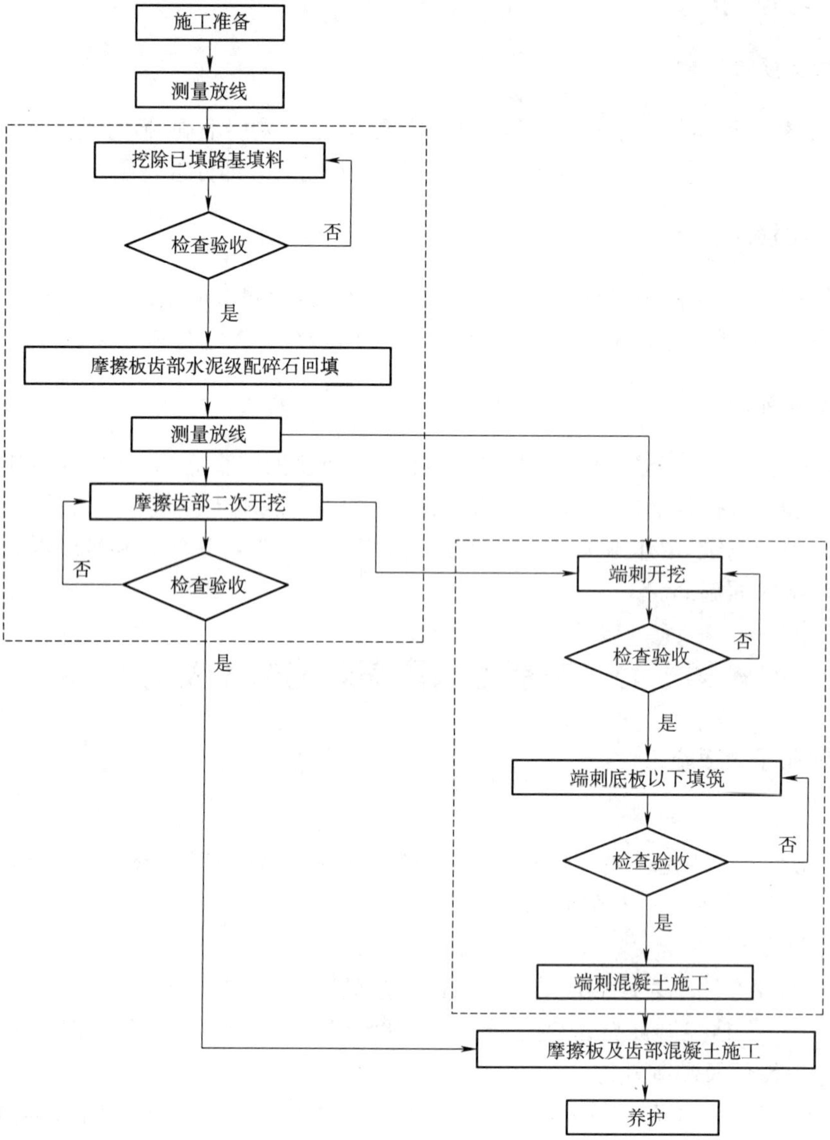

施工准备
测量放线
挖除已填路基填料
检查验收（否→挖除已填路基填料；是↓）
摩擦板齿部水泥级配碎石回填
测量放线
摩擦齿部二次开挖
检查验收（否→摩擦齿部二次开挖；是↓）
端刺开挖
检查验收（否→端刺开挖；是↓）
端刺底板以下填筑
检查验收（否→端刺底板以下填筑；是↓）
端刺混凝土施工
摩擦板及齿部混凝土施工
养护

图 7—4—2　端刺和摩擦板施工工艺流程图

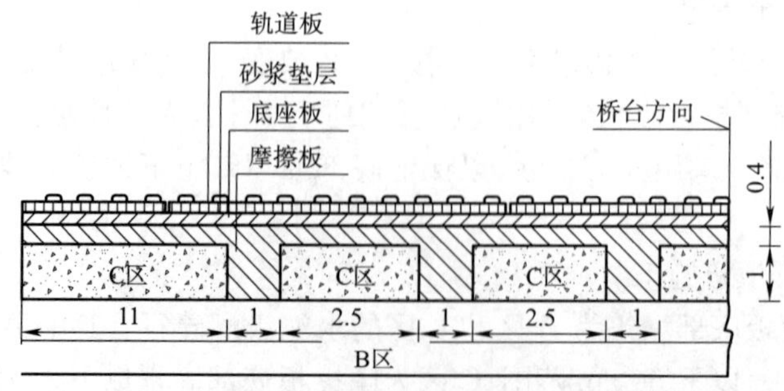

图 7—4—3　摩擦板结构示意图(单位:m)

端刺基础水泥级配碎石填筑采用自卸汽车运料，推土机粗平，平地机配合人工精平。当采用不同吨位压路机压实时，压实厚度、遍数及行走速度根据工艺试验确定；端刺两侧压路机压不到的盲区部分采用小型平板振动夯夯实。

填筑端刺两侧级配碎石时，必须对称填筑，以保证端刺竖板稳定、无损伤。为了保证填料密实度，可在端刺竖墙边缘埋设注浆管，具体形式根据设计图确定。

水泥级配碎石填筑与路基纵向填筑之间采用 1：2 台阶搭接，并加强分界线部分填料的碾压。

过渡板底部 A 区填筑时，在过渡板底部高程以下预留厚度不小于 10 cm 改为 C20 混凝土，用混凝土找平，以便于阶梯式硬泡沫塑料板的铺设。塑料板顶部高程要求平整一致，平整度满足 2 mm/1 m 的要求。底座板施工前，塑料板上方应铺设薄膜。

5. 钢筋混凝土施工

端刺、摩擦板混凝土施工包括钢筋安装、预埋件安装和立模浇筑。施工内容包括测量放线、钢筋绑扎、预埋件安装、立模、混凝土拌制与浇筑、混凝土养护等。

(1)端刺底板、竖墙用组合钢模或竹胶板拼装。摩擦板厚度为 40 cm，采用组合钢模拼装。齿部施工利用路基上二次开挖出的凹槽立模浇筑。摩擦板模板采用外撑加固方式，在路基面上钎入钢筋地锚，在模板上口、底部与地锚根部设置脚手架管或粗钢筋进行水平、斜撑加固。摩擦板先导段端头模板采用木模板，在过缝钢筋穿过的位置打孔。

(2)摩擦板与桥台之间有 14 cm 宽的缝隙，需填塞 2 层厚度 2 cm 的软纤维垫，两层垫之间充填厚度为 10 cm 厚的过滤石。

(3)混凝土采用插入式振捣器捣实，插入位置的间距应是振捣棒的 10 倍，插入下层 10～20 cm 左右。插入位置与模板保持 10 cm 的间距，防止碰撞模板、钢筋及预埋件。

(4)混凝土浇筑过程中设专人看护检查模板、支架等工作情况，出现变形、移位或沉陷，立即校 正、加固，处理好后方可继续浇筑。保持均匀下料和入仓强度，随时检查预埋件是否移位，发现移位及时校正。

(5)混凝土浇筑完毕后，及时采用保湿措施对混凝土进行养护。当新浇混凝土达到设计高程或收仓时，先将收仓面混凝土抹平，待有一定强度后立刻用麻布将收仓面覆盖，并及时采用喷雾洒水等措施对混凝土进行保湿养护。当混凝土采用带模养护方式养护时，应保证模板接缝处混凝土不失水开裂。

(6)侧模应在混凝土强度能保证其表面及棱角不因拆模而受损坏，且内外温差不大于 20℃时，方可拆除；拆模后，迅速覆盖养生布对混凝土进行后期养护，养护时间不少于规定时间。

(7)摩擦板浇筑完成后，应对其表面进行凿毛处理。应凿除处理层混凝土表面的浮浆和松弱层。凿除时，处理层混凝土需达到以下强度：①用水冲洗凿毛时，须达到 0.5 MPa；②用人工凿除时，须达到 2.5 MPa；③用风动机凿毛 时，须达到 10 MPa。

二、施工资源配置

1. 人员配备

采用专业施工队伍施工，管理人员包括队长、技术负责人、技术员、质量员、安全员、材料员和工班长，并根据工程情况适当配备若干劳务工人。

2. 机具设备配置

根据作业内容的不同,端刺、摩擦板施工需要配置小型挖掘机、振动压路机、级配料拌和站、装载机、平地机、自卸车、推土机、振捣器、电焊机、闪光对焊机、发电机、液压破碎锤、平板振动夯、混凝土罐车等机具设备。

三、质量控制

1. 为避免支承层侧面有麻面、烂根现象,施工中应加强过程控制,振捣到位,避免漏振,并随时检查模板标高,对底部空洞处应填塞密实。

2. 混凝土浇筑应避开高温时段,浇筑过程中振捣密实,做到不漏振、不过振;浇筑完成,混凝土拆模后要及时对支承层进行洒水覆盖养护,养护时间不少于 7 d。

3. 混凝土浇筑 24 h 内及时在支承层表面切割横向缝,以防止支承层表面出现收缩裂纹。

第五章　CRTSⅡ型轨道板粗铺与精调

第一节　施工准备

1. 清理

清理底座板粗大残留污物，然后用射水全面地清洗混凝土表面。清洗轨道板，清理灌浆孔。

2. CPⅢ点联测检测

测设轨道基准点前，应对CPⅢ网进行联测检查，以防止误用被破坏或触动变位(防撞墙、遮板等施工造成的)的CPⅢ网点支架而形成错误的测量数据。

3. 轨道板编号标注及弹线

轨道板粗铺前，测量确定各编号轨道板的位置，并在底座板上用墨线标示，同时标注轨道板编号。

4. 轨道板检验

轨道板运到铺设地点后，应检查每块轨道板的状态。检验是在每块轨道板卸货时进行。检查内容如下：

(1)核对轨道板的编号。

(2)轨道板表面边缘是否有损坏，如有混凝土剥落，深度不得超过5 mm，面积不得大于50 cm^2。

(3)轨道板底面边缘是否有损坏。如有混凝土剥落，不得侵入板的边缘15 mm，长度不得大于100 mm。

(4)轨道板、承轨台是否有裂纹。

第二节　施工工艺流程及说明

一、储存场地选址

在轨道板从板场运输到施工工区后，根据施工便道及工点条件确定哪些区段适用于轨道板的沿线路存放，哪些区段适用于轨道板的集中存放。由于每块轨道板编号都是唯一的，这个唯一的编号对应线路上唯一一个位置，所以对轨道板应按顺序存放以免二次倒运。

二、轨道板存放

集中存放时，存放场地要平整并进行硬化处理，硬化地面混凝土强度不小于7.5 MPa，并不得有下沉变形。轨道板与地面及轨道板之间可用20 cm×20 cm的方木在指定位置支垫。存放层数不应超过9层。图7—5—1所示为轨道板集中存放现场。图7—5—2所示为轨道板集中存放尺寸图。

图 7—5—1　轨道板集中存放现场图

依据工点分布，我部在路基附近设临时存板厂，存板场按 6 层存放。存板场采用推土机进行场地平整，然后采用震动压路机进行场地碾压、密实，满足每个存板位存放 6 块板的能力。

以三点支承为原则每块板按 10 t 计，则每个支承点承重 20 t，点位采用 C30 钢筋混凝土支垫，(具体布置如图 7—5—3 及图 7—5—4 所示)存板区其余位置铺设 30 cm 级配垫层铺面。

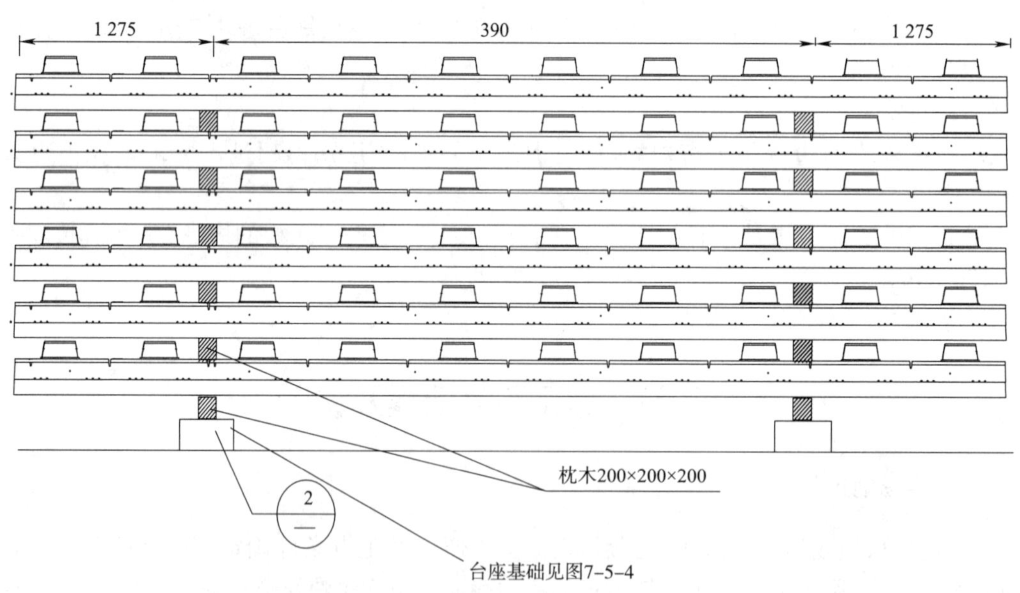

图 7—5—2　轨道板集中存放尺寸图(单位：mm)

存板场内运输通道采用 30 cm 厚的碎石垫层和 20 cm 厚的 C20 混凝土面层，宽 6 m；存板场内还需要规划 CA 砂浆材料储运站及临时房屋、汽辆清洗池。存板场与便道或公路连接的通道按 6 m 宽布置，仍采用 30 cm 厚的碎石垫层和 20 cm 厚的 C20 混凝土面层。

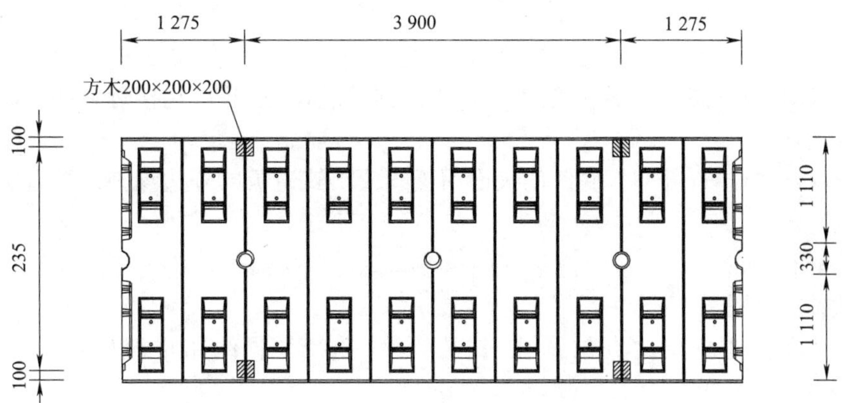

图 7—5—3　存板方木布置图(单位:mm)

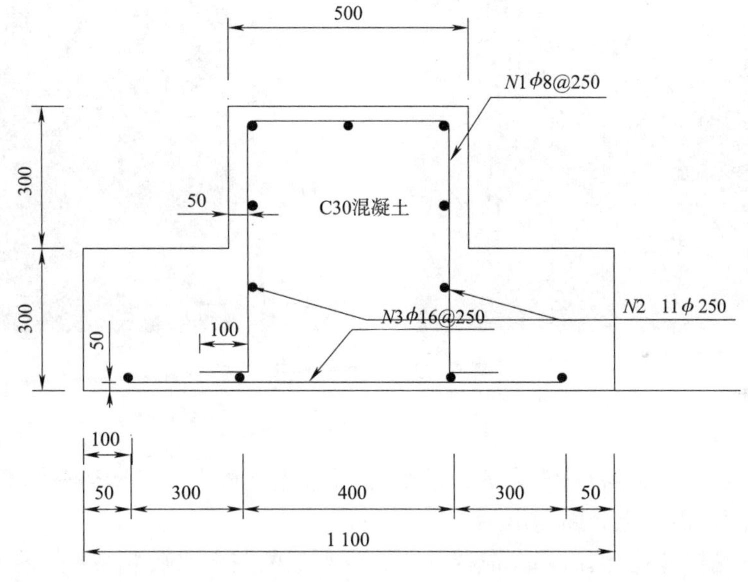

图 7—5—4　条形基础示意图(单位:mm)

轨道板在存板场卸车和装车,用汽吊解决,配轨道板专用吊具。轨道板存放,四角应在同一平面内,板与板之间设带橡胶垫层的 20 cm×20 cm×20 cm 硬杂木支垫。顶面采用篷布覆盖,以免扣件系统锈蚀。

三、轨道板运输场地线路

沿线存放时,地基应平整密实,板下用方木在指定位置支垫。存放层数宜为 2～4 层。

四、测量放样及弹线

1. 测量圆锥体的位置

在轨道板铺装机械到达之前,进行轨道板铺设测量放样。将 1/100 000 测量网在底座混凝土施工之后引到桥上,沿线路方向测设施工控制导线点,导线点与线路的延伸方向搭接,与相邻的定测导线点贯通闭合，形成附合控制导线，作平差处理，在附合导线网的基础上，每隔 100 m 左右，测设线路中心及水准百米控制桩，进行平差处理后，测设每块轨道板的 GRP 点和铺板安放点，GRP 和铺板安放点定位于轨道板横向接缝位置中央，且接近轴线。圆锥体的轴线与安置点重合。

在放出圆锥体位置的同时，底座的表面用墨线放出轨道板的外边缘。以配合圆锥体对轨道板的定位。

2. 圆锥体的安装

(1)钻锚杆孔(图 7—5—5)

用一台钻孔机在测定的点位钻孔，钻孔深度、孔径根据线路情况确定。锚杆为直径 ϕ17 mm 的螺纹钢筋，螺距为 10 mm，长 580 mm。

图 7—5—5　钻锚杆孔

(2)固定锚杆

圆锥体的安放应不影响 GRP 点的正常使用，并依据铺板点和 GRP 点放出轨道板的外轮廓线，以墨线在底座混凝土表面划出。

按下列要求钻锚杆孔，然后用合成树脂灰泥或类似的灰泥来胶粘锚杆。锚杆的胶粘应符合质量要求。用一台钻孔机钻孔。(钻孔时可根据需要加工合适的工具作模型确保正确的孔位和垂直度：长 300 mm、宽 200 mm、厚 10 mm 的钢板，中间钻 ϕ21 mm 孔，在实施中将铁板模型孔中心对正测点中心并用脚压住铁板后进行钻孔)，钻孔孔径为 20 mm，深度为：直线上($\ddot{U}\leqslant$45 mm)15 cm，有超高的线路上($\ddot{U}>$45 m)20 cm。伸出底座板的锚杆长度不得低于 35 cm。

(3)安装圆锥体和去除锚杆(图 7—5—6)

圆锥体的锚固及拆除工艺：安装锚杆时可在锚杆上涂上脱模剂(可采用机油或色拉油等)，然后在锚栓孔内充填砂浆(合成树脂胶泥)，在达到强度后锚杆就固定胶结在混凝土承载层内，然后将圆锥体套上锚杆并用翼形螺帽固定(轨道板完成粗铺后即可拆除)。轨道板垫层灌浆达一定强度以后，在拆除压紧装置的同时将锚杆拆除(旋出)。

(4)安装定位锥和测设轨道基准点

定位锥安装时采用手持电钻钻孔(图 7—5—7)，用鼓风器将孔内粉尘吹干净，利用树脂胶固定精轧螺纹钢，以此固定定位锥。定位锥锚杆为直径 ϕ15 mm 的螺纹钢筋，长 550 mm，植入

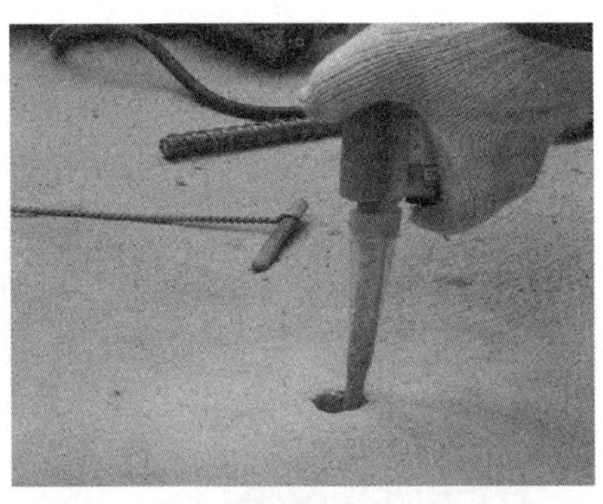

图 7—5—6　安装圆锥体和去除锚杆

深度为：直线上 15 cm，有超高的线路 20 cm。伸出底座板的锚杆长度不得低于 35 cm。图 7—5—8 所示为轨道基准点和定位锥锚。

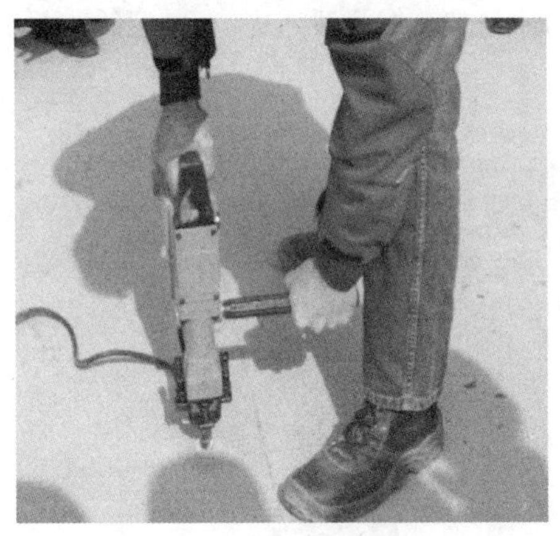

图 7—5—7　手持电钻钻孔

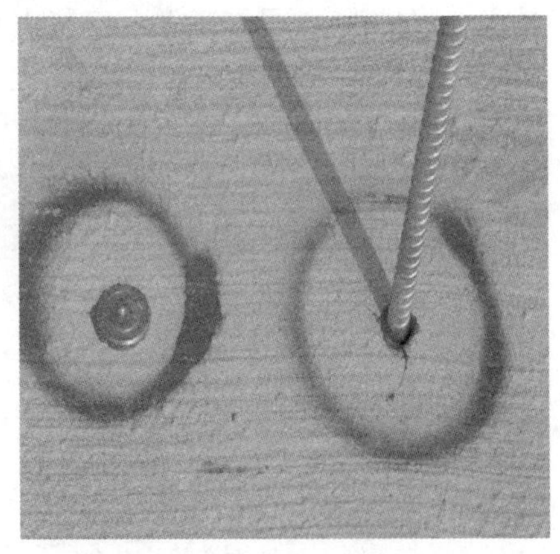

图 7—5—8　轨道基准点和定位锥锚杆

五、轨道板的粗铺

用门架式起重机将轨道板从双向运板车辆上卸下并铺设。也可采用悬臂门架式起重机直接从桥下将所存放的轨道板吊装到位。图 7—5—9 所示为轨道板卸车，图 7—5—10 所示为利用桥下施工便道吊装轨道板。

图 7—5—9　轨道板卸车

图 7—5—10　从桥下吊装轨道板

1. 检查门架式起重机的稳固性

门架式起重机装有轮式走行机构。每次起吊轨道板之前，操作司机都应检查机器的稳固性。

2. 双向运板车驶近铺设地点

由于门架式起重机的横梁纵向移动量有限，双向运板车应尽量准确地驶到规定地点，以保证轨道板不至于歪拉斜吊。

3. 在底座板混凝土上放置间隔木条(图 7—5—11)

轨道板粗放板支点应为 6 个，支点材料为 5 cm×5 cm×35 cm 硬木条，分别设置于板侧前后端部及板中央。在轨道板粗铺前，应在每个精调器位置处预先粘贴弹性密封止浆垫(粗铺过程中容易将止浆垫碰动，可在精调前安装止浆垫)，止浆垫为"U"型结构，其厚度约为板缝厚度的 1.5～2.0 倍，确保铺板后压实密封不漏浆。

图 7—5—11　垫木和密封胶垫的放置

当精确调整轨道板时，精调爪向上抬高，再撤出垫木并运到下一个铺设地点。

4. 发泡材料模制件的安装

门架式起重机提升轨道板之前要在调整架的安装地点先放上发泡材料制成的模制件。用硅胶或双面胶固定。在垫层灌浆时用作密封，以防垫层砂浆溢出。可以通过轨道板上的安装件计算出发泡材料模制件的准确位置。

5. 抓钩式起吊横梁在运班车上方的定位

运板车和门架式起重机驶到最终铺设位置后，起吊横梁直接定位在轨道板的正上方并降下(图 7—5—12)。

图 7—5—12　起吊横梁定位

6. 起吊横梁钩住轨道板(图 7—5—13)

起吊横梁钩住轨道板时，此时要考虑横向倾斜度。起吊横梁上装有距离定位器，直接对准轨道板。接下来用液压锁闭起吊横梁，锁闭时侧面的抓钩依垂直方向旋入。

图 7—5—13　钩住轨道板

锁闭机构由门架式起重机驾驶员操作。用肉眼检查锁闭机构的 4 个抓夹点的锁栓是否都已完全锁闭。

7. 轨道板安放与定位

轨道板定位的过程为：轨道板起吊→转到铺设侧→轨道板下降→放到已安放好的木条上。轨道板按规定挂上吊钩以后，由门架式起重机司机操作起吊。转到要铺设的轨道上方并降下(图 7—5—14)。接近水硬性胶结承载层时必须降低下降速度，以便放置时不损伤轨道板。

在放下时将轨道板准确定位(准确度约 10 mm)。此时应特别注意侧向位置，与前次铺设的轨道板的相对位置以及空端的位置。事先安装在水硬性胶结承载层上的塑料圆锥体用于准

图 7—5—14　下放轨道板

确定位。轨道板端面上的两个圆柱形凹槽直接定位在圆锥体上方(图 7—5—15)。然后放下轨道板。

图 7—5—15　轨道板定位

轨道板从起吊横梁上脱钩,轨道板在垫木上正确定位后,起重机司机即可用液压松开起吊横梁。

起吊横梁升起和门架式起重机驶离起吊横梁松开后升起,门架式起重机驶离。

8. 双向运板车装卸轨道板

双向运板车在卸下一部分轨道板后,可以驶到下一个铺设地点卸板。在完全卸空以后,双向运板车返回提板站,继续装板运输。

六、轨道板的精调

下面以采用广州南方高速铁路测量技术有限公司开发的软件和徕卡 tps 全站仪为例来介绍轨道板的精调作业。

(一)施工准备

GRP 控制点数据及板数据文件准备,CRTSⅡ型板精调是以轨道基准点(GRP 点)为基础，根据线路参数采用专用布板软件计算的板数据文件为主体进行轨道板精调作业的，要求轨道板施工前，GRP点必须通过评估单位评估合格后方可使用。

GRP点及轨道板数据文件在输入前必须进行复核后方可输入精调软件内，防止内业出错导致调板错误。

（二）精调系统软、硬件准备

精调前需要对精调软件进行一些系统设置，一般系统设置在第一次正确设置完成后不需要改动。具体设置可参考仪器提供商提供的精调系统说明书及设计规范限差要求。

硬件准备主要是针对全站仪及标架进行标定，保证全站仪及精调标架工作状态。

（三）板粗铺检查

精调前对板粗铺质量进行交接，要求纵向粗铺精度±10 mm，横向粗铺精度为±10 mm。

（四）轨道板精调操作步骤

1. 精调标架校核（图7—5—16）

先将标准标架放入下一块板上任意位置全站仪方向看标架左侧放入0号棱镜（0号棱镜放在固定端），全站仪手动照准左棱镜后点击开始测量，全站仪测完后软件会提示手动照准右棱镜，这时将标准架旋转180°后照准右棱镜（棱镜垂直旋转对准全站仪），点击开始测量，然后依次放入作业标架进行检校，全站仪将自动测量，可获得对应棱镜的改正数。在检测过程中如各标架检测值与标准标架的差超过0.3 mm，必须重新检测。特别强调，检测标架需在直线段检测。图7—5—17所示为倾角传感器检校的软件界面。

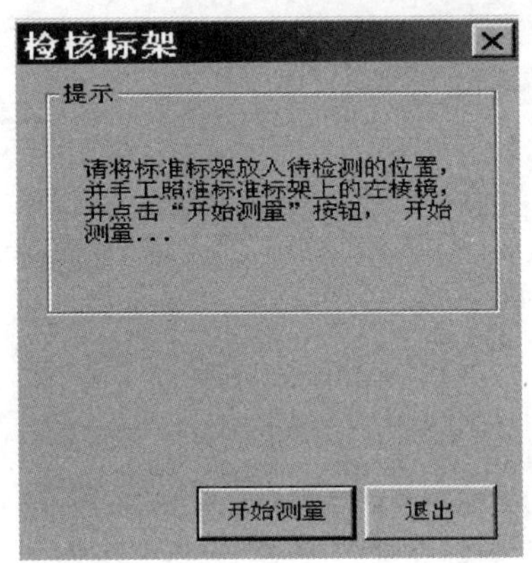

图7—5—16　标架校核软件界面

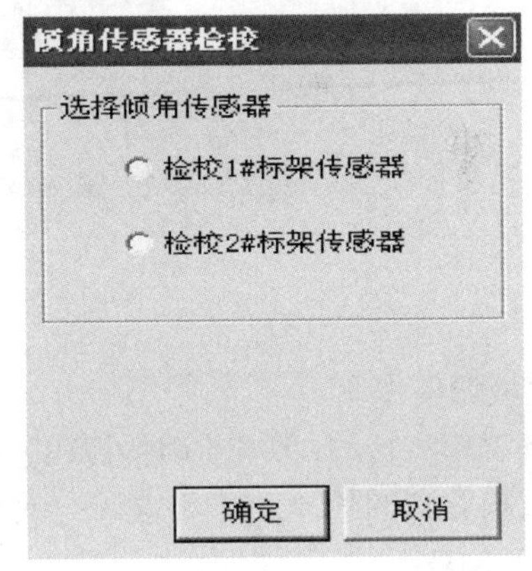

图7—5—17　倾角传感器检校软件界面

2. 全站仪定向

图7—5—18所示为全站仪强制对中三角架设站。在已测设完成的GRP控制点上按间隔三块板的距离，采用强制对中三角架架设全站仪及后视点棱镜。采用已知后视点的设站方式进行全站仪定向。全站仪的定向在利用基准点作为定向点观测后，还必须参考前一块已铺设好的轨道板上的最后一对支点，以消除搭接误差。

3. 安放精调标架

将1-3号精调标架按调板方向依次安放在板的第1、5、10号承轨台上，4号棱镜放在已经调整完毕板的第10号承轨台上做搭接处理。图7—5—19所示为标架的安放现场。

图 7—5—18　全站仪强制对中三角架设站

图 7—5—19　安放标架

4. 轨道板调整作业

第一步，调整搭接端，将当前调整板和已调整好的板大体一致。

第二步，启动精调软件，软件指挥全站仪观测轨道板的头、尾的水平、竖向位置，得出偏差数据进行精确调整。

第三步，通过全站仪对中部的棱镜进行测量，消除轨道板中部的弯曲误差。此处应仅有上下移动，没有平面移动(板两头安装双向精调千斤顶，中部安装竖向精调千斤顶)。精调千斤顶螺杆每旋转一周调整量为 0.7 mm，工人先根据第一次测量偏差量计算调整圈数调整，一次调整完后根据第二次调整量进行微调。调整顺序一般先高程，后平面。

最后一步，所有测量结束后，完整测量精调标架，检查调整结果是否满足规范要求，由组长决定是否要继续调整。满足要求后，对精调后数据进行存储。

成果记录做好后，转入下一轨道板的调整。

图 7—5—20 为根据软件显示结果进行轨道板的精调作业。图 7—5—21 所示为轨道板的完整测量结果的软件界面。

图 7—5—20　根据软件显示结果精调轨道板

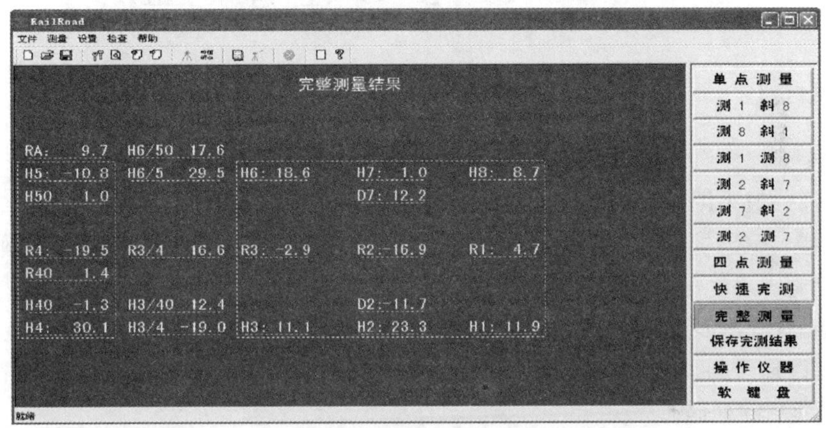

图 7—5—21　完整测量软件界面

第三节　质量控制

轨道板粗铺时，应有专人核对轨道板编号与底座板标示号是否一致，确保轨道板“对号入座”。

轨道板上桥采用龙门吊吊装，将轨道板安装到指定的位置。轨道板就位时人工配合，通过定位锥的限位使铺设精度达到平面 10 mm 的精度。轨道板铺设检测项目与标准见表7—5—1。

表 7—5—1　轨道板铺设施工主要检测项目与标准

序号	项　　目	检测标准	检测数量及方法
1	加密基桩轨道基准点测量	平面 0.2 mm，高程 0.1 mm	仪器测量
2	定位钢筋及定位锥埋设	电锤钻孔深度 15～20 cm，圆锥体的轴线与安置点重合，距离轨道基准点 20 cm。植入直径为 ϕ16 的定位筋，植筋牢固	尺量、目测
3	垫木和密封胶垫放置	垫木、密封胶垫摆放位置正确，能够满足要求	目测
4	轨道板粗铺	精度达到平面 10 mm 的精度	定位锥安放测量

第六章　砂浆灌注及轨道板连接

由于水泥乳化沥青组成复杂、环境敏感性强，施工要求高，且需要专门的搅拌机、灌注设备。需要设计和施工各方及时掌握水泥乳化沥青砂浆的施工技术及控制要点，进而确保CRTS Ⅱ型板式无砟轨道水泥乳化沥青灌注施工的顺利进行。

第一节　施工准备

一、原材料

1. 材料存储

干料储运一般采用袋装和散装两种。袋装一般有两种包装形式，一种为小袋 25～50 kg，另一种为吨袋，每袋约 1 t，小袋适应人工加料，大袋适应吊车加料，袋装存储要做好防潮、防水、保温等措施。

干料可储存在沿线存板台座上。轨道板吊装上桥后，在沿线临时存板基础上铺方木、木板、篷布即可存储干料。

2. 乳化沥青的存储

乳化沥青的储运一般也有桶装和散装两种。常见的桶装为吨桶，桶装的特点是运输方便，无需倒运，但费用相对高，适应工程量较小的工程，但要注意保存，保存不当容易产生破乳，影响使用。

目前对无砟轨道而言乳化沥青的用量一般都比较大，更适宜散装存储。散装的特点是沥青的存储能有保障，存储量也大，材料供给保障有力。散装一般是在现场安装乳化沥青存储灌，容量一般为 100～200 t，存储罐内加设自搅拌装置，能保证乳化沥青任何时间的均应性。为保证乳化沥青的温度，存储罐可放置在地下并加盖房子，做好房子的保温等措施。

3. 运输

当砂浆车进行作业时，砂浆车就停置在现场不再回供给站进行加料，加料需要其他的形式在现场为砂浆车加料。

当使用袋装干料时，用于给砂浆车加料的设备就采用吊车，吊车使用要兼顾现场灌浆，一般采用 25 t 吊车就能满足加料与灌浆的要求。

采用桶装乳化沥青给砂浆车加料，需运输汽车，沥青泵。采用散装乳化沥青加料需配置小型沥青罐车(10～20 t 为宜)，一台沥青罐车可对几台同时作业的砂浆车供料。

给砂浆车加水，可用水泵或水车进行，水泵的扬程一般有 3～5 m 即可，砂浆车的储水灌一般为 2 t，一台水车可对连续作业的几台砂浆车供水，需要注意的是拌合用水必须是清洁并经检验合格的拌合水。

4. 其他注意事项

(1)原材料进场后,应及时建立原材料管理台账。

(2)原材料的储运应按品种、生产厂家分别储运,不同品种、不同厂家的原材料不得混装、混堆。

(3)袋装材料的储运要采取相应的防水、防潮措施。

(4)乳化沥青的储存时间不大于 90 d,干料的储存时间不宜大于 45 d。

(5)原材料在储存和使用过程中,其温度应严格控制在限界温度范围内。乳化沥青、干料的进场、贮存、使用温度宜控制在 5℃～30℃;未作明确要求的,材料的适宜贮存和使用温度以保证砂浆的温度要求为前提。环境温度低于 5℃时,应对原材料采取必要的保温措施。

(6)原材料的温度对水泥沥青砂浆的性能产生较大的影响。温度过高,易导致水泥沥青砂浆破乳或工作性能损失过快,影响施工。温度过低,对水泥沥青砂浆的灌注质量、强度发展、施工进度产生较大的影响。因此,对原材料的储存和使用温度应严格控制,以便保证水泥乳化沥青砂浆的拌合、施工顺利进行。

(7)对于检验不合格的材料,应按有关规定清除出场

二、压紧装置的安装

为了防止灌注水泥沥青砂浆时板上浮,精调完成后设置轨道板压紧装置,如图 7—6—1 所示。

图 7—6—1　压紧装置布置照片

根据我单位沪杭项目对压紧装置位置、压紧状态的研究认为,比较合理的压紧装置设置是:一块轨道板设置 8 个压紧装置,横向板与板相连的位置各设置一个中间压紧装置,板纵向两侧各设置 3 个压紧装置,压紧装置的位置要求与竖向千斤顶位置尽可能一致,这样在压紧装置拧紧的过程中,由于受到竖向千斤顶的竖向约束,轨道不会因为外力作用而产生翘曲变形,影响轨道板的精度,同时也可以确保压紧效果,防止轨道板在灌注过程中板的上浮。在直线段压紧装置设置为 2 个横向、6 个纵向压紧装置。在曲线段压紧装置设置 2 个横向、8 个纵向压紧装置,特别是在地段增设 2 个纵向压紧。图 7—6—2 所示为横向压紧装置,图 7—6—3 所示为纵向压紧装置。

压紧装置由锚杆、L 型钢架及翼形螺母组成,锚杆锚固深度应为 100～150 mm。采用植筋胶(环氧树脂基为基础的)锚固,锚固完成的锚杆应确保处于垂直状态。一般禁止采用膨胀螺栓,由于膨胀螺栓在变形的作用下才能提供反力,这对高精度要求的轨道板是不利的,因此在一般情况下杜绝采用膨胀螺栓进行加固。

图 7—6—2　横向压紧装置

图 7—6—3　纵向压紧装置

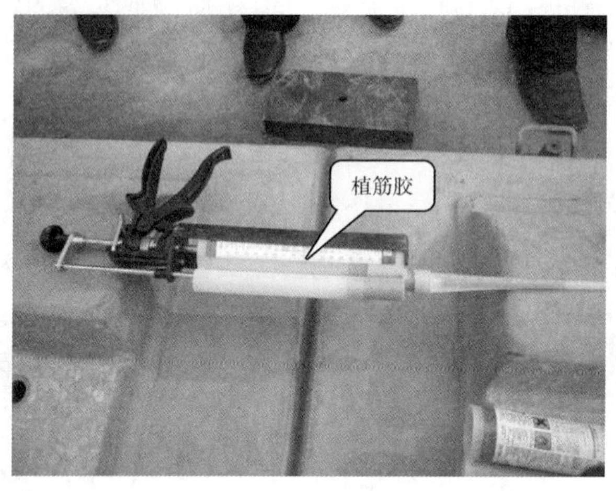

图 7—6—4　植筋胶

安装压紧装置时，将翼形螺母先用手拧紧，然后再锤击二到三下，保证已充分压紧，但不得引起轨道板的变形。可以在压紧时，在附近安装百分表进行观察。

水泥沥青砂浆强度达到 1 MPa 或 12 h 后（确保砂浆膨胀已经完成）可以拆除压紧装置、切除锚固螺杆。

压紧装置采用锚杆和角钢构件组合压紧，先在底座板中间位置及精调爪附近钻孔，注意要与精调爪位置有一定距离（40 cm 左右，如图 7—6—5 所示），以防影响精调作业，预埋锚杆，待精调完成后将角钢构件用螺栓拧紧，确保轨道板的精调位置不受后续施工作业的影响。

三、轨道板封边及预留排气孔

（一）轨道板纵向封边

CRTSⅡ型板纵向封边方法较多，常用的有半干性砂浆封边、砂浆架封边、填充封边、模板封边。通常情况下在直线段一般采用半干性砂浆封边，超高段采用模板封边。

1. 半干性砂浆封边（图 7—6—6）

纵向封边应采用薄铁皮与半干水泥砂浆封堵。铁皮的位置如图 7—6—6 所示。纵向封边高度 10 cm 左右，尽量不要太低，以防漏浆。

图 7—6—7 所示为半干性砂浆封边现场，半干性砂浆封边施工应注意如下事项：

图 7—6—5 压紧装置位置

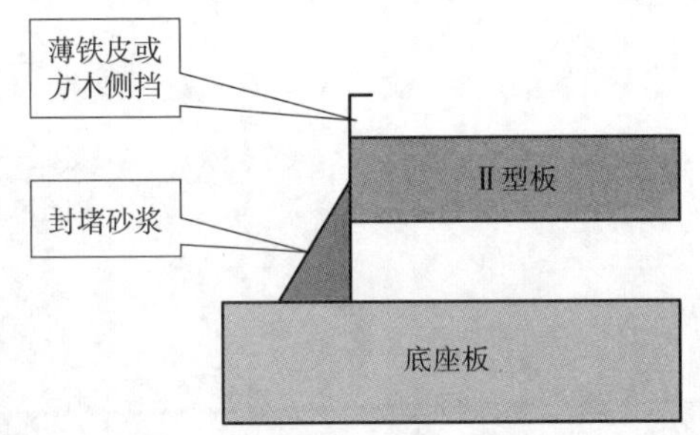

图 7—6—6 半干性砂浆封边示意图

图 7—6—7 半干性砂浆封边

(1)封边前应先将底座板清扫干净,并用水湿润,使砂浆和底座板能更好的粘接;

(2)紧贴轨道板位置设置一排 1.2 mm 厚铁皮防止封边砂浆侵入板底;用干塑状砂浆抹成三角形状体并压实,砂浆高出板底 3 cm 以上。抽去薄铁皮,进行二次压边,特别是轨道板与砂浆的粘接处，达到粘接牢固、无缝隙，砂浆不侵入板缝。

待封边砂浆封堵完毕并具有一定强度后拆除铁皮，并用等强砂浆补封拆除铁皮时留下的缝隙，补封应密实、饱满。

2. 采用角钢加封边带封边法

角钢加封边带封边法是指采用透气型和透水性封边带材料，一侧与精调后的轨道板密贴，另一边与底座板密贴，中间采用角钢，利用压顶螺栓压顶的模式将角钢与封边带和轨道板、底座板压紧，消除缝隙，确保不漏浆，同时为了排气，在封边带与角钢的固定位置设置排气孔排气，保证灌浆时排气效果。图 7—6—8 所示为采用角钢加封边带封边的现场图。

图 7—6—8　封边带封边法

采用封边带角钢模式，灌注乳化沥青砂浆后，拆除封边带后，乳化沥青表面清洗印出封边带痕迹，且由于角钢作用砂浆表面垂直度较好，外观效果很好，因此也是值得推广的方式。采用角钢封边时，横向加固方式应注意，长角钢应至少在三处进行横向顶紧，短角钢至少 2 处进行横向顶紧，确保横向加固效果——封边带封边不漏浆。

采用封边带加角钢封边，一是要注意在千斤顶安装时位置要固定，保证千斤顶与千斤顶之间位置永远是常数，这样封边角钢、封边带采用固定尺寸便于操作；二是角钢的出气孔位置应在砂浆层以内，否则会导致排气不畅，影响灌注效果；三是在进行封边时，一般要先对轨道板压紧装置定位压紧后再进行封边，防止由于轨道板定位不彻底，在封边时由于封边影响精调后的轨道板精度；四是在进行封边顶紧封边螺栓时，要求左右两侧同步操作，防止一侧拧紧较多导致轨道板横向偏位；五是在轨道板封边完成后，立即对轨道板进行重新测量复核，如轨道板封边后位置发生偏移，应重新对轨道板进行精调后再封边压紧，灌注乳化沥青砂浆。封边加紧应左右对称进行，严禁单侧进行封边作业轨道板产生横向偏移，使板间搭接超标。

用角钢加封边带封边的方法，步骤简单，封边效果较好，且清洁卫生，效果较好，在有条件的情况下，一般宜采用角钢加封边带封边模式。

（二）横向封边

CRTSⅡ型板横向封边有永久封边和临时封边两种。

1. 永久封边方法

采用同设计水泥沥青砂浆相同配方的材料拌合，然后放置，待砂浆的稠度达到可塑状态时，进行封堵。优点：容易保证板底砂浆的连续。缺点：这种方法施工很不方便，第一，拌合好的水泥沥青砂浆要等待较长的时间，且要随时观测稠度，掌握封边的时机。砂浆过稀，无法实施作业；砂浆过稠，封边后会产生漏浆，通过放置过稠的砂浆在进行封边，强度会下降。

2. 临时封边方法

采用 120 cm×7 cm×6 cm 泡沫条封堵。优点：施工过程比较方便，简单易使用。缺点：易造成板底砂浆层不连续，须补浆方可进行轨道板纵连灌注板间混凝土。

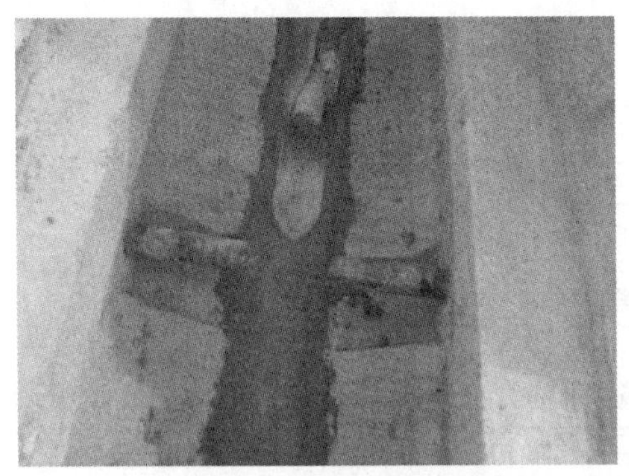

图 7—6— 9　采用水泥乳化沥青砂浆封堵

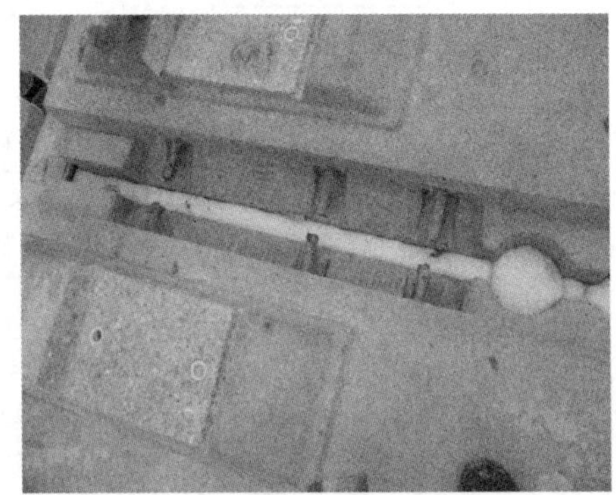

图 7—6—10　采用泡沫条封堵

第二节　CA 砂浆水泥乳化沥青灌注

一、水泥乳化沥青砂浆灌注施工工艺流程

水泥乳化沥青砂浆灌注施工流程如图 7—6—11 所示。

二、水泥乳化沥青砂浆施工工序

1. 原材料进场检查

原材料进场时，应对原材料的品种、数量、以及质量证明书等进行核查验收。乳化沥青的质量证明书中应含采用的沥青或改性沥青的质量证明文件，干料质量证明书应含采用的水泥、细骨料的相关质量证明文件。

2. 日常检验

日常检验包括：原材料日常检验及水泥沥青砂浆日常检验。原材料日常检验项目及检验频率见表 7—6—1。水泥沥青砂浆日常检验项目及抽检频率见表 7—6—2。检验结果应符合现行技术条件的要求。图 7—6—12 所示为砂浆流动度检测，图 7—6—13 所示为砂浆扩展度检测，图 7—6—14 所示为含气量检测。

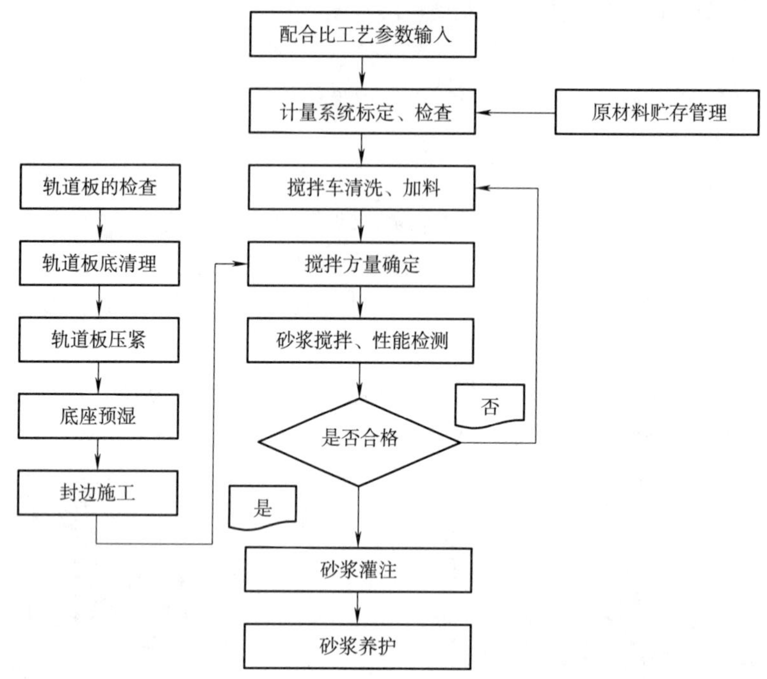

图 7—6—11 水泥乳化沥青砂浆灌注施工流程图

表 7—6—1 原材料日常检验项目及抽检频率

原材料名称	检验项目	抽检频率
乳化沥青	温度	同厂家、同生产日期的产品每 200 t 检验一次，每次进场不足 200 t 也需检验一次
	筛上剩余物(1.18 mm)	
	水泥适应性	
	贮存稳定性(1d)	
	蒸发残留物含量	
减水剂	减水率	同厂家、同批号、同品种、同出厂日期的产品每 50 t 检验一次，不足 50 t 也需检验一次
干料	温度	同厂家、同生产日期的产品每 500 t 检验一次，每次进场不足 500 t 也需检验一次
	颗料级配	
	强度	

表 7—6—2 水泥沥青砂浆日常检验项目及抽检频率

序　　号	检验项目	抽检频率
1	砂浆温度	首盘;1 次/10 盘
2	流动度	首盘;1 次/10 盘
3	扩展量	首盘;1 次/10 盘
4	含气量	首盘;1 次/10 盘
5	单位容积质量	首盘;1 次/10 盘
6	膨胀率	1 次/工班

续上表

序　号	检验项目	抽检频率
7	分离度	1次/工班
8	抗折强度	1次/工班
9	抗压强度	1次/工班

图 7—6—12　砂浆流动度检测

图 7—6—13　砂浆扩展度检测

图 7—6—14　含气量检测

三、水泥乳化沥青砂浆灌注过程控制

灌注前，应确认轨道板标高及轴向平顺满足要求，检查千斤顶的受力状态及其紧固程度，并确定封边砂浆的强度在有保证的情况下允许灌注。检查通过的方可进行砂浆灌注施工。

由于底座板的高程控制误差，每块板的板腔厚度存在差异，砂浆灌注量也不相同，为确保板的一次性灌注，在灌板前要对板腔厚度进行一次测量，掌握每块板的砂浆灌注量，便于砂浆生产。

水泥乳化沥青砂浆灌注过程中的控制要点如下。

1. 水泥乳化沥青砂浆的灌注过程应一次完成，且灌注时应持续对砂浆进行低速搅拌。

2. 水泥乳化沥青砂浆灌注时浆体应顺着孔壁注入，否则灌注时易带入很多气泡，揭板后砂浆表面很多大气孔，砂浆灌注不饱满。灌注时，砂浆自由倾落高度不宜大于 1.5 m，以避免水泥乳化沥青砂浆产生分层离析。

3. 砂浆灌注速度不宜太快也不宜太慢。灌注一块板宜用 4～10 min。当板底砂浆较厚时，灌注时间可适当延长。灌注速度过快易在硬化砂浆表面形成大气泡，影响砂浆的表面状态。灌注速度过慢易在砂浆中形成夹层。砂浆灌注时宜先快后慢，待观察孔中砂浆快接近板底时降低灌注速度，以便排气完全，从而有利于板底砂浆饱满。

4. 砂浆搅拌完后，应在半小时内完成灌注，不允许将砂浆多次倒运，砂浆从搅拌车成品仓转入中专漏斗时，落差不应大于 30 cm，以免产生更多的气泡。

5. 灌注时，除灌浆操作手外，不允许闲杂人员上轨道板。灌注完成后，在精调装置拆除前，不允许行人上板行走，并应设立显著标志，并有专人负责检查。

6. 水泥乳化沥青灌注时，排气孔封堵时间不宜太早，应待板底的空气充分排出后再封堵。过早的封堵排气孔会导致板底砂浆因排气不充分而在砂浆表面形成大孔，空洞。

7. 当气温高于40℃或低于5℃时，不允许进行砂浆灌注施工。当天最低气温低于−5℃时，全天不允许进行砂浆灌注。雨天不得进行水泥乳化沥青砂浆施工，并应对灌注后未硬化的水泥乳化沥青砂浆进行覆盖，防止雨水进入轨道板底。砂浆出机温度应控制在35℃以下，高于35℃不得进行砂浆施工。灌注时还应检查轨道板底温度，当温度超过35℃时，也不允许砂浆灌注。

第三节　轨道板张拉连接与剪切连接施工

一、轨道板张拉连接

垫层砂浆的强度达到9 MPa后，施工窄接缝，对轨道板实施张拉连接，张拉锁拧紧施工通过扭矩扳手操作，拧紧标准为450 N/m；张拉施工从拟连接范围的中间开始，从中间向两端对称同步进行。轨道板中共设有6根张拉筋，先张拉轨道板中间2根至完成，其后，从内向外对称张拉左右筋各1根至完成，最后张拉剩余2根。

二、剪切连接

1. 剪切连接的设置范围

轨道板的剪切连接位置为每片箱梁的梁缝（包括简支梁与简支梁缝）区域、梁与台背、端刺与路基过渡段、桩板结构与路基过渡段及道岔前后处，主要结构作用是将轨道板与底座板连接成为一个整体，以适应端部结构变形，结构形式视工程部位的不同而有所区别。

2. 剪切筋安装孔的钻设

钻孔前应在设计植筋位置使用钢筋探测雷达探明轨道板及底座板内的钢筋布置情况，以此微调并确定钻孔位置。钻孔使用植筋专用钻孔机（一般由锚固胶供应商提供），钻孔完成后，使用高压风管（枪）吹除孔内霄粉。植筋施工应随即进行，否则应用砂丝团或软布团封堵孔口。

3. 剪切连接筋的绝缘处理

为确保剪切筋与板（轨道板及底座板）内钢筋处于隔离绝缘状态，剪切筋表面应事先均匀涂抹一层植筋胶（即锚固用胶），并确保表面无遗漏之处。面胶凝固后再进行植入施工。

4. 剪切连接筋的安装

孔内注入（适量，试验确定）植筋胶并植入剪力销钉（筋）。剪切筋植入时应轻轻插入，并避免与板内钢筋接触。

5. 无砟轨道线间填充施工

无砟轨道线间填充施工存在于路基（设混凝土支承层段）及桩板结构段，两种工况下的填充施工基本类同（施工时以设计为准）。应在轨道结构安装完成后进行，其施工要求如下：

轨道间的填充施工。路基及桩板结构上的两线轨道间（约近2 m宽）分两层进行填充施工，其中，混凝土支承层高度范围内，夯填矿物混合料，要求$DP_r \geqslant 0.98$。顶部轨道板高度范围内采用C25混凝土填充施工，混凝土灌注施工前应将灌注范围内的轨道板用塑料薄膜（或其他材料）覆盖，并将覆盖范围延伸至填充混凝土范围之中，以避免混凝土施工时污染轨道板。

填充混凝土顶面应采用专用振捣梁整平施工，以确保表面排水坡形成及与轨道板的顺接，并满足外观整洁需要。

填充层压缩缝与横向切缝的设置。按设计要求，混凝土填充层与轨道板间设置压缩缝，填充层纵向每 5m 横向切缝。其中，压缩缝宽 8 mm、缝深 67 mm，施工时可用泡沫板等材料(可拆除的)预留形成，待混凝土硬化后拆出并灌注热沥青材料，沥青灌注深度应至少保证 12 mm，其下部约 55 mm 深度范围的压缩缝内可在灌注前填充砂料(以设计要求为准)；填充层横向切缝深度要求 60～80 mm，其上部 30 mm 范围内开槽，槽宽 12 mm，施工时可通过在切缝处预埋泡沫板等措施解决切缝上部 12 mm×30 mm 的开槽要求，在此基础上，待混凝土硬化后补切下部切缝。横向切缝的上部开槽范围内灌注热沥青封闭。压缩缝及横向切缝的设置如图 7—6—15 所示。最后在左右线外侧堆砟。

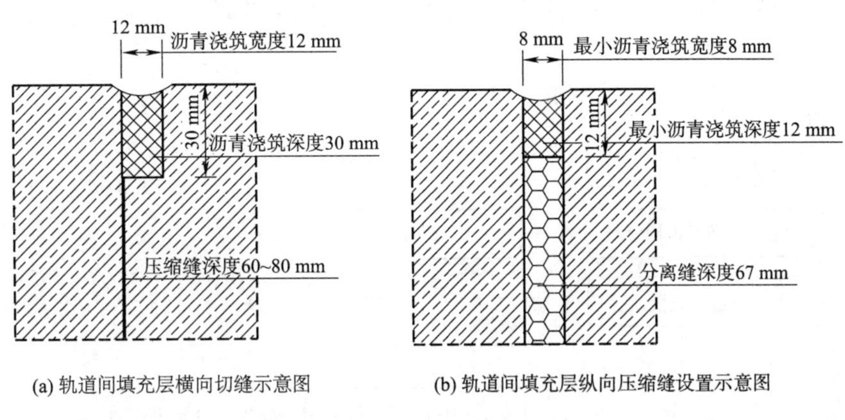

(a) 轨道间填充层横向切缝示意图　(b) 轨道间填充层纵向压缩缝设置示意图

图 7—6—15　线间填充示意图

第七章　侧向挡块施工

第一节　施工工艺概述

侧向挡块防止无砟轨道横向位移和垂直挠曲而设的限位装置。侧向挡块必须等待铺轨完成后才能施工。侧向挡块施工受钢轨铺设影响，一般在轨道铺设之后，可以与轨道精调同时进行。

施工工序流程如图 7—7—1 所示。

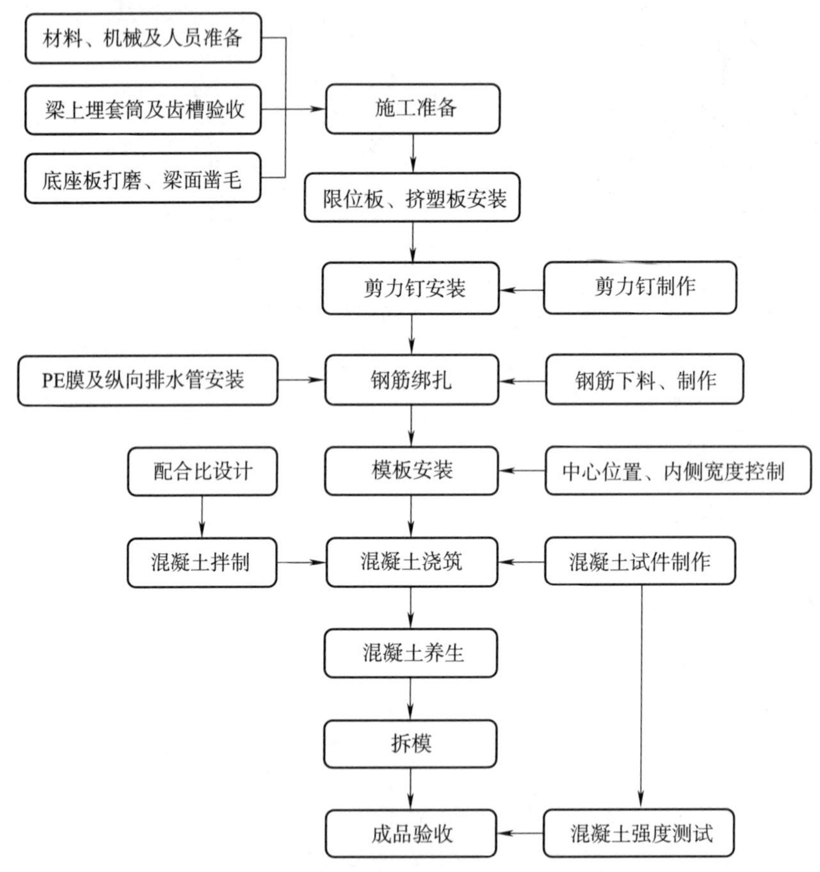

图 7—7—1　施工工序流程图

侧向挡块沿线路纵向排列，其顶面与轨道板侧面倒角下缘平齐，在平行于线路方向的两侧设置半径为 400 mm 的圆弧状外形。实体结构如图 7—7—2 所示。

图 7—7—2 侧向挡块实体结构

第二节 施工准备

侧向挡块施工前应对预埋套筒和齿槽进行全面检查和验收，检查齿槽及预埋套筒位置、规格、数量、深度是否符合设计要求，对不符合要求的应进行处理，确保侧向挡块预留齿槽深度不得小于 30 mm；侧向挡块内侧预埋套筒距离底座板边缘的设计距离为 10 cm，允许偏差为±2 cm。如侧挡齿槽侵入底座板底，要采用桥梁专用修补砂浆修补完整；如预埋套筒报废，应采取植筋补强措施。侧向挡块清理完毕后用土工布将套筒口塞紧，防止二次破坏。

为确保新老混凝土的结合质量，侧向挡块范围的梁面要进行凿毛处理（图 7—7—3），凿毛以露出新鲜混凝土为准，深度一般不大于 2 cm，凿毛范围现场放线控制，对防水层进行切割（图 7—7—4），不得损伤挡块范围以外的防水层。

图 7—7—3 侧向挡块范围梁面凿毛

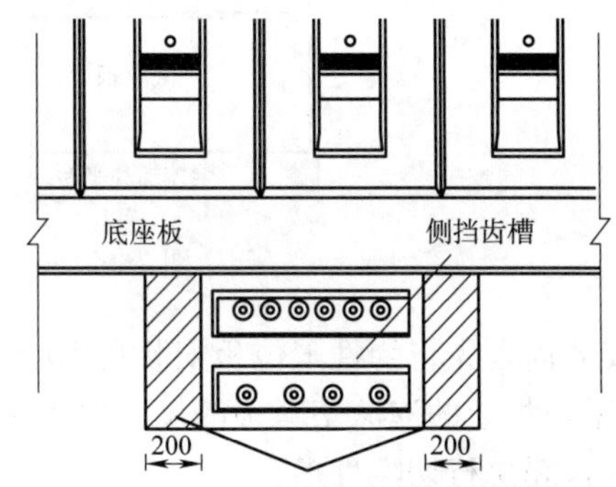

图 7—7—4 防水层切割示意图（单位：mm）

侧向挡块范围的底座板（沿线路纵向 1.4 m 范围，以侧向挡块中心向两侧各 0.7 m 范围的底座板）的上表面和侧面必须平整、光滑、顺直，对于不顺直的、不平整的表面应进行打磨处理，确保 2 mm/1 m 的平整度要求。1.4 m 范围内的底座板边角处应用切割机切一个 2 cm×2 cm 的倒棱（倒棱尺寸如图 7—7—5 所示），并用磨光机将倒角处打磨光滑、平顺，处理后用倒角卡尺进行验收，平整度满足 2 mm/1 m 的要求，倒棱尺寸误差 0～－10 mm。

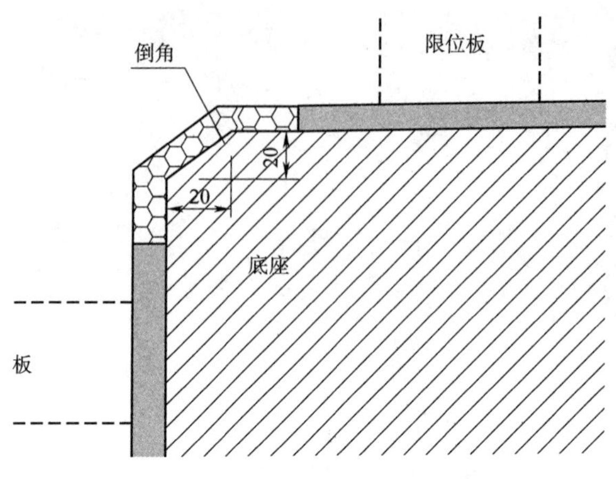

图 7—7—5　侧向挡块倒棱切割示意图(单位:mm)

第三节　限位板和硬泡沫塑料板的安装

每个侧向挡块处安装 2 块弹性限位板,分别安装在侧向挡块位置底座板的上表面和侧面。图 7—7—6 所示为限位板和泡沫板的安装图。

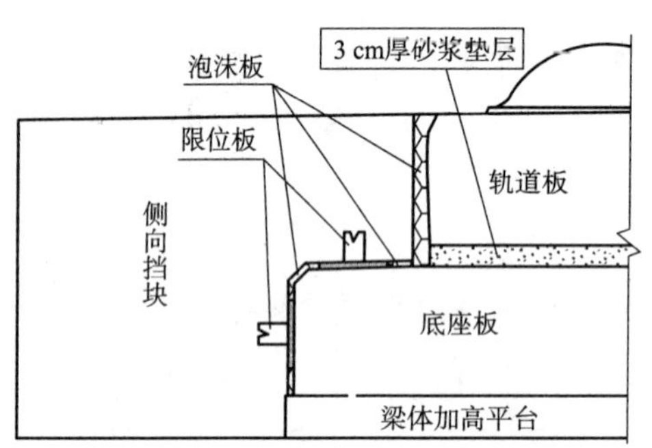

图 7—7—6　限位板,泡沫板安装图

安装前首先将弹性限位板安装在 10 mm 后的硬泡沫塑料板的镂空处,并将接缝处用胶带密封,限位板上的泡沫塑料板的尺寸要大于侧向挡块的尺寸,施工后,将多余的硬泡沫塑料板和塑料薄膜进行切除处理。

弹性限位板通过锚固连接件与侧向挡块内钢筋绑扎固定,设置位置用钢筋进行抵紧,并确保限位板和底座板紧密接触无空隙。弹性限位板的质量要求见表 7—7—1。

表 7—7—1　弹性限位板检验要求

检验项目	检验内容	检验抽样数量(件/批)
原材料检验	面板、橡胶层及底板材质	1
	镀锌层厚度	1
	橡胶层物理力学性测测	4 块单硫化橡胶板

续上表

检验项目	检验内容	检验抽样数量(件/批)
外观质量	科技基〔2009〕135 号要求的外观全部检查内容	20
主要外形尺寸	成品的长度、宽度、厚度	20
	面板、橡胶层和底板的厚度	
力学性能	垂直静刚度	1
	疲劳性能	每 10 批检验 1 件试样
	橡胶层与钢板的剥离强度	1 组试件
	橡胶层与面板、底板的粘结质量	1

侧向挡块与轨道板间设置 20 mm 后硬泡沫塑料进行隔离，底座板边角处的硬泡沫板尺寸必须与倒角尺寸相匹配，且不得拼接，硬泡沫塑料应比侧向挡块大，硬泡沫材料的接缝处需设置胶带进行密封，防止混凝土浆侵入，施工后，将多余的硬泡沫材料进行切除。

第四节　剪力钉安装与钢筋绑扎

一、剪力钉安装

侧向挡块的钢筋与桥梁上预埋的钢筋连接件相连接，钢筋的有效螺纹长度必须满足钢筋直径的 1.5 倍，即钢筋旋入套筒的深度必须满足钢筋直径的 1.5 倍，且钢筋必须锚固紧，不应有松动现象。钢筋螺纹连接的应力振幅为 $\Delta\delta_{Rsk}=60\ MN/m^2$，螺栓按设计要求安装，用专用管钳施加旋转力矩直至最后螺丝不可见为止。对于一些预埋套筒位置偏差太大，不能满足施工需要的要进行整修。在内侧连接筋设计位置钻孔，深度 10 cm 左右，并将钻孔清理干净，其后注入锚固胶并植入钢筋。图 7—7—7 所示为剪力钉的安装。

图 7—7—7　剪力钉的安装

二、钢筋加工

侧向挡块钢筋采用 HRB335 型，钢筋严格按照设计图纸要求在钢筋场内加工，不得随意更改。钢筋加工时要考虑直线、曲线、左线、右线的影响。钢筋加工前要将钢筋的油污、漆污、浮皮、铁锈等清除干净，加工完成的半成品钢筋应搭设棚架，分类集中码放，防雨淋锈蚀。图7—7—8所示为钢筋加工场进行钢筋的加工。

图7—7—8　钢筋加工

钢筋加工的误差不得超过钢筋的允许偏差，见表7—7—2。

表7—7—2　钢筋加工允许偏差和检验方法

序　号	名　称	允许偏差(mm)	检验方法
1	受力钢筋全长	±10	尺量
2	弯起筋弯折位置	+20	
3	箍筋内净尺寸	±3	

三、钢筋绑扎

图7—7—9所示为侧向挡块钢筋绑扎。侧向挡块钢筋绑扎要按照设计图纸进行，同时要考虑直线与曲线、左线与右线以及底座板实际施工情况的影响，尤其是连接部件的制作，要确保钢筋笼符合实际情况，满足保护层厚度的要求。

图7—7—9　侧向挡块钢筋绑扎

侧向挡块保护层厚度要求为：下层钢筋保护层厚度为25 mm，其余为40 mm，最大不允许超过 50 mm。

侧向挡块的防裂钢筋必须按照设计要求绑扎到位，防裂钢筋两端弯头和中部必须与侧向挡块钢筋笼进行绑扎，并确保距离底座板边角的距离为 35 mm，摆放方向 与底座板侧立面成 45°角。

侧向挡块连接部件的螺纹应与梁体内预埋的螺纹套筒内径相匹配。加工侧向挡块和梁体之间的连接部件时，应核实梁面设计高程与实际高程的偏差，按照实际尺寸制作连接部件，避免连接部件过高或过低。

钢筋安装允许偏差和检验方法应符合表 7—7—3 的规定。

表 7—7—3　钢筋安装允许偏差和检验方法

序　　号	名　　称	允许偏差(mm)	检验方法
1	受力钢筋排距	±5	尺量，两端、中间各一处
2	同一排中受力钢筋间距	±20	
3	分部钢筋间距	±20	尺量，连续 3 处
4	箍筋间距	±20	
5	弯起点位置(加工偏差±20 mm 包括在内)	30	尺量

侧向挡块连接部件的螺纹、剪力钉与梁体内预埋的螺纹套筒内径相匹配。加工侧向挡块和梁体之间的连接部件时，必须核实梁面设计高程与实际高程的偏差，按照实际尺寸制作连接部件，避免连接部件过高或过低。

安装前要对预埋螺纹套筒进行清理并涂抹黄油，然后安装侧向挡块的连接部件，安装时保证其旋入连接套筒的深度至少为 1.5 d(d 为连接部件直径)，确保连接的可靠性。

图 7—7—10 所示为绑扎完成的钢筋骨架。

图 7—7—10　绑扎完成的钢筋骨架

第五节　模板安装与混凝土施工

一、模板安装

模板采用定型钢模板(图 7—7—11)，整体模板的顶面为弧形，在设计加工时，应考虑让混凝土振捣时产生的气泡能够溢出。如在模板上部制作活门，浇筑过程中打开该活门。

图 7—7—11　侧向挡块弧形模板

安装模板前要先对模板打磨刨光并涂刷模板漆，防止浇筑混凝土与其粘接。安装时的高度控制以轨道板外侧倒角线下缘为准，纵向前后位置要兼顾左、右线两侧共 4 个挡块，沿横向整齐排列。

支立侧向挡块模板时，整体模板内的连接螺栓必须拧紧到位。线间挡块模板可相互支撑，外侧模板可充分利用外侧防护墙进行支撑。

模板的弧形结构采用插板式可调弧形钢板，底部调高螺栓可根据现场实际梁面情况进行适当的调节，以避免漏浆，同时可以保证挡块顶面排水坡的要求；采用固定端模时，应事先用砂浆封边，以防止"烂根"。

防护墙一侧的挡块，其外侧利用防护墙作为端模进行施工，防护墙与侧向挡块之间设置两层塑料薄膜进行隔离，施工时塑料薄膜要大于模板，施工后将多余的薄膜切除。

图 7—7—12 所示为侧向方块模板的安装图，图 7—7—13 所示为安装完成的侧向方块模板图。

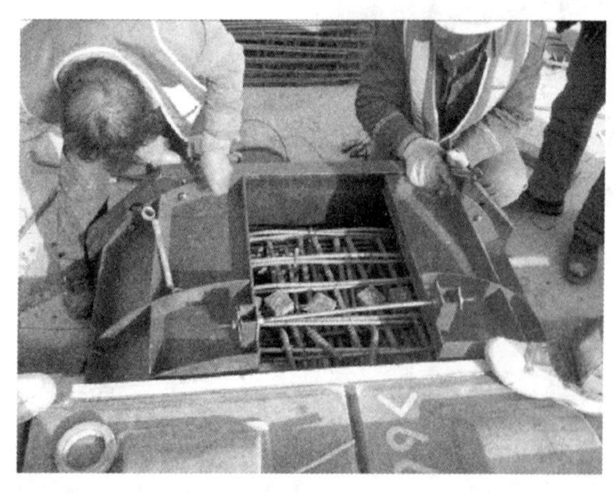

图 7—7—12　侧向方块模板的安装

图 7—7—13　安装完成的侧向方块模板

二、混凝土浇筑

混凝土标号为 C35，由搅拌站集中拌制，混凝土罐车运输。混凝土浇筑前需要对侧向挡块范围的梁面混凝土进行清洁、预湿处理，做好新老混凝土的结合，混凝土浇筑时应分层连续进行，使用手提式振捣棒进行振捣，振捣时快插慢拔，插点要均匀排列，逐点移动，顺序进行，不得漏振、过振，做到均匀振实。移动间距不大于振捣作用半径的 1.5 倍(一般为 20～30 cm)。振捣上一层时应插入下一层 5～10 cm，以使得两层混凝土结合牢固。

浇筑混凝土时，应加强振捣，随时查看模板支立情况。如果不稳定，应及时加固，避免跑模。

混凝土浇筑完成，人工对混凝土进行收面处理，收面时注意将侧向挡块上表面向外留出 2%的坡度，以利于排水，收面完成后覆盖土工布和塑料布。

三、拆模及养护

当混凝土强度能保证其表面、棱角不因拆模而受损坏就可以拆除模板，然后进行人工收面，必要时用相同等级的灰浆对结构弧形部位进行修补。拆模时首先拆除加固模板的卡具，然后逐个拆除模板。拆模过程中应特别注意避免磕碰侧向挡块的棱角。

侧向挡块拆除模板后要用土工布覆盖，外包裹以塑料布进行养护。养护 14 天后方可撤掉土工布。混凝土养护需从浇筑完毕混凝土开始，拆模完毕后需立即对混凝土进行土工布加塑料布覆盖养护(因为侧向挡块的施工时间处于冬季，冬季施工不得进行洒水，混凝土养护仅进行覆盖处理)。侧向挡块外观尺寸允许偏差见表 7—7—4。

表 7—7—4　侧向挡块的允许偏差和检验方法

序号	检查项目	允许偏差(mm)	检验方法
1	平面位置	纵向 10，横向 10	尺量
2	截面尺寸	+15,0	尺量

图 7—7—14 所示为现浇好的侧向挡块。成形的侧向挡块，应保证外观方正，“纵、横向一条线”。

图 7—7—14　现浇好的侧向挡块

第八篇

CRTS Ⅲ 型板式无砟道床施工

第一章　CRTSⅢ型板式无砟道床发展历程

CRTSⅢ型板式无砟轨道在成灌线、武汉城市圈、盘营客专、成绵乐客专上已成功应用，标志着具有我国自主知识产权的无砟轨道结构的发展已取得重大突破。相对其他形式的板式无砟轨道而言，CRTSⅢ型板式无砟轨道结构最简单，材料最节省，施工最简捷，功效最高，造价最低，具有广阔的应用前景。

本篇以武汉城市圈 CRTSⅢ型板式无砟轨道为例，系统介绍 CRTSⅢ型板式无砟轨道道床的支承层施工、轨道板铺装和自密实混凝土灌注技术。

第一节　发展历程

我国铁路网规模宏大、线网统一、调度集中新建铁路必须与现有铁路兼容，因此高速铁路对线下工程，尤其是轨道结构提出了很高的要求。轨道状态直接决定着高速铁路行车速度、安全性与舒适性，因此如何保持轨道长期的稳定性和耐久性，延长轨道维修周期，是我国高速铁路轨道结构选型的参考因素。无砟轨道的应用，直接提高行车速度，具有安全、平稳、舒适等特点，符合我国铁路发展的需要。

为了积累成段铺设无砟轨道的经验，2004 年原铁道部决定在遂渝建设无砟轨道试验段，对板式无砟轨道、双块式无砟轨道、纵连式轨道以及岔区长枕埋入式无砟轨道进行试验研究。此后，在引进消化吸收再创新的基础上，通过武汉无砟轨道综合试验段试验研究以及京津、武广、郑西高速铁路的建设，无砟轨道进入大发展时期，高速铁路发展日新月异。运营实践表明，以上各种无砟轨道结构均表现出较好的高平顺性、高可靠和高稳定性，能够满足高速铁路安全舒适平稳的运行要求，但仍不能满足我国高速铁路不同运营条件下的需要。因此为适应不同运营条件下的无砟轨道结构型式，同时为我国高速铁路“走出去”的战略提供技术支持，急需具有完全知识产权的无砟轨道结构。

CRTSⅢ型板式无砟轨道是在综合考虑 CRTSⅠ型板式无砟轨道、CRTSⅡ型板式无砟轨道和双块式无砟轨道的优缺点的基础上而研发出来的，研究思路如图 8—1—1 所示。

2010 年 3 月，采用 CRTSⅢ型板式无砟轨道的成都至都江堰铁路进行了联调联试，动车组最高试验速度达 252 km/h，在无砟轨道结构设计和施工中取得了多项研究成果和工程实践经验。此后，CRTSⅢ型板式无砟轨道在盘营、成绵乐及湖北城际圈等几条铁路展开应用。2012 年 9 月，采用 CRTSⅢ型板式无砟轨道的武咸城际铁路开始施工，并于 2013 年 11 月进行联调联试，最高试验速度达到 275 km/h，而武咸城际铁路也于 2013 年 12 月 28 日正式开通运营。CRTSⅢ型板式无砟轨道在武咸城际铁路的成功运用，标志着我国具有自主知识产权的无砟轨道已步入成熟的发展阶段。图 8—1—2 所示为武咸城际 CRTSⅢ型板式无砟轨道。

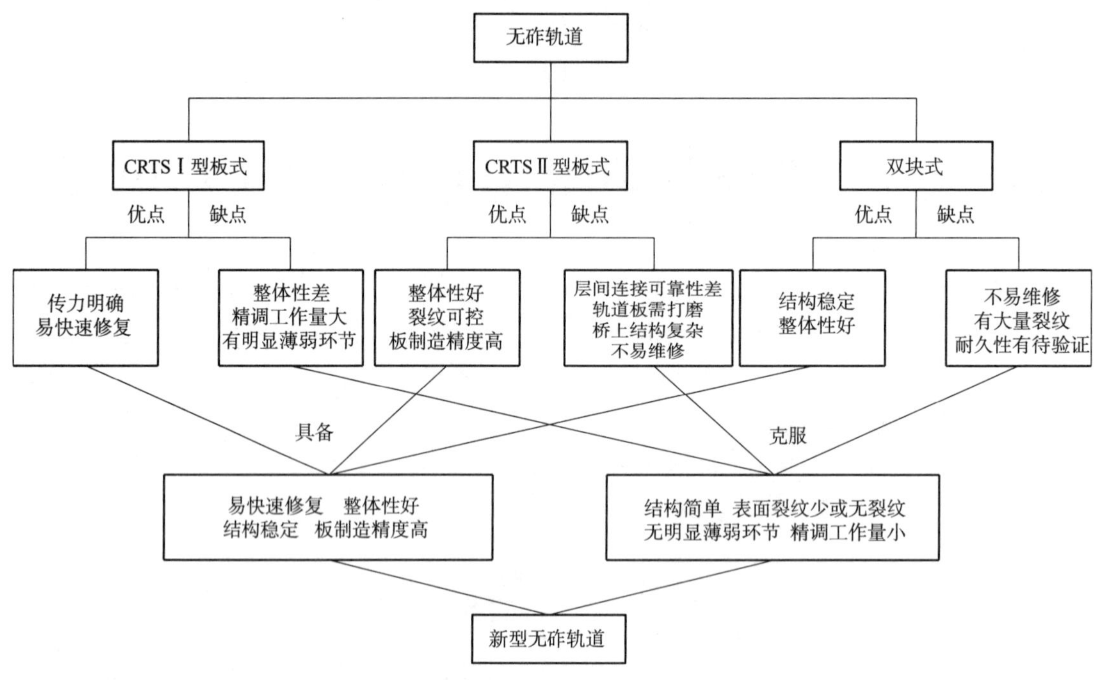

图 8—1—1 CRTSⅢ型板式无砟轨道研究思路图

图 8—1—2 武咸城际 CRTSⅢ型板式无砟轨道

第二节 研究成果与工程实践

CRTSⅢ型板式无砟轨道由钢轨、弹性分开式扣件、轨道板、自密实混凝土、隔离层、混凝土底座等部分组成。轨道结构高度为 772 mm。轨道板宽 2 500 mm，厚 190 mm；自密实混凝土层宽度 2 500 mm，厚 94 mm，采用单层钢筋网配筋，钢筋网片与轨道板预留门形钢筋连；混凝土底座为 C30 钢筋混凝土结构；自密实混凝土与混凝土底座采用限位凹槽的方式进行限位和纵横向力的传递，每块轨道板下设置两个限位凹槽，凹槽尺寸为 1 000 mm×700 mm，凹槽周围设弹性垫层。隔离层设置在自密实混凝土与混凝土底座之间。

CRTSⅢ型板式无砟轨道是对既有无砟轨道的优化与集成，其主要创新点是：改变了板式无砟轨道的限位方式、扩展了板下填充层材料、优化了轨道板结构、改善了轨道弹性和完善了设计理论体系等方面。CRTSⅢ型板式无砟轨道通过轨道板下两排 U 型钢筋，将内设钢筋网片的自密实混凝土填充层与带有门形钢筋的轨道板连接成复合结构。结构整体性好，可以控制轨道板离缝、翘曲和板下填充层断裂；采用 U 型钢筋＋自密实混凝土＋限位凹槽的限位方式，彻底消灭了Ⅰ型板的凸台、Ⅱ型板的端刺限位方式。同时也用具有高流动性的自密实混凝土取代 CA 砂浆作为填充材料，简化了施工工艺，减少环境污染，降低了投资。

CRTSⅢ型板式无砟轨道在成灌线、武汉城市圈、盘营客专、成绵乐客专上已成功应用，标志着具有我国自主知识产权的无砟轨道结构的发展已取得重大突破。相对其他形式的板式无砟轨道而言，CRTSⅢ型板式无砟轨道结构最简单，材料最节省，施工最简捷，功效相对最高，造价相对最低，具有广阔的应用前景。

CRTSⅢ型板式无砟轨道的成功应用，为我国无砟轨道的发展、走出国门夯实了基础。研究开发的 CPⅢ控制网直接实现轨道板精调、底座振动式坡度振捣器、自密实混凝土配合比、自密实混凝土模板体系及灌注设备等成套工装、工艺，有效保证了CRTSⅢ型板式无砟轨道质量，CRTSⅢ型板式无砟轨道在我国迈入了快速发展的时代。

第二章　下部支承层施工

CRTSⅢ型板式无砟轨道底座在整个无砟轨道结构体系中起着传导力和轨道板限位的作用。底座板承受无砟轨道上部结构的荷载，并将荷载传递至下部基层结构。底座板上设置限位凹槽与上部自密实混凝土结合，以实现结构层传力、限位功能，对于轨道结构稳定性和几何形位保持具有重要作用。

第一节　作业准备

一、技术准备

(1)对施工图的审核已经完成。对所有进场人员进行交底、培训，要求各工序操作人员及现场管理人员熟练掌握底座施工相关工序的施工方法及验收标准，考核合格后方可上岗。

(2)铺设条件评估已完成，线下工程工后沉降变形符合要求。

(3)基面验收合格。

(4)在接触网支柱基础上布设CPⅢ网，CPⅢ测量完成并通过评估。

二、工装配备

底座工装设备可参考表8—2—1(实例)进行配置。

表8—2—1　底座工装设备配备表(一个作业班组)

序号	类　别	名　称	型　号	单位	数量	备　注
1	周转材料	钢模板	28槽钢	m	480	路基用
2		钢模板	22槽钢	m	200	桥梁用
3	清洁工具	高压水枪		台	1	
4		风力灭火机		台	1	
5		竹扫帚		把	10	
6		铁锹		把	10	
7		钢刷		把	20	刷模板
8		抹布	手巾	条	20	
9		小刮铲	类似油漆刮	把	10	
10	测量工具	钢卷尺	5 m	把	10	
11		直角尺		把	2	
12		水准仪		台	1	
13		全站仪	0.5"	台	1	

续上表

序号	类　别	名　称	型　号	单位	数量	备　注
14	测量工具	挂线		m	200	
15		墨斗		个	2	配墨汁 1 瓶
16	钢筋、模板工具	钢筋切割机		台	1	
17		钢筋弯曲机		台	1	
18		电锤	小型号	把	3	配 ϕ16 钻头 10 根
19		手锯		把	2	配锯条若干
20		钳子		把	4	
21		斧子		把	2	
22	混凝土施工工具	混凝土泵车	47 m 臂	台	1	
23		拖式混凝土泵		台	1	配泵管 200 m
24		滑槽	自制	个	1	可调高度和坡度
25		振捣棒	ϕ50	个	4	
26		混凝土收面整平架	自制	个	2	
27		木抹子		个	20	
28		钢抹子		个	20	
29	养护工具	潜水泵	30 m 扬程	台	4	
30		水管	与水泵配套	m	800	
31		存水桶		个	10	
32		黑心棉		m^2	2 000	
33		彩条布	6 m 宽	m	200	
34	照明、电力	碘钨灯	1 kW	盏	30	配灯座、灯架，灯管若干
35		电缆	8 mm^2	m	3 000	
36		配电箱		个	4	据现场情况定
37		电工工具		套	2	
38	劳保用品	雨衣	各种型号	件	160	据现场情况确定
39		雨靴	各种型号	双	160	
40		手电		把	20	
41		草帽		顶	160	
42		安全帽		顶	160	
43		帐篷		顶	2	

三、人员配置

每作业面可配备施工负责人 1 人、技术负责人 1 人、技术员 2 人、测量人员 2 人、试验人员 1 人、安全员 1 人、各工种施工作业人员 36～38 人。

四、现场准备

(1)混凝土搅拌、运输、振捣、发电机等机械设备齐全，性能良好。

(2)完善现场便道和施工用电设施。

(3)准备所需钢筋网片和模板。

(4)底座施工前桥面、隧道底座范围内进行凿毛(凿毛面积不小于50%)、路基表面清扫干净。

(5)搭建底座钢筋加工场、物资、材料存储点。

第二节 施工流程及关键技术

一、施工流程

底座施工工艺流程如图8—2—1所示。

CRTSⅢ型板式无砟轨道底座是钢筋混凝土结构,共有四种结构型式,分别为路基底座、桥梁底座、隧道底座、钢架桥底座。底座板采用"模筑法"施工,混凝土泵送入模后,人工大致摊铺均匀,经插入式振捣器捣固后,用滚轴式摊铺机提浆整平,利用铝合金刮尺刮平,最后对底座混凝土进行表面收光处理。底座板施工完成后即铺设中间隔离层及弹性垫层。

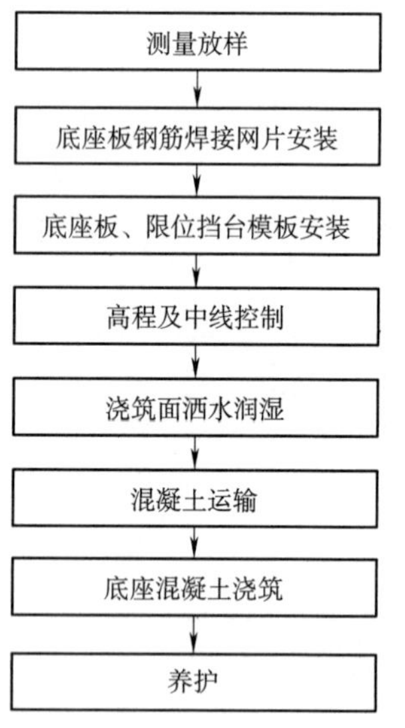

图8—2—1 底座施工工艺流程图

二、关键技术

1. 施工测量

测量人员根据设计图纸,以CPⅢ控制网为基础,利用全站仪自由设站对底座模板控制点放样出模板安装线。

底座施工前,必须精确放出底座中心线,直线地段底座中心线与轨道中心线重合,曲线地段底座中心线与轨道板中心线存在偏心值,查询设计图纸。

2. 桥梁、隧道口基层连接筋安装

(1)桥梁地段

安装底座钢筋焊接网片前,先安装好连接钢筋,连接钢筋与梁内预埋套筒接头的扭紧力矩符合现行《滚轧直螺纹钢筋连接接头》(JG 163—2004)的要求。拧入长度为套筒长度的1/2。

对于套筒遗失地段,采用植入直径16 mm钢筋的方式处理,植筋数量与原预埋套筒保持不变,植筋深度20 cm,深入底座板15 cm,钢筋端头设90°弯钩。

对于套筒失效但低于梁面地段,仍可采用16 mm的L型连接钢筋进行连接,但需保证L型连接钢筋在底座内的长度为252 mm,且拧入套筒内的长度为21 mm。

(2)隧洞口100 m范围内

隧道基座上植M27销钉。销钉在底座范围内4根一排。且均匀分布,沿线路纵向相邻两轨枕间设置。

3. 钢筋工程施工

钢筋焊网由厂家集中制作(图8—2—2),用运输车运到现场。

图 8—2—2　钢筋焊网

钢筋焊网按设计图纸要求的规格、间距、位置安放牢固，并采用混凝土垫块保证底座保护层厚度，底座设计上下钢筋保护层厚度为 35 mm。底座钢筋分片加工，网片之间采用平搭法，搭接长度 450 mm，且上下两层钢筋网片的搭接部位必须错开。图 8—2—3 所示为底座钢筋绑扎。

图 8—2—3　底座钢筋绑扎

4. 模板安装(图 8—2—4)

安装底座模板，路基上以 3～4 块轨道板对应的底座长度为单元。施工长度应以相应的单个单元为一次。曲线地段严格按设计要求进行曲线超高控制。桥梁、隧道地段分段支模板，但在每块轨道板间设置施工缝模板与泡沫塑料板。

模板安装前必须对模板表面清理后涂刷脱模剂。模板安装时，根据 CPⅢ控制网测量模板平面位置及高程，并调整模板顶标高达到底座设计标高。模板接缝严密，防止跑模、漏浆。

底座凹槽处为整体钢模，通过在底座网片上设置辅助钢筋，将凹槽模板固定。

图 8—2—4　底座板模板安装

5. 伸缩缝、泡沫板、传力杆安装

底座上层钢筋绑扎之前，安装伸缩缝位置传力杆及加强钢筋，传力杆按间距 30 cm 均匀布置，共 8 根，并保证在同一水平位置(图 8—2—5 所示为传力杆的安装布置)。传力杆为直径30 mm 光圆钢筋，长 70 cm，一端 40 cm 范围内涂抹沥青防锈。安装时在沥青端设置长100 mm 的金属套子，为 304 不锈钢制作，ϕ 内 34 mm×8 mm，套子内留置 30 mm 的空隙，用泡沫塑料填充。

伸缩缝材料为聚苯乙烯泡沫塑料板加聚氨酯密封胶，安装时不论曲、直线底座板，均应超出底座板顶面 1～2 cm。

图 8—2—5　传力杆安装

6. 混凝土施工

浇筑前将模板内杂物清理干净，并洒水预湿路基面。

根据物流组织，底座板混凝土灌注施工分线进行(图 8—2—6)。混凝土入模后，前面混凝土振捣采用人工插入式振捣器捣固，用滚轴式摊铺机提浆整平，后面采用人工抹平收面。底座板收面施工时必须挂线，收面不少于 2 次。

混凝土顶面收光，超高地段外侧 350 mm 范围及直线段两侧均设置 4%流水反坡，以防止流水对自密实混凝土的侵蚀。

图 8—2—6　底座板混凝土浇筑

7. 混凝土养护、拆模

混凝土浇灌后，应避免与流水接触，并在 12 h 内全面覆盖土工布洒水养护，洒水次数以保持混凝土处于湿润状态为宜，养护时间应根据所采用的水泥品种及相对湿度来确定，但最少不少于 7 d。当环境温度低于 5℃时，禁止洒水养护，在混凝土表面喷涂养护液养护，并采取覆盖土工布保温措施，如图 8—2—7 所示。

图 8—2—7　底座板混凝土养护

拆除混凝土模板时，混凝土表面及棱角不得有损伤、掉块。

混凝土强度达到设计强度的 75%之前，禁止在底座上行车。

8. 伸缩缝密封

养护结束后对底座板伸缩缝位置进行密封，伸缩缝深度 2 cm，直接将 2 cm 高泡沫板抠出，并将两侧竖向位置泡沫抠出，清理干净后在伸缩缝两侧底座表面涂刷界面剂，并粘贴 5 cm

宽胶带防止灌缝时污染底座，两侧竖向伸缩缝用透气性土工布组合泡沫板做模板，用胶带固定于底座两侧。将搅拌均匀的密封胶灌入伸缩缝内，保证顶面与底座平齐。除去泡沫塑料板时不得损伤底座板混凝土。

三、创新技术应用

在无砟轨道底座施工过程中，为控制无砟轨道底座纵横向坡度，提高无砟轨道底座施工精度，利用CRTSⅢ型板式无砟轨道的结构特性，研发了实用新型的振动式坡度控制器(如图8—2—8所示)。

图8—2—8　振动式坡度控制器

振动式坡度控制器通过支撑于底座模板上的骨架悬吊振动面板，利用调节螺杆调整面板的高度及坡度，并在排水坡变坡位置设置铰接，利用独立调节螺杆调整排水坡面板坡度，达到整个面板呈设计坡度，而后通过牵引及振动器振动完成对混凝土面的收光，提高底座线形及坡面质量。

第三节　质量验收与控制

CRTSⅢ型板式无砟轨道下部支承结构作为轨道板的底座，是承接无砟轨道道床与基层的枢纽工程，也是CRTSⅢ型板式无砟轨道施工的核心环节，其施工要求精度高，施工质量直接关系着无砟轨道结构的受力状况。在施工过程中需要对各关键工序严格控制，遵守质量标准，从整个施工过程全面控制，提高无砟轨道下部支承结构的施工质量。

一、钢　　筋

钢筋焊接网片尺寸允许偏差见表8—2—2、表8—2—3。

表8—2—2　钢筋焊接网片重量允许偏差及开焊点要求

序　　号	项　　目	要　　求
1	重量	实际重量与理论重量的允许偏差为±4.5%
2	开焊点数量	不应超过整张网片交叉点总数的1%，并且任一根钢筋上开焊点不得超过该支钢筋上交叉点总数的一半。钢筋焊接网最外边钢筋上的交叉点不得开焊

表 8—2—3　钢筋焊接网片规格允许偏差及伸出长度要求

序　号	项　目	要　求
1	长度和宽度	±25 mm
2	钢筋间距	±10 mm
3	伸出长度	≥25 mm
4	对角线差	±1%

钢筋的绑扎安装允许偏差应符合表 8—2—4 的规定。

表 8—2—4　钢筋的绑扎安装允许偏差

序　号	项　目	允许偏差(mm)
1	钢筋间距	±20
2	钢筋保护层厚度	+10 0

钢筋焊接网片安装的允许偏差应符合下列规定：

(1)钢筋网片之间采用平搭法，搭接长度一般不小于 450 mm。

(2)当底座长度发生变化时，可通过适当增加或减少网片搭接长度的方式以适应底座长度，允许的网片搭接长度调整范围为±50 mm。

二、底座模板

(1)模板及支撑杆件的材质及支撑方法应符合施工工艺设计要求。

(2)模板安装必须稳定牢固，接缝严密，不得漏浆。模板必须打磨干净并涂刷隔离剂。混凝土浇筑前模板内的杂物必须清理干净。

(3)模板拆除应确保混凝土表面及棱角不受损伤。

(4)拆模时混凝土表层与环境温差不应大于 15℃。

(5)允许偏差项目

①底座模板安装允许偏差应符合表 8—2—5 的规定。

表 8—2—5　底座板模板主要检测项目与标准

序　号	项　目	允许偏差(mm)	检测数量及方法
1	模板的安装质量	具有足够的强度、刚度、稳定性	
2	顶面高程	±3	每 5 m 检查 1 处
3	宽度	±5	每 5 m 检查 3 处
4	中线位置	2	每 5 m 检查 3 处
5	伸缩缝位置	5	每条伸缩缝检查 1 处
6	伸缩缝宽度	±2	每条伸缩缝检查 1 处

②限位凹槽模板安装允许偏差应符合表 8—2—6 的规定。

表 8—2—6　限位凹槽模板安装允许偏差

序　号	项　目	允许偏差(mm)	检测数量及方法
1	中线位置	2	尺量
2	顶面高程	±3	水准仪
3	长度和宽度	±3	尺量
4	相邻凹槽中心间距	±5	尺量

三、底座混凝土

(1)底座外形尺寸允许偏差应符合表 8—2—7 的规定。

表 8—2—7　底座外形尺寸允许偏差

序　号	项　目	检测标准	检测数量及方法
1	混凝土拌合质量检验	《铁路混凝土工程施工质量验收标准》(TB 10424—2010)	同"检测标准"
2	中线位置	3 mm	全站仪
3	顶面高程	±5 mm	水准仪
4	宽度	±10 mm	尺量
5	平整度	10 mm/3 m	3 m 直尺
6	伸缩缝位置	10 mm	尺量
7	伸缩缝宽度	±5 mm	尺量
8	底座外侧排水坡	1%	尺量

(2)限位凹槽外形尺寸允许偏差应符合表 8—2—8 的规定：

表 8—2—8　限位凹槽外形尺寸允许偏差

序　号	项　目	检测标准	检测数量及方法
1	中线位置	3 mm	全站仪
2	深度	±5 mm	尺量
3	平整度	2 mm/0.5 m	尺量
4	长度和宽度	± 5 mm	
5	相邻凹槽中心间距	±10 mm	

四、弹性垫层

弹性垫层原材料应采用三元已丙橡胶，不得采用其他胶种和再生胶。表面应光滑平整、修边整齐，不允许存在缺角，不应出现任何分裂、剥落或者剥离现象，弹性垫层颜色应均匀。两工作面因杂质、气泡、水纹和闷气造成的缺胶面积不应大于 5 mm^2，深度不应大于 0.5 mm，每块不得超过 4 处。毛边不应大于 1 mm。

弹性垫层物理性能见表 8—2—9。

表 8—2—9　弹性垫层物理力学性能

序号	项　　目		单　　位	技术要求
1	邵尔 A 型强度		度	80±5
2	拉伸强度		MPa	≥12
3	拉断伸长率		%	≥250
4	200%定伸应力		MPa	≥8.5
5	恒定压缩永久变形(100℃、24 h)		%	≤30
6	耐碱性〔饱和 $Ca(OH)_2$、23℃、24 h〕体积变化率		%	≤5
7	阿克隆磨耗		cm^3/1.61 km	≤0.6
8	脆性温度		℃	≤−35
9	热空气老化	拉伸强度	MPa	≥10
		拉伸伸长率	%	≥200
		硬度变化	度	≤8
		静刚度变化率	%	≤10
10	耐臭氧老化性能(50 pphm:20%,40℃,48 h)		—	无龟裂
11	静刚度		kN/mm	20～40
12	300 万次后疲劳试验后静刚变化率		%	≤20

五、中间隔离层

中间隔离层采用土工布，为聚丙烯非织造土工布，不得添加回收料，不得添加除消光剂、抗紫外线稳定剂之外的添加剂。单位面积 700 g/m^2，单位面积质量允许偏差±6%，厚度允许偏差为±0.5 mm。

土工布存放、转载和运输过程中，应避免日晒、雨淋、沾污、重压、损伤、抛摔及机械碰撞，保持包装完成。

其他技术要求见表 8—2—10、表 8—2—11。

表 8—2—10　土工布内在质量要求

序号	指　　标	单　　位	性能参数及偏差
1	断裂强力	kN/m	纵向≥48 横向≥48
2	断裂伸长率	%	纵横向 70±20
3	顶破强力	N	≥8 500
4	梯形法撕破强力	N	纵横向≥900
5	抗酸、碱性	%	强力保持率≥90 断裂伸长保持率≥90
6	抗磨损性能	%	强力损失率≤25

表 8—2—11　外观疵点评定

序号	疵点名称	轻缺陷	重缺陷	备　注
1	布面不匀、折损	轻微	严重	
2	杂物、僵丝	软质,粗≤3 mm	硬质、软质、粗>3 mm	
3	边不良	≤3 000 mm时,每500 mm记一处	>3 000 mm	
4	破损	≤5 mm	>5 mm	以疵点最大长度记
5	其他	参照相似疵点评定		

六、伸 缩 缝

无砟轨道底座伸缩缝采用聚苯乙烯泡沫板填充,并采用聚氨酯密封胶密封。聚氨酯密封胶主要技术指标要求应满足表 8—2—12 之规定。塑料泡沫板主要技术指标要求应满足表 8—2—13 之规定。

表 8—2—12　聚氨酯密封胶主要技术指标

序　　号	项　　目	指　　标
1	下垂度(mm)	≤1
2	不透水性	不透水(0.3 MPa×3 h)
3	低温脆性(℃)－40℃	24 h无裂纹
4	耐热性(℃)100℃	24 h,不粘,无流淌
5	粘结强度(MPa)	≥1.2
6	拉伸强度(MPa)	≥0.8
7	断裂伸长率(%)	≥300
8	表干时间(h)	≤1
9	挤出性(mL/min)	≥120
10	恢复率(%)	≥95

表 8—2—13　塑料泡沫板主要技术指标

序　　号	项　　目	单　　位	性能指标
1	体积参数	kg/m^3	≥30
2	压缩强度	kPa	≥150
3	尺寸稳定性	%	≤5
4	吸水率	%(VOL)	≤2.5

第三章　CRTSⅢ型轨道板铺装

轨道板是无砟轨道结构体系中上部结构与下部结构传力的主要构件，其下通过自密实混凝土支承于底座上。轨道板铺装是将轨道板铺设于设计位置，并将自密实混凝土钢筋网片固定于轨道板上，再通过CPⅢ测量网测量调整其对位精度并固定，保证自密实混凝土浇筑后轨道板位置及精度符合设计要求。

第一节　作业准备

一、人员准备

所有无砟轨道板粗铺人员(包括管理人员、设备操作人员、安装人员)必须经过岗前培训，经考试合格后方可持证上岗。

二、技术准备

(1)轨道板铺装前应认真研究相关设计文件，熟悉无砟轨道板铺装相关规范、标准和指南等。

(2)中间隔离层和弹性垫层验收合格。

(3)利用布板软件对全线轨道板进行布设，现场调查确定异型板及曲线板位置。

三、材料与设备准备

轨道板已运到施工现场，并检验合格。根据实际情况准备配套起重设备及机具，并对设备机具的精度、安全性作检查。主要设备可参照表8—3—1(实例)进行配置。

表8—3—1　主要设备配备(一个作业面)

序　号	名　称	规　格	单　位	数　量
1	吊车	25 t	台	1
2	运板车		台	3
3	垫木、木楔		根	150
4	小撬棍		根	6
5	小铁锤		个	2
6	鼓风机		个	1
7	全站仪		台	1
8	工控机		台	1
9	测量标架		个	6

续上表

序　号	名　称	规　格	单　位	数　量
10	标准标架		个	1
11	小棱镜		副	7
12	徕卡圆棱镜	CPⅢ设站用	副	8
13	数传电台		台	2
14	电缆线		根	1
15	供电系统	大容量锂电池组	个	2
16	精调软件		个	1

四、现场准备

调查施工便道的分布情况，包括可利用道路长度、宽度、坡度、转弯半径、会车点位置、便桥(涵)承载能力以及便道入口位置。根据施工需要增设施工便道。

根据现场实际情况应考虑集中临时存放点，提前进行平整和硬化处理。

第二节　施工工艺流程

CRTSⅢ型板式无砟轨道轨道板铺装工艺流程如图 8—3—1 所示。

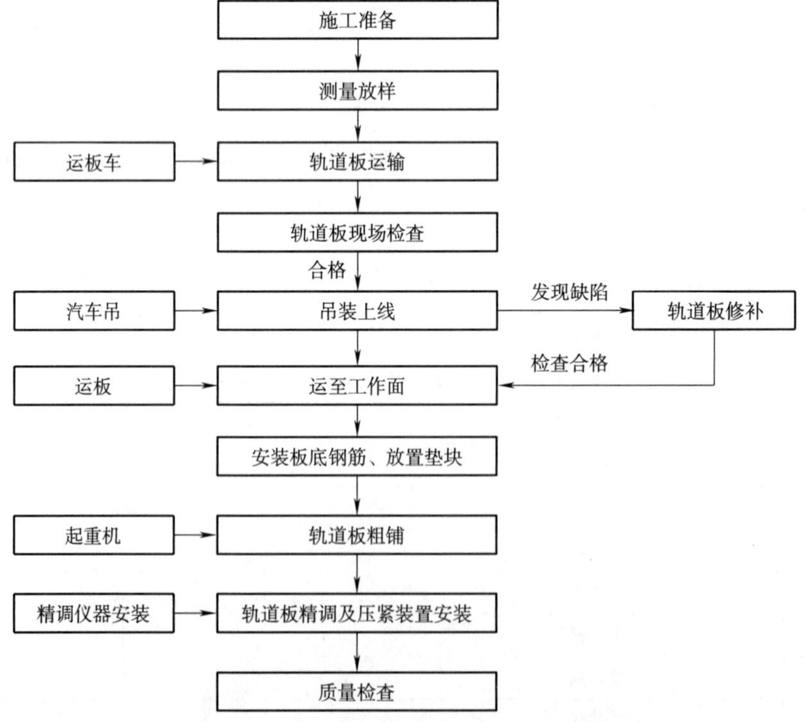

图 8—3—1　轨道板铺设基本工艺流程图

一、轨道板粗铺放线

轨道板铺设前，在底座上放出轨道板位置轮廓线，保证粗铺时轨道板中心线与线路中心线偏差在 10 mm 之内，以提高轨道板精调时效率。

二、吊装、运输

根据施工需要，提前将轨道板运送至铺板现场。轨道板采用小型汽车运输，装车时需考虑轨道板铺设顺序，按先铺的后装，后铺的先装，避免轨道板铺设时二次倒板。轨道板装车前，应用硬扫把清扫板底灰尘，用刮刀清除板边缘杂物，然后用清水冲洗板底，在检查板干净、无附着杂物后才可装车。图 8—3—2 所示为轨道板吊装运输。

图 8—3—2 轨道板吊装运输

三、轨道板粗铺

1. 轨道板就位(图 8—3—3)

图 8—3—3 轨道板粗铺

（1）用汽车吊将运至现场的轨道板吊起并就位，就位时板端及两侧均应有人查看轨道板对齐状态，并用靠尺检查偏移情况，偏移值超过 10 mm 时应提起重新下放，并在轨道板预埋套筒位置放置四块 100 mm×100 mm×100 mm 支承垫木做临时支撑。

曲线上的轨道板应严格按照铺设计划表的位置进行铺设。曲线地段每块轨道板必须按相应的偏转角放置。

（2）经检查轨道板粗铺满足要求后，拆除吊具，填写粗铺记录。以上工序循环进行。

（3）在轨道板门式筋内插入钢筋，再在门型筋与自密实混凝土钢筋网片间插入"U"型筋，保证自密实混凝土钢筋网片与轨道板形成整体。

（4）轨道板粗铺完成后立即按配板图填写铺板编号，确保所铺轨道板均可追溯到生产源头。

2. 轨道板编号

粗铺完成的轨道板进行顺序编号（根据布板方案，从标段起点处起编），编号标写于轨道板靠线路中心一侧的中部板边部位，字体规格比照轨道板出厂标记，采用黑色喷涂。编号供精调数据采集、轨道几何尺寸调整使用。

四、轨道板精调

轨道板精调是 CRTSⅢ型板式无砟轨道一个关键环节，对轨道板的高程和平面位置要求非常严格。轨道板的平顺性影响后期调轨速度和运营时旅客的舒适度。但由于轨道板精调设备对外部条件（如光照、湿度、气温等）非常敏感，在一天内有利精调时间非常有限。为了提高精调速度，在轨道板精调之前，先对轨道板进行粗调，使轨道板的高程和平面误差在 10 mm 范围内，然后在有利时间内在对轨道板进行精确调整，提高无砟轨道精调效率。

1. 准备数据

将通过平差的 CPⅢ数据导入到全站仪中，用于精调设站。

2. 架设全站仪

全站仪架设在精调线路中线附近，后视前后 8 个 CPⅢ点，在 CPⅢ控制网内做自由设站，计算出测站点的理论三维坐标值和所在的里程。

在换站过程中，保证有 4 个 CPⅢ网点与上一测站重合，自由设站精度满足表 8—3—2 中的要求。

表 8—3—2　CPⅢ自由设站精度

序　　号	项　　目	允许偏差（mm）
1	X	≤0.7 mm
2	Y	≤0.7 mm
3	Z	≤0.7 mm
4	定向精度	≤1.5″

自由设站测量完成和精度满足要求后，CPⅢ控制点的坐标不符值应满足表 8—3—3 的要求。

表 8—3—3　CPⅢ控制点坐标不符值限差

序　　号	项　　目	允许偏差(mm)
1	X	≤1.5 mm
2	Y	≤1.5 mm
3	Z	≤1.5 mm

若CPⅢ控制点坐标不符值不满足表8—3—3的要求，在保证CPⅢ控制点数量不少于3对的情况下，应将超限点删除后再重新进行自由设站。

在自由设站精度与CPⅢ精度满足要求后，方可继续进行轨道板精调工作。

3. 标架检校

精调系统在上线使用前一定要进行标架检校。通过标准架校核精调标架，再将相关常数录入到程序中。在使用过程中，如发现数据不符需重复检校。

首先将标准架放置在现场认为比较标准承轨台上，先放置轨道板左侧承轨台上，将活动端放入轨道板外侧螺旋孔，手工照准标准标架上的棱镜测量；然后将标准标架翻转180°放到轨道板另一侧对应的承轨台上，活动端放入轨道板外侧螺旋孔，手工照准标准标架上的棱镜测量；标准标架测量完后，移开标准标架，将需检测的标架都放到标准标架处的左侧承轨台上，并将活动端放入轨道板外侧螺旋孔，对放置好的标架进行测量，保存测量数据。

4. 标架安放(图8—3—4)

图8—3—4　标架放置示意图

CRTSⅢ型板精调系统在精调时需要使用六个标架，放置在当前调整的轨道板的正数第二排承轨台和倒数第二排承轨台上。进行搭接时，搭接标架放置在搭接板临近当前精调板的第二排承轨台上。

5. 调板

启动轨道板精调软件测量，根据偏差值调板。

每次设站测量4块板，调整3块板，搭接一块板以消除错台误差。

第一步，调整未调板的搭接端，使当前待调整板和已调整好的板大体一致，可以借助一些辅助装置(水平靠尺等)进行,加快调板速度。

第二步,精调软件指挥全站仪观测放置在当前板四个精调标架上的 4 个棱镜,根据测得的坐标值计算出实测值和理论值之间的偏差值进行精确调整。当调整完成后进行完整的重复测量,当偏差值符合限差要求时轨道板调整完成,保存精调成果,转入下一块轨道板的调整,重复以上工作。

图 8—3—5 所示为精调现场及电脑数据采集界面。

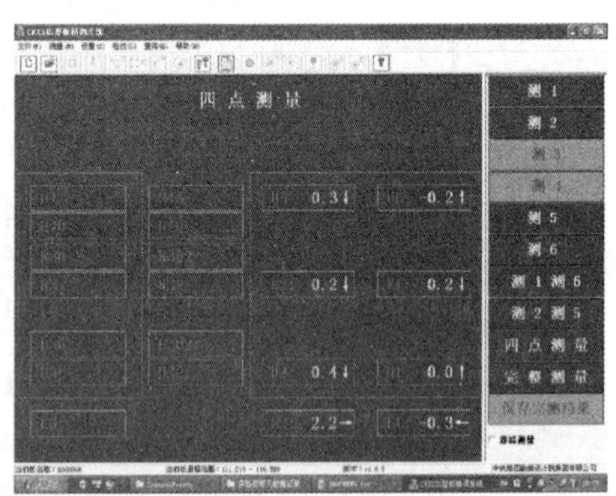

图 8—3—5 精调现场及电脑数据采集界面

第三节 关键技术及质量控制要点

一、无砟轨道粗铺质量控制要点

(1)缓和曲线段轨道板粗铺时,应有专人核对轨道板编号与底座板标示号是否一致,确保轨道板顺向“对号入座”。

(2)轨道板粗铺时,按放线位置将轨道板置于支撑上,横向侧面应与底座安装边线对齐,纵向铺设位置偏差曲线地段应小于 2 mm,直线地段应小于 5 mm。

二、无砟轨道精调质量控制要点

1. 调板质量控制要点

(1)精调前再次检查粗铺精度,对明显偏差的轨道板,先调整到一定精度范围内,再进行测量调整。

(2)轨道板精确定位的测量方向应为单向后退测量,一个测站内的全站仪与轨道板之间的测量距离宜为 5～30 m。

(3)轨道板精调顺序应为先平面后高程,轨道板精调应缓慢进行,当调整阻力较大时要查明原因,整改后再调整;同一横向位置的 2 个精调抓应同步进行调整。

(4)轨道板精调应选择合适条件进行,路基、桥梁区段宜选择在无风无雨,气温较低的阴天或夜间作业。气温高于 30℃时,只能对轨道板进行粗略调整,待气温降低后精调。雨天、大风及大雾天气不得进行露天精调作业。

精调作业各项精度指标需满足表 8—3—4 中的要求。

表 8—3—4　轨道板精调精度指标

序　　号	调整项目		允许偏差(mm)
1	高程		±0.5
2	中线		0.5
3	相邻轨道板接缝处承轨台顶面相对高差		0.5
4	相邻轨道板接缝处承轨台顶面平面位置		0.5
5	轨道板纵向位置	曲线地段	2
		直线地段	5

2. 精调成品保护质量控制要点

(1)轨道板精调后要采取防护措施,场地要显著标识,配置跨线通道,禁止踩踏已精调轨道板严禁踩踏和撞击轨道板,桥梁区段同孔梁避免其他施工造成振动与扰动。

(2)精调后及时灌注自密实混凝土。当轨道板精调后放置时间超过 24 h、环境温度变化超过 10℃、或受到使轨道板发生变化的外部条件影响时,必须重新进行精调,确认满足规范要求后,方能灌注混凝土。

第四章　自密实混凝土灌注

第一节　自密实混凝土的作用与特点

一、自密实混凝土的定义

拌合物具有高流动性、高间隙通过性和高抗离析性，浇筑时无需振捣仅靠其自重作用便能均匀充填密实成型，且硬化体具有高耐久性和高体积稳定性的高性能混凝土。

二、自密实混凝土的作用

自密实混凝土作为CRTSⅢ板式无砟轨道系统的重要组成部件，它位于轨道板与混凝土底座之间，其主要功能为填充调整、承力传力。填充调整：全面均匀地支承轨道板，消除轨道板与底座之间的间隙；便于调整轨道高低，提高施工效率和下部基础变形时的可维护性。承力传力：承受由轨道板传来的垂向力和纵横向水平力，并把它传递给底座和限位装置，分散列车荷载。

三、自密实混凝土的特点

CRTSⅢ型板式无砟轨道采用自密实混凝土代替CA砂浆作为板底填充与调整层，不仅简化了结构，而且能做到就地取材，减少对环境的污染。采用现有的混凝土拌合站、混凝土罐车和泵车等设备，与“Ⅰ”、“Ⅱ”型板式无砟轨道相比，可节约投资。

自密实混凝土采用分离式模板，轻便简捷，施工方便。采用自密实混凝土灌注形成板下填充层，对精调后的轨道板位置、标高精度影响较小，易于保证质量。

总之，自密实混凝土填充层的研发、使用，发展了无砟轨道的结构形式，方便了施工，节约了成本，通过施工研究，总结的成套工装、工艺，对放便施工、保证工程质量有很高的利用价值。

第二节　施工准备

一、人员准备

按作业量配备合适的具有规定资格的技术人员、管理人员，开工前组织技术人员认真学习实施性施工组织设计，阅读、审核施工图纸，熟悉规范和技术标准。对所有进场人员进行交底、培训，使各工序操作人员及现场管理人员熟练掌握自密实混凝土施工相关工序的施工方法及验收标准，考核合格后发上岗证，执证上岗。

各种标准制订并向施工人员进行交底，操作人员掌握各工序施工要领，施工人员分工明确，责任到位。

二、工装装备

根据施工方案准备齐全各种机械、工装、器具，开工前检测调试好，保证运转正常、满足施工要求。

三、材料、试验准备

各种原材料根据施工进度计划提前进场，标识齐全且检验合格；试验室建设完成并通过评审验收，配合比选定并通过建设单位组织的场外试验评审。

四、技术准备

1. 构造标准

自密实混凝土厚度为 94 mm，四周与轨道板平齐；混凝土中部配单层钢筋焊接网片，限位凹槽处加强配筋。自密实混凝土下部与底座通过限位凹槽限位和纵横向力的传递，上部通过轨道板的“门”型筋与轨道板连接成整体。钢筋网片上部紧贴“门”型筋，下部安装 45 mm 高的混凝土垫块，以保证钢筋保护层厚度。

2. 性能指标

自密实混凝土拌合物工作性能包括流动性、填充性、间隙通过性和抗离析性等，其性能指标应符合表 8—4—1 的要求。

表 8—4—1 自密实混凝土性能指标

项 目	性能要求
坍落扩展度，mm	700±50
扩展时间 T_{500}，s	2～6
障碍高差 B_J，mm	＜18
L 型仪，H_2/H_1	≥0.9
L 仪流动时间 T_{700L}，s	10～18
含气量，%	2～5
泌水率	0

3. 灌注技术指标

通过一系列的实验研究，最终确定自密实混凝土灌注的相关技术参数，其技术指标应符合表 8—4—2 的要求。

表 8—4—2 自密实混凝土灌注技术指标

序号	项 目	允许范围	夏季最佳值	冬季最佳值	备 注
1	坍落扩展度(mm)	700±50	710±10	700±10	白天
2	T_{500}(s)	2～6	2～3	3～4	
3	J 环(mm)	＜18	13	15	
4	含气量(%)	2～5	4.5±0.5	4.0±0.5	
5	泌水率(%)	0	0	0	

续上表

序号	项　目	允许范围	夏季最佳值	冬季最佳值	备　注
6	灌注速度(min)	8～12	8～10	10～12	
7	板腔湿度(%)	85～95	90%～95%	85%～90%	喷雾 5～8 s
8	轨道板精调预留值(mm)		＜0.2 mm	＜0.3 mm	
9	直线段灌注斗高度(cm)		80	80	
10	曲线段灌注斗高度(cm)		100	100	
11	压紧装置拆除时间(h)		8～10	10～12	

第三节　施工工艺流程与关键技术

一、施工工艺流程

自密实混凝土施工工艺如图 8—4—1 所示。

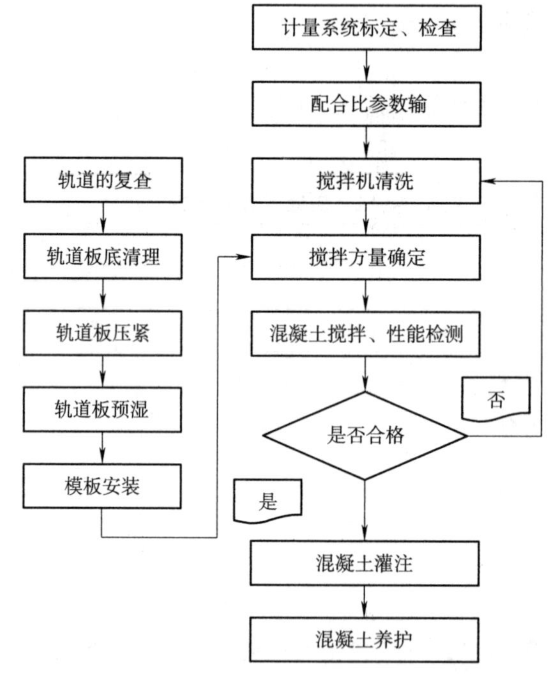

图 8—4—1　自密实混凝土施工工艺流程图

(一)自密混凝土模板施工

1. 模板加工

自密实混凝土模板为轻型[12 槽钢加工制作，在精调爪位置断开。模板表面贴透气性土工布，粘贴方法为：在土工布毛面与模板表面涂刷脱模剂，而后将裁剪好的土工布毛面贴在模板上，从槽钢上翼板开始绷紧粘贴，依次粘贴上翼板、腹板、下翼板，粘贴完成后保证土工布与模板密贴，无翘边、起鼓。

2. 弹线

立模前在轨道板两侧用墨线弹出立模外边线和压紧轴线，立模外边线距离轨道板55 mm，压紧轴线距离轨道板 125 mm。锚固螺栓钻孔前定出钻孔位置，钻孔位置避开底座钢筋，钻孔纵向间距为(425＋5×900＋425 mm)，如图 8—4—2 所示。

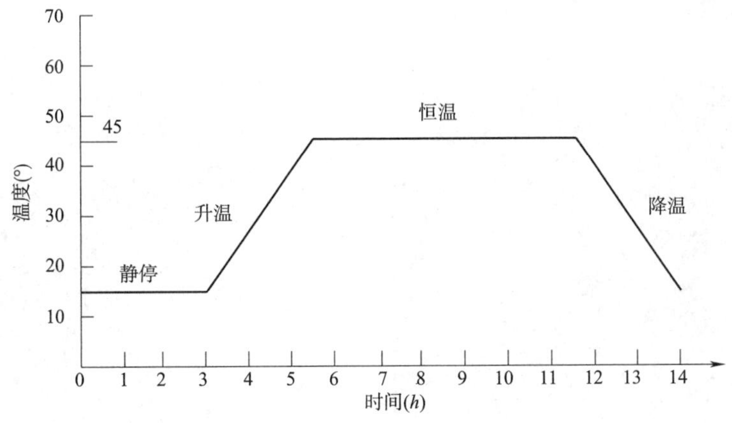

图 8—4—2　锚栓孔及压紧锚固位置图(单位:mm)

3. 涂刷脱模剂

在已粘贴好的透气性土工布表面涂刷脱模剂，脱模剂涂抹均匀，无流淌。

4. 立模

将模板底缘外侧对准立模边线，模板上部与轨道板侧面平行、密贴，模板对接位置采用阴阳扣搭接。

5. 轨道板压紧及模板紧固

根据锚栓孔位标志钻好锚栓孔，将顶紧角铁锚栓孔对准底座丝杆锚栓孔，而后拧入丝杆，再将压紧装置穿过丝杆，并扣在轨道板上(压紧装置悬空于轨道板上时，在轨道板面接触位置处增加垫板调整)，然后将翼型螺母穿过丝杆用手拧紧，采用小锤轻击翼型螺母二到三下，保证压紧装置充分压紧轨道板，但不得引起轨道板的变形(压紧时，在附近安装百分表进行观察)，安装好的压紧装置如图 8—4—3 所示。

图 8—4—3　安装好的压紧装置

压紧装置扣压紧后再顶紧模板。调整好模板位置，用压紧角铁顶住模板下翼板，并用顶紧螺栓水平支撑模板，顶紧螺栓不可将模板顶倾斜，顶住能防止跑模即可。上部两颗螺栓将模板上部与轨道板顶紧，如图 8—4—4 所示。

图 8—4—4　侧模顶紧

端模位置采用[型顶紧装置，线路横向均布三个，将端部顶紧装置水平放置并与模板顶平齐，拧顶紧螺栓将端部模板顶紧，如图 8—4—5 所示。

图 8—4—5　端部顶紧装置

6. 模板缝处理

检查加固好的模板，与轨道板接触面有缝隙时可采用玻璃胶封堵，与底座板接触面有缝隙时，采用土工棉等软质物封堵，土工棉封堵时用薄片插入，插入深度与模板面平齐，不得深入模板面以内。

7. 模板安装要点

(1)锚固螺栓钻孔时根据底座钢筋网片布置钻孔，不得损伤底座钢筋。

(2)压紧装置偏高，扣压点悬空于轨道板面时，在轨道板面垫钢板保证轨道板充分受压。

(3)在模板与底座之间的缝隙用土木布或海绵堵漏，既要封堵密实，又不得侵入自密实混凝土层内。

(4)由于精调器影响整块模板安装，因此模板为分段式，安装时注意模板连接处的平整，不得错台，与轨道板间缝隙用玻璃胶封堵，如图 8—4—6 所示。

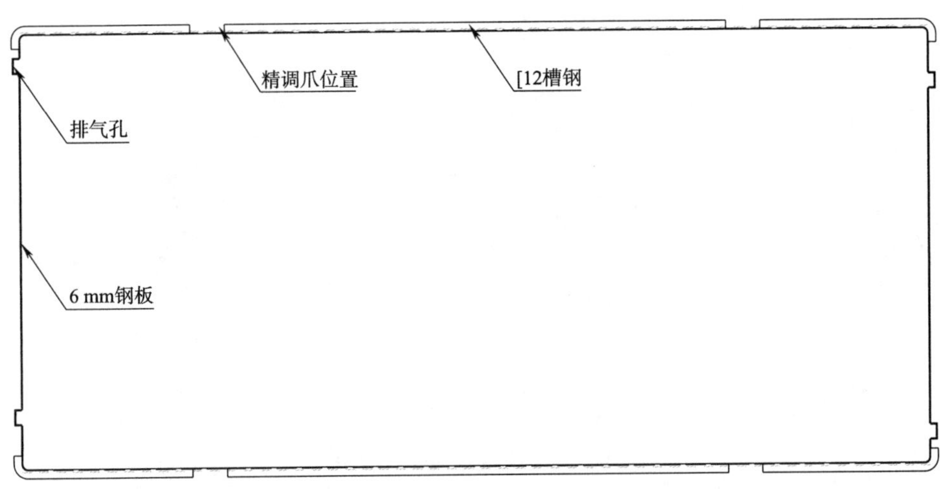

图 8—4—6　自密实混凝土模板布置图

（二）灌注前模腔内湿润

轨道板及底座均为混凝土结构，吸水性强，灌注自密实混凝土时，轨道板与自密实混凝土接触面会吸收自密实混凝土自由水、渗过隔离层的水会被底座吸收，影响自密实混凝土性能，因此，自密实混凝土浇筑前必须先喷水湿润模腔内混凝土面。

模腔内湿润采用旋转喷嘴或手持式喷枪施工，在灌板前 1 h 左右（分季节调整间隔时间）分别从三个灌浆孔伸入轨道板底喷射雾状水，把轨道板及底座表面喷湿但不得在隔离层表面形成明水、积水。

（三）自密实混凝土搅拌

先向搅拌机投入粗骨料、细骨料、水泥和矿物掺和料和其他材料，搅拌 1 min，再加入所需用水量和外加剂，并继续搅拌 2 min。

冬期施工时，拌合用水的加热温度不宜高于 80℃，自密实混凝土搅拌时间宜较常温施工延长 50%左右。夏（热）期施工时，水泥进入搅拌机的温度不宜高于 50℃。

（四）运输

每车运输量控制在 4～6 m^3，尽量减少混凝土的运输及等待时间；自密实混凝土到达浇筑现场浇筑前，罐车高速旋转 20～30 s 方可卸料；自密实混凝土到达现场后及时灌注，保证从出料到灌注完毕不超过 150 min。不得采用机动翻斗车、手推车等工具长距离运输混凝土。

运输自密实混凝土过程中，应对运输设备采取保温隔热措施，防止局部混凝土温度升高（夏季）或受冻（冬季）。

（五）灌注

1. 灌注过程

自密实混凝土灌注采用泵送法，灌注料斗安装在轨道板中间孔位处，从中间孔灌注、四角排气，灌注示意如图 8—4—7 所示。为了防止灌注时浆体流出污染轨道板，在轨道板两观察孔上部插入 ϕ110 mm×500 mm PVC 管；在模板四个排气孔内插入浮标，浮标高度与轨道板的顶面平齐，浮标上浮说明自密实混凝土已超过轨道板顶面，方便观察排气孔内自密实混凝土上升高度，为停灌提供依据。

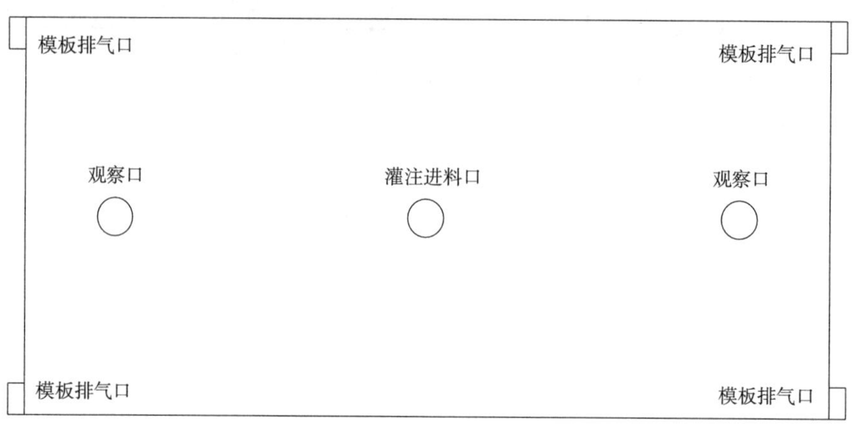

图 8—4—7　灌注布置示意图

(1)湿润料斗。采用喷雾器对漏斗进行均匀湿润,但不得有成股水流。

(2)放料。混凝土输送泵向料斗内泵送混凝土,直至达到灌注一块板所需用量为止。漏斗内划用容量标线,放料时观测混凝土量,储料满足 1 块板的需求量约 1.5 m^3 时停止放料。

(3)灌注。将恒压斗下方软管插入轨道板中间孔的 PVC 管道内,打开料斗阀门,待恒压斗装满混凝土后再打开恒压斗阀门,自密实混凝土在重力作用下灌入轨道板下空腔,现场技术员记录开始灌注时间。灌注过程中通过调整料斗、恒压斗阀门保持恒压斗内混凝土量不变,如图 8—4—8 所示。

图 8—4—8　自密实混凝土灌注

(4)观测。轨道板两个观察孔处各安排一人观察孔内有无自密实混凝土流过,若有则应告知记录人员,记录自密实混凝土流过观察孔时的时间。轨道板每个角安排一人观察排气孔浮标高度变化情况,浮标开始上浮即报告记录人员记录时间,上浮 2 cm 时再报告记录人员记录时间。

(5)灌注终止。当自密实混凝土流至最后一个排气孔内并将浮标顶起 2 cm 时,技术员喊停止灌注,卸料人员同时关闭储料斗及恒压斗阀门。排气孔处人员插入排气孔闸刀,封平排气孔处自密实混凝土面。

(6)清理。移走自密实混凝土灌注料斗,拔出 PVC 管,由两名作业人员清理板面掉落的混凝土、水泥浆等,清理模板缝隙渗出到底座上的水泥浆。

2. 灌注操作要点

(1)自密实混凝土入模前,检测混凝土拌合物的坍落扩展度、T_{500}、含气量、障碍高差和入模温度等性能指标,只有拌合物性能指标符合设计要求时方可灌注。

(2)自密实混凝土采用轨道板中间孔灌注、四角排气方式,并通过恒压漏斗控制灌注压力。灌注前将一块板的灌注用料一次泵足到料斗内,保证灌注时连续下料。灌注中先快后慢,且速度不宜过快。

(3)灌注中安排专人用橡皮锤轻轻敲击轨道板两侧模板,排出模板侧气泡并使模板边缘及顶部混凝土密实。

(六)拆模

(1)自密实混凝土强度达到 10.0 MPa 以上、表面及棱角不因拆模而受损时方可拆除模板,且拆模时间不宜太晚。

(2)拆模宜按立模顺序逆向进行,当模板与自密实混凝土脱离后,方可拆卸、吊运模板。

(3)拆模后应及时养护,自密实混凝土达到 100%的设计强度后,轨道板方可承受全部设计荷载。

(七)养护

(1)自密实混凝土灌注完成后,应及时养护,养护时间不得少于 14 d。

(2)拆模后采用喷涂养护液的方式养护。

(3)拆模后,若天气产生骤然变化时,应采取适当的保温隔热措施,防止混凝土开裂。

二、关键技术

(1)侧模紧固采用三点压紧的角铁,上边两点紧压轨道板,下边一点以将模板顶垂直即可。

(2)端模四个角部设排气孔兼观测孔,排气孔内插与排气孔对应的方钢以防止混凝土外溢,方钢高约 50 cm。备比排气孔略小的闸刀,在混凝土停灌后拔出方钢,插入闸刀,并上下插捣 2 次,插捣时拔起高度不超过 5 cm。

(3)采用长嘴喷头伸入轨道板内喷雾湿润轨道板及土工布,加压设备可用喷雾器。

(4)灌注料斗下安装恒压漏斗,通过阀门控制两料斗下料速度,保证灌注连续及恒压。灌注前将需用混凝土量一次泵足至料斗,保证灌注的连续性及混凝土的性能。

三、质量控制要点

(1)炎热季节灌注自密实混凝土时,应避免模板和混凝土直接受阳光照射,混凝土入模前模板和钢筋的温度以及附近的局部气温均不得超过 40℃。

(2)低温条件下(当昼夜平均气温低于 5℃或最低气温低于－3℃时)灌注自密实混凝土时,应采取适当的保温防冻措施,保证混凝土抗压强度达到设计强度的 30%之前不受冻。

(3)相对湿度较小、风速较大的环境下灌注自密实混凝土时,应采取适当的挡风措施,防止混凝土失水过快。

(4)料斗内自密实混凝土宜比理论用量多 10%左右,灌注中通过多余的部分保压,保证自密实混凝土的密实,并防止少灌。

(5)精调爪宜根据自密实混凝土强度增长情况及时拆除。

第四节　创新技术运用

一、恒压灌注技术

自密实混凝土性能很容易受外界影响发生变化,施工中研发的自密实混凝土移动灌注器,该设备由主骨架、料斗、搅拌叶片、恒压斗、料斗骨架、发电机、电动机、变速器、燃料箱、走行轮、导向轮组成。其特征是提高料斗高度,使其支撑在主骨架顶面以上,在料斗下方增设恒压斗保证自密实混凝土灌注时的压力恒定;由自带搅拌器,保证自密实混凝土在灌注、移动过程中的性能;一块轨道板灌注结束后关闭阀门,牵引拉杆,使漏斗移至下一块板位进行灌注。其主要优点有:

(1)可以在施工现场自由移动,解决复杂地段自密实混凝土灌注困难问题。

(2)在自密实混凝土灌注时通过混凝土自重提供恒压,使得轨道板下自密实混凝土填充密实,保证施工质量。

(3)利用漏斗顶活动盖板,防止自密实混凝土在现场灌注时可能会因天气炎热、雨雪天气、等待施工等造成混凝土性能不稳定。

二、采用CPⅢ控制网精调轨道板

基于高精度CPⅢ控制网高精度建立,突破国外采用GRP控制网精调轨道板的的工艺,创新采用CPⅢ控制点直接设站控制轨道板铺设精度,实现轨道板施工、轨道精调、运营维护三网合一。CRTSⅢ型板精调技术综合了Ⅰ、Ⅱ型板及双块式无砟轨道精调的特点,既采用了Ⅰ型板精调标架的螺栓孔定位又简化了精调的设站方式,省略了Ⅰ、Ⅱ型板精调中GRP测量工序。

三、改进思路

1. CRTSⅢ型板式无砟轨道结构

(1)目前对火热与严寒地区设计了不同的轨道厚度,对自密实混凝土层没有做变化,从使用情况下,两类地区存在一定差别,说明气候对结构有一定影响,因此,还需完善高寒、大风地区的轨道结构形式,对不同气候条件下轨道结构不同部位均进行深入研究。

(2)CRTSⅢ型板式无砟轨道为预应力混凝土结构,其疲劳性和耐久性问题需深入研究。

(3)过渡段底座板在施工完成后,混凝土底座易出现横向贯通裂纹现象,影响底座结构的整体性,进而降低无砟轨道底座的使用寿命。如何有效避免过渡段底座出现这种现象,须要做更进一步的研究。

(4)自密实混凝土层凹槽钢筋与钢筋网连接不好施工,操作费时费工、连接钢筋网与穿入门型钢筋的U型钢筋作用不大均须做优化连接形式。

(5)轨道板承轨槽档肩未设置钢筋,现场容易损坏,损坏后易造成整块轨道板报废,宜研究提高接合面处抗剪能力的方法。

2. CRTSⅢ型板式无砟轨道施工方法

(1)底座标高、平整度、排水坡控制

底座模板采用定性钢模，单块模板长度与轨道板加板缝长度相同，高度与底座板顶面高度平齐，底座表面采用多坡段收面振捣器振捣完成后，混凝土在自重作用下，坡度会变缓，标高也会发生变化，需进一步研究保证底座施工质量的工装与工艺。

(2)自密实混凝土浇筑质量

自密实混凝土浇筑后易在表面产生一层多孔的发泡层，主要原因是当自密实混凝土的扩展度偏大后，无法将气泡裹在混凝土中，气泡大量上浮后引起。施工时主要是控制自密实混凝土出站的扩展度，以满足现场施工为准。现场灌注自密实混凝土时为减小发泡层的影响，一般在两侧模板端头及中间位置，在紧贴轨道板的一面设置楔块，让发泡层尽量排出，通过现场外排的自密实混凝土质量判断是否停止外排。此种方法不直观，也浪费了混凝土，需要研究出一种更直观、更有保障的方法，而且应首先放在自密实混凝土本身的改进上。

(3)压紧装置

目前使用的压紧装置还不够方便，而且易出现压不紧现象，还需研究更方便适用的压紧装置。

第九篇

无砟道岔施工

第一章　长枕埋入式无砟道岔

道岔是机车车辆从一股轨道转入或越过另一股轨道的线路设备，是铁路轨道的重要组成部分，也是制约列车运行速度的关键因素之一。

从无砟道岔道床结构型式道岔可分为长枕埋入式无砟道岔及板式无砟道岔两类，其主要区别在于长枕埋入式无砟道岔道床为混凝土，板式无砟道岔道床为道岔板，两者在铺设工艺上存在较大的不同，本篇就两种不同结构型式无砟道岔铺设技术进行阐述。

本章以 18 号、42 号无砟道岔为例，介绍无砟道岔的主要技术参数、主要结构特征、组装以及铺设技术。

第一节　主要技术参数

18 号和 42 号无砟道岔的平面线形尺寸见表 9—1—1。18 号道岔的主要组件参数见表 9—1—2。18 号和 42 号无砟道岔的平面线型如图 9—1—1 和图 9—1—2 所示。

表 9—1—1　无砟道岔

道岔号数	全长(m)	前长(m)	后长(m)	辙叉角	线　型
18	69.000	31.729	37.271	3°10′47.39″	R=1 100 m 圆曲线
42	157.200	60.573	96.627	1°21′50.13″	R=5 000 m 圆曲线＋缓和曲线

表 9—1—2　18 号道岔主要组件参数

	尺寸			质量				面积	吊　装
	长度 L	宽度 W	高度 H	钢轨	扣件	轨枕	总计	m^2	最少起吊点 数量
	m	m	m	t	t	t	t		
转辙器轨排	23.392	2.7	0.415	6.3	7.0	9.7	23.0	64.8	12
导轨组件(5 根)	24.614	—	—	7.2	—	—	7.2	—	6
辙叉轨排	20.392	3.2	0.415	7.0	5.7	8.3	21.0	67.2	12
其余零部件	—	—	—	—	—	22.6	27.8	—	—

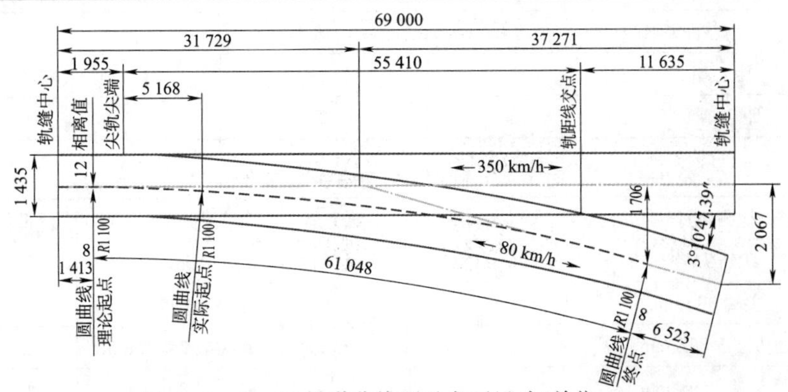

图 9—1—1　18 号道岔线型及主要尺寸(单位:mm)

注:相离值 12 mm 指道岔侧股中心圆曲线理论起点至道岔直股中心线的距离。

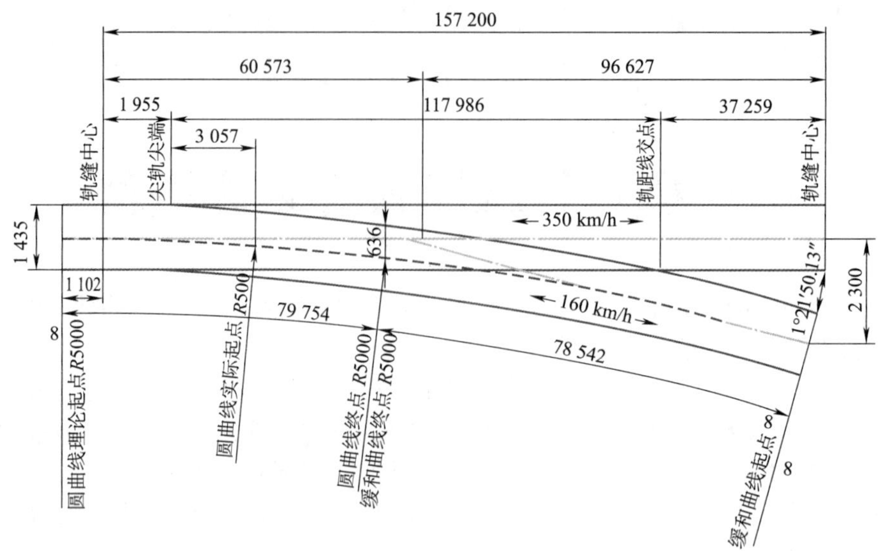

图 9—1—2　42 号道岔线型及主要尺寸(单位:mm)

第二节　主要结构特征

一、钢轨件及钢轨组件

18 号道岔、42 号道岔的尖轨降低值、心轨降低值见表 9—1—3～表 9—1—8。

表 9—1—3　时速 350 km 18 号道岔尖轨降低值(单位:mm)

尖轨类型	检测位置	降低值	轨头宽度	尖轨类型	检测位置	降低值	轨头宽度
直线尖轨	尖轨尖端	23	0	曲线尖轨	尖轨尖端	23	0
	距尖端 575 mm	14	3		距尖端 964 mm	14	5
	距尖端 2 889 mm	3	15		距尖端 3 855 mm	3	20
	距尖端 7 304 mm	0	40		距尖端 8 604 mm	0	50

表 9—1—4　时速 350 km 18 号道岔心轨降低值(单位:mm)

检测位置	降低值	轨头宽度
心轨尖端	16	0
距心端 389 mm	4	22.5
距心端 1 225 mm	0	50

表 9—1—5　时速 250 km 18 号道岔尖轨降低值(单位:mm)

尖轨类型	检测位置	降低值	轨头宽度	尖轨类型	检测位置	降低值	轨头宽度
直线尖轨	尖轨尖端	23	0	曲线尖轨	尖轨尖端	23	0
	距尖端 960 mm	14	5		距尖端 964 mm	14	5
	距尖端 3 852 mm	4	20		距尖端 3 855 mm	4	20
	距尖端 8 598 mm	0	50		距尖端 8 604 mm	0	50

表 9—1—6　时速 250 km 18 号道岔心轨降低值(单位:mm)

检测位置	降低值	轨头宽度
心轨尖端	23	0
距心端 559 mm	5	20
距心端 1 454 mm	0	50

表 9—1—7　42 号道岔尖轨降低值(单位:mm)

尖轨类型	检测位置	降低值	轨头宽度	尖轨类型	检测位置	降低值	轨头宽度
直线尖轨	尖轨尖端	23	0	曲线尖轨	尖轨尖端	23	0
	距尖端 4 014 mm	14	5		距尖端 4 015 mm	14	5
	距尖端 9 190 mm	4	15		距尖端 9 192 mm	4	15
	距尖端 16 942 mm	0	40		距尖端 16 945 mm	0	40

表 9—1—8　42 号道岔心轨降低值(单位:mm)

检测位置	降低值	轨头宽度
心轨尖端	16	0
距心端 652 mm	3	20
距心端 2 315 mm	0	45

二、配轨情况

为便于道岔厂内试制和组装,道岔配轨时按轨缝为 8 mm 计算钢轨件长度,18 号和 42 号道岔配轨长度分别如图 9—1—3 和图 9—1—4 所示。

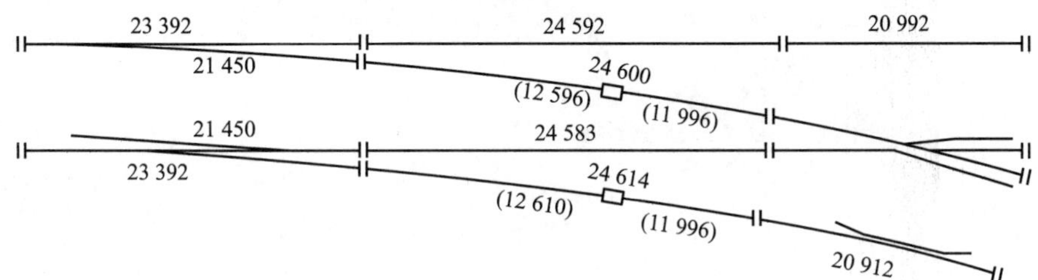

图 9—1—3　18 号道岔配轨图(绝缘接头设在曲股时)(单位:mm)

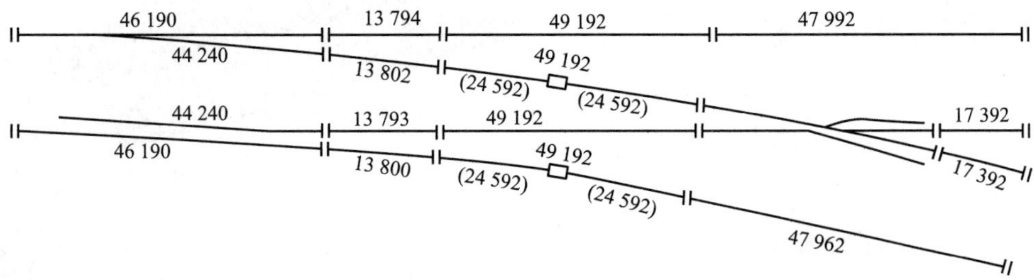

图 9—1—4　42 号道岔配轨图(绝缘接头设在曲股时)(单位:mm)

三、扣件系统

1. 通用扣件：采用弹条Ⅱ型分开式扣件，如图 9—1—5 所示。

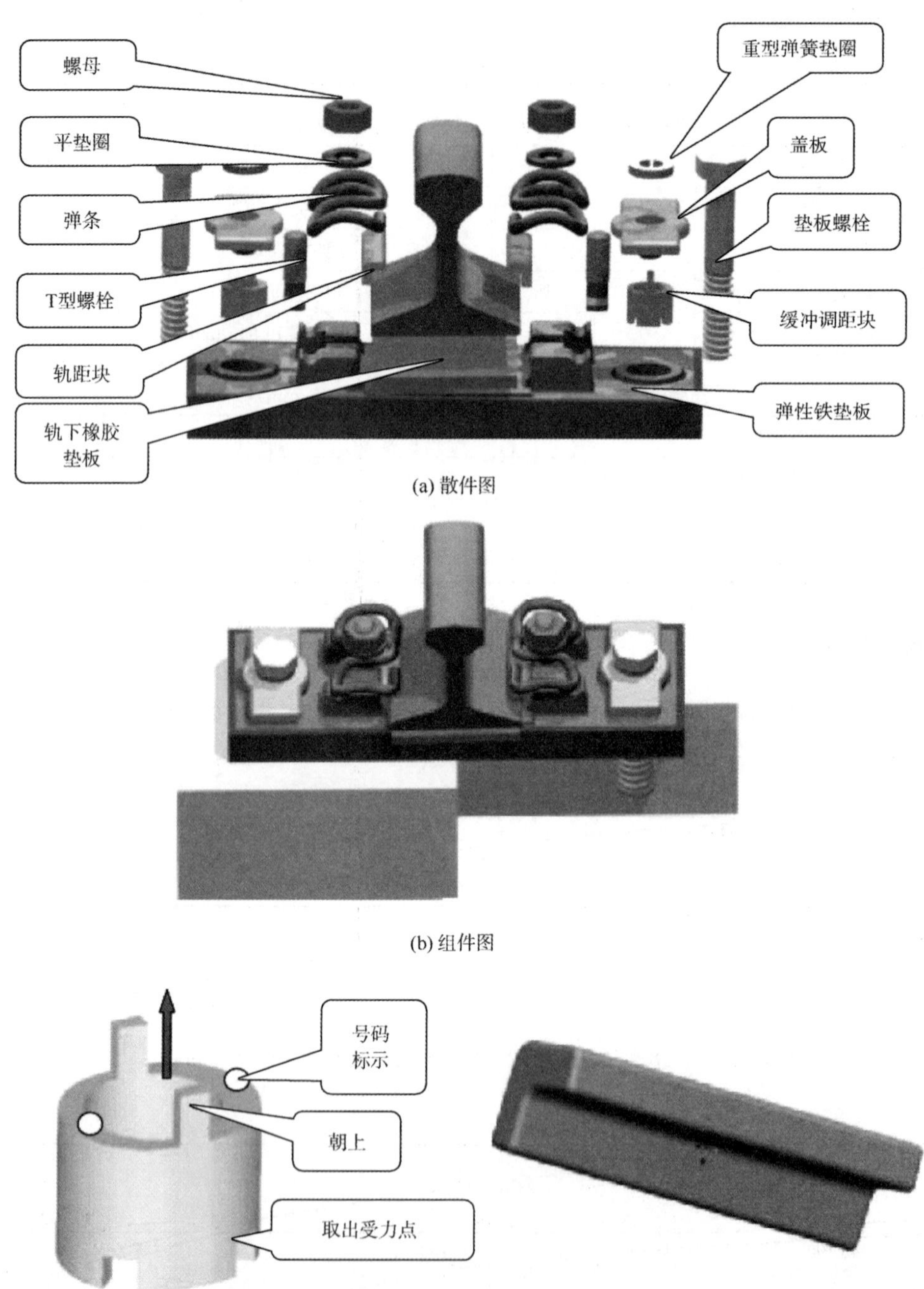

(a) 散件图

(b) 组件图

(c) 缓冲调距块　　(d) 轨距块

（图　9—1—5）

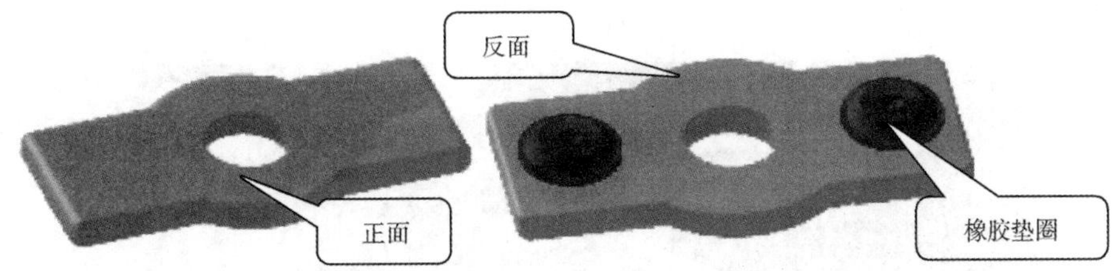

(e) 盖板及镶嵌在盖板上的橡胶垫圈

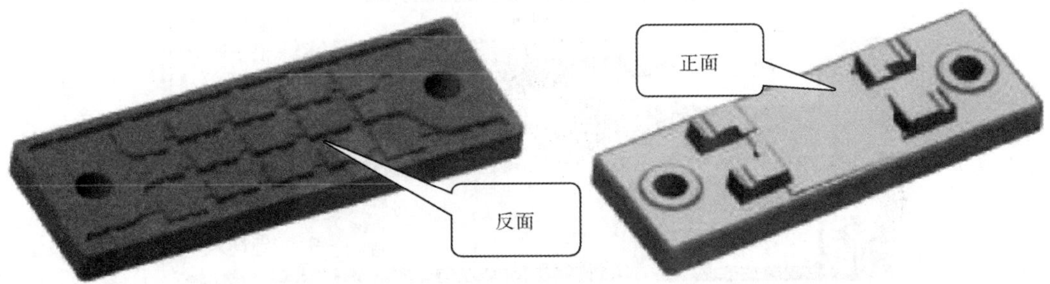

(f) 通用型弹性铁垫板

(g) 5 mm厚轨下橡胶垫板

图 9—1—5　通用扣件(弹条Ⅱ型分开式扣件)

2. 特殊零部件

(1)滑床板(图 9—1—6)

图 9—1—6　滑床板

(2)辊轮与辊轮滑床板(图 9—1—7 和表 9—1—9)

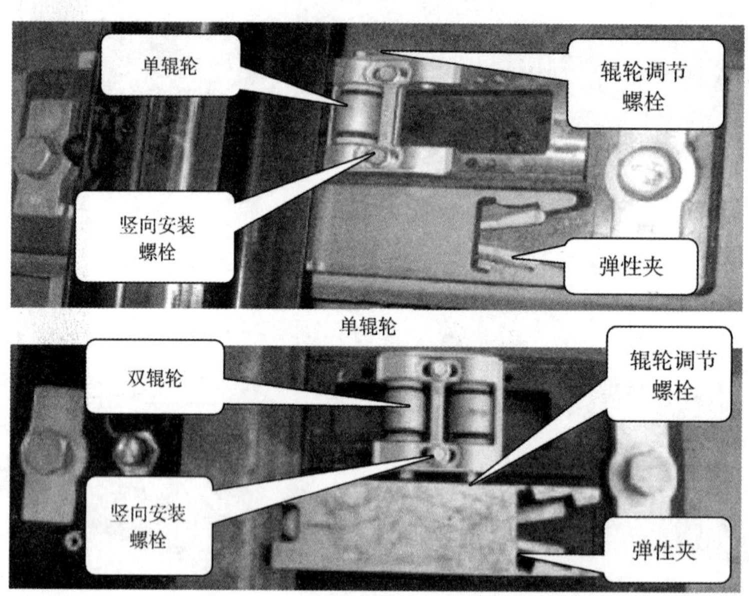

图 9—1—7 辊轮与辊轮滑床板

表 9—1—9 18 号道岔辊轮安装

辊轮类型	安装位置	数量(组)	总计(组)
双辊轮	序号 4 岔枕垫板	2	6
	序号 8 岔枕垫板	2	
	序号 14 岔枕垫板	2	
单辊轮	序号 19 岔枕垫板	2	6
	序号 24 岔枕垫板	2	
	序号 29 岔枕垫板	2	

(3)弹性夹(18 号道岔弹性夹安装见表 9—1—10)

表 9—1—10 18 号道岔弹性夹安装

弹性夹类型	规　　格	安装位置	数　　量
SSB4	360 mm	序号 35～38 岔枕滑床板用	8
SSB3	303 mm	序号 4～34 岔枕支距垫板用	62
SSB2	224 mm	序号 86～98 岔枕护轨垫板用	13

3. 弹性铁垫板

(1)编号说明(各数字和符号含义见表 9—1—11)

(2)编号示例(图 9—1—8)

(3)安装位置

18 号道岔弹性铁垫板的型号及其安装位置详见表 9—1—12。42 号道岔弹性铁垫板的型号及其安装位置见表 9—1—13。

表 9—1—11　编号中各数字和符号含义

位数 含义	第一～二位	第三位	第四～五位	第六位
	道岔号数	垫板类型	偏心值或垫板序号	右(左)开
辊轮滑床	18/42	L	偏心值	Y(Z)
普通滑床板		H	偏心值	Y(Z)
转辙器其他垫板		Z	垫板序号	Y(Z)
可动心轨辙叉		K	垫板序号	Y(Z)

18 L03Y-18(18)号右开(Y)道岔用偏心距为3(03)的辊论滑床板(L)

18 H00Y-18(18)号右开(Y)道岔用偏心距为0(00)的普通滑床板(H)

18 K44Y-18(18)号右开(Y)道岔辙叉区(K)用编号为44(44)的弹性铁垫板

18 Z68Z-18(18)号左开(Z)道岔转辙器区(Z)用编号为68(68)的弹性铁垫板

图 9—1—8　弹性铁垫板编号示例

表 9—1—12　18 号道岔弹性铁垫板的型号及其安装位置

转辙器部分						辙叉部分		
直股			曲股			中间		
序号	枕号	垫板标识	序号	枕号	垫板标识	序号	枕号	垫板标识
1	4	60-18 L00Y	1	4	60-18 L00Y	1	81	60-18 K44Y
2	5-8	60-18 H00Y	2	5-8	60-18 H00Y	2	82	60-18 K45Y
3	9	60-18 L00Y	3	9	60-18 L00Y	3	83	60-18 K46Y

续上表

转辙器部分						辙叉部分		
直股			曲股			中间		
序号	枕号	垫板标识	序号	枕号	垫板标识	序号	枕号	垫板标识
4	10-13	60-18 H00Y	4	10-12	60-18 H00Y	4	84	60-18 K47Y
5	14	60-18 L00Y	5	13	60-18 H03Y	5	85	60-18 K48Y
6	15-18	60-18 H00Y	6	14	60-18 L03Y	6	86	60-18 K49Y
7	19	60-18 L00Y	7	15-18	60-18 H03Y	7	87	60-18 K50Y
8	20-23	60-18 H00Y	8	19	60-18 L03Y	8	88	60-18 K51Y
9	24	60-18 L00Y	9	20-23	60-18 H03Y	9	89	60-18 K52Y
10	25-28	60-18 H00Y	10	24	60-18 L03Y	10	90	60-18 K53Y
11	29	60-18 L00Y	11	25-27	60-18 H03Y	11	91	60-18 K54Y
12	30-34	60-18 H00Y	12	28	60-18 H06Y	12	92	60-18 K55Y
13	35	60-18 Z21Y	13	29	60-18 L03Y	13	93	60-18 K56Y
14	36	60-18 Z23Y	14	30-34	60-18 H06Y	14	94	60-18 K57Y
15	37	60-18 Z25Y	15	35	60-18 Z22Y	15	95	60-18 K58Y
16	38	60-18 Z27Y	16	36	60-18 Z24Y	16	96	60-18 K59Y
17	39	60-18 Z29Y	17	37	60-18 Z26Y	17	97	60-18 K60Y
18	40	60-18 Z31Y	18	38	60-18 Z28Y	18	98	60-18 K61Y
19	41	60-18 Z33Y	19	39	60-18 Z30Y	19	99	60-18 K62Y
20	42	60-18 Z35Y	20	40	60-18 Z32Y	20	100	60-18 K63Y
21	43	60-18 Z37Y	21	41	60-18 Z34Y	21	101	60-18 K64Y
22	44	60-18 Z39Y	22	42	60-18 Z36Y	22	102	60-18 K65Y
23	45	60-18 Z41Y	23	43	60-18 Z38Y	23	103	60-18 K66Y
24	46	60-18 Z43Y	24	44	60-18 Z40Y	24	104	60-18 K67Y
25	47	60-18 Z45Y	25	45	60-18 Z42Y	25	105	60-18 K68Y
26	48	60-18 Z47Y	26	46	60-18 Z44Y	26	106	60-18 K69Y
27	49	60-18 Z49Y	27	47	60-18 Z46Y	27	107	60-18 K70Y
28	50	60-18 Z51Y	28	48	60-18 Z48Y	28	108	60-18 K71Y
29	51	60-18 Z53Y	29	49	60-18 Z50Y	29	109	60-18 K72Y
30	52	60-18 Z55Y	30	50	60-18 Z52Y	30	110	60-18 K73Y
31	53	60-18 Z57Y	31	51	60-18 Z54Y	31	111	60-18 K74Y
32	54	60-18 Z59Y	32	52	60-18 Z56Y	32	112	60-18 K75Y
33	55	60-18 Z61Y	33	53	60-18 Z58Y	33	113	60-18 K76Y
34	56	60-18 Z63Y	34	54	60-18 Z60Y	34	114	60-18 K77Y
35	57	60-18 Z65Y	35	55	60-18 Z62Y	35	86-98	60-18 G00Y
36	58	60-18 Z67Y	36	56	60-18 Z64Y	—	—	
—	—		37	57	60-18 Z66Y	—	—	
—			38	58	60-18 Z68Y	—		

表 9—1—13　42 号道岔弹性铁垫板的型号及其安装位置

转辙器						辙叉		
直股			曲股			中间		
序号	枕号	垫板标识	序号	枕号	垫板标识	序号	枕号	垫板标识
1	4	60-18 L00Y	1	4	60-18 L00Y	1	165	60-42 K7Y
2	5	60-18 H00Y	2	5	60-18 H00Y	2	166	60-42 K8Y
3	6	60-18 H00Y	3	6	60-18 H00Y	3	167	60-42 K9Y
4	7～9	60-18 H00Y	4	7～9	60-18 H00Y	4	168	60-42 K10Y
5	10	60-18 L00Y	5	10	60-18 L00Y	5	169	60-42 K11Y
6	11～15	60-18 H00Y	6	11 ～15	60-18 H00Y	6	170	60-42 K12Y
7	16	60-18 L00Y	7	16	60-18 L00Y	7	171	60-42 K13Y
8	17	60-18 H00Y	8	17	60-18 H00Y	8	172	60-42 K14Y
9	18～20	60-18 H00Y	9	18 ～20	60-18 H00Y	9	173	60-42 K15Y
10	21	60-18 L00Y	10	21	60-18 L00Y	10	174	60-42 K16Y
11	22～25	60-18 H00Y	11	22 ～24	60-18 H00Y	11	175	60-42 K17Y
12	26	60-18 L00Y	12	25	60-18 H03Y	12	176	60-42 K18Y
13	27	60-18 H00Y	13	26	60-18 L00Y	13	177	60-42 K19Y
14	28～30	60-18 H00Y	14	27	60-18 H03Y	14	178	60-42 K20Y
15	31	60-18 L00Y	15	28 ～30	60-18 H03Y	15	179	60-42 K21Y
16	32～35	60-18 H00Y	16	31	60-18 L03Y	16	180	60-42 K22Y
17	36	60-18 L00Y	17	32 ～35	60-18 H03Y	17	181	60-42 K23Y
18	37	60-18 H00Y	18	36	60-18 L03Y	18	182	60-42 K24Y
19	38～40	60-18 H00Y	19	37	60-18 H03Y	19	183	60-42 K25Y
20	41	60-18 L00Y	20	38 ～40	60-18 H03Y	20	184	60-42 K26Y
21	42～45	60-18 H00Y	21	41	60-18 L03Y	21	185	60-42 K27Y
22	46	60-18 L00Y	22	42 ～45	60-18 H03Y	22	186	60-42 K28Y
23	47	60-18 H00Y	23	46	60-18 L03Y	23	187	60-42 K29Y
24	48～50	60-18 H00Y	24	47	60-18 H03Y	24	188	60-42 K30Y
25	51	60-18 L00Y	25	48～50	60-18 H03Y	25	189	60-42 K31Y
26	52～54	60-18 H00Y	26	51	60- L03Y	26	190	60-42 K32Y
27	55	60-18 L00Y	27	52～54	60-18 H03Y	27	191	60-42 K33Y
28	56～57	60-18 H00Y	28	55	60-18 L03Y	28	192	60-42 K34Y
29	58	60-18 H00Y	29	56～57	60-18 H03Y	29	193	60-42 K35Y
30	59	60-18 H00Y	30	58	60-18 H03Y	30	194	60-42 K36Y
31	60	60-18 L00Y	31	59	60-18 H03Y	31	195	60-42 K37Y
32	61～70	60-18 H00Y	32	60	60-18 L03Y	32	196	60-42 K38Y
33	71	60-42 Z22Y	33	61～70	60-18 H03Y	33	197	60-42 K39Y
34	72	60-42 Z24Y	34	71	60-42 Z23Y	34	198	60-42 K40Y

续上表

转辙器						辙叉		
直股			曲股			中间		
序号	枕号	垫板标识	序号	枕号	垫板标识	序号	枕号	垫板标识
35	73	60-42 Z26Y	35	72	60-42 Z25Y	35	199	60-42 K41Y
36	74	60-42 Z28Y	36	73	60-42 Z27Y	36	200	60-42 K42Y
37	75	60-42 Z30Y	37	74	60-42 Z29Y	37	201	60-42 K43Y
38	76	60-42 Z32Y	38	75	60-42 Z31Y	38	202	60-42 K44Y
39	77	60-42 Z34Y	39	76	60-42 Z33Y	39	203	60-42 K45Y
40	78	60-42 Z36Y	40	77	60-42 Z35Y	40	204	60-42 K46Y
41	79	60-42 Z38Y	41	78	60-42 Z37Y	41	205	60-42 K47Y
42	80	60-42 Z40Y	42	79	60-42 Z39Y	42	206	60-42 K48Y
43	81	60-42 Z42Y	43	80	60-42 Z41Y	43	207	60-42 K49Y
44	82	60-42 Z44Y	44	81	60-42 Z43Y	44	208	60-42 K50Y
45	83	60-42 Z46Y	45	82	60-42 Z45Y	45	209	60-42 K51Y
46	84	60-42 Z48Y	46	83	60-42 Z47Y	46	210	60-42 K52Y
47	85	60-42 Z50Y	47	84	60-42 Z49Y	47	211	60-42 K53Y
48	86	60-42 Z52Y	48	85	60-42 Z51Y	48	212	60-42 K54Y
49	87	60-42 Z54Y	49	86	60-42 Z53Y	49	213	60-42 K55Y
50	88	60-42 Z56Y	50	87	60-42 Z55Y	50	214	60-42 K56Y
51	89	60-42 Z58Y	51	88	60-42 Z57Y	51	215	60-42 K57Y
52	90	60-42 Z60Y	52	89	60-42 Z59Y	52	216	60-42 K58Y
53	91	60-42 Z62Y	53	90	60-42 Z61Y	53	217	60-42 K59Y
54	92	60-42 Z64Y	54	91	60-42 Z63Y	54	218	60-42 K60Y
55	93	60-42 Z66Y	55	92	60-42 Z65Y	55	219	60-42 K61Y
56	94	60-42 Z68Y	56	93	60-42 Z67Y	56	220	60-42 K62Y
57	95	60-42 Z70Y	57	94	60-42 Z69Y	57	221	60-42 K63Y
58	96	60-42 Z72Y	58	95	60-42 Z71Y	58	222	60-42 K64Y
59	97	60-42 Z74Y	59	96	60-42 Z73Y	59	223	60-42 K65Y
60	98	60-42 Z76Y	60	97	60-42 Z75Y	60	224	60-42 K66Y
61	99	60-42 Z78Y	61	98	60-42 Z77Y	61	225	60-42 K67Y
62	100	60-42 Z80Y	62	99	60-42 Z79Y	62	226	60-42 K68Y
63	101	60-42 Z82Y	63	100	60-42 Z81Y	63	227	60-42 K69Y
64	102	60-42 Z84Y	64	101	60-42 Z83Y	64	228	60-42 K70Y
65	103	60-42 Z86Y	65	102	60-42 Z85Y	65	229	60-42 K71Y
66	104	60-42 Z88Y	66	103	60-42 Z87Y	66	230	
67	105	60-42 Z90Y	67	104	60-42 Z89Y	67	231	60-42 K72Y
68	106	60-42 Z92Y	68	105	60-42 Z91Y	68	232	
69	107	60-42 Z94Y	69	106	60-42 Z93Y	69	233	60-42 K73Y
70	108	60-42 Z96Y	70	107	60-42 Z95Y	70	234	60-42 K74Y

续上表

转辙器						辙叉		
直股			曲股			中间		
序号	枕号	垫板标识	序号	枕号	垫板标识	序号	枕号	垫板标识
71	109	60-42 Z98Y	71	108	60-42 Z97Y	71	235	60-42 K75Y
72	110	60-42 Z100Y	72	109	60-42 Z99Y	72	236	60-42 K76Y
73	111	60-42 Z102Y	73	110	60-42 Z101Y	73	237	60-42 K77Y
74	112	60-42 Z104Y	74	111	60-42 Z103Y	74	238	60-42 K78Y
75	113	60-42 Z106Y	75	112	60-42 Z105Y	75	239	60-42 K79Y
76	114	60-42 Z108Y	76	113	60-42 Z107Y	76	240	60-42 K80Y
77	115	60-42 Z110Y	77	114	60-42 Z109Y	77	241	60-42 K81Y
78	116	60-42 Z112Y	78	115	60-42 Z111Y	78	242	60-42 K82Y
79	117	60-42 Z114Y	79	116	60-42 Z113Y	79	243	60-42 K83Y
80	118	60-42 Z116Y	80	117	60-42 Z115Y	80	244	60-42 K84Y
81	119	60-42 Z118Y	81	118	60-42 Z117Y	—	—	—
—	—	—	82	119	60-42 Z119Y	—	—	—

四、岔板情况

1. 无砟 18 号道岔

(1)平面尺寸

采用底部带桁架钢筋的混凝土岔枕(图 9—1—9)。除安装转辙机的岔枕分左、右开向,其余岔枕不分左右开向。岔枕最短 2.34 m、最长 4.63 m,共计 23 种。

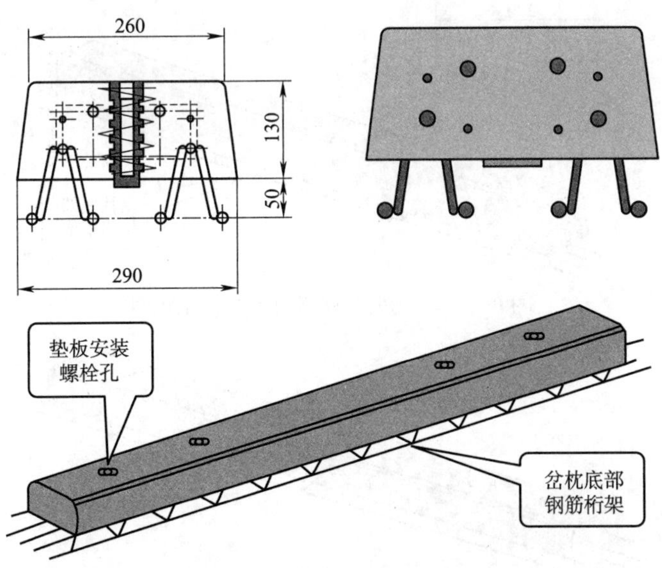

图 9—1—9　普通岔枕示意图(单位:mm)

(2)配组要求(表 9—1—14)

表 9—1—14 无砟 18 号道岔配组要求

序号	岔枕长度(m)	数量(根)	序号	岔枕长度(m)	数量(根)	序号	岔枕长度(m)	数量(根)
1	2.34	n	9	3.35	6	17	4.55	5
2	2.50	15	10	3.5	6	18	4.63	3
3	2.60	11	11	3.65	6	19	2.88	2
4	2.70	9	12	3.8	3	20	2.91	2
5	2.80	7	13	3.95	4	21	2.95	2
6	2.90	7	14	4.1	4	22	4.20	2
7	3.05	8	15	4.25	7	23	4.38	2
8	3.20	7	16	4.4	4			
线间距=4.6 m时,n=11,岔枕共计 133 根; 线间距=5.0 m时,n=17,岔枕共计 139 根; 线间距>5.0 m时,n=22,岔枕共计 144 根								

(3)特殊岔枕

序号为 4、5、12、13、21、22、92、93、98、99 的岔枕(图 9—1—10)两端各有 3 个 M24 螺栓孔,安装转辙机弯板;序号 8、16 岔枕(图 9—1—11)中部有 4 个 M24 螺栓孔,安装密贴检查器。

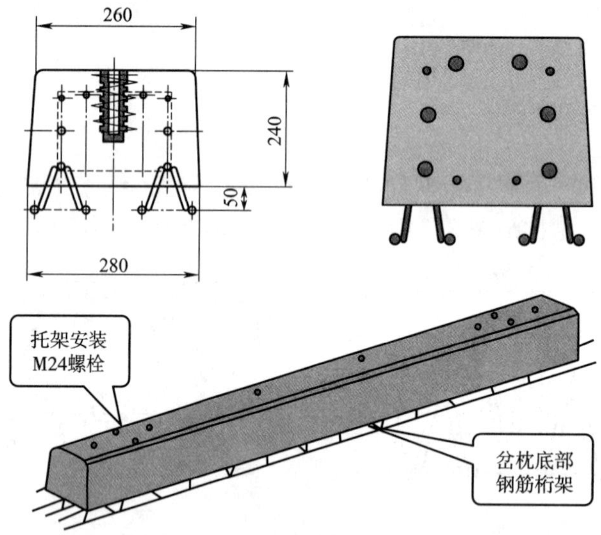

图 9—1—10 安装转辙机的岔枕示意图

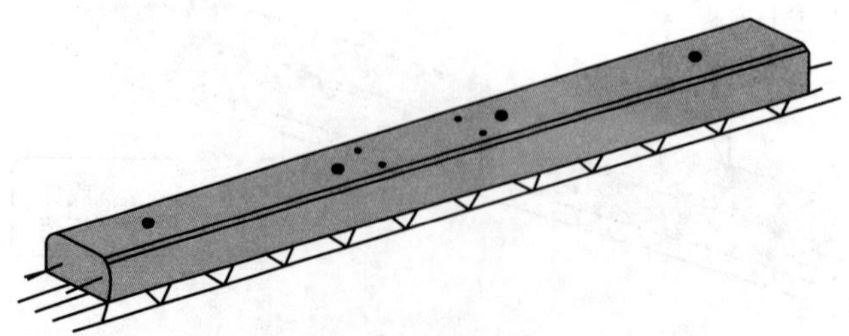

图 9—1—11 密贴检查器安装无砟岔枕(单位:mm)

(4)施工支撑孔

无砟岔枕如设置如图 9—1—12 所示的支撑孔，则该岔枕适用于岔枕的施工方法。无砟岔枕不设置支撑孔时，则适用于支撑钢轨的施工方法。

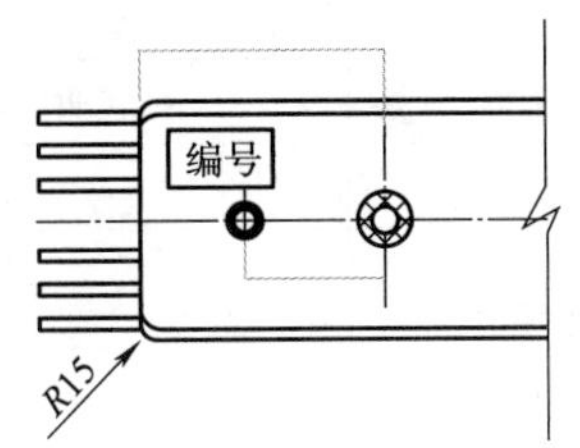

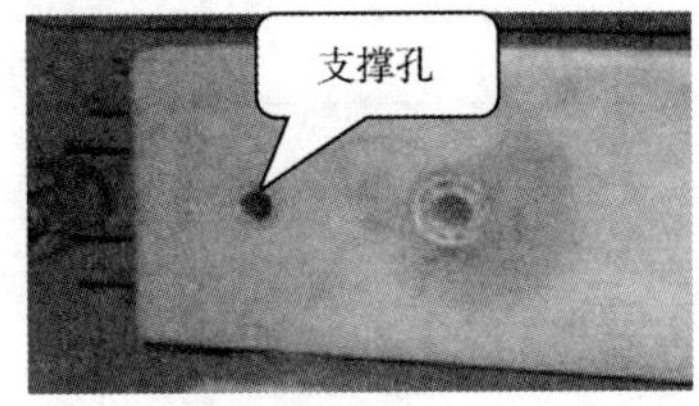

图 9—1—12　岔枕端部施工支撑孔

2. 无砟 42 号道岔

底部带桁架钢筋的预应力混凝土长枕。除安装转辙机的岔枕分左、右开，其余岔枕不分左右开。断面尺寸与无砟 18 号相同。岔枕最短 2.34 m、最长 4.65 m，共计 27 种。无砟 42 号道岔配组要求见表 9—1—15。

表 9—1—15　无砟 42 号道岔岔枕配组要求

序号	岔枕长度(m)	数量(根)	岔枕编号	序号	岔枕长度(m)	数量(根)	岔枕编号
1	2 340	21	263～269、282～295	15	3 600	8	171～178
2	2 400	12	270～281	16	3 700	8	179～186
3	2 500	29	1～3、6～13、16～23、26～33、36～37	17	3 800	6	187～191 、194
4	2 600	23	38～43、46～55、58～64	18	3 900	5	195～199
5	2 700	18	65～82	19	4 050	9	202～209、212
6	2 800	15	83～97	20	4 200	11	213～223
7	2 900	19	4、5、14、15、24、25、98～110	21	4 210	2	192、193
8	2 950	4	34、35、44、45	22	4 320	2	200、201
9	3 000	14	56、57、111～122	23	4 350	11	224～234
10	3 100	11	123～133	24	4 450	2	210、211
11	3 200	10	134～143	25	4 500	11	235～245
12	3 300	9	144～152	26	4 550	10	246～255
13	3 400	9	153～161	27	4 650	7	256～262
14	3 500	9	162～170				

五、转换设备

1. 主要组成与主要参数

转换设备主要包括转辙机、外锁闭装置、密贴检查器、安装装置。主要技术参数见表 9—1—16～表 9—1—18。

表 9—1—16　时速 250 km 18 号道岔转换设备主要参数

250—18	尖轨牵引点数	3
	尖轨密检器数	2
	心轨牵引点数	2
位置	尖轨开口(mm)	转辙机动程(mm)
尖轨一动	160	220
尖轨二动	118	220(170) *
尖轨三动	71	150(150) *
心轨一动	115	220
心轨二动	57	150(150) *

* 注：如果使用电液转辙机主辅机方式，则尖轨二动、尖轨三动、心轨二动采用转换锁闭器，动程为 170 mm、150 mm、150 mm。

表 9—1—17　时速 350 km 18 号道岔转换设备主要参数

350—18	尖轨牵引点数	3
	尖轨密检器数	2
	心轨牵引点数	2
位置	尖轨开口(mm)	转辙机动程(mm)
尖轨一动	160	220
尖轨二动	118	220(170) *
尖轨三动	71	150(150) *
心轨一动	119	220
心轨二动	59	150(150) *

* 注：如果使用电液转辙机主辅机方式，则尖轨二动、尖轨三动、心轨二动采用转换锁闭器，动程为 170 mm、150 mm、150 mm。

表 9—1—18　时速 350 km 42 号道岔转换设备主要参数

350—42	尖轨牵引点数	6
	尖轨密检器数	4
	心轨牵引点数	3
位置	尖轨开口(mm)	转辙机动程(mm)
尖轨一动	160	220
尖轨二动	136	190
尖轨三动	111	165
尖轨四动	87	140
尖轨五动	62	120
尖轨六动	33	120
心轨一动	114	220
心轨二动	82	190
心轨三动	42	150

2. 转辙机

时速 250、350 公里客运专线 18 号道岔可采用 ZDJ9 电动转辙机、ZYJ7 电液转辙机和 S700K 电动转辙机。时速 350 km 客运专线 42 号道岔可采用 ZDJ9 电动转辙机和 ZYJ7 电液转辙机。

3. 尖轨外锁闭装置

尖轨各牵引点均采用钩形外锁闭，主要由连接铁、销轴、锁钩、限位夹板、锁闭框、锁闭铁、锁闭杆及连接紧固件等组成。

4. 心轨外锁闭装置

(1)客专 18 号、42 号道岔心轨一动外锁闭采用的结构形式，主要由锁钩、锁闭杆、锁闭框、锁闭铁及连接紧固件等组成。

(2)客专 18 号道岔心轨二动采用采用在长短心轨间设置连接铁的方式。

(3)客专 42 号心轨二动采用在长短心轨外侧设置连接铁，通过销轴将锁钩与连接铁相连的方式。

(4)客专 42 号道岔心轨三动采用采用在长短心轨间设置连接铁的方式。

5. 安装装置

对于无砟轨道道岔，转辙机安装采用弯板安装方式，并加设支撑装置。在尖轨(心轨)与基本轨(翼轨)密贴段的牵引点位置，由转辙机的表示杆对尖轨(心轨)与基本轨(翼轨)的密贴情况进行检查。

在尖轨与基本轨密贴段的两牵引点中间位置，由密贴检查器对尖轨与基本轨的密贴情况进行检查。18 号道岔和 42 号道岔的密贴检查 器设置位置见表 9—1—19。

表 9—1—19　密贴检查器设置位置

	密检器	所在岔枕编号		密检器	所在岔枕编号
18 号道岔	1	8	42 号道岔	1	9
	2	16		2	19
				3	29
				4	39

第三节　道岔装卸运输与存放

现场装卸与运输作业应按照经批准的方案，采用专用吊具在专业技术人员指导下进行。产品包装在铺设前不得拆除。装卸、运输与存放作业不得变形、损坏、污染所有组件和零部件。装载、加固、运输方案成熟可靠，新方案须经有关部门审批。

本节以无砟 18 号道岔为例进行介绍。

一、道岔出厂运输形式

(一)总体拆解方案

无砟 18 号道岔总体拆解方案如图 9—1—13 所示。

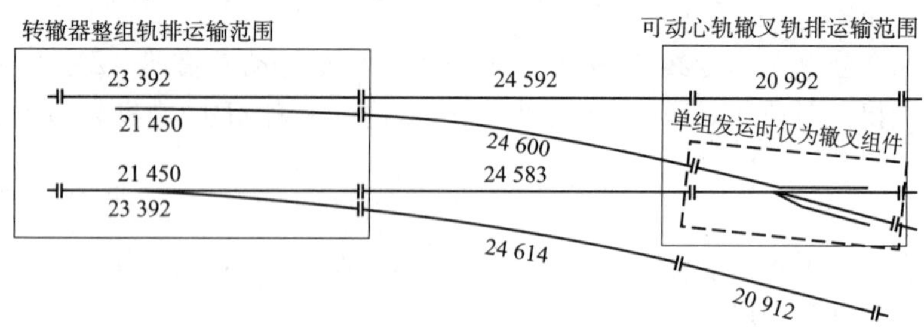

图 9—1—13　无砟 18 号道岔总体拆解方案(单位:mm)

①尖轨跟端前转辙器部分带轨枕整体发运,全长 23 392 mm,最宽 2 700 mm;

②两组同时发运时,可动心轨辙叉＋直股 20 992 钢轨及下部轨排整体发运,全长 20 992 mm,最宽 3 200 mm;单组发运时,辙叉不按轨排发运,而是采用组件发运方式(虚框内)。

③未成轨排的配轨、护轨、岔枕、转换设备采用散件发运。

(二)装载运输方案简述

(1)两组合运

本方案共用 5 个车体,第一个为 D22 木地平板车,分三层装运两个转辙器轨排和配轨,其中配轨两组计 10 根,每组道岔用配轨成组件包装;第二个 D22 木地平板车装运两组可动心轨辙叉轨排;其余为三个 C60 敞车装运岔枕、护轨、小件箱和转换设备等零部件。

(2)单组发运

用一个 D22 木地平板车发运转辙器轨排、辙叉组件及配轨,其中 6 根配轨分成两个组件包装;用两个 C60 敞车装运岔枕、护轨、小件箱和转换设备等零部件。

二、吊卸方法

(一)轨排的吊卸

1. 吊点布置(图 9—1—14 和图 9—1—15)

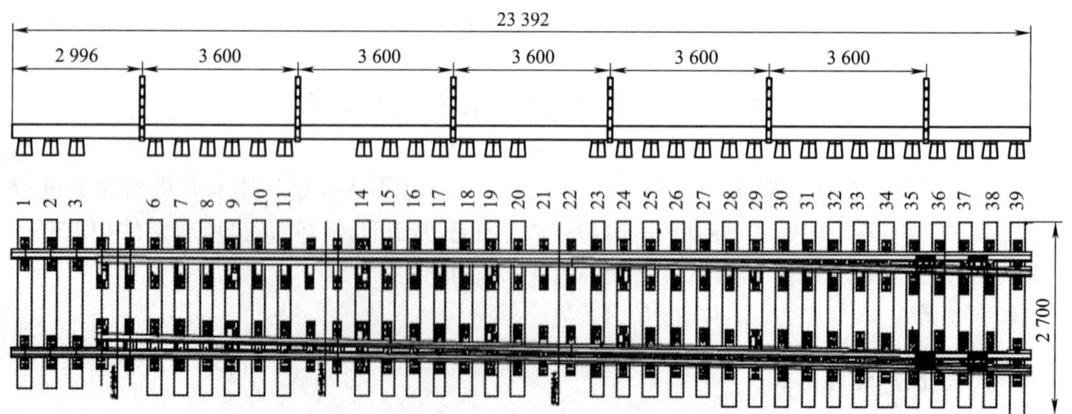

图 9—1—14　无砟 18 号道岔转辙器轨排吊点布置示意图(单位:mm)

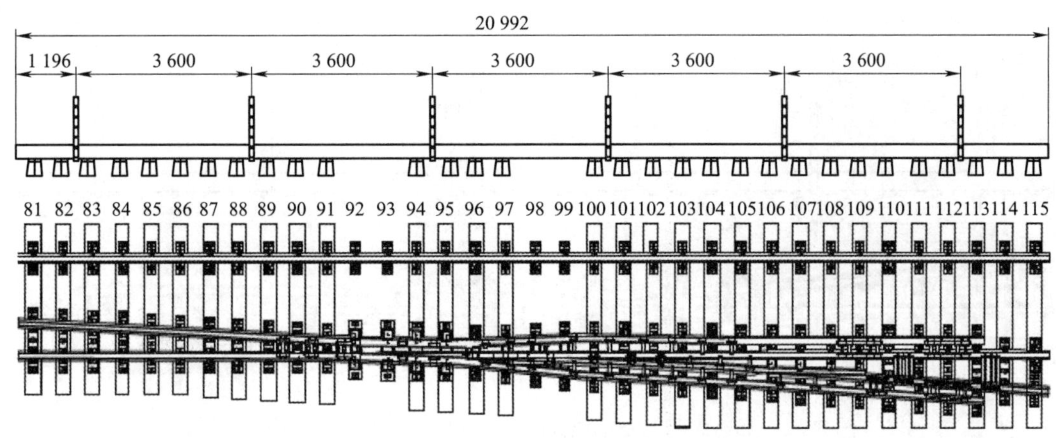

图 9—1—15　无砟 18 号道岔可动心轨辙叉轨排吊点布置示意图(单位:mm)

2. 机具要求

必须采用符合起重要求的起重机械,满足吊点设置的横梁吊具、尼龙软索(吊带)。吊点位置应按标记位置布设,需要调整时应得到现场主管工程师的确认。

由于轨排宽窄不同,要特别注意吊带高度(长度)调整。

3. 作业要求

(1)存放场地应平整,面积不小于轨排的 1.3 倍;

(2)预先设置好木垫楞,当现场平整程度不大于 10 mm 时可直接利用岔枕支撑;

(3)按照技术要求布置吊点,吊具与钢轨连接完成后,要对锁具锁紧可靠性和平衡性进行检查;

(4)先进行不大于 100 mm 起升高度的试吊,验证起吊机具、吊具机锁具的可靠性,轨排纵横向最大变形量不超过 100 mm;

(5)试吊无误可直接起吊,起吊时应慢速启动,注意保持平稳;

(6)起升与转向应分开进行,严禁边起升边转向;

(7)轨排离存放位置高度小于 1 000 mm 时要注意减小下降速度;

(8)落地后要保持起重机具存在一定受力状况,检查无误后方可落实。

(二)钢轨组件的吊卸

1. 吊点布置

(1)无砟 18 号道岔可动心轨辙叉(用于板式轨道时辙叉组件发运)吊点布置如图9—1—16所示。

(2)导轨(胶接绝缘轨)组件

用槽钢打捆主要目的是为了防止钢轨吊卸过程中的翻转。当起吊超过 25 m 钢轨时起吊点间距不的大于 5 m,起吊点距端头距离不大于 5 m,起吊点距端头距离不大于 4 m。

(3)基本轨尖轨组件的起吊位置要求同导轨组件

2. 吊卸要求

(1)可动心轨辙叉组件的起吊参照轨排起吊要求进行,要特别注意板下枕木不要拆卸,可作为临时存放的垫楞使用。

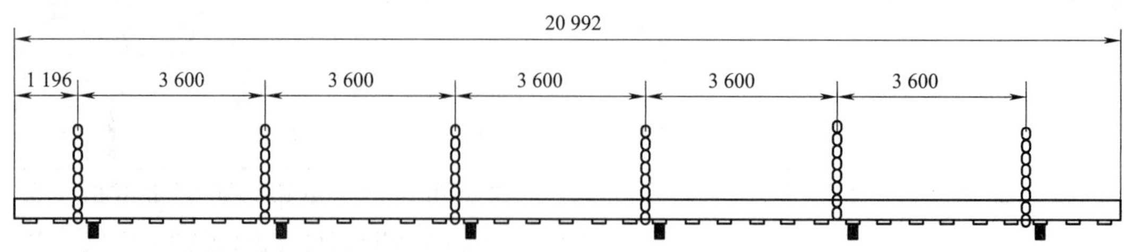

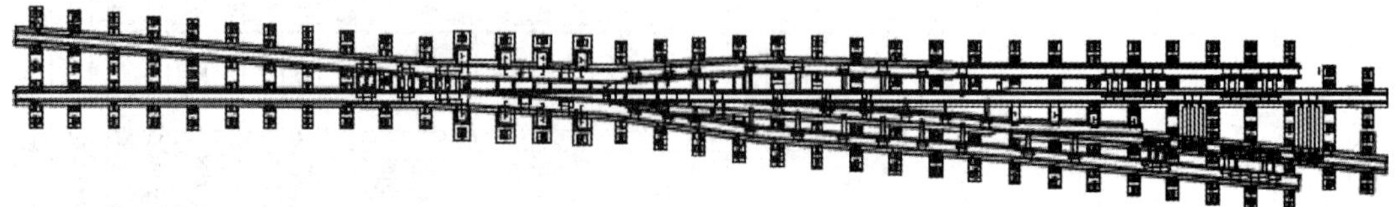

图 9—1—16　无砟 18 号道岔可动心轨辙叉吊点布置(单位:mm)

(2)钢轨组件起吊时要特别注意防止翻转。

(三)单根轨件的吊卸

长度 15～25 m 的钢轨件,吊点间距允许最大值为 4 m。单根标准断面钢轨吊装时,吊点位置按下图布置,且钢轨端头距离最近吊点间距不大于 3 m;

当吊装尖轨时,所有吊点位置向右移动 1 m。同时严禁采用吊活卡,应采用吊带锁吊卸。

当起吊超过 25 m 钢轨时起吊点间距不得大于 4 m,起吊点距端头距离不大于 3 m。

(四)电务转换设备的吊卸

在标识部位起吊,小心轻放,注意方向。电务设备装卸时注意包装箱的放置方向。

(五)岔枕的吊卸

(1)岔枕垛的吊卸

岔枕垛的吊卸应使用起重机械,装卸时应轻吊慢放,避免互相碰撞,发生磕角、掉块、碰伤或折断;装卸时避免断续加载和急促启动,动荷载必须降至最小值。在吊运过程中掉落的岔枕(不管采用任何保护措施)或以其他方式损坏的岔枕严禁使用。严格按照枕垛上标记的起吊位置起吊。

岔枕垛临时存放场地应坚固、平整。不论临时存放还是长期存放,均不允许两层及以上岔枕垛叠放。桁架钢筋变形、螺栓防护孔保护。

(2)单根岔枕吊卸

①岔枕可按照图 9—1—17 所示的方式吊装:吊带必须始终对称布置且固定,吊点最小间距为岔枕总长的一半,吊带与水平线夹角须不小于 60°,该方式对岔枕长度没有限制。

②单根岔枕可由人工利用麻绳、抬杠等工具进行搬运。

(六)弹性铁垫板的吊卸

(1)在装卸过程中应轻拿轻放,保证产品及产品包装的完好,避免产品在装卸过程中的磕碰、摔打、撞击。

(2)禁止将产品一边放在地面上进行拖动。

(3)开箱后取出的产品应水平放置在转运托盘上,每个托盘上只允许堆码一层产品。如果没有托盘,由两名专业搬运人员将产品水平抬放到指定安装地点或存放区域。

(4)弹性铁垫板在装卸、运输过程中严禁与油类、有机溶剂等有害于橡胶的化学药品接触,并应防止曝晒。

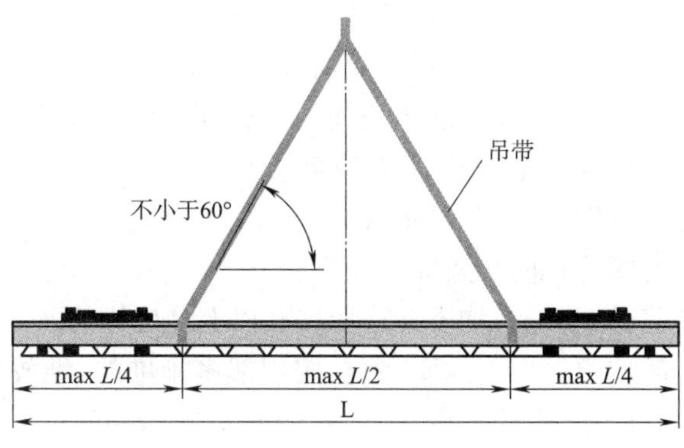

图 9—1—17　单根岔枕吊卸示意图

三、存放要求

(1)道岔及部件存放场地应平整坚实,排水畅通,支垫顶面高差不大于 10 mm。

(2)道岔零部件应按组分类放置、安全稳固且易于检查及搬运,留够运输设备走行空间,防止雨淋、锈蚀等情况发生。

(3)转辙器、可动心轨辙叉轨排、可动心轨辙叉组件最多码放两层。钢轨件的码垛层数不得多于 4 层。轨件和地面间应铺垫缓冲衬垫(如木质垫块),每层用衬垫垫实垫平,衬垫应按高度方向垂直设置。

(4)电务设备存放时注意放置方向,避免损坏转辙机。

(5)包装箱应单层存放。

(6)岔枕码放(图 9—1—18)

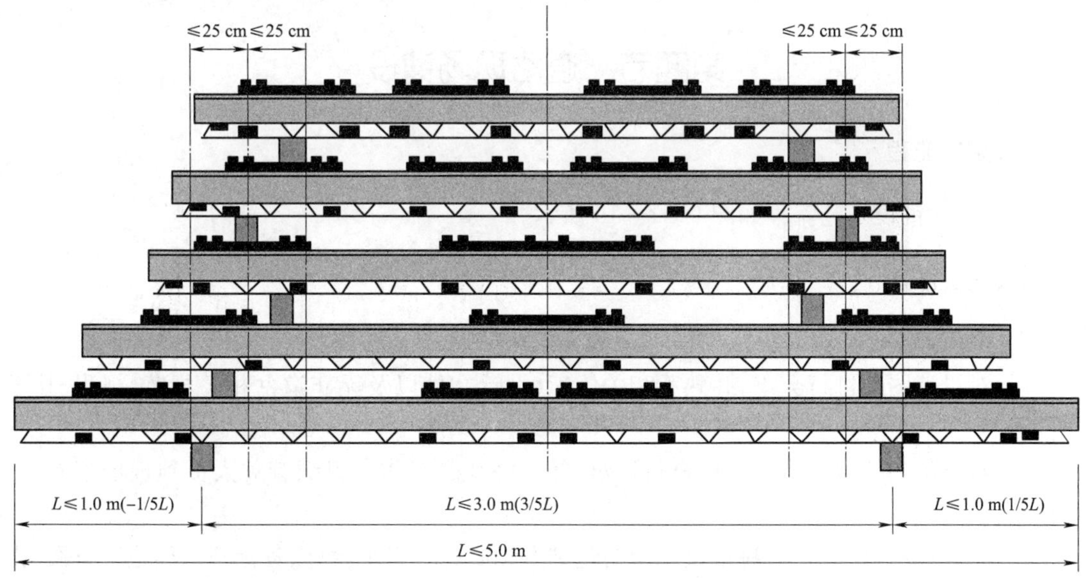

图 9—1—18　岔枕码放示意图(长度≤5 m)

①按组摆放并设置标签避免错误;

②岔枕垛之间必须有适当距离以便装载时运输设备走行；

③在未开始铺设前，岔枕垛应保持运输包装状态；

④堆放后，必须至少每两月检验一次木块，若木块受损应立即置换；

⑤岔枕堆放后上面不得放置附加载荷(如钢轨等)。

⑥岔枕码放应保证桁架钢筋不变形、不脱焊。

⑦码放时应保证岔枕螺栓孔防护盖完好无损。

⑧不论临时存放还是长期存放，均不允许两层及以上岔枕垛叠放。

⑨需重新码放岔枕时应遵循以下原则：岔枕按相邻多排堆放，堆放高度不得超过5层，层间用木块保证有足够垂直间隙，木块至少应为100 mm×100 mm。

(7)弹性铁垫板存放

①产品不进行安装使用时，应存放在包装箱内，装有产品的包装箱不允许堆码摆放。

②产品应放在清洁、通风、不被日光直射、远离热源及化学试剂污染处储存；储存期为一年。

四、交接要点

(1)道岔所有组件到达现场应履行交验手续，交验工作在建设单位组织下由无砟道岔施工单位、道岔生产厂家及监理单位人员具体实施。

(2)交验依据为：道岔铺设图、制造及铺设技术条件、供货合同、装载运输方案。

(3)按照发货单清点货物种类、数量。

(4)重点检查尖轨、心轨密贴情况，测量心轨直股直线度和曲股正矢。检查货物包装、加固情况是否良好，道岔轨排有无攒动，道岔轨排上岔枕有无移动痕迹，钢轨件有无划伤、刻痕等伤损，轨枕混凝土有无破损、裂纹，轨枕桁架有无脱焊、弯曲等，岔枕螺栓孔防护盖。

(5)交验完成后，形成交验记录，三方签字确认。

第四节　道岔现场铺设

一、施工流程

无砟道岔铺设工艺流程如图9—1—19所示。

二、施工准备

1. 技术准备

(1)对设计图纸进行会审，并熟悉相关施工、设计文件以及无砟道岔相关规范、规程、技术条件等。

(2)对收集到的线下施工资料进行核对，并做好复测工作。组织有关人员到现场察看，做好记录。

(3)汇编资料，在所有资料审核无误的基础上编制施工组织设计、各分项工程施工方案、作业指导手册、技术交底书等施工技术文件。

(4)在建设单位统一组织下，按照有关程序和规范要求，对线下工程施工质量、无砟轨道控制测量网、沉降变形观测与评估等事项进行检查和确认，办理相关交接手续。

图 9—1—19　无砟道岔铺设工艺流程图

(5)无砟道岔施工宜在车站或正线无砟道床板施工前完成。若站内正线或区间无砟道床板早于无砟道岔施工，则与无砟道岔前后相连区宜预留 100～200 m，待无砟道岔施工完毕后进行。

(6)开展对道岔施工各工序操作人员的岗前培训，测量、道岔组装与精调、焊接、装卸、运输等特殊工种人员需持证上岗。

(7)按照设计要求完成道岔混凝土配合比设计，并报送监理工程师确认。

2. 现场准备

(1)道岔控制基标测量前，按《高速铁路轨道工程施工质量验收标准》的相关规定组织测量人员对 CPⅢ点进行复核。当 CPⅢ点复核测量结果与从线下施工单位接收的 CPⅢ测量成果满足技术条件的限差要求时，直接采用线下施工单位交接的测量成果；如不满足限差要求，则上报监理单位，和线下施工单位组成联合测量组，对 CPⅢ点进行复测。

(2)对底座混凝土各项尺寸进行验收。

(3)依据复测后的 CPⅢ控制点采用全站仪自由设站测设道岔控制基标。

(4)根据确定的施工方案，落实施工机具设备，并做好铺设道岔基地、施工便道等临时工程的建设。

(5)应就接口工程施工顺序、施工便道、施工场地、道岔运输与吊卸、道岔工电联调、跨区间无缝线路施工等事宜与有关单位做好沟通和协调，划分施工界面，明确各自的工作内容和配合事宜。

三、道岔组装与精调

(一)施工准备

(1)准备并熟悉相关施工、设计文件以及无砟道岔相关规范、规程、技术条件等，编制详细的施工组织设计，细化各工序质量控制方法及标准，编制作业指导手册。

(2)就接口工程施工顺序、施工便道、施工场地、道岔运输(与道岔厂家联系是散件运输还是整体运输)与吊卸、道岔工电联调、跨区间无缝线路施工等事宜与有关单位做好沟通、协调，划分施工界面，明确各自的工作内容和配合事宜。

(3)在建设单位统一组织下，按照有关程序和规范要求，对线下工程施工质量、无砟轨道CPⅢ精测量网、沉降变形观测与评估等事项进行检查和复测，办理相关交接手续。

(4)开展对道岔施工各工序操作人员的岗前培训，测量、道岔组装与精整、焊接、装卸、运输等特殊工种人员需持证上岗。

(二)道岔岔位测量放样

如图 9—1—20 所示为道岔岔位测量放样。

图 9—1—20　道岔桩位位置放样

无砟轨道道岔区测量以 CPⅢ 控制点为基准，根据站场设计图进行道岔区控制基桩测量，确认无误后进行道岔桩位放样，为了保证道岔轨排分段纵移到位，需测设的主要岔位桩为：岔前(直基本轨轨头外侧下轨缘点、曲基本轨轨头外侧下轨缘点、岔前中心桩)，转辙器跟端(直基本轨跟端轨头外侧下轨缘点、直股中心点)，岔心(直基本轨外侧下轨缘、岔心桩)、辙叉区(前端走行轨轨头外侧下轨缘点、直股中心点)，岔尾(直股中心点、直股钢轨外侧下轨缘点、侧股中心点)。

(三)底层钢筋绑扎

如图 9—1—21 所示为绑扎完毕的底层钢筋。底层钢筋绑扎要点如下：

图 9—1—21　底层钢筋绑扎

(1)严格按照无砟道岔道床钢筋布置图在钢筋棚内加工道床板钢筋,并分类堆放,作好防锈措施。将加工好的道床板纵向钢筋按照设计图沿线路中心摆放在支承层上。

(2)根据设计图纸布置钢筋,钢筋之间采用绝缘卡连接,纵向钢筋搭接长度不小于 70 cm。

(3)道床板钢筋架设并焊接完成后应采用欧姆表进行绝缘性能测试,非接地钢筋中任意两根钢筋的电阻值不小于 2 MΩ。

(四)安装组装平台

(1)道床板下层钢筋绑扎完毕,绝缘测试合格后,根据测设的道岔控制桩位置安装组装平台。

(2)道岔原位组装平台安装前,先根据道岔线路中心线控制,放样定出组装平台位置。在钢筋顶面摆放矩形管,注意避开竖向支撑螺杆位置。矩形管顶面大致处于水平。

(3)组装平台直股一侧的边线与道岔的直股的中心线平行。

(五)摆放岔枕

图 9—1—22 所示为岔枕摆放现场,其施工要点如下:

(1)从前至后按岔枕编号摆放。

(2)按照道岔钢轨布置,分 4 段定位岔枕。

(3)根据道岔放样点确定每段第一根和最后一根岔枕的位置和方向,使岔枕安装到位。

(4)每段以第一根和最后一根岔枕为基线摆放岔枕。

(5)方正岔枕,每段以第一根岔枕为基准方正岔枕,应与调整岔枕间隔一并进行。岔枕定位以直股外侧第一个岔枕螺栓孔为基准拉线确定,岔枕方正应采用两把长尺平行放置,按岔枕间距找正。

图 9—1—22　安装组装平台,摆放岔枕

(六)道岔轨排组装

根据道岔铺设图安装调高垫板、基板等扣配件,并将其锁紧。然后吊放钢轨对位,先直后曲。钢轨入槽后依照图纸要求安装扣件,然后利用两把 100 m 长钢尺用红蓝铅笔在钢轨上做标记,再次方枕。

(七)道岔初调

1. 按照道岔铺设图进行岔枕位置的复核,尖轨与辙叉处的岔枕位置不符合要求会直接影响轨距。

2. 道岔轨距、支距调整。

(1)对滑床垫板位置进行调整，一般情况下使垫板外调至极限位置。

(2)确定框架尺寸(尖轨尖端处轨距和直线尖轨轨头切削起点轨距及基本轨间距离)。

(3)调整直线尖轨固定端及跟端轨距。

(4)调整直线尖轨与曲基本轨密贴。

(5)从基本轨前端到道岔跟端，通过拨道的方式调整直线尖轨的直线度，用 10 m 弦线 5 m 交错的方法从尖轨尖端开始测量直尖线轨工作边直线度，要求最大偏差不超过 2 mm。

(6)调整曲线尖轨密贴段至尖轨跟端支距。

(7)结合轨距调整、尖轨直线度调整，调整直线尖轨与曲基本轨密贴。此时轨距的调整以调整轨距块为主，缓冲调距块为辅。

(8)调整密贴段以后的直、侧股轨距。

(9)调整尖轨轨底与滑床台板密贴。

(10)调整可动心轨辙叉范围内轨距时，采用更换不同规格的缓冲调距块改变垫板位置实现岔心位置的调整，但仍要适当的拨道来确保岔心直股的直线度。辙叉直股直线度调整好后，将心轨拨通到曲股，通过复检心轨曲股的支距来验证岔心摆放位置、方向的正确性，如不合适则重复上述步骤进行调整。

(11)曲股辙后支距垫板区域可以通过轨距块调整支距，曲股其他区域还可以通过缓冲调距块配合来调整支距。

3. 安装竖向支撑螺栓，对轨排标高进行调整。

(1)用水准仪逐点检查道岔轨面高程，确定道岔标高调整数值。

(2)使用竖向支撑螺栓，结合手摇式起道机将道岔调整至设计轨面标高。若道岔岔枕不带竖向支撑丝杆孔，安装螺杆调节器时，每 2 根轨枕在钢轨上安装 1 个，对称安装，辙叉部位需要适当增加心轨托盘。每根丝杆下需安装塑料套管或涂抹黄油，丝杆底端与支承层面接触处放置铁垫片。

(3)道岔标高调整到位后，进行钢轨连接。先以方尺方正左右股钢轨，控制道岔全长符合设计图要求，再采用无孔接头夹板连接固定。

4. 安装侧向支撑，对轨排横向进行调整。

(1)安装侧向支撑，间隔三根轨枕在钢轨上安装两个，对称安装。待全部安装好后进行横向调整。

(2)通过安装侧向支撑，由中线基标拉弦线控制道岔方向，调整侧向支撑丝杆，使道岔轨排横移对中并固定道岔。

(3)侧向支撑安装按照预先标记位置定位，注意连接牢固。

(4)调整前，将侧向支撑丝杆套管居中，丝杆涂油。

(5)对中调整应在左右两侧对称进行，并沿线路方向逐步调整。

5. 地锚钻孔，安装地锚

图 9—1—23 所示为轨排固定地锚锚固，其作业要点如下：

(1)道岔初调完成后进行轨排固定地锚孔放样，每隔一根枕一对(对应岔枕编号为 1＃、

3#、5#、7#……)，且在钢轨接头处相邻岔枕增加一对，均设置在同一根岔枕对应两侧，并与岔枕钢筋桁架下层钢筋中同一根钢筋头对应。

(2)利用手持电钻钻孔，孔径 60 mm，孔深 250 mm。

(3)地锚为 ϕ32 钢筋，长度 320 mm，端头焊接 60 mm×60 mm×15 mm 钢板，中部孔径 30 mm，调整装置为 M14 螺杆(带螺母)，长度 12 cm。

图 9—1—23　轨排固定地锚锚固

6. 将道岔调整到设计位置(横向±2 mm，竖向−2 mm)。

7. 检查道岔前点里程(允许偏差小于 5 mm)，预留轨缝(允许偏差 2 mm)，道岔全长(18 号道岔允许偏差 10 mm，大于 18 号道岔允许偏差 20 mm)。

8. 拆除道岔组装平台，进行道床板上层钢筋绑扎。

9. 道岔调整用检测器具见表 9—1—20。

表 9—1—20　检测器具

序号	名　称	用　途	备　注
1	轨距尺(道尺)	轨距、查找间隔、横向水平	
2	支距尺	支距	
3	方尺	道岔始端钢轨对齐、枕木垂直度	
4	100 m 长钢卷尺	道岔全长、枕木间距	2 把
5	5 m 钢卷尺	局部长度、测量距离	
6	塞尺	轨头密贴、轨底与台板密贴、顶铁间隙	
7	游标卡尺	间距测量、局部尺寸测量	
8	水平仪	高低测量	
9	1 m 平尺	轨顶、工作边直线度、平直度测量	
10	2 m 平尺	轨顶、工作边、轨底平直度测量、主要用于调整心轨尖端抗线测量	

10. 岔枕定位允许偏差见表 9—1—21。

表 9—1—21　岔枕定位允许偏差

序　号	检验项目	允许偏差
1	岔枕相对于直股的垂直度	牵引点两侧和心轨部分±4 mm，其余 10 mm
2	岔枕位置偏差	±5 mm

11. 道岔应按设计定位，允许偏差见表 9—1—22。

表 9—1—22　道岔定位允许偏差

序　号	检查项目	允许偏差(mm)
1	轨面高程	0、−5
2	中线	2

(八)道床板上层钢筋绑扎

道床板上层钢筋绑扎如图 9—1—24 所示。道床板上层钢筋绑扎要点如下：

(1)按照道岔钢筋布置图架设上层钢筋。架设上层钢筋时根据图纸将钢筋位置用红油漆标示在枕木上，并与底层钢筋对齐，以保证钢筋间距。

(2)道床板钢筋架设并焊接完成后应采用欧姆表进行绝缘性能测试，非接地钢筋中任意两根钢筋的电阻值不小于 2 MΩ。

图 9—1—24　道床板钢筋绑扎

(九)道岔精调

道岔精调如图 9—1—25 所示。道岔精调要点如下：

(1)道岔精调采用轨检小车检测道岔方向、高低、水平、轨距等几何形位指标，根据轨检小车检测数据确定精调数值。精测小车作业时应禁止施工区域附近可能产生振动的机械作业。

(2)整组道岔精调前应对弹条螺栓、岔枕螺栓副、限位器螺栓、翼轨间隔铁螺栓副、长短心轨间隔铁螺栓副进行复拧，复拧扭矩达到设计值。

(3)随轨检小车移动，根据检测反馈数值逐点对道岔水平、方向进行微调定位。

(4)道岔直股应与两端各不少于 35 m 正线一并测量精调，以控制道岔整体平顺性。

图 9—1—25　道岔精调

（十）模板安装

图 9—1—26 所示为模板安装图，其施工要点如下：

（1）模板安装前，应清理道床板钢筋网片内遗留的杂物，并对支承层进行清洗。

（2）检查模板平整度（1 mm/m），模板须清洗干净，并按要求涂刷脱模剂。

（3）道床板混凝土边模板采用定型钢模板，相邻模板拼缝保证密贴，纵向模板与下部支承层表面垂直。转辙机基坑模板采用木模，顶部设置加强肋梁。

（4）道床板模板安装完毕并符合要求后，将接地端子与接地钢筋焊接，必须保证接地端子与模板密切，并做好接地端子的保护，以防止污染。

图 9—1—26　模板安装

（十一）道岔二次精调

（1）道床板混凝土浇筑施工前，须对道岔进行二次精调，利用轨检小车对道岔方向、高低、水平、轨距等几何形位指标进行检测及调整。尽可能都调成“0”，并采集最终数据。

（2）调整后的道岔须由监理单位会同施工单位按照道岔铺设技术条件中的检测验收项点逐项检测道岔，混凝土浇筑前的道岔须完全满足道岔铺设验收的要求。

（3）仔细检查各地锚固定状态，确保固定良好、可靠。

四、道床板混凝土施工

1. 道床混凝土浇筑

（1）混凝土施工前用雨花布对钢轨及基板进行包裹保护，浇筑时再用专用木盒覆盖，防止混凝土浇筑时的污染扣件。

（2）在岔枕上用墨线弹出道床板顶面，并用红色胶布作醒目标志，确保混凝土浇筑后道床板顶面高程及流水坡度。

（3）混凝土基础层及岔枕洒水湿润，但不得有积水，岔枕底部采用背扛式小型喷雾器湿润。

（4）检查模板加固状态和混凝土泵送、捣固设备工况以及电力设备备用情况，确保混凝土浇筑顺利进行。

（5）道床板混凝土由统一的拌合站集中供应，混凝土搅拌运输车运输，泵送入模，机械振捣，对每车混凝土的坍落度、温度等指标进行检测。

(6)混凝土施工从岔心开始,分别向岔前、岔后浇筑。

(7)道岔直股应与两端各不少于35 m正线一并浇筑混凝土,以控制道岔整体平顺性。

(8)混凝土入模后,立即插入振动棒振捣。对岔枕底部位置混凝土要加强振捣,确保混凝土的密实性。转辙机坑位置应加强捣固。

(9)捣固时防止振动棒触碰支撑螺栓和侧向支撑装置。

(10)道床板混凝土表面人工抹平,确保道床板的顶面高程、平整度和排水坡度符合设计标准,道床板宽度误差(+10 mm,－10 mm),平整度为3 mm/m。

2. 道床混凝土养护

(1)道床板混凝土浇筑2～4 h达到初凝后,拆除竖向支撑及侧向固定支架。遗留孔洞用无收缩砂浆填充,填充前应清孔,确保孔内无杂物,无积水。

(2)混凝土浇筑完毕及时覆盖保湿棉垫,进行养生,保证混凝土表面湿润,且不受阳光直射和风吹,养护时间最低不少于14 d。在道床板混凝土养生期间,施工区严格封闭,严禁行人车辆在道岔上通过。

(3)混凝土强度大于5 MPa后拆除道床模板,清洗、涂油后集中存放,以便下次利用。

第五节　道岔接头焊接

道岔接头焊接采用铝热焊,下面以18号道岔为例介绍接头焊接工艺。

一、道岔焊接顺序

建议采用的焊接顺序如图9—1—27所示,即由 ①至⑧。

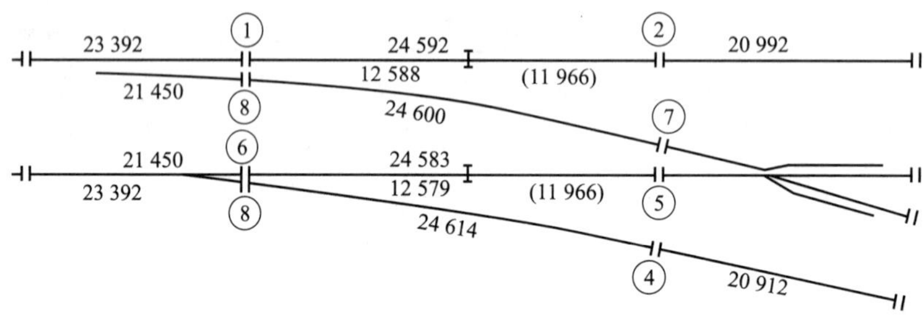

图9—1—27　18号道岔焊接顺序图(单位:mm)

二、道岔铝热焊接工艺流程

道岔铝热焊接工艺流程如图9—1—28所示。

三、焊接工序要点

1. 施工准备

(1)检查施工现场,焊接前专人根据焊接物品清单进行清点以防漏带,影响施工。

(2)检查施工机具且试用,保证焊接前设备的完好率100%。用洗衣粉水检测氧气瓶、燃气瓶及其他系统,如有漏气情况不能使用。

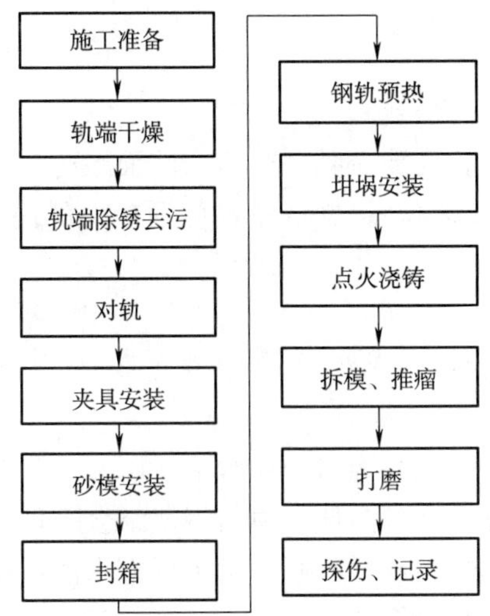

图9—1—28　道岔铝热焊接工艺流程图

(3)检查轨道的平直度和表面情况。检查钢轨端头有无裂缝、倾斜或其他缺陷，当轨端有低接头时必须锯掉低接头。有大于 2 mm 深的掉角等必须锯除。

(4)检查轨缝大小与位置以及接头相错量情况。焊缝不得落在轨枕上，轨缝位置须距轨枕边 100 mm 以上，保证左右股钢轨拉伸时接头相错量满足小于 100 mm 的要求。

(5)测量轨温。在钢轨背光一侧测量轨温，当轨温低于 5℃时不进行焊接。

(6)焊接钢轨两侧 50 m 范围内必须严格按规定上紧扣件，确保焊接时轨缝间隙不得发生移动，影响焊接质量甚至发生钢水泄露。

2. 轨端干燥

对轨端除锈去污前可用预热枪对钢轨焊缝两侧 1 m 范围内烘烤，充分排除钢轨表面水分及油污。

3. 轨端除锈去污

(1)用带有钢丝刷的角磨机对焊接钢轨端部、两侧、轨头和轨底的锈污进行打磨清洁，范围为 50 mm，特别要重视轨底的清洁，轨端不垂直度≤1 mm。

(2)打磨完成后，轨头端部边缘需倒角 1 mm×45°。

4. 对轨

(1)轨缝调整：在轨头和轨底的两侧进行测量，同等条件下，轨缝须满足(28 mm+2 mm～28 mm−1 mm)，宁大勿小。焊接过程中保持间隙不变，从对轨开始禁止在焊缝两端各 50 m 范围内松扣件、起拨线路、拉轨撞轨和通行车辆，直至焊接完毕，轨温降至 300℃以下为止或推瘤 20 min 以后。

(2)尖点对正：将 1 m 直尺的中点与焊缝隙中点重合，用钢楔子或者对轨架进行高度调节，使焊缝两侧 0.5 m 处钢轨轨顶面与直尺的间隙为 1.5～2 mm。

(3)水平对直：用 1 m 直尺分别紧贴钢轨的轨头、轨腰，并用钢板尺紧贴轨脚，一般情况下必须做到三处均密贴方为水平对正。必须保证接头的作用面一侧水平对正，钢轨内侧纵向要求平直，以 1 m 直尺同时测量两轨平顺度，错动不大于 0.2 mm。

(4)对轨先调高低,后调水平。

5. 夹具安装

(1)夹具装置安装要与轨面平行。

(2)在调整预热枪高度时,首先要调整预热枪与轨面平行。

(3)用多用塞尺测定夹具安装位置,并调整定位预热枪的高度,预热枪头到轨面的高度为40 mm。

6. 砂模安装

(1)检查砂模应无受潮、无裂纹、无变形,各组件完整,状态良好。有裂痕或受潮的砂型不能使用。

(2)砂模浇筑孔略作休整,防止高温时砂粒脱落。

(3)将砂模与钢轨接触面进行摩擦,使砂模与钢轨结合部位密贴。

(4)如果砂模与钢轨接触面吻合不好,则会发生漏钢水的严重后果。

(5)底模一定要对中,并且与钢轨紧贴。

(6)砂模浇筑孔要与左右轨角对称,以确保两侧轨底受热均衡。

(7)砂型中央与轨缝中央一致,砂型与钢轨垂直,两片砂型要对齐,不要错开,不要忘记放入白卡纸。

(8)在扭紧夹具时,应由一人完成,均匀夹紧。

(9)要试放分流塞,使分流塞在砂型中高低松紧合适,安装侧模时,倾斜45°。

7. 封箱

封箱过程是比较关键的步骤之一,在操作的时候应该特别留意,如果封箱不严密,会发生漏钢水的问题,封箱完成后,焊接负责人应该检查封箱是否达到要求,以确保焊接质量。

(1)在封箱时要盖上砂型盖,防止砂粒落入砂型中形成夹渣。

(2)封箱分两步进行,首先对各缝隙关键部位压紧封砂,打好基础,然后整体封箱并用捣实棒捣实。

(3)在封箱过程中,两侧模板之间的砂要高于砂型模板,防止钢水从两侧流出。

(4)封箱先从轨底开始,从下往上按顺序进行,封箱速度快。

8. 预热过程的控制

(1)工作压力控制:氧气和丙烷的工作压力分别是3.5 Bar和1.0 Bar,如果使用的是氧气和乙炔气,其工作压力也分别是3.5 Bar和1.0 Bar。在调压过程中,首先将氧气打开,而后开启并调节丙烷压力与流量,调节预热枪火焰。

(2)预热火焰的调节:先稍开氧气阀门,再打开燃气阀门,然后点火逐渐交替打开两个阀门,直至氧气阀门完全打开为止,再通过调节丙烷阀门来调节火焰大小,使火焰的长度保持在15~20 mm,火焰为中性焰,预热枪头应距轨头40 mm。

(3)密切关注整个预热过程:在预热过程中,应该密切关注轨头受热颜色变化过程,轨腰预热完成的温度为950~1 000℃,预热时间为5.5~6.5 min,其颜色为亮黄色。

(4)预热枪头须调至轨缝中央,以保证预热效果。

(5)预热完后,先关丙烷,枪头朝上,注意安全。

9. 坩埚的使用

(1)使用坩埚前须检查坩埚,受损,受潮的坩埚不能使用。

(2)须清除坩埚内的杂物,易熔塞表面须干净。

(3)从焊剂包装中取出焊剂,混合均匀后(反复倾倒三次),将焊剂旋转倒入坩埚中,并使其顶部形成锥形,插入高温火柴,盖上坩埚盖,预热完成后,立即放入分流塞并将坩埚安置在砂模侧模板顶部定位槽内。

10. 焊剂高温反应

焊剂反应时间:8～15 s;镇静时间:6～18 s。

注意:焊剂反应及浇筑过程中,操作者应该距离坩埚 3 m 以上的距离,确保人身安全。反应完成后,如果钢水不能漏下来,应该让钢水在坩埚中冷却了 20 min 后才能移动坩埚。

11. 拆模

浇铸完成后 1 min,移去坩埚,并将其放在安全的地方,然后移去灰渣盘,并将灰渣倒入坩埚中,保持环境干净。浇铸完成 4.5 min 后,先拆除侧模板和夹紧装置,再拆除底模板。

注意:在拆膜过程中要小心,不要将砂型一起脱下,造成钢水流出。拆膜后,及时将轨面清理干净,防止推瘤时残渣拉伤轨面。

12. 推瘤

(1)浇铸完成 8 min 以后开始推瘤。浇铸棒在推瘤完成 20 min 后打掉。

(2)推瘤过早会因为焊头硬度不够而拉伤轨面。

(3)推瘤过迟会给推瘤带来困难。

(4)打掉浇铸棒时,要注意敲击方向,不能由内向外敲击。

13. 热打磨

(1)推瘤完成后,就可以进行粗打磨。焊后接头温度降低到 300℃以下才能放车通行。

(2)打磨焊头使其轮廓与两侧钢轨相同。

(3)打磨后,焊头处的凸出量不小于 0.5 mm。

14. 冷却打磨

(1)当轨温降至常温时进行冷打磨,打磨位置包括轨顶及内侧工作面、轨底上表面、轨底。

(2)使钢轨表面整体平齐。

(3)焊缝两侧 100 mm 范围内不得有明显的压痕、碰痕、划伤等缺陷。

(4)使用 1 m 长钢尺检查最终打磨结果,轨顶面和工作面在高度和水平线性的精度要求:轨顶面:＋ 0.2 mm;－0.0 mm;工作面:＋ 0.0 mm;－0.2 mm。

第六节　关键技术及质量控制

一、外观及探伤检查

焊缝两侧 10 mm 范围内不得有明显的压痕、碰伤、划伤等缺陷。当轨温降至 50℃以下时进行探伤。首先清理焊缝两侧各 100 mm 范围,确定无锈、无裂纹、无毛刺等再涂抹机油,进行全端面探伤,不合格焊头须切掉重焊。编写焊头编号,作好记录。

二、焊接接头质量要求

经打磨后的焊接接头轨头部位应满足:

(1)不应出现裂纹;

(2)可出现 1 个最大尺寸为 1 mm 的气孔;

(3)在轨头下鄂与焊筋边缘交界处半径为 2 mm 的区域内,可出现 1 个最大尺寸为 1 mm 的气孔、夹渣或夹砂;

(4)焊接接头焊筋表面应满足相关规范要求。

(5)最多可出现 3 个最大尺寸不超过 2 mm 的气孔。

三、焊筋表面缺陷规定

焊筋表面夹渣或夹砂等缺陷的尺寸应符合表 9—1—23 的规定,这些缺陷不应侵入钢轨的横断面内。

表 9—1—23　焊筋表面夹渣或夹砂等缺陷的最大尺寸

缺陷面积(mm^2)	缺陷深度(mm)
≤10	≤3
≤15	≤2
≤20	≤1

四、探伤规定

(1)探伤人员资质要求

探伤人员应持有铁道部门无损检测人员技术资格鉴定考核委员会颁发的Ⅱ级或以上级别的技术资格证书,并经过钢轨焊缝探伤技术培训方能独立上岗作业。

(2)焊接接头探伤要求

①钢轨焊接后均应对焊接接头进行超声波探伤,并填写探伤记录。记录应包括仪器、探头、焊接接头编号、测试数据、探伤结果及处理意见。

②探伤时焊接接头的温度不应高于 40℃。

③探伤前应对探测系统校准。

④扫查前检查探测面表面粗糙度,应无锈蚀和焊渣,打磨面应平顺、光滑,打磨范围应能满足探伤扫查的需要。

⑤使用双探头或单探头对轨头、轨腰、轨底分别进行探测。如发现内、外缺陷要及时向施工人员反映,采取补救措施。

五、铝热焊接注意事项

(1)寒冷、刮风及下雨天焊接时,必须搭设帐篷。气温低于 5℃及大风、大雨天气严禁焊接。当温差变化大时必须使用拉轨器在保证轨缝大小稳定的情况下进行焊接。

(2)铝热焊剂应当密封包装,要有干燥的储藏环境,要有包装标记,便于识别产品类型,生产日期。

(3)砂模是预制好的,并与待焊钢轨断面吻合;包装上有标记,便于识别产品类型,生产日期;不得受潮、破损、开裂。

(4)坩埚使用前不得受潮、破损、开裂。配备限制钢水飞溅的坩埚盖;坩埚底部易熔塞用来控制钢水流下的时间，必须保持完好状态。

（5）冬季使用氧气、丙烷或乙炔采取保温措施，以保证气体的压力正常。

第七节 质量控制

（1）加强道岔厂内与进场验收，发现问题及时记录汇报，避免偏差累积到混凝土浇筑之后，造成调整困难；

（2）道岔组装完成后，首先要对道岔内部尺寸进行检查，如轨距，支距，各项密切指标等，确认达到规范要求后才可进行下道工序，可最大程度减少道岔精调工程量；

（3）调整作业的经验非常重要，因此道岔精调作业人必须固定；

（4）支撑系统及加固方案必须严格按照施工方案认真落实到位，并安排专人检查；

（5）选用优质模板，保证混凝土表面质量；夜间施工，要做好照明；施工前适时对混凝土界面洒水湿润；控制混凝土入模温度 5℃～30℃，15℃～20℃为最佳，确保灌注期间及之后一段时间环境温度变化不大。

（6）整组道岔精调完毕后，使用轨道几何状态测量仪测量道岔轨道几何状态，允许偏差见表 9—1—24 和表 9—1—25。

表 9—1—24 道岔（直向）静态铺设平顺度允许偏差

序　号	检测项目	允许偏差（mm）
1	高低（10 m 弦量）	2
2	轨向（10 m 弦量）	2
3	水平	2
4	扭曲（基长 3 mm）	2
5	轨距	±1；变化率 1/1 500

表 9—1—25 道岔主要结构尺寸允许偏差

序　号	检测项目	允许偏差（mm）
1	轨距	±1
2	支距	±1
3	尖（心）轨第一牵引点前与基本轨密贴	缝隙≤0.5
4	尖（心）轨其余部分与基本轨密贴	缝隙≤0.8
5	顶铁与尖轨或可动心轨轨腰的间隙	缝隙≤0.5
6	尖轨轨底与滑床台、心轨轨底与台板的缝隙	缝隙≤1，不得连续出现缝隙
7	闭合状态下，尖轨轨底与辊轮的间隙	≤2
8	打开状态下，尖轨轨底与滑床台板的缝隙 Δ	2≤Δ≤3
9	各牵引点前后各一块滑床台板	缝隙≤0.5
10	尖轨限位器两侧缝隙偏差	±0.5
11	尖轨各牵引点处开口值	±3
12	可动心轨跟端开口距	±1

续上表

序　　号	检测项目	允许偏差(mm)
13	护轨轮缘槽宽度	+1,−0.5
14	转辙器部分最小轮缘槽宽度	≥65
15	查照间隔	≥1 391

第二章　板式无砟道岔铺设

作为高速铁路无砟轨道的重要组成部分，板式无砟道岔技术要求标准高，与传统的普通道岔不同，需要采取独特的施工工艺。从施工技术角度讲，板式无砟道岔的施工主要分为两个步骤，一是道岔板的安装，二是道岔轨件的安装及调整，施工精度及工艺标准要求都非常高。

第一节　道岔结构与技术要求

一、结构组成

道岔用板式无砟轨道是满足道岔区列车运营安全性、平顺性、稳定性，美观经济要求的新型轨道结构形式。该轨道结构在桥上和路基上都可应用，岔区板式无砟轨道结构（以路基上结构为例）自上而下依次为：道岔钢轨件、扣件系统、预制混凝土道岔板、底座、垫层等，如图9—2—1所示。

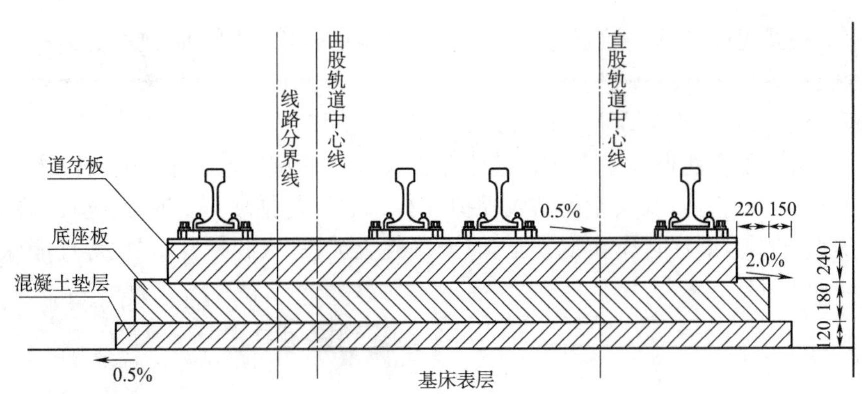

图9—2—1　岔区板式无砟轨道结构横断面（单位：mm）

路基上应用时，在做好的垫层上，精调道岔板状态，在道岔板和垫层之间灌注自密实混凝土，道岔板底面预留的门形桁架钢筋与底座相连，通过道岔板底面和底座混凝土的粘结力、摩擦力以及门形桁架钢筋的抗剪作用实现轨道结构纵、横向限位。各部件如下：

①道岔板

道岔板采用C55普通钢筋混凝土结构，根据不同的道岔型号，纵向上按扣件间距及电务设备安装要求等因素合理分块，除转辙机安装位置外道岔板间连接缝宽度为100 mm。

②底座

底座采用流动性较好的自密实混凝土，强度等级为C40。

底座厚度为180 mm，横向宽度较相应的道岔板宽400 mm。突出的边缘向轨道系统外侧设置4%的排水坡，亦可以根据具体情况而定。

③垫层

垫层混凝土强度等级为C25,可不配筋。垫层厚度为130～200 mm,横向宽度较相应的底座宽300 mm。

④门形桁架钢筋

道岔板板底预留门形桁架钢筋植入底座,从而将道岔板和底座连接为整体。通过道岔板和底座的粘结力、摩擦力以及门形桁架钢筋的抗剪作用保证轨道结构的稳定。

在桥上使用时,在混凝土底座上进行道岔板状态精调,在道岔板和底座之间灌注充填层,在道岔板和底座钻孔植入销钉,通过销钉的抗剪作用实现轨道结构的纵、横向限位。

二、结构特点

①道岔板的结构高度低,现场施工简单,混凝土现浇量减少,施工进度快。

②道岔板与扣件连接的套管定位精度高,在现场施工时钢轨精调效率高,所用的轨距调整块数少,调整快速,便于施工组织。

③在道岔板结构上应用套管预埋技术,具有结构稳定性好、保持力强等优点。

④岔区板式无砟轨道结构路基上用门形钢筋,桥上用填充层加销钉的方式来进行道岔板的纵、横向限位,有效地增强了道岔板与下部结构的连接性能,提高了结构的强度和耐久性。

⑤在现场施工中,不需要道岔组装好后再进行灌注施工,施工不受道岔生产及供货的制约。

三、技术要求

试验室对板式无砟道岔充填层施工使用的材料检验合格,其品种、规格、质量,符合设计要求和现行国家有关技术标准规定。

岔区底座应平整,平整度误差15 mm/4 m。

自密实混凝土配合比设计是底座板灌注能否顺利的关键,施工前必须进行严格的原材料选择和充分的室内试验,以及大量的仿真模拟灌注试验。包括放样、绑扎钢丝、吊装道岔板及按照现场的灌注工艺,灌注自密实混凝土,直至混凝土扩展度、和易性、强度等性能稳定。

第二节　作业准备

一、技术及现场准备

①在桥梁或路基板式无砟道岔底座混凝土完成后施工。

②做好各种原材料的检验工作,试验确定混凝土配比,并报批。

③板式无砟道岔施工前清理底座顶面并检查桥面高程与平整度,不符合标准的应进行修整,达到验收标准。

④根据掌握的最新的板式无砟道岔资料,组织培训学习,并邀请专业公司的技术人员进行教学和指导,技术准备应当做到足够充分,编写合理的施工方案,并以此来培训参与施工的人员。

⑤根据施工的特点,制定切实可行的测量控制及精调控制方案。

二、材料准备

①施工前应做好板式无砟道岔充填层用原材料的备料工作,原材料各项指标应符合规范

和设计的要求。

②施工场地内不同规格的材料应分别堆放，同时材料堆放应有防止日晒、雨淋等措施。

③道床板混凝土必须采用厂内集中搅拌。

④道岔必须是有资质的单位进行生产，进场后按照规范要求进行验收，验收合格后方可进行施工。

三、设备配备

主要有混凝土运输罐车、起重吊车、发电机、振捣棒、混凝土拌和设备、精调垫块、吊具、精调爪及扣压装置、精调系统和自流平混凝土灌注的特殊设备以及专用设备等。

第三节　施工工艺流程

一、工艺流程

板式道岔施工工艺流程如图 9—2—2 所示。

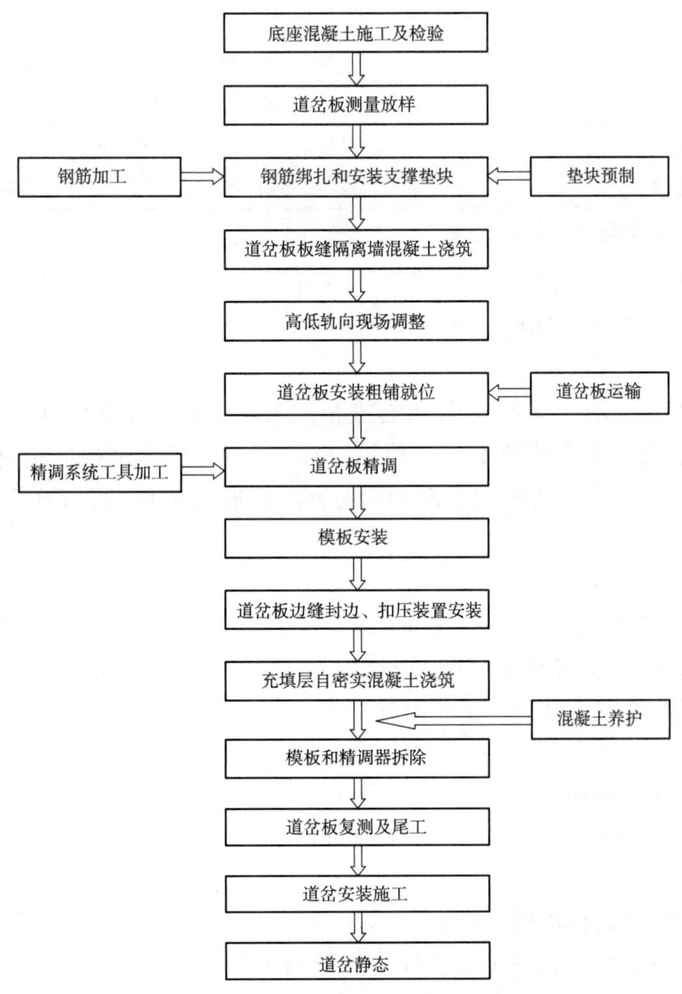

图 9—2—2　板式道岔施工工艺流程图

二、底座混凝土施工及检查

底座混凝土施工按照钢筋加工安装、模板安装、混凝土浇筑三个工序进行施工控制。底座施工完毕后及时进行检查，检查底座顶面标高、平整度，合格后方可进入下道工序，否则进行修整处理。

三、道岔板施工

(一)道岔板测量放样

在已经浇筑完毕的基座上标注道岔板的边角位置，标注调节系统的混凝土垫块的位置，道岔板定位测量点的精确放样，采用钻机钻进轨道基准点位，并布设基标，建立轨道基准测量网。

1. 测量基础

道岔板的位置由轨道基准点(轨道基准)确定，轨道基准点必须具有基础测量所规定的精度，见表 9—2—1。

表 9—2—1　控制测量控制网精度表

控制网级别	精度要求
基础网	每 1 000 m 水平位置 10 mm，高程 2 mm
导线网	约每 250 m，水平位置 5 mm，高程 1 mm
轨道设标网	每 60 m 一对点，水平位置 1 mm，高程 0.5 mm
轨道基准网	每块板接缝处有一点，水平位置 0.2 mm，高程 0.1 mm

注：表中的指标均是相对沿线路方向相邻控制点之间的相对精度

2. 放样铺设轨道板的参考点

铺设轨道板用的参考点和放置精调装置的混凝土垫块位置将标记在已铺好的基座混凝土上。

参考点每块道岔板的始端和终端都要进行放样，以保证精调时道岔板不做太大的移动。其作用与用于轨道板粗铺的安置点位置一样，一侧的点用来控制道岔板粗铺精度，另一个点用来安装定位基标，也就是基准点，用于轨道板的精调，其放样精度应达到 3 mm 以内。

3. 轨道基准点的测设

道岔的轨道基准网是布置在道岔板之间的混凝土台座上，其测设方法与正线基准网一样，基准点之间的相对精度应满足：水平位置 0.2 mm，高程 0.1 mm。以线路两侧的轨道设标网为基础，与正线基准网搭接，统一布网，整体平差，保证正线与道岔的平顺过渡。

(二)道岔板底座钢筋加工安装

图 9—2—3 所示为安装好的垫块及绑扎好的钢筋。

1. 垫块安装

依据放样好的位置进行精调垫块垫块安装，其安装方式为先采用早强、粘结性好的砂浆在支撑垫块的安放位置铺设一层 2 cm 厚的砂浆垫层来调节其高度及平整度，垫块位置横向±3 mm、纵向±5 mm、高度±5 mm 对影响垫块安装的钢筋可适当调整间距以避开。

2. 底座板钢筋绑扎

依据事先用墨线标记的位置进行钢筋绑扎施工，纵横向钢筋搭接处及纵向钢筋连接处均采用绝缘卡扣进行隔离，钢筋保护层采用预制好的 45 mm×50 mm×800 mm 的混凝土条来实现。底座板钢筋绑扎完成后应进行绝缘测试(图 9—2—4)，要求绝缘电阻不小于 2 MΩ。

图 9—2—3　垫块及钢筋绑扎

图 9—2—4　钢筋绝缘性能测试

(三)隔离墙混凝土浇筑

1. 板间扣压装置

板间扣压装置植筋采用钻头打孔，注入速凝胶，植筋位置应在道岔板板缝中心，纵向误差在±20 mm、横向应在道岔板中线处但不能影响精调时全站仪的架设位置。图 9—2—5 所示为扣压装置植筋图。

2. 隔离混凝土

隔离墙混凝土采用与底座板同标号的 C40 混凝土，宽度应为板缝宽度两侧各加 7 cm，高程控制为道岔板底面以下 3 cm，误差在+5、−10 mm。图 9—2—6 所示为浇筑完成的隔离墙混凝土。

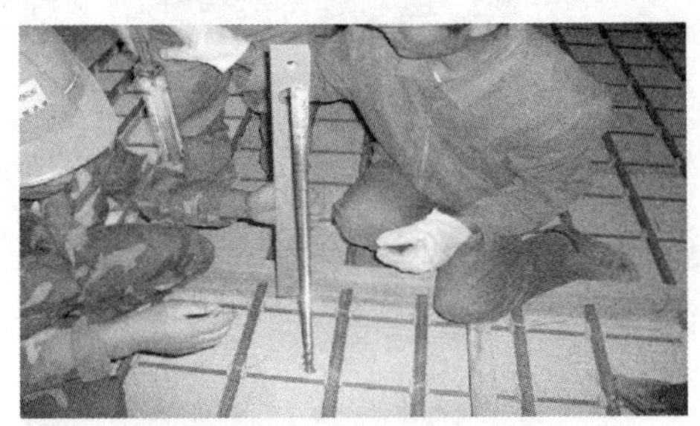

图 9—2—5　中间扣压装置植筋

图 9—2—6　浇筑完成的隔离墙混凝土

(四)基准点的测设

底座板隔离带混凝土施工完成后(混凝土凝固)，通过 CPⅢ网精确测量线路中心，标出每一块岔道板接头中心点，用钻机在中心点上钻取孔径为 20 mm、深度 100 mm 的孔，安装锚杆，同时及时预埋基准点(GRP 点)紫铜钉(图 9—2—7)，并在混凝土达到一定强度测钉稳固后进行基准点(GRP 点)的精确坐标测量(图 9—2—8)，并对测量结果用平差软件进行平差处理，要求平差精度：平面±0.2 mm，高程±0.1 mm，作为精调道岔板的设站点和定位点。

图 9—2—7　GRP 基准点埋设

图 9—2—8　GRP 基准点测量

(五)粗铺道岔板

铺设前,应用风力灭火机(图 9—2—9)或高压水枪(图 9—2—10)对基面杂物进行全面清理。同时应对找平层进行湿润。底座板隔离首先将专用吊具上的带有吊链的螺栓与道岔板上预埋螺栓孔连接,然后用 50 t 吊车将道岔板缓慢吊放至临时方木块支墩上,初铺平面精度控制在±10 mm,高程精度控制在±5 mm,最后将精调爪(精调爪三个方向调到活动量的中间位置)安装在岔道板两侧的指定位置,旋紧高度调节螺栓使所有的支承点基本相同,保证其均匀受力,精调爪安装完后,取出道岔板下的方木块支墩,准备进行精调。图 9—2—11 所示为道岔板的吊装现场,图 9—2—12 所示为道岔板的粗铺到位测量。

图 9—2—9　风力灭火机进行基面清理

图 9—2—10　高压水枪进行基面清理

图 9—2—11　道岔板吊装

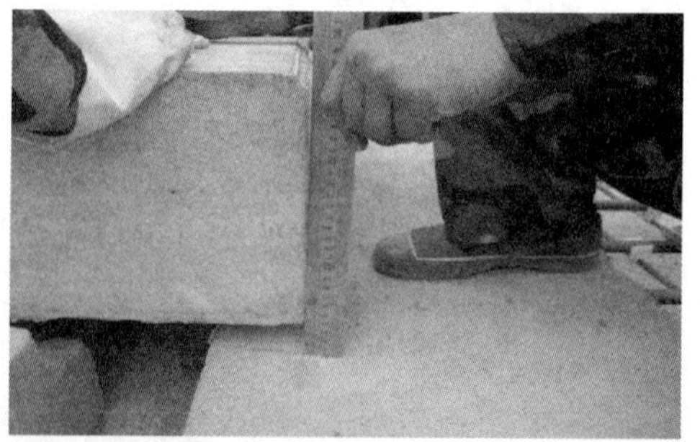
图 9—2—12　粗铺定

(六)道岔板精调

图 9—2—13 所示为道岔板建站精调所用的全站仪,图 9—2—14 所示为精调后视三脚架,图 9—2—15 所示为精加工的棱镜套筒,图 9—2—16 所示为组合好后的棱镜系统。

图 9—2—13　全站仪

图 9—2—14　精调后视三脚架

图 9—2—15　精加工的棱镜套筒

图 9—2—16　组合好后的棱镜系统

1. 总体思路

利用全站仪(以徕卡 TCA2003 为例)测量道岔板四个角点测量板上棱镜孔位置的棱镜三维坐标，经全站仪快速精调系统对比后，确定三维方向的调整量，再使用精调爪的三维调整器进行逐步调整，最终达到设计的理论位置及标高。

2. 全站仪建站及定向

全站仪架设在道岔板之间的 GRP 基准点上，利用基准点进行设站(设站位置应距离精调道岔板在 6～20 m 范围内)和对中，利用一块已精调到位的轨道板直股上的一个棱镜点及对应的基准点来实现定向。

3. 精调数据测量

全站仪架设在轨道基准点上，通过快速测量系统，测量正在调整的道岔板上的 4 个(或 6 个)定位孔上棱镜的实际三维坐标，电脑通过事先输入的置放棱镜点理论坐标与实测坐标对比后，其偏差值会实时的显示在快速精调系统的屏幕上。

4. 道岔板精调(图 9—2—17)

依据电脑屏幕显示的偏差值，按照先调整 4 个角点高程，再调整平面位置；短板精调时，尽量使用对角两点调整，在角点的高度及平面调整好后，再调整板中部高程的原则，通过道岔板四周的精调爪，对道岔板进行横向、竖向、纵向的调整，消除偏差量，直到道岔板达到高程 ±0.2 mm、横向±0.3 mm、纵向±0.4 mm 的偏差范围的要求。

5. 施工注意事项

①精调完成后，借助辅助测量尺、游标卡尺等，对相邻道岔板上的定位孔之间距离进行测量，以获得纵向补充控制值。

②仪器三角架的尺寸，目标棱镜的高度，棱镜加常数等必须准确无误。

③精调完成后，对道岔板要加以保护，严禁踩踏。图 9—2—18 所示为完成精调的道岔板。

图 9—2—17　道岔板精调作业

图 9—2—18　完成精调的道岔板

6. 道岔板精调方法与轨道板精调方法的不同点

其不同点在于道岔板还必须在纵向精确定位，道岔板纵向和横向精调时，需要沿着正线一侧进行，并且还需借助于事先算得的定位孔的坐标值。

(七)道岔板的封边、扣压装置及模板支立

1. 封边

道岔板板缝处应采用和自流平混凝土强度相等的 C40 混凝土进行封边(图 9—2—19)，岔板封边应严密并保证灌注自流平混凝土时不溢出，封边过程中应对基准点测钉用 PVC 管进行保护。

2. 扣压装置施工

为了确保自流平混凝土浇筑过程中道岔板不发生移位，应在道岔板两侧及板间设置扣压装置(图 9—2—19)，侧向扣压装置(图 9—2—20)间距为 3.7 m。扣压力由锚杆和角钢共同作用来实现，锚杆的植筋深度应达到 10 cm 以上，其抗拔力不小于 30 kN。

3. 侧向模板支立

采用定型刚模板，依据底座板边线进行支立(图 9—2—20)，模板支立应垂直、稳固、平顺，相邻模板错台不超过 1 mm，采用黏贴双面胶来确保接缝严密。模板安装时，模板与混凝土垫块外侧设置 2 cm 软纤维垫层。

图 9—2—19　板间扣压装置及混凝土封边

图 9—2—20　侧向扣压装置及模板支立

(八)道岔板自密实混凝土的灌注施工

1. 混凝土浇筑

(1)准备工作

①利用风力灭火机清除道岔板下的杂物，然后再用可旋转的高压喷枪对道岔板与找平层间的空间提前进行充分湿润。

②依据计划浇筑的道岔板号，提前计算出所需的混凝土数量，根据计算数量及损耗确定混凝土每次的运输量。

③对道岔板的平面、高程进行一次复核测量，如图 9—2—21 和图 9—2—22 所示。

图 9—2—21　道岔板平面位置复测

图 9—2—22　道岔板高程复测

④安装道岔板变形观测装置(百分表)，如图 9—2—23 所示。

图 9—2—23　观测道岔板上浮量的百分表

(2)混凝土施工

①灌注前，现场专职试验人员要对每车混凝土的扩展度和入模温度进行及时检测，扩展度需满足在 70～80 cm、入模温度控制在 5℃～30℃之间，满足要求后方可进行灌注。图 9—2—24 和图 9—2—25 所示为扩展度的试验。

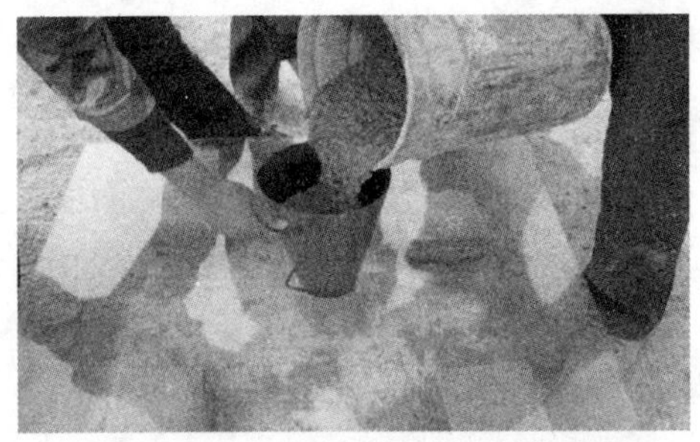

图 9—2—24　现场混凝土扩展度试验

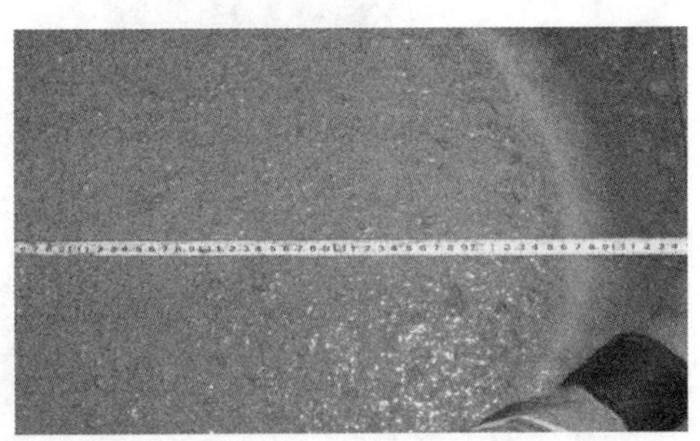

图 9—2—25　扩展度测量(760 mm)

②对于窄板(宽度小于 4.5 m)可采用运输罐车通过溜槽直接从一边进行不间断灌浆或采用吊车吊漏斗灌注,在宽板灌注时,必须在板的两侧以均匀速度同时进行灌注,以防止道岔板发生横向位移。混凝土溜槽采用在底口设置围挡(图 9—2—26),防止混凝土污染预制板的表面。图 9—2—27 所示为窄板混凝土单侧灌注现场。图 9—2—28 所示为宽板双侧同时灌注现场。

图 9—2—26　溜槽底口围挡装置

图 9—2—27　窄板混凝土单侧灌注

③待混凝土灌注超过道岔板下沿 1.5 cm 以上时,立即在排气孔中插入 S 形铁钩,顶部采用扎丝带固定在一根纵向钢筋上(图 9—2—29),已确保灌注的混凝土与后浇排气孔混凝土更好地连接。图 9—2—30 所示为道岔板上浮量的测量。

图 9—2—28　宽板双侧同时灌注

图 9—2—29　排气孔“S”钩埋设

图 9—2—30　道岔板上浮量测量

2. 养生、清理、拆除模板及支架

①混凝土充填层浇筑完成后，采用土工布及时对混凝土暴露面进行紧密覆盖，尽量减少暴露时间，防止表面水分蒸发。混凝土初凝后对板边混凝土面进行招坡压光。混凝土终凝后继续喷洒养护剂养护 7 d，防止其表面产生裂纹。在充填层混凝土养生期间，施工区严格封闭，严禁行人在混凝土表面通行。

②混凝土达到 5 MPa 后方可拆除模板，拆除模板并按规定放置好待用。

第四节　道 岔 安 装

一、准备工作

准备工作：①在道岔板上用油漆写上岔枕编号；②安装时重点注意位置用记号笔做好记号；③长基板安装编号按图纸在板上作上标记。安装时须经常检查的项目：基板方向，轨垫型号、个数、方向。

(1)清洁板表面及凹槽内(比如脏物、灰土、混凝土块)时，应清除孔中或其他缝隙中的杂物。图 9—2—31 所示为清洁的道岔板面。

图 9—2—31　道岔板面必须保持清洁

(2)卸除并安装螺栓，拆除并收集间隔套，保护润滑螺栓不被弄脏。

二、基板安装

安装普通基板时注意基板的方向，基板轨底坡 1∶40 在非工作边一侧。安装长基板时，基板上有 “R”“L”字样，从岔前往岔后方向，L 在左边，R 在右边。有字一侧在道床板外侧。

三、轨垫安装

按要求将轨垫平铺放在基板正中央。

四、偏心锥及盖板、盘簧安装

包装箱里有 6-9 偏心锥。调整锥安装到椭圆套管中，安装带盘簧的六角螺栓及盖板，先用手把螺栓拧进螺母，电动紧固螺栓，检查扭力 300 N·m。注意安装前须清洁脏螺纹，否则会损害螺栓,清洁后涮上黄油后注意放置好,注意别粘灰。

五、轨距块安装

初步安装轨距块时钢轨外侧安装 11 号,钢轨外侧安装 10 号,调整时再根据需要更换。

六、基尖轨安装

(1)安装基本轨

根据图纸放置正确的中间垫片,直基本轨先落槽,对岔前放样点(纵向调整),再安装曲基本轨,通过样冲点进行纵向调整。

(2)安装尖轨

先用撬棍把尖轨往基本轨侧倾斜再往里推进。完成后通过控制点进行调整。安装扣件,螺丝全丝涂上黄油,放置平垫圈,拧紧,用塞尺检查扭力。

七、辙叉安装

通过放样点控制将心轨基本移到位,用起道机进行纵向和横向调接,使得有顶铁的基板基本对齐道岔板上的螺栓孔,调整其余基板,安装偏心锥,盖板,轨距块,盘簧,拧紧螺栓。

八、导曲线安装

放置中间垫片,人工用撬轨将钢轨拨到基板中央落槽就位,调整导曲线和基尖轨得轨缝控制在 8 mm,安装偏心锥,盖板,轨距块、盘簧,拧紧螺栓。

九、电务转换设备预安装与调试

整组道岔组装、调整完毕,应严格按照设计图,安装道岔电务转换设备,道岔转辙机安装前,应对电气、机械性能进行测试,满足设备设计性能指标后,方可安装。安装时应注意:

(1)以垂直于道岔直股基本轨定位,在各牵引点分别安装转换装置和锁闭装置。

(2)以各牵引点动程控制,调整连接杆件定位。

(3)各部螺栓应紧固,开口销应齐全。各部绝缘安装正确,不遗漏,不破损。

(4)电动转辙机通电后,检测各牵引点动程和牵引力,检查转换机构工作状态,检查锁闭装置锁闭到位和表示状态,分别调试到位。

(5)安装完毕后应各项密贴和行程指标检查、调试。

十、工电联调

电务转换设备安装调试完成后,由工务和电务技术人员相互配合进行道岔工电联调及定位。

(1)配合电务转换设备调试,进行道岔调整。局部细调轨距、支距及轨向调整,重点对尖轨和可动心轨密贴段检查调整,使允许偏差符合设计要求。

(2)密贴调整与电务转换设备调整同步进行,确保尖轨与基本轨密贴、可动心轨在轨头切削范围内应分别与两翼轨密贴,开通侧股时,叉跟尖轨尖端与短心轨密贴。

(3)经过道岔工电联调后,电务转换设备应保证可动机构在转动过程中动作平稳、灵活,无卡阻现象。锁闭装置正确锁闭、表示正确。

(4)道岔轨距、方向、密贴和间隔等检测项点达到设计要求。

(5)道岔工电联调检测过程中,应对转换装置、锁闭装置工作性能检测值和道岔轨距、方向、密贴和间隔等几何尺寸检测值进行详细记录。

(6)道岔工电联调到位后,应做出定位标记。

十一、道岔接头铝热焊

(1)经自检、电务互检合格后,电务及时安装转辙及锁闭装置。安装转辙机时,工务、电务部门应配合施工,并调试到最佳工作状态。道岔状态满足《高速铁路轨道工程施工质量验收标准》的规定后方可进行铝热焊。

(2)焊接前尖轨应方正,限位器子母块居中,两侧间隙差不大于 0.5 mm。

(3)道岔焊接环境温度不能小于 5℃,轨温应在 5℃～35℃范围内时焊接。

(4)焊接顺序为:先岔前,再岔后;先直股,后曲股。焊接完成后尖轨相错量不应大于 5 mm,须对每一个焊头进行探伤和平直度测量,平直度须满足表 9—2—2 要求。

表 9—2—2　工地钢轨焊接接头平直度允许偏差

序　号	项　目	允许偏差(mm)
1	轨顶面	+0.2,0
2	轨头内侧工作面	+0.2,0
3	轨底(焊筋)	+0.5,0

注:①轨顶面中符号"+"表示高出钢轨母材轨顶基准面;②轨头内侧工作面中符号"+"表示凹进;③轨底中符号"+"表示凸出。

第五节　道 岔 精 调

道岔精调的流程如图 9—2—32 所示。

一、调整前准备

在正式精调测量及施工之前,首先要完成对道岔轨道的检查和准备,以保证后续测量结果的真实性和可靠性。

(1)清理道岔卫生。对黏附道岔钢轨、扣件、轨枕上的尘土、污垢、油污等予以清除,清除的方法用扫帚、毛刷及高压风管或水枪,严禁使用钢丝刷,以防破坏钢轨件表面的防护层。

(2)检查尖轨、心轨与基本轨、翼轨以及顶铁的密切,对不达标处进行调整,确保数据采集的真实性。

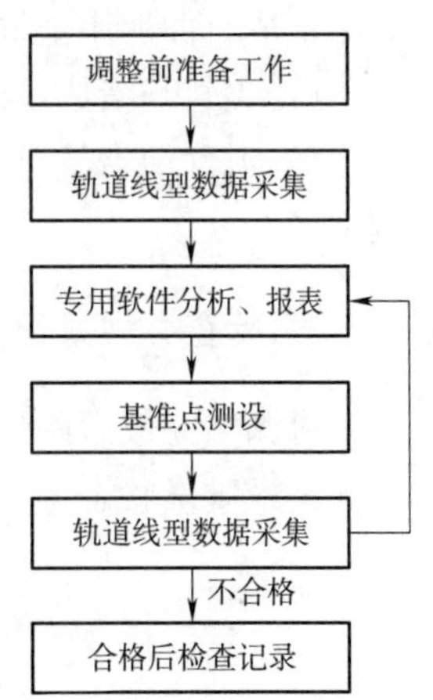

图 9—2—32　道岔精调的流程图

二、轨道线型数据采集

(1)由于施工单位较多,采集前应对 CP3 点进行检查,以防 CP3 点破坏造成采集数据不真实。

(2)用 GRP1000 轨检车或其他轨检车设备对道岔及前后至少 30 m 的轨道线性进行测量，检测结果至少反映里程、轨距、水平、绝对高程、高低、方向，其中高低和方向应包括 30 m 波长。

三、专用软件分析、报表

(1)道岔线型良好、超差点少时，可直接判定道岔线型的调整量，否则用软件计算调整量。

(2)调整量计算应遵循"先保证直股，再兼顾曲股；转辙器及辙叉区少动，两端线路顺接"的原则。

(3)使用专用软件对轨检车数据进行分析，计算需要调整点位和调整量，并以表格形式输送。

(4)调整量较小时，可由测量数据直接得出调整点位及调整量。

四、现场调整

(1)现场调整按"先方向，后水平；先直股，后曲股；先整体，后局部"的原则。

(2)根据轨检车测量数据和分析计算，在道岔直基本轨以外中线不再调整的两个点位的钢轨外侧安装 30 m 或以上钢弦线，使用钢板尺对每根岔枕处的外方矢距进行检查并记录，对偏差超过 1 mm 的点位通过更换偏心锥的方式予以调整，并用调高垫片调整水平超限处所，且相邻岔枕间不超过 1 mm；之后根据设计轨距调整直尖轨，连续的 9 根岔枕间轨距偏差不超过 1 mm。

(3)检查并调整曲尖轨的密贴，对于曲尖轨不密贴的，一是调整尖轨跟端钢轨扣件，二是调整转辙机拉杆，满足尖轨与顶铁间隙不大于 0.5 mm；之后根据设计轨距检查曲基本轨，相同方法检查和调整直尖轨与顶铁间隙。

(4)按 10 m 搭接区，沿直基本轨外侧向岔后方向检查和调整道岔直股方向及轨距、水平，岔心调整方法与尖轨同；并用支距尺检查和调整曲股方向，调整范围包括道岔及前后双块枕过渡段。

(5)经过上述检查之后，再用轨检车检查道岔线性，道岔线性有明显改观后，利用更换调高垫片的方法调整道岔水平及高低，必要时用电子水准仪逐根检查道岔轨面高差。

(6)经过上述 2～5 次的反复调整，即可使道岔几何达到合格要求，若由于道岔结构制造的原因造成直曲股不能同时满足要求，则应优先保证直股，曲股尽量调整到位。

(7)尖轨与滑床板间存在较大间隙的调整，优先使用调高垫板，最后调整滚轮。

(8)道岔前后线路调整完成后，再结合区间无砟轨道调整，完成道岔及前后线路的长波调整。

五、检查并做好记录

对调整完成后的道岔，应用轨检车测量并记录完工后轨道线性，对照验标检查项点逐一检查并记录质量状态。

第六节　关键技术及质量控制措施

一、道岔板精调

道岔板精调通过全站仪改装后道岔板快速精调系统实现。精调用莱卡全站仪精测，使用特制精调爪对道岔板进行测量精调，利用基准点进行设站（设站位置应距离精调道岔板在 6～20 m 范围内）和对中，通过实测道岔板的测量孔位坐标与设计坐标比较，进行道岔板的精调，精度控制在高程±0.2 mm、横向±0.3 mm、纵向±0.4 mm。

二、道岔板自流平混凝土的配合比设计研究

自流平混凝土配合比设计是底座板灌注能否顺利的关键，施工前进行严格的原材料选择和充分的室内试验，以及大量的仿真模拟灌注试验。包括放样、绑扎钢丝、吊装道岔板及按照现场的灌注工艺，灌注自流平混凝土，直至混凝土扩张度、和易性、强度等性能稳定。

自流平混凝土采用专用料斗配合灌注，厂拌混凝土、罐车运输，混凝土通过灌注料斗下的溜槽流动到底座侧模与道岔板边缘的间隔内，然后自由流动到道岔板下面，并靠重力和自身流动性填充密实。

灌注前用高压水枪润湿道岔板底面和找平层顶面，并把积水排干。当一块道岔板灌注完成后且相邻道岔板即将灌注完成时，及时拆除两道岔板之间的隔离模板，以使混凝土良好结合。底座板边混凝土在初凝后人工抹平压光。自流平混凝土一次从一个方向浇筑成型，不得分层、多次浇筑，也不得多点浇筑。

三、其他质量控制要点

1. 在钢筋绑扎前必须把道岔板抗剪筋的位置在找平层上标记出来，在钢筋绑扎时错开，保证粗铺时道岔板预埋抗剪筋与底座板钢筋不相冲突，以保证精调的质量与速度。不错开时，会出现精调过程中道岔板调不动（抗剪筋与底座钢筋冲突），造成道岔板必须重新吊装返工，将会浪费大量的时间。

2. 在安装精调爪过程中，精调爪的三个螺栓行程在放置前一定调到 1/2 处，保证道岔板精调时一次能调到位，三个螺栓中任何一个调整行程不在中间，都会增加重新安装精调爪的概率，造成大量工期浪费。

3. 灌浆前一定要把精调爪保护起来（建议在安装精调垫板时套一个塑料带，灌浆前把精调爪包裹好），以免灌浆的混凝土灌入精调爪里面，造成灌浆拆卸后损坏，降低精调爪使用寿命。

4. 每组道岔板精调完后（灌浆前），必须要进行相应的复测工作，复测完后对数据进行整理，再进行调整。精调的数据与复测的数据往往存在一些波动，为保证道岔板的精度，数据符合要求才能灌浆。复测调整完的时间与灌浆的时间间隔不能太长（最好小于 12 h），否则必须还要重新复测，以保证道岔板的精度。

5. 为保证无砟轨道道岔结构长期的耐久性，自流平混凝土的配制是一项相当重要的工作，自流平混凝土配合比设计是底座板灌注能否顺利的关键，施工前必须进行严格的原材料选择和多次的室内试验，以及在施工现场进行大量的仿真模拟灌注试验。直至混凝土扩展度、和易性、强度等性能稳定后才能进行正式道岔板灌注施工。

第十篇

无缝线路铺设

第一章　铺轨基地设置

铺轨基地是铺轨施工的工程指挥中心，又是一个大型存料场、发料场、综合补给基地、养护维修基地。铺轨基地作为轨道工程施工的大临设施，功能完善与否至关重要。铺轨基地要与既有铁路相连，能对通过铁路运来的钢轨、道岔、扣配件等按要求进行分类存放；设置长钢轨和道岔存放区以保证铺轨进度不受影响；满足铺轨设备组装、解体以及机车、车辆的整备和编组要求。铺轨基地是铺轨施工的指挥中心，又是一个综合补给基地，施工人员、机具多，还要有与之相适应的生产生活设施。铺轨基地位置的选择和规模的设置对施工组织、工程进度的影响较大，同时对铺轨施工单位的施工成本控制也有较大影响。因此根据工程施工特点、工程任务及沿线铁路车站的分布情况设置一个规模适当的铺轨基地作为施工的大本营，是铺轨施工中的一项重要工作。

本章主要从高速铁路施工对铺轨基地功能性的要求来阐述基地大临设施设计与施工方面的相关内容。

第一节　铺轨基地选址设计

一、铺轨基地选址

1. 基地的位置应根据其所承担的施工范围、铺轨工程量大小、对既有线运营的影响、当地的气象环境、水文地质、工程地质、公路及铁路运输和建材、地材、工业品市场、基地工程量大小等因素进行统筹考虑而确定。

2. 基地位置一般应选在铺轨起点或已铺地段终点附近，与运营线路干扰小、列车进出方便、引入线路短的平坦开阔地段，最好能靠近区段站，这对编组作业、机车整备、使用等都有利。

3. 为避免工程列车在通过既有站进入新线时与运营列车相互干扰，基地设置时应尽量与新铺线路在既有站的一侧。

4. 基地应与附近的公路相通。

5. 应尽可能利用新建或扩建站场的新增股道，以减少土石方，节约用地，少占农田，节约投资。

6. 场地选择时要考虑地质条件。基地应便于排泄雨水，不受洪水浸淹，不得设在低洼浸水地带。要尽可能提高地基承载力，防止地基下沉造成直接经济损失。

二、基地规划设计原则

1. 铺轨基地场地布置根据施工需求通常可分为长轨存放区、轨料存放区、机务整备区、工程列车编发区、生活办公区，并根据项目承担任务个性特点增减相关功能区域的设置及数量。

2. 铺轨基地股道设置根据功能性划分可分为长轨装卸作业线、调车作业与保养线及轨料存放等其他功能线，根据项目特点通常按 2～4 股道设置。

3. 基地的设计规模要根据工程规模、进度要求和使用年限分期分批安排，通盘考虑，按经济、技术比选后决定。既要满足铺轨要求并留有余地，又不能过多增加占地和资金。

4. 基地设施应充分利用既有的各项设备和当地水源、电源、以及运输道路等，减少临时工程，少占农田，注意环境保护。

5. 基地居住区要有良好的卫生条件，靠近生产区，缩短上下班时间，并尽量利用南向、东南向以争取有利日照。

三、技术要求

1. 铺轨基地为大临工程，设施建设应满足规范对大临工程建设的相关要求，并适应项目施工的需要。基地岔线及场内线路的平纵断面、路基、桥涵、站场及轨道等设计可参照Ⅳ级铁路设计标准办理。

2. 基地排水设计可参照《铁路车站及枢纽设计规范》(GB 50091)有关规定办理。

3. 长轨存放及吊装设施的设置应满足运基线路〔2009〕601 号“关于印发《焊接长钢轨吊运、存放规定(暂行)》的通知”及其他有关规范的要求。

4. 出入基地联络线的限制坡度及最小曲线半径最好与正线标准相同，接轨岔线纵坡不宜大于 6‰，困难条件下不应大于 12‰；基地内的线路股道应设在平坡或不大于 2.5‰的坡道上；平面曲线半径不宜小于 300 m；道岔不应小于 9 号。

5. 基地内股道间距和建筑限界应满足大型机械和机车车辆的作业停放、进出及检修要求。

6. 存轨区地基承载力应满足设计存轨要求，存轨台基础不均匀沉降应满足铁道部相关技术文件要求。

第二节　基地交通及用水用电规划

一、交通设施

铺轨基地内也应根据施工生产及生活的需要设置有便利的交通设施，同时应满足必要的技术及限界要求，详见表 10—1—1 及表 10—1—2。

表 10—1—1　工地临时交通道路技术标准参考

<table>
<tr><th>通道名称</th><th>最小宽度(m)</th><th>最大纵坡度(‰)</th><th>最小曲线半径(m)</th></tr>
<tr><td>人行通道</td><td>0.6</td><td></td><td></td></tr>
<tr><td>手推车道路</td><td>2.0</td><td></td><td></td></tr>
<tr><td>1 t 机动翻斗车通道</td><td>2.6</td><td>22</td><td>5.0</td></tr>
<tr><td>载重汽车单车道</td><td>3～3.5</td><td rowspan="2">平原 6
丘陵 8
山区 11</td><td rowspan="2">平原、丘陵地区 20
山岳地区 15
回头弯道 12</td></tr>
<tr><td>载重汽车双车道</td><td>5～5.5</td></tr>
</table>

表 10—1—2　道路与建筑物、树木等的最小间距(m)

序　　号	道路与建筑物关系		最小间距
1	距建筑物外墙	靠路无出入口时	1.5
		靠路有人力车、电瓶车出入时	3.0
		靠路有汽车出入时	8.0
2	距标准铁路中心线		3.75
3	距外墙	在有汽车出入口附近时	6.0
		在无汽车出入口附近有电杆时	2.0
		无电杆时	1.5
4	距树木	乔木	0.75～1.00
		灌木	0.5

二、用水规划

基地用水，通常包括生产用水、生活用水和消防用水三部分。基地用水量应结合有关指标计算确定。由于无砟轨道施工铺轨基地生产用水量一般很小，在满足消防用水和生活用水的基础上，可不进行计算，直接根据经验确定。

基地用水量确定后，就可以选择水源和置配水管网。选择水源时尽可能利用现有的城市给水或其他工业给水系统，如果现有供水能力不能满足要求，就应修建临时给水系统。工地供水设施包括水泵站、水塔或储水池、输水管和线路等。布置施工场地时，应尽量使得用水工作地点互相靠近，并接近水源，以减少管道长度和水的损失。

供水管路的设计应尽量使长度最短。在温暖的地方，管道可敷设在地面。穿过场地交通运输道路时，管道要埋入地下 30 cm 深。在冰冻地区，管道应埋在冰冻深度以下。用明沟等方式输水时，一般在使用地点修建蓄水池，将水注入储水池备用；用钢管或铸铁管输水时，管道抵达用水地点后要安装龙头，并可连接橡皮软管，以便灵活移动出水口位置，满足不同位置的用水需要。

三、用电规划

基地用电，在计算用电量时，应注意以下几点：

(1)在整个基地作业中所规定使用的起重机、卷扬机、焊轨机、锯轨机、除锈机、校直机、电焊机和其他机具及照明用电的额定功率。

(2)根据施工进度计划，算出基地内同时用电的机械设备的最高数量。

(3)考虑各种用电设备在工作中同时使用的情况。

临时供电总用电量按下式计算：

$$P = A\left(\frac{\sum P_{\mathrm{d}}}{\eta \times \cos\phi} \times k_1 \times k_2 \times k_3 \times \sum P_{\mathrm{z}}\right)$$

式中　P——供电设备总需要容量(kW)；

P_{d}——动力设备用电额定功率(kW)；

P_{z}——室内与室外照明用电量(kW)；

η——电动机及其他用户的效率，对建筑机械取 0.83～0.88；

$\cos\phi$——动力用电功率因素，无移相电容装置时取 0.75，有移相电容装置时可达 0.90；

K_1——动力设备同时用电系数，100％同时用电时取 1.0，75％用电时取 0.75，50％用电时取 0.5；

k_2——动力用户负荷系数，一般可取 0.75～1.0；

k_3——照明同时用电系数，一般可取 0.70～0.80；

A——电量调整系数，一般可取 1.05～1.10。

临时供电总用量为简化计算，亦可只计算施工机械用电，并按比例调整。

基地用电应尽可能利用当地的电力供应，从当地电站、变电站或高压电网取得电能。当地没有电源，或电力供应不能满足施工需要的情况下，则要在基地设置临时发电站。最好选用两个来源不同的电站供电，或配备小型临时发电装置，以免工作中偶然停电造成损失。同时，还要注意供电线路、电线截面、变电站的功率和数目等的配置，使它们可以互相调剂、不致因为线路发生局部故障而引起停电。

第三节 基地的布局及功能设置

无砟轨道无缝线路铺轨基地一般由长轨存放区、工程列车编发区、机务整备区、线路及道岔轨料存放区及生活办公区等组成，另外根据项目特点还可能会增加轨排生产区、轨排存放区以及其他成品存放区等(有少数的工程在车站等地段采用有砟轨道，其采用轨排铺设)。

基地场地的平面布置，应根据现场地形，因地制宜，力求紧凑。以“机车取送材料方便，调车作业顺利，轨料存储场与轨排(如果有)生产区方向一致，标准轨存放(如果有)、长钢轨存放方向一致等”为原则。并据计划铺轨进度，每天需要的产量，结合本单位实际情况，确定长钢轨的存放能力及存放区域的配套设置。

铺轨基地机械设备应根据铺轨施工项目工程任务量来进行配置，主要配置固定式龙门吊、走行式龙门吊、发电机组、变压器、内燃机车、轨道车、路用平板、运输支架、长轨铺设机组、移动焊接等设备。

一、长轨存放区

长钢轨存放区是一次性长钢轨铺设基地的核心。长钢轨存放区的大小由长轨条的长度和施工工期等因素决定。500 m 长钢轨存放区通常配备 17 m(或 21 m)跨度固定式起重机一组(根据项目任务特点及工期要求确定组数)，即群吊，每台间距按不大于 16 m 布置；若按每台间距 16 m 布置，则固定式起重机为 32 台。采用混凝土地基梁作为存轨台时，两端地基梁距轨端设置为 3 m，中间 83 个台位地基梁间距设置为 6 m；按此间距，混凝土地基梁设置 85 个。群吊及存轨台平面布置图如图 10—1—1 所示。

按照“关于印发《焊接长钢轨吊运、存放规定(暂行)》的通知”的要求，施工现场的临时存轨基地存轨不应超过 10 层，超过 6 个月的不应超过 8 层，如图 10—1—2 所示。

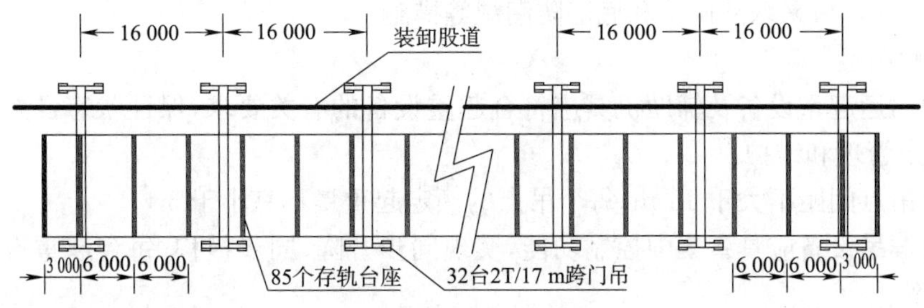

图 10—1—1　群吊及存轨台平面布置图(单位:mm)

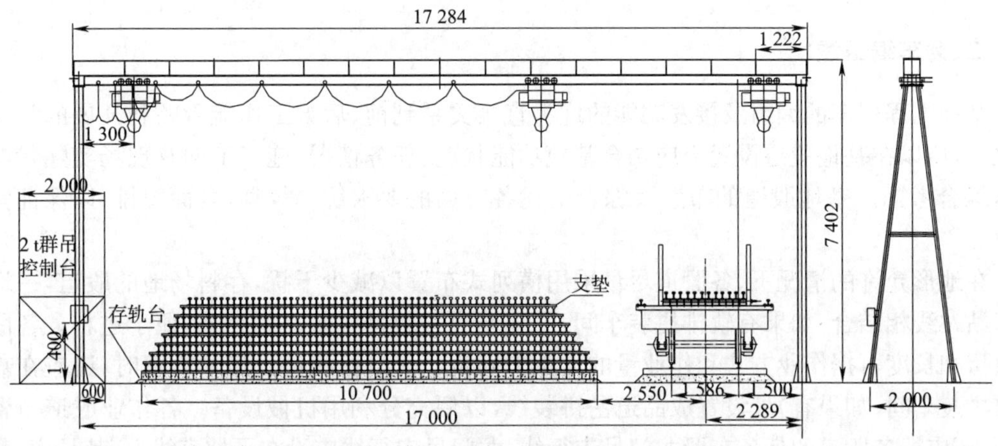

图 10—1—2　存轨区断面图(单位:mm)

(一)钢轨存放基础

1. 长钢轨存放基础宜采用混凝土地基梁式,并满足承载力要求。采用轨排作为存放基础时,必须对轨排下的地基进行处理,以满足承载力要求。

2. 混凝土地基梁设置钢制横担支撑钢轨,一般采用旧钢轨铺设在地基梁上。存轨台两端横担距离轨端不大于 2 m,第 2 个横担距离轨端不大于 6 m,中间横担距离不大于 6 m。采用轨排作为存放基础时,每百米跨度内轨排不得少于 20 组。

3. 钢轨横担顶面(或轨排钢轨顶面)应保持水平,同一横担内高度差不大于 10 mm,相邻横担内高度差不大于 10 mm,整体高度差不大于 20 mm。横担顶面(或轨排钢轨顶面)距离地面不小于 35 cm。

4. 钢轨存放区地面应平整,通风良好、排水畅通,不得有积水。

(二)钢轨存放

1. 长钢轨应按型号、生产厂家、技术标准分开存放,并有明确标识。

2. 钢轨应正向码放,排列整齐、平直、稳固,同层钢轨不得跌压。钢轨端头应对齐,相错量不大于 10 cm。

3. 多层存放时应设置层间垫物。层间垫物宜采用宽 100 mm、厚 10 mm 的钢板,每块钢板长度不大于 1.5 m。也可采用 70 mm×90 mm 防腐木条,防腐木条变形时应及时更换。

4. 铺轨基地临时存放钢轨不应超过 10 层,存放时间超过 180 d 的不应超过 8 层。

5. 存放的钢轨应及时安排铺设,避免发生严重锈蚀。最下层钢轨存放时间不宜超过 6 个月，超过 180 d 时，应采取防雨水和底层防潮湿等措施。

（三）钢轨吊运

1. 钢轨吊运起重设备及辅助机具应符合起重设备的有关要求，保证状态良好，并按起重设备相关规定管理和维护。

2. 钢轨吊点间距不大于 16 m，每个吊点的额定起重量不宜小于 3 t。

3. 长轨群吊设备应具备集中控制功能，实现同步升降、同步横移；每台起重设备升降、走行速度应一致。

4. 长钢轨应单根起吊，并轻吊轻放。钢轨吊钩不得损伤钢轨，吊装过程中应避免摔跌、撞击钢轨。

二、列车编组线

基地工程列车的编组及接发功能的优劣直接关系到前、后方工作能否顺利开展的重要因素之一，所以在基地股道设置上应结合基地功能状况、任务情况、施工工期及现场实际状况等因素综合考虑。基地股道的布置要综合上述各方面的要求统筹规划，全面安排，以保证紧凑高效。

在地形允许的情况下，各股道尽量采用横列式布置以减少干扰，存料场地的股道，一端应与车站站线相结合；如果有轨排拼装车间，另一端应与轨排拼装车间相连，便于进料。各股道的数目和长度可据作业方式和作业量的大小来确定。采取机械铺设道岔方案时，还应在靠近轨排拼装车间（如果有）处设置成品道岔拼装线，以便充分利用机械设备。各作业股道布置完毕后，还应据各股道的任务布置龙门吊走行线，龙门吊走行线应设在平坡直线上，其长度、数目据实际情况确定。

三、机务整备线

机务整备线路，主要包含机车加油作业、机车检修、停放车辆的功能，条件许可时尽量利用既有车站股道。机务整备线路的设置应以调车时行车距离短，通过道岔少，作业方便，对长钢轨装卸及运输、轨料的装卸运输影响少为原则。

四、轨料存放线

轨料存放场地的规模与布置，应据项目任务特点、铺轨进度、基地距轨料来源地的距离，组装作业线的类型，轨料运输情况统筹确定。基地存放轨料的数量，一般应保证铺轨计划日进度的 10 倍左右或至少满足一个区间的轨料。

场内轨料的堆放，应周密考虑，合理安排，尽量减少倒装、搬运。要缩短运距，以节省劳力、节省资金。还应便于将各种轨料向组装车间运送，简化作业手续。为了便于轨料的装卸、搬运，大型存料场内应同时设置龙门吊行走线及进料车的股道。

五、办公生活区

办公及生活区应统一规划、集中布置，营区周围设围护，围护采用铁丝网或波纹板，涂以明显色彩。办公及生活区垃圾集中堆放，定期用垃圾车运往指定处理点处理；生活污水排入污水收集容器处理并拉到指定地点排放。

基地临时性建筑主要包括供给施工人员居住、办公、生活用房屋及必要的附属设施等。临时设施的位置和数量，应本着既方便生产管理又方便群众生活和勤俭节约的原则来办理，有条件时尽量租用既有房屋。这样既节约投资，又方便使用。基地所需的生产性临时房屋根据各单位生产线布置的具体情况，差异较大。

办公生活区用水至关重要，水井的选址不容忽视、蓄水池的修建保证有绝对的水压，如受地理位置的局限可采用增压泵。生活区做好排水设施的规划，尤其是在南方施工的项目体现的尤为重要。

现场部分生产房屋所需面积参考指标见表 10—1—3。

表 10—1—3 现场部分生产房屋所需面积参考指标

序 号	名 称	单 位	所需面积
1	搅拌棚	m^2/台	10～18
2	卷扬机棚	m^2	6～12
3	烘炉棚	m^2	30～40
4	焊工房	m^2	20～40
5	电工房	m^2	15
6	机、钳工修理房	m^2	20
7	立式锅炉房	m^2/台	5～10
8	发电机房	m^2/kW	0.2～0.3
9	水泵房	m^2/台	3～8

第二章　长轨铺设

无砟轨道长钢轨铺设涉及到各个方面，比如铺轨过程要统筹安排运轨车、焊轨车的运输作业时间，保证铺轨的同时能够较快的进行焊接作业；按照钢轨实际长度选配钢轨，在铺设作业时减少锯轨次数，加快铺设进度，减少钢轨消耗，并且为下一步焊轨做好准备，尽量按照要求把钢轨接头相错量控制在 100 mm 以内；对机械设备的保养维修，保障铺轨工程不因机械问题窝工，耽误铺轨；指挥施工人员具备专业素质，在施工前专门进行技能培训等相关问题。长轨铺设前，务必做好扣件、钢轨的清理工作，此工作的好坏直接关系到下一步的轨道精调精度。做好 CPⅢ网复测工作，对施工过程中损坏的点位，必须立即恢复。

无砟轨道长钢轨铺设主要有拖拉法和推送法两种方法。拖拉法主要铺轨设备包括机车、长轨运输车、分轨推送车、顺坡小车、引导车及其他辅助部件等。纵向推送法主要铺轨设备包括机车、长钢轨运输车、长钢轨推送车(含过渡车)、顺坡架等。拖拉法施工速度快，适合于铺轨工程量较大的情况。与拖拉法相比，推送法施工速度慢，但无需引导车，适合于铺轨工程量较小的情况。下面以拖拉法为主对长轨铺设的施工准备、施工方法、关键技术与安全质量控制措施做系统性介绍。

第一节　施工准备

一、技术准备

1. 复核施工图，编制长轨运输表及铺轨计划表；对钢轨进行编号，确定装车顺序和铺轨顺序；确定全线胶接绝缘接头位置及数量。

2. 编制长钢轨运输方案及长钢轨铺设作业指导书。

3. 调查铺轨前方通过地段限界情况，了解无砟轨道板施工情况及对铺轨施工的影响，如有影响及时协商处理。

4. 统计全线道岔岔首岔尾对应里程，便于铺设道岔始末两端的长钢轨。

5. 编写全线曲线要素表及坡度表。

二、人员准备

1. 对施工队伍及相关人员进行施工技术培训和安全教育培训。

2. 铺轨过程中安全员、技术员等人员必须全程参与，掌控铺轨施工质量和施工安全。

3. 以拖拉法铺设长轨为例，其人员可参考表 10—2—1 配置。

表 10—2—1　拖拉法铺设长轨的人员配置

序　号	工种情况	每队人员	备　注
1	队长	1	
2	副队长	1	
3	牵引车司机	1	
4	推送车司机	1	
5	技术人员	1	
6	安全员	1	指挥解锁及铺轨安全
7	推送车指挥	1	指挥推送车牵引及推送钢轨
8	牵引车指挥	1	指挥牵引车
9	车长	1	
10	后勤	1	兼材料员
11	火车司机	2	
12	工人带班	1	
13	解锁人员	2	负责长钢轨解锁
14	推送车钢丝牵引人员	2	负责钢轨卡、钢丝绳的安装拆卸
15	牵引车人员	8	铺轨时护轨及散布放置滚筒
16	取滚轮	6	起道机收取滚筒
17	收滚轮	8	将滚筒收到小平板
18	松螺栓	6	
19	打扣件	4	
20	放垫片	6	
21	前方散布垫片	1	

三、机具材料准备

1. 按照长钢轨铺设施工情况，备齐各种施工机具设备。
2. 按照规范的规定对到场钢轨和扣配件进行质量检查并储存。
3. 以拖拉法铺设长轨为例，其机具可参参表 10—2—2 配置。

表 10—2—2　拖拉法铺设长轨的机具设备配置

序号	名　称	单位	数量/队	规格	备　注
1	运轨车	列	1		
2	机车	台	1	DF4	
3	推送车	台	1		铺轨机组
4	牵引车	台	1		
5	对讲机	部	10		在电池耗尽时须有声音及显示提醒功能
6	加力扳手	把	2		解锁用
7	普通开口扳	把	10		需按实际尺寸选择开口大小

续上表

序号	名　称	单位	数量/队	规格	备　注
8	撬棍	把	10		
9	大锤	把	2		
10	小锤	把	4		
11	钢轨卡 1	套	2		推送车用
12	滑靴	件	4		
13	滚轮	个	96		
14	护轨器	件	20		
15	钢轨卡 2	套	4		牵引车用
16	起道机	台	8	手摇式	
17	小平板车	辆	2		倒运滚筒用
18	小扳手	把	10		
19	内燃扳手	台	4		
20	枕木头	个	4		
21	锯轨机	台	1	摩托锯	
22	手动油泵	台	1		
23	汽油桶	个	4	20 L	
24	备用钢丝绳	根	1	8 股头	
25	小撬棍	把	4		

第二节 长轨储运

一、长钢轨存放作业

(一)作业准备

1. 内业技术准备

在开始存轨前,组织技术人员认真学习相关技术规范及技术标准,制定施工安全保证措施。对施工人员进行技术交底,对参加施工人员进行上岗前技术培训,考核合格后持证上岗。

2. 外业技术准备

(1)长钢轨存放前,设置沉降观测基准点,用于在存轨过程中检测存轨台座沉降量。

①在每个存轨台位上设置 3 个沉降观测点,分别设在承轨台位的两端及中间,用红油漆标注。

②采用水准仪测量沉降,观测沉降观测点顶面高程。

③在存放长轨前,观测长轨存轨台位顶面标高作为沉降观测零点。

(2)存轨前对作业人员进行集中培训,检查各长轨区固定式龙门吊运转状态,调试合格后报监理工程师同意后才能投入使用。

(3)派有经验的专职轨料人员驻焊轨厂,会同驻厂监理工程师对出厂钢轨按照《350 km/h 客运专线 60 kg/m 钢轨暂行技术条件》(铁科技〔2004〕120 号)及《客运专线无砟轨道铁路工程施工质量验收暂行标准》(铁建设〔2007〕85 号)的相关规定进行验收。

(4)使用龙门吊时应遵守起重作业安全的有关规定。

(二)技术要求

1. 对龙门吊进行详细的检查,确认合格后投入使用,并报监理工程师同意。检测必须使用经校验合格的测量工具。对所有特殊工种人员资格进行审查。对施工作业环境进行检查和确认。

2. 钢轨吊运分起吊、走行、下落三个阶段,三个阶段分步操作,每个阶段均应同步动作。钢轨应水平起吊,起升到位后方可走行,走行期间应避免钢轨摆动过大,走行到位确认钢轨平稳后方可下落。起吊和走行时应保证钢轨平顺,相邻吊点高低差不大于 150 mm、水平差不大于 120 mm;全长范围内高低差不得大于 300 mm、水平差不得大于 500 mm。

3. 吊轨时应缓起缓落,并严禁跌落碰撞,长钢轨应单根起吊,并轻吊轻放。吊运中保持长钢轨平稳。将钢轨吊离长轨运输列车平板约 1 500 mm 左右时将钢轨横移出平板再进行起升和降落作业。32 台 3 t 固定龙门吊同步集中控制吊装作业,吊轨时必须起到同一高度,再往外走以防碰到钢轨。钢轨出现摔跌后应单独存放,经铁路局或建设单位主管人员检查后处理。从 1 m 以上高度摔落的钢轨应予以报废,不得使用。

4. 钢轨置于存轨台座时应保证基本顺直,以免钢轨在存放过程中产生塑性变形,如果钢轨落在存轨台上有弯曲处,应将钢轨拨直。拨钢轨时应齐心协力,撬棍不得碰伤钢轨。

5. 堆放长钢轨的各层之间采用空心扁钢支垫,支垫间距 6 m,各钢轨支垫应上下对正并与各层钢轨垂直放置。钢轨应正向排列堆放在存放台上,不得采用扣轨方式码放,排列应整齐、平直、牢固,同层钢轨不得叠压。钢轨一端应对齐,相错量不大于 100 mm。支垫方钢顶面应保持水平,高度差不得大于 10 mm,相邻两台座支垫方钢顶面高度差不得大于 10 mm,整体高度差不得大于 20 mm。

6. 存放场钢轨采取塔型分层堆放,底层为 100 根(宽度为 15.5 m),依次每层递减 2 根,第 9 层存放 56 根,共 9 层。每个长轨存放场存放 500 m 长钢轨 200 km。

7. 长钢轨存放时应按左右方向边分左右股分别存放。

8. 长钢轨卸车完毕后,应及时封车,并由行车人员向杭州车站请点退出铺轨基地。

9. 长钢轨存放时应按轨腰上标明的长钢轨编号和长度,分类堆码,不同钢种及轨型的钢轨不得存放在一起。各存轨区应有显著标识,标识内容应包括钢轨牌号、钢轨型号、长度、产地、钢轨交货状态。并将长钢轨的总长度和测量时的轨温填入长钢轨长度测量记录表内。

10. 存轨过程中应随时观测存轨台座沉降变化情况。每月检查不少于 2 次,并作好相关测量记录。

11. 存放作业不得损伤钢轨,并防止高温涨轨。

12. 伤损钢轨或不合格钢轨应单独存放并做好标识,建立台账,记录焊轨基地名称、钢轨的生产厂家、牌号、型号、长度、缺陷种类及尺寸、部位、发现日期等信息。

(三)作业步骤

长钢轨存放施工程序为:机车对位→逐层拆除锁轨装置→在长轨列车上夹轨→龙门吊吊运长轨至存轨台座上方→卸放长轨→安装锁轨装置封车。

详细的操作步骤如下:

(1)行车人员引导长轨列车以不超过 15 km/h 的速度,通过铺轨基地联络线进入铺轨基地长轨存放区,并引导机车按指定位置对位停车,安装列车防溜车装置。

(2)卸轨人员登上长轨列车,按卸轨顺序逐层拆除锁轨装。

(3)由总控司机操作 32 台电动葫芦到达平车上,各组在平车上的人员负责检查夹轨钳、葫芦、螺栓等连接。然后手动操作夹轨作业,保证钢丝绳中心两线重合(中心与机臂线重合、中心与所吊钢轨线重合),最后适当调节钢丝绳松紧。

(4)由总控司机按照指挥人员检查完成后下达命令,群起运送长轨到指定适当位置。

(5)由各辅助人员使用撬棍工具手动操作调节钢轨到指定位置。

(6)由卸车人员安装锁轨装置,并按行车人员要求封车。

(四)材料要求

进场钢轨应符合《43～75 kg/m 热轧钢轨订货技术条件》及《350 kg/m 客运专线 60 kg/m 钢轨暂行技术条件》的规定,厂焊接头应符合《钢轨焊接　第一部分:通用技术条件和第二部分:闪光焊接》的规定。

(五)质量控制及检验

1. 质量控制

交货钢轨应附有制造厂技术检验部门开具的质量证明书,内容包括:制造厂名称、需方名称、轨型、合同号、标准号、钢牌号、数量、长度、炉号、出厂日期等。

2. 质量检验

依据现行 250 km/h 或 350 km/h 客运专线钢轨检验及验收标准对进入基地内的长钢轨进行型式尺寸、长度、重量及允许偏差进行检查。

(六)安全控制

1. 长钢轨卸车线作业时,应禁止本作业无关的人员进入现场。

2. 班前检查葫芦导绳器是否良好,钢丝绳是否排列整齐、其磨损、断股、断丝、受伤情况是否超过有关规定。作业中所用的吊具应符合有关要求,不符合安全要求的吊具、钢丝绳、卡子、吊环一律不得投入使用。检查拖挂电缆滑轮、卡子是否安全、良好。限位器动作是否灵敏、可靠、准确,运行时有无异响、异味。

3. 所有相关人员必须到施工现场,切实做到各负其责。吊装过程中遇到预料外情况时,应慎重研究对策,任何情况均应禁止盲目动作。

4. 吊放过程中,应统一指挥信号,参加施工的全体人员必须熟悉信号,以便于协调操作。禁止任何非指挥人员参与指挥,参加作业的人员必须持有相应的上岗证。

5. 吊轨时应先吊两侧的长轨,以防滑滑下伤人,葫芦吊钩必须与所吊轨上下对正,防止吊起和左右牵挂造成钢轨弯曲,或碰伤人。

6. 挂轨作业人员的脚不应放置待吊钢轨下方,以防挤伤。挂轨时应手持卡子,外侧不得将手伸进铁环或卡子中间以防挤手。

7. 严禁从已起吊的长钢轨下方穿越。

8. 长钢轨横移到位后静置一会儿,在横向摆动幅度较小时方可进行落轨作业,以免产生碰撞伤及钢轨、设备和人员。

9. 装卸钢轨轻起轻放,严禁摔跌、撞击,以防钢轨损伤。

10. 吊运中随时注意夹轨钳的松紧和动作是否正常,发现异常,随即停车处理。发现危急故障，速按“紧急”按钮，立即切断电源。

11. 长钢轨基地存放时，要求正向平顺排列，轨面平整，排列整齐，堆放牢固。分层堆码时，层间必须平直，不得窜动，上下层间方钢管安放应对齐、稳定、牢固。堆码层数及钢轨根数由存轨台的存载能力、取材方便和稳定性决定，但最多堆码不超过 10 层。层与层长钢轨之间用方钢管支垫，上下对齐。

12. 长钢轨在存放过程中应密切观察对存轨台座的沉降情况，保证钢轨在存放过程中不因沉降原因产生硬弯。

13. 班后，每台葫芦均应停放在防雨棚下，吊钩离地面 2 m 以上，按钮盒挂住。将各开关置于本位，断开电源开关，检查设备，清扫集控室，锁好门窗或电气配电箱，做好设备运转记录，方可离开。

14. 夜间作业时，必须确保场地照明良好。

15. 严禁在六级及以上大风、暴雨等恶劣气候下作吊装作业。

16. 必须遵守《安全用电规范》和高空作业技术要求，严禁在平车上抛掷工具等物件。

二、长钢轨配轨装载加固与运输

长钢轨装车前根据配轨表进行配轨，配轨时应对长钢轨的存放现状有整体了解。按照配轨表左右股成对配编。左右股长轨在配轨完毕后接头相错量小于 30 mm。单元轨节左右股累计相错量小于 40 mm。

长钢轨装车时应按照铺设长钢轨牵引端取齐，按照配轨表，将已选配并标识好的钢轨按顺序装车，装车时由内向外，卸车铺轨时由外向内。装车完毕后保证长钢轨两端有足够的安全距离，并按长钢轨运输要求在长钢轨装车完毕后保证锁定牢固可靠，防止运输过程长钢轨窜动造成事故。

长钢轨的装载加固应符合原铁道部现行《铁路货物装载加固规则》和《铁路超限超重货物运输规则》的有关规定。装载加固材料和装置的技术条件和运用管理应执行《铁路货物装载加固规则》中的(《常用装载加固材料与装置》)相关规定。通过营业线运输时，其装载加固还应执行所在铁路局的有关补充规定。

下面以 500 m 长 60 kg/m 钢轨装载加固为例，介绍装载加固方法。

(1)拆下上层钢轨滚道无纵向支座端的插销，旋转上层钢轨滚道 72 个，使各个上层钢轨滚道旋转 90°后放置在相应的纵向支座上并插上插销。

(2)用龙门群吊装载下层钢轨，下层可装载钢轨数量 12 根，每根长 500 m。注意：应使每根钢轨在同一个钢轨滚道上只压在一个滚子上；且同根钢轨在不同滚道组成所受压钢轮的位置应相同。

(3)每四个钢轨滚道处设有一个旋转间隔铁，下层钢轨滚道共设有旋转间隔铁 18 个。旋转间隔铁转轴 90°，间隔铁把相邻两根钢轨间隔开，间隔铁转轴两端插入插销。间隔的作用是防止在运轨过程中钢轨横向串位或相邻两根钢轨底板的叠加。

(4)在钢轨锁定车上，对已装载下层钢轨进行锁轨，每个锁轨车下层锁轨装置共有 12 个，每个锁轨装置能同时对两根相邻钢轨进行锁定。每根钢轨在同一个钢轨锁定车上锁定两次。具体操作步骤如下：

①锁轨位置处，在钢轨底与方形盒之间、钢轨头部与压板之间各垫一块 6～8 mm 厚橡胶

块，以便在锁轨时对钢轨进行保护并确保锁紧。

②T 型螺栓插入方形盒，旋转 90°后提升，使 45 cm×45 cm 小方块嵌入方形盒盖板。

③旋转螺母，使压板和方形盒分别压紧钢头部与底部，拧紧力矩不小于 400 N·m。

(5)旋转上层钢轨滚道 72 个，使各个上层钢轨滚道旋转 90°后放置在相应的滚道支座上并插上插销。

(6)用龙门群吊吊装上层钢轨，上层可装载钢轨数量 12 根，每根长 500 m。注意：应使每根钢轨在同一个钢轨滚道上只压在一个滚子上。

(7)每四个钢轨滚道处设有一个旋转间隔铁，上层钢轨滚道共设有旋转间隔铁 18 个。旋转间隔铁转轴 90°，间隔铁把相邻两根钢轨间隔开，间隔铁转轴两端插入插销。间隔的作用是防止在运轨过程中钢轨横向串位或相邻两根钢轨底板的叠加。

(8)在钢轨锁定车上，对已装载上层钢轨进行锁轨，每个锁轨车上层锁轨装置共有 12 个，每个锁轨装置能同时对两根相邻钢轨进行锁定。每根钢轨在同一个钢轨锁定车上锁定两次。具体操作同步骤。

(9)长钢轨运输应按超长货物组织运输，并制定安全措施。在运输中要建立运行监护、停车检查制度。

(10)长钢轨列车出发前，必须确认长钢轨锁定，各部均不得超出车辆限界，运输途中应随时注意观察长钢轨运输状态，防止长钢轨窜动。

(11)启动运轨平车，把已安装在平车上的 24 根钢轨从装轨群吊现场转至铺轨现场。

(12)在钢轨运输过程中，机车启动与制动加速度不大于 0.2 m/s^2。运输过程中严禁超速。长轨车严禁溜放。

(13)当铺轨车到达离已铺轨道端部 500 m 时，机车减速到 3 km/h 以下。

(14)在已铺钢轨端部安放铁鞋，推送车前转向架的前轮饼与钢轨的接触点离已铺钢轨端部 550 mm 以内停车，整列车制动。

第三节　拖拉法铺设长轨

本节介绍无砟轨道长钢轨一次拖拉入槽的铺轨施工方法。

一、工艺流程

拖拉法铺设长钢轨的施工内容包括长钢轨装车运输、长钢轨拖拉、长钢轨入槽、安装扣件等重要环节，其主要铺设流程如图 10—2—1 所示。

二、铺设过程关键技术

(一)推送车牵引长钢轨

1. 将长钢轨的锁紧装置解除，解锁人员必须在得到通知后解锁，严禁提前解锁，解锁完毕通知相关人员。

2. 在长钢轨始端安装钢轨卡(图 10—2—2)和导向滑靴，利用推送车自带卷扬机将长钢轨牵出(图 10—2—3)。

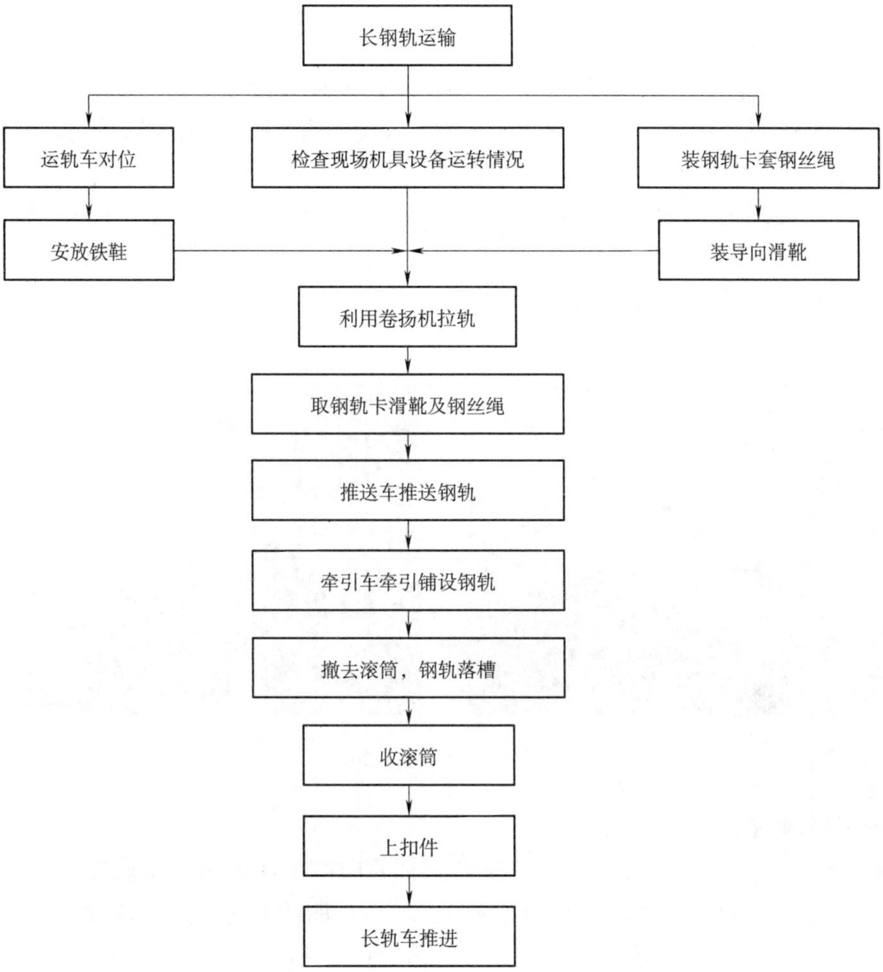

长钢轨运输

→ 运轨车对位 → 安放铁鞋

→ 检查现场机具设备运转情况

→ 装钢轨卡套钢丝绳 → 装导向滑靴

利用卷扬机拉轨

↓

取钢轨卡滑靴及钢丝绳

↓

推送车推送钢轨

↓

牵引车牵引铺设钢轨

↓

撤去滚筒，钢轨落槽

↓

收滚筒

↓

上扣件

↓

长轨车推进

图 10—2—1　长钢轨拖拉法铺设施工流程图

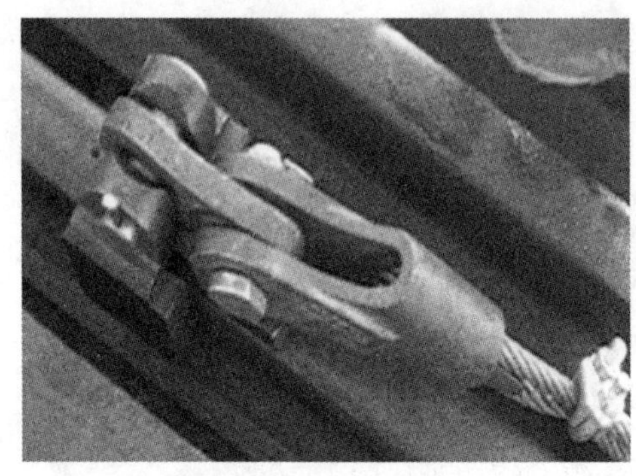

图 10—2—2　安装钢轨卡

图 10—2—3　钢丝绳牵引钢轨

3. 待牵引钢轨至推送装置末端后，去掉导向滑靴继续牵引钢轨至钢轨始端通过整个推送装置，去掉钢轨卡及钢丝绳。

4. 在牵引过程中严禁工人翻越钢丝绳，且要缓慢牵引钢轨，保证钢丝绳在启动时不弹伤工人。

(二)推送车推送钢轨

1. 启动推送装置,推送钢轨至长钢轨始端距离轨道板板面 30 cm 时停止推送,推送过程必须有工人在长轨两侧护轨,防止长轨左摇右摆。推送完毕时左右两股钢轨的始端相错量不大于 100 mm。

2. 推送到位后牵引车向后退至长轨穿入牵引车的夹持设备,用钢轨卡卡住钢轨。推送车松开推送装置。

3. 安装钢轨卡时防止小锤砸伤钢轨顶面。

图 10—2—4 所示为推送装置推送钢轨现场。

图 10—2—4　推送装置推送钢轨

(三)牵引车牵引铺轨

1. 钢轨夹持完毕后,牵引车开始牵引铺轨。铺轨时时刻注意牵引车前方有无障碍物,如有立即清理;滚筒在直线地段隔 18 个承轨槽放 1 个,在曲线上适当加密放置,且安装侧向护轨器。

2. 在铺设过程施工人员拿撬棍护轨,保证长钢轨落在滚筒上。如有特殊情况立即通过对讲机喊停牵引车或直接按住牵引车急停按钮。

3. 长钢轨牵引完毕技术员预留轨缝与上一对长钢轨对位完毕后,去掉钢轨卡使长钢轨始端从牵引车夹持装置处落下。

图 10—2—5 所示为牵引车牵引长钢轨现场。

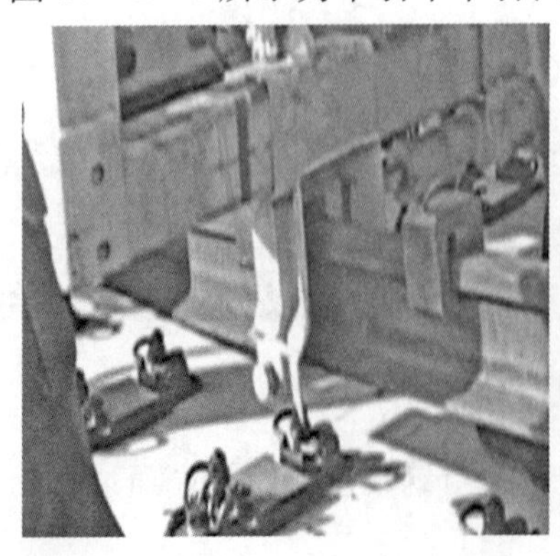

图 10—2—5　牵引车牵引长钢轨

(四)取滚筒长钢轨落槽

1. 在取滚筒前用鼓风机将承轨槽内的杂物铁锈等清理,然后起道机起钢轨收取滚筒,使钢轨落槽。落槽时测量钢轨始末端轨温,其平均值为钢轨铺设落槽轨温。

2. 安装扣件,直线地段隔五打一,曲线地段隔三打一,但是接头前后各四个轨枕上扣件必须打满。钢轨接头处安装鱼尾夹板,防止磨损钢轨。

3. 用小平板收取滚筒,整齐摆放在牵引车上。

(五)运轨车推进对位

在前方扣件全部上完后,车长指挥大列向前推进。开始进行下一对长钢轨的铺设施工。特别注意在施工过程中注意护轨防止钢轨倾覆;随时观察机械设备运转情况;对讲机必须保持通话状态。

第四节　纵向推送法铺设长轨

一、工艺流程

无砟轨道 500 m 长钢轨采用一次直接推卸入槽铺设法施工,铺设主要是通过长轨推送机构、顺坡架、长轨牵引机构、支承滚筒、滑靴、接头连接器、移动式闪光焊等设备,完成长轨的放送及焊联锁定。工艺流程如图 10—2—6 所示。

长钢轨装车 → 长钢轨运输编组 → 长轨列车工地对位 → 长钢轨牵引 → 长钢轨推送 → 长轨落槽 → 连接钢轨、安装扣件 → 质量检查

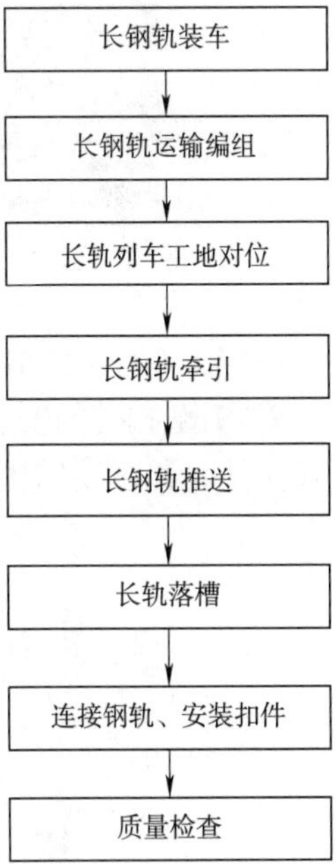

图 10—2—6　纵向推送法铺设长轨工艺流程图

二、施工过程关键技术

与拖拉法相比,纵向推送法缺少了钢轨前端的牵引车,其余步骤与拖拉法大同小异。下面仅就纵向推送法的关键技术做简要介绍。

1. 施工准备

根据移交的桩橛进行线路中线和高程的复测。依据设计资料进行长钢轨编号,确定装车顺序、方向、胶接绝缘轨位置。提前将线路扣件散布在线路两侧。无砟道床承轨槽安装支承滚筒,第一对支承滚筒距最后龙门顺坡架距离为 4 m,其他支承滚筒安装距离均为 5.1 m。

2. 长钢轨牵引

长钢轨采用长轨运输车运送,在长钢轨始端安装牵引卡,利用卷扬机和升降平台,使长钢轨进入长轨放送车。

3. 长钢轨的推送

利用长轨推送机构推送长钢轨沿龙门顺坡架前行。长钢轨始端安装滑靴。人工用撬棍引导长钢轨沿龙门顺坡架及承轨槽上的支承滚筒前进。当长钢轨终端距长轨推送机构 0.3m 处时停止推送,机构夹持油缸,完成推送。

4. 长钢轨落槽及扣件安装

先调整龙门顺坡架的高度,使长钢轨终端抬高脱离长轨推送机构,然后调整长轨尾端高度,使长轨落至龙门顺坡架滚筒,再调整龙门顺坡架的高度,使长钢轨落至支承滚筒上。利用

人工推拉的方法使长钢轨终端与已铺长钢轨轨头对齐，安装接头联接器。最后用起道机将长轨由后向前顺序抬起，抽出支承滚筒，轨下安装橡胶垫板后使长钢轨落槽就位并安装扣件。

第五节 扣件系统安装

我国高速铁路无砟轨道使用的扣件系统主要有：WJ-7 型扣件系统、WJ-8 型扣件系统、SFC 型扣件系统以及 Vossloh 300-1U 扣件系统。四种类型扣件系统调整各有差异，其中 WJ-7 型扣件系统和 SFC 型扣件系统适用于无挡肩无砟轨道，WJ-8 型扣件系统和 Vossloh 300，U 扣件系统适用于有挡肩无砟轨道。

一、WJ-7 型扣件系统安装

图 10—2—7 所示为 WJ-7 型扣件用于 CRTS Ⅰ型轨道板的现场，图 10—2—8 所示为 WJ-7 扣件系统现场图。

图 10—2—7 WJ-7 型扣件用于Ⅰ型板

图10—2—8 WJ-7 扣件系统现场图

1. WJ-7 型扣件结构特征与接口

WJ-7 型扣件的安装三维示意图如图 10—2—9 所示，属轨枕/轨道板不带混凝土挡肩的分开式扣件。其主要结构特征如下：

图 10—2—9 WJ-7 型扣件的安装三维示意图

(1)铁垫板上设置轨底坡，轨枕/轨道板承轨面为平坡。

(2)铁垫板上设有 T 型螺栓插入座和挡肩,通过拧紧 T 型螺栓的 螺母紧固弹条。

(3)铁垫板上挡肩与钢轨间设有绝缘块,起绝缘作用。

(4)通过锚固螺栓与轨枕/轨道板中预埋的绝缘套管配合紧固铁垫板。

(5)轨向和轨距的调整通过移动铁垫板来实现,为连续无级调整。

(6)可垫入调高垫板实现钢轨高低调整。

WJ-7 型扣件对轨枕/轨道板接口的主要技术要求是轨枕/轨道板中预埋套管的埋设位置和精度,轨枕/轨道板不设轨底坡。图 10—2—10 为具体接口尺寸要求。

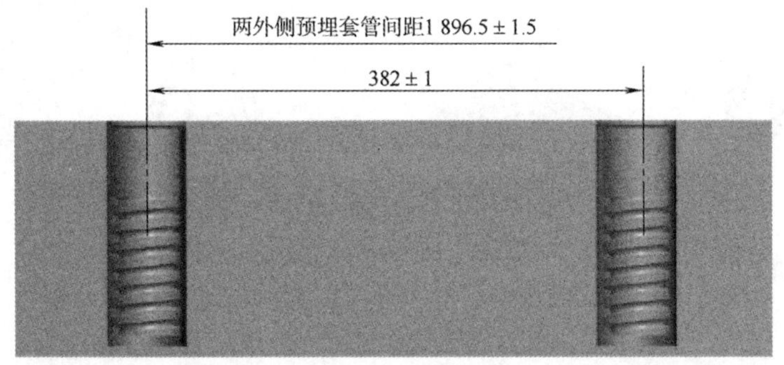

图 10—2—10　WJ-7 型扣件与轨枕/轨道板接口(单位:mm)

2. WJ-7 型扣件部件组成及说明

WJ-7 型扣件部件组成如图 10—2—11 所示,由 T 型螺栓、螺母、平垫圈、弹条、绝缘块、铁垫板、轨下垫 板、绝缘缓冲垫板、重型弹簧垫圈、平垫块、锚固螺栓和预埋套管组成,此外为了钢轨高低位置调整的需要,还包括轨下调高垫板和铁垫板下调高垫板。

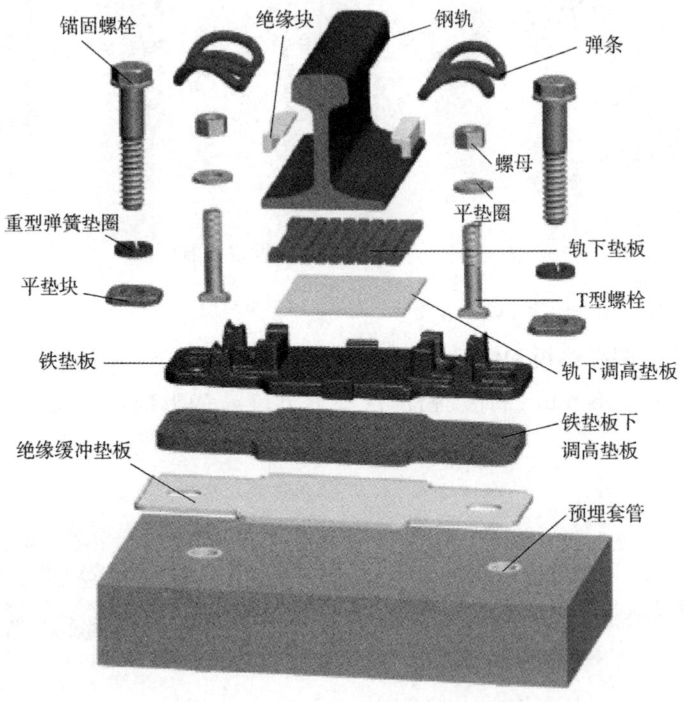

图 10—2—11　WJ-7 型扣件部件组成

(1)弹条

弹条分两种(图 10—2—12),即一般地段使用的 W1 型和桥上可能使用的 X2 型,W1 型弹条的直径为 14 mm,X2 型弹条的直径为 13 mm。

(2)轨下垫板

轨下垫板分 A、B 两类(图 10—2—12),A 类用于兼顾货运的客运专线,B 类用于客运专线,每一类又分一般地段使用的橡胶垫板和桥上可能使用的复合垫板两种。桥上需要降低线路阻力时,可采用 X2 型弹条并配用复合垫板。此时单组扣件的钢轨纵向阻力为 4 kN。

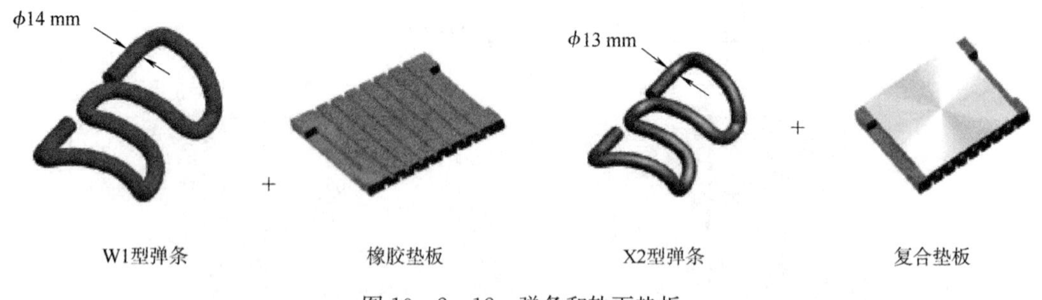

图 10—2—12　弹条和轨下垫板

(3)预埋套管

该部件预先埋设于轨枕/轨道板中,埋设精度应满足要求,且预埋套管顶面应与轨枕/轨道板承轨面齐平。预埋套管埋设后,应加盖塑料(或其他材料)盖以防雨水和泥污进入,如图 10—2—13 所示。

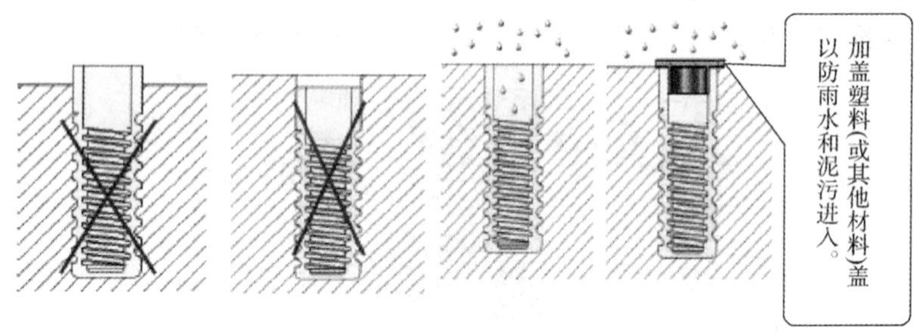

图 10—2—13　预埋套管埋设示意图

(4)调高垫板(图 10—2—14)

调高垫板分轨下调高垫板和铁垫板下调高垫板两种。轨下调高垫板根据厚度 d 不同,分为 1 mm、2 mm、5 mm、8 mm 四种规格。铁垫板下调高垫板根据厚度 d 不同,分为 5 mm、10 mm 两种规格。

图 10—2—14　调高垫板

3. WJ-7 型扣件部件铺设顺序及要求

(1)安装前的准备工作

①选择并准备合适类型的弹条(W1 型或 X2 型)和合适类型的轨下垫板(A 类 B 类橡胶垫板或复合垫板)。

②适当准备 1 mm、2 mm 轨下调高垫板,以备微量调整钢轨高低之用。

③检查轨枕/轨道板承轨面,不应有裂纹。清除轨枕/轨道板承轨面的泥渣。

④摘除预埋套管上的塑料(或其他材料)盖。

(2)安装顺序

第一步:安装绝缘缓冲垫板,使垫板孔与预埋套管孔对中。

第二步:安放铁垫板,使轨底坡朝向轨道内侧(按铁垫板上的箭头方向)。铁垫板的螺栓孔中心应与预埋套管中心对正。

第三步:安放平垫块(图 10—2—15),使平垫块在铁垫板上两凸台之间,底面与铁垫板密贴,并使平垫块距圆孔中心较长一侧朝内。

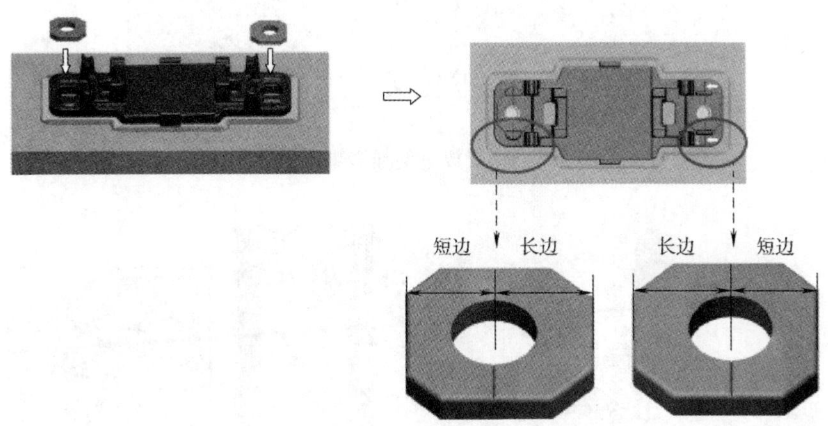

图 10—2—15　安放平垫块方法示意图

第四步:安放重型弹簧垫圈和锚固螺栓(图 10—2—16)。安放重型弹簧垫圈和锚固螺栓前,应将锚固螺栓螺纹部分涂满铁路专用防护油脂。在锚固螺栓拧紧前,应挪动铁垫板,使铁垫板与平垫块的标记线对齐。

第五步:将轨下垫板安放在铁垫板上,使轨下垫板沟槽方向垂直铁垫板的长度方向。

第六步:安放钢轨。

第七步:安放绝缘块(图 10—2—17),且绝缘块的边耳应扣住铁垫板挡肩。应特别注意,安装绝缘块时,不得用锤或其他工具猛烈敲击使其入位。

第八步:安放 T 型螺栓。

具体安装过程(图 10—2—18)如下:

①T 型螺栓头部按照所示角度,插入铁垫板。

②T 型螺栓头部插入铁垫板后,按顺时针方向旋转 90°,螺栓头部到预定位置,然后上提使 T 型头完全嵌入槽中。

第九步:安放弹条。判断弹条是否安装到位的标准:以弹条中部前端下颚(图 10—2—19 位置)与绝缘块刚好接触为准,两者的间隙不大于 0.5 mm。

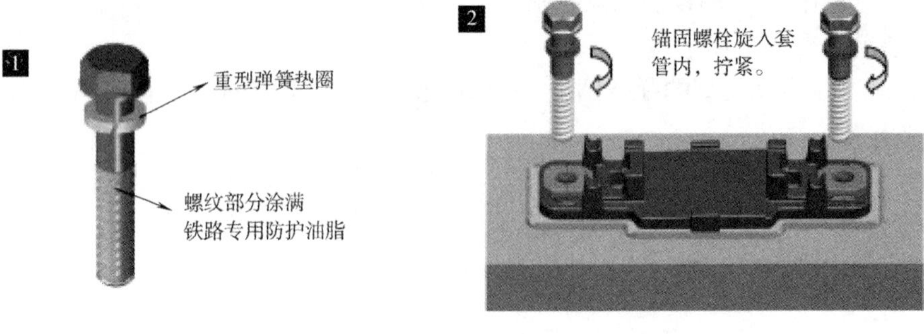

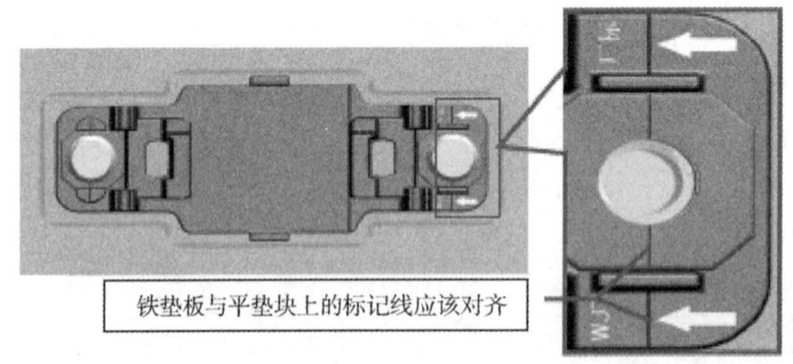

图 10—2—16　安放重型弹簧垫圈和锚固螺栓

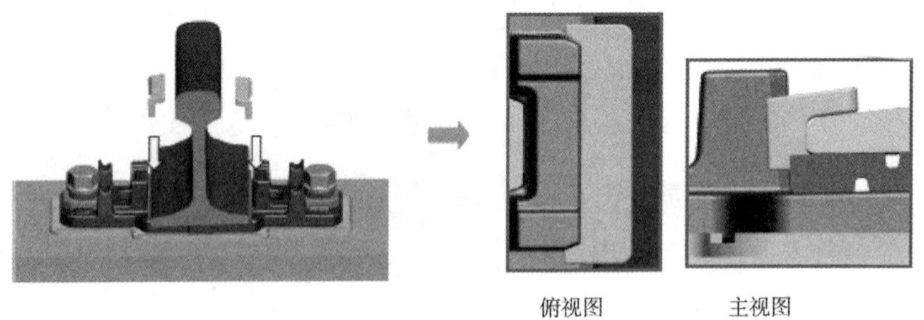

图 10—2—17　绝缘块安放示意图

(a) T型螺栓头部插入角度　　(b) T型螺栓头部转动

图 10—2—18　T 型螺栓安装过程示意图

安装建议:通常情况下,W1 型弹条的理论安装扭矩在 120 N·m 左右,X2 型弹条的理论安装扭矩在 80 N·m 左右。

在现场大规模安装前，可先取 5～10 个节点进行安装，以测出使弹条能按照以上“安装到位标准”达到正确安装位置的实际安装扭矩。

第十步：将 T 型螺栓螺纹部分涂油，然后套入平垫圈，拧入螺母。

第十一步：确认轨距和轨向合适后，以 300～350 N·m 的扭矩拧紧锚固螺栓。

最后应强调一点，在浇筑混凝土过程中，应对所有外露的扣件部件采用适当的防护措施进行包封，以保持清洁。

弹条中部前端下鄂

图 10—2—19　弹条中部前端下颚

4. WJ-7 型扣件部件安装调整

(1)调整轨距和轨向

检查轨距和轨向，如有不适，按如下步骤调整轨距：

①松开锚固螺栓；

②用改道器横向挪动铁垫板，直至轨距和轨向合适；

③以 300～350 N·m 的扭矩拧紧锚固螺栓。

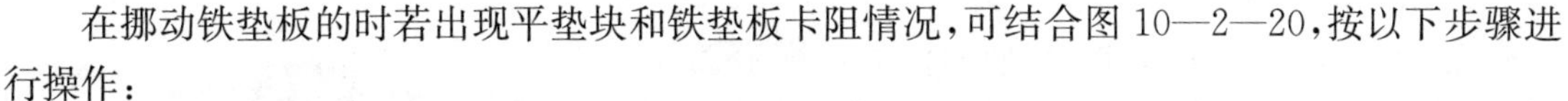

在挪动铁垫板的时若出现平垫块和铁垫板卡阻情况，可结合图 10—2—20，按以下步骤进行操作：

①平垫块掉头，短边朝向钢轨；

②继续挪动铁垫板，确认轨距和轨向合适后以 300～350 N· m 的扭矩拧紧锚固螺栓。

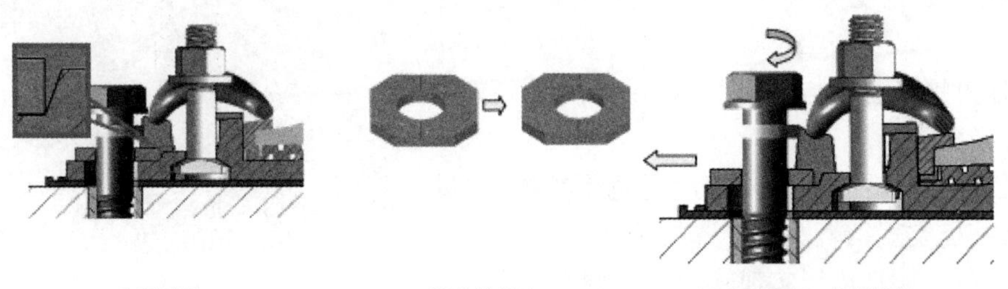

卡阴情况　　平垫块掉头　　挪动铁垫板，拧紧螺栓

图 10—2—20　平垫块和铁垫板卡阻的解决办法

(2)调整钢轨高低

如遇有钢轨高低和水平有少量不平顺时，可考虑放入调高垫板。此时应提升钢轨，垫入调高垫板。当调高量小于 10 mm 时，在轨下放入调高垫板，当调高量超过 10 mm 时，可同时在铁垫板下放入调高垫板。

①钢轨下调高

轨下调高垫板不得放在轨下垫板上，放入的轨下调高垫板总厚度不得大于 10 mm，轨下调高垫板的数量不得超过两块，并应把最薄的轨下调高垫板放在下面，以防轨下调高垫板窜出。

②铁垫板下调高

在铁垫板与绝缘缓冲垫板间垫入铁垫板下调高垫板，垫入的垫板总数不得超过两块，总厚度不得超过 20 mm。

二、WJ-8 型扣件系统安装

图 10—2—21 所示为 WJ-8 型扣件用于 CRTSⅡ型轨道板的现场图,图 10—2—22 所示为 WJ-8 扣件系统现场图。

图 10—2—21 WJ-8 型扣件用于 CRTSⅡ型轨道板

图10—2—22 WJ-8 扣件系统现场

1. WJ-8 型扣件结构特征与接口

图 10—2—23 所示为 WJ-8 型扣件的三维示意图,属轨枕/轨道板带混凝土挡肩的不分开式扣件。其主要结构特征如下:

(1)铁垫板上设挡肩,挡肩与钢轨之间设有绝缘块。

(2)通过螺旋道钉与轨枕/轨道板中预埋的套管配合紧固弹条。

(3)铁垫板与混凝土挡肩间设置轨距挡板,通过更换轨距挡板实现钢轨左右位置的调整。

(4)可垫入调高垫板实现钢轨高低调整。

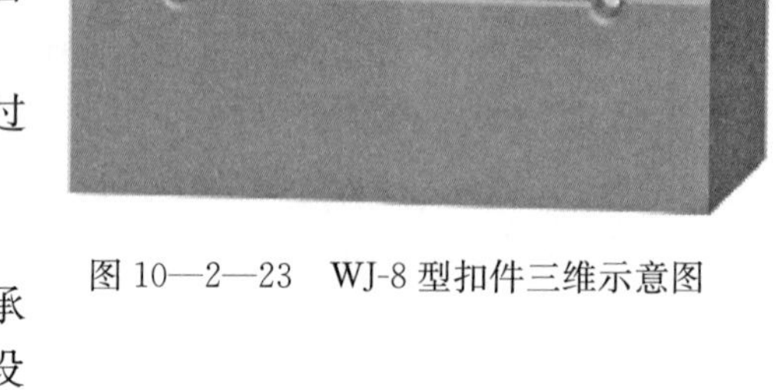

图 10—2—23 WJ-8 型扣件三维示意图

WJ-8 型扣件对轨枕接口的主要技术要求是承轨槽的型式尺寸和轨枕/轨道板中预埋套管的埋设位置和精度,轨枕/轨道板设 1∶40 轨底坡。图 10—2—24 和图 10—2—25 为具体接口尺寸要求。

2. WJ-8 型扣件部件组成及说明

WJ-8 型扣件由螺旋道钉、平垫圈、弹条、绝缘块、轨距挡板、轨下垫板、铁垫板、铁垫板下弹性垫板和预埋套管组成。此外为了钢轨高低位置调整的需要,还包括轨下微调垫板和铁垫板下调高垫板,如图 10—2—26 所示。

(1)弹条和轨下垫板

图 10—2—27 所示为弹条和轨下垫板示意图。弹条分两种,即一般地段使用的 W1 型和桥上可能使用的 X2 型,W1 型弹条的直径为 14 mm,X2 型弹条的直径为 13 mm。轨下垫板分一般地段使用的橡胶垫板和桥上可能使用的复合垫板两种。桥上需要降低线路阻力时,可采用 X2 型弹条并配用复合垫板,此时单组扣件的钢轨纵向阻力为 4 kN。

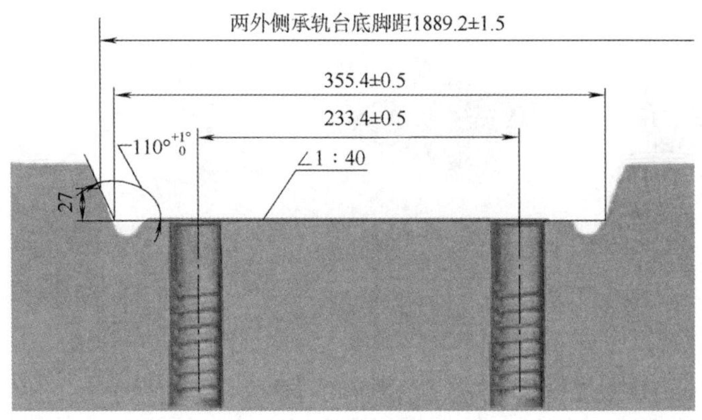

图 10—2—24　WJ-8 型扣件与双块式轨枕接口(单位:mm)

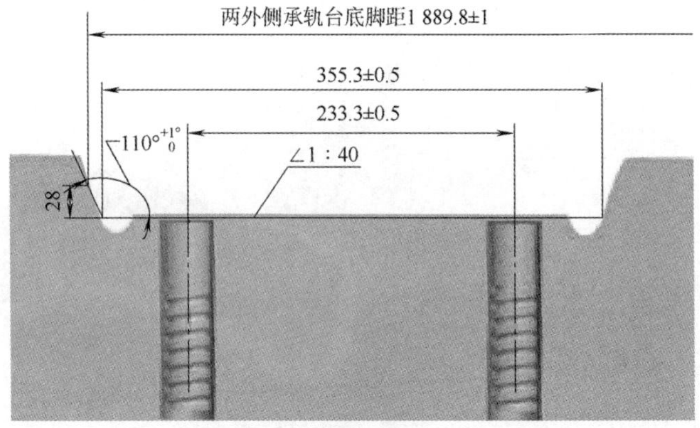

图 10—2—25　WJ-8 型扣件与轨道板接口(单位:mm)

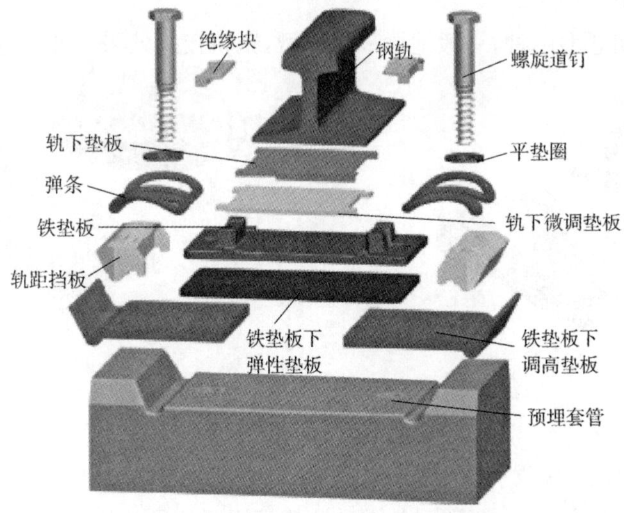

图 10—2—26　WJ-8 型扣件部件组成

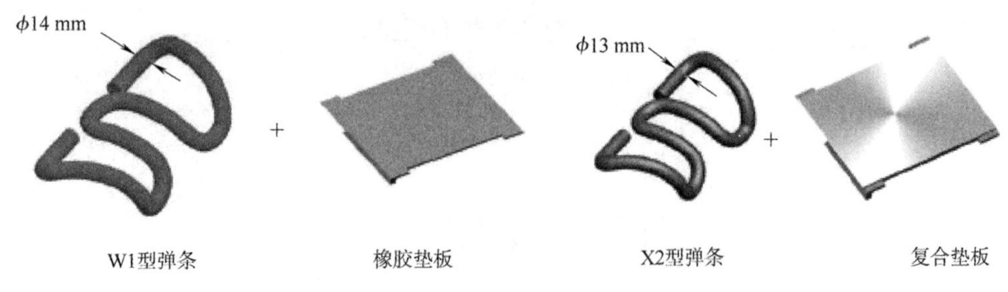

图 10—2—27　弹条和轨下垫板

(2)轨距挡板(图 10—2—28)

轨距挡板分一般地段用 WJ8 轨距挡板和钢轨接头处用 WJ8 接头轨距挡板两种。

一般地段用 WJ8 轨距挡板又分为 2 号、3 号、4 号、5 号、6 号、7 号、8 号、9 号、10 号、11 号和 12 号十一种规格，标准轨距时使用 7 号轨距挡板，其中 10、11、12 号三种规格可用于钢轨接头处。

WJ8 接头轨距挡板分 2 号、3 号、4 号、5 号、6 号、7 号、8 号、9 号八种规格，标准轨距时使用 7 号。

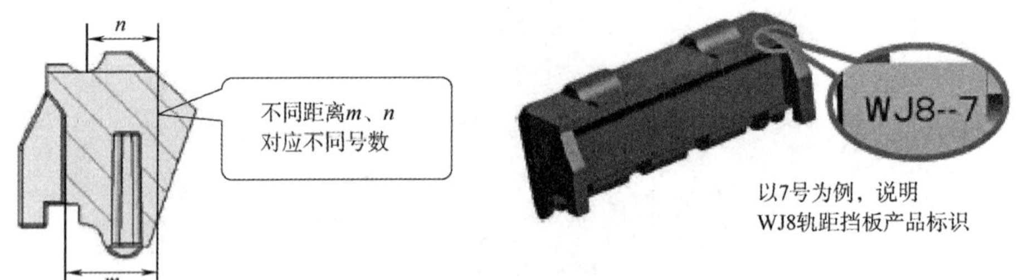

图 10—2—28　轨距挡板

(3)绝缘块(图 10—2—29)

绝缘块分Ⅰ型和Ⅱ型两种，一般地段采用Ⅰ型，钢轨接头处采用Ⅱ型绝缘块。

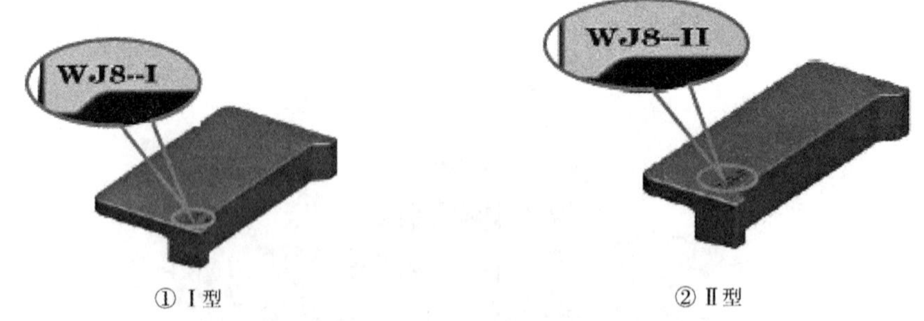

图 10—2—29　绝缘块

(4)铁垫板下弹性垫板

铁垫板下弹性垫板分 A、B 两类。A 类弹性垫板用于兼顾货运的客运专线；B 类弹性垫板用于客运专线。

(5)螺旋道钉

螺旋道钉分 S2 型和 S3 型两种(图 10—2—30),在扣件正常状态安装或钢轨调高量不大于 15 mm 时用 S2 型,大于 15 mm 时用 S3 型。

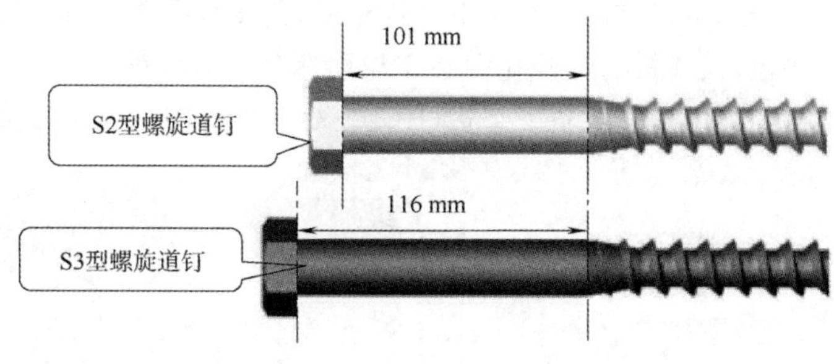

图 10—2—30 螺旋道钉

(6)预埋套管

该部件预先埋设于轨枕/轨道板中,埋设精度应满足要求,且预埋套管顶面应与轨枕/轨道板承轨面齐平。预埋套管埋设后,应加盖塑料(或其他材料)盖以防雨水和泥污进入。

(7)调高垫板

调高垫板(图 10—2—31)分轨下微调垫板和铁垫板下调高垫板两种,分别放置于轨下垫板与铁垫板之间和铁垫板下弹性垫板与轨枕/轨道板承轨面之间。

轨下微调垫板按厚度分为 1 mm、2 mm、5 mm 和 8 mm 四种规格。

铁垫板下调高垫板按厚度分为 10 mm 和 20 mm 两种规格,铁垫板下调高垫板由两片组成,应成副使用。

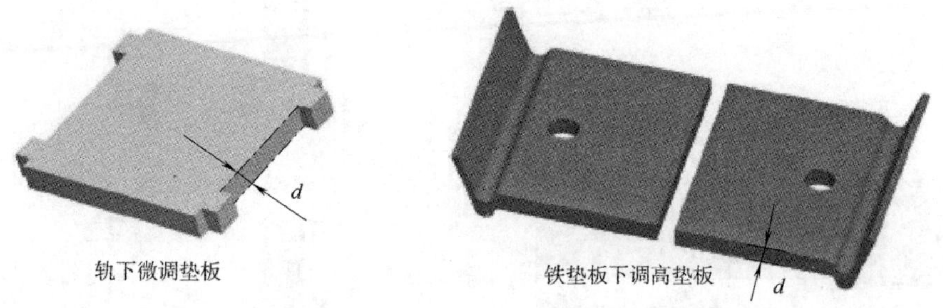

图 10—2—31 调高垫板

3. WJ-8 型扣件部件铺设顺序及要求

(1)安装前的准备工作

①选择并准备合适类型的弹条(W1 型或 X2 型)和合适类型的轨下垫板(橡胶垫板或复合垫板)。同时适当准备厚度 1 mm、2 mm 的轨下微调垫板。

②准备Ⅰ型绝缘块,并适当准备Ⅱ型绝缘块以备用于钢轨接头处。

③选择并准备 7 号轨距挡板,并适当准备 6 号、8 号轨距挡板和相同型号的接头轨距挡板。

④选择并准备铁垫板下弹性垫板(A 类或 B 类)。

⑤选择并准备 S2 型螺旋道钉。

⑥检查轨枕/轨道板承轨槽,不应有裂纹。清除轨枕/轨道板承轨槽的泥渣。

⑦摘除预埋套管上的塑料(或其他材料)盖。

(2)安装顺序

第一步:在承轨台中间位置铺设铁垫板下弹性垫板,使垫板孔与预埋套管孔对中。

第二步:安放铁垫板,铁垫板的螺栓孔中心应与预埋套管中心对正。

第三步:在铁垫板中间位置安放轨下垫板(图 10—2—32)轨下垫板的凸缘应扣住铁垫板。

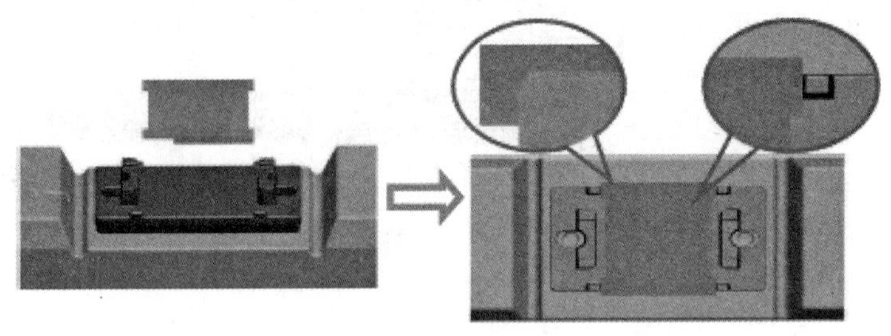

图 10—2—32　轨下垫板安放示意图

第四步:安放轨距挡板(图 10—2—33),轨距挡板的圆弧凸台应安放在轨枕/轨道板承轨槽底脚的凹槽内,其斜面和前端两支点应分别与轨枕/轨道板的挡肩和承轨面密贴。应特别注意的是,安装轨距挡板时,不得用锤或其他工具猛烈敲击使其入位。

第五步:铺设钢轨。

第六步:安放绝缘块(图 10—2—34)。安装绝缘块时,不得用锤或其他工具猛烈敲击使其入位。

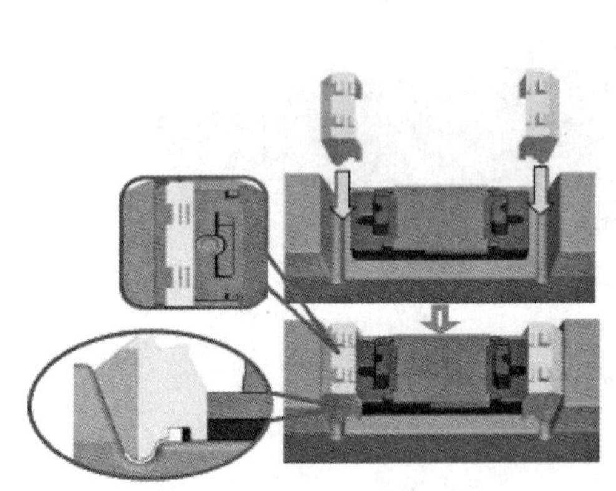

图 10—2—33　轨距挡板安放示意图

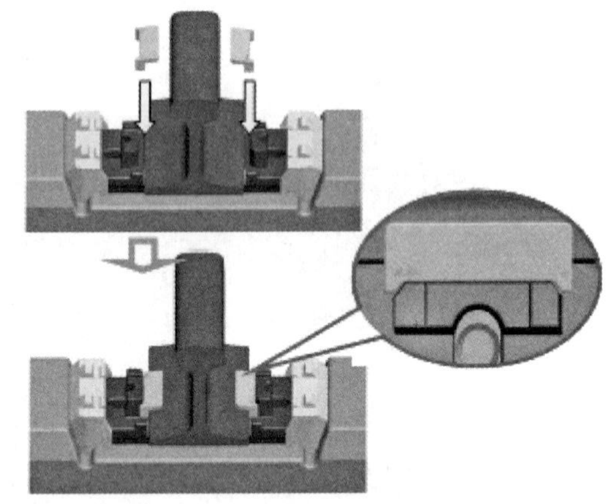

图 10—2—34　安放绝缘块示意图

第七步:安装弹条(图 10—2—35)。将弹条摆放到位,螺旋道钉套上平垫圈且在螺纹部分涂满铁路专用防护油脂,然后拧入套管,紧固弹条。判断弹条是否安装到位的标准:以弹条中部前端下颚与绝缘块刚好接触为准,两者的间隙不大于 0.5 mm。

安装建议:通常情况下,W1 型弹条的理论安装扭矩在 160 N ·m 左右,X2 型弹条的理论安装扭矩在 110 N ·m 左右。

在现场大规模安装前,建议先取 5～10 个节点进行安装,以测出使弹条能按照以上“安装到位标准”达到正确安装位置的实际安装扭矩。

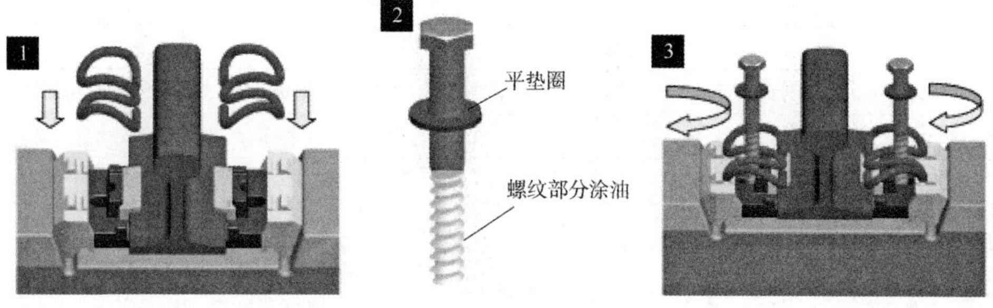

图 10—2—35　弹条安装示意图

钢轨接头处要用 WJ8 接头轨距挡板和Ⅱ型绝缘块。

在浇筑混凝土过程中，应对所有外露的扣件部件采用适当的防护措施进行包封，以保持清洁。

4. WJ-8 型扣件部件安装调整

(1)调整轨距和轨向

检查轨距和轨向，如有不适，结合图 10—2—36，对照表 10—2—3，根据所检查的轨距调整量更换不同号码的轨距挡板。

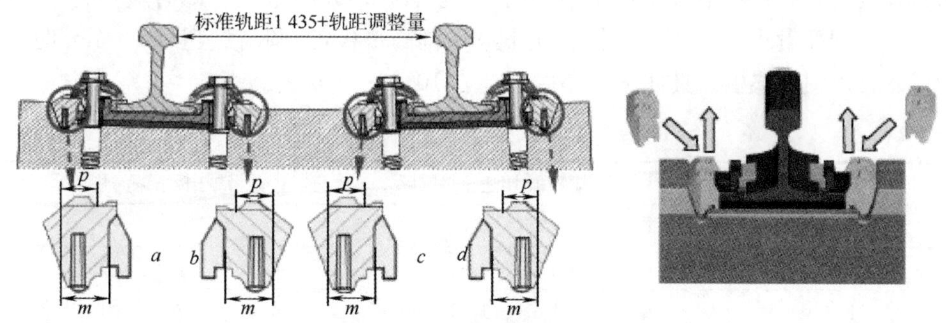

图 10—2—36　轨距和轨向调整对照图

表 10—2—3　轨距和轨向调整对照表

轨距调整量(mm)	左股钢轨		右股钢轨	
	外距挡板 *a*	内侧轨距挡板 *b*	内侧轨距挡板 *c*	外侧轨距挡板 *d*
−10	12	2	2	12
−9	11	3	2	12
−8	11	3	3	11
−7	10	4	3	11
−6	10	4	4	10
−5	9	5	4	10
−4	9	5	5	9
−3	8	6	5	9
−2	8	6	6	8
−1	7	7	6	8

续上表

轨距调整量(mm)	左股钢轨		右股钢轨	
	外距挡板 a	内侧轨距挡板 b	内侧轨距挡板 c	外侧轨距挡板 d
0	7	7	7	7
+1	6	8	7	7
+2	6	8	8	6
+3	5	9	8	6
+4	5	9	9	5
+5	4	10	9	5
+6	4	10	10	4
+7	3	11	10	4
+8	3	11	11	3
+9	2	12	11	3
+10	2	12	12	2

(2)调整钢轨高低

如遇有钢轨高低和水平有少量不平顺时，可考虑放入调高垫板。此时应提升 钢轨，垫入调高垫板。当调高量小于 10 mm 时，在轨下放入调高垫板，当调高量超过 10 mm 时，可同时在铁垫板下放入调高垫板。具体垫入厚度可按表 10—2—4 执行。

表 10—2—4　钢轨高低调整表

钢轨高低调整量(mm)	轨下微调垫板总厚度(mm)	铁垫板下调高垫板厚度(mm)
0	0	0
1～10	1～10	0
11 ～20	1～10	10
21 ～30	1～10	20

①钢轨下调高(图 10—2—37)

轨下微调垫板必须放在轨下垫板与铁垫板之间，且放入的总厚度不得大于 10 mm，总数不得超过两块，并把最薄的轨下微调垫板放在下面，以防轨下微调垫板窜出。

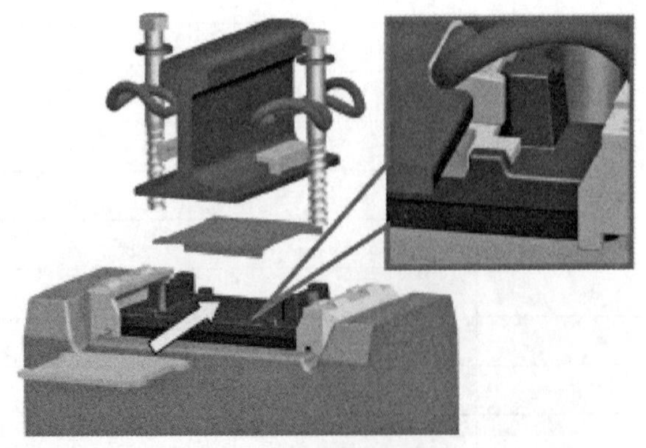

图 10—2—37　钢轨下调高示意图

②铁垫板下调高

垫入的铁垫板下调高垫板放在铁垫板下弹性垫板与轨枕之间，且放入的总数不得超过两块，总厚度不得超过 20 mm。

应特别注意的是，铁垫板下调高垫板每副由两片组成，分别从侧面插入。铁垫板 下调高垫板只能单副使用，不能摞叠使用。钢轨相对正常状态的调高量大于 15 mm 时，应采用 S3 型螺旋道钉。

三、SFC 型扣件系统安装

（一）SFC 型扣件结构特征与接口

SFC 型扣件为无砟轨道扣件，属轨枕/轨道板不带混凝土挡肩的分开式扣件。其分直列式（图 10—2—38）和错列式（图 10—2—39）两种，主要结构特征如下：

（1）弹条通过插入铸铁底板的挡肩紧固钢轨。

（2）铸铁底板挡肩与钢轨间设有绝缘块，起绝缘作用。

（3）通过锚固螺栓与轨枕/轨道板中的预埋套管配合紧固铸铁底板。

（4）轨向和轨距的调整通过移动铸铁底板来实现。

（5）在铸铁底板下垫入调高垫板实现钢轨高低调整。

图 10—2—38　直列式 SFC 型扣件

图 10—2—39　错列式 SFC 型扣件

SFC 型扣件对轨枕/轨道板接口的主要技术要求是轨枕/轨道板中预埋套管的埋设位置和精度，轨枕/轨道板不设轨底坡。图 10—2—40 和图 10—2—41 分别为直列式 SFC 型扣件和错列式 SFC 型扣件的具体接口尺寸要求。

（二）错列式 SFC 型扣件

1. 错列式 SFC 型扣件部件组成及说明

错列式 SFC 型扣件由绝缘帽、弹条、铸铁底板、绝缘轨距挡块、橡胶垫板、耦合垫板、锯齿垫片、调高垫板、锚固系统及预埋套管组成，如图 10—2—42 所示。

（1）弹条（带绝缘帽）

错列式 SFC 型扣件弹条分 FC1504 型、FC1502 型和 FC1306 型三种，如图 10—2—43 所示。其中，FC1504 型和 FC1306 型弹条分别配用 8494 型和 12133 型绝缘帽，且出厂时已将绝缘帽装配在相应的弹条上；FC1502 型弹条不安装绝缘帽。

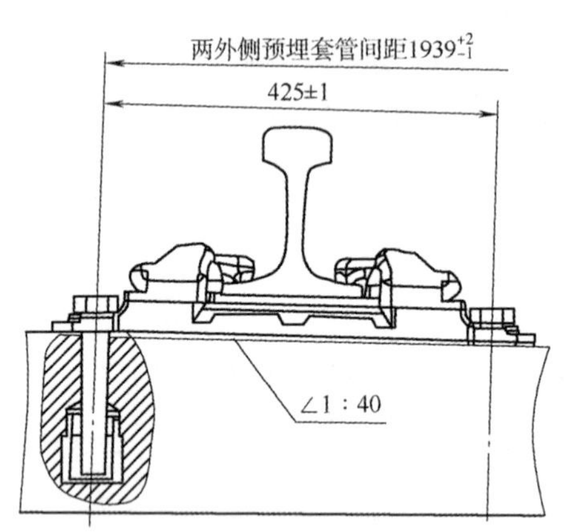

图 10—2—40　直列式 SFC 型扣件与轨枕/轨道板接口(单位:mm)

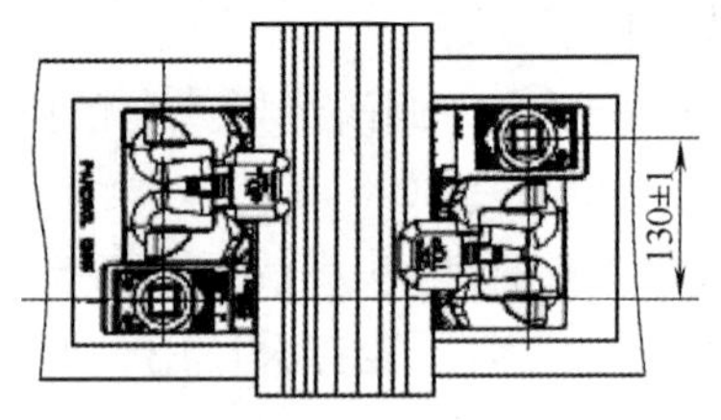

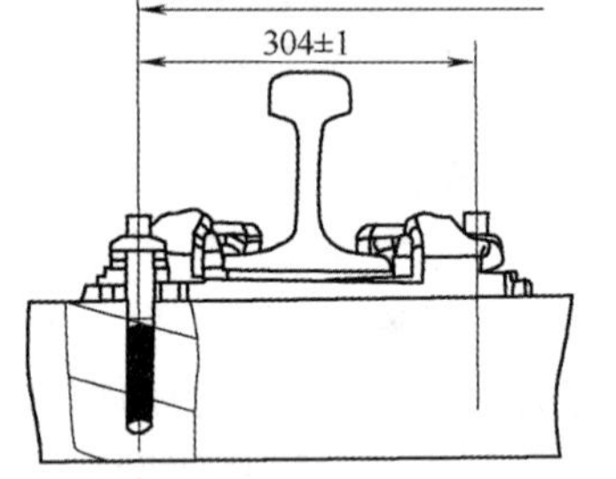

图 10—2—41　错列式 SFC 型扣件与轨枕/轨道板接口(单位:mm)

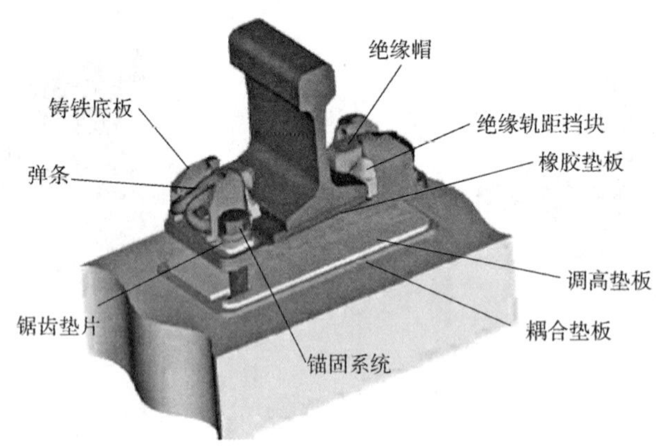

图 10—2—42　错列式 SFC 型扣件部件组成

一般地段安装 FC1504 型弹条,钢轨绝缘接头处安装 FC1502 型弹条,小纵向阻力地段安装 FC1306 型弹条。FC1504 型和 FC1502 型弹条的直径为 15 mm,FC1306 型弹条的直径为 13 mm。FC1504 型弹条防锈涂料为红色,配用的 8494 型绝缘帽为白色;FC1306 型弹条防锈涂料为红色,配用的 12133 型绝缘帽为蓝色;FC1502 型弹条为黄色,且绝缘帽不安装在弹条上。

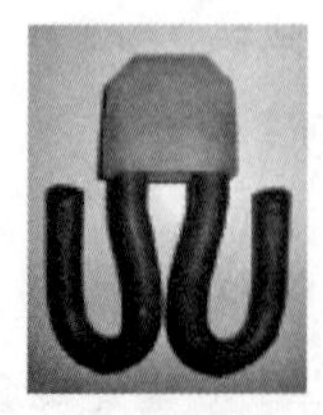

(a) FC1504型弹条

(b) FC1502型弹条

(c) FC1306型弹条

图 10—2—43　错列式 SFC 型扣件的弹条

(2)预埋套管

该部件预先设置于轨枕/轨道板中,预埋精度应满足要求,且预埋套管顶面应与轨枕/轨道板承轨面齐平。预埋套管埋设后,应加盖塑料盖以防止雨水和泥污的进入。

(3)耦合垫板和调高垫板(表 10—2—5)

表 10—2—5　耦合垫板和调高垫板参数

厚　度	颜　色	材　质	部件编号
2.0 mm	红色	低密度聚乙烯	12615-20
2.5 mm	黄色	低密度聚乙烯	12615-25
3.0 mm	浅绿色	低密度聚乙烯	12615-30
3.0 mm	深绿色	高密度聚乙烯	12649-3
3.5 mm	黑色	低密度聚乙烯	12615-35
1.0 mm	本色	镀锌钢板	12634
2.0 mm	本色	镀锌钢板	12635
3 mm	黑色	高密度聚乙烯	12649-04
5 mm	黑色	高密度聚乙烯	12649-05
10 mm	黑色	高密度聚乙烯	126495-10
15 mm	黑色	高密度聚乙烯	12649-15
20 mm	黑色	高密度聚乙烯	12649-20
25 mm	黑色	高密度聚乙烯	12649-25
30 mm	黑色	高密度聚乙烯	12649-30

耦合垫板由低密度聚乙烯制成,分为 2 mm、2.5 mm、3 mm、3.5 mm 和 4 mm 五个规格。其中 4 mm 厚度为标准设计厚度。

调高垫板根据厚度和材质不同,分为 3 mm、5 mm、10 mm、15 mm、20 mm、25 mm 和 30 mm 厚度的高密度聚乙烯以及 1 mm 和 2 mm 厚度的镀锌钢板 9 种规格。

(4)锚固系统

错列式 SFC 扣件系统配用的锚固系统由 M22 锚固螺栓、M22 平垫片、M22 贝氏垫片和尼龙套筒组成,如图 10—2—44 所示。

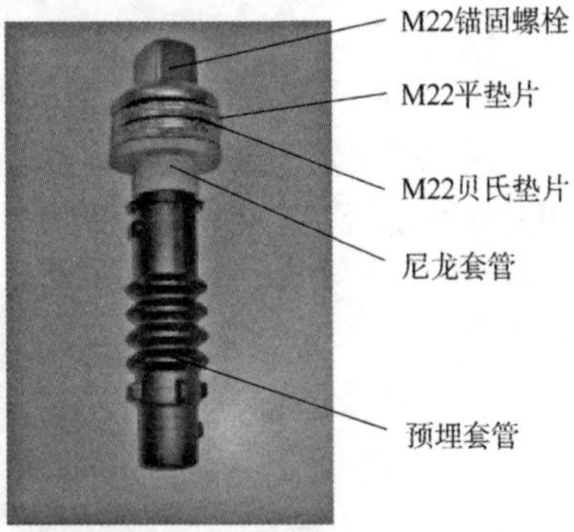

安装时应特别注意两点:

①两片 M22 贝氏垫片应背靠背安装。贝氏垫片的正确安装非常重要,否则铸铁底板可能在线路运营时出现松动的可能。

②当垫板(含调高垫板和耦合垫板)叠加总厚度超过 15 mm 时,需要使用更长的螺栓(部件编号:12671)替换当前使用的螺栓(部件编号 10866),如图 10—2—45 所示。

图 10—2—44　锚固系统组成

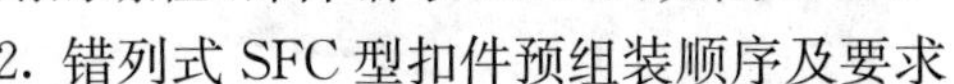

2. 错列式 SFC 型扣件预组装顺序及要求

在轨枕/轨道板运送至铺轨基地或现场前,需将错列式 SFC 型扣件预组装在轨枕/轨道板上。预组装不仅可以提高施工和后续铺轨的速度,还可以保证扣件安装的正确性,并减少现场扣件零部件的丢失。

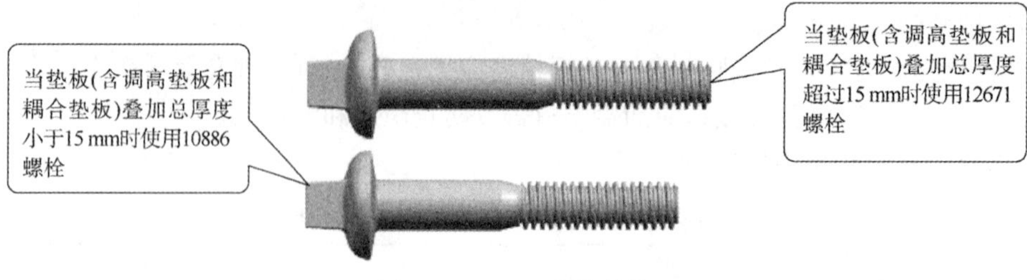

图 10—2—45　螺栓替换

(1)预组装前的准备工作

①准备 FC1504 型弹条。若线路段有小纵向阻力要求,应适量准备 FC1306 型弹条。

②适当准备不同厚度的调高垫板,以备微量调整钢轨高低之用。

③检查轨枕/轨道板承轨面,不应有裂纹。清除轨枕/轨道板承轨面的泥渣。

④摘除预埋套管上的塑料盖。

(2)预组装顺序

第一步:安放耦合垫板,使垫板孔与预埋套管孔对中。

第二步:安放铸铁底板,使轨底坡朝向轨道内侧(F 字样应在轨道外侧,图 10—2—46)。铸铁底板的螺栓孔中心应与预埋套管中心对正。

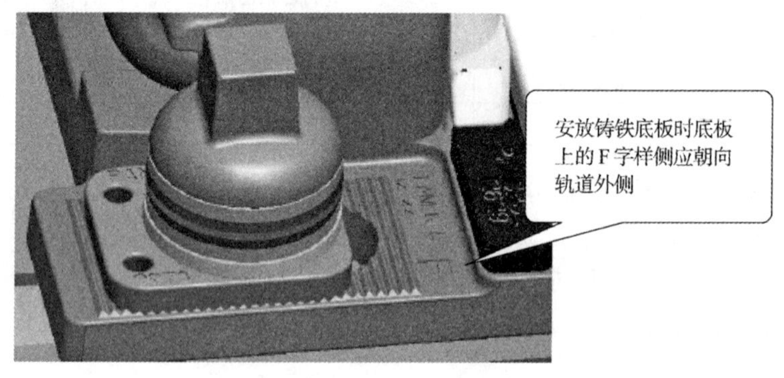

图 10—2—46　铸铁底板安放方位

第三步:按中位安放锯齿垫片,锯齿垫片应与底板牙型啮合紧密,圆孔侧应朝外安装。

第四步:安装锚固螺栓系统(图 10—2—47)。将锚固螺栓系统一一安放到位,并再次确认 M22 贝式垫片是否在两片平垫片间背靠背安装。将锚固螺栓拧紧,扭矩应达到 150～200 N · m。

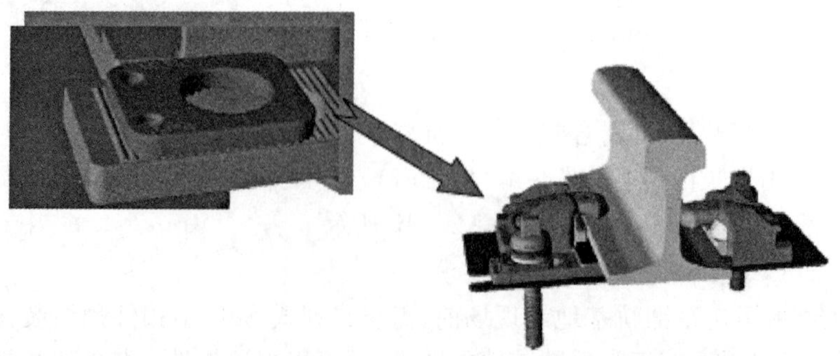

图 10—2—47　锚固螺栓系统安装示意图

第五步：用软面小锤先安放好轨距挡块，再插入橡胶垫板。（图 10—2—48）

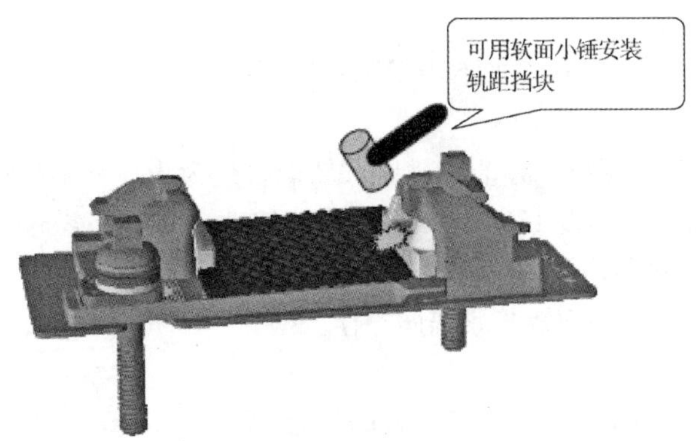

图 10—2—48　轨距挡块和轨下橡胶垫板安装示意图

第六步：在铸铁底板两侧挡肩的弹条安装位置安放弹条（图 10—2—49），并用安装工具的前端爪头抓住铸铁底板挡肩上相应位置，拉动手柄，将弹条推至正确的预扣位置。

3. 错列式 SFC 型扣件部件铺设顺序及要求

（1）安装前的准备工作

①检查运送到现场的轨枕/轨道板上预组装的错列式 SFC 扣件，确保扣件系统没有出现零部件丢失或破损现象。

②钢轨轨底应该清理干净，不带有任何泥污等杂物。

图 10—2—49　弹条预组装

（2）安装顺序

第一步：将钢轨放置在预组装后的承轨槽中。

特别注意两点：

①由于承轨槽上有橡胶垫板的存在，钢轨只有在底部支撑上滑动滚轮时，才能在承轨槽内拖动，否则将会严重损坏橡胶垫板。

②若钢轨无法坐入槽中可能是由于两边的轨距挡块“弓起”或被向前挪动引起的，应将钢轨顶起，然后将轨距挡块正确放置到位。

第二步：检查扣件系统各部件与钢轨轨底间的相对位置。钢轨放置在扣件承轨槽内后，钢轨、橡胶垫板、铸铁底板承轨面之间，以及轨距挡块与铸铁底板挡肩相应位置间均应密贴。需特别指出的是，钢轨轨底上表面应与承轨槽两侧轨距挡块的上表面基本持平，确保下一步安装时弹条能够顺利进入扣紧工作位。

第三步：安装弹条。可选用手工工具安装、半自动化设备安装和全自动化设备安装等方式安装错列式 SFC 型扣件弹条。以手工工具安装为例：使用专用的弹条手工安装工具进行安装，将弹条从预扣位置挤入扣紧的工作位置。安装时，将安装工具前爪钩抓住预埋底座的上前部，用力拉动手柄，直到将弹条彻底顶进。

（3）小纵向阻力地段和绝缘接头处扣件安装

错列式 SFC 扣件在小阻力地段和绝缘接头处的扣件安装，类似于 FC 型扣件，可参考有关章节。

4. 错列式 SFC 型扣件的安装调整

(1)调整轨距和轨向

检查轨距和轨向,如有不适,按如下步骤调整轨距:

①松开锚固螺栓。

②用改道器横向挪动铸铁底板,直到轨距和轨向合适为止。在不旋转锯齿垫片时,横向调整步长为 3 mm。锯齿垫片旋转 180°后,每格可横向移动 1.5 mm;需移动量小于 1.5 mm 时,铸铁底板采用无级方式进行微调。

③以 150～200 N· m 的扭矩拧紧锚固螺栓。

特别注意三点:

①轨枕/轨道板安装好后,为调整基准轨的位置,只能松动基准轨侧铸铁底板上的螺栓。铸铁底板横向移动的范围是±12 mm。

②基准轨侧底板位置调整好后,将两股钢轨分别推向外侧轨距挡块时,使用轨距尺以相同的方式将另一侧的底板位置调整到满足标准轨距的要求。

③在进行任何操作后都应保证铸铁底板上螺栓已重新拧紧至正确的扭矩 150～200 N·m 范围内。

(2)调整钢轨高低

当遇有钢轨高低和水平不平顺时,可在铸铁底板和耦合垫板之间放入不同厚度搭配的调高垫板,实现钢轨高低的调整。错列式 SFC 型扣件系统最大调高 30 mm,最低调高－2 mm。

在新线建设和初期维护调整中,使用的高度调节范围幅度一般不会很大。

在维护期间,有时调高需求会超过 6 mm 以上。此时,需要更大厚度的调高垫板配合使用,以达到所需的调高量。见表 10—2—6。

表 10—2—6　钢轨高低调整

调高幅度	典型搭配方式		钢　板	备　注
	LDPE 耦合垫板	HDPE 调高垫板		
6.5	2.5 mm	3 mm+5 mm		在安装和维护过程中,可以根据实际情况进行搭配,但应遵循以下原则: 1. 钢板和 HDPE 调高垫板都应该安放在 LDPE 耦合垫板之上。 2. 铸铁底板下的所有垫板总数量不得超过三 块。 3. LDPE 耦合垫板只能垫一块(只有在调高 0.5 mm 时,才能使用两块 LDPE 耦合垫板)
7	3 mm	3 mm+5 mm		
7.5	3.5 mm	3 mm+5 mm		
8	4 mm	3 mm+5 mm		
8.5	2.5 mm	10 mm		
9	3 mm	10 mm		
9.5	3.5 mm	10 mm		
10	4 mm	5 mm+5 mm		
10.5	3.5 mm	10 mm	1 mm	
11	2 mm	3 mm+10 mm		
11.5	2.5 mm	3 mm+10 mm		
12	3 mm	3 mm+10 mm		
12.5	3.5 mm	3 mm+10 mm		
13	4 mm	3 mm+10 mm		

续上表

调高幅度	典型搭配方式		钢　　板	备　　注
	LDPE 耦合垫板	HDPE 调高垫板		
13.5	2.5 mm	10 mm+5 mm		在安装和维护过程中，可以根据实际情况进行搭配，但应遵循以下原则： 1. 钢板和 HDPE 调高垫板都应该安放在 LDPE 耦合垫板之上。 2. 铸铁底板下的所有垫板总数量不得超过三块。 3. LDPE 耦合垫板只能垫一块（只有在调高 0.5 mm 时，才能使用两块 LDPE 耦合垫板）
14	3 mm	10 mm+5 mm		
14.5	3.5 mm	10 mm+5 mm		
15	4 mm	10 mm+5 mm		
15.5	3.5 mm	15 mm	1 mm	
16	2 mm	3 mm+15 mm		
16.5	2.5	3 mm+15 mm		
17	3 mm	3 mm+15 mm		
17.5	3.5	3 mm+15 mm		
18	4 mm	3 mm+15 mm		
18.5	2.5 mm	20 mm		
19	3 mm	20 mm		
19.5	3.5 mm	20 mm		
20	4 mm	20 mm		
20.5	3.5 mm	20 mm	1 mm	
21	2 mm	3 mm+20 mm		
21.5	2.5 mm	3 mm+20 mm		
22	3 mm	3 mm+20 mm		
22.5	3.5 mm	3 mm+20 mm		
23	4 mm	3 mm+20 mm		
23.5	2.5 mm	25 mm		
24	3 mm	25 mm		
24.5	3.5 mm	25 mm		
25	4 mm	25 mm		
25.5	3.5 mm	25 mm	1 mm	
26	2 mm	3 mm+25 mm		
26.5	2.5 mm	3 mm+25 mm		
27	3 mm	3 mm+25 mm		
27.5	3.5 mm	3 mm+25 mm		
28	4 mm	3 mm+25 mm		
28.5	2.5 mm	30 mm		
29	3 mm	30 mm		
29.5	3.5 mm	30 mm		
30	4 mm	30 mm		

特别注意几点：

①一个铸铁底板下最多只能插入三块垫板(含耦合垫板在内)且耦合垫板总厚度不得大于 4.5 mm。

②当垫板(含调高垫板和耦合垫板)叠加总厚度超过 15 mm 时，需要使用更长的螺栓(部件编号:12671)替换当前使用的螺栓(部件编号 10866)。

③低密度聚乙烯耦合垫板应安放于最下层。

(三)直列式 SFC 型扣件

1. 直列式 SFC 型扣件部件组成及说明

直列式 SFC 型扣件由弹条、绝缘帽、铸铁底板、绝缘轨距挡块、橡胶垫板、锚固螺栓、贝式垫片、锯齿垫片、耦合垫板和预埋套管组成，如图 10—2—50 所示。此外，为了钢轨高低位置调整的需要，还包括用在铸铁底板和耦合垫板之间的调高垫板。

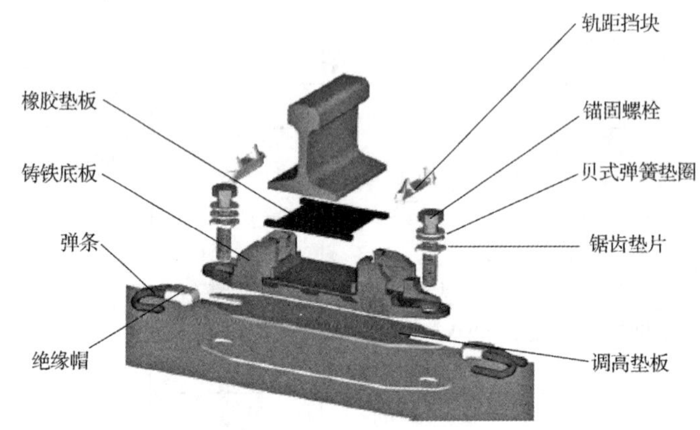

图 10—2—50　直列式 SFC 型扣件部件组成

(1)弹条(带绝缘帽)

错列式 SFC 型扣件弹条分 FC1504 型、FC1502 型和 FC1306 型三种。其中，FC1504 型和 FC1306 型弹条分别配用 8494 型和 12133 型绝缘帽，且出厂时已将绝缘帽装配在相应的弹条上；FC1502 型弹条不安装绝缘帽。

一般地段安装 FC1504 型弹条，钢轨绝缘接头处安装 FC1502 型弹条，小纵向阻力地段安装 FC1306 型弹条。FC1504 型和 FC1502 型弹条的直径为 15 mm，FC1306 型弹条的直径为 13 mm。FC1504 型弹条防锈涂料为红色，配用的 8494 型绝缘帽为白色；FC1306 型弹条防锈涂料为红色，配用的 12133 型绝缘帽为蓝色；FC1502 型弹条为黄色，且绝缘帽不安装在弹条上。

(2)预埋套管

该部件预先设置于轨枕/轨道板中，预埋精度应满足要求，且预埋套管顶面应与轨枕/轨道板承轨面齐平。预埋套管埋设后，应加盖塑料盖(或其他材料)以防止雨水和泥污的进入。

(3)调高垫板

调高垫板根据其厚度和材质的不同，可分为 4 mm、5 mm、10 mm、15 mm、20 mm、25 mm 和 30 mm 厚度的高密度聚乙烯(HDPE)调高垫板，以及 1 mm 和 2 mm 镀锌钢板。其中，常用的调高垫板分别为 1 mm、2 mm 钢板，5 mm 高密度聚乙烯调高垫板。详见表 10—2—7。

表 10—2—7　不同厚度的直列式 SFC 调高垫板

厚　度	颜　色	材　质	编　号
1 mm	本色	镀锌钢板	12650
2 mm	本色	镀锌钢板	12651
4 mm	黑色	高密度聚乙烯	12652-04
5 mm	深蓝色	高密度聚乙烯	12652-05
10 mm	黑色	高密度聚乙烯	12652-10
15 mm	黑色	高密度聚乙烯	12652-15
20 mm	黑色	高密度聚乙烯	12652-20
25 mm	黑色	高密度聚乙烯	12652-25
30 mm	黑色	高密度聚乙烯	12652-30

2. 直列式 SFC 型扣件预组装顺序及要求

在轨枕/轨道板运送至铺轨基地或现场前，需将错列式 SFC 型扣件预组装在轨枕/轨道板上。预组装不仅可以提高施工和后续铺轨的速度，还可以保证扣件安装的正确性，并减少现场扣件零部件的丢失。

(1)预组装前的准备工作

①准备 FC1504 型弹条。若线路段有小纵向阻力要求，应适量准备 FC1306 型弹条。

②检查轨枕/轨道板承轨面，不应有裂纹。清除轨枕/轨道板承轨面的泥渣。

③摘除预埋套管上遮盖物。

(2)预组装顺序

第一步：安放耦合垫板

首先放置好 3 mm 耦合垫板，使垫板孔与预埋套管对中，如图 10—2—51 所示。

第二步：安放铸铁底板

安放铸铁底板，使铸铁底板螺栓孔中心与预埋套管中心对正，如图 10—2—52 所示。

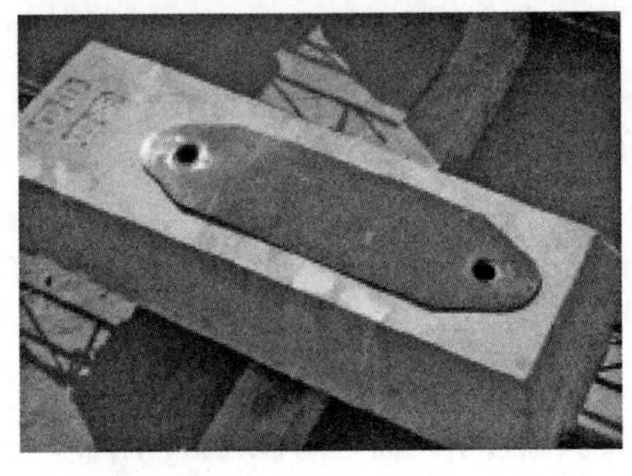

图 10—2—51　耦合垫板安放示意图

图 10—2—52　铸铁底板安放示意图

第三步：安装锚固螺栓系统(图 10—2—53)

按中位安放锯齿垫片，锯齿垫片应与铸铁底板牙型啮合紧密。再将两片 M27 贝式垫片背靠背安装方式放好，并将锚固螺栓串入并拧紧，扭矩应达到 150～200 N · m。

第四步:安放轨距挡块和橡胶垫板

用软面小锤将轨距挡块轻轻敲下,安装到铸铁底板挡肩上。然后,将橡胶垫板插入轨距挡块与铸铁底板件形成的凹槽。

第五步:安装弹条

使用专用工具 LP19019 将弹条安装至预扣位(图 10—2—54)。

图 10—2—53　锚固螺栓系统安装示意图

图 10—2—54　弹条安装至预扣位

此外,直列式 SFC 型扣件的预组装,也非常容易在轨枕/轨道板厂实现机械化。完成预组装后的直列式 SFC 型扣件系统各部件均被牢固地安装在轨枕/轨道板上。

3. 直列式 SFC 型扣件铺设顺序及要求

(1)安装前的准备工作

①检查运送到现场的轨枕/轨道板上预组装的直列式 SFC 型扣件,确保扣件系统没有出现零部件丢失或破损现象。

②钢轨轨底应该清理干净,不带有任何泥污等杂物。

(2)安装顺序

第一步:铺设钢轨

将钢轨放置在预组装后的承轨槽中。

特别注意两点:

(1)由于承轨槽上有橡胶垫板的存在,钢轨只有在底部支撑上滑动滚轮时,才能在承轨槽内拖动,否则将会严重损坏橡胶垫板。

(2)若钢轨无法坐入槽中可能是由于两边的轨距挡块"弓起"或被向前挪动引起的,应将钢轨顶起,然后将轨距挡块正确放置到位。

第二步:检查扣件系统各部件与钢轨轨底间的相对位置

钢轨放置在扣件承轨槽内后,钢轨、橡胶垫板、铸铁底板承轨面之间,以及轨距挡块与铸铁底板挡肩相应位置间均应密贴。需特别指出的是,钢轨轨底上表面应与承轨槽两侧轨距挡块的上表面基本持平,确保下一步安装时弹条能够顺利进入扣紧工作位。

第三步:安装弹条

直列式 SFC 型扣件弹条安装与 FC 型扣件一样,均可选用手工工具安装、半自动化设备安装和全自动化设备安装等方式。以下以手工工具安装为例阐述直列式 SFC 扣件弹条安装的方法。

使用专用的弹条安装工具进行安装，将弹条从预扣位置挤入扣紧的工作位置。

安装时，将安装工具前爪钩抓住预埋底座的上前部，用力拉动手柄，直到将弹条彻底顶进。

(3)小纵向阻力地段和绝缘接头处扣件安装

直列式 SFC 扣件在小阻力地段和绝缘接头处的扣件安装，类似于 FC 型扣件，详情参照有关章节内容。

4. 直列式 SFC 型扣件安装调整

(1)调整轨距和轨向

检查轨距和轨向，如有不适，可进行调整。单个直列式 SFC 型扣件具有±12 mm 范围内的横向调节能力。具体调整步骤如下：

①松开锚固螺栓。

②用改道器横向挪动铸铁底板，直到轨距和轨向合适为止锯齿垫片与铸铁底板对正放置时，底板可移动的步长为 3 mm，锯齿垫片旋转 180°后铸铁底板可以进一步移动 1.5 mm；需移动量小于 1.5 mm 时，铸铁底板采用无级方式进行微调。

③定位轨距。将两股钢轨推至与底板外侧的轨距挡块紧密接触时，使用轨距尺测量轨距，并调整铸铁底板位置，以达到标准轨距的要求。

应特别注意的是，在实施任何调整后，螺栓扭矩值应为 150～200 N·m。

(2)调整钢轨高低

直列式 SFC 型扣件能够通过在铸铁底板和耦合垫板之间安装调高垫板，而获得最大 30 mm 高低位置调整量的能力。

高度调节的操作步骤如下：

①松开底板上的螺栓，提升钢轨。

②卸下需调高处扣件铸铁底板上的螺栓，插入所需调高厚度的调高垫板。

③落下钢轨并拧紧锚固螺栓，扭矩为 150～200 N·m。

直列式 SFC 扣件具有 0～30 mm 范围内的高度调节能力。每个调整级数所对应的典型调高垫板搭配形式详见表 10—2—8。

表 10—2—8　调高垫板搭配表

调高幅度	HDPE 调高垫板	镀锌钢板	备　注
1 mm	—	1 mm	可采用其他的搭配方式，但必须遵循以下原则： 1. 调高垫板始终安放在铸铁底板和低密度聚乙烯材料的耦合垫板之间。 2. 任何一个铸铁底板下面最多允许安装 3 块调高垫板(不含耦合垫板)。 3. 耦合垫板应安放在最下层
2 mm	—	2 mm	
3 mm	—	1 mm+2 mm	
4 mm	4 mm	—	
5 mm	5 mm	—	
6 mm	5 mm	1 mm	
7 mm	5 mm	2 mm	
8 mm	4 mm+4 mm	—	
9 mm	4 mm+5 mm	—	
10 mm	10 mm	—	

续上表

调高幅度	HDPE 调高垫板	镀锌钢板	备　　注
11 mm	10 mm	1 mm	可采用其他的搭配方式，但必须遵循以下原则： 1. 调高垫板始终安放在铸铁底板和低密度聚乙烯材料的耦合垫板之间。 2. 任何一个铸铁底板下面最多允许安装 3 块调高垫 板(不含耦合垫板)。 3. 耦合垫板应安放在最下层
12 mm	4 mm+4 mm+4 mm	—	
13 mm	4 mm+4 mm+5 mm	—	
14 mm	4 mm+10 mm	—	
15 mm	15 mm	—	
16 mm	15 mm	1 mm	
17 mm	15 mm	2 mm	
18 mm	4 mm+4 mm+10 mm	—	
19 mm	4 mm+15 mm	—	
20 mm	20 mm	—	
21 mm	20 mm	1 mm	
22 mm	20 mm	2 mm	
23 mm	4 mm+4 mm+15 mm	—	
24 mm	4 mm+20 mm	—	
25 mm	25 mm	—	
26 mm	25 mm	1 mm	
27 mm	25 mm	2 mm	
28 mm	4 mm+4 mm+20 mm	—	
29 mm	4 mm+25 mm	—	
30 mm	30 mm	—	

四、Vossloh 300 型扣件系统安装

1. Vossloh 300 型扣件结构特征与接口

Vossloh 300 型扣件为无砟轨道扣件，属轨枕/轨道板带混凝土挡肩的不分开式扣件。其分 Vossloh 300-1a 型(图 10—2—55)和 Vossloh 300-1U 型(图 10—2—56)两种，主要结构特征如下：

图 10—2—55　Vossloh 300-1a 型扣件结构

图 10—2—56　Vossloh 300-1U 型扣件结构

(1)通过轨枕螺栓与轨枕/轨道板中预埋的套管配合紧固弹条。

(2)钢轨与混凝土挡肩间设置轨距挡板,通过更换轨距挡板实现钢轨左右位置的调整。

(3)可垫入调高垫板实现钢轨高低调整。

Vossloh 300 型扣件对轨枕接口的主要技术要求是承轨槽的型式尺寸和轨枕中预埋套管的埋设位置和精度,另外轨枕/轨道板设 1∶40 轨底坡。图 10—2—57 和图 10—2—58 为具体接口尺寸要求。

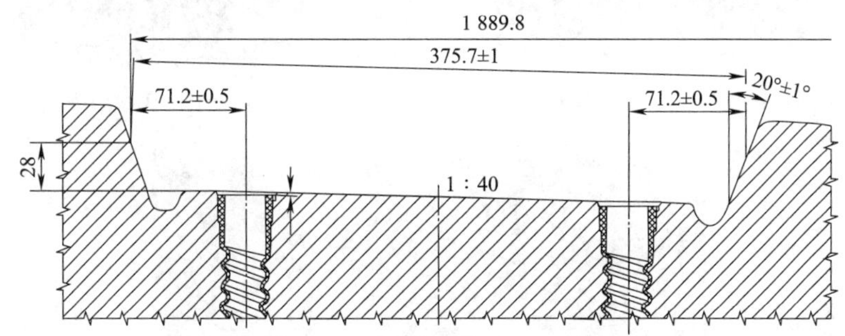

图 10—2—57　Vossloh 300-1a 型扣件与轨枕/轨道板接口(单位:mm)

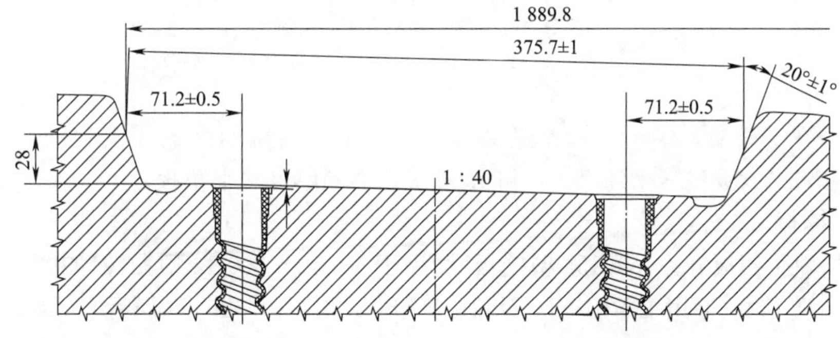

图 10—2—58　Vossloh 300-1U 型扣件与轨枕/轨道板接口(单位:mm)

2. Vossloh 300 型扣件部件组成及说明

Vossloh 300 型扣件由弹条、绝缘垫片、轨距挡板、轨枕螺栓、绝缘套管、轨垫、铁垫板和弹性垫板组成。此外为了钢轨的高低调节的需要,还包括调高垫板,如图 10—2—59 所示。

(1)弹条

弹条分两种,一种为一般地段使用的 SKL15 型弹条(图 10—2—60)和桥上可能使用的小阻力弹条 SKL B15 型弹条(图 10—2—61)。SKL15 型弹条(黑色)的直径为 15 mm,SKL B15 型弹条(蓝色)的直径为 13 mm。

(2)轨枕螺栓(图 10—2—62)

标准规格轨枕螺栓(Ss36-230)总长为 230 mm,为了钢轨调高的需要,还配有 Ss36-240,Ss36-250,Ss36-260,Ss36-270 和 Ss36-280 轨枕螺栓。

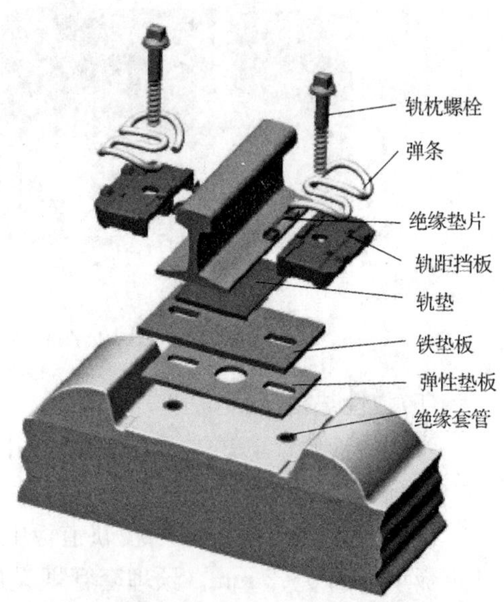

图 10—2—59　Vossloh 300 型扣件部件组成

图 10—2—60　SKL15 型弹条

图 10—2—61　SKL B15 型弹条

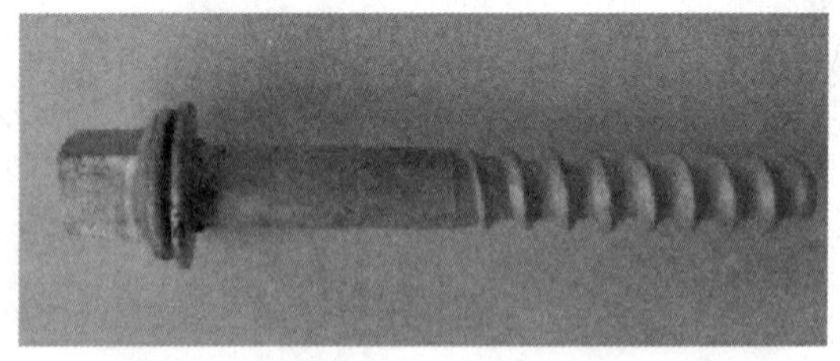
图 10—2—62　轨枕螺栓(实例)

(3)轨下垫板

标准规格轨下垫板(Zw692-6)厚度为 6 mm。为了钢轨调高的需要,还配有 Zw692-2、Zw692-3、Zw692-4、Zw692-5、Zw692-7 和 Zw692-8 不同厚度轨下垫板。

(4)轨距挡板

标准规格轨距挡板分为 Wfp15a 型挡板(适用于 Vossloh 300-1a 型扣件,如图 10—2—63 所示)和 Wfp15u 型挡板(适用于 Vossloh 300-1u 型扣件,如图 10—2—64 所示)。为了钢轨左右位置调整的需要,还配有 Wfp15a±1(Wfp15u±1)～Wfp15a±8(Wfp15u±8)各十六种规格。

图 10—2—63　Wfp15a 型轨距挡板(实例)

(5)弹性垫板(图 10—2—65)

弹性垫板放置于铁垫板下。两种不同颜色的弹性垫板,性能相同。

(6)预埋套管

预埋套管预先埋设于轨枕/轨道板中,埋设精度应满足要求,且预埋套管顶面应低于轨枕/轨道板承轨面 0～2 mm。预埋套管埋设后,如果不是在轨枕厂进行预先安装,则应盖上塑料盖(或其他材料)以防雨水和泥污进入。

图 10—2—64　Wfp15u 型轨距挡板(实例)

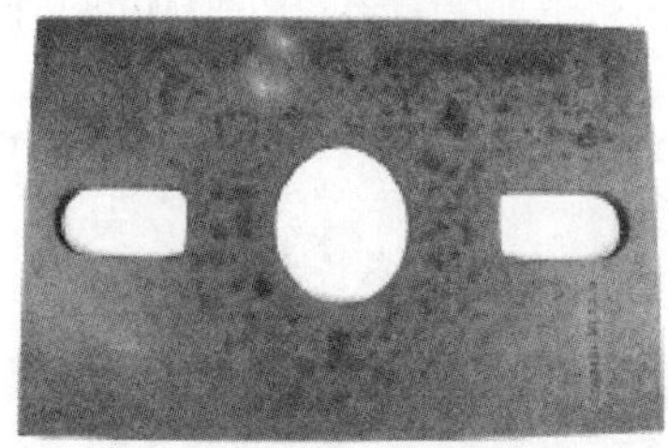
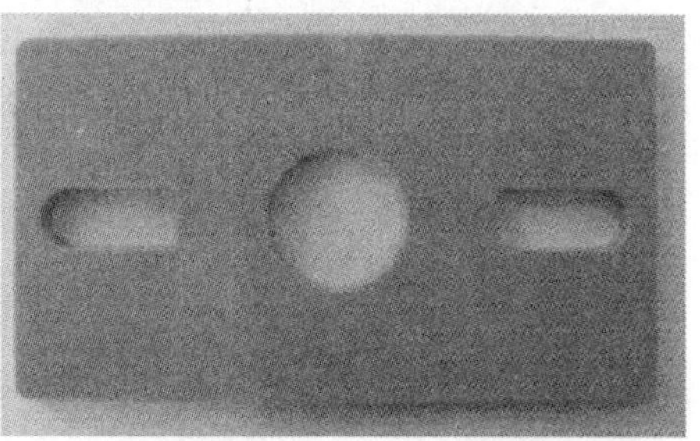

图 10—2—65　弹性垫板

(7)绝缘垫片 Is15(图 10—2—66)

绝缘垫片 Is15,如果露天存储,现场必须加盖顶棚或苫布。在现场铺轨时,安装到弹条弹臂下正确位置。

图 10—2—66　绝缘垫片 Is 15

(8)调高垫板

调高垫板分塑料调高垫板和钢制调高垫板。其中塑料调高垫板按厚度分为 6 mm 和 10 mm两种,标号分别为 Ap20-6(Ap20U-6)和 Ap20-10(Ap20U-10)。钢制调高垫板为厚度 20 mm 的 Ap20S(Ap20U-S),如图 10—2—67～图 10—2—70 所示,各适用于 Vossloh 300-1a 型系统或 Vossloh 300-1U 型系统的调高垫板。

图 10—2—67　塑料调高垫板 Ap20-10(适用于 Vossloh 300-1a 系统的塑料调高垫板)

图 10—2—68　塑料调高垫板 Ap20U-10(适用于 Vossloh 300-1U 系统的塑料调高垫板)

图 10—2—69　钢制调高垫板 Ap20S(适用于 Vossloh 300-1a 系统)

图 10—2—70　钢制调高垫板 Ap20S-U(适用于 Vossloh 300-1U 系统)

3. Vossloh 300 型扣件铺设顺序及要求

(1)安装前的准备工作

①清除套管中的杂质和积水。

②在套管中添加 10～15 g(Ferr℃oat673FS 或 Elascon KGF)油脂。

③检查轨枕/轨道板承轨槽,不应有裂纹。清除轨枕/轨道板承轨槽的泥渣。

(2)预安装

第一步:将弹性垫板放在承轨面的中间位置。

第二步:将铁垫板放在弹性垫板上。

第三步:将轨垫放在铁垫板上。

第四步：将轨距挡板放入承轨槽中，使轨距挡板压住轨垫边缘并与承轨槽密贴。

第五步：将弹条放在轨距挡板预安装位置。

第六步：将轨枕螺栓拧入预埋套管，使用配套的套筒扳手拧紧（图 10—2—71），扭矩为 30～50 N · m。不得使用锤子击打轨枕螺栓。

图 10—2—71　套筒扳手拧紧轨枕螺栓

（3）现场最终安装

第一步：将钢轨安放在正确位置，即两个轨距挡板之间，轨垫之上。

第二步：将绝缘垫片放于轨底上表面的弹条扣压肢待安装位置，注意方向，半圆开口朝外。

第三步：将弹条从预安装位置移到安装位置。

第四步：拧紧螺栓直至弹条的中肢前端与轨距挡板前端突起部分接触，扭矩约 250 N · m。（采用 SKL B15 弹条时扭矩约 180 N · m。）弹条安装到位的判定方法如图 10—2—72 所示。

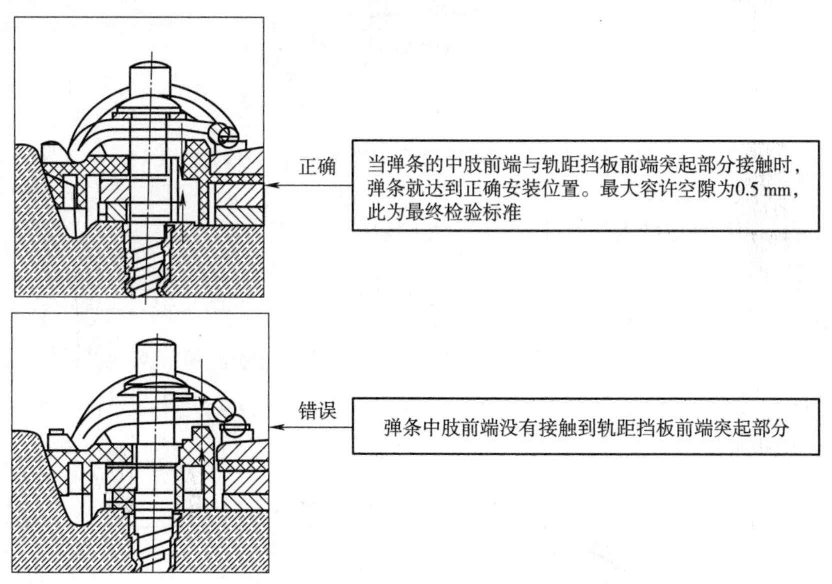

图 10—2—72　弹条安装到位的判定方法

安装建议：在现场大规模安装前，建议先取 5～10 个扣件节点进行安装，以测出弹条安装到位的实际扭矩。再按照该实际扭矩进行大规模安装。

正确安装位置如图 10—2—73 所示。安装时，请注意绝缘垫片方向和位置，圆弧段朝外，

图 10—2—74 所示为正确安装方向和位置。

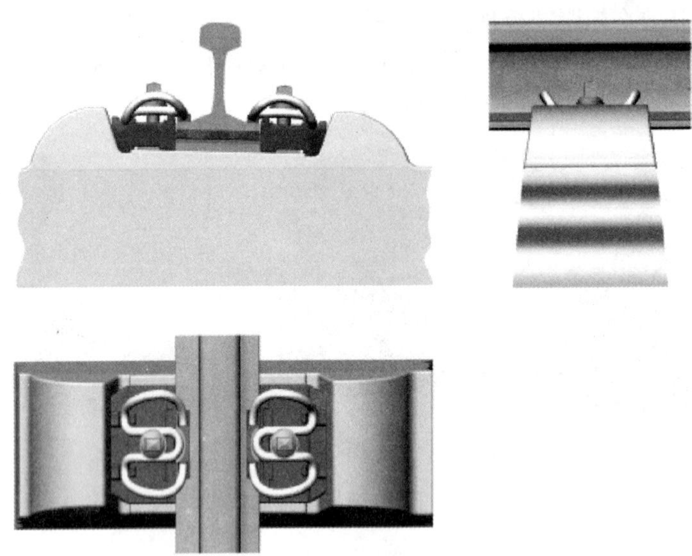

图 10—2—73　弹条正确安装位置示意图

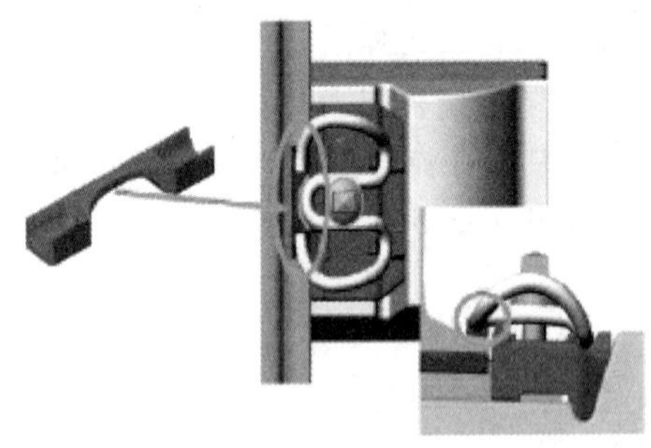

图 10—2—74　绝缘垫片正确安装方向和位置

4. Vossloh 300 型扣件安装调整

(1)轨距和轨向调整

①根据设计要求,轨距调整范围为±16 mm。

②通过更换不同规格的轨距挡板,实现±8 mm 范围内的单轨横向调整,调整级别为 1 mm。调整时轨距挡板配置见表 10—2—9(以 Vossloh 300-1u 扣件为例,Vossloh 300-1a 扣件调整原理与之相同)。

表 10—2—9　轨距挡板配置

轨距调整量(mm)	左股钢轨		右股钢轨	
	外侧轨距挡板	内侧轨距挡板	内侧轨距挡板	外侧轨距挡板
−16	Wfp15u+8	Wfp15u−8	Wfp15u−8	Wfp15u+8
−15	Wfp15u+8	Wfp15u−8	Wfp15u−7	Wfp15u+7
−14	Wfp15u+7	Wfp15u−7	Wfp15u−7	Wfp15u+7
−13	Wfp15u+7	Wfp15u−7	Wfp15u−6	Wfp15u+6

续上表

轨距调整量（mm）	左股钢轨		右股钢轨	
	外侧轨距挡板	内侧轨距挡板	内侧轨距挡板	外侧轨距挡板
12	Wfp15u+6	Wfp15u−6	Wfp15u−6	Wfp15u+6
11	Wfp15u+6	Wfp15u−6	Wfp15u−5	Wfp15u+5
−10	Wfp15u+5	Wfp15u−5	Wfp15u−5	Wfp15u+5
−9	Wfp15u+5	Wfp15u−5	Wfp15u−4	Wfp15u+4
−8	Wfp15u+4	Wfp15u−4	Wfp15u−4	Wfp15u+4
−7	Wfp15u+4	Wfp15u−4	Wfp15u−3	Wfp15u+3
−6	Wfp15u+3	Wfp15u−3	Wfp15u−3	Wfp15u+3
−5	Wfp15u+3	Wfp15u−3	Wfp15u−2	Wfp15u+2
−4	Wfp15u+2	Wfp15u−2	Wfp15u−2	Wfp15u+2
−3	Wfp15u+2	Wfp15u−2	Wfp15u−1	Wfp15u+1
−2	Wfp15u+1	Wfp15u−1	Wfp15u−1	Wfp15u+1
−1	Wfp15u+1	Wfp15u−1	Wfp15u	Wfp15u
0	Wfp15u	Wfp15u	Wfp15u	Wfp15u
+1	Wfp15u−1	Wfp15u+1	Wfp15u	Wfp15u
+2	Wfp15u−1	Wfp15u+1	Wfp15u+1	Wfp15u−1
+3	Wfp15u−2	Wfp15u+2	Wfp15u+1	Wfp15u−1
+4	Wfp15u−2	Wfp15u+2	Wfp15u+2	Wfp15u−2
+5	Wfp15u−3	Wfp15u+3	Wfp15u+2	Wfp15u−2
+6	Wfp15u−3	Wfp15u+3	Wfp15u+3	Wfp15u−3
+7	Wfp15u−4	Wfp15u+4	Wfp15u+3	Wfp15u−3
+8	Wfp15u−4	Wfp15u+4	Wfp15u+4	Wfp15u−4
+9	Wfp15u−5	Wfp15u+5	Wfp15u+4	Wfp15u−4
+10	Wfp15u−5	Wfp15u+5	Wfp15u+5	Wfp15u−5
+11	Wfp15u−6	Wfp15u+6	Wfp15u+5	Wfp15u−5
+12	Wfp15u−6	Wfp15u+6	Wfp15u+6	Wfp15u−6
+13	Wfp15u−7	Wfp15u+7	Wfp15u+6	Wfp15u−6
+14	Wfp15u−7	Wfp15u+7	Wfp15u+7	Wfp15u−7
+15	Wfp15u−8	Wfp15u+8	Wfp15u+7	Wfp15u−7
+16	Wfp15u−8	Wfp15u+8	Wfp15u+8	Wfp15u−8

(2)钢轨高低位置调整

①根据设计要求，高低位置调整范围为−4 mm～+56 mm。

②三种高度调整方式，分别通过嵌入塑料调高垫板 Ap20-6、Ap20-10、Zw-692 轨垫和 Ap 20S 钢制调高垫板实现。

通过更换不同规格的轨垫实现－4 mm～＋2 mm 调整，配置见表 10—2—10。

表 10—2—10 调高垫板配置(通过更换不同规格的轨垫)

高低调整量	塑料调高垫板	钢制调高垫板	轨　垫	轨枕螺栓
	型号:AP20-×	型号:AP20S	型号:ZW692-×	型号:Ss36
	厚度	厚度	厚度	长度
单位:mm	6 或 10 mm	20 mm	2～8 mm	230～280 mm
＋2			1×8 mm	2×230
＋1			1×7 mm	2×230
0-标准设计			1×6 mm	2×230
－1			1×5 mm	2×230
－2			1×4 mm	2×230
－3			1×3 mm	2×230
－4			1×2 mm	2×230

通过嵌入塑料调高垫板和更换轨垫实现＋3 mm～＋22 mm 调整，配置见表 10—2—11，并根据高度调节量选择正确的轨枕螺栓。

表 10—2—11 调高垫板配置(通过嵌入塑料调高垫板和更换轨垫)

高低调整量	塑料调高垫板	钢制调高垫板	轨　垫	轨枕螺栓
	型号:AP20-×	型号:AP20S	型号:Zw 692-×	型号:Ss36
	厚度	厚度	厚度	长度
单位	6 或 10 mm	20 mm	2～8 mm	230～280 mm
＋22	2×10 mm		1 ×8 mm	2×250
＋21	2×10 mm		1 ×7 mm	2×250
＋20	2×10 mm		1 ×6 mm	2×250
＋19	2×10 mm		1 ×5 mm	2×250
＋18	1×10 mm ＋ 1×6 mm		1 ×8 mm	2×240
＋17	1×10 mm ＋ 1×6 mm		1 ×7 mm	2×240
＋16	1×10 mm ＋ 1×6 mm		1 ×6 mm	2×240
＋15	1×10 mm ＋ 1×6 mm		1 ×5 mm	2×240
＋14	2×6 mm		1 ×8 mm	2×240
＋13	2×6 mm		1 ×7 mm	2×240
＋12	1×10 mm		1 ×8 mm	2×240
＋11	1×10 mm		1 ×7 mm	2×240
＋10	1×10 mm		1 ×6 mm	2×240
＋9	1×10 mm		1 ×5 mm	2×240

续上表

高低调整量	塑料调高垫板	钢制调高垫板	轨　垫	轨枕螺栓
	型号：AP20-×	型号：AP20S	型号：Zw 692-×	型号：Ss36
	厚度	厚度	厚度	长度
＋8	1×6 mm		1 ×8 mm	2×230
＋7	1×6 mm		1 ×7 mm	2×230
＋6	1×6 mm		1 ×6 mm	2×230
＋5	1×6 mm		1 ×5 mm	2×230
＋4	1×6 mm		1 ×4 mm	2×230
＋3	1×6 mm		1 ×3 mm	2×230

通过嵌入塑料调高垫板、钢制调高垫板和更换轨垫实现＋23 mm～＋56 mm 调整，配置见表 10—2—12，并根据高度调节量选择正确的轨枕螺栓。

表 10—2—12　调高垫板配置（通过嵌入塑料调高垫板、钢制调高垫板和更换轨垫）

高度调程	塑料调整垫	钢制调节板	Zw 轨垫	轨枕螺栓
	组合型号：AP20-×(l ＋ r)	组合型号：AP20S	组合型号：Zw 692-×	组合型号：Ss36
	厚度	厚度	厚度	长度
单位	6 或 10 mm	20 mm	2～8 mm	230～280 mm
＋56	1×10 mm ＋ 1×6 mm	2×20 mm	1×6 mm	2×280
＋55	1×10 mm ＋ 1×6 mm	2×20 mm	1×5 mm	2×280
＋54	2×6 mm	2×20 mm	1×8 mm	2×280
＋53	2×6 mm	2×20 mm	1×7 mm	2×280
＋52	3×10 mm	1×20 mm	1×8 mm	2×280
＋51	3×10 mm	1×20 mm	1×7 mm	2×280
＋50	3×10 mm	1×20 mm	1×6 mm	2×280
＋49	3×10 mm	1×20 mm	1×5 mm	2×280
＋48	2×10 mm ＋ 1×6 mm	1×20 mm	1×8 mm	2×270
＋47	2×10 mm ＋ 1×6 mm	1×20 mm	1×7 mm	2×270
＋46	2×10 mm ＋ 1×6 mm	1×20 mm	1×6 mm	2×270
＋45	2×10 mm ＋ 1×6 mm	1×20 mm	1×5 mm	2×270
＋44	2×10 mm ＋ 1×6 mm	1×20 mm	1×4 mm	2×270
＋43	2×10 mm ＋ 1×6 mm	1×20 mm	1×3 mm	2×270
＋42	2×10 mm	1×20 mm	1×8 mm	2×270
＋41	2×10 mm	1×20 mm	1×7 mm	2×270
＋40	2×10 mm	1×20 mm	1×6 mm	2×270
＋39	2×10 mm	1×20 mm	1×5 mm	2×270
＋38	1×10 mm ＋ 1×6 mm	1×20 mm	1×8 mm	2×260
＋37	1×10 mm ＋ 1×6 mm	1×20 mm	1×7 mm	2×260

续上表

高度调程	塑料调整垫	钢制调节板	Zw 轨垫	轨枕螺栓
	组合型号:AP20-×(l + r)	组合型号:AP20S	组合型号:Zw 692-×	组合型号:Ss36
	厚度	厚度	厚度	长度
+36	1×10 mm + 1×6 mm	1×20 mm	1×6 mm	2×260
+35	1×10 mm + 1×6 mm	1×20 mm	1×5 mm	2×260
+34	1×10 mm + 1×6 mm	1×20 mm	1×4 mm	2×260
+33	1×10 mm + 1×6 mm	1×20 mm	1×3 mm	2×260
+32	1×10 mm	1×20 mm	1×8 mm	2×260
+31	1×10 mm	1×20 mm	1×7 mm	2×260
+30	1×10 mm	1×20 mm	1×6 mm	2×260
+29	1×10 mm	1×20 mm	1×5 mm	2×260
+28	1×6 mm	1×20 mm	1×8 mm	2×250
+27	1×6 mm	1×20 mm	1×7 mm	2×250
+26	1×6 mm	1×20 mm	1×6 mm	2×250
+25	1×6 mm	1×20 mm	1×5 mm	2×250
+24	1×6 mm	1×20 mm	1×4 mm	2×250
+23	1×6 mm	1×20 mm	1×3 mm	2×250

第六节　铺轨施工安全质量控制

一、铺轨施工质量控制

每对长钢轨始端、末端的轨温平均值为长钢轨的铺设轨温，铺轨时应如实记录铺设轨温，且测量轨温位置是钢轨背光面轨腰处；铺轨后检查钢轨左右股接头相错量不宜大于100 mm；扣件按照规定扭矩打紧，铺轨时检查橡胶垫片螺栓等齐全无缺损。钢轨接头用临时钢轨连接器连接(图 10—2—75)。

图 10—2—75　钢轨连接器

记录钢轨接头的轨道板编号、钢轨编号及接头编号等相关数据，并及时向铺轨基地反映铺轨到达里程等相关信息。

二、铺轨施工安全控制

（一）总的安全要点

1. 铺设长钢轨应具备的条件：

（1）无砟轨道铺轨应在无砟道床施工完毕，经验收合格并达到规定强度后方可施工。

（2）铺轨前，应按"配轨表"配轨，并依次编写铺轨编号。配轨时应考虑工地焊接头与桥墩台、过渡段等位置关系。

（3）道床及承轨槽表面清洁、无杂物。

（4）扣配件预组装到位，螺栓应涂长效防腐油脂。

2. 铺轨应严格按"配轨表"铺轨编号依次铺设长钢轨。

3. 按铺轨计划表组织长钢轨运输车在存轨场装车线装车，每层钢轨经核对无误后，进行加固锁定，防止运输途中钢轨串动，危及行车安全。经列检作业后，采用机车将长轨车推送到位。

4. 按照装车表，将已选配并标识好的长轨按顺序装车，装车时由内向外，卸车时由外向内。

5. 长钢轨运输前必须确认锁定装置牢固可靠，在运输过程随时注意长钢轨锁定状态。长轨车到达指定位置时，必须按照行车要求安放铁鞋或止轮器。在行车时注意线下施工单位的施工人员和施工机具是否下道。

6. 长轨列车在施工地段运行限速 5 km/h，在接近已铺长钢轨轨头 10 m 处应一度停车，缓慢对位。对位时，要在钢轨上划出停车标记，并派专人安放铁鞋和止轮器。

7. 长钢轨装卸时操作人员必须佩戴安全帽及其他安全防护用品，铺轨上线施工人员及吊装人员必须穿戴反光背心。

8. 长钢轨铺设前，应提前将支撑滚筒每 5～10 m 均匀放置在承轨槽之间的道床上，曲线地段应适当加密，并应有钢轨防翻措施。

9. 在推送车牵引钢轨时，钢丝绳两侧严禁站人。

10. 防护人员要坚守岗位，随时注意两线工程列车的动向，提前瞭望提示，并树立防护牌。

11. 长钢轨落槽就位后，人工宜每隔 5～8 根枕安装一组扣件，接头前后两根枕扣件应安装齐全。

12. 铺轨时，长钢轨始端、终端落槽时的轨温平均值为长钢轨铺设轨温，铺轨时应记录铺设轨温。

13. 铺轨后应检查施工质量，作好施工记录，及时向铺轨基地反馈到达里程、接头相错量等信息。

（二）拖拉法施工安全要点

1. 钢轨运输车组推送到位，顺坡小车前轮中心线距已铺钢轨末端约 350 mm，并停好就位、打铁靴。

2. 从两外侧向内松开要拖拉的一对钢轨锁定装置。先将升降滚轮架调整到合适高度，将分轨导框对准要拖拉的一对钢轨，长钢轨端头安装夹轨器，挂钢丝绳，用拖拉卷扬机从长钢轨运输车上拖拉钢轨，将钢轨拖至钢轨推送装置，夹紧钢轨，卸掉夹轨器。

3. 用推送装置将钢轨推送至引导车钢轨夹钳处，将钢轨头与引导车钢轨夹钳锁固好。

4. 引导车拖拉钢轨前行，必要时与推送装置联合推拉钢轨。

5. 钢轨末端拖出钢轨推送装置时，引导车速度降速至 1～1.5 km/h，钢轨末端滑下顺坡小车前端滑槽后立即停车。

6. 用拉轨器把钢轨拖拉到位，与已铺好的轨道连接，安装钢轨连接器。

（三）推送法的安全要点

1. 距卸轨起点约 9 m、16 m 及 22 m 处依次组装 A 字形龙门顺坡架。通过三台龙门顺坡架将长钢轨由平车高度卸至承轨槽滚筒上。

2. 推送长钢轨时应设专人引导。轨头送入推送机构时，位置要准确，拖拉要平稳。

3. 长钢轨终端距长轨推送机构 0.3 m 时停止推送，松开长轨推送机构夹持油缸，完成推送阶段。

4. 长轨列车带放送车退后 6 m，长轨终端下落位置采用短枕木头进行防护，人工配合机具推拉使长轨终端与已铺长轨端对齐，就位。

第三章　工地钢轨焊接

第一节　工地钢轨焊接的基本规定

工地钢轨焊接应符合以下规定：

(1)钢轨焊头质量和焊接接头平直度应符合规范规定。

(2)气温在 0℃以下及恶劣天气时，不宜进行工地焊接作业。

(3)钢轨焊头应根据焊接工艺要求进行焊后热处理。

(4)承受拉力的焊缝，在其轨温高于 400℃时应持力保压。

(5)锁定焊接需要插入短轨时，插入短轨长度不应小于 6 m，材质与原钢轨相同，焊后应保持原无缝线路技术状态和锁定轨温不变。

(6)铝热焊缝距轨枕边缘不得小于 100 mm。

工地焊接完成后应检查焊好的接头，并标记编号，填写焊接记录报告。工地钢轨焊接应采用移动式闪光焊，道岔内困难位置(如尖轨跟端等)可采用铝热焊。限于篇幅，此处仅介绍工地钢轨闪光焊。

第二节　工地钢轨闪光焊接

一、工艺流程

工地钢轨闪光焊接应配有移动式闪光焊接作业车、拉轨器、锯轨机、钢轨打磨机、正火机、调直机、探伤仪等设备。工地钢轨闪光焊接施工基本工艺流程如图 10—3—1 所示。

二、基本规定

工地钢轨闪光焊接应符合下列要求：

(1)通过型式检验确定工艺参数。

(2)拆除待焊轨头前方长钢轨全部及轨头后方 10 m 范围内的扣件，并校直钢轨。

(3)根据轨枕和扣件类型适当垫高待焊轨头后方的钢轨，保证焊头轨顶平直度。

(4)待焊轨头前方长钢轨下每隔 12.5 m 安放一个滚筒，以便钢轨可以纵向移动焊接。

(5)打磨两待焊轨轨端和焊机电极钳口的轨腰接触区，呈现光泽后方可施焊。

(6)将两待焊轨端抬起一定高度进行焊机对位夹轨，抬起高度应根据轨枕和扣件类型确定。

(7)焊轨作业车一侧钢轨轨下应采取支垫措施实现轨面高度平顺过渡，尤其是焊轨作业车前轮对下方应垫实。

(8)推进移动焊轨车初定位时应采取措施，防止钢轨外翻、焊轨车掉道。

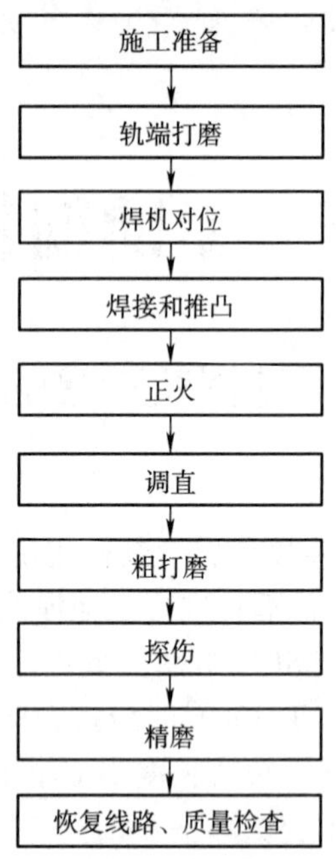

图 10—3—1 工地钢轨闪光焊接施工基本工艺流程图

(9)由吊机的液压系统吊起焊机精确定位。

(10)焊机夹紧钢轨并自动对正。焊机自动焊接钢轨、顶锻并推除焊瘤。

(11)承受拉力的焊缝,在其轨温高于 400 ℃时应持力保压。焊缝区域冷却到 400℃以下时,焊轨作业车方可通过钢轨焊头。

(12)作业车焊完后,应用相应机具对钢轨焊缝进行正火、打磨、平直度检查和超声波探伤等。

(13)正火应在焊接接头不受拉力的条件下进行。焊接接头温度低于 500 ℃(轨头表面)时方可正火加热,移动式闪光焊接焊头可采用气压焊加热器火焰摆动方式加热,加热温度应控制在 850℃～950℃。轨头冷却宜采用风冷。

(14)粗磨应保证焊接接头的表面粗糙度能够满足探伤扫描的要求。焊头非工作边的垂直、水平方向错边应进行纵向打磨过渡。

(15)手砂轮粗打磨时,应纵向打磨,使火花飞出方向与钢轨纵向平行。打磨过程中,不应使砂轮在钢轨上跳动冲击钢轨母材,不应出现打磨灼伤。

(16)焊缝及焊缝中心线两侧各 450 mm 长度范围内的轨顶面、轨头内侧面应使用仿型打磨机精细打磨,打磨时焊头温度不宜大于 50℃。

工地钢轨闪光焊接接头超声波探伤应符合规定。工地钢轨闪光焊接焊头平直度允许偏差应符合规定。

工地钢轨闪光焊接完成后应做好以下工作:

(1)检查焊好的接头,并打上焊接标记,填写焊接记录报告。

(2)线路恢复时,扣配件应安装正确、配件齐全。

(3)将轨道恢复到正常状态并清理焊接现场。

三、工艺流程

(1)准备

在正式焊接前必须按钢轨焊接的相关要求通过焊头型式检验,确定焊接参数,制定相应规程。

(2)拆除扣件垫放滚筒

拆除待焊轨头前方长钢轨全部及轨头后方 10 m 范围内的扣件,并校直钢轨。

根据轨枕和扣件类型,在钢轨下加楔子将两焊接轨抬起一定高度,便于焊机对位夹轨。

待焊轨头前方长钢轨下每隔 12.5 m 安放一个滚筒。

(3)轨端打磨

打磨两待焊轨端面 500 mm 范围及钢轨与电极接触部位,呈现金属光泽。

(4)焊接

焊轨作业车一侧钢轨轨下应通过支垫等措施实现轨面高度平顺过渡。

推进移动焊轨车第一个轮对距焊缝中心 3.5 m 左右进行初定位,由吊机的液压系统吊起焊机精确定位。

焊机夹紧钢轨自动对正。焊机自动焊接钢轨、顶锻并推除焊瘤。

承受拉力的焊缝,在其轨温高于 400 ℃时应持力保压。焊缝区域冷却到 400 ℃以下时,焊轨作业车方可通过钢轨焊头。

(5)正火

正火应在焊接接头不受拉力的条件下进行。焊接接头温度低于 500 ℃(轨头表面)时方可正火加热,加热温度应控制在 850 ℃～950 ℃。轨头冷却宜采用风冷。

(6)粗磨

粗磨应保证焊接接头的表面粗糙度能够满足探伤扫描的要求。焊头非工作边的错边应进行纵向打磨过渡。

手砂轮粗打磨时,应纵向打磨,使火花飞出方向与钢轨纵向平行。打磨过程中,不应使砂轮在钢轨上跳动冲击钢轨母材,不应出现打磨灼伤。

(7)精磨

焊缝及焊缝中心线两侧各 450 mm 长度范围内的轨顶面、轨头内侧面应使用仿型打磨机精细打磨,打磨时焊头温度不宜大于 50℃。

(8)收尾

检查焊好的接头,并打上焊接标记,填写焊接记录报告。

将轨道恢复到正常状态并清理焊接现场。

(9)质量检验

对焊接接头进行探伤检查,并检测焊头平直度(表 10—3—1),对无法整修达标的需锯除重新焊接。

表 10—3—1　焊接接头平直度允许偏差(mm/1 m)

序　　号	部　　位	允许偏差
1	轨顶面	$^{+0.2}_{0}$
2	轨头内侧工作面	$^{+0.2}_{0}$
3	轨底(焊筋)	$^{+0.5}_{0}$

注:1　轨顶面中,符号"+"表示高出钢轨母材规定基准面。

2　轨头内侧工作面中,符号"+"表示凹进。

3　轨底(焊筋)中,符号"+"表示凸出。

第四章　应力放散及锁定

第一节　应力放散及锁定的有关规定

1. 无缝线路应力放散及锁定可采用拉伸器滚筒法或滚筒法，应符合下列规定：(1)当施工作业时的轨温低于设计锁定轨温时，应采用拉伸器滚筒法施工。(2)当施工作业时的轨温在设计锁定轨温范围内时，应采用滚筒法施工。

2. 钢轨位移观测桩设置应符合下列规定：

(1)位移观测桩应按设计设置。单元轨节起终点的位移观测桩宜与单元轨节焊接接头对应，纵向相错量不应大于 30 m。位移观测桩应与电务设备错开。

(2)位移观测桩应设置齐全、牢固可靠、易于观测和不易破坏。

(3)跨区间无缝线路的位移观测桩按里程递增方向顺序编号，编号方法为"×—×"，横线前数字为单元轨节的顺序号，横线后为单元轨条内的桩号，编号均以阿拉伯数字标注，并在桩号右上方标"#"号。

(4)观测桩在区间埋设在路肩上，在站内站台侧可设置在站台墙上，观测桩距道床外侧和路肩边缘均应大于 0.3 m，当路肩宽度不足时，可埋于路肩中心。

(5)路基上位移观测桩埋设深度应符合设计要求。

(6)位移观测桩也可利用线路两侧的接触网基础(杆)、线路基标或在其他固定建筑物上设置。

(7)桥上位移观测桩可设置于桥梁固定支座附近稳固的桥面防撞墙上。标记必须稳固、耐久、可靠，便于观测。

(8)位移观测桩位置、编号及观测记录应列入竣工资料。

3. 无缝线路应力放散及锁定施工作业应符合下列规定：

(1)线路锁定前应掌握当地轨温变化规律，根据作业区段的时间间隔，选定锁定线路的最佳施工时间。

(2)测量轨温时，要对钢轨的不同位置进行多点测量，取其平均值。

(3)拆除待放散单元轨节的全部扣件，每隔 5～10 m 垫入一个滚筒，每隔 300～500 m 距离设置一台撞轨器。

(4)放散应力时，应每隔 100 m 左右设一临时位移观测点观测钢轨的位移量，及时排除影响放散的障碍，达到应力放散均匀、彻底。

(5)在单元轨节的终端应设置一台拉伸器拉伸钢轨，必要时撞轨，使拉伸量传递均匀。钢轨拉伸器拉伸钢轨前，滚筒应按要求垫放到位。

(6)钢轨拉伸量达到计算值后，钢轨拉伸器保压，撤出滚筒，安装扣件，锁定线路。这时的锁定作业轨温加上钢轨拉伸换算轨温为实际锁定轨温。

(7)线路锁定后，应立即在钢轨上设置纵向位移观测的“零点”标记，按规定开始观测并记录钢轨位移情况。

(8)两股钢轨宜同步锁定，线路锁定后才能撤出钢轨拉伸器。

(9)拉伸器撤除后，已锁定单元轨节自由端会产生回缩量，下一单元轨节拉伸锁定时，应将该回缩量计入单元轨节拉伸量。

(10)锁定日期及实际锁定轨温应列入竣工资料。

4. 无缝线路缓冲区设置作业应满足下列要求：

(1)缓冲区接头应方正，左右股轨端相错量不应大于 40 mm。

(2)缓冲区应与相邻单元轨节同时锁定，接头预留轨缝应符合设计规定，接头螺栓涂油，安装齐全，螺母扭矩应达到 900 N · m。

(3)缓冲区钢轨接头轨面及内侧工作边要求平齐，偏差不超过 0.5 mm。

5. 无缝线路锁定应符合下列规定：

(1)无缝线路实际锁定轨温应控制在设计锁定轨温范围内。

(2)无缝线路锁定时应准确确定并记录锁定轨温。相邻单元轨节锁定轨温之差不应大于5℃，左右股锁定轨温之差不应大于 3℃，同一区间内的单元轨节最高与最低锁定轨温之差不应大于 10℃。

(3)胶垫应放正无缺损，扣件安装齐全，扣压力符合设计要求。

6. 无缝线路有下列情况之一者，应重新放散调整应力后锁定线路，使其符合设计要求，并按实际锁定轨温及时修改有关技术资料和位移观测标记。

(1)实际锁定轨温超出设计锁定轨温范围。

(2)相邻单元轨节锁定轨温之差大于 5℃，左右股锁定轨温之差大于 3℃，同一区间内的单元轨节最高与最低锁定轨温之差大于 10℃。

(3)固定区位移观测桩处最大位移量大于 10 mm 或锁定轨温变化大于±5 ℃。

(4)因处理线路故障或施工改变了原锁定轨温，使之超出设计锁定轨温范围。

(5)施工时因故未按设计锁定轨温锁定线路。

7. 无缝线路完工后，应备齐下列资料：

(1)平面布置图及配轨图表。

(2)铺轨日期、时间与实际锁定轨温记录。

(3)工地移动闪光焊机焊接记录表、铝热焊接记录表及工地钢轨焊接接头超声波探伤记录。

(4)无缝线路单元轨应力放散拉伸情况记录表。

(5)无缝线路纵向位移观测记录表。

(6)铺轨编号与焊缝编号对照表。

(7)无缝线路基本技术状况登记表。

(8)其他技术资料。

第二节　应力放散与锁定工艺要点

此处介绍一次铺设无缝线路时的钢轨应力放散及无缝线路锁定施工。

一、作业流程

设置临时位移观测点→拆卸扣件→放散应力→锁定线路→设置位移观测标记。

二、过程控制标准

1. 无缝线路锁定应具备以下条件：
(1)按施工图要求已设置钢轨位移观测桩。
(2)施工轨温应在设计锁定轨温范围以内或以下时施工。
(3)有砟道床应达到初期稳定状态，并应符合以下规定：
①轨道几何尺寸允许偏差应达到表 10—4—1 的要求。

表 10—4—1　轨道初期稳定静态几何尺寸允许偏差(静态)

序　　号	项　　目	允许偏差(mm)
1	高低(10 m 弦量)	4
2	轨向(直线 10 m 弦量、曲线 20 m 弦量)	4
3	扭曲(基长 3 m)	4
4	轨距	±2
5	水平	4

②轨面高程及道床断面基本符合设计，轨枕盒内道砟应饱满，枕底满铺。

③轨面高程宜比设计低 50～80 mm，轨道中线允许偏差为 20 mm。

④道床状态参数指标：道床横向阻力不得低于 7.5 kN/枕，道床支承刚度不得低于 70 kN/mm。

2. 无缝线路实际锁定轨温应控制在施工图锁定轨温范围内。

3. 无缝线路锁定时必须准确确定并记录锁定轨温。相邻单元轨节锁定轨温之差不应大于 5℃，左右股锁定轨温之差不应大于 3℃，同一区间内的单元轨节最高与最低锁定轨温之差不应大于 10℃。

4. 单元轨节长度应满足施工进度和铺设时应力放散最佳效果的要求，以 1 000～2 000 m 为宜，最短不得小于 200 m。

5. 胶垫应放正无缺损，扣件安装齐全扣压力符合施工图要求。

三、工程施工质量验收标准

(一)位移观测桩应设置齐全、牢固可靠、易于观测和不易破坏。

(二)无缝线路有下列情况之一者，应放散或调整应力后重新锁定线路，使其符合施工图要求，并应按实际锁定轨温及时修改有关技术资料和位移观测标记。

1. 实际锁定轨温超出施工图锁定轨温范围。

2. 相邻单元轨节锁定轨温之差大于 5℃，或左右股锁定轨温之差大于 3℃，或同一区间内的单元轨节最高与最低锁定轨温之差大于 10℃。

3. 位移观测桩处相对位移换算轨温加上原锁定轨温超出施工图锁定轨温允许范围。

4. 因处理线路故障或施工改变了原锁定轨温，使之超出施工图锁定轨温范围。

5. 施工时因故未按施工图锁定轨温锁定线路。

四、施工机具

应力放散及线路锁定主要施工机具可参照表 10—4—2 进行配置。

表 10—4—2　应力放散及线路锁定主要施工机具表

序　号	名　称	数　量
1	锯轨机	4 台
2	液压钢轨拉伸器	3 台
3	撞轨器	8 套
4	液压起拨道机	12 台
5	钻孔机	2 台
6	轨道检测仪	1 台
7	轨道车	1 辆
8	工具车	1 辆
9	平板车	2 辆
10	经纬仪	1 台
11	水平仪	1 台
12	滚筒(ϕ20 mm)	300 个

五、施工过程

(一)施工准备

1. 进行应力放散及无缝线路锁定施工工艺设计，编制作业指导书。

2. 线路锁定前应掌握当地轨温变化规律，根据作业区段的时间间隔，选定锁定线路的最佳施工时间。

3. 对施工作业人员进行岗前安全和技能培训。

4. 根据施工需要配齐各种施工设备及检验检测量具。

(二)工艺及质量控制流程

应力放散及无缝线路锁定施工工艺及质量控制流程如图 10—4—1 所示。

(三)工艺步序说明

1. 应力放散施工准备包括选择作业时间、测量轨温、安装撞轨器、安装拉伸器、分散作业人员及工具等。作业人员应均匀分布在单元轨节长度范围内，一般分 6 个小组，每小组负责 200～300 m 线路的拆上扣件、垫取滚筒、撞轨、钢轨位移观测等工作。

2. 应力放散作业时，应根据测量轨温判断，当轨温在设计锁定轨温范围内时采用“滚筒放散法”，当轨温低于设计锁定轨温时采用 “拉伸放散法”。

3. 滚筒放散法

(1)计算放散量；放散量按下列公式计算：

$$\Delta L=\alpha\times L\times(T_{SS}-T_{P})$$

式中　ΔL——放散量(mm)；

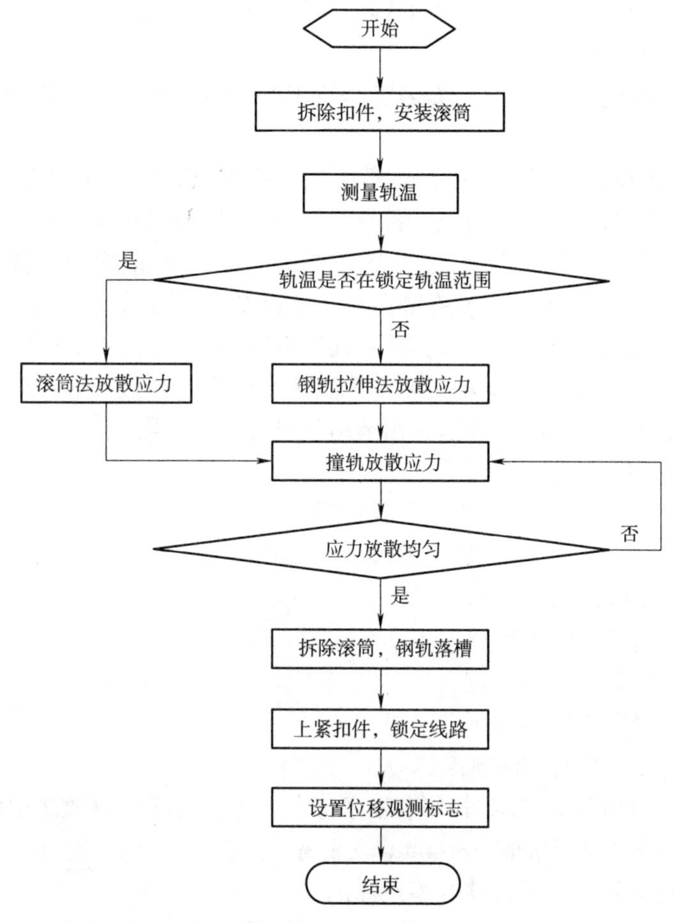

图 10—4—1　应力放散及无缝线路锁定施工工艺及质量控制流程图

α——钢轨的线膨胀系数，$\alpha=11.8\times10^{-6}/℃$；

L——单元轨节长度(mm)；

T_{SS}——实际锁定轨温(℃)；

T_P——铺轨时的平均轨温(铺轨时每 300 m 测 1 个轨温值，取各轨温的平均值)。

①当实际锁定轨温低于铺轨平均轨温时，ΔL 为负值，即放散后单元轨节要短一截，此时需要准备一相应的短轨，放在单元轨节的未锁定端，作临时连接用。

②当实际锁定轨温高于铺轨平均轨温时，放散后则需锯轨。

(2)在单元轨节两端及中间每隔 150 m 左右设一个应力放散位移观测点，观测钢轨在应力放散过程中相对于轨枕的移动量。观测点可设在轨底上表面或轨腰上。

(3)解除本单元轨节和与之焊连的无缝线路末端 25～75 m 范围内的所有扣件约束。

(4)用起道机抬起钢轨，每隔 15～20 根轨枕在轨底放入一个滚筒，使得轨底高出橡胶垫 20 mm 以处于自由伸缩状态。当实际锁定轨温高于铺轨平均轨温时在单元轨节的末端 30 m 范围内，每隔 5 m 放置一个逐渐垫高的滚筒，使末端轨底高出橡胶垫 180 mm。

(5)直线上每隔 350～400 m、曲线及向上坡方向放散时每隔 300 m 设一个撞轨点。

(6)用撞轨器撞击钢轨，同时观测各点的位移量变化情况。当钢轨位移发生反弹且各点位移变化均匀时，则视为钢轨达到自由伸缩状态，此时停止撞轨；应检查滚筒有无倾斜、脱落，钢轨有无落槽及撞击力不够等现象。

(7)确认单元长轨应力放散完毕后，若需锯轨则按锯轨操作程序锯轨，要求轨端不垂直度不大于 0.8 mm。

(8)撤掉滚筒，使长轨平稳地落入承轨槽内，同时检查橡胶垫，有错位者纠正。

(9)将作业人员均布在进行应力放散长轨范围内，测量并记录开始紧扣件对的轨温，同时进行紧扣件作业，每隔两根紧一根，无缝线路尾端 25～75 m 范围内的扣件全部紧完，并上紧无孔钢轨接头[轨缝处仍用 20 mm 左右的薄轨头片衬垫，以保持轨缝为(25±2)mm]，此时视为长轨已锁定。记录此时轨温为结束时轨温，同时继续紧完其余全部扣件。

(10)计算锁定作业开始与结束时的平均轨温为实际锁定轨温，记录在案。同时在位移观测桩和轨腰(或轨底上表面)相对应处，作出清晰的、规范的记号。

4. 拉伸放散法(综合放散法)

(1)计算拉伸量：长轨拉伸量按以下公式计算：

$$\Delta L=\alpha\times L\times(TSS-T_{\mathrm{d}})$$

式中　ΔL——拉伸量(mm)；

α——钢轨钢的线膨胀系数，$\alpha=11.8\times10^{-6}/℃$；

L——单元轨节长度(mm)；

T_{SS}——实际锁定轨温(℃)；

T_{d}——锁定作业当时实测轨温(℃)。

(2)使钢轨处于自由伸缩状态，其作业程序符合工艺上述滚筒放散法中(2)～(6)条，其中第(4)条单元轨节的末端无需抬高 180 mm，轨底高出橡胶垫 20 mm 即可。

(3)在各观测点上做出拉伸位移的零点标记。

(4)测量长轨尾端与下一个单元轨节轨端之间的距离，扣除应留的轨缝宽度后，与计算的拉伸量对比，以最终痛定锯轨量，并按锯轨的操作程序锯轨，轨端不垂直度小于 0.8 mm。

$$L_j=\Delta L-L_z-L_{\mathrm{f}}$$

式中　L_j——锯轨量(m)；

ΔL——计算拉伸量(m)；

L_z——长轨处于自由状态时，长轨尾端与下一个单元轨节轨端之距离(m)；

L_{f}——预留轨缝量(m)。

(5)安装拉轨器，利用拉轨器和撞轨器共同作用，拉伸钢轨，同时观测各观测点拉伸位移的变化情况。拉伸量达到预定长度后，通知各观测点做出记号。此时撞轨器仍然继续作业，当各观测点在所做记号处出现反弹量(应力放散已均匀)，停止撞轨，拉轨器保压，在锁定作业完成之前不得因拉轨器的失压而使轨端出现位移。

(6)撤除撞轨器及滚筒，使长轨平稳地落入承轨槽内，同时检查橡胶垫，有错位者纠正。

(7)将作业人员迅速均布到进行应力放散长轨的全长范围内，同时进行紧固扣件作业，每隔两根紧固一根，无缝线路尾端 25～75 m 范围内的扣件全部紧完，并上紧无孔钢轨接头[轨缝处仍用 20 m 左右的薄轨头片衬垫，以保持轨缝为(25 ±2)mm]，此时视为长轨已经锁定。继续紧完其余全部扣件。

(8)撤除拉伸器，复核长轨实际拉伸长度，换算出对应的实际锁定轨温值，该值若在计划锁定轨温范围内，则确认为实际锁定轨温，填入表内。否则锁定工作重新返工。

(9)作业过程中应及时填写《单元轨节应力放散及锁定作业记录》表。

5. 设置位移观测标志

(1)在单元轨节的末端设临时位移观测零点，以观测钢轨末端位移回弹量，在放散下一根单元轨节时此点必须归零。

(2)设置正式位移观测桩零点标记。在位移观测桩与轨头外侧相对应处，作出清晰的、规范的标记，对现场位移观测桩编号标识。

(3)位移观测桩应按施工图设置。单元轨节起终点的位移观测桩宜与单元轨节焊接接头对应，纵向相错量不得大于 30 m 位移观测桩应与电务设备错开。

(4)位移观测桩也可利用线路两侧的接触网基础(杆)、线路基桩或在其他固定建筑物上设置。

第五章　轨道精调

第一节　概　　述

轨道精调是指在无砟轨道成形长轨铺设后，利用轨检小车采集轨道数据结合动检车动力学数据，根据平顺性标准对超限区域进行分析，使用轨道调整件对不满足要求的部分轨道进行调整，使轨道满足高速行车的要求。图 10—5—1 所示为通过扣件更换实现轨道调整的示意图。

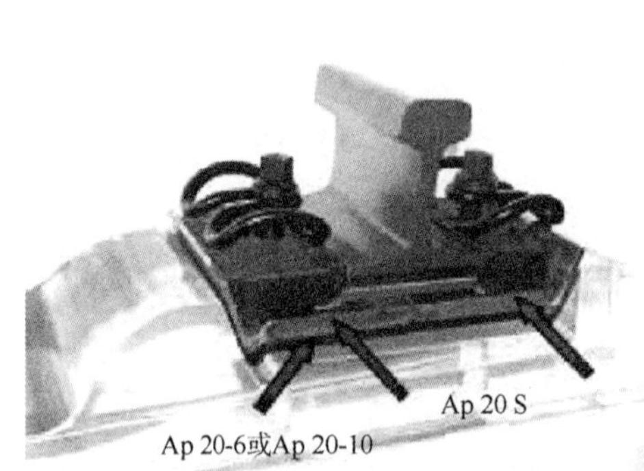

图 10—5—1　通过扣件更换实现轨道调整

轨道精调因轨道状态测量和检测的方法不同，分静态调整和动态调整两个阶段。无砟轨道施工完成，长轨铺设放散锁定后，即可开展轨道静态调整。静态调整阶段主要通过精调小车（图 10—5—2）等测量设备对轨道状态进行检测和评估。静态调整达到静态验收标准后，线路开始联调联试，此时进入轨道动态调整阶段，该阶段主要通过 160 km/h 低速轨检车和 350 km/h 高速动检车（图 10—5—3）对轨道状态进行检测和评估。通过两个阶段的调整，最终使得无砟轨道轨道状态满足高速运行的舒适性和安全性要求。

图 10—5—2　精调小车

图 10—5—3　350 km/h 高速动检车

轨道精调的第一遍测量和调整对整个精调工作至关重要，关乎其成败。首次测量工作应认真细致，不厌其烦，反复测量，确保数据精确；同时第一遍调整，应加强现场核对，及时调整适算方案和确保调整件更换正确，杜绝错换、漏换等现象。

下面对轨道精调作业准备、现场数据采集、数据分析处理、现场轨道调整以及动态调整技术做详细的论述。

第二节　轨道精调作业准备

在长轨精调（双块式施工精调）外业测量前，我们要做好充分的准备工作。准备工作涵盖CPⅢ控制网的复测、人员设备配置、内业资料的准备，仪器设备的检校、现场轨枕编号以及轨道状态的检查。由于长轨精调要求精度非常高，要求测量读取至0.1 mm，因此要确保轨道的高平顺性、高舒适性，就必须要确保测量数据能够真实地反映轨道的实际状态。

一、CPⅢ控制网复测

CPⅢ控制网必须在长轨精调前进行一次竣工复测，复测要求对加密二等水准网及CPⅡ加密控制网进行全面复测。复测的目的主要是为修复破坏的CPⅢ点，防止后期荷载等因素导致的CPⅢ点位移影响长轨复测时的设站精度。

CPⅢ复测应在原有加密网的基础上进行，避免因为复测基点的变化对整网的长波平顺性产生影响。改变加密点有可能使二次复测的坐标较差值变大，使轨道偏差测量的绝对值偏大，影响到长轨调整。对于水准加密、平面CPⅡ加密、CPⅢ控制网复测后较差较大的点位应该及时分析原因，制定相应复核措施，以确保复测数据的准确性，避免因为控制网精度影响轨道精度。

二、轨枕编号

（一）双块式无砟轨道轨枕编号

1. 管段内全部采用施工里程，里程由4位数组成，表示公里数。

2. 用CPⅢ点编号来划分区间，同一里程（以公里为单位）下相邻两个CPⅢ点间为一个区间，区间号为两位数字；顺里程增加方向分左（右）线对每个区间起始处的CPⅢ点编号，编号是奇数表示左线，是偶数表示右线，如：1166311，表示线路里程为DK1166范围左线第11个区间。

3. 每个区间第一个轨枕编号：相对CPⅢ点顺里程增加方向最近的轨枕作为该区间的第1个轨枕必须进行标记，轨枕编号为3位数，第一个轨枕编号为001，其余以此类推……，直到下一个CPⅢ为止，现场可间隔5或10根轨枕（轨道板为承轨台）距离进行编号，如1166311003，表示左线里程为DK1166，第11个区间的第3根轨枕（承轨台），编号实物如图10—5—4所示。编号采用白底黑字，字宽42 mm、高60 mm、字间距5 mm，底高80 mm。数字的含义见表10—5—1，相应的编号示意如图10—5—5所示。

(a) 轨枕编号区段起点

(b) 轨枕编号区段结束点

图 10—5—4　轨枕编号实例

表 10—5—1　编号数字的含义

编　号	1166	3	11	003
说明	里程	CPⅢ	区间编号	轨枕编号

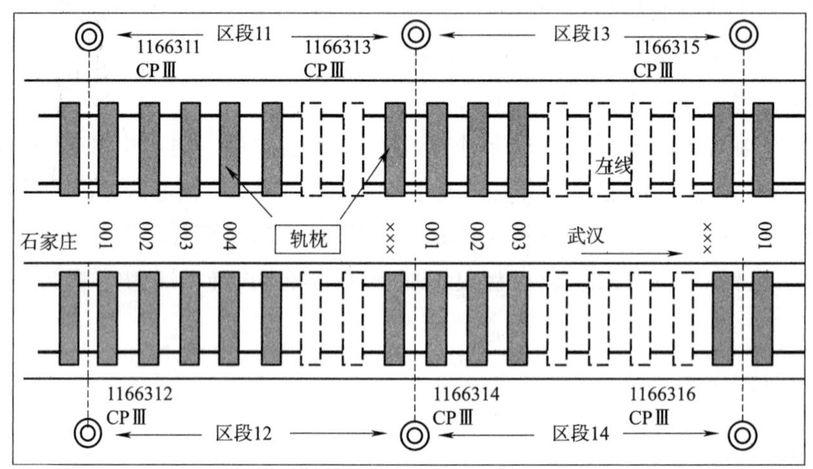

图 10—5—5　编号示意图

(二)道岔区的岔枕编号

为了区别道岔区和区间地段，从轨枕编号上也能区别直(曲股)数据，另外引入一个数字以示区别，具体如下：直股使用数字 2；曲股使用数字 3。这样，岔区的轨枕编号就有 11 个数字，比区间的轨枕编号多了一个数字，该数字用于道岔区的第一根至最后一根轨枕。

(三)CRTS Ⅱ型板式无砟轨道轨枕编号

1. 采用轨道板板号划分段落，轨枕编号由 8 位数字组成，由线别板号及轨枕数构成；

2. 对于 CRTS Ⅱ型轨道板以线别＋板号＋轨枕数编写(例如 86823701 表示左线板号为 68237 号的小里程第一根枕，左线以“8”区分线别，右线以数字“9”区分线别)，轨枕以小里程到大里程 1-10 编号；板号均布于轨道板上，因此无需在板上喷绘编号，只需在数据采集时按照以上原则进行数据采集管理即可。

为便于在轨检小车程序中输入承轨台编号和详细里程，须对区段的CPⅢ控制点位置里程和两CPⅢ控制点之间编号为001的第一个承轨台的详细里程（精确到0.01 m）制成表格，如1113303001和1113+005.10，并且现场标识必须严格按照以上原则编号，便于管理核查；板式无砟轨道承轨槽均可由布板软件生成轨道板板号，承轨槽编号、里程一一对应的对照表。为建立统一的精调复测结果数据库打下基础。

三、轨道状态检查

轨道状态复测前应沿线路逐个检查承轨台，重点检查：钢轨、扣件、垫板、焊缝等。测量数据能否真实反应轨道状态的一个关键因素就在于钢轨、扣件、焊缝、垫板是否检查清理到位。例：垫板检查不到位，静态调整数据无问题，联调联试期间出现病害级分；焊缝位置测量无记录，调整时按照一般位置处理，出现突变的误调整；有轨底压有绝缘块，石子及轨垫缺失的现象存在。

（一）钢轨

钢轨要用肉眼全面查看，应无污染、无低塌、无掉块、无硬弯等缺陷，图10—5—6所示为沥青污染钢轨的情况，图10—5—7所示为焊缝工作边凹陷的情况。焊缝要全部检查，采用1 m平直度尺及塞尺检查，主要测量焊缝平顺性，顶面0～+0.2 mm，工作边−0.2～0 mm，圆弧面−0.2～0 mm。发现轨头不平顺及时通知铺轨单位处理。

图10—5—6　沥青污染钢轨

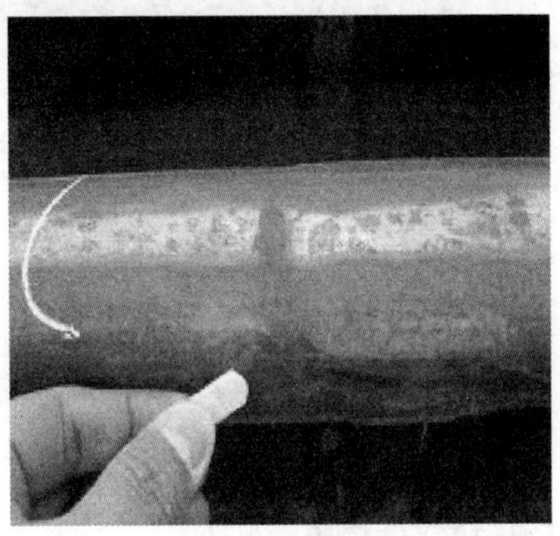

图10—5—7　焊缝工作边凹陷

（二）扣件

扣件应安装正确，无缺失、无损坏、无污染（图10—5—8所示为焊接接头未打磨且污染），扭力矩达到设计标准，弹条中部前端下颚与轨距挡块间隙≤0.5 mm，轨距挡肩与轨距挡块间隙≤0.3 mm。肉眼配合塞尺、力矩扳手，全面检查。图10—5—9所示为扣件扣压力不足的实例，图10—5—10所示为轨底吊空的实例。

必须仔细、认真，本着负责的态度进行轨道作业准备。否则对后期轨道静态调整将费时费力且无法使轨道达到最佳状态。

图 10—5—8　焊接接头未打磨且污染

图 10—5—9　扣件扣压力不足

图 10—5—10　轨底吊空

第三节　现场数据采集

一、仪器校准建站

1. 精调小车校准

在精调小车运至现场后，需对小车进行校准。校准小车倾斜传感器及轨距，轨距使用轨道检测尺检校，倾斜传感器通过置小车于轨道上，通过调整小车 180°两次测量倾角来检核精调小车倾斜传感器。

小车校准切勿仅仅对调 180°校准，不对校准进行检核，出现误校准(目前多个项目有这种情况出现)。校准完成后需要建立相对测量项目，重新对小车对调 180°检核两次测量之和是否小于 0.3 mm。

2. 全站仪校准

全站仪在到达现场后，须经过 20 min 左右适应环境温度及湿度，设站前必须输入测量气压及气温，提高测量精度。适应温度后，须检查全站仪正反盘测量误差是否满足限差 2″的要求，必要时进行补偿器校准及组合校准。

正倒镜检查全站仪水平角和竖角偏差，如果超过 3 s，在气象条件较好的情况下进行组合校准及水平轴倾斜误差(α)校准；检查全站仪 ATR 照准是否准确，有无 ATR 的偏差均应少于 3 s。使用至少 8 个控制点自由设站，其中前后至少各使用一个 60 m 以上的控制点。根据天气条件确定最大目标距离。状况好时控制在 60 m 以内，不好时将距离缩短。

二、数据采集

1. 数据采集人员应该对采集数据做到心中有数，对换站搭接误差要做到心中有数，对突变区域要现场了解情况确认非测量原因引起的点位突变；

2. 数据采集过程中要严格按照承轨槽编号输入注释信息，避免内业数据混乱。

3. 数据采集务必要真实客观反映，因钢轨污染，扣件扣压力不足，存在非标扣件测量数据不可采用；

4. 正倒镜检查全站仪水平角和竖角偏差，如果超过 3 s，在气象条件较好的情况下进行组合校准及水平轴倾斜误差(α)校准；

5. 使用 8 个(至少 6 个)控制点自由设站，其中前后至少各使用一个 60 m 以上的控制点。根据天气条件确定最大目标距离。状况好时控制在 70 m 以内，不好时将距离缩短；

6. 在稳固的轨道上校准超高传感器，一般每次组装小车后，开始测量前校准一次，如气温变化迅速，可再次校准；校准后可在同一点进行正反两次测量，测量值之和应在 0.3 mm 以内；

7. 按指定轨枕(或承轨台)间距，在设站区间内逐点采集数据(图 10—5—11 所示为长轨精调静态几何参数采集现场图)；

8. 全站仪搬站并重新设站，检核设站后，重复测量上一次设站已经测量过的 5～10 个点，如果偏差大于 2 mm，需重新设站；

9. 数据采集前从连接的小车中读取配置，选择正确的配置，检查标准轨距设置是否正确，如果不正确在工程属性中更改，检查棱镜高设置是否正确。

图 10—5—11　长轨精调静态几何参数采集

三、测量误差控制

每天测量之前都要在稳固的轨道上对超高传感器进行校准，校准后可在同一点进行正反两次测量，测量值偏差应在 0.3 mm 以内；如发生颠簸、碰撞或气温变化迅速，可再次校准；

测量时应尽量保证工作的连续性，轨检小车应由远及近靠近全站仪的方向进行测量；因为随着时间的增加，全站仪的设站的精度在降低，而测距的精度随着距离的缩短在增加；

测量时要实时关注偏差值，如果存在明显异常，需重复采集数据，覆盖之前采集的结果，如依然存在突变，要及时分析原因；

设站后要使用控制点检核全站仪设站，搬站前也要再次检核，以证实此次设站测量结果的可靠性；如测量条件不佳，测量期间可增加检核次数；

全站仪设站的位置应靠近线路中心，而不是在两侧控制点的外侧；设站位置首先要考虑目标距离，其次是与近处控制点之间的距离（一般应超过 15 m）。

第四节　数据分析处理

一、基本概念

（一）30 m 弦轨道平顺性

假定钢轨支承点的间距，或者说轨枕间距为 0.625 m（国内为 0.65 m 稍有偏差，大 0.2 m），采用 30 m 弦线，按间距 5 m 设置一对检测点，则支承点间距的 8 倍正好是两检测点的间距 5 m。检测示意图如图 10—5—12 所示。

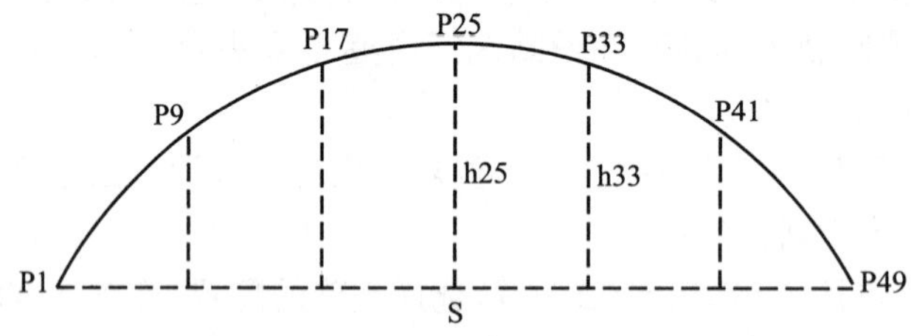

图 10—5—12　30 m 轨道平顺性检测示意图

图 10—5—12 中的 P1、P9、P17、P25、P33、P41、P49 为钢轨支承点的编号，P25 到 P33 间的轨向按照以下公式计算：

$$\Delta h=|(h_{25设计}-h_{33设计})-(h_{25实测}-h_{33实测})|\leqslant 2\ \text{mm}$$

轨距：适算后的轨距剩余调整量相邻点值应无剧烈变化，数值过度平滑，变化率应控制在 1‰，即适算标准相邻点位数值差值设定为 0.65 mm；适算标准可设定为 ±1.5 mm。

绝对位置：高程和平面位置的绝对位置宜在满足高低、轨向平顺性指标的前提下。轨面高程应满足 +4/−6 mm，紧靠站台须满足 +4/0 mm；平面位置可按 ±10 mm 控制，紧靠站台须满足 −10/0 mm。

（二）300 m 弦轨道平顺性

假定钢轨支承点的间距，或者说轨枕间距为 0.625 m，采用 300 m 弦线，按间距 150 m 设置一对检测点，则支承点间距的 250 倍（156.25 m）正好是两检测点的间距 150 m。若按照 0.65 m 轨枕间距，则应为 240 倍即 156 m。检测示意图如图 10—5—13 所示。

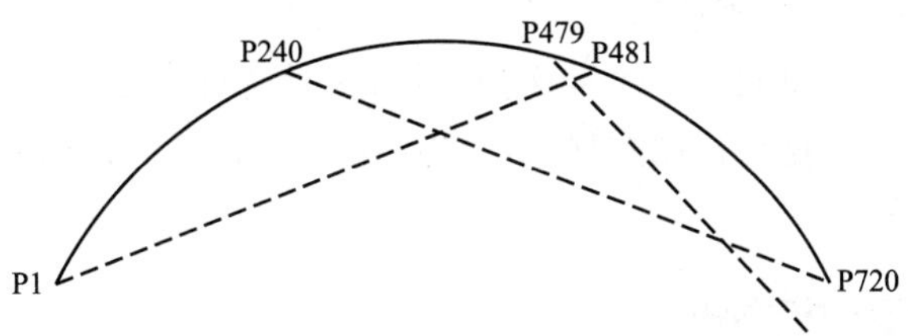

图 10—5—13　300 m 弦轨道平顺性检测示意图

图 10—5—13 中的 P1、P240、P479、P481、P720 为钢轨支承点的编号，P25 到 P265 间的轨向按照以下公式计算：

$$\Delta h=|(h_{25设计}-h_{265设计})-(h_{25实测}-h_{265实测})|\leqslant 10\ \mathrm{mm}$$

由于 P1 和 P481 的正矢为零，故可检测 P2(对应 P242 点)到 P240(对应 P480 点)的轨向。新的弦线从已检测的最后一个点 P240 开始。

(三)中国 10 m 弦概念

中国 10 m 弦见图 10—5—14 所示。

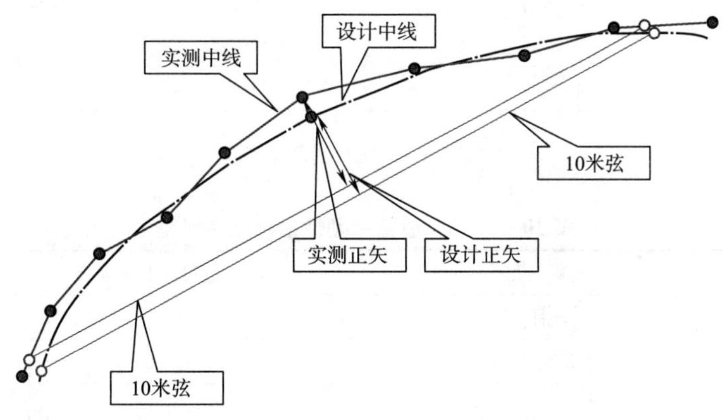

图 10—5—14　中国 10 m 弦示意图

轨向按照以下公式计算：$\Delta h=|h_{5\ \mathrm{m}实测}-h_{5\ \mathrm{m}设计}|$。

(四)数据的含义

偏差值：小车所测的偏差值数据有高程、平面位置、水平和轨距偏差。其数据均以轨道的基本轨为测量对象。以面向大里程方向定义左右，则高程偏差、平面偏差、轨距偏差的定义如下：

(1)平面位置：实际位置位于设计位置右侧时，偏差为正。

(2)轨面高程：实际位置位于设计位置上方时，偏差为正。

(3)超高(水平)：外轨(名义外轨)过超高时，偏差为正，欠超高时偏差为负。

(4)轨距：以大为正，实测轨距大于设计轨距时，偏差为正。

(5)调整量：调整量与偏差符号相反。

(6)导向轨：①以面向大里程方向定义左右；②线路左转，导向轨取值+1；线路右转，导向轨取值−1；③直线地段时，以线路前进方向下一个曲线状态取值。下一个曲线右转，此时直线段导向轨取值−1；④也可以这样理解，当轨道右侧轨位于高轨状态时(此时线路左转)，导向轨取值+1。反应到计算公式中，当适算轨向时，通过 IF 语句判断自动选取右侧钢轨的调整至作为轨向值进行计算，因为轨向的基本轨定义为高轨，此时高轨在右侧。

当时算高低时，公式将自动选取左侧钢轨的调整至作为高低值进行计算。因为高低的基本轨为低轨，此时在左侧。

二、外业数据整理及分析方法

以安博格小车为例，其可直接通过仪器自带软件生成适算表格(图 10—5—15)。在适算表格中插入轨距、水平、高程、平面位置变化率，设置条件格式，修正轨向和高低。适算的主要原则是削峰平谷，消除波峰，填筑波谷，使线形平顺。适算平顺性指标允许偏差见表10—5—2。

		理论调整量(m)				初始平顺性指标				导向轨
轨枕号	测站	高程	平面位置	水平/超高	轨距	高低 [5 m]	高低 [150 m]	轨向 [5 m]	轨向 [150 m]	BS
1	43 943.7	−0.8	1.9	−1.1	1.2	−1.72	−1.96	−0.04	1.36	1
2	43 944.3	−1.2	2	−0.4	1.2	−1.52	−2.57	0.86	1.61	1
3	43 944.9	−0.6	1.3	−0.1	0.3	−0.68	−2.13	1.29	1	1
1	2	3	4	5	6	7	8	9	10	11

图 10—5—15　适算表格

表 10—5—2　适算平顺性指标允许偏差

序　　号	项　　目		过程控制偏差	允许偏差
1	轨距		±1 mm	±1 mm
	轨距变化率		1/1 500	
2	高低	弦长 30 m	1.5 mm/5 m	2 mm/5 m
		弦长 300 m	10 mm/150 m	10 mm/150 m
	高程变化率		1/1 500	
3	轨向	弦长 30 m	1.5 mm/5 m	2 mm/5 m
		弦长 300 m	10 mm/150 m	10 mm/150 m
	平面位置变化率		1/1 000	
4	扭曲	基长 3 m		3 mm
5	水平		1.5 mm	2 mm

三、轨道适算步骤及原则

1. 步骤

适算基本步骤是:“先轨向，后轨距”，“先高低，后水平”。先适算基本轨的高低，使得基本轨的短波、长波平顺性指标达到要求。再模拟调整非基本轨的高程，使得适算后的水平(超高)值满足要求。先适算基本轨的轨向，使得基本轨的短波。长波平顺性指标达到要求。再模拟调整非基本轨的平面位置，使得适算后的轨距值满足要求。

2. 适算过程控制

(1)高低:适算后的高低平顺性指标线性应平顺,无剧烈凸凹,相邻两根轨枕高程变化值应小于 0.65 mm,即变化率控制在 1‰内。适算标准考虑测量误差,应设定为±1.5 mm。

(2)水平/超高:适算后的水平剩余调整量相邻点值应无剧烈变化,数值过度平滑,相邻两根轨枕高程变化值应小于 0.65 mm(静态三角坑指标为 3 mm/3 m),适算标准可设定为±1.5 mm。

(3)轨向:适算后的轨向平顺性指标线性应平顺,无剧烈凸凹,相邻两根轨枕平面位置变化值应小于 0.65 mm,适算标准应设定为±1.5 mm;

(4)轨距:适算后的轨距剩余调整量相邻点值应无剧烈变化,数值过度平滑,变化率应控制在 1‰,即适算标准相邻点位数值差值设定为 0.65 mm;适算标准可设定为±1.5 mm。

(5)绝对位置:高程和平面位置的绝对位置宜在满足高低、轨向平顺性指标的前提下。轨面高程应满足+4/−6 mm,紧靠站台须满足+4/0 mm;平面位置可按±10 mm 控制,紧靠站台须满足 −10/0 mm。

3. 生成调整作业表

依据适算结果,结合调整件特点,将调整量转化成调整件,最后生成现场调整作业表。安博格小车可直接通过仪器自带软件生成适算表格。在适算表格中插入轨距、水平、高程、平面位置变化率,设置条件格式,修正轨向和高低。

四、适算原则及注意事项

(1)轨向调整,应先选定一股钢轨作为基准股(曲线地段选择上股,直线地段选择与前方曲线上股同侧钢轨),对基准股钢轨方向进行精确调整,短波(30 m)1.5 mm 合格率 100%;长波(300 m)10 mm 合格率 100%;线型平顺,无突变,无周期性小幅振荡。

(2)轨距调整,固定基准股钢轨,调整另一股钢轨,轨距精度控制:±1.5 mm 合格率 100%,轨距变化率≤1.0‰,相邻两根轨枕变化率≤0.65;该股钢轨方向线型应平顺,无突变,无周期性小幅振荡。

(3)高低调整,应先选定一股钢轨为基准股(曲线地段选择下股,直线地段选择与前方曲线下股同侧钢轨),对基准股钢轨高低进行精确调整,短波(30 m)1.5 mm 合格率 100%,长波(300 m)10 mm 合格率 100%;线型平顺,无突变,无周期性小幅振荡。

(4)水平调整,固定基准股钢轨,调整另一股钢轨高低,校核水平精度,1.5 mm 合格率 100%;水平变化率,相邻两根轨枕≤0.5 mm,间隔三根轨枕≤1.5 mm;该股钢轨高低线型应平顺,无突变,无周期性小幅振荡。

(5)适算时,对个别突变点和测量换站点的处理应该慎重,以先不调整为原则,在适算表中注明,现场再次复核无误后处理。

(6)适算调整,应先消灭较大的成段偏差,再进行短波和变化率的调整。

(7)基本轨和非基本轨的调整,应遵循对称对应调整的原则。

(8)为更好地对适算数据进行有效控制,宜应用电子表格公式功能添加短波轨向和短波高低两栏,并添加平面、高程、轨距变化率栏;通过条件格式按各项指标控制原则对超限点设定不同背景色;同时插入调整后的高低、轨向折线图。

第五节 现场轨道调整

一、现场标示

根据调整方案和对应的承轨台号首先用石笔在钢轨表面或轨腰处标记调整件的型号。标示应有专人复核，字体要规范，不得潦草。图 10—5—16 所示为现场标示实例。

Zw 692-8

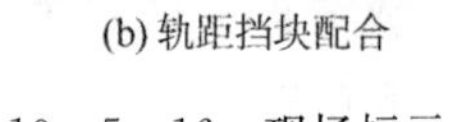

(a) 现场标示（如何标示） (b) 轨距挡块配合 (c) 轨垫对应

图 10—5—16 现场标示

二、调整件摆放

根据现场的标示，把调整件准确无误的摆放在承轨台挡肩的两侧。调整件摆放要有专人复核，摆放要整齐，以便于更换。

三、松 扣 件

根据现场的标示，施工人员采用双头螺杆紧固器或扳手逐一将扣件松开。轨温在设计锁定温度±20℃范围内，可连续松开扣件数量不大于 5 根承轨台；轨温超出锁定轨温 20℃～30℃时，可松开单个承轨台扣件进行调整。

四、扣件更换

扣件松开后，施工人员把扣件逐一拆开，摆放整齐，螺杆不要直接放在道床板上，应对螺杆进行保护，以免螺杆造成污染。扣件拆开以后，把标准件统一放在线间，对承轨台上的杂物进行清理，并避免杂物进入螺栓孔内；更换轨垫时，先由工人用撬杠抬升钢轨，取出标准件并清理承轨槽；清理完毕后，将调整件逐一安装到位。图 10—5—17 所示为更换扣件与复查的现场。

图 10—5—17 更换扣件与复查

五、紧固扣件

调整件安装完后，施工人员使用双头螺杆紧固器或扳手按照要求把扣件锁紧，达到设计标准。

六、扣件复查

用塞尺进行扣件空隙及更换型号的复查，确保准确。如发现不符合要求的扣件，首先检查其是否在轨头焊缝处（有的焊缝不平顺），如果不是，用撬杠往缝隙大的方向拨一拨钢轨，如有必要，可以把轨距挡块换成异型组合；相反，通知铺轨单位对焊缝进行处理。如果轨底与轨垫间的缝隙不满足要求，也是先检查其是否在钢轨焊缝处，如果是，就通知铺轨单位对焊缝进行处理，相反，就更换成合适的轨垫。

七、标准件归类

把换下来的标准件分类整理，轨距挡块用绑扎带按每串 20 个穿绑起来，轨垫按每摞 20 个用封箱胶带或绑扎带捆起来。所有换下来的标准件集中放在线间，等下班收工时再带出线外，分类放在指定的位置，做到工完场清。

第十一篇

城市轨道交通无砟轨道施工

第一章　普通无砟轨道施工

近几年城市轨道交通在我国发展迅速，在大城市公共交通中日益显现出它的骨干作用，发展大容量的快速轨道交通已成为大城市、特大城市交通的技术政策。但同时也不可避免地给城市环境带来诸如噪声、振动、电磁辐射、景观以及日照等负面影响，其中以运营期的噪声、振动影响尤为突出。过量的噪声和振动将严重影响人们的正常工作、休息，损害身心健康、降低工作效率，同时将引起受振物体的疲劳损坏，降低使用寿命。因此，在当前大规模修建轨道交通的形势下，选择技术可行、经济合理、对环境影响小的轨道结构，将直接关系到今后沿线的环境质量及综合开发效益。

轨道结构按其轨下基础形式的不同可分为两类：有砟轨道结构和无砟轨道结构。有砟轨道结构具有造价低、施工速度快、维修方便及弹性好等优点。目前一些工业先进的国家仍在采用，如原联邦德国汉堡 37 km 的高架线和菲律宾马尼拉轻轨铁路均采用有砟轨道结构。从城市轨道交通运营的特征来看，有砟轨道具有养护维修量大的缺点，由于行车密度大，使其在运行时间内养护维修几乎不可能，同时在隧道内维修工作条件极差。而无砟轨道结构与有砟轨道结构相比，具有稳定性、平顺性、刚度均匀性好，维修工作量少、简洁易清洗等优点。

本篇介绍城市轨道交通普通无砟轨道和减振型无砟轨道的施工技术。

城市轨道交通轨道结构的钢轨铺设与铁路基本相同，因此本章着重介绍无砟道床的施工技术，对于钢轨的铺设不再介绍。

第一节　概　　述

一、城市轨道交通无砟轨道施工特点

城市轨道交通线路按所处位置分为高架线路、地下线路和地面线路，一般高架线路及地下线路均采用无砟道床轨道结构型式。高架线路施工及地下线路的轨道施工主要具有以下特点：

(1)高架线路施工，轨道材料均需沿线吊装、倒运上桥，沿线施工便道状况对施工进度影响较大。

(2)高架线路施工受自然条件影响较大，外界气候的好坏直接影响施工质量和进度。

(3)高架线路施工一般采用人工散铺法进行施工，施工工作面数量不受限制，工期紧张情况下，在合理配置相应的工装机具及施工作业队伍时，对抢工有利。

(4)地下线路道床施工一般采用基地轨排拼装，机械铺轨的方式进行轨道道床施工，施工资源相对集中，便于材料、人员管理。

(5)地下线路道床施工受自然气候影响较小，洞内施工环境变化不大，对轨道施工质量和

进度影响较小；但受入口数量限制，施工工作面难以扩大，施工进度难以大幅度提高。

(6)地下线路施工场地较为狭窄，洞内大型施工作业机械较多，轨道运输频繁，通风条件差，安全风险较高。

二、城市轨道交通无砟轨道施工控制新技术

轨道施工作为城市轨道交通系统承上启下的关键施工，直接承受来自车辆系统的荷载，轨道施工的好坏直接关系到整个城市轨道系统和运营舒适度，影响乘客对城市轨道建设质量的直观感觉。因此，城市轨道交通在不断借鉴高铁成熟施工经验上，也做了进一步的探索，主要体现在：

(1)通过引入 CPⅢ测量技术应用于城市轨道的轨道精调工作，确保轨道状态的绝对精度，大幅度提高轨道的几何尺寸精度和轨道的平顺性，提高了列车运行速度和乘客舒适度；

(2)通过引入高速铁路长轨施工技术，建立厂焊钢轨基地，在焊轨基地将标准轨焊接成一定长轨再进行铺设，减少现场焊接接头，提高无缝线路焊接质量，大大减少了原焊缝质量普遍不高的缺陷，大大降低了无缝线路钢轨折断的概率。

第二节　普通无砟道床施工作业准备

一、工装设备

城市轨道道床施工高架段及地下段因施工工艺差异较大，所用工装机具也有所差异。

1. 高架线路地段

高架线路地段采用人工散铺施工方案进行人工铺轨，轨道精调后，利用泵车进行混凝土浇筑施工。高架线路地段道床施工主要工装可参考表 11—1—1(实例)进行配置。

表 11—1—1　高架线路地段道床施工主要工装(以一个作业面为例)

序号	名　称	数量	序号	名　称	数量
1	施工模板	150 m	13	小型轨道平板车	3 台
2	斜支撑(含调整丝套)	150 根	14	电动扳手	6 把
3	钢轨支撑架	75 套	15	插入式振捣器	4 个
4	钢筋切割机	1 台	16	冲击电锤	4 把
5	钢筋弯曲机	1 台	17	手电钻	2 把
6	直筋机	1 台	18	风镐	4 把
7	锯轨机	1 台	19	空压机	1 台
8	钻眼机	1 台	20	万能道尺	4 把
9	手持切割机	2 台	21	方尺	2 把
10	发电机(5 kW)	1 台	22	直角道尺	4 把
11	手持砂轮机	4 台	23	卷尺	4 把
12	电焊机	1 台	24	测量仪器	1套

2. 地下线路地段

地下线路地段道床施工采用设置铺轨基地，在铺轨基地组装生产轨排，利用轨道运输设备运输至施工现场，最后采用铺轨龙门吊进行铺设。

地下线路地段道床施工主要工装除需要高架线工装外，需增加基地龙门吊、轨道车、平板车、水沟模板(含吊具)、料斗、地下走行钢轨(24 轨)、走行轨支撑等工装设备(以一个地下线工作面为例)，地下线路地段道床施工主要工装可参考表 11—1—2(实例)进行配置。

表 11—1—2　地下线路地段道床施工主要工装(以一个作业面为例)

序号	名　称	数量	序号	名　称	数量
1	施工模板	150 m	17	手电钻	2 把
2	斜支撑(含调整丝套)	150 根	18	风镐	4 把
3	钢轨支撑架	75 套	19	空压机	1 台
4	钢筋切割机	1 台	20	万能道尺	4 把
5	钢筋弯曲机	1 台	21	方尺	2 把
6	直筋机	1 台	22	直角道尺	4 把
7	锯轨机	1 台	23	卷尺	4 把
8	钻眼机	1 台	24	测量仪器	1 套
9	手持切割机	2 台	25	基地龙门吊(10T)	2 台
10	发电机(5 kW)	1 台	26	轨道车	1 辆
11	手持砂轮机	4 台	27	平板车	2 辆
12	电焊机	1 台	28	水沟模板(含吊具)	250 m
13	小型轨道平板车	3 台	29	料斗	3 个
14	电动扳手	6 把	30	地下走行钢轨(24 轨)	500 m
15	插入式振捣器	4 个	31	走行轨支撑	350 个
16	冲击电锤	4 把			

二、人员配置

现场管理人员和配合作业人员配置按高架和地下线路的不同而异，主要包括现场施工负责人、技术主管、技术员、质检员、安全员、工程调度、材料员、电工、基地龙门吊司机、轨道车司机、车长、钢筋工、模板工、轨排组装、混凝土工、轨道精调、电焊工、杂工。

三、技术准备

1. 技术资料的编制和审批

根据实施性施工组织设计方案要求，编写分部分项及重点难点工序的专项施工方案，在施工前根据施工组织设计，专项施工方案及设计、规范要求编制详细的技术交底，技术交底在项目技术负责人审核通过后方可下发。

2. 土建主体工程移交与施工复测

(1)轨道工程开始前，积极配合业主和土建施工单位做好土建主体工程的移交工作。土建移交时，注意检查隧道底板是否漏水，底板是否有浮渣，隧道底板是否超高，若超高则提请业主要求土建单位协助处理、优化调线调坡设计以确保道床厚度。

(2)土建主体工程移交后，测量人员对由业主主持交接的施工控制导线点和水准点进行贯通复核测量。

(3)土建工程移交程序

①土建施工单位将竣工测量资料交业主指定的第三方测量单位进行复测。

②第三方测量单位将复测资料交设计单位进行调线调坡。

③设计单位将调线调坡资料交轨道施工单位。

④轨道施工单位根据调线调坡资料进行线路复测和控制基标、加密基标布设。

3. 设计图纸齐全并经过审核

开工前，项目技术负责人组织相关技术人员进行图纸会审，详细了解设计意图，明确图纸设计标准，落实施工措施；对施工图纸中，设计表达不明确或不清楚的，需提请设计进行书面答复，确保现场施工标准。

4. 明确材料进场标准

根据轨道施工合同技术标准和设计施工图图纸，对相关轨道材料明确技术要求和试验条件，确保合格材料进场。

第三节　技术标准

一、整体道床轨道施工

(一)轨排组装

1. 在铺轨基地组装轨排或现场组装轨排，均应根据设计标准、铺设地点、线路平面要素、钢轨长度并考虑预留轨缝，做好配轨计算。

2. 钢轨必须调直，钢轨和扣件的飞边、毛刺等应打磨干净并涂油。采用的组装扣件和各零部件、混凝土轨枕、短轨(岔)枕等均应为在工厂生产，经检查合格的产品。

3. 轨排组装必须牢固不变形，并经检查合格。在铺轨基地组装时应按铺轨顺序和里程编码堆放整齐。

4. 向铺设地点运输轨排和器材时，应堆放稳固、道岔要成组装车，不得超限，并在运送前调整好顺序、方向。

(二)轨排(钢轨)架设和位置调整

1. 轨排和道岔均应采用支撑架架设，钢轨支撑架应有足够的强度、刚度，并调节灵活、拆装方便；

2. 钢轨支撑架要独立设置，牢固可靠、有足够的稳定性，架设间距和方向必须满足支撑轨排(钢轨)荷载、保证轨道施工精度和整体道床混凝土施工的要求；

3. 轨排的位置、标高、方向等应按设计图并根据基标进行调整，调整精度应符合下列规定：

(1)轨道中心线：距基标中心线允许偏差±2 mm；

(2)轨道方向：直线用 10 m 弦量，允许偏差 1 mm，曲线段用 20 m 弦量正矢，允许偏差应符合表 11—1—3 的规定；

表 11—1—3　轨道曲线正矢调整允许偏差值(mm)

曲线半径	缓和曲线正矢与计算正矢差	圆曲线正矢连续差	圆曲线正矢最大最小差值
251～350	3	5	7
351～450	2	4	5
451～650	2	3	4
>650	1	2	3

(3)轨顶水平及高程:高程允许偏差为±1 mm,左右股钢轨顶面水平允许偏差 1 mm,在延长 18 m 的距离范围内无大于 1 mm 的三角坑;

(4)轨顶高低差:用 10 m 弦量不应大于 1 mm;

(5)轨距:允许偏差为－1～＋2 mm,变化率不应大于 1‰;

(6)轨底坡:1/40;

(7)轨缝:允许偏差值为 0～＋1 mm;

(8)钢轨接头:轨面、轨头内侧应平(直)顺,允许偏差为 0.5 mm。

4. 轨排必须稳定牢固,精度调整合格后,应及时灌注整体道床混凝土。

5. 轨道交通线路一般隧道内多用长轨枕整体道床,高架桥、道岔多用短轨枕(含支承块)整体道床,根据不同减振降噪地段要求还选用其他轨道结构,各类道床所选用的扣件不同,轨排组装时必须充分注意,严格区分。

(三)灌注整体道床

1. 灌注整体道床的混凝土必须采用商品混凝土,混凝土运输至工地后应按质量要求和有关规定进行严格核查,不得有初凝现象。

2. 准确布设轨道线路(特别是道岔区)的排水设施,在灌注道床的过程中做好排水工程。

3. 模板和支架应有足够的强度、刚度和稳定性,灌注混凝土的模板支撑必须独立设置并牢固可靠,其允许偏差为位置±5 mm,垂直度 2 mm,不得与钢轨或支撑架挂连。

4. 隧道内混凝土浇筑时要密切注意对隧道管片闷头和螺栓、预留注浆管、手孔的保护工作,不得覆盖并应现场确认,做好记录。

5. 做好过轨管线(件)的预留、预埋以及保护工作。

6. 钢筋捆扎要稳固牢靠,并应按防杂散电流要求进行焊接。高架桥上应与桥面上的预埋筋要紧密连接。

7. 道床伸缩缝采用 2 cm 厚木板浸沥青填缝,与道床面平齐。伸缩缝必须横贯整体道床主断面。

8. 混凝土应分层、水平、分台阶灌注,并振捣密实。尤其要加强混凝土枕底部周围的捣实,使其和道床结合良好。

9. 道床混凝土初凝前应及时进行面层和水沟的抹面。与道床面相交的手孔应进行封堵,采用道床同标号混凝土。

在长枕埋入式地段,轨道中心线附近 800 mm 长度范围内,道床面应与轨枕中部顶面平齐。施工时自平直段向两侧抹面,设置梯形坡。

道床横向坡度及水沟均应平顺,以保证道床面平整和排水畅通;车站范围道床面应采用相同高程顺接至站台侧墙或土建隔墙。并应及时将钢轨、轨枕或短(岔)枕、扣件、支撑架等表面灰浆清理干净。

10. 混凝土终凝后应及时养护，其强度达到 5 MPa 时方可拆除支撑架。混凝土强度未达到设计强度 70%时，道床上不得行驶车辆和承重。

11. 混凝土抗压试件留置组数：同一配比，每灌注 100 m(不足者也按 100 m 计)应取两组试件，一组在标准条件下养护，一组与道床同条件下养护。

12. 整体道床完毕后，应以控制基标为准对线路中心线进行贯通测量，检查标高、水平、方向、轨距和设备限界等是否符合要求。

(四)整体道床轨道验收标准

1. 整体道床验收标准

(1)混凝土强度应符合设计标准，无蜂窝、麻面和漏振等缺陷。表面平整度允许偏差为 0～3 mm，高程 −5～0 mm；

在长枕埋入式地段，轨道中心线附近 800 mm 长度范围内，道床面应与轨枕中部顶面平齐。施工时自平直段向两侧抹面，设置梯形坡。

道床伸缩缝应与道床面平齐，横贯整体道床主断面。道床伸缩缝缝直顺，在全长范围内允许偏差 10 mm；

(2)外露轨枕或短轨(岔)枕的棱角完整无伤损，预埋件位置准确，钢轨、轨枕和扣件等表面无遗留灰浆等杂物；

(3)水沟直(圆)顺，沟底坡度与线路坡度一致，并且不得小于 2‰，保证排水畅通，允许偏差为：位置±10 mm，垂直度 3 mm。

(4)轨枕应方正，间距允许偏差为±10 mm，埋入式长轨枕偏斜允许偏差为±5 mm，短轨枕允许偏斜±3 mm。

(5)轨下道床面应低于轨枕承轨面 30～40 mm，道床面横向排水坡不宜小于 3%。

2. 轨道的竣工验收精度应符合下列规定：

(1)轨道中心线：距基标中心线允许偏差为±3 mm；

(2)轨道方向：直线用 10 m 弦量，允许偏差为 2 mm，曲线段用 20 m 弦量正矢，允许偏差符合表 11—1—4 的规定：

表 11—1—4　轨道曲线正矢竣工允许偏差值(mm)

曲线半径	缓和曲线正矢与计算正矢差	圆曲线正矢连续差	圆曲线正矢最大最小差值
251～350	5	10	15
351～450	4	8	12
451～650	3	6	9
>650	3	4	6

(3)轨顶水平及高程：高程允许偏差为±2 mm，左右股钢轨顶面水平允许偏差为 2 mm，在延长 18 m 的距离范围内无大于 2 mm 的三角坑；

(4)轨顶高低差：用 10 m 弦量不应大于 2 mm；

(5)轨距：允许偏差为 −2～+3 mm，变化率不应大于 1‰；

(6)轨底坡：1/45～1/35；严格控制短轨枕轨底坡，制作专项检查工具仔细检查，并作为监理必检项目，每 5 m 不得少于一处；

(7)轨缝:允许偏差值为 0～+1 mm;

(8)钢轨接头:轨面、轨头内侧应平(直)顺,允许偏差为 1 mm。

二、整体道床道岔施工验收标准

1. 里程位置:允许偏差为±20 mm。

2. 导曲线和附带曲线:导曲线支距允许偏差 2 mm,附带曲线用 10 m 弦量正矢允许偏差 2 mm。

3. 轨顶水平及高程:全长范围内高低差不应大于 3 mm;高程允许偏差±2 mm。

4. 转辙器必须扳动灵活,曲尖轨在第一连接杆处的动程不小于 152 mm。尖轨与基本轨密贴,其间隙不应大于 1 mm。尖轨尖端处轨距允许偏差为±1 mm。

5. 护轨头部外侧至辙叉心作用边的距离为 1 391 mm;允许偏差 0～+3 mm,至翼轨作用边的距离为 1 348 mm,允许偏差－2～0 mm。

6. 轨面应平顺,滑床板在同一平面内。轨撑和基本轨密贴,其间隙不应大于 1 mm。

第四节　施工流程及工艺说明

一、高架普通支承块式轨道

(一)主要施工工艺

短轨枕整体道床的施工流程总体概括为:清理基底、测量放样→钢轨及其扣配件倒运→轨排组装及架设→钢筋绑扎及焊接→支立模板→轨道精调→混凝土浇筑→养护;且在施工过程中道床为整体浇筑性质,支立模板时要牢固可靠,在浇筑混凝土时不能出现跑模、漏浆的现象,支设道床模板完成后浇筑道床。正线高架各个区段短枕整体道床施工工艺大体相同。

(二)主要施工方案

1. 基底清洁及桥面处理

为确保高架整体道床混凝土与桥表面有良好的联结,需将整体道床与桥面的接触面凿毛、将积水排出,并清理干净,使用高压风清除浮碴及碎片,保证新老混凝土有较强的粘贴力,确保整体道床施工质量。对预埋筋进行逐个检查,按设计要求扶正,并对锈蚀的钢筋进行除锈。如有出现超出设计规范要求的预埋筋,及时与接口承包商取得联系,采取相应的处理措施。

2. 轨排组装架设

在进行整体道床施工时,使用的轨排是在现场组装的,将扣配件、轨枕、钢轨通过货车从材料基地运送至铺轨作业面的最近起吊点,再用汽车吊吊至高架桥上进行轨排组装。根据设计图纸要求,首先按一定间距摆放好短轨枕或支撑块,在从起吊点倒运钢轨并沿线布置。用起道机或自制的小型机具将钢轨吊至轨枕上方,在钢轨上画出轨枕间距后,安装铁垫板、轨距块、弹条、轨枕、螺旋道钉。由于支承块短轨枕无横向连接,为保证轨道几何尺寸,轨排组装时安装 2.5 m 间距加一套横向连接的轨距拉杆,这样可将轨排连接成为整体。

由于整体道床必须一次性连续灌注成形、轨道各部几何尺寸精度要求高、且在混凝土浇筑前必须把轨道各部几何尺寸调至设计值,所以如何调整轨排至设计要求是整体道床施工中的重点和难点。对此,根据地铁整体道床施工的特点,设计了一种完全满足整体道床施工的上承式可调轨排支撑架。沿线路每 3 m 布置一榀,曲线地段可相应加密。

3. 钢筋绑扎

整体道床钢筋网采用在钢筋加工厂集中下料、加工，现场绑扎焊接成型的作业方式，纵向钢筋按两相邻伸缩逢长度配料，按照要求进行散布。人工绑扎固定，调整网格间距。纵向和横向钢筋间距按要求焊接，每个结构段内的纵向钢筋的搭接处必须焊接，搭接长度不小于钢筋直径的 5 倍，在搭接处采用双面搭接焊，焊缝高度不小于 6 mm。上、下层钢筋都应满足混凝土最小保护层厚的要求。承轨台结构钢筋兼做防杂散电流专业的主排流筋，为防止杂散电流泄漏，要求短轨枕内伸出钢筋，承轨台结构钢筋、桥梁及承轨台预埋连接钢筋三者不得相碰，且保持 5 cm 的间距，在不满足条件的情况下需使用绝缘套管进行隔离。

4. 轨道几何尺寸调整

轨排的调整定位程序是：先调水平，后调轨距；先调桩点，后调桩间；先调基准轨，后调另一轨，先粗调后精调的原则，反复调至符合标准为止：

(1)粗调定位：轨排经钢轨支撑架摆放就位后，以铺轨基标为基准，借助于直角道尺和万能道尺，通过钢轨支撑架支撑杆对轨道几何状态进行初调。要求轨道目视顺直或圆顺，标高、轨距、水平及方向偏差均不超过±20 mm(以减少精调的工作量)，内外长轨枕对齐，上紧接头螺栓并保持轨缝对接。

(2)精调定位：轨排初调完成后，采用弦线法、直角道尺和万能道尺(精度允许偏差+0.5/0 mm)等工具进行精调定位作业。具体调整方法如下：

①用直角道尺检查、调整其中一股钢轨。先将立柱高度调节至基标与轨面高差相适应，并将立柱底的对准器对准基标的中心孔，道尺滑动块架在钢轨上；

②同时将万能道尺紧贴直角道尺架在左右两股钢轨上，检查两股钢轨的轨距；

③调整基标前后相临钢轨支撑架，且先调水平再调中线；

④旋转支撑架立柱，使钢轨升高或降低，直角道尺水准气泡居中时表示该股钢轨已调至所需高度，万能道尺水准气泡居中时，表示另一侧钢轨也调至所需高度；

⑤旋转支撑架上的轨卡螺丝(先松一侧再紧另一侧)使轨排左右移动，直至直角道尺水平滑块指针读数为零；

⑥目测观察配合万能道尺和 10 m 或 20 m 长弦线丈量，旋转离基标较远的支撑架的立柱和轨卡螺栓，使钢轨平直圆顺。

⑦在整个调轨作业中，由于钢轨支撑架的位置与线路基标不在同一断面上，钢轨与支撑架立柱又不在同一位置，以及某一支撑架调整时钢轨的刚性连动，调轨工作往往需要重复多次，反复调整，才能达到要求。

5. 模板支立

模板采用为高架线整体道床特殊加工的整体钢模，为满足施工需要，钢模分为 30 cm、40 cm 两种类型，分别可用于直线段和曲线地段道床模板。在安装定位时严格按照道床几何尺寸进行安装，各个面必须固定牢固。且在安装前需涂抹脱模剂，保证混凝土的外观质量。

6. 道床混凝土浇筑

浇筑道床混凝土前，应再次检测轨道几何尺寸，确认符合验收标准后方可浇筑道床混凝土。道床混凝土采用商品混凝土，由混凝土运输车运输至浇筑位置就位后，直接用汽车泵泵送入模。为确保施工连续性，及混凝土施工质量，每个施工段的整体道床混凝土浇筑必须一次性完成。使用插入式振捣器振捣并加强支承块底部及周围混凝土的捣固，道床表面需抹面整平

(抹面允许偏差为：平整度 3 mm、高程－5/0 mm)，及时喷洒混凝土养护剂。浇筑施工中应注意以下几个问题：

(1)根据试验控制的初凝时间及时对道床表面进行抹光，确保道床表面平整；

(2)混凝土强度需达到 5 MPa 后才能拆除模板；

(3)拆模后整个道床表面应光洁，不得有蜂窝、露筋、空洞等现象，硬伤、掉角等缺陷应修补完好，麻面面积不超过该侧面积的 1%；

(4)为防止混凝土浇筑过程中污染扣件，浇筑前可用塑料袋对每组扣件进行遮盖；

(5)混凝土浇筑过程中注意不可碰撞钢轨，施工中随时检查轨道状态，发现问题及时处理；

(6)施工过程中对每车混凝土的坍落度均进行检查。同一混凝土配合比，每灌注 100 m 道床(不足时按 100 m 计)制作四组试件，两组在标准条件下养护，两组与道床同条件下养护。

7. 模板拆除、工艺孔填塞及道床面整修

等混凝土强度达到要求后就可以进行模板拆除的工作，模板拆除的过程中要尽量避免磕碰道床混凝土，以免影响道床美观。由于钢轨支撑架纵向调节螺栓在混凝土浇筑前是用 PVC 管包裹的，因此在工艺孔填塞前必须将其清理掉，再用与道床板混凝土同标号的混凝土进行填塞，混凝土必须采用人工捣密实，并且与道床面保持平整。

8. 道床养护

混凝土浇筑完毕后 12～18 h，进行洒水养护处理，养护时间一般不短于 7 d。

二、地下线普通长枕式轨道

(一)主要施工工艺

地下长枕整体道床的施工流程总体概括为：基底清理、测量放样、走行线安装→基地生产轨排→轨排架设→钢筋绑扎及焊接→支立模板→轨道精调→混凝土浇筑→养护；且在施工过程中道床为整体浇筑性质，支立模板时要牢固可靠，在浇筑混凝土时不能出现跑模、漏浆的现象，支设道床模板完成后浇筑道床。地下线长枕式整体道床施工工艺大体相同。

(二)主要施工方案

1. 铺轨龙门吊走行线安装

整体道床施工时，所需的轨排、钢筋及混凝土都是依靠铺轨龙门吊从道床浇筑完工的地段吊装运输至作业面，铺轨龙门吊走行线采用的走行轨为 P24 钢轨，安装前应提前将 P24 钢轨运输至线路两侧，再进行安装，轨下采用钢支架进行支撑，间距为 1.5 m 左右。钢支架横向设在同一水平面上，纵向同线路纵坡，钢支撑与隧道管片之间采用膨胀螺栓固定，P24 钢轨与钢支撑采用扣板螺栓进行固定，保证 P24 钢轨的稳定性及铺轨龙门吊的行驶安全。

2. 基底清洁及桥面处理

为确保整体道床混凝土与底板面有良好的联结，需将整体道床与施工段内管片底面进行清扫，清扫完毕之后再用高压水进行冲洗，再对手孔内的水进行清除。保证混凝土与管片底面有较强的粘贴力，确保整体道床施工质量。

3. 底层钢筋绑扎

整体道床钢筋网采用在钢筋加工厂集中下料、加工，现场绑扎焊接成型的作业方式，纵向钢筋按两相邻伸缩逢长度配料。经轨道车运输至工作面，人工倒运至施工地点，按照要求进行散布。人工绑扎固定，调整网格间距。纵向和横向钢筋间距按要求焊接，每个结构段内的纵向钢筋的搭接处必须焊接，搭接长度不小于钢筋直径的5倍，在搭接处采用双面搭接焊，焊缝高度不小于6 mm。上、下层钢筋都应满足混凝土最小保护层厚的要求。

整体道床每隔12.5 m左右设置一处伸缩缝，U型结构地段及洞内100 m范围每隔6.25 m设置一处伸缩缝。隧道结构变形缝处，道床亦应设置伸缩缝，其位置应避开短轨枕。伸缩缝用20 mm厚的沥青木板填塞。每段道床长度可根据结构变形缝设置、集水坑设置及过轨管线布置等情况适当调整，同时钢筋长度等相应调整。

4. 轨排组装

轨排组装前须做好配轨计算，并保证焊轨的需要，根据设计文件、技术资料及报经业主批准的无缝线路施工设计方案编制轨排表。直线段长度根据各坡段分段计算，配轨时应按钢轨长度和预留轨缝连续计算，并确定曲线始点前(或后)的钢轨接头。

5. 轨排洞内的运输与组织

轨排在存放台位用门式起重机吊放到平板车上，轨道车推至道床混凝土已施工完毕且强度已经达到70%设计强度的地段，再用两台铺轨龙门吊抬至待铺位置。

施工注意事项：

(1)装车时轨排间应放置垫木，且后铺轨排先装车，先铺轨排后装车。

(2)运输轨排时，轨排与平板间要绑扎牢固。

(3)停车时要及时放入铁靴，防止平板车滑行。

(4)两台龙门吊共同作业时，要专人指挥，口令统一、清晰，司机操作熟练，配合默契。

6. 轨排架设

(1)在进行隧道内整体道床施工时，使用的轨排是在生产好的成品轨排，铺轨时将轨排直接运至工作面，用铺轨龙门吊进行吊装及铺轨。

(2)由于整体道床必须一次成形、轨道各部几何尺寸精度要求高、且在混凝土浇筑前必须把轨道各部几何尺寸调至设计值，所以如何调整轨排至设计要求是整体道床施工中的重点和难点。根据地铁整体道床施工的特点，研究了一套全新的整体道床施工工艺，并根据新工艺的应用特点自行设计了一种完全满足整体道床施工的上承式可调轨排支撑架。

轨排的调整定位程序是：先调水平，后调轨距；先调桩点，后调桩间；先调基准轨，后调另一轨，先粗调后精调的原则，反复调至符合标准为止。具体的方法如下：

①粗调定位：轨排经钢轨支撑架摆放就位后，以铺轨基标为基准，借助于直角道尺和万能道尺，通过钢轨支撑架支撑杆对轨道几何状态进行初调。要求轨道目视顺直或圆顺，标高、轨距、水平及方向偏差均不超过±20 mm(以减少精调的工作量)，内外轨枕对齐，上紧接头螺栓并保持轨缝对接。

②精调定位：轨排初调完成后，采用弦线法、水准仪和万能道尺(精度允许偏差+0.5/0 mm)等工具进行精调定位作业。具体调整方法如下：

(a)用直角道尺检查、调整其中一股钢轨。先将立柱高度调节至基标与轨面高差相适应，并将立柱底的对准器对准基标的中心孔，道尺滑动块架在钢轨上。

(b)同时将万能道尺紧贴直角道尺架在左右两股钢轨上，检查两股钢轨的轨距。

(c)调整基标前后相临钢轨支撑架，且先调水平再调中线。

(d)旋转支撑架立柱，使钢轨升高或降低，直角道尺水准气泡居中时表示该股钢轨已调至所需高度，万能道尺水准气泡居中时，表示另一侧钢轨也调至所需高度。

(e)旋转支撑架上的轨卡螺丝(先松一侧再紧另一侧)使轨排左右移动,直至直角短轨枕整体道床施工工艺流程图尺水平滑块指针读数为零。

(f)目测观察配合万能道尺和 10 m 或 20 m 长弦线丈量,旋转离基标较远的支撑架的立柱和轨卡螺栓,使钢轨平直圆顺。

(g)在整个调轨作业中,由于钢轨支撑架的位置与线路基标不在同一断面上,钢轨与支撑架立柱又不在同一位置,以及某一支撑架调整时钢轨的刚性连动,调轨工作往往需要重复多次,反复调整,才能达到要求。

7. 上层钢筋绑扎及防迷流焊接

在底层及上层钢筋分布及绑扎时注意同一个面上钢筋接头的数量不能超过接头数量的50%。防迷流铜排焊接可在基地先将铜线与短钢筋焊接,再将半成品运至作业面进行焊接。

8. 水沟模板安装

整体道床水沟模板采用自行设计的吊装设备固定模板,水沟模板采用钢模板。安装模板前要复查轨道标高及轨道中心线位置是否符合设计要求,检查预埋件及预留孔洞是否遗漏,位置是否正确,确保模板安装正确。模板支立允许误差:位置±5 mm,垂直 2 mm。

9. 浇筑道床混凝土

浇筑道床混凝土前,应再次检测轨道几何尺寸,确认符合验收标准后方可浇筑道床混凝土。道床混凝土采用商品混凝土,为确保施工连续性,及混凝土施工质量,每个施工段的整体道床混凝土浇筑必须一次性完成。混凝土的施工缝的接缝面与道床中心线垂直,施工缝设在伸缩缝处。使用插入式振捣器振捣并加强轨枕底部及周围混凝土的捣固,道床表面需抹面整平(抹面允许偏差为:平整度 3 mm、高程 0/−5 mm),及时喷洒混凝土养护剂。浇筑施工中应注意以下几个问题:

(1)根据试验控制的初凝时间及时对道床表面进行抹光,确保道床表面平整。

(2)混凝土强度需达到 5 MPa 后才能拆除水沟模板。

(3)拆模后整个道床表面应光洁,不得有蜂窝、露筋、空洞等现象,硬伤、掉角等缺陷应修补完好,麻面面积不超过该侧面积的 1%。

(4)为防止混凝土浇筑过程中污染扣件,浇筑前可用塑料袋对每组扣件进行遮盖。

(5)混凝土浇筑过程中注意不可碰撞钢轨,施工中随时检查轨道状态,发现问题及时处理。

(6)施工过程中对每车混凝土的坍落度均进行检查。同一混凝土配合比,每灌注 100 m 道床(不足时按 100 m 计)制作四组试件,两组在标准条件下养护,两组与道床同条件下养护。

10. 工艺孔填塞及道床面整修

由于钢轨支撑架纵向调节螺栓在混凝土浇筑前是用 PVC 管包裹的,因此在工艺孔填塞前必须将其清理掉,再用与道床板混凝土同标号的混凝土进行填塞,混凝土必须采用人工捣密实,并且与道床面保持平整。

11. 道床养生

混凝土浇筑完毕后 12～18 h,进行洒水养护处理,养护时间一般不少于 7 昼夜。混凝土未达到设计强度的 70%时,道床上不得行使车辆和承重。

第五节　关键技术及质量控制重点

1. 钢筋安装位置应符合设计要求,其中钢筋间距允许误差为 10 mm,钢筋保护层厚度控制为在 30～50 mm 左右，困难时不得小于 15 mm。

2. 钢轨支撑架及模板应具有足够的强度、刚度和稳定性。对已变形，出现断裂的支撑架要求不再予以施工。

3. 轨道允许偏差应符合以下规定：钢轨轨距满足＋2～－1 mm，高低(10 mm 弦量)允许偏差为 1 mm，水平允许偏差为 1 mm，轨向允许偏差为 1 mm(10 m 弦量)。采用已经检核过的直角道尺，对准基标的十字丝，先对基准轨的高度和方向加以控制，再用万能道尺对其轨距和水平加以控制。

4. 混凝土振捣过程中保证各振捣点均匀，每处振捣点的振捣时间保证在 25～30 s 左右，道床成品后表面应平整、颜色均匀、不得有裂缝、露筋、蜂窝、孔洞、疏松、麻面和缺棱角等。

5. 整体道床混凝土施工前，对施工队进行书面交底和现场交底，保证施工队在施工前明确施工工艺和要求。

6. 浇筑混凝土之前对基础顶面杂物进行彻底清扫，再用清水冲洗。

7. 混凝土浇筑过程中，严格控制好标高及震捣时间。在浇筑混凝土之前，由专业测量工程师到现场测量，在管片及模板上作好控制线控制混凝土结构高度。混凝土震捣至不再出现气泡为止。

8. 混凝土浇筑完毕后，适时对其进行养护。

第二章　减振型无砟轨道施工

城市轨道交通轨道结构的钢轨铺设与铁路基本相同，因此本章着重介绍无砟道床的施工技术，对于钢轨的铺设不再介绍。

第一节　概　　述

轨道是地铁和轻轨运营设备的基础，它直接承受列车荷载并引导列车运行，而且轨道交通大多穿越或位于闹市区，因而在城市轨道的设计中不仅对轨道结构的技术特性、构造功能有严格的要求，而且轨道结构要满足减振降噪、防杂散电流的环保要求。北京、上海地铁沿线测试和调查表明：地铁运行过程中沿线居民反映振动明显。这就要求我们进行城市轨道交通的规划、设计时要充分考虑对沿线环境的影响，借鉴国外成功经验，研究相应对策与措施，能否将轮轨噪声等噪声源产生的振动和噪声降低在最低限度内，避免形成又一公害和居民的诉讼赔偿，是轨道交通建设的关键之一。

国内外对轨道减振进行了大量研究，目前，轨道减振措施较多，如科隆蛋(轨道减振器)、浮置板道床、梯形纵向轨枕、隔离式减振垫、地面铁路在接头轨枕下垫大胶垫减少接头振动等。

对轨道结构类型的选择应注意以下几方面。

(1)修建轨道交通工程要有超前意识，全线宜采用整体轨道结构类型。

(2)根据城市环境的要求和轨道结构振动、噪声的特点，应采用新型的整体轨道结构形式，如弹性轨道结构、减振降噪型轨道结构类型。

(3)对城市轨道交通沿线不同地区，根据环境的要求，有特殊减振要求的区域，如医院、文教区，采用浮置板式轨道结构，一般减振降噪要求的区域选择弹性支承块式整体轨道结构。

轨道结构的减振，主要包括以下几种方式：

(1)采用较重的钢轨：比如说，与 50 kg/m 轨相比，采用 60 kg/m 轨可降低振动强度2～4 dB；

(2)采用无缝线路；

(3)定期研磨钢轨和车轮保持其平顺性；

(4)弹性支承块轨道结构(LVT)。

下面介绍国内常见的几种减振型轨道结构及其施工技术。

第二节　特殊减振轨道施工工艺

一、钢弹簧浮置板轨道

(一)结构简介

浮置板轨道的基本原理是在轨道上部结构和基础之间插入一个固有频率很低的线性谐振

器，防止振动渗入基础。浮置板轨道系统主要包括浮置板、板下弹性阻尼元件、侧向垫板和纵向垫板。浮置板式轨道结构按板下弹性阻尼元件可采用橡胶板或钢弹簧，钢弹簧支承浮置板减振效果更好，但造价较贵，通常作为高等级减振措施在一些特殊敏感地段实用。图 11—2—1 所示为钢弹簧浮置板轨道结构的示意。

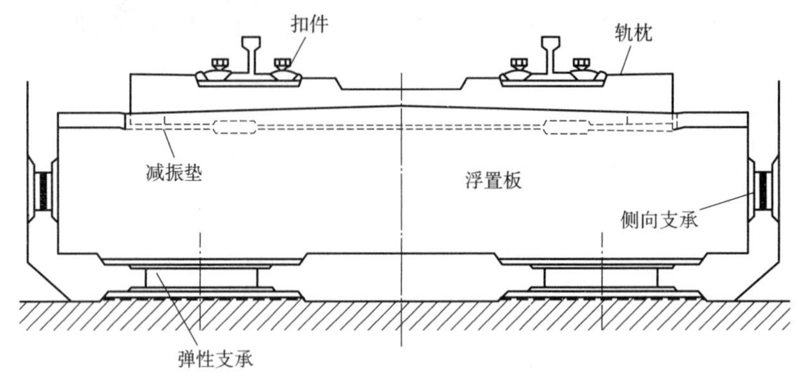

图 11—2—1　钢弹簧浮置板轨道结构的示意图

在所有减振降噪型轨道结构中，浮置板轨道结构具有最好的减振降噪效果。据联邦德国有关部门测试，有道碴下垫层和浮置板式的轨道结构其阻尼效应可减振达 30 dB，且在垂直荷载 20%～100%变化范围内其隔振效果几乎保持不变。由于其良好的减振降噪性能，这种结构在国外的华盛顿、亚特兰大、多伦多、布鲁塞尔等地均有铺设。我国城市轨道交通首次采用浮置板式轨道是在广州地铁 1 号线，目前已在北京、上海等其他城市的轨道交通中作为一种重要的减振措施使用。

(二)施工工艺

1. 复测

在施工测量开始前，先进行复测，加工底板钢筋和浮置板钢筋。

2. 基底钢筋绑扎其外形尺寸要保证水沟中心在线路中心线上。

3. 底板混凝土高程控制

在线路中心埋设基标，每隔 2 m 一个，用以控制底板混凝土的高度。隔振器的钢弹簧直接放置在底板混凝土表面，底板混凝土平整度要求为 1 m^2 范围内误差为 2 mm。所以底板混凝土表面平整度的控制成整个施工的关键。底板混凝土浇筑前应在隧道管片上标志出其标高位置。待混凝土浇筑完毕，复测每个隔振器位置基底混凝土高程。

4. 铺轨基标埋设及轨排架设

铺轨基标设置在距离线路中心线 1.6 m 的位置，即和普通道床地段一样。铺设地隔板，先铺设距离线路中心线 1.6 m 范围内，测量放样出每个隔振器的精确位置，将隔振器外套筒按照设计的型号及尺寸定位于相应的放样点上，用玻璃胶密封隔振器外套筒与地隔板之间的空隙，防止隔振器内进入杂物。接着架设轨排，轨排架设时轨面标高比设计轨面标高降低 3 cm，最后进行浮置板道床顶升 3 cm。此浮置板轨排不带轨枕，只带有扣配件及尼龙套管，且与混凝土面连接的橡胶垫板要换成相同型号规格的木垫板，待混凝土凝固以后拆换成橡胶垫板。轨排架设加固完毕后，拔除铺轨基标，拆除铺轨龙门吊走行线及支撑架，将地隔板铺至两边管片，高度不低于混凝土面标高，再用万能胶粘紧，防止混凝土漏进地隔板，影响浮置板顶升质量。

5. 浮置板钢筋绑扎

按照设计要求及复测管片偏移加工浮置板道床钢筋，绑扎之前先在底层钢筋下垫上保护层试块。准确核对各类钢筋的规格型号及尺寸，按照穿筋的简易程度进行有序的绑扎。绑扎时，注意预留检查孔位置。绑扎两块浮置板连接部位钢筋之前，预先将剪力铰按照设计安装到位。钢筋绑扎完毕后，将与纵向防迷流连接的纵向钢筋与横向结构筋全部焊接，保证全线范围内的防迷流畅通。

6. 地隔板补漏

待浮置板整体道床混凝土浇筑前所有工作做到位以后，即可进行地隔板补漏。遵循从点到线，从线到面的原则，确保底层混凝土与浮置板道床混凝土的分离。

7. 轨道几何尺寸调整

轨排的调整定位程序是：先调水平，后调轨距；先调桩点，后调桩间；先调基准轨，后调另一轨，先粗调后精调的原则，反复调至符合标准为止：

(1)粗调定位：轨排经钢轨支撑架摆放就位后，以铺轨基标为基准。

借助于直角道尺和万能道尺，通过钢轨支撑架支撑杆对轨道几何状态进行初调。要求轨道目视顺直或圆顺，标高、轨距、水平及方向偏差均不超过±20 mm(以减少精调的工作量)，内外长轨枕对齐，上紧接头螺栓并保持轨缝对接。

(2)精调定位：轨排初调完成后，采用弦线法、水准仪和万能道尺(精度允许偏差+0.5/0 mm)等工具进行精调定位作业。具体调整方法如下：

①用直角道尺检查、调整其中一股钢轨。先将立柱高度调节至基标与轨面高差相适应，并将立柱底的对准器对准基标的中心孔，道尺滑动块架在钢轨上；

②同时将万能道尺紧贴直角道尺架在左右两股钢轨上，检查两股钢轨的轨距；

③调整基标前后相临钢轨支撑架，且先调水平再调中线；

④旋转支撑架立柱，使钢轨升高或降低，直角道尺水准气泡居中时表示该股钢轨已调至所需高度，万能道尺水准气泡居中时，表示另一侧钢轨也调至所需高度；

⑤旋转支撑架上的轨卡螺丝(先松一侧再紧另一侧)使轨排左右移动，直至直角道尺水平滑块指针读数为零；

⑥目测观察配合万能道尺和 10 m 或 20 m 长弦线丈量，旋转离基标较远的支撑架的立柱和轨卡螺栓，使钢轨平直圆顺。

⑦在整个调轨作业中，由于钢轨支撑架的位置与线路基标不在同一断面上，钢轨与支撑架立柱又不在同一位置，以及某一支撑架调整时钢轨的刚性连动，调轨工作往往需要重复多次，反复调整，才能达到要求。

8. 模板支立

针对浮置板结构特殊性，模板采用木模，在安装定位时严格按照道床几何尺寸进行安装，各个面必须固定牢固。

9. 道床混凝土浇筑

浇筑道床混凝土前，应再次检测轨道几何尺寸及支撑架的稳定性，自检合格后报监理工程师检查验收，监理工程师认可后方可浇筑道床混凝土。道床混凝土采用商品混凝土，由混凝土运输车运输至浇筑位置就位，复搅 1～2 min 保证搅拌均匀后泵送入模。为确保施工连续性及混凝土施工质量，每个施工段的整体道床混凝土浇筑必须一次性完成。使用插入式振捣器振捣并加强隔振器钢套筒周围混凝土的捣固，道床表面需抹面整平(抹面允许偏差为：平整度 3 mm、高程 0/－5 mm)，及时喷洒混凝土养护剂。浇筑施工中应注意以下几个问题：

(1)根据试验控制的初凝时间及时对道床表面进行抹光，确保道床表面平整；

(2)混凝土强度需达到 5 MPa 后才能拆除模板；

(3)拆模后整个道床表面应光洁，不得有蜂窝、露筋、空洞等现象，硬伤、掉角等缺陷应修补完好，麻面面积不超过该侧面积的 1%；

(4)为防止混凝土浇筑过程中污染扣件，浇筑前对每组扣件进行遮盖；

(5)混凝土浇筑过程中注意不可碰撞钢轨，施工中随时检查轨道状态，发现问题及时处理；

(6)施工过程中对每车混凝土的坍落度均进行检查。

10. 浮置板道床顶升

当浮置板混凝土浇筑完成，按要求养生 28 d 后，且达到设计强度，即可开始顶升。

二、梯形轨枕轨道

(一)结构简介

弹性支承的梯形轨枕轨道(图 11—2—2)是一种新型的低振动、低噪声的轨道系统，它由梯形轨枕、弹性支墩、混凝土底座构成。梯形轨枕由 PC 轨枕和钢管连接件构成，形状似梯子。在这种轨道中，PC 轨枕起到在钢轨之外的第 2 纵梁的作用，钢轨和 PC 轨枕共同承载列车荷重，起到了刚性较大的“复合轨道”的作用，提高了轨道的分散动载荷性能，因而具有良好的减振降噪性能。

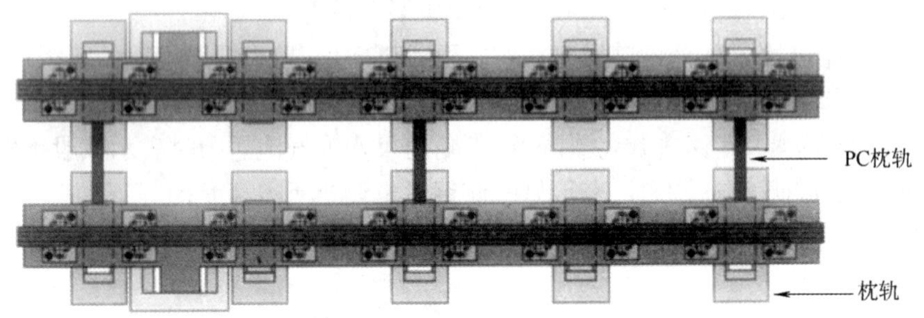

图 11—2—2　弹性支承的梯形轨枕轨道

梯式轨道起源于日本，在日本已成功地应用于羽田机场线、空港联络线和常磐新线等需要减振降噪的地铁和高架轨道交通中。我国是日本之后第二个采用和生产梯形轨枕的国家，它首先应用在北京地铁 5 号线天通苑至天通苑北站之间的高架线段，铺设了 171 m 长的试验段；北京地铁 4 号线铺设梯形轨枕轨道总长度达 7.7 km；广州地铁 2 号线和 8 号线以及上海地铁 2 号线也部分采用了梯形轨枕减振轨道；北京地铁、上海地铁也相继进行了大面积采用。而在世界的其他国家，还没有得到完全应用，只有美国福罗里达州铺设了 99 m 长的试验段。

(二)施工工艺

(1)基底处理及基标测设

①在进行基底处理前，以轨面标高为基准线，先对轨道结构高度进行检测，确认 L 型底座混凝土基底至钢轨顶面不小于设计高度。

②L 型底座施工前，需对 L 型底座与隧道主体的结合面凿毛处理，以保证新老混凝土间的可靠连接。采用风镐进行凿毛，凿毛要求：梅花型布置，间距 150 mm，深度 5～10 mm。凿毛后，立即清扫垃圾、杂物、抽干积水，保证表面清洁、无积水和堆积杂物。

③控制基标和加密基标的设置控制基标在直线上不超过 120 m 设置一个，曲线段除了在曲线要素点设置外，还应 60 m 左右设置一个（可根据曲线长度适当调整）。加密基标在直线上每 6m 设置一个，曲线上每 5 m 设置一个。加密基标用量距法（直线段）或偏角法（曲线段）测设位置、水准测量方法测设高程。基标埋设时先将底板凿毛，以增加基标与底板的粘结力，然后检测基标各项精度是否满足要求，精度满足要求后，进行永久固定。施工过程中，注意对基标的保护，特别是立模和轨道精调时；同时，在基标基础埋设时，注意预留立模空间，以减少干扰。

④现场按设计图纸及技术交底进行 L 型底座及梯形轨枕、线路中线的测设，将 L 型底座的轮廓线、轨排的相对位置及轨排编号、L 型底座立模线用墨线标记在基底面对应位置处。

(2)L 型底座钢筋绑扎

①L 型底座钢筋网采取洞外下料、加工，洞内绑扎焊接成型的作业方式，纵向钢筋按两相邻伸缩缝长度配料。

②绑扎 L 型底座钢筋时，严格按照设计图纸要求，自下而上按照底层一中间层一面层一板块端部一绑扎特殊部位加固钢筋的顺序施工。

③对绑扎完成的钢筋进行精确调整，根据设计轨面高程推算出 L 型底座平面高程，留足钢筋保护层，精确绑扎顶面钢筋。

④绑扎完成的钢筋网底部、侧面应用垫块固定，以保证浇筑时的保护层厚度。保护层厚度为 15～25 mm。

(3)轨排组装架设

梯形轨枕组装在基地完成，生产完成后运至作业面。采用机铺法施工。

①组装轨排前，根据设计文件和规范要求做好配轨计算，并编制轨排表。根据设计文件，先确定每组道岔的头尾里程，对每组相邻道岔头尾距离进行实测，并依此计算出每段的轨道长度。配轨按外股钢轨长度和预留轨缝连续计算，并确定曲线始点前（或后）的钢轨接头到曲线终点前（或后）的钢轨接头距离，再计算出每个曲线的缩短量。根据钢轨接头相对原则，保证钢轨接头相错量在直线上不大于 20 mm，在曲线上不超过缩短量的一半加 15 mm。由于洞内温度恒定，钢轨接头可不考虑轨缝。

②在梯形轨枕底部粘结减振垫，侧面粘结缓冲垫，在减振垫相互之间以及缓冲垫相互之间粘结泡沫塑料板。将 4 块梯形轨枕依次摆好，轨枕间隙 100 mm。在每块梯形轨枕凸形挡台外侧预埋套管和轨枕另一端内侧预埋套管各安装 1 个轨枕支撑，共计 4 个轨枕支撑。

③拧入螺旋道钉，将已丈量配对的钢轨吊入承轨槽，安装钢轨支承架，再用扣件将钢轨固定与梯形轨枕上，螺栓拧紧力矩必须满足设计要求，安装轨距拉杆，调整轨距拉杆和钢轨支承架，使轨距基本满足 1 435 mm 要求，将轨排吊至存放区。

④轨排在铺轨基地用龙门吊吊放到洞内轨道平板车上，轨道车运输至道床混凝土已施工完毕且强度达到 70%设计强度的地段，再用两台洞内小龙门吊抬至待铺位置。按照设计图要求，将带有轨枕支撑的轨排落放至已绑扎好的 L 型底座钢筋网上，并将轨排上的轨枕支撑基本调整平。

⑤轨排经小龙门吊初步摆放正位后，以施工基标为依据，借助于直角道尺和万能道尺，通过钢轨支承架丝杠对轨道状态进行初调。要求轨道目视顺直或圆顺，标高、轨距、水平及方向偏差均不超过±10 mm，然后将前后钢轨用临时按头连接，上紧紧固螺栓并保持轨缝对接。

⑥检查梯形轨枕底部减振垫，侧面缓冲垫粘结是否良好，位置是否正确，有无损坏，同时检查梯形轨枕底部和侧面的泡沫塑料板隔离层是否完好，有无脱落。若有问题需进行处理。

(4)模板支设

混凝土侧模采用建筑钢模。安装模板前要复查道床标高及轨道中心线位置是否符合设计要求，检查预埋件及预留孔洞是否遗漏，位置是否准确，确保模板安装正确

(5)轨道精调

模板支设完成后，在浇灌道床混凝土前，对钢轨位置、标高、方向等依基标进行精调。先调水平，后调方向；先调基标部位，后调基标之间；先粗后精，反复调整。经过精调后，其精度必须符合无砟轨道铺设验收精度要求，即方向用 10 m 弦量，不超过 4 mm；水平 2 mm，高低用 10 m 弦量，不超过 2 mm，轨距±2 mm。

(6)混凝土浇筑

①混凝土浇筑前，对钢轨、扣件采取防污措施，用彩条布覆盖钢轨，用特制挡灰罩罩住扣件及梯形轨枕联接方钢。采用 C30 商品混凝土，应对每车混凝土进行坍落度试验，保证符合施工要求。

②分区段采用铺轨预留口或其他投料口下料、轨道运输车运至浇筑部位，洞内铺轨龙门吊运输浇筑，先浇筑梯形轨枕下层的平垫层，混凝土从梯形轨枕下流出，浇筑的混凝土应淤出梯形轨枕下底平面 8～10 mm，保证混凝土与梯形轨枕的密贴，初凝前将淤出部分抹平，抹面高度应与梯形轨枕底部的减振垫底面平齐，收面时混凝土和梯形轨枕下表面不得接触。

③浇筑混凝土时采用直径 20 mm 插入式振捣棒在外侧充分振捣，加强减振垫下 L 型底座混凝土的振捣，严禁振捣器触及钢轨支撑架、模板、缓冲垫及泡沫隔离层。

④振捣完成后，L 型底座混凝土表面要进行抹面处理，抹平、搓毛 2 遍以上，抹面允许偏差为平整度 3 mm，高程－5～0 mm。

⑤浇筑中应随时保证钢轨的方向、轨距、水平及模板的位置正确。

(7)模板及支撑架拆除

在混凝土强度达到 2.5 MP 以上时拆除模板，同时将梯形轨枕与道床混凝土间的泡沫板隔离层清理出来，保证除减振垫外梯形轨枕与 L 型底座分离，达到 5 MP 后，拆除钢轨支撑架，达到设计强度的 70%后，轨道上方可载重、行车。

三、纵向轨枕轨道

(一)结构简介

纵向轨枕(见图 11—2—3)为轻型“质量—弹簧”系统：为板式轨道的第二代。以增加纵向刚度提高荷载分散能力，道床下方设置弹性垫以及纵向刚度来获取减振效果。以钢管联接实现轨间距固定，简化了轨道结构而便于更换检修；轨枕的纵向刚度较高，有利于减少轮轨冲击力。参振质量高，弹簧刚度低。可以达到最好的减振效果，适用于特别敏感地段。

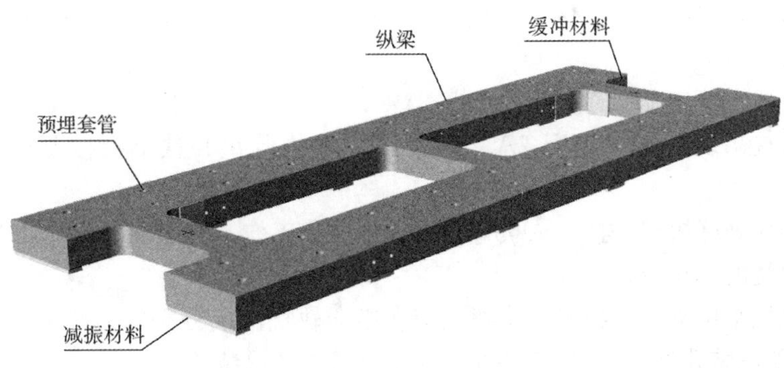

图 11—2—3　纵向轨枕示意图

(二)施工工艺

1. 基底处理

在进行基底处理之前,以轨面标高为基准线,先对轨道结构高度进行检测,梁面高程不能超过设计值 20 mm,对预埋筋的位置和高程进行检查,对不符合设计要求的梁面处及预埋筋进行处理。轨行区道床基底面按照设计要求进行凿毛、清理。坑深 5～10 mm,坑距 30～50 mm。

2. 根据测量基标,把道床、凸台位置用墨线标记。

3. 铺设道床钢筋

根据设计图纸,在梁面上用墨线放样。在道床范围内,严格按照设计图纸铺设钢筋,钢筋交叉点用扎丝捆牢,按照设计要求布置排水管。

4. 精调道床钢筋

根据轨面标高推算出道床钢筋和凸台钢筋高度,满足钢筋保护层最小厚度 30 mm。钢筋经监理检查合格后,才能安装模板。

5. 道床混凝土浇筑

道床表面与纵向轨枕间的隔离空隙应满足设计要求,任何情况下隔离空隙不得小于 10 mm。

根据纵向轨枕道床的形状特点,在灌注过程中应水平分层、分台阶浇筑,先浇筑平垫层,初凝前抹平,浇筑时,应充分振捣,采用插入式振动棒振捣,振动棒移动间距宜为 400 mm 左振捣时间为 15～30 s,20～30 min 后,进行第二次复振。振捣完成后混凝土表面要进行抹面处理,为防止产生收缩裂缝,应用木抹子抹平,搓毛两遍以上。在混凝土泵送过程中,施工中断不宜超过 1 h。

凸台、承轨台的质量要求:外形尺寸允许偏差为:位置＋5 mm,垂直度 2 mm;抹面允许偏差为:平整度 3 mm,高程－5 mm。

混凝土浇筑过程中,同一配合比混凝土每灌注 100 m^3(不足者按 100 m^3 计)取 2 组试件,1 组在标准条件下养护,另 1 组与现场同条件下养护。混凝土浇筑过程中,应将混凝土振捣密实。混凝土强度应符合设计规定,表面清洁、平整,变形缝直顺,无蜂窝、麻面和漏振。对每车混凝土进行坍落度试验,保证符合施工要求。粗骨料宜选用最大粒径不大于 20 mm 的碎石。

6. 抹面、养生和拆除模板

混凝土初凝前应及时进行抹面。混凝土浇筑 12 h 后,应采用喷洒养护剂的方法进行养护,保持混凝土处于湿润状态,养护时间为 14 d,因隧道内为常温,所以无须特殊养护。混凝土强度达到设计强度的 70％后,轨道上方可载重、行车。在混凝土强度达到 30 MPa 后方可拆除模板;将模板进行拆除时应注意保护成品混凝土的完整性。拆除完毕后的模板应进行清洗并分类摆放、回收。

7. 纵向轨枕吊装、架设、调整

(1)纵向轨枕吊装前,应将 WJ-2A 型扣件的板下橡胶垫和铁垫板按要求安装在纵向轨枕上。

(2)架设前应做好机械、材料、人员等各项施工准备工作。按照图纸设计要求,测量线路中心,确定纵向轨枕的起止位置。

(3)纵向轨枕采用支撑架架设。支撑架应在纵向轨枕两端分别安装。一端安装在纵向轨枕凸形挡台外侧吊装孔处,另一端安装在混凝土纵梁内侧吊装孔处。

(4)纵向轨枕调整

①按照基标对纵向轨枕进行水平粗调,利用斜支撑进行方向调整,保证线路中心线在设计位置。曲线超高用超高垫片调整。

②在完成水平调整后,按照基标,对架设于支撑架上的纵向轨枕进行高度的精调。

粗调时,应在纵向轨枕的两侧确定起点,同时使用小型液压千斤顶将纵向轨枕顶起后调整支撑架,每次起升高度不得大于 5 mm,以保持纵向轨枕的平稳。

8. 灌注调整砂浆

(1)基础处理

清扫基础表面,不得有碎石、浮浆、灰尘、油污等杂物。表面不得有积水。

(2)放置砂浆袋

根据减振材料位置,放置砂浆袋。砂浆袋应居中。

(3)灌浆料的搅拌

按产品合格证的要求配置并搅拌灌浆料,可采用机械或人工搅拌。搅拌时间应按产品说明书确定。

(4)灌浆

用"自重法灌浆",即将浆料直接自砂浆袋灌入,完全依靠浆料自重自行流平并填充整个灌注空间。

调整砂浆灌注前,应逐步调整钢轨及纵向轨枕,使之满足下列要求:

①轨距偏差为+2,−1 mm,变化率不大于 1‰;

②水平以一股钢为基准(曲线以内股为基准),按线路中心线处的设计轨面高程偏差为±5 mm,且轨道水平差不得大于 2 mm,在延长 6.25 m 距离内,不得有大于 2 mm 的三角坑;

③轨向以一股钢为轨基准(曲线以外股基准),距线路中心线的偏差为±2 mm,直线用 10 m 弦量,最大矢度不得大于 2 mm,曲线用 20 m 弦量,最大正矢偏差不得大于表的数值。

④浇筑凸台、承轨台前曲线正矢允许偏差见表 11—2—1。

表 11—2—1　浇筑凸台、承轨台前曲线正矢允许偏差

序　　号	曲线半径(m)	缓和曲线正矢与计算正矢差(mm)	圆曲线正矢差(mm)	圆曲线正矢最大最小差(mm)
1	251～350	3	5	7
2	351～650	2	3	5
3	>650	1	2	3

⑤纵向轨枕的定位允许偏差见表 11—2—2。

表 11—2—2 纵向轨枕的定位允许偏差

序号	项目	允许偏差(mm)	检查数量
1	中线位置	±3	每片枕的两端及中部,共 3 处
2	纵向轨枕纵向前后方向	±10	每片枕的两端
3	纵向轨枕横向左右方向	±5	每片枕中部
注:前后方向是相对纵向轨枕的规定位置而言;左右方向是相对轨道中心线位置而言。			

⑥灌浆施工时应符合下列要求:

(a)应灌浆充实;

(b)灌浆开始后,单个灌浆袋的灌浆必须连续进行,不能间断,并应尽可能缩短灌浆时间;

(c)设备基础灌浆完毕后,要剔除的部分应在灌浆层终凝后进行处理;

(d)在灌浆施工过程中直至终凝,应避免灌浆层受到振动和碰撞,以免损坏未结硬的灌浆层。

9. 纵向轨枕支承架拆除

调整砂浆强度达到 25 MPa 后,对纵向轨枕支撑架进行拆除。

10. 质量检查

对凸台、承轨台进行质量检查,发现外观有问题的可用环氧树脂对表面进行抹面整修处理。

四、弹性长枕轨道

(一)结构简介

这种轨道结构大量应用于日本的高速铁路和地铁系统,使用历史已有 20 多年。一般用于有特殊减振要求的地区,如医院、学校、居民区、商业区域等。这种轨道结构列车的荷载传递路径为:钢轨—轨下胶垫—PC 轨枕—枕下胶垫—道床。其特点是:可以不破坏周边混凝土方便地进行枕下胶垫的更换及高低调整,可以根据用途来选择各胶垫的弹性。轨枕下胶垫作为地层振动对策和噪声对策所采用的刚度是不同的,减振箱内各侧面的刚度要比枕下胶垫刚度大得多。D 型弹性整体道床轨道的振动水平可比普通板式轨道低 13~16 dB。根据实测 1/3 倍频程分析,这种轨道在 500 Hz 以上时可有 30 dB 左右的减振效果,有利于降低向外传递的振动和噪声,缓解对轨道结构和桥梁结构的损害。

弹性长轨枕所采用的轨枕与一般混凝土轨枕相同,通过在轨枕端部、枕端两侧和枕下 3 个方向设置弹性垫层,构成减振箱。弹性长轨枕质量较弹性短轨枕大,因此,其减振效果相对更好,目前在日本应用较多。

(二)施工工艺

弹性长枕道床施工工艺与普通长枕道床工艺类似,不再详细说明。

五、隔离式减振式轨道

(一)结构简介

隔离式减振垫自 1975 年最早在柏林地铁使用以来,以其良好的安全性、稳定性、经济性的特点，在世界范围 70 多个不同地质结构和气候条件的国家的高速铁路、城市轨道交通等项目中得到广泛应用，大型案例超过 6 000 个。

隔离式减振道床垫主要有 G(平面型)和 USM(圆锥截顶型、圆柱突起型)两大系列，其中 G 系列主要应用于国铁和地铁车辆段内有碴道床，USM 系列主要应用与高速铁路和城市轨道交通无砟道床。为了满足不同速度和刚度的要求，又分为 G1023、USM1000、USM2020、USM4000 等多种型号，可满足各种不同地质条件和环境要求。

使用隔离式减振道床垫后，其轨道具有如下特点：

(1)系统结构稳定性好，固有频率低(10～12 Hz)，动静刚度比小(k=1.1～1.2)，可有效阻隔地铁列车运行过程中的低频振动和噪声传递，减少对周围居民和房屋建筑的振动和噪声影响。

(2)减振降噪效果好。广深高铁、深圳地铁和杭州地铁的实际测试证明，隔离式减振垫浮置板系统 Z 振级减振效果良好，在地下线和高架桥特殊减振和高等减振地段均可采用。

(3)适用范围广。相对于钢弹簧浮置板、T 型轨枕等减振形式，隔离式减振垫系统可用于碎石道床、整体道床、道岔等多种形式的轨道结构，不受结构条件制约。

(4)安装简便。隔离式减振垫采用了无缝化搭接设计，铺设速度快，质量易控制，减振垫铺设可达到每天 75 m 以上。

(5)耐久性好。巧妙的产品结构设计和严格的制造工艺造就了其优越的抗疲劳和抗老化性能，德国地铁 36 年的产品应用和 2 500 万次疲劳试验超低衰减率(3%)有效证明了这一点。

(6)运营期间免维护。

(7)经济指标低，根据结构形式的不同，隔离式减振垫每公里造价仅 350 万元～600 万元。同其他轨道减振降噪产品相比较，成本较低。

(8)隔离式减振垫系统采用的是面支撑的结构，钢轨和扣件受力均匀。相对于扣件减振可有效防止钢轨波磨的出现，极大的减少了养护运营工作量。

(9)可降低有砟线路运营维护工作量，减少了道砟的磨耗。

(二)施工工艺

1. 施工准备

对隔振垫铺设范围进行检查，如是否有土建预留泄水孔等，并与设计沟通确定排水措施。吊送、倒运施工机具、材料至铺设位置。

道岔料进场后直接吊送上桥，应与厂家人员一同开箱验收。吊装时应注意道岔尖轨、辙叉及护轮轨的保护，应区别铺设方向及道岔开向。运装时将尖轨与基本轨捆牢避免尖轨损坏。岔枕进场后严格按其外观质量、类型、尺寸逐一检查，验收合格后方可运往工作面。

2. 施工测量

根据设计院交接桩资料进行线路复测、放样，测出基桩高程。根据基桩确定每组道岔的具体位置，并用墨线标示外框。

3. 找平层施工

根据设计蓝图及测量数据，按照蓝图板块划分对梁面高程不符合要求的进行凿除施工。保证找平层厚度为 6 cm。

(1)根据框线将梁面预埋钢筋砸平贴近梁面，并铺设 $\phi8$ 成品钢筋网片。

(2)采用 $\phi50$PVC 管预埋找平层内。布设方法为：沿线路方向，由道床板块预留缝向梁面预留泄水孔布设,并采用就近原则。

(3)基础找平层混凝土浇筑、养护

浇筑混凝土前,对模板的位置、垂直度,及模板的牢固程度进行检查。自检合格后报请监理组织隐检(底板处理、钢筋绑扎),符合要求后方可浇筑混凝土。

基础找平层混凝土采用 C40 细石商品混凝土,对每车混凝土进行坍落度试验,做试块送检,保证符合设计要求。

找平层表面要进行抹面处理,要用木抹子磨平、搓毛 2 遍以上,由线路中心向外侧设置 2%的排水坡,抹面允许偏差为平整度 5 mm/m,并进行养护。

4. 隔振垫铺设

铺设橡胶隔振垫之前,检查基底表面平整度、及清扫表面的垃圾,不得出现尖角及不平整。并确保基底混凝土终凝。

橡胶隔振垫铺设采用横铺方式(即垂直于线路中心线铺设),具体分为四步:

第一步,橡胶隔振垫切割,根据道床板宽度切割,顺线路方向铺设长度根据具体道床板长度裁剪。

第二步,橡胶隔振垫铺设(图 11—2—4),仍采用横铺方式。橡胶隔振垫间衔接的缝隙宽度小于等于 10 mm(图 11—2—5),采用搭接条覆盖隔振垫缝隙,然后用三排铆钉固定隔振垫(图 11—2—6)。

图 11—2—4　隔振垫铺设

图 11—2—5　隔振垫之间的缝隙小于 10 mm

图 11—2—6　隔振垫采用铆钉连接

第三步,限位凸台弹性垫板安装。限位凸台位置隔振垫相应割除,限位凸台周围采用弹性垫板包裹。

第四步,橡胶隔振垫密封。

橡胶隔振垫铺设完毕后,橡胶隔振垫四周采用橡胶密封条密封(图 11—2—7),并用铆钉将密封条与隔振垫固定。

铺设后的隔振垫上只能运行 5 t 以下的橡胶轮的运输车,运输车运行过程中严禁急刹、急转等过猛动作。如有减振垫需要经过铺设完毕的路段时,只能手工作业,严禁任何机动车辆通过。

图 11—2—7　隔振垫密封

5. 道岔运输及组装

材料进场后直接用汽车吊送至铺设位置，根据测量基桩可摆放至大概位置。先摆放岔枕、后摆放道岔钢轨。扣配件现场开箱与厂家人员一同验收，查看是否有遗漏的情况。验收合格后根据铺设图纸进行钢轨组装。铁垫板、扣件按设计图纸规定的类型有次序的分类散布，根据道岔图纸轨枕间距在基本轨上标示出印记，按序号依次上扣件组装道岔，安装扣件时，需派专人对其位置、型号进行检查。岔枕间距容许偏差为±5 mm，螺旋道钉要拧紧，并复紧 3 次，以防止出现滑床板吊空现象。采用水平尺检查相邻岔枕是否在同一平面，超标的立即改正组装完成后用门型吊配合起道，粗起至设计高程，并用道岔支撑架将道岔钢轨撑起。支撑架丝杆位置需对隔振垫切割孔洞使丝杆与结构底板接触，防止丝杆承重后应力集中于丝杆处，损坏隔振垫，浇筑前需要做好丝杆与空洞密封措施防止混凝土进入隔振垫底部影响减振效果。

6. 道岔粗调

①根据基桩位置，确定并调整岔前、岔后的位置，保证道岔两头两股钢轨的方正。②调外直股方向：根据外直股外侧基标，用直角道尺从岔头到岔尾依次调整道岔外直股的方向和高程，使其达到规范要求。③在保持道岔外直股不动的前提下，依次调整道岔内直股的轨距、水平，直至达到要求。④调整曲上股轨距、水平：按照设计图纸，把支距尺放在规定的支距点，在保持外直股不动的前提下，依次调节曲上股各点支距达到要求。⑤调整曲下股轨距：在保持曲上股位置不变的前提下，调整曲下股各点轨距及水平。

7. 钢筋绑扎、焊接

按照设计图纸，钢筋集中的下料、加工，吊送到位后散铺底层钢筋及绑扎，再次对道岔粗调完后安装上层钢筋，绑扎形成钢筋笼，并按要求对钢筋进行焊接。钢筋安装除满足一般规定外还应严格遵守防杂散电流专业的要求，并注意相关预埋、预留钢筋的安装。钢筋保护层厚度应不小于 35 mm。

8. 道岔精确定位调整

道岔各部的几何状态，必须按道岔铺设图、整体道床布置图及铺设基标进行调整；施工过程中随时检查道岔和混凝土轨枕的位置，道岔各部的几何状态，发现超标立即调整。整体道床道岔铺设应符合下列规定：

①里程位置允许偏差为±15 mm。

②导曲线及附带曲线：导曲线支距允许偏差为 1 mm，附带曲线用 10 m 弦量连续正矢差允许偏差为 1 mm。

③轨顶水平及高程：道岔全长范围内高低差不应大于 2 mm，高程容许偏差为±1 mm。

④转辙器必须扳动灵活，曲尖轨在第一连接杆处的动程不应小于 152 mm。尖轨与基本轨密贴，其间隙不应大于 1 mm。尖轨尖端处轨距允许偏差为±1 mm，变化率不大于 1‰。

⑤查照间隔即护轨头部外侧至辙岔心作用面的距离为 1 391 mm，允许偏差为＋2、0 mm。护背距离即至翼轨作用边的距离为 1 348 mm，允许误差为 0、－1 mm。

⑥轨面应平顺，滑床板在同一平面内，轨撑与基本轨密贴，其间隙不应大于 0.5 mm。

⑦道岔范围内各接头以及与轨道连接处轨面无错台，轨头内侧直顺无错牙，其允许误差为 0.5 mm。

⑧轨缝：允许偏差为 0～＋1 mm。

9. 模板支立和道床混凝土浇筑

侧模采用钢模板，按照板块线进行采用通模，模板底部采用梁面植筋，模板外侧上部采用钢管抵端头模板采用木模板，模板内侧上部采用方木进行外撑，使模板内外稳固并注意线型平顺，注意模板的平直度及整体线型及稳固。模板应与隔振垫密贴，不密贴位置需在缝隙填补黄沙，或用土工布填补，防止混凝土浆漏尽隔振垫内，端模采用木模板模板加，端模内部采用 10 cm 方木在伸缩缝内进行加固，保证模板的稳固。

若有预埋管线，预埋管线在道床内埋设并不得穿越减振垫，立模前预埋到位，并加固，立模时注意检查限位凸台位置。

浇筑道床混凝土前，报监理工程师对轨道状态进行检测，确认符合设计及施工规范要求后，方可开始浇筑道床混凝土。混凝土浇筑过程中，避免机具碰撞轨排，施工中随时检查轨道状态，发现问题及时调整。整体道床采用 C40 混凝土，道床混凝土用泵车进行浇筑，浇筑时用雨花布覆盖钢轨和轨枕，并用塑料袋覆盖扣件，以免对轨枕及扣件造成污染。部分污染位置浇筑完后需及时用水清洗。

混凝土浇筑完毕之后必须及时抹面收光，根据设计要求预留 2%横向排水坡。

10. 模板、支撑架拆除

待混凝土强度达到 5 MP 后方可拆除模板及支撑架，模板在拆除时必须注意对棱角及侧壁面的保护，防止损伤之后影响外观。

11. 限位凸台施工

根据设计要求，施工限位凸台，道床预留凸台位置粘贴隔振垫板 A 和 B。凸台范围内植入梁面锚筋增强梁面与限位凸台的整体性，凸台深入道床不得小于 165 mm。模板采用木模，用钢筋铁丝内外固定，之后进行混凝土浇筑。终凝后拆除模板。

12. 工艺孔填塞、道床修补与养护

拆除支撑架后留下的工艺孔用相同等级混凝土填塞。对道床外观进行检查，并及时修补与养护。养护在混凝土浇筑完成之后的 12～18 h 开始，养护时间不得少于 7 d。

第三节　质 量 控 制

一、浮置板轨道

浮置板道床的基底是整个浮置板道床系统的重要组成部分，施工精度要求很高，平整度误差要求 2 mm/m^2，高程误差要求 0～－5 mm；浇筑完成后的基底混凝土表面不满足要求的部位要进行打磨或垫高处理，且严禁出现局部打磨凹陷或垫高凸起的现象。所以，基底施工阶段的测量放样工作至关重要，其点位密度、精度须满足施工过程误差控制的需要。

浮置道床板的钢筋都设计为 HRB400 级钢筋，钢筋型号、形状较多，钢筋加工时，要根据图纸且密切关注隧道断面误差的变化情况；钢筋绑扎后要横平竖直，主筋的位置、尺寸，严格按设计要求，做到不漏筋、不错位；钢筋全部就位后，注意检查垫块数量、位置等情况，满足保护层厚度要求；浇筑混凝土前，全面确认隔离层的完整情况。

钢弹簧浮置板道床处于工作状态时，列车的动载和板的自重等荷载都将由钢弹簧隔振器传递到基底上，隔振器的设计位置是根据受力需要确定的，定位安装偏差要求 3 mm。隔振器外套筒定位在隔离层上，用硅胶密封外套筒基础环和隔离层之间的间隙，防止混凝土砂浆进入隔振器内部，并采取必要辅助措施控制隔振器位置，在浇筑混凝土前全部检查、确认每个隔振器的位置正确。

当浮置板混凝土浇筑完成，按要求养生 28d 后，且达到设计强度(依据同条件养护试块抗压强度确定)，才可开始顶升。顶升高度的确定依据每块浮置板上均匀布置的 8 个水平观测点，对测点进行一对一编号，在顶升施工开始前准确测量每个测点的相对或绝对高程，准确记录并保管测量数据。钢弹簧浮置板顶升施工过程，必须在有关技术人员的指导下进行，并注意：完全切除钢弹簧隔振器外套筒内的隔离层，清理筒内积水、杂物；彻底拆除浮置板道床与普通道床相接处的板缝内模板，避免填塞浮置板道床与普通道床之间的间隙；清理浮置板面上全部检修孔内垃圾杂物，避免局部填塞浮置板板底间隙；上游来水方向积水坑处设置水箅子并加设沉砂池或挡砂毛细隔板；根据设计要求，安装足够数量的横向限位装置；用橡胶密封条将所有浮置板周围的缝隙密封，以确保杂物不能进入板底，避免周围密封措施局部失效；顶升过程中每次压入的最厚调整片不超过 16 mm；顶升完成后，根据设计要求在隔振器内安装锁紧安全板。

二、梯形轨枕轨道

梯形轨枕吊装时应十分注意，不得进行对轨枕本体以及轨枕上的附属材料有损害的作业，以避免梯形轨枕产生裂纹，破损等。必要时要实施防护措施。在采用轨道车，吊装机等搬运时，用吊装绳吊装连接方钢部位进行搬运。

增强泡沫塑料板隔离层的粘结方式，避免轨枕吊装、运输、混凝土浇筑过程中破损、脱落等。

严格按照设计要求粘贴减振垫和缓冲垫板，在混凝土浇筑过程中，单向高侧浇筑，自流震动灌满轨枕底部，确保梯形轨枕道床底部密实，减振垫受力良好是保障减振效果的关键。

三、纵向轨枕轨道

严格控制底部基层浇筑标高，避免浇筑过高造成砂浆袋厚度不足，运营过程中造成碎裂。

轨道精调后，应及时在轨枕减振垫底部灌注砂浆。灌浆应充实；灌浆开始后，单个灌浆袋的灌浆必须连续进行，不能间断，并应尽可能缩短灌浆时间；设备基础灌浆完毕后，要剔除的部分应在灌浆层终凝后进行处理；在灌浆施工过程中直至终凝，应避免灌浆层受到振动和碰撞，以免损坏未结硬的灌浆层。

四、隔离式减振垫轨道

找平层施工前，对结构进行检查、验收，对于渗水地段必须先进行处理，再进行基础找平层施工。施工时必须严格控制其高程及平整度。道床钢筋焊接、模板支立时，必须采取防护措施，防止火花对隔振垫造成损害。

橡胶隔振垫间衔接的缝隙宽度小于等于 10 mm，采用搭接条覆盖隔振垫缝隙，然后用三排铆钉固定隔振垫，隔震垫铺设完成后，应仔细检查确保覆盖全部道床范围，不允许空洞和裂纹，避免漏浆。

橡胶隔振垫四周采用橡胶密封条密封，并用铆钉将密封条与隔振垫固定。铺设后的隔振垫上只能运行 5 t 以下的橡胶轮的运输车，运输车运行过程中严禁急刹、急转等过猛动作。如有减振垫需要经过铺设完毕的路段时，只能手工作业，严禁任何机动车辆通过。